U0580048

"十二五"国家重点图书
出版规划项目

中国美学经典

两汉卷

丛书主编　张法　本卷主编　刘成纪

北京师范大学出版集团
BEIJING NORMAL UNIVERSITY PUBLISHING GROUP
北京师范大学出版社

总　序

这套七卷本《中国美学经典》，是为中国美学史这一学科的新提升而进行的基础建设，同时由于中国美学史学科在结构上和思想上的特殊性，在推进这一学科时，将把中国现代学术体系的一些关键问题凸显出来，将把中国现代文化在全球互动中演进的一些重要问题凸显出来，从而使中国美学史学科得到新的提升，其意义又不仅仅在中国美学史学科。

一、《中国美学经典》的学术史背景

美学是一门最能透出中西差异，从而最能彰显中国特色的学科。中国古人对天地间审美现象方方面面的欣赏以及对之进行的理论总结，有完全不低于西方人的思想高度，并有令人赞叹的独具特点，显示了中国思想的特色和深邃，然而，却并没有从美学这一学科的角度呈现出来。因此，中国古代有文论、诗论、书品、画品、小说评点、戏曲评点、山水鉴赏、园林论说等，还有哲人、儒生、道人、释家以及各类人士关于美的言说，却没有一本用"美"命名的论著。

也许正因为这一巨大差异，美学在中国学术体系由传统向现代的转型中，起到了先锋作用。清末民初的学术大家同时也是思想大家的王国维、梁启超、蔡元培、刘师培，都把美学放到了中国现代学术建设的重要位置，四人都在美学原理和中国美学史上做了重要工作。在中国美学史学科的开创性上，王国维的《人间词话》(1908)、《宋元戏曲考》(1913)、《屈子之文学精神》(1906)、《红楼梦评议》(1904)等，刘师培的《论美术援地区而论》(1907)、《原戏》(1904)、《舞法起于祀神考》(1909)、《中国中古文学史讲义》(1919)等，蔡元培的《对于新教育之意见》(1912)、《以美育代宗教》(1932)等，梁启超的《中国之美文及其历史》(1924)和《中国韵文里头表现的情感》(1922)、《屈原研究》(1922)、《陶渊明》(1923)、《情圣杜甫》(1922)等，实绩巨大。继之而来，在20世纪三四十年代，出现了方东美、宗白华、邓以蛰等大家。方东美的《生命情调与美感》(1931)、《生命悲剧的二重奏》(1936)等，宗白华的《世说新语与晋人的美》(1940)、《中国诗画里的空间意识》(1949)、《论文艺的空灵与充实》(1943)、《中国艺术意境之诞生》(1943)等，邓以蛰的《画理探微》(1935—1942)、《六法通诠》(1941—1942)、《书法之欣赏》(1937—1944)等，在把中国美学研究推向深入的同时，极大地突出了中国美学不同于西方美学的特点。20世纪50—70年代，当大陆学人主要在为美学原理寻求美的本质基础之时，台湾学者和海外华人学者沿着方、宗、邓的方向继续前行。在台湾，有唐君毅的《中国艺术精神》、《中国文学精神》(1954)、《中国文学与哲学》、《文学的宇宙与艺术的宇宙》(1975)，徐复观的《中国文学精神》(1965)、《中国艺术精神》(1965)，钱穆的《中国文学讲演集》(1962)以及后来《现代中国学术》(1983)中的文学、艺术、音乐三章……海外华人中，叶维廉有《语法与表现：中国古典诗与英美现代诗美学的汇通》《语言与真实世界：中西美感基础的生成》《中国古典诗和英美诗中山水美感意识的演变》等，高友工于 20 世纪 70 年代发表的系列论文《文学研究的美学问题(上)：美感经验的定义与结构》《文学研究的美学问题(下)：经验材料意义与解释》《中国文化史中的抒情传统》《试论中国艺术精神》《律诗的美学》《词体之美典》《中国之戏曲美典》《中国戏曲美典初论》(皆收入《美典：中国文学研究论集》)……这些研究，都是走在彰显中国美学特性的方向上。

虽然中国美学史研究有辉煌的成就，但与美学原理相比，二者的发展却是不平衡的。这明显地体现在：美学原理的著作在 20 世纪 20 年代(从 1923 年吕澂《美学概论》始)就产生了出来，而中国美学史的通史著作到 20 世纪 80 年代才出现，相差约 60 年。考其原因，美学原理可以直接移植域外理论而成，而中国美学史却不能。从 20 世纪 20 年代开始直到现在的美学原理著作，基本上都是以这种方式形成的。在中国走进世界现代化的主流而力争上游地追赶世界先进的历程中，这一方式尽管有这样或那样的遗憾，但其巨大功绩，无论怎样估计都不会过低(这一点不是本文的主题，不在这里展开)。中国美学史的研究从 20 世纪三四十年代始，学者们强烈地意识到，其有着与西方美学史以及西方型的美学原理不同的文化特性，进入这一特性越深，写出具有特性的中国美学史就越难。20 世纪 80 年代中国美学史通史著作终于出现，与改革开放之初的思想解放而产生的美学热，以及美学热后面的巨大历史动向相关。现在回过头去看，中国美学史虽然由此开始而一本本被写出来了，但在突出中国特性上，却并没有达到应有的深度。20 世纪 60 年代，在中苏论争的背景下，中宣部组织编写了全国高校文科教材，其中美学规划了三本：《美学概论》，由王朝闻主持；《西方美学史》，由朱光潜负责；《中国美学史》，由宗白华承担。前两本都较快地写了出来，而宗白华的《中国美学史》却只在课堂上讲过一个设想，后来以《中国美学史中重要问题的初步探索》(1979) 长文发表。

为什么没能写出，我想，一个重要的原因，就是宗白华深切地感受到了中国美学史内容的丰富、复杂、深邃。宗白华的这篇长文，对中国美学史做了要点性的呈现。全文分五个部分：一、引言，论述中国美学史的特点和学习方法；二、先秦工艺美术和古代哲学文学中所表现的美学思想；三、中国古代的绘画美学思想；四、中国古代的音乐美学思想；五、中国园林建筑艺术所表现的美学思想。五部分内容中，有对《周易》卦象(贲卦、离卦)中美学思想的分析，有对中国美学基本类型(出水芙蓉和错采镂金)的呈现，有对各门艺术中虚实相生的总结，对中国美学的作品结构、气韵、骨法、骨相的分析，有对戏曲、绘画、音乐、建筑的特征的中国式把握，抓住了中国美学的时间韵致和空间美感的精髓。该文不但包含了宗白华几十年来对中国美学的研究、体会、洞察，而且也或多或少地容纳了王国维、刘师培、梁启超、方东美、邓以蛰等学人在中国美学史研究上的精华，在一定的意义上，宗白华对 20 世纪初以来中国美学史写作进行了简要、深邃又有自己特点的总结。然而，饶有深意的是，宗白华的中国美学史的研究理路，与 20 世纪 80 年代奠定中国美学史写作基本方向的三本著作，即李泽厚、刘纲纪《中国美学史》（第一、二卷，1984—1987）、叶朗《中国美学史大纲》（1985）、敏泽《中国美学思想史》（三卷，1987），差异甚大。这或许意味着：中国美学史的研究，仍然没有进入应有的成熟阶段。

到目前为止，已经出版的中国美学史通史类著作有 20 多种，大致分来，有四种类型。一是教材型通史，以新中国成立以来形成的教材模式去呈现中国美学，即将由古到今的各个朝代、每一朝代的主要人物、主要人物的主要著作、主要著作的主要思想，一一梳理列出。前面讲李泽厚、刘纲纪合著已出的两卷和敏泽的三卷本可为代表。二是范畴型通史，也讲朝代、人物、著作、思想，但着重突出命题和范畴在其中的作用。前面已提到过的叶朗著作和陈望衡《中国古典美学史》（1998，2007）可为代表。三是把美学理论放到理论所产生的丰富的文化关联之中，又将之汇成理论，总结出中国美学史的特点，张法《中国美学史》（2000，2006）、王振复《中国美学史新著》（2009）、吴功正《宋代美学史》（2007）等属于这一类型。四是跨越型通史，突破朝代、人物、著作、思想的时空划分，以具有总领性的思想为线，去统率历时演进，并在历时演进中建立中国美学整体结构，李泽厚《华夏美学》（1989）和朱良志《中国美学十五讲》（2006）属于这一类型。四种不同的著作（还有一些难以归入这四类的著作），透出的均是中国美学史的研究目前还处在多方向的探索时期。

一个学科要走向成熟，一定要具有自身相对成熟的资料体，对学科的理性思考，应当建立在相对完备的资料体上。中国美学史的资料选编，一个大致的方向，就是带着在自己时代所理解的美学原理框架，向中国古代的材料提问，在提问中，让古代的材料中与提问者心中的美学原理框架相关的部分呈现出来。到目前为止，中国美学史资料体的出版物，主要有三种：北京大学哲学系美学教研室编《中国美学史资料选编》(上下册，1980—1981)，胡经之主编《中国古典美学丛编》(上、中、下三册，1988)，叶朗主编《中国历代美学文库》(19 卷，2004)。

《中国美学史资料选编》虽在改革开放后出版，但其学术背景是新中国前期为由中宣部组织的全国高校文科教材中美学类三本中的两本(《中国美学史》和《美学概论》)服务，既为《中国美学史》的写作梳理资料，又为《美学概论》的编写梳理中国资源。后一方面的目的和新中国前期的美学原理水平，在相当程度上决定了其内容范围，即依据当时的美学原理框架，从美、美感、艺术这三大方面，对相关材料进行了寻找和梳理，并按当时的观点，对所选文献性质做了总结，提出其中与美学相关的一系列问题。对所选的段落，也从美学的角度赋一标题，点明关键性内容。整个选本所提供的资料体系，对当时美学原理的写作，以及后来中国美学史的写作，提供了较为充分的理论和材料支持。

《中国古典美学丛编》是 20 世纪 80 年代初，在美学从新中国前期强调美学的政治内容走向改革开放初强调美学的艺术特性的背景下，从艺术规律的角度，以文艺美学的框架对中国古代材料的提问。该书分上、中、下三册，依次为"作品""创作""鉴赏"，呈现了文艺美学的基本结构。在每一部分里，把材料以类编的方式分为不同的方面或层次，从而使中国美学资源显示出了不同于西方美学原理的方面和层次。其对文艺美学结构的把握，是按范畴方式进行的。从材料中选取一个范畴，作为一类材料的标题(同时也是主题)。这一选本较好地服务于当时文艺美学的转型并呈现了中国美学在艺术各领域方面的丰富资源。

《中国美学史资料选编》《中国古典美学丛编》突出了中国美学

史资料中较为明晰的方面，即美学原理框架(美感、艺术)和文艺美学(各门艺术的创作、作品、欣赏)框架方面，但对中国美学资料中不甚明晰的方面，即哲学总论、政治制度、社会生活方面呈现不够。《中国历代美学文库》力图不但要在本来明晰的方面，更要在本来模糊的方面呈现中国美学原貌，在这两个方面都进行了新的努力。也许是为了让文献呈现原初形态，此书没有突出美学原理的框架，每一文献前面只有作者介绍和选文的文献学介绍，而对于总体内容较为混沌的文献，究竟在什么方面、哪几点上属于美学，该书也没有指明。对于明显关联到艺术领域的文献，究竟体现了怎样的美学特色和中国特点，该书也没有明指，而是让读者自己去体会。它以 19 卷资料形成了一个巨大的资料体，对于中国美学资料体走向成熟迈进了一大步，尽管还有这样和那样的不足，但其成就，应当得到充分的肯定。以上三种资料体，不仅在资料的多少上有差异，更主要是在选取资料的模式(即选者心中的美学原理模式)上有不同，这再一次透出了中国美学史的研究目前还处在多方向的探索时期。

每一种现代人选编的古代文献的资料集，都是提问者向庞大的古代资料提问而得到的回答，回答并不是资料体之原样，而只是资料体原样按提问者所设定的框架而做的一种呈现。而这一呈现体有多大的价值，在于所得到的这一呈现是否满足了时代的需要，这里内含的是时代的价值观。提问者对时代的价值观有多高的时代自觉，是衡量这一成果所达到的时代性的标准。由时代的需要而产生的提问与提问对象即资料体原样的本质有多大的契合，这里需要超越时代来对提问质量进行思考，其中内含的是学术的真理性。中国美学史学科资料体的一次次出现，都处在这两个维度的巨大张力的复杂合奏之中。这一复杂的合奏具有何种程度的契合性，可成为中国美学史学科达到了怎样的时代价值和拥有多少学术真理的检验标准。

二、《中国美学经典》的缘起和主要亮点

《中国美学经典》的缘起是在 2009 年，我被任命为教育部组织的"马克思主义理论研究和建设工程"重点教材《中国美学史》的首席专家，由教育部从全国各高校治中国美学史的专业人士中进行选择后推荐了 10 名教授，组成教材团队。在工作中，大家认为，要做好一本仅 30 万字的教材，应当有更宽厚的资料基础，在写好"马工程"《中国美学史》教材的同时，既要在中国美学史的写作上有所拓宽，还要在中国美学史的资料体上有所推进。这一想法得到北京师范大学出版社副总编辑饶涛编审的支持，《中国美学经典》由出版社申请于 2010 年入选国家新闻出版广电总局"'十二五'国家重点图书出版规划项目"。

对本项目，大家讨论和商定的标准是：在充分吸收前三种选本成就的基础上，力图有一些可称得上亮点的新特点，同时以学术史的宏观角度与前三种选本形成一种互补或互动的关系。在选编之初，本想完成内容上、编排上、注释上的三大亮点，但是在编完以后，觉得只有内容上和编排上还可以称得上亮点，在注释上只能讲对于以前三种资料体而言有一些推进，不但谈不上亮点，甚至特点也难以称得上。何以如此，需要详谈，放到下一节中。这里只讲前两点。

第一点，在内容上，本项目既要突出中国美学固有的特点，又要反思梳理古代资料的美学模式。以前出版的资料，其美学模式、资料的梳理模式基本上是西方古典型的，即按照美、美感、艺术以及艺术美、自然美、社会美这些结构去进行的。对于中国

古代的审美话语来讲，这样的视点是必要的，同时又是不够的。如果说，西方古典美学是先区别，后综合，即先从真、善、美的区分界定出美，然后以艺术美为本质性和典型性的美，以自然和社会的审美现象为次要性和混杂性的美，那么，中国文化对于审美现象则是先有整体，再从整体的角度去看区分，即先有真、善、美合一的整体，然后以真、善为背景，以美为前景去看待美，这样美既被呈现出来，同时又处在与真、善的关联之中。这样，美既从各艺术中凸显出来，又流动在天地间的一切事物之中，从而在梳理古代资料之时，在以一种区分型的美学模式进入之后，很快就进入中国古代材料自身的关联之中。同样，西方美学正在转型之中，从康德、黑格尔开始的区分性美学正在走向以生态型美学、身体美学、生活美学、形式美研究、文化研究为特征的关联型美学。而西方当代的新型美学，在理论模式上，与中国古代资料有更多的相似之处，这也启发我们看待古代材料时，应有一种新的眼光。相对于《中国美学史资料选编》《中国古典美学丛编》，本项目凸显了更多的视角：

其一，中国型的哲学和宗教思想是如何关联到美学思想并与之互动的；

其二，中国型的制度文化是如何关联到美学思想并与之互动的；

其三，在中国古代漫长的历史演进中，各个朝代有自身特点的生活形态是如何关联到美学思想并与之互动的；

其四，中国古代的天下观里华夏的主流文化和四夷的边疆文化，以及中华文化与外来文化的互动，是如何关联到美学思想并与之互动的。

这些视点的进入，可以让中国美学的丰富性和独特性得到更好的呈现。《中国历代美学文库》也或多或少地涉及或暗含了这些视点，但本项目以编目结构、标题、导读等多种方式把这些视点凸显出来，使之有了更加鲜明的呈现，以推动中国美学史的讨论和深入发展。

第二点，在编排上，本项目为了突出选文的美学特性，每一卷有全书导读，卷中每编有本编导读。这是鉴于中国古代的理论话语与由西方而来的美学原理的理论话语差距甚大，导读的目的就是把这二者对接起来，使之进入一个共同的平台，既突出了二者的矛盾，使读者对矛盾在何面、何层、何点有一个认识，又让矛盾在这一对比中将读者引向思考的深入。当然，这样做在引导读者较快地进入美学思考这方面是有利的，但同时也会带来导向太强可能会因自己认识的局限而"误导"了读者的可能。比较一下，《中国历代美学文库》只有作者简介和选文版本出处，连一点美学方向的引导也没有。《中国古典美学丛编》不是以整篇选文，而是以美学范畴为纲，选出不同文章中的相关段落，编者的引导只在每一美学主题前有一"提要"，介绍所选各段文字与这一美学主题的关联。《中国美学史资料选编》除了对所选之文进行简介外，对所选段落都有加小标题，文献中有原题就直接用原题（如《礼记·乐记》的"乐本篇"），原无标题的则从文中选一个关键词出来作为标题（如《左传》的"文物昭德"），或对选文内容进行简要概括（如《庄子》的"天乐、人乐、至乐"），总之都简要地点出了选文的美学主旨。三种资料体的编排方式，各有自己的有利处和不利处。本项目在借鉴其编排方式的基础上力求突出自己的特点。比如，在"文艺美学"等编目下设"文学美学""诗歌美学"等结构，每部分对应的选文前面都对所选之文进行简介，文献中有原题的直接用原题，也有一些对选文进行归纳概括（如"孟郊诗论五则"）。另外，本项目主旨为中国美学经典，选文出自历代经典文献，有的篇目是全篇选用，有的篇目是选录部分，其编排原则至于是全篇还是选录部分，就不在正文中一一呈现。本项目如此编排，是想在这三种方式之外增加一种方式。究竟哪种方式对推进中国美学资料体的建设更有好处，还需要由实践来检验。

三、《中国美学经典》注释以及古籍注释的普遍性问题

刘勰《文心雕龙·神思》谈创作的甘苦时说："方其搦翰，气倍辞前，暨乎篇成，半折心始。"这句话很能反映出《中国美学经典》选注者在进行注释工作之后所体验到的心情。在对这一结果的反思中，选注者深深感到如今学界在古代文献注释方面面临着一系列的困难。在今天，古代文献由于语言上和文化上的古今差异，若不加注释，在文献里遇上差异突出的语言点、思想点、知识点时，理解上就会出现困难。《中国美学史资料选编》和《中国古典美学丛编》两套书是没有注释的。我在 20 世纪 80 年代读这两套资料之时，就对没有注释感到遗憾。而当我进入《中国美学经典》选注工作时，才算悟出了以上两套材料何以不作注释的原因（以及深切地想象《中国历代美学文库》在作注时的艰苦和辛酸）。似可说，在古籍注释上，一套完整的现代学术规范尚未建立起来。怎样作注才算达到标准，各人理解不一，因此注释就成了一件极为吃力不讨好的事。但对于学科建设来说，这又是一个必须要经历的磨难。依照我的体会，古籍注释会涉及或关联如下四个方面或曰四个层级。

第一，注释要在古今的沟通上起作用，重在一个互译的"通"字，即在古代汉语中这个词是什么意思，而用现代汉语来理解又是什么意思。对语言性的词汇重在"释词"，即这个词对应现代汉语是什么词义。对概念性的词汇重在"释义"，即这个词在现代的

观念体系中是什么意思。对知识性的词汇重在"释物"，即这个物或事或人是怎样的物或怎样的事或怎样的人。

第二，在互通的基础上，可根据具体的需要，适当地讲出关联性，即这一语言性或概念性或事物性的词汇，为什么应做这样的理解。由此而引回到这一个词的古代关联之中，即进入古代的语言体系、观念体系、事物体系之中。

以上两点讲的是可通性一面，一种完全到位的解释，同时也是对古籍的真正理解，还会涉及古今不相通的一面，主要是在语言和观念两个方面。

第三，由于古代汉语和现代汉语在语言体系上的差异，无论是简单的还是再复杂一点的注释都无法呈现出文本词汇的原貌，只有通过进入古代汉语体系本身才能理解。

第四，由于现代观念体系与古代观念体系的差异，无论是简单的还是再复杂一点的注释也无法呈现出古代观念的原貌，只有通过进入古代观念体系本身才能理解。

且略举几例来讲以上四个层面与注释的关联。

先讲语言性词汇，李嗣真《后书品》中有"扬庭效技"。这里的难点是"扬庭"，其词义为"展示于朝廷"。这是在第一个层面即古今词的汇通上注的。但为什么"扬庭"要做这样的解释呢？这就需要进入第二层，即此词的诸关联之中。首先，在古代汉语里，"庭：通廷"。其次，《易·夬》里有"扬于王庭"，"扬庭"是这句话的省用。但为什么"庭"通"廷"，为什么可以这样省用，以及为什么《易》中的话对这一省用有足够的支持力量，这就要关联古代的语言体系和文化体系。在注释中，最后一层可以不提，古今对释后的关联是否列出，列到多详细的程度，可视一词对理解造成阻碍的难易而定。

　　再讲知识性词汇。且举人物为例，古代人物的谓称，较为复杂，有姓、名、字、号，还有官职，往往并不写全，讲名或字或号，或姓加官职。对其注释，以讲通文中要点而定。比如，"郑司农"，就第一层讲，即东汉经学家郑众。就其关联来讲，较为完整的信息是：郑众(？—83)，字仲师，河南开封人。东汉经学家，汉明帝时为给事中，汉章帝时为大司农。后世为区别于在其后的大经学家郑玄，而称其为先郑，又因其最高官位而称为郑司农(历史上还有称官位而区别于同姓同名的宦官郑众的原因)。对这些信息，可择要而举。但最简应为：郑众(？—83)，字仲师，河南开封人，汉章帝时官至大司农(或可再加上"东汉经学家")。这样是为了让读者理解文中郑众为什么叫郑司农。

　　注释要达到第一层是容易的，但对第二层即关联方面，讲几点为好，详约怎样得当，各注家有自己的理解，会呈现出不同，但只要就文中而言，点中要点，即算可以。注释中最难是古今在语言体系和观念体系有差异之处。这里承接前面的逻辑，概述如下。

　　先讲与观念体系差异相关的概念性词汇问题。比如，审美对象的"形神"，就第一层而言，可注为：形即形式，神即内容。用现代美学观念中的形式和内容对接古代美学观念中的形神，是没有问题的。但现代美学的形式内容观念，是按照西方美学把审美对象放进实验室般的场地进行解剖分析而来的，其总原则，是把审美对象看成一个物，然后用形式、内容等一系列静的概念去把握这一物，而古代美学把审美对象看成一个活的生命体，这里作为生命的核心的神，其内涵，与现代汉语的"内容"有本质区别，翻译成"内容"，在达到理解的同时，神的词义的本质部分已经没有了。形神与形式内容的区别还在于，古代观念把任何事物都看成虚实合一的整体，在这一整体里，形属于"实"的一面，可精确

13

定位和分析，神属于"虚"的一面，难精确定位和分析。而现代观念把任何事物都看成实体，虚的一面不是应排除就是将之转化为实体，任何内容实体都是可以精确定位和分析的。因此，对于形神的解释，应当认识到两种观念体系的差异，注出其同异。这是一个较为复杂和困难的工作。作为主要进行古今的一般沟通的读本，在面对这类概念性词汇时，怎样详略得当地注解清楚，目前仍是一个尚未完全解决的问题。

再讲语言体系差异带来的问题。现代汉语的基本原则依照西方语言而来，要把语言与事物一一对应，而这一对应的条件是让词汇排除时间而空间化，就像把事物放进实验室里一样，事物的每一点都可以看到，而被看清的每一点都可以用一个词予以对应，语言为了对应事物，其每个词都被定义好，有精确的内涵和外延。就算是一词多义，每一义在使用时也有精确的内涵和外延。古代汉语的原则正与中国古代文化看待事物的原则一样，事物自始至终在时空中运动着，是活动的、有生命的。语言同样需要这种灵活性。比如，在中国古代的乐论中，一定关系到三个基本概念：声、音、乐。孔颖达在《毛诗正义》中讲得很清楚，声、音、乐三词如果一道出现，所谓"对文"，"则声、音、乐三字不同矣"，用现代汉语来讲，"声"是自然音响，"音"是把自然音响加以美的组织而形成的音乐，"乐"则不仅是一般的音乐，而一定是达到了本质性的音乐。但如果声、音、乐只个别地出现，所谓"散文"，则三字是可以互换的。比如，"《公羊传》云'十一而税，颂声作'"，这时"声即音也"；《诗大序》中"亡国之音哀以思，其民困"，这时"音即乐也"。这叫"散则可以通"。① 其原理在于：声、音、

---

① 参见李学勤主编：《毛诗正义》，8页，北京，北京大学出版社，1999。

乐这三词，都是指天地间具有统一性的音响，但具体到时空上某一点，音响又可进一步细化，细化的目的是为了认识，认识的同时还要知道其在本质上是有统一性的。因此，如果两个词或三个词一道出现（用于"对"），意味着作者要强调分别，如果只出现一个词（用于"散"），意味着首先是以音响的统一性去看，然后才是强调音响中的哪一点，而且这强调是要从整体的统一性和贯通性上去看的。比如，上面引的《公羊传》的话，本来指的音乐性的歌（音），但为了强调这歌是出自内心的自然流露，而用了"声"。这里包含两个方面，首先把音乐性的歌作为音响的整体来看（即声、音、乐的共性），其次从文句上明显可以知道是歌（音）的时候，强调其发自内心的自然性（这就与"声"具有共同性）。上面所引《毛诗序》（引自《礼记·乐记》）的话也是同一思路，哀以思的音乐是反映了亡国的现实，达到了本质，应为"乐"，但为了强调亡国现实只是作为历史循环中的一段，是现象性的，因此用了"音"。这里重要的是，只有理解了古代汉语的本质和使用词汇的方式，在进行古今的互通时，才能做到正确的注释。

古代汉语的另一个特点是"互文见义"，其理论原则是：语言与事物一样，是由虚实合一的两个部分组成的。好的语言是通过实（即出现的词）就可体现出虚（即与之关联的没有出现的词）来。怎样把按现代汉语必须出现而在古代汉语中可以不出现的词注释出来呢？靠的是"互文见义"语言法则。为了更清楚地将之讲清，且举王昌龄《出塞》为例："秦时明月汉时关，万里长征人未还。但使龙城飞将在，不教胡马度阴山。"第一句"秦时明月"和"汉时关"互文，很明显要讲从"秦时明月秦时关"到"汉时明月汉时关"的漫长历史。第一句中两者互文，没有出现的"秦时关"和"汉时明月"很容易补出来，但诗是唐人所写，考虑到第一句与第二句的互文，第一句中除上面补出的两项外，还有一项"唐时明月唐时关"。这三项能否在注释中补上，是理解文中内容的关键。如果从现代汉语的原则去读，要补得完整就比较困难。

仅由以上关于词汇的运用原则和互文见义原则这两项，可以见出古今汉语的语言体系差异给古文注释带来的困难甚大。如何通过注释让人理解古文中本有的原意和味道，而不是把古代汉语强扭为现代汉语，目前仍是一个尚未完全解决的问题。

以上讲的古籍注释会涉及关联的四个层面，最后都要归结为，一个语言性或概念性或知识性词汇，在具体文本的上下文语境和张力中，应当怎样注解。对于一个主要是让读者明晓一个词在文本中的具体用义（即语言本身的词义）和用意（即由上下文张力而生的活意）的选注本来讲，主要的要求是达到第一个层面，即古今之间的"通"，在此基础上应当扩展或深入哪一层或几层，就由每卷的注者根据自己的考量而灵活把握，并不做硬性规定。这样虽然全书各卷的注释不甚统一，但具体的每一卷是统一的，而全书各卷有些不统一，又正是一门处在探索过程中的学科应有的事，一旦这一学科达到成熟，有了公认的规范，那时就会自然地走向统一。

之所以花如此大的篇幅来讲注释，是因为从《中国美学经典》的注释中，我深感中国古代文献的注释是一门极大的学问，而中国现代的学术体系，会给古代文献的注释带来极大的问题。在中国现代学术体制里，对中国古代文化进行注释工作的人才培养和学术训练被分成两个部分，用现在的体制行话来讲，一方面是专业性的中国语言文学一级学科下面的中国古典文献学二级学科，另一方面是各个与中国古代相关的学科，如中国美学史、中国文学史、中国法律史、中国经济史、中国地理史，等等。当需要对古代文献做注释时,古文献专业出身的人士在对语言性释词(即此词怎么讲)和知识性释物(这个事物是什么)两个方面,以及在一定的程度上对概念性释义(从思想上这概念是何义)方面,具有语言的专门性和文献的关联性优势,但专业性不足,以及对古今语言的差异认识不足。各个古代学科的人士则是在专业上有优势,由于专业背景而对古今语言差异有所感受,而在语言的专门性和文献的关联性上不足。相对而言,进行注释工作时,各古代专业人士在目前的学科体制下,由于课程设置和具体培养上的种种局限,比起古文献专业人士来,弱点更多。因此,《中国美学经典》的注释,一定存在这样或那样不自知的缺点和不足,欢迎专家学人和广大读者不吝指出,以期日后改正。

总之,中国美学史学科是一个尚不成熟还在演进的学科,希望若干年后回头看时,大家觉得《中国美学经典》的出版,对这一学科的演进,还算有所贡献。

张　法
2016 年 3 月 1 日

目 录

全书导读 / 1

第一编　文艺美学

本编导读 / 9

一、文学美学 / 13

韩 婴 / 13

韩诗外传 / 14

卷五　第二十二章 / 14

卷六　第六章 / 14

佚 名 / 15

毛诗序 / 15

刘 安 / 16

淮南子·泰族训 / 17

董仲舒 / 18

春秋繁露·玉杯 / 18

司马迁 / 19

　史　记 / 20

　　屈原贾生列传 / 20

　　司马相如列传 / 20

　　儒林列传 / 21

　　太史公自序 / 21

　报任少卿书 / 23

孔安国 / 23

　尚书序 / 23

刘　向 / 25

　说　苑 / 25

　　敬　慎 / 25

　　善　说 / 26

　　奉　使 / 26

扬　雄 / 28

　法　言 / 28

　　吾　子 / 28

　　问　神 / 31

　　寡　见 / 32

　　五　百 / 32

　　先　知 / 32

　　君　子 / 33

　解　难 / 34

王　充 / 35

　论　衡 / 36

　　艺　增 / 36

　　超　奇 / 36

　　　齐　世 / 38

　　　颂　颂 / 38

　　　佚　文 / 40

　　　书　解 / 40

　　　自　纪 / 44

　班　固 / 46

　　汉　书 / 47

　　　艺文志 / 47

　　　司马相如传 / 49

　　　司马迁传 / 50

　　离骚序 / 51

　　离骚赞序 / 51

　　两都赋序 / 52

　王　符 / 53

　　潜夫论·务本 / 53

　王　逸 / 54

　　楚辞章句叙 / 54

　　离骚经序 / 56

　　九歌序 / 57

　郑　玄 / 57

　　诗谱序 / 58

　　六艺论·诗论 / 59

二、音乐美学 / 60

　陆　贾 / 60

　　新　语 / 61

　　　道　基 / 61

无　为　/　61

辨　惑　/　62

本　行　/　62

明　诚　/　63

思　务　/　63

贾　谊　/　63

新　书　/　64

审　微　/　64

礼容语下　/　64

韩　婴　/　65

韩诗外传　/　65

卷一　第十六章　/　65

卷二　第二十九章　/　65

卷五　第七章　/　65

卷五　第十六章　/　66

卷六　第二十一章　/　66

卷七　第二十六章　/　67

卷八　第三十章　/　67

刘　安　/　67

淮南子　/　67

原道训　/　67

天文训　/　69

本经训　/　70

主术训　/　71

缪称训　/　72

齐俗训　/　73

氾论训　/　74

修务训　/　74

　　　泰族训 / 75

　　　短　则 / 77

董仲舒 / 78

　　春秋繁露 / 78

　　　楚庄王 / 78

　　　玉　杯 / 79

　　　五行五事 / 80

司马迁 / 80

　　史　记 / 80

　　　乐　书 / 80

　　　律　书 / 82

　　　短四则 / 85

桓　宽 / 86

　　盐铁论·相刺 / 86

王　褒 / 87

　　四子讲德论 / 88

　　洞箫赋 / 89

佚　名 / 92

　　乐　记 / 92

　　　乐本篇 / 92

　　　乐论篇 / 94

　　　乐礼篇 / 95

　　　乐施篇 / 96

　　　乐言篇 / 97

　　　乐象篇 / 98

　　　乐情篇 / 99

　　　乐化篇 / 99

魏文侯篇 / 101

宾牟贾篇 / 102

师乙篇 / 103

刘 向 / 104

说 苑 / 104

尊 贤 / 104

正 谏 / 105

善 说 / 106

奉 使 / 107

修 文 / 108

扬 雄 / 112

法 言 / 112

吾 子 / 112

修 身 / 113

问 道 / 113

王 充 / 113

论 衡 / 114

感 虚 / 114

短 则 / 115

桓 谭 / 115

新论·琴道 / 115

班 固 / 118

白虎通义·礼乐 / 118

汉 书 / 125

律历志 / 125

礼乐志 / 128

短四则 / 129

马　融　/　129

　　长笛赋(并序)　/　130

　　琴　赋　/　135

应　劭　/　135

　　风俗通义·声音　/　135

三、舞蹈美学　/　143

刘　安　/　143

　　淮南子　/　143

　　　本经训　/　143

　　　修务训　/　144

匡　衡　/　144

　　上言罢郊坛伪饰　/　145

刘　苍　/　145

　　世祖庙乐舞议　/　146

傅　毅　/　147

　　舞　赋　/　147

张　衡　/　150

　　观舞赋　/　150

　　西京赋　/　152

边　让　/　155

　　章华台赋　/　156

葛　洪　/　157

　　西京杂记·戚夫人歌舞　/　157

四、书法美学 / 158

　　萧　何 / 158

　　　　书势法 / 159

　　班　固 / 159

　　　　汉书·艺文志 / 159

　　许　慎 / 160

　　　　说文解字序 / 161

　　崔　瑗 / 165

　　　　草书势 / 165

　　赵　壹 / 166

　　　　非草书 / 166

　　蔡　邕 / 168

　　　　笔　论 / 169

　　　　九　势 / 169

　　　　篆　势 / 170

五、绘画美学 / 172

　　刘　安 / 172

　　　　淮南子 / 172

　　　　　汜论训 / 172

　　　　　说林训 / 173

　　　　　说山训 / 173

　　扬　雄 / 173

　　　　法言·问神 / 173

　　西汉画事九则 / 174

　　王　充 / 175

论　衡 / 175

　　别　通 / 175

　　齐　世 / 176

　　须　颂 / 176

王延寿 / 177

　　鲁灵光殿赋 / 177

张　衡 / 178

　　请禁绝图谶疏 / 178

阳　球 / 180

　　奏罢鸿都文学 / 180

东汉画论三则 / 180

　　桓谭论画 / 180

　　马援论画 / 181

　　蔡邕论画 / 181

东汉画事九则 / 181

葛　洪 / 182

　　西京杂记·卷二 / 183

曹　植 / 183

　　画赞序 / 183

张彦远 / 184

　　历代名画记 / 184

　　叙画之兴废 / 184

　　叙历代能画人名 / 184

第二编　朝廷—制度—天下美学

本编导读 / 189

一、朝廷美学 / 193

(一)汉高祖的美学思想 / 193

班　固 / 193

汉　书 / 194

与萧何议治未央宫 / 194

复吏卒限制衣冠令 / 194

与陆贾论文治 / 195

令叔孙通治礼 / 195

与群臣议天子所服 / 197

(二)汉惠帝的美学思想 / 197

班　固 / 197

汉　书 / 198

与叔孙通议游衣冠 / 198

(三)汉文帝的美学思想 / 198

班　固 / 198

汉　书 / 199

遗　诏 / 199

纪　赞 / 200

(四)汉景帝的美学思想 / 200

班　固 / 200

汉　书 / 201

定孝文帝庙乐诏 / 201

定长吏车服诏 / 202

令二千石修职诏　/　202

劝农桑诏　/　202

(五)汉武帝的美学思想　/　203

班　固　/　203

汉　书　/　203

元光元年诏贤良策问　/　203

元光五年策贤良制　/　218

增太室祠诏　/　219

郊祠泰畤诏　/　219

元封七年改正朔、易服色　/　219

司马迁　/　221

史　记　/　221

定正朔改元太初诏　/　221

(六)汉宣帝的美学思想　/　222

班　固　/　223

汉　书　/　223

与群臣议武帝庙乐　/　223

博举诏　/　224

禁春夏弹射诏　/　224

改元神爵诏　/　224

嫁娶不禁具酒食诏　/　225

麒麟阁图十一功臣　/　225

修汉武故事　/　226

论辞赋　/　226

(七)汉元帝的美学思想 / 227

班 固 / 227

汉 书 / 227

初陵勿置县邑诏 / 227

与贡禹等议罢郡国庙 / 228

与群臣议毁庙迁主 / 229

(八)汉成帝的美学思想 / 233

班 固 / 233

汉 书 / 234

与匡衡议罢祠毁庙 / 234

罢昌陵诏 / 234

徙解万年、封淳于长等诏 / 235

禁奢侈诏 / 235

(九)汉哀帝的美学思想 / 235

班 固 / 236

汉 书 / 236

与何武、王舜、刘歆议毁武帝庙 / 236

罢乐府官 / 238

(十)汉平帝的美学思想 / 240

班 固 / 240

汉 书 / 240

与王莽议罢皇祖考庙 / 240

元始四年制礼作乐 / 241

授王莽九锡之礼 / 242

(十一)光武帝的美学思想 / 243

    范 晔 / 244

        后汉书 / 244

            不复令桓谭给事中 / 244

            与宋弘议新屏风列女图 / 245

            禁郡国献异味诏 / 245

            宣布图谶于天下 / 245

    刘 珍 / 245

        东观汉记 / 246

            营寿陵诏 / 246

    孙星衍 / 246

        汉官六种 / 247

            四科取士诏 / 247

(十二)汉明帝的美学思想 / 247

    范 晔 / 247

        后汉书 / 248

            诏骠骑将军三公 / 248

            获宝鼎诏 / 248

            报楚王英诏 / 249

    刘 珍 / 249

        东观汉记 / 250

            永平三年图云台二十八将 / 250

            改乐名乐官诏 / 250

(十三)汉章帝的美学思想 / 250

    房玄龄 / 250

晋　书 / 251

　　召严宣补学官主调乐器诏 / 251

二、制度美学 / 252

　　贾　谊 / 252

　　　新　书 / 252

　　　　服　疑 / 252

　　　　等　齐 / 254

　　　　傅　职 / 255

　　　　保　傅 / 256

　　　　辅　佐 / 258

　　　　礼 / 260

　　　　容　经 / 263

　　刘　安 / 267

　　　淮南子 / 268

　　　　时则训 / 268

　　　　齐俗训 / 269

　　董仲舒 / 270

　　　春秋繁露 / 271

　　　　三代改制质文 / 271

　　　　官制象天 / 277

　　　　服　制 / 279

　　　　度　制 / 279

　　佚　名 / 280

　　　礼　记 / 280

　　　　王　制 / 280

　　　　月　令 / 282

　　　　玉　藻　/　285

刘　向　/　297

　　说成帝定礼乐　/　297

　　谏营昌陵疏　/　298

　　说苑·修文　/　301

班　固　/　304

　　汉　书　/　304

　　　礼乐志　/　304

　　　律历志　/　308

　　　郊祀志　/　311

　　白虎通义　/　313

　　　礼　乐　/　313

　　　考　黜　/　319

　　　崩　薨　/　321

刘　苍　/　322

　　南北郊冕服议　/　322

　　世祖庙乐舞议　/　323

　　明帝庙乐议　/　324

蔡　邕　/　324

　　礼乐志·乐意　/　324

　　独　断　/　325

　　　天子正号之别名　/　325

　　　宗庙所歌诗之别名　/　326

　　　五帝三代乐之别名　/　327

　　　四夷乐之别名　/　327

　　　宗庙之制　/　327

　　　卷　下　/　329

帝　谧 / 333

范　晔 / 334

后汉书 / 334

舆服上 / 334

舆服下 / 337

卫　宏 / 343

汉旧仪 / 343

卷　上 / 343

卷　下 / 345

汉旧仪补遗 / 346

卷　上 / 346

卷　下 / 346

应　劭 / 350

汉官仪·卷下 / 350

蔡　质 / 352

汉官典职仪式选用 / 352

佚　名 / 353

汉武故事 / 353

三、天下美学 / 356

贾　谊 / 356

新书·匈奴 / 356

刘　安 / 359

淮南子 / 359

坠形训 / 359

齐俗训 / 364

张　骞 / 364

　　　具言西域地形 / 365

　王　褒 / 365

　　　四子讲德论 / 365

　扬　雄 / 366

　　　蜀王本纪 / 366

　班　固 / 368

　　　汉书·匈奴传 / 368

　　　白虎通义·四夷之乐 / 369

　应　劭 / 370

　　　风俗通义 / 370

　　　序 / 370

　　　皇　霸 / 371

　　　声　音 / 376

　　　山　泽 / 377

　　　佚　文 / 378

　王　粲 / 379

　　　迷迭赋 / 379

　　　玛瑙勒赋 / 380

　　　车渠碗赋 / 380

　繁　钦 / 380

　　　三胡赋 / 381

　范　晔 / 381

　　　后汉书 / 381

　　　东夷列传 / 381

　　　南蛮西南夷列传 / 386

　　　西域传 / 392

　　　南匈奴列传 / 394

乌桓鲜卑列传　/　394

佚　名　/　395

　佛说兴起行经序　/　396

第三编　自然与泛艺术美学

本编导读　/　399

一、自然美学　/　406

韩　婴　/　406

　韩诗外传　/　406

　　卷三　第二十五章　/　406

　　卷三　第二十六章　/　407

刘　安　/　407

　淮南子　/　407

　　天文训　/　407

　　时则训　/　409

　　泰族训　/　412

董仲舒　/　414

　春秋繁露　/　414

　　五行对　/　414

　　天辨在人　/　415

　　暖燠常多　/　416

　　四时之副　/　417

　　同类相动　/　418

　　山川颂　/　419

　　天地之行　/　420

枚　乘 / 421

　　柳　赋 / 422

公孙乘 / 422

　　月　赋 / 423

刘　向 / 423

　　说　苑 / 423

　　　杂　言 / 423

　　　辨　物 / 425

班　彪 / 428

　　览海赋 / 428

杜　笃 / 429

　　首阳山赋 / 429

张　衡 / 430

　　温泉赋 / 430

张　昶 / 431

　　西岳华山堂阙碑序 / 431

蔡　邕 / 432

　　九疑山碑 / 432

　　汉津赋 / 432

二、身体美学 / 434

刘　安 / 434

　　淮南子 / 434

　　　原道训 / 434

　　　精神训 / 435

董仲舒 / 436

　　春秋繁露·人副天数 / 436

王 充 / 438

　　论衡·骨相 / 438

王 符 / 440

　　潜夫论·相列 / 440

蔡 邕 / 443

　　人物品评 / 443

　　　琅邪王傅蔡朗碑 / 443

　　　玄文先生李休碑 / 443

　　　汝南周勰碑 / 443

　　　太尉杨秉碑 / 443

　　　陈留太守胡硕碑 / 444

　　　郭泰碑 / 444

　　　处士圈典碑 / 444

　　　鼓城姜肱碑 / 445

　　　太尉陈球碑 / 445

　　　太尉乔玄碑 / 445

　　　太尉乔玄碑阴 / 445

　　　司徒袁公夫人马氏碑 / 445

　　　范丹碑 / 445

　　　陈寔碑 / 445

　　　太尉杨赐碑 / 446

　　　司空袁逢碑 / 446

　　　司空房桢碑 / 446

　　　翟先生碑 / 446

　　　荆州刺史度尚碑 / 446

　　　桓彬碑 / 446

　　　袁满来碑 / 447

三、服饰美学　/　448

　　韩　婴　/　448

　　　　韩诗外传　/　448

　　　　　卷一　第二十四章　/　448

　　　　　卷二　第二十八章　/　449

　　刘　安　/　449

　　　　淮南子　/　449

　　　　　齐俗训　/　449

　　　　　修务训　/　450

　　董仲舒　/　451

　　　　春秋繁露　/　451

　　　　　服制像　/　451

　　　　　度　制　/　452

　　　　　为人者天　/　452

　　　　　求　雨　/　453

　　刘　向　/　453

　　　　说　苑　/　454

　　　　　政　理　/　454

　　　　　善　说　/　454

　　　　　奉　使　/　455

　　　　　修　文　/　455

　　班　固　/　457

　　　　白虎通义　/　457

　　　　　瑞　质　/　457

　　　　　衣　裳　/　458

　　　　　绋　冕　/　459

　　蔡　邕　/　462

　　　　女　诫　/　462

四、工艺美学 / 463

陆 贾 / 463

新 语 / 463

道 基 / 463

资 质 / 465

本 行 / 466

贾 谊 / 466

新书•瑰玮 / 466

簾 赋 / 468

刘 安 / 468

淮南子 / 469

俶真训 / 469

本经训 / 469

主术训 / 471

齐俗训 / 472

修务训 / 473

泰族训 / 474

屏风赋 / 475

刘 胜 / 475

文木赋 / 476

邹 阳 / 477

几 赋 / 477

桓 宽 / 477

盐铁论 / 478

殊 路 / 478

崇 礼 / 479

傅　毅 ／ 480

　　琴　赋 ／ 480

刘　向 ／ 480

　　说　苑 ／ 481

　　　正　谏 ／ 481

　　　敬　慎 ／ 482

　　　谈　丛 ／ 482

　　　反　质 ／ 483

蔡　邕 ／ 484

　　弹琴赋 ／ 484

　　笔　赋 ／ 485

　　团扇赋 ／ 486

刘　熙 ／ 486

　　释名序 ／ 487

葛　洪 ／ 487

　　西京杂记 ／ 487

欧阳询 ／ 489

　　艺文类聚 ／ 489

　　　服饰部上 ／ 489

　　　服饰部下 ／ 489

　　　舟车部 ／ 490

五、生活美学 ／ 493

　　枚　乘 ／ 493

　　　七　发 ／ 493

　　邹　阳 ／ 500

　　　酒　赋 ／ 500

桓　宽 / 501

　　盐铁论·散不足 / 502

扬　雄 / 508

　　酒　赋 / 508

贡　禹 / 509

　　奏宜放古自节 / 509

马　融 / 511

　　樗蒲赋 / 511

　　围棋赋 / 512

边　韶 / 513

　　塞　赋 / 513

蔡　邕 / 514

　　弹棋赋 / 514

崔　寔 / 515

　　四民月令 / 515

六、城市、建筑美学 / 520

陆　贾 / 520

　　新　语 / 520

　　　道　基 / 520

　　　无　为 / 520

　　　怀　虑 / 521

　　　本　行 / 521

贾　谊 / 521

　　新　书 / 521

　　　阶　级 / 521

　　　退　让 / 522

　　　君　道 / 522

枚　乘 / 523

　　梁王菟园赋 / 523

刘　安 / 525

　　淮南子 / 525

　　　本经训 / 525

　　　主术训 / 527

　　　氾论训 / 527

东方朔 / 527

　　谏除上林苑 / 527

刘　向 / 528

　　说　苑 / 529

　　　贵　德 / 529

　　　正　谏 / 529

　　　辨　物 / 530

　　　反　质 / 531

扬　雄 / 533

　　将作大匠箴 / 533

　　甘泉赋 / 534

　　蜀都赋 / 537

班　固 / 541

　　白虎通义 / 541

　　　京　师 / 541

　　　辟　雍 / 543

　　西都赋 / 544

东都赋 / 548

李 尤 / 550

辟雍赋 / 550

德阳殿赋 / 551

平乐观赋 / 552

东观赋 / 553

张 衡 / 553

西京赋 / 554

东京赋 / 558

崔 骃 / 559

反都赋 / 560

大将军临洛观赋 / 560

蔡 邕 / 561

明堂论 / 561

繁 钦 / 564

建章凤阙赋 / 564

佚 名 / 564

汉武故事 / 565

葛 洪 / 565

西京杂记 / 565

佚 名 / 567

三辅黄图·序 / 567

欧阳询 / 568

艺文类聚 / 568

第四编　哲学—宗教美学

本编导读　/ 573

一、哲学美学 / 579

陆　贾 / 579

新　语 / 579

道　基 / 579

术　事 / 581

辅　政 / 583

无　为 / 583

辨　惑 / 584

怀　虑 / 584

明　诚 / 585

思　务 / 585

贾　谊 / 586

新　书 / 586

俗　激 / 586

威不信 / 588

道　术 / 589

六　术 / 592

道德说 / 594

刘　安 / 596

淮南子 / 596

原道训 / 596

俶真训 / 600

精神训 / 604

齐俗训 / 607

氾论训 / 608

诠言训 / 609

说山训 / 610

说林训 / 611

修务训 / 614

泰族训 / 615

董仲舒 / 619

春秋繁露 / 619

王　道 / 619

立元神 / 622

保位权 / 623

通国身 / 624

王道通三 / 624

五行相生 / 627

五行五事 / 629

循天之道 / 629

天道施 / 630

刘　向 / 631

说　苑 / 631

建　本 / 631

贵　德 / 633

政　理 / 636

尊　贤 / 637

至　公 / 638

指　武 / 638

杂　言 / 639

辨　物 / 640

修 文 / 641

反 质 / 642

扬 雄 / 643

法 言 / 643

修 身 / 643

问 道 / 645

桓 谭 / 648

新 论 / 648

祛 蔽 / 648

道 赋 / 651

王 充 / 652

论 衡 / 652

本 性 / 652

别 通 / 653

王 符 / 656

潜夫论·务本 / 656

荀 悦 / 658

申 鉴 / 658

杂言上 / 658

杂言下 / 661

徐 幹 / 662

中 论 / 662

艺 纪 / 662

核 辩 / 664

二、宗教美学 / 666

佚 名 / 666

　　　　列仙传·赞　/　667

　　桓　谭　/　667

　　　　仙　赋　/　668

　　王　充　/　669

　　　　论衡·道虚　/　669

　　蔡　邕　/　671

　　　　王子乔碑　/　671

　　佚　名　/　672

　　　　太平经　/　673

　　　　　修一却邪法　/　673

　　　　　以乐却灾法　/　674

　　　　　行道有优劣法　/　676

　　　　　葬宅诀第七十六　/　677

　　　　　诸乐古文是非诀第七十七　/　678

　　佚　名　/　680

　　　　四十二章经·经序　/　681

　　牟　融　/　681

　　　　理惑论　/　681

　后　记　/　698

全书导读

　　长期以来，汉代一直是中国美学史研究的薄弱环节。它上承先秦诸子的美学繁荣，下启魏晋时期美和艺术的全面自觉，往往仅被视为两大美学高峰之间的过渡时段。但事实上，这种过渡性的定位是不符合历史事实的。当代美学研究者之所以忽视这一时段，并不是因为这一时代美学思想匮乏，而是因为当代的美学史观念阻碍了它的思想资源被作为美学问题而加以讨论。

　　就汉代美学存在的问题看，首先，这一时期，由于封建大一统帝国要求一种经世致用的整体性知识，所以，政治、哲学、神学、美学、艺术往往被组入一个统一的知识系统，它们相互缠绕，难以按照现代的学科划分进行清晰的分类研究。其次，与先秦相比，汉代思想者不长于抽象思考。其哲学的一个重要的特点，就是将先秦视为不可诉诸名相的东西下降为具体可感的实指对象来讨论，这制约了其美学思想的理论品格。最后，与魏晋相比，汉代尚缺乏与现代对接的美和艺术观念。比如，这一时期占据主导位置的经学，仍执守儒家的"六艺"知识系统，艺术与史学、哲学、政治以及诸种现实技艺相缠绕，缺乏魏晋时期艺术分类的清晰性。其文学则以"润色鸿业"为价值，尚缺乏纯粹的审美目的或艺术价值的自觉。

但是，所有这些问题，并不能减损两汉对中国思想史以及中国美学史的重要贡献。如任继愈先生所言："治哲学者每喜先秦哲学之创新及魏晋玄学之空灵，或不甚喜秦汉哲学之滞重。事实上由先秦到魏晋必经历秦汉哲学这个阶段。不经蝶蛹之蠕蠕，何来蝶舞之蹁跹？此不可不察。"①这句话不但对理解汉代哲学史有效，而且对理解汉代美学的历史价值也同样具有重要启发。也就是说，对于这个在中国历史上持续了 400 余年的伟大王朝而言，缺少的并不是可堪整理、汇集的美学和艺术思想史料，而是要重新反思：我们传统上对美学的定位是否存在问题；我们是否真正进入了这个时代知识系统的内部，并为从中剥离出美学做了艰苦细致的工作。

在中国美学史界，有一句行话叫作"有什么样的美学理论，就有什么样的美学史"。也就是说，一个时代美学理论的变化，总会带来美学述史模式和涉史边界的巨大调整。从当代美学的理论进展看，一个重大的变化就是美学的研究对象从艺术向文化领域的泛化，所谓艺术哲学已逐步变化为文化哲学。这种变化为中国美学史研究领域的外向拓展提供了契机。比如，美学长期关注的艺术史至少可以向工艺史拓展，城市、乡村、自然也可以被纳入美学史的研究范围。

---

① 任继愈：《中国哲学发展史·秦汉卷》，4 页，北京，人民出版社，1985。

近年来，张法教授提出了中国美学的天下观和朝廷美学等命题，前者提示人们，中国美学史不能被仅仅等同于中原的或汉民族的历史，而应是天下的历史，它包括中国多民族的审美创造。同时，汉民族的天下认知具有从经验逐步走向想象的过渡性特征，这种空间想象是诗意的或审美的，属于一种诗性或审美地理学。他关于朝廷美学的提法，则打破了西方自启蒙运动以来在美和自由之间建立的专属性关联，让自由之外的和谐观念、解放性叙事之外的建构努力、反体制之外的制度形式，均成为美学史研究亟待开掘的新空间。这些新的理论探索和学科变化，无疑对重建中国美学的史料体系具有非凡的指导意义，同时也使汉代美学所包蕴的内容前所未有地丰富起来。

基于以上想法，《中国美学经典·两汉卷》分为四编。

第一编：文艺美学。现代以来，虽然美学研究对象因为美学边界的拓展而体现出整体放大的趋势，但关于文学艺术的哲学之思仍然构成了美学史的核心内容。基于这一原因，本卷仍将整理汉代文艺美学史料视为最重要的工作。该编共分为五部分，即文学美学、音乐美学、舞蹈美学、书法美学、绘画美学。其中，文学美学部分，主要涉及汉代思想者对诗（《诗经》）、骚、赋的认识；音乐美学部分，主要涉及音乐与自然的关联（律历）、与伦理政治的关联（礼乐）、音乐的本体之思（乐本）以及具体音乐形式；舞蹈美学部分的史料，体现出汉代国家祭祀乐舞与世俗歌舞的分裂性；书法美学、绘画美学部分的资料，则体现出这两种艺术形式从工具向本体、从实用向审美、从百工之术向士人雅好逐步转进的态势。

第二编：朝廷—制度—天下美学。该编属于政治美学或审美政治学的范畴，但它与西方现代以审美价值介入社会政治批判的美学（如西方马克思主义）不同，它是将美和艺术作为主流政治的建设性因素来看待的。中国社会自西周以来，传统政治被称为礼乐政治，即审美政治；文教（诗教、礼教、乐教）构成了国家教育的最重要形式。汉代自武帝"罢黜百家，表彰六经"始，始终将恢复周制作为政治目标，这意味着美是为其政权提供合法性并为王朝政治提供理想指向的最重要力量。第二编遵循逐步放大的逻辑，共分三部分，即朝廷美学、制度美学、天下美学。其中，朝廷美学主要涉及汉代帝王诏书中宣示的美学问题，制度美学主要涉及汉代思想者在国家政治权建构中对美的价值认识和定位，天下美学则主要涉及中原王朝的天下认知、想象以及由此形成的审美地理学观念。

第三编：自然与泛艺术美学。该编内容是前两编的外延形式，分为自然美学，身体美学，服饰美学，工艺美学，生活美学，城市、建筑美学诸章。其中，关于自然美学，两汉虽然没有形成魏晋时期的风潮，也逊于后世的疏朗和精致，但它涵泳天地的宏阔烂漫，托物言志的典雅婉约，仍然开人心胸，启人情思。内容主要包括黄老之学和儒家经学对自然天地之美的构成性认知，以及汉代辞赋对自然物象的吟诵等。这一维度与文艺美学、政治美学一起，分别在艺术、社会、自然三个层面构成了汉代美学的主干。此外，身体美学及服饰美学主要涉及汉代人的身体观念以及官方服饰制度，工艺美学主要涉及汉代工艺观念以及对工艺性器具的鉴赏（咏物赋），生活美学主要涉及汉代关于日常生活的审美规划以及一些游戏性技艺，城市、建筑美学主要涉及汉代思想者对人居空间的哲学、伦理认知，以及都市赋对城市之美的歌颂。其中，服饰、工艺、建筑、城市作为人的创造物，是对人居世界的艺术化重构，在宽泛意义上可归属于艺术美学的范围，但为了与更趋精神性的音乐、舞蹈、书法、绘画等有所区隔，本书采取了前后分编处理的方式。

第四编：哲学—宗教美学。徐复观在评价汉代思想特点时说过：

"汉人不长于抽象思维，这是思想上的一种堕退。"比如，先秦时期的"老庄以道言创生，是出自思维的推理，是纯抽象的形而上学的性格。其自身含有严格的合理性"①，但在汉代黄老哲学中，道基本上让位于"太一""天""气""阴阳"这些更具体的范畴，即从哲学的本体论下降为宇宙论。需要指出的是，这种从抽象走向具体的哲学取向，于美学而言却不是坏事，它的直接的功效就是使汉代哲学更接近于作为感性学的美学。同时，在汉代，哲学与宗教并没有明确的分界，而是构成了顺延关系。例如，黄老之学逐步发展为神仙道教，儒家则因为天命的介入而逐步陷入神秘主义，成为一种谶纬神学。这种宗教，不但因其感性而天然地具有美学色彩，而且它表达的理想本身就与美学标举的审美理想相类通。东汉明帝时期，佛教东传，将中国本土此岸性的宗教理想引入了超越性的彼岸世界。这种异域思想的介入，对提升中国本土宗教的审美境界无疑具有重要的作用。基于如上情况，第四编分为哲学美学和宗教美学两部分。前者从西汉初年陆贾、贾谊的儒法并举思想论起，逐步过渡到对汉代哲学影响最巨的两部著作，即道家的《淮南子》和儒家的《春秋繁露》。此后的思想者，基本可视为对这两部思想巨著的发挥和阐扬。后者主要选取了几部具有代表性的宗教类著作，如道教的《列仙传》《太平经》和佛教的《四十二章经》《理惑论》。同时，涉及求道升仙和墓葬的文献资料也被编入该章，因为它们分别以想象和实践的方式彰显了汉代人关于来世的期许和理想。

总体言之，本卷所选内容有效涵盖了汉代美学发展的全貌。它既反映了汉代美学和艺术之思的多姿多彩，同时也显现出这一时代美学主题多元、边界模糊的杂合特征。这种状况，使现代美学研究

---

① 徐复观：《两汉思想史》，第 2 卷，135 页，上海，华东师范大学出版社，2001。

者往往难以用既成的美学理论对其做出清晰的线索梳理和逻辑规划，并因此成为中国美学史研究中的难题，但也足以激励美学史家们通过理论的调整更贴近这一时代的美学特征。面对历史，从来不能说时代错了，而只可能是理论错了。就此而言，汉代美学研究，既是对现有美学述史模式的挑战，同时也为更具活力的美学史研究提供了机遇。

《中国美学经典·两汉卷》诸篇，所引用的古籍分为竖排繁体字版和简体字版两种。书中的摘录原则为按原文摘录，但对个别字词和标点符号有所改动。繁体字版古籍中的资料，依"通用规范汉字表"的要求和普及简化汉字的目的，统一将繁体字、异体字改为相对应的简体字；没有对应的简体字的，则保留原来的繁体字和异体字。简体字版古籍中，原文中保留的繁体字或异体字，也依照"通用规范汉字表"的要求，统一改为简体字；在可利用的工具书的范围内找不到原文中的简体字，反而找到了对应的繁体字时，则保留繁体字或异体字；由当时作者自己造出的在工具书内找不到的字，按原样保留；若古籍中的繁体字有两个读音、两种意思，不同意思对应的简体字不一样，且无法确定对应哪个简体字时，则保留繁体字并加注。

第一编 ◎ 文艺美学

本编导读

汉代是中国文学艺术的繁荣期，诗、赋、音乐、舞蹈、书法、绘画等诸种文学艺术形式多元并起，均处于从国家典礼性艺术向文人审美性艺术递变的途中。与此一致，文艺美学理论既继承了先秦的文学艺术观念，并有新的综合与拓展，又开辟了后世文人化审美趣味的新方向。"承前"与"启后"的双重性，是这一时代文艺美学最重要的特性。

文学美学是这种双重性特征表现得最鲜明的区域。西汉自文帝时代，开始设立专职传授、阐释《诗经》的博士学官，至武帝时形成齐、鲁、韩三家解《诗经》的学派，后又有毛诗加入其中并形成主导。这种对《诗经》的传、笺式解读，构成了汉代文学美学最具持续性和主导性的环节，也开启了中国《诗经》阐释学的传统。与此比较，诗、赋创作代表了这一时代最杰出的文学成就，但作为新诗代表的汉乐府诗尚没有引起理论的关注，对赋文学的看法也是在毁誉之间难有定评。概而言之，这一时期的文学美学主要涉及以下内容。一是对文学一般审美特性的分析，重点涉及文辞、文辨等修辞学命题，以及文质关系等文学风格问题。二是《诗经》研究，主要是汉代经学家对《诗经》大义的阐释，体现出这一时代对《诗经》的审美认知与政治、伦理问题的强烈关联性。三是屈原和《离骚》研究。汉代士人普遍抱有怀才不遇的郁愤和对现实政治的忧患，这种情感取向使屈原成为他们借以反思个体命运的知音，也使《离骚》（及楚辞其他篇目）美学成为贯穿汉代历史的显学。四是对汉赋的审美评价。赋是汉代文学最具代表性的文学样式，其铺张扬厉的文风最能彰显汉帝国的"巨丽"气象。但有汉一代，知识分子以致力于尘世事功为人生第一要务，同时赋的文风也与儒家经生主张的节制、质实等审美观相矛盾。这种状况，使对汉赋的评价成为贯穿两汉的争议性问题。

　　与文学美学一致，汉代音乐美学也体现出述古与新变的二元性。西汉立国之初，以反抗秦王朝的暴虐来确立自己的政治合法性，以文化艺术领域对周代旧典的全面搜集整理与秦王朝的"焚书坑儒"形成对比，并以此作为国家政治哲学的基础。在这场大规模的整理恢复旧典的运动中，儒家六经中的《乐经》佚失不见，这是汉武帝设五经博士，却单单缺失《乐经》博士的原因。但值得注意的是，有汉一代，《乐经》的佚失非但没有减损汉代思想者对于音乐美学的贡献，反而为其更具综合性地统合前代音乐美学成果，并实现融合创新提供了契机。像司马迁的《律书》《乐书》，被收入《礼记》的《乐记》，均可视为这一时代最具融创特性的杰出成果，也使音乐美学方面的贡献成为汉代思想者为中国美学史做出的最杰出贡献。同时，音乐作为一种以声音为媒介的艺术，由于当时缺乏有效的记谱系统，用于国家典礼的雅乐体系在汉代已残缺不全。这削弱了官方意识形态对音乐艺术的制约，同时也为音乐艺术的创新和发展带来了机遇。正是因此，在汉代，除了武帝时期对国家典礼音乐的重造外，四夷之乐、士人音乐、民间音乐均得到长足发展，尤其以琴、箫、笛为主奏乐器的士人音乐具有代表性。与此相关的音乐理论则成为反映汉代音乐美学"新变"特征的最重要亮点，代表性的文献有王褒的《洞箫赋》、桓谭的《新论·琴道》、马融的《长笛赋》等。

先秦时期，诗、乐、舞既是同源的，也是一体的，都是广义的"乐"的组成部分。春秋晚期，经过孔子的整理，诗首先从广义的"乐"中分离了出来，至两汉，舞与乐也出现了分离的倾向。汉代舞蹈美学史料主要见于三个方面。一是对舞蹈的本体论思考，如《淮南子·本经训》云："凡人之性，心和欲得则乐，乐斯动，动斯蹈，蹈斯荡，荡斯歌，歌斯舞，歌舞节则禽兽跳矣。"这是在讲音乐的心性基础。二是对国家庆典、祭祀仪式中舞蹈特性、规制和功能的认识，这一点基本延续了先秦儒家正统的舞蹈美学观念。三是对贵族宴饮活动中歌舞娱乐的描摹与渲染，如傅毅的《舞赋》、张衡的《观舞赋》和《西京赋》片段，体现出纵情声色、翩然超越的审美取向。这一层面与楚辞中对楚地歌舞的定位有着历史的连续性，应是先秦楚文化中的舞蹈观念在中原地区的延续发展。

书法是儒家六艺之一。按照许慎的《说文解字序》，汉代在国家教育和官吏选拔方面对文字书写有严格的要求，即："学僮十七以上始试，讽籀书九千字乃得为吏；又以八体试之。郡移太史并课，最者以为尚书史。书或不正，辄举劾之。"这种要求，使文字逐渐由表意工具转化为审美对象，书写则由实用技能转化为艺术活动。至东汉时期，相继出现了一大批以书名世的名家，如曹喜、杜度、王次仲、崔瑷、崔寔、张芝、蔡邕、师宜官、刘德升、梁鹄等。在帝王、贵族、士人阶层，则出现了宝爱书法的时代风尚。就此而言，有汉一代，是书法真正成为艺术的时代，也是中国书法美学走向自觉的时代。由草隶演变而来的章草，是这一时代书法艺术的代表。在理论方面，崔瑷的《草书势》和赵壹的《非草书》，分别从不同角度对这种时代风尚做了回应。蔡邕的《笔论》《九势》《篆势》则涉及了书法的心理本体、书法体势、书法风格等重要问题。另外，许慎的《说文解字序》虽然是文字学文献，但对于中国书法美学理论来说却是奠基性的著作。它的书契起源论、"书者如也"之书学定位、"六书"分类、书体流变记述，对于中国书法美学具有理论和史料的双重价值。

与书法一样，绘画在汉代也实现了从画匠技艺向文人雅作的转换。中国画史源远流长，但直至西汉都是以社会地位低下的画工为主导，如毛延寿、陈敞、刘白、龚宽、阳望、樊育等。东汉时期，中国绘画美学史的一个重大变化，就是文人士大夫开始进入绘画领域，如张衡、赵岐、刘褒、蔡邕等，这为后世绘画审美品格的提升做了准备。纵观汉代画论，其主题主要有两个：一是追求摹形状物的真实性，二是通过图绘节烈之士实现其政治、伦理价值。与此一致，文人士大夫虽然介入绘画事业，但对这种艺术才能的评价普遍不高，如蔡邕云："书画辞赋，才之小者。匡国理政，未有其能。"（《上封事陈政要七事》）这说明，汉代虽然出现了绘画艺术文人化的萌芽，但这一精神性的美学目标，要等到魏晋时期才真正达成。

一、文学美学

韩　婴

　　韩婴(约公元前 200—前 130)，涿郡鄚(今河北任丘市)人。西汉著名今文经学家，以《诗经》研究见长。他对《诗经》的解释与辕固生的"齐诗"、申培的"鲁诗"齐名，并称"三家诗"。著有《韩诗内传》《韩诗外传》《韩说》，其中《韩诗内传》《韩说》南宋后已佚。选文摘自许维遹校释《韩诗外传集释》，中华书局 1980 年版。

韩诗外传

卷五　第二十二章

孔子曰：夫谈说之术，齐庄以立之，端诚以处之，坚强以持①之，辟称以喻之，分别以明之，欢忻芬芳以送之，宝之珍之，贵之神之，如是则说恒无不行矣。夫是之谓能贵其所贵。② 若夫无类之说，不形之行，不赞之辞，君子慎之。《诗》曰："无易由言，无曰苟矣。"

卷六　第六章

天下之辩，有三至三胜，而辞直为下。辩者，别殊类，使不相害，序异端，使不相悖，输志通意，揭其所谓，使人预知焉，不务相迷也。是胜者不失所守，不胜者得其所求，故辩可观也。夫繁文以相假，饰辞以相悖，数譬以相移，外人之身使不得反其意，则论便然后害生也。夫不疏其指而弗知谓之隐，外意外身谓之讳，几廉倚跌谓之移，指缘谬辞③谓之苟。四者君子所不为也，故理可同睹也。夫隐、讳、移、苟，争言竞为而后息，不能无害其为君子也，故君子不为也。《论语》曰："君子於④其言，无所苟而已矣。"《诗》曰："无易由言，无曰苟矣。"

---

①　持：旧作"待"，《说苑·善说》篇作"持"，今据正。

②　语出自《荀子·非相》，疑"孔子曰"有误，应是"孙卿曰"。

③　谬辞：悦笑取讽的言语。

④　古代文献中"於"与"于"意义相通，但"于"并非"於"的简化字，两字在古籍中有同时出现的情况，具体运用也略有差异。因此，本书在摘引古籍时，按原文保留"於"和"于"的用法，下文情况相同之处不再另行说明。——编辑注

佚　名

　　《毛诗序》是先秦至汉代我国诗歌理论的总结性文献。其作者一说为孔子弟子子夏，一说为东汉经学家卫宏，另外也有可能是西汉景帝、武帝时期的赵人毛公所作。汉人注解《诗经》，分齐、鲁、韩、毛四家，《毛诗序》是毛公一派注解《诗经》的序言。《毛诗序》分为"大序"和"小序"，其中"大序"是讲《诗经》大义的总序，"小序"是对每篇诗的题解。本书所选为"大序"。选文摘自李学勤主编《十三经注疏·毛诗正义》，北京大学出版社 1999 年版。

毛诗序

　　《关雎》，后妃之德也，风之始也，所以风①天下而正夫妇也，故用之乡人②焉，用之邦国焉。风，风也，教也。风以动之，教以化之。诗者，志之所之也，在心为志，发言为诗。情动于中而形于言，言之不足，故嗟叹之，嗟叹之不足，故永歌之，永歌之不足，不知手之舞之、足之蹈之也。情发于声，声成文谓之音③。治世之音，安以乐，其政和。乱世之音，怨以怒，其政乖。亡国之音，哀以思，其民困。故正得失，动天地，感鬼神，莫近于诗。先王以是经夫妇，成孝敬，厚人伦，美教化，移风俗。故诗有六义④焉：一曰风，二曰赋，三曰比，四曰兴，五曰雅，六曰颂。

---

　　① 风：读去声，用作动词，教化之意。
　　② 乡人：指百姓，相传周朝以一万二千五百家为一乡。
　　③ 声：指宫、商、角、徵、羽。文：由五声和合而成的曲调，将五声合成为调，即为"音"。
　　④ 六义：《诗序》"六义"说源于《周礼》"六诗"。

上以风化下，下以风刺上，主文而谲谏①，言之者无罪，闻之者足以戒，故曰风。至于王道衰，礼义废，政教失，国异政，家殊俗，而变风、变雅②作矣。国史明乎得失之迹，伤人伦之废，哀刑政之苛，吟咏情性，以风其上，达于事变而怀其旧俗者也。故变风发乎情，止乎礼义。发乎情，民之性也；止乎礼义，先王之泽也。是以一国之事，系一人之本，谓之风。言天下之事，形四方之风，谓之雅。雅者，正也，言王政之所由废兴也。政有小大，故有小雅焉，有大雅焉。颂者，美盛德之形容，以其成功，告于神明者也。是谓四始，《诗》之至也。

然则《关雎》、《麟趾》③之化，王者之风，故系之周公。南，言化自北而南也。《鹊巢》、《驺虞》④之德，诸侯之风也，先王之所以教，故系之召公。《周南》、《召南》⑤，正始之道，王化之基，是以《关雎》乐得淑女以配君子，忧在进贤，不淫其色。哀窈窕，思贤才，而无伤善之心焉，是《关雎》之义也。

刘 安

刘安（公元前179—前122），汉高祖刘邦之孙，淮南厉王刘长之子，西汉思想家、文学家。好读书，善文辞。《淮南子》是淮南王刘安及其门客集体编写的一部哲学著作。该书以道家思想为主导，兼

---

① 谲谏：以旁敲侧击的方式对君主尊长进行劝谏。

② 变：指时世由盛变衰，即"王道衰、礼义废"等。变风：指邶风以下十三国风。变雅：指大雅中《中劳》以后的诗，小雅中《六月》以后的诗。

③ 《麟趾》：即《麟之趾》，是《国风·周南》的最后诗篇。

④ 《鹊巢》：《国风·召南》的首篇，《驺虞》是其末篇。

⑤ 《周南》：《国风》的第一部分，共计十一篇。《召南》：在《周南》之后，计十四篇。

采诸子百家学说，是战国至汉初黄老之学理论体系的代表作。共包括《内篇》21 篇，《外篇》33 篇，《道训》2 篇，今仅存《内篇》部分。选文摘自何宁撰《淮南子集释》，中华书局 1998 年版。

淮南子·泰族训

《易》之失也卦，《书》之失也敷，乐之失也淫，《诗》之失也辟，礼之失也责，《春秋》之失也刺。天地之道，极则反，盈则损。五色虽朗，有时而渝；茂木丰草，有时而落；物有隆杀，不得自若。

《关雎》兴於鸟而君子美之，为其雌雄之不乖①居也；《鹿鸣》兴於兽，君子大之，取其见食而相呼也。泓之战，军败君获，而《春秋》大之，取其不鼓不成列也。宋伯姬坐烧而死，《春秋》大之，取其不逾礼而行也。

天不一时，地不一利，人不一事，是以绪业不得不多端，趋行不得不殊方。五行异气而皆适调，六艺异科而皆同道。温惠柔②良者，《诗》之风也；淳庞敦厚者，书之教也；清明条达者，易之义也；恭俭尊让者，礼之为也；宽裕③简易者，乐之化也；刺几辩义者，《春秋》之靡也。故《易》之失鬼，乐之失淫，《诗》之失愚，《书》之失拘，礼之失忮④，《春秋》之失訾。六者，圣人兼用而财⑤制之。失本则乱，得本则治。其美在调，其失在权。

① 乖：当作"乘"，字误。
② 柔：亦作"淳"。
③ 裕：《太平御览》作"和"。
④ 忮：作"乱"。
⑤ 财：通"裁"，古字通用。

董仲舒

董仲舒(公元前 179—前 104)，西汉广川郡(今河北衡水市)人，西汉今文经学的代表人物。其学说以《公羊春秋》为依据，兼采道家、法家、阴阳家思想，自武帝时期成为汉代的官方哲学。代表性著述有《天人三策》《士不遇赋》和《春秋繁露》。选文摘自苏舆撰，钟哲点校《春秋繁露义证》，中华书局 1992 年版。

春秋繁露·玉杯

礼之所重者在其志。志敬而节具，则君子予之知礼。志和而音雅，则君子予之知乐。志哀而居约，则君子予之知丧。故曰：非虚加之，重志之谓也。志为质，物为文。文著於质，质不居文，文安施质？质文两备，然后其礼成。文质偏行，不得有我尔之名。俱不能备而偏行之，宁有质而无文。虽弗予能礼，尚少善之，介葛卢来①是也。有文无质，非直不子，乃少恶之，谓州公寔来②是也。

……

《春秋》论十二世③之事，人道浃④而王道备。法布二百四十二年之中，相为左右，以成文采。其居参错，非袭古也。是故论《春秋》者，合而通之，缘而求之，五其比，偶其类，览其绪，屠其赘，是以人道浃而王法立。以为不然？今夫天子逾年即位，诸侯於封内三

---

① 介：东夷国名。葛卢：介国的君主名。来：朝见。因其是夷狄不识周礼，故称"来"不称"朝"。

② 州：国名。寔来：意即此人来了。

③ 十二世：即《春秋》所记鲁国的十二代君主。

④ 浃：周到通达意。

年称子，皆不在经也，而操之与在经无以异。非无其辨也，有所见而经安受其赘也。故能以比贯类、以辨付赘者，大得之矣。

……

君子知在位者之不能以恶服人也，是故简①六艺以赡养之。《诗》《书》序其志，《礼》《乐》纯其美，《易》《春秋》明其知。六学皆大，而各有所长。《诗》道志，故长於质。《礼》制节，故长於文。《乐》咏德，故长於风②。《书》著功，故长於事。《易》本天地，故长於数。《春秋》正是非，故长於治人。能兼得其所长，而不能遍举其详也。故人主大节则知暗③，大博则业厌④。二者异失同贬，其伤必至，不可不察也。是故善为师者，既美其道，有慎其行，齐时蚤晚，任多少，适疾徐，造而勿趋，稽而勿苦，省其所为，而成其所湛⑤，故力不劳而身大成。此之谓圣化，吾取之。

司马迁

司马迁（公元前 145 或前 135—不可考），字子长，左冯翊夏阳（今陕西韩城县南）人，西汉时期著名的史学家和文学家。由其撰写的《史记》被公认为中国史书的典范，同时也保留了大量先秦至西汉时期的美学文献，以及司马迁个人关于美和艺术的真知灼见。此处所选《屈原贾生列传》《司马相如列传》《儒林列传》《太史公自序》摘自《史记》，中华书局 1999 年版。《报任少卿书》摘自严可均辑《全汉文》，商务印书馆 1999 年版。

---

① 简：选取。
② 风：教化、教育。
③ 知暗：糊涂。
④ 厌：满足。
⑤ 湛：和乐。

史 记

屈原贾生列传

离骚①者，犹离忧也。夫天者，人之始也；父母者，人之本也。人穷则反本，故劳苦倦极，未尝不呼天也；疾痛惨怛②，未尝不呼父母也。屈平正道直行，竭忠尽智以事其君，谗人间之，可谓穷矣。信而见疑，忠而被谤，能无怨乎？屈平之作《离骚》，盖自怨生也。《国风》好色而不淫，《小雅》怨诽而不乱。若《离骚》者，可谓兼之矣。上称帝喾，下道齐桓，中述汤武，以刺世事。明道德之广崇，治乱之条贯，靡不毕见。其文约，其辞微，其志洁③，其行廉，其称文小而其指极大，举类迩而见义远。其志洁，故其称物芳。其行廉，故死而不容。自疏濯淖污泥之中，蝉蜕于浊秽，以浮游尘埃之外，不获世之滋垢，皭④然泥而不滓者也。推此志也，虽与日月争光可也。

司马相如列传

太史公曰：《春秋》推见至隐，《易》本隐之以显，《大雅》言王公大人而德逮黎庶，《小雅》讥小己之得失，其流及上。所以言虽外殊，其合德一也。相如虽多虚辞滥说，然其要归引之节俭，此与《诗》之风谏何异。杨雄以为靡丽之赋，劝百风一，犹驰骋郑卫之声，曲终而奏雅，不已亏乎？余采其语可论者著于篇。

---

① 离：通"罹"，遭受。骚：忧。
② 惨：毒。怛：痛。
③ 洁：洁身诚意。
④ 皭：通"皎"。

儒林列传

太史公曰：余读功令①，至于广厉学官之路，未尝不废书而叹也。曰：嗟乎！夫周室衰而《关雎》作，幽厉微而礼乐坏，诸侯恣行，政由强国。故孔子闵王路废而邪道兴，于是论次《诗》《书》，修起礼乐。适齐闻《韶》，三月不知肉味。自卫返鲁，然后乐正，《雅》《颂》各得其所。世以混浊莫能用，是以仲尼干七十馀君无所遇，曰"苟有用我者，期月而已矣"。西狩获麟，曰"吾道穷矣"。故因史记作《春秋》，以当王法，其辞微而指博，后世学者多录焉。

……

及高皇帝诛项籍，举兵围鲁，鲁中诸儒尚讲诵习礼乐，弦歌之音不绝，岂非圣人之遗化，好礼乐之国哉？故孔子在陈，曰"归与归与！吾党之小子狂简，斐然成章，不知所以裁之"。夫齐鲁之间于文学，自古以来，其天性也。故汉兴，然后诸儒始得修其经蓺，讲习大射乡饮之礼。叔孙通作汉礼仪，因为太常，诸生弟子共定者，咸为选首，于是喟然叹兴于学。然尚有干戈，平定四海，亦未暇遑庠序之事也。孝惠、吕后时，公卿皆武力有功之臣。孝文时颇征用，然孝文帝本好刑名之言。及至孝景，不任儒者，而窦太后又好黄老之术，故诸博士具官待问，未有进者。

太史公自序

夫《春秋》，上明三王之道，下辨人事之纪，别嫌疑，明是非，定犹豫，善善恶恶②，贤贤贱不肖，存亡国，继绝世，补敝起废，王道之大者也。《易》著天地阴阳四时五行，故长于变；《礼》经纪人伦，故长于行；《书》记先王之事，故长于政；《诗》记山川溪谷禽兽

---

①　功令：古时课试学生成绩的法规。
②　善善恶恶：《公羊传》曰："善善及其子孙，恶恶止其身。"

草木牝牡雌雄，故长于风；《乐》乐所以立，故长于和；《春秋》辩是非，故长于治人。是故《礼》以节人，《乐》以发和，《书》以道事，《诗》以达意，《易》以道化，《春秋》以道义。拨乱世反之正，莫近于《春秋》。《春秋》文成数万，其指数千。

……

"大《诗》《书》隐约①者，欲遂其志之思也。昔西伯拘羑里，演《周易》；孔子厄陈蔡，作《春秋》；屈原放逐，著《离骚》；左丘失明，厥有《国语》；孙子膑脚，而论兵法；不韦迁蜀，世传《吕览》；韩非囚秦，《说难》、《孤愤》；《诗》三百篇，大抵贤圣发愤之所为作也。此人皆意有所郁结，不得通其道也，故述往事，思来者。"

……

维我汉继五帝末流，接三代(统)〔绝〕业。周道废，秦拨去古文，焚灭《诗》《书》，故明堂石室金匮玉版图籍散乱。于是汉兴，萧何次律令，韩信申军法，张苍为章程，叔孙通定礼仪，则文学彬彬稍进，《诗》《书》往往间出矣。自曹参荐盖公言黄老，而贾生、晁错明申、商，公孙弘以儒显，百年之间，天下遗文古事靡不毕集太史公。太史公仍父子相续纂其职。曰："於戏！余维先人尝掌斯事，显于唐虞，至于周，复典之，故司马氏世主天官。至于余乎，钦念哉！钦念哉！"罔罗天下放失旧闻，王迹所兴，原始察终，见盛观衰，论考之行事，略推三代，录秦汉，上记轩辕，下至于兹，著十二本纪，既科条之矣。并时异世，年差不明，作十表。礼乐损益，律历改易，兵权山川鬼神②，天人之际，承敝通变，作八书。二十八宿环北辰，三十辐共一毂，运行无穷，辅拂股肱之臣配焉，忠信行道，以奉主

---

① 隐约：隐微而言约。

② 兵权：即《律书》。山川：即《河渠书》。鬼神：即《封禅书》。

上，作三十世家。扶义俶傥①，不令己失时，立功名于天下，作七十列传。凡百三十篇，五十二万六千五百字，为《太史公书》。

报任少卿书

古者富贵而名摩灭，不可胜记，唯倜傥非常之人称焉，盖文王拘而演《周易》；仲尼厄而作《春秋》；屈原放逐，乃赋《离骚》；左丘失明，厥有《国语》；孙子膑脚，《兵法》修列；不韦迁蜀，世传《吕览》；韩非囚秦，《说难》《孤愤》；《诗》三百篇，大底圣贤发愤之所为作也，此人皆意有所郁结，不得通其道，故述往事，思来者。及如左丘无目，孙子断足，终不可用，退而论书策，以舒其愤，思垂空文以自见。

孔安国

孔安国(约公元前 156—前 74)，鲁(今山东曲阜市)人，孔子十代孙，西汉著名经学家，古文尚书学派的开创者。据《汉书·艺文志》，汉武帝末年，鲁恭王刘余拆除孔子旧宅时，发现一部用先秦古文字书写的《尚书》，即《古文尚书》。孔安国对这部《尚书》进行了研究，并作传。《尚书序》即为孔安国为此书写的序言。选文摘自李学勤主编《十三经注疏·尚书正义》，北京大学出版社 1999 年版。

尚书序

古者伏牺氏之王天下也，始画八卦，造书契，以代结绳之政，

---

① 俶傥：亦作"俶倘"，指卓异不凡。

由是文籍生焉。

伏牺、神农、黄帝之书，谓之"三坟"，言大道也。少昊、颛顼、高辛、唐、虞之书，谓之"五典"，言常道也。

至于夏、商、周之书，虽设教不伦，雅诰奥义，其归一揆。是故历代宝之，以为大训。八卦之说，谓之"八索"，求其义也。九州之志，谓之"九丘"。丘，聚也。言九州所有，土地所生，风气所宜，皆聚此书也。《春秋左氏传》曰，楚左史倚相"能读三坟、五典、八索、九丘"，即谓上世帝王遗书也。

先君孔子，生于周末，睹史籍之烦文，惧览之者不一，遂乃定《礼》、《乐》，明旧章，删《诗》为三百篇，约史记而修《春秋》，赞《易》道以黜八索，述《职方》以除九丘。讨论坟、典，断自唐虞以下，讫于周。芟夷烦乱，翦截浮辞，举其宏纲，撮其机要，足以垂世立教。典、谟、训、诰、誓、命之文凡百篇，所以恢弘至道，示人主以轨范也。帝王之制，坦然明白，可举而行，三千之徒并受其义。

及秦始皇灭先代典籍，焚书坑儒，天下学士逃难解散，我先人用藏其家书于屋壁。汉室龙兴，开设学校，旁求儒雅，以阐大猷①。济南伏生，年过九十，失其本经，口以传授。裁二十余篇。以其上古之书，谓之《尚书》。百篇之义，世莫得闻。

至鲁共王好治宫室，坏孔子旧宅，以广其居，于壁中得先人所藏古文虞夏商周之书及传《论语》、《孝经》，皆科斗文字。王又升孔子堂，闻金石丝竹之音，乃不坏宅，悉以书还孔氏。科斗书废已久，时人无能知者，以所闻伏生之书考论文义，定其可知者，为隶古定，更以竹简写之，增多伏生二十五篇。伏生又以《舜典》合于《尧典》，《益稷》合于《皋陶谟》，《盘庚》三篇合为一，《康王之诰》合于《顾命》，

---

① 大猷：道术。

复出此篇，并序，凡五十九篇，为四十六卷。其余错乱摩灭，弗可复知，悉上送官，藏之书府，以待能者。

承诏为五十九篇作传，于是遂研精覃思，博考经籍，採摭群言，以立训传。约文申义，敷畅厥旨，庶几有补于将来。

《书序》，序所以为作者之意。昭然义见，宜相附近，故引之各冠其篇首，定五十八篇。既毕，会国有巫蛊事①，经籍道息，用不复以闻，传之子孙，以贻后代。若好古博雅君子，与我同志，亦所不隐也。

刘　向

刘向（约公元前 77—前 6），原名更生，彭城（今江苏沛县）人，汉朝宗室。汉宣帝时任谏大夫，元帝时任宗正，成帝时任光禄大夫，官至中垒校尉，是当时著名的经学家、目录学家和文学家。其学术成就主要体现在治《春秋穀梁传》，编订《战国策》《山海经》以及目录学著作《别录》等。著有《新序》《说苑》《列女传》以及辞赋《九叹》。选文摘自向宗鲁校证《说苑校证》，中华书局 1987 年版。

说　苑

敬　慎

孔子论《诗》，至於《正月》之六章，懼然曰："不逢时之君子，岂

---

①　巫蛊事：详见《汉书·江充传》。

不殆哉！从上依世①则废道；违上离俗则危身；世不与善，己独由之，则曰非妖则孽也。是以桀杀关龙逢，纣杀王子比干。故贤者不遇时，常恐不终焉。《诗》曰：'谓天盖高，不敢不跼②；谓地盖厚，不敢不蹐③。'此之谓也。"

善 说

孙卿曰："夫谈说之术，齐庄④以立之，端诚以处之，坚强以持之，譬称⑤以谕之，分别以明之，欢欣愤满以送之；宝之，珍之，贵之，神之。如是，则说常无不行矣。夫是之谓能贵其所贵。《传》曰：'唯君子为能贵其所贵也。'《诗》云：'无易由言，无曰苟矣。'"鬼谷子曰："人之不善而能矫之者，难矣。说之不行，言之不从者，其辩之不明也；既明而不行者，持之不固也；既固而不行者，未中其心之所善也。辩之，明之，持之，固之，又中其人之所善，其言神而珍，白而分，能入於人之心，如此而说不行者，天下未尝闻也。此之谓善说。"子贡曰："出言陈辞，身之得失，国之安危也。"《诗》云："辞之绎矣，民之莫矣。"夫辞者，人之所以通也。主父偃曰："人而无辞，安所用之。"昔子产修其辞而赵武致其敬，王孙满明其言而楚庄以惭，苏秦行其说而六国以安，蒯通陈说而身得以全。夫辞者，乃所以尊君、重身、安国、全性者也。故辞不可不修，而说不可不善。

奉 使

魏文侯封太子击於中山，三年，使不往来。舍人⑥赵仓唐进称

---

① 从上依世：顺从君主依循世俗。
② 跼：屈身弯腰。
③ 蹐：小步走路。
④ 齐庄：恭敬。《中庸》载："齐庄中正，足以有敬。"
⑤ 譬称：比喻引证。
⑥ 舍人：官名。掌宫中之政。

曰："为人子，三年不闻父问，不可谓孝；为人父，三年不问子，不可谓慈。君何不遣人使大国乎?"太子曰："愿之久矣，未得可使者。"仓唐曰："臣愿奉使。侯何嗜好?"太子曰："侯嗜晨凫①，好北犬。"於是乃遣仓唐缲北犬、奉晨凫，献於文侯。仓唐至，上谒曰："孽子击之使者，不敢当大夫之朝，请以燕闲②，奉晨凫敬献庖厨，缲北犬敬上涓人。"文侯悦曰："击爱我，知吾所嗜，知吾所好。"召仓唐而见之，曰："击无恙乎?"仓唐曰："唯，唯!"如是者三，乃曰："君出太子而封之国，君名之，非礼也。"文侯怵然③为之变容，问曰："子之君无恙乎?"仓唐曰："臣来时拜送书於庭。"文侯顾指左右，曰："子之君长孰与是?"仓唐曰："《礼》，拟人必於其伦。诸侯无偶，无所拟之。"曰："长大孰与寡人?"仓唐曰："君赐之外府之裘，则能胜之；赐之斥带，则不更其造。"文侯曰："子之君何业?"仓唐曰："业《诗》。"文侯曰："於《诗》何好?"仓唐曰："好《晨风》、《黍离》。"文侯自读《晨风》曰："鴥④彼晨风，郁彼北林，未见君子，忧心钦钦⑤。如何如何，忘我实多。"文侯曰："子之君以我忘之乎?"仓唐曰："不敢，时思耳!"文侯复读《黍离》曰："彼黍离离，彼稷之苗，行迈靡靡，中心摇摇。知我者谓我心忧，不知我者谓我何求。悠悠苍天，此何人哉!"文侯曰："子之君怨乎?"仓唐曰："不敢，时思耳!"文侯於是遣仓唐赐太子衣一袭，敕仓唐以鸡鸣时至。太子迎⑥拜受赐。发箧，视衣，尽颠倒。太子曰："趣早驾，君侯召击也。"仓唐曰："臣来时不受命。"太子曰："君侯赐击衣，不以为寒也。欲召击，无

① 晨凫：野鸭。常在早晨飞翔，故名。

② 燕闲：空闲，这里指退朝后休息。

③ 怵然：惊惧的样子。

④ 鴥：鸟疾飞貌。

⑤ 钦钦：忧思难禁貌。

⑥ 迎：原作"起"，《说苑校证》引《太平御览》改为"迎"。

谁与谋，故敕子以鸡鸣时至，《诗》曰：'东方未明，颠倒衣裳①，颠之倒之，自公召之。'"遂西至谒文侯。大喜，乃置酒而称曰："夫远贤而近所爱，非社稷之长策也。"乃出少子挚，封中山；而复太子击。故曰："欲知其子视其友，欲知其君视其所使。"赵仓唐一使，而文侯为慈父，而击为孝子。太子乃称《诗》曰："凤凰于飞，哕哕②其羽，亦集爰止③，蔼蔼④王多吉士，维君子使，媚於天子。"舍人之谓也。

扬　雄

　　扬雄(公元前53—公元18)，西汉蜀郡成都(今属四川)人，汉成帝时任给事黄门郎，王莽时任大夫，校书天禄阁。他早年醉心于辞赋创作，代表作有《甘泉赋》《羽猎赋》《长杨赋》。晚年则认为辞赋是"壮夫不为"的"雕虫篆刻"之技，于是转向研究哲学，仿《论语》作《法言》，仿《易经》作《太玄》。本节所选《吾子》《问神》《寡见》《五百》《先知》《君子》诸篇摘自汪荣宝撰，陈仲夫点校《法言义疏》，中华书局1987年版。《解难》摘自张震泽校注《扬雄集校注》，上海古籍出版社1993年版。

法　言

吾　子

　　或问"吾子少而好赋"。曰："然。童子雕虫篆刻。"俄而，曰：

---

①　颠倒衣裳：把上衣和下衣穿颠倒了。

②　哕哕：鸟飞的声音。

③　亦集爰止：它们栖息在停下来的地方。

④　蔼蔼：犹"济济"，众多貌。

"壮夫不为也。"或曰:"赋可以讽乎?"

曰:"讽乎! 讽则已,不已,吾恐不免於劝也。"或曰:"雾縠之组丽。"曰:"女工之蠹矣。"《剑客论》曰:"剑可以爱身①。"曰:"狌
犴②使人多礼乎?"

或问:"景差、唐勒、宋玉、枚乘之赋也,益乎?"曰:"必也,淫。""淫,则奈何?"曰:"诗人之赋丽以则,辞人之赋丽以淫。如孔氏之门用赋也,则贾谊升堂,相如入室矣。如其不用何?"

或问"苍蝇红、紫"。曰:"明视。"问"郑、卫之似"③。曰:"聪听。"

或曰:"朱、旷④不世,如之何?"曰:"亦精之而已矣。"

或问:"交五声、十二律也,或雅,或郑,何也?"曰:"中正则雅,多哇⑤则郑。"请问"本"。曰:"黄钟以生之,中正以平之,确乎,郑、卫不能入也!"

或曰:"女有色,书亦有色乎?"曰:"有。女恶华丹之乱窈窕也,书恶淫辞之淈法度也。"

或问:"屈原智乎?"曰:"如玉如莹,爰变丹青。如其智! 如其智!"

或问:"君子尚辞乎?"曰:"君子事之为尚。事胜辞则伉,辞胜事则赋,事、辞称则经。足言足容,德之藻矣。"

或问:"公孙龙诡辞数万以为法,法与?"曰:"断木为棋,挽⑥革为鞠,亦皆有法焉。不合乎先王之法者,君子不法也。"

---

① 爱身:卫身。

② 狌犴:读音为"批扞"。击虚谓之批,坚不可入谓之扞,皆剑术之要。

③ 《乐记》云:"郑、卫之音,乱世之音也。"

④ 朱:离娄。旷:师旷。

⑤ 哇:指靡靡之音,"淫哇"。

⑥ 挽:刮。

观书者譬诸观山及水，升东岳而知众山之逦迤①也，况介丘乎？浮沧海而知江河之恶沱也，况枯泽乎？舍舟航而济乎渎者，末矣；舍《五经》而济乎道者，末矣。弃常珍而嗜乎异馔者，恶睹其识味也；委大圣而好乎诸子者，恶睹其识道也。

山陉之蹊，不可胜由矣；向墙之户，不可胜入矣。曰："恶由入。"曰："孔氏。孔氏者，户也。"曰："子户乎？"曰："户哉！户哉！吾独有不户者矣。"

或欲学《苍颉》《史篇》②。曰："史乎！史乎！愈於妄阙也。"

或曰："有人焉，自云姓孔，而字仲尼。入其门，升其堂，伏其几，袭其裳，则可谓仲尼乎？"曰："其文是也，其质非也。""敢问质。"曰："羊质而虎皮，见草而说，见豺而战，忘其皮之虎矣。"

圣人虎别，其文炳也。君子豹别，其文蔚也。辩人狸别，其文萃也。狸变则豹，豹变则虎。

好书而不要诸仲尼，书肆也。好说而不要诸仲尼，说铃也。君子言也无择，听也无淫。择则乱，淫则辟。述正道而稍邪哆者有矣，未有述邪哆而稍正也。

孔子之道，其较且易也！或曰："童而习之，白纷如也，何其较且易？"曰："谓其不奸奸，不诈诈也。如奸奸而诈诈，虽有耳目，焉得而正诸？"

多闻则守之以约，多见则守之以卓。寡闻则无约也，寡见则无卓也。

绿衣三百，色如之何矣？③ 纻絮④三千，寒如之何矣？

---

① 逦迤：连续不断，曲折连绵。

② 《史篇》：即《史籀篇》。

③ 《诗经·绿衣》云："绿兮衣兮，绿衣黄里。"《毛诗故训传》云："绿：间色；黄：正色。"

④ 纻絮：麻质的破衣。

君子之道有四易：简而易，用也；要而易，守也；炳而易，见也；法而易，言也。

震风陵雨，然后知夏屋之为帡幪也①；虐政虐世，然后知圣人之为郛郭也。

古者杨、墨塞路，孟子辞而辟之，廓如也。后之塞路者有矣，窃自比於孟子。

或曰："人各是其所是，而非其所非，将谁使正之？"曰："万物纷错则悬诸天，众言淆乱则折诸圣。"或曰："恶睹乎圣而折诸？"曰："在则人，亡则书，其统一也。"

问　神

言不能达其心，书不能达其言，难矣哉！惟圣人得言之解，得书之体，白日以照之，江、河以涤之，灏灏②乎其莫之御也！面相之，辞相适，捈中心之所欲，通诸人之嘛嘛③者，莫如言。弥纶天下之事，记久明远，着古昔之昏昏，传千里之忞忞④者，莫如书。故言，心声也；书，心画也。声画形，君子小人见矣。声画者，君子小人之所以动情乎？

圣人之辞浑浑若川。顺则便，逆则否者，其惟川乎！

或曰："仲尼圣者与？何不能居世也，曾范、蔡之不若！"曰："圣人者范、蔡乎？若范、蔡，其如圣何？"

或曰："淮南、太史公者，其多知与？曷其杂也！"曰："杂乎杂！人病以多知为杂，惟圣人为不杂。"

书不经，非书也；言不经，非言也。言、书不经，多多赘矣。

---

① 夏屋：大屋。帡幪：帐幕。

② 灏灏：广大无际貌。

③ 嘛嘛：愤愤。

④ 忞忞：乱，蒙昧不明的样子。

寡 见

或曰："良玉不雕，美言不文，何谓也？"曰："玉不雕，玙璠①不作器；言不文，典谟不作经。"

或问："司马子长有言，曰《五经》不如《老子》之约也，当年不能极其变，终身不能究其业。"曰："若是，则周公惑，孔子贼。古者之学耕且养，三年通一。今之学也，非独为之华藻也，又从而绣其鞶帨②，恶在《老》不《老》也？"或曰："学者之说可约邪？"曰："可约解科。"

或曰："君子听声乎？"曰："君子惟正之听。荒乎淫，拂乎正，沈而乐者，君子不听也。"

或问："侍君子以博乎？"曰："侍坐则听言，有酒则观礼，焉事博乎！"或曰："不有博弈者乎？"曰："为之犹贤於已耳。侍君子者贤於已乎？君子不可得而侍也。侍君子，晦斯光，窒斯通，亡斯有，辱斯荣，败斯成。如之何贤於已也！"

五 百

圣人之言远如天，贤人之言近如地。

珑玲其声者，其质玉乎？

圣人矢口而成言，肆笔而成书③，言可闻而不可殚，书可观而不可尽。

先 知

圣人，文质者也。车服以彰之，藻色以明之，声音以扬之，《诗》、《书》以光之。笾豆不陈，玉帛不分，琴瑟不铿，钟鼓不拡，

---

① 玙璠：鲁之宝玉。

② 鞶：大带。帨：佩巾。

③ 矢：正。肆：操。

则吾无以见圣人矣。

君　子

或问："君子言则成文，动则成德，何以也？"曰："以其弸中而彪外也。① 般之挥斤，羿之激矢，君子不言，言必有中也；不行，行必有称也。"

或问"君子之柔刚"。曰："君子於仁也柔，於义也刚。"

或问："航不浆，冲②不莽，有诸？"曰："有之。"或曰："大器固不周於小乎？"曰："斯械③也，君子不械。"

或问"孟子知言之要，知德之奥"。曰："非苟知之，亦允蹈之。"或曰："子小诸子，孟子非诸子乎？"曰："诸子者，以其知异於孔子也。孟子异乎？不异。"

或曰："孙卿非数家之书，侻④也；至于子思、孟轲，诡哉！"曰："吾於孙卿，与见同门而异户也，惟圣人为不异。"

牛玄骍白⑤，睟而角，其升诸庙乎？是以君子全其德。

或问"君子似玉"。曰："纯沦⑥温润，柔而坚，玩而廉，队乎其不可形也。"

或曰："仲尼之术，周而不泰，大而不小，用之犹牛鼠也。"曰："仲尼之道，犹四渎⑦也，经营中国，终入大海。它人之道者，西北之流也，纲纪夷貉⑧，或入于沱，或沦于汉。"

---

① 弸：满。彪：文。此句意为积行内满，文辞外发。

② 冲：战车。

③ 械：器。

④ 侻：符合。

⑤ 《檀弓》载："夏后氏尚黑，牲用玄。殷人尚白，牲用白。周人尚赤，牲用骍。"

⑥ 沦：伦，文理之称。

⑦ 渎：中国垢浊发源东注海，故称渎。

⑧ 夷貉：古代对东方和北方民族之称，亦泛指各少数民族。

淮南说之用，不如太史公之用也。太史公，圣人将有取焉；淮南，鲜取焉尔。必也，儒乎！乍出乍入，淮南也；文丽用寡，长卿也；多爱不忍，子长也。仲尼多爱，爱义也；子长多爱，爱奇也。

或曰："甚矣！传书之不果也。"曰："不果则不果矣，又以巫鼓。"

或问："圣人之言，炳若丹青，有诸？"曰："吁！是何言与？丹青初则炳，久则渝。渝乎哉？"

或曰："圣人之道若天，天则有常矣，奚圣人之多变也？"曰："圣人固多变。子游、子夏得其书矣，未得其所以书也；宰我、子贡得其言矣，未得其所以言也；颜渊、闵子骞得其行矣，未得其所以行也。圣人之书、言、行，天也。天其少变乎？"

解　难

客难扬子曰："凡著书者，为众人之所好也。美味期乎合口，工声调於比耳，今吾子乃抗辞幽说，闳意眇指，独驰骋於有亡（无）之际，而陶冶大炉，旁薄群生。历观者兹年矣，而殊不寤，宣费精神於此，而烦学者於彼。譬画者画於无形，弦者放於无声，殆不可乎？"

扬子曰："俞。若夫闳言崇议，幽微之涂，盖难与览者同也。昔人有观象於天，视度於地，察法於人者，天丽且弥，地普而深，昔人之辞，乃玉乃金。彼岂好为艰难哉？势不得已也。独不见夫翠虬绛螭之将登呼（乎）天，必耸身於仓梧之渊；不阶浮云，翼疾风，虚举而上升，则不能撠胶葛①，腾九闳。日月之经不千里，则不能烛六

---

① 胶葛：向上飘浮的云气。

合，耀八纮；泰山之高不嶕峣，则不能浡滃云而散欻烝①。是以宓牺氏之作《易》也，绵络天地，经以八卦，文王附六爻，孔子错其象而象其辞，然后发天地之臧，定万物之基。《典》《谟》之篇，《雅》《颂》之声，不温纯深润，则不足以扬鸿烈而章缉熙。盖胥靡为宰②，寂寞为尸；大味必淡，大音必希；大语叫叫，大道低回。是以声之眇者不可同於众人之耳，形之美者不可棍於世俗之目，辞之衍者不可齐於庸人之听。今夫弦者，高张急徽，追趋逐耆，则坐者不期而附矣；试为之施《咸池》，揄《六茎》，发《箫韶》，咏九成，则莫有和也。是故钟期死，伯牙绝弦破琴而不肯与众鼓；玃③人亡，则匠石辍斤而不敢妄斫。师旷之调钟，俟知音者之在后也；孔子作《春秋》，几君子之前睹也。老聃有遗言，贵知我者希，此非其操与！"

王 充

　　王充（27—约97），会稽上虞（今浙江绍兴市上虞区）人，少年时代曾至洛阳师从班彪学习，博览经史，通百家学说。后返乡做过上虞功曹、会稽郡都尉府掾功曹之类的小官。所作《论衡》，原有100余篇，现存85篇。王充认为他的著作"折衷以圣道，析理于通材，如衡之平，如鉴之开"，这是他将此书取名《论衡》的原因。选文摘自黄晖撰《论衡校释》，中华书局1990年版。

---

① 滃：云气四起。欻烝：热气。
② 胥靡：空无。宰：主宰。
③ 玃：古同"攫"。

论　衡

艺　增

世俗所患，患言事增其实，著文垂辞，辞出溢其真，称美过其善，进①恶没②其罪。何则？俗人好奇，不奇，言不用也。故誉人不增其美，则闻者不快其意；毁人不益其恶，则听者不惬於心。闻一增以为十，见百益以为千，使夫纯朴之事，十剖百判；审然之语，千反万畔。墨子哭於练丝，杨子哭於歧道，盖伤失本，悲离其实也。

蜚流之言，百传之语，出小人之口，驰闾巷之间，其犹是也。诸子之文，笔墨之疏，人贤所著，妙思所集，宜如其实，犹或增之。俍③经艺之言，如其实乎？言审莫过圣人，经艺万世不易，犹或出溢，增过其实。增过其实，皆有事为，不妄乱误以少为多也。然而必论之者，方言经艺之增与传语异也。

经增非一，略举较著，令恍惑之人，观览采择，得以开心通意，晓解觉悟。

超　奇

通书千篇以上，万卷以下，弘畅雅闲，审定文读，而以教授为人师者，通人也。杼④其义旨，损益其文句，而以上书奏记，或兴论立说，结连篇章者，文人、鸿儒也。好学勤力，博闻强识，世间多有；著书表文，论说古今，万不耐一。然则著书表文，博通所能用之者也。入山见木，长短无所不知；入野见草，大小无所不识。然则不能伐木以作室屋，采草以和方药，此知草木所不能用也。夫

---

① 进：进谏。

② 没：漫过，超过。

③ 俍：通"倜"。

④ 杼：通"抒"。

通人览见广博，不能掇以论说，此为匮生书主人，孔子所谓"诵《诗》三百，授之以政不达"者也，与彼草木不能伐采，一实也。孔子得《史记》以作《春秋》，及其立义创意，褒贬赏诛，不复因《史记》者，眇思自出於胸中也。凡贵通者，贵其能用之也。即徒诵读，读诗讽术，虽千篇以上，鹦鹉能言之类也。衍传书之意，出膏腴之辞，非俶傥之才，不能任也。夫通览者，世间比有；著文者，历世希然。近世刘子政父子、杨子云、桓君山，其犹文、武、周公并出一时也；其余直有，往往而然，譬珠玉不可多得，以其珍也。

故夫能说一经者为儒生，博览古今者为通人，采掇传书以上书奏记者为文人，能精思著文连结篇章者为鸿儒。故儒生过俗人，通人胜儒生，文人逾通人，鸿儒超文人。故夫鸿儒，所谓超而又超者也。以超之奇，退与儒生相料，文轩之比於敝车，锦绣之方於缊袍也，其相过，远矣。如与俗人相料，太山之巅壃①，长狄之项跖②，不足以喻。故夫丘山以土石为体，其有铜铁，山之奇也。铜铁既奇，或出金玉。然鸿儒，世之金玉也，奇而又奇矣。

奇而又奇，才相超乘，皆有品差。

……

有根株於下，有荣叶於上；有实核於内，有皮壳於外。文墨辞说，士之荣叶、皮壳也。实诚在胸臆，文墨著竹帛，外内表里，自相副称。意奋而笔纵，故文见而实露也。人之有文也，犹禽之有毛也。毛有五色，皆生於体。苟有文无实，是则五色之禽，毛妄生也。选士以射，心平体正，执弓矢审固，然后射中。论说之出，犹弓矢之发也。论之应理，犹矢之中的。夫射以矢中效巧，论以文墨验奇。奇巧俱发於心，其实一也。

---

① 壃：通"垤"，小土山。
② 项跖：从头到脚掌，谓身高。

文有深指巨略，君臣治术，身不得行，口不能继(泄)，表著情心，以明己之必能为之也。孔子作《春秋》，以示王意。然则孔子之《春秋》，素王①之业也；诸子之传书，素相之事也。观《春秋》以见王意，读诸子以睹相指。故曰：陈平割肉，丞相之端见；叔孙②敖决期思，令君(尹)之兆著。观读传书之文，治道政务，非徒割肉决水之占也。足不强则迹不远，锋不銛则割不深。连结篇章，必大才智鸿懿之俊也。

齐　世

画工好画上代之人，秦、汉之士，功行谲奇，不肯图今世之士者，尊古卑今也。贵鹄贱鸡，鹄远而鸡近也。使当今说道深於孔、墨，名不得与之同；立行崇於曾、颜，声不得与之钩。何则？世俗之性，贱所见，贵所闻也。有人於此，立义建节，实核其操，古无以过，为文书者，肯载於篇籍，表以为行事乎？作奇论，造新文，不损於前人，好事者肯舍久远之书，而垂意观读之乎？杨子云作《太玄》，造《法言》，张伯松不肯壹观。与之并肩，故贱其言。使子云在伯松前，伯松以为《金匮》③矣。

须　颂

古之帝王建鸿德者，须鸿笔之臣褒颂纪载，鸿德乃彰，万世乃闻。问说《书》者："'钦明文思'以下，谁所言也？"曰："篇家也。""篇家谁也？""孔子也。"然则孔子鸿笔之人也。"自卫反鲁，然后乐正，《雅》、《颂》各得其所也。"鸿笔之奋，盖斯时也。或说《尚书》曰："尚者，上也；上所为，下所书也。""下者谁也？"曰："臣子也。"然则臣

---

①　素王：言有王者之道而无王者之位。

②　叔孙：系"孙叔"之误。

③　《金匮》：太公书名。

子书上所为矣。问儒者："礼言制，乐言作，何也？"曰："礼者上所制，故曰制；乐者下所作，故曰作。天下太平，颂声①作。"方今天下太平矣，颂诗乐声可以作未？传者②不知也，故曰拘儒。卫孔悝之鼎铭，周臣劝行。孝宣皇帝称颍川太守黄霸有治状，赐金百斤，汉臣勉政。夫以人主颂称臣子，臣子当襃君父，於义较矣。虞氏天下太平，夔③歌舜德；宣王惠周，《诗》④颂其行；召伯述职⑤，周歌棠树。

……

宣帝之时，画图汉列士，或不在於画上者，子孙耻之。何则？父祖不贤，故不画图也。夫颂言非徒画文也，如千世之后，读经书不见汉美，后世怪之。故夫古之通经之臣，纪主令功，记於竹帛；颂上令德，刻於鼎铭。文人涉世，以此自勉。

汉德不及六代⑥，论者不德之故也。

……

谥者，行之迹也。谥之美者，成、宣也；恶者，灵、厉也。成汤遭旱，周宣亦然，然而成汤加"成"，宣王言"宣"。无妄之灾，不能亏政，臣子累谥，不失实也。由斯以论尧，尧亦美谥也。时亦有洪水，百姓不安，犹言"尧"者，得实考也。夫一字之谥，尚犹明主，况千言之论，万文之颂哉？

船车载人，孰与其徒多也？素车朴船，孰与加漆采画也？然则鸿笔之人，国之船车、采画也。农无强夫，谷粟不登；国无强文，德暗不彰。汉德不休，乱在百代之间，强笔之儒不著载也。高祖以

---

① 颂声：太平歌颂之声。

② 传者：为"儒者"之误。

③ 夔：相传是舜的乐官。

④ 《诗》：指《诗经·小雅》中的《六月》《车攻》《斯干》等篇。

⑤ 召伯：指周武王之弟姬奭。述职：诸侯向天子报告统治情况。

⑥ 六代：唐、虞、夏、商、周、秦。

来，著书非(者)不讲论汉。司马长卿为《封禅书》，文约不具。司马子长纪黄帝以至孝武。杨子云录宣帝以至哀、平。陈平仲纪光武。班孟坚颂孝明。汉家功德，颇可观见。今上即命，未有褒载，《论衡》之人，为此毕精，故有《齐世》、《宣汉》、《恢国》、《验符》。

佚　文

文王之文，传在孔子。孔子为汉制文，传在汉也。受天之文。

文人宜遵五经六艺为文，诸子传书为文，造论著说为文，上书奏记为文，文德之操为文。立五文在世，皆当贤也。造论著说之文，尤宜劳焉。何则？发胸中之思，论世俗之事，非徒讽古经、续故文也。论发胸臆，文成手中，非说经艺之人所能为也。周、秦之际，诸子并作，皆论他事，不颂主上，无益於国，无补於化。造论之人，颂上恢国，国业传在千载，主德参贰日月，非适诸子书传所能并也。上书陈便宜，奏记荐吏士，一则为身，二则为人，繁文丽辞，无上书文德①之操，治身完行，徇利为私，无为主者。夫如是，五文之中，论者之文多矣，则可尊明矣。

书　解

或曰：士之论高，何必以文？

答曰：夫人有文质乃成。物有华而不实，有实而不华者。《易》曰："圣人之情见乎辞。"出口为言，集札为文，文辞施设，实情敷烈。夫文德，世服也。空书为文，实行为德，著之於衣为服。故曰：德弥盛者文弥缛，德弥彰者人弥明。大人德扩其文炳，小人德炽其文斑，官尊而文繁，德高而文积。华而睆②者，大夫之簀，曾子寝疾，命元起易。由此言之，衣服以品贤，贤以文为差，愚杰不别，

---

①　文德：体现德行的文采，即礼仪规定的文饰。

②　睆：光滑。

须文以立折。非唯於人，物亦咸然。龙鳞有文，於蛇为神；凤羽五色，於鸟为君；虎猛，毛蚡蜦①；龟知，背负文。四者体不质，於物为圣贤。且夫山无林，则为土山；地无毛，则为泻土；人无文，则为仆人。土山无麋鹿，泻土无五谷，人无文德，不为圣贤。上天多文而后土多理，二气协和，圣贤禀受，法象本类，故多文彩。瑞应符命，莫非文者。晋唐叔虞、鲁成季友、惠公夫人号曰仲子，生而怪奇，文在其手。张良当贵，出与神会，老父授书，卒封留侯。河神，故出图；洛灵，故出书。竹帛所记怪奇之物，不出潢洿。物以文为表，人以文为基。棘（革）子成（城）欲弥文，子贡讥之。谓文不足奇者，子成之徒也。

著作者为文儒②，说经者为世儒③，二儒在世，未知何者为优。或曰：文儒不若世儒。世儒说圣人之经，解贤者之传，义理广博，无不实见，故在官常位；位最尊者为博士，门徒聚众，招会千里，身虽死亡，学传於后。文儒为华淫之说，於世无补，故无常官，弟子门徒不见一人，身死之后，莫有绍传。此其所以不如世儒者也。

答曰：不然。夫世儒说圣情，□□□□□，共起并验，俱追圣人。事殊而务同，言异而义钧。何以谓之文儒之说无补於世？世儒业易为，故世人学之多，非事可析第，故官廷设其位。文儒之业，卓绝不循，人寡其书，业虽不讲，门虽无人，书文奇伟，世人亦传。彼虚说，此实篇，折累二者，孰者为贤？案古俊乂著作辞说，自用其业，自明於世。世儒当时虽尊，不遭文儒之书，其迹不传。周公制礼乐，名垂而不灭；孔子作《春秋》，闻传而不绝。周公、孔子，难以论言。汉世文章之徒，陆贾、司马迁、刘子政、杨子云，其材

---

① 蚡蜦：同"纷纶"，花纹很多的样子。
② 文儒：指学识渊博、能撰文著书的儒生。
③ 世儒：指宣扬天人感应的今文经学的儒生。

能若奇，其称不由人。世传《诗》家鲁申公①，《书》家千乘欧阳、公孙，不遭太史公，世人不闻。夫以业自显，孰与须人乃显？夫能纪百人，孰与旃能显其名？

或曰：著作者，思虑间也，未必材知出异人也。居不幽，思不至。使著作之人，总众事之凡，典国境之职，汲汲忙忙，或暇著作？试使庸人积闲暇之思，亦能成篇八十数。文王日昃不暇食，周公一沐三握发，何暇优游为丽美之文於笔札？孔子作《春秋》，不用於周也；司马长卿不预公卿之事，故能作《子虚》之赋；杨子云存中郎之官，故能成《太玄经》，就《法言》。使孔子得王，《春秋》不作；长卿、子云为相，《赋》、《玄》不工籍。

答曰：文王日昃不暇食，此谓演《易》而益卦。周公一沐三握发，为周改法而制。周道不弊，孔子不作，休思虑间也，周法阔疏，不可因也。夫禀天地之文，发於胸臆，岂为间作不暇日哉？感伪起妄，源流气烝。管仲相桓公，致於九合；商鞅相孝公，为秦开帝业，然而二子之书，篇章数十。长卿、子云，二子之伦也。俱感，故才并；才同，故业钧。皆士而各著，不以思虑间也。问事弥多而见弥博，官弥剧而识弥泥。居不幽则思不至，思不至则笔不利。嚚顽②之人有幽室之思，虽无忧，不能著一字。盖人材有能，无有不暇。有无材而不能思，无有知而不能著；有鸿材欲作而无起，〔无〕细知以问（间）而能记。盖奇有无所因，无有不能言；两有无所睹，无不暇造作。

或曰：凡作者精思已极，居位不能领职。盖人思有所倚着，则精有所尽索。著作之人，书言通奇，其材已极，其知已罢。案古作书者，多位布散樊解；辅倾宁危，非著作之人所能为也。夫有所逼，

① 申公：申培，又称申培公，鲁人，汉文帝时立为博士。
② 嚚顽：愚昧顽钝。

有所泥，则有所自，篇章数百。吕不韦作《春秋》，举家徙蜀；淮南王作道书，祸至灭族；韩非著治术，身下秦狱。身且不全，安能辅国？夫有长於彼，安能不短於此？深於作文，安能不浅於政治？

答曰：人有所优，固有所劣；人有所工，固有所拙。非劣也，志意不为也；非拙也，精诚不加也。志有所存，顾不见泰山；思有所至，有身①不暇徇也。称干将之利，刺则不能击，击则不能刺，非刃不利，不能一旦②二也。蚋弹雀则失鹯（鹞），射鹊则失雁；方员画不俱成，左右视不并见，人材有两为，不能成一。使干将寡刺而更击，蚋舍鹊而射雁，则下射无失矣。人委其篇章，专为政治，则子产、子贱之迹不足俟也。古作书者，多立功不用也。管仲、晏婴，功书并作；商鞅、虞卿，篇治俱为。高祖既得天下，马上之计未败；陆贾造《新语》，高祖粗纳采。吕氏横逆，刘氏将倾，非陆贾之策，帝室不宁。盖材知无不能，在所遭遇，遇乱则知立功，有起则以其材著书者也。出口为言，著文为篇。古以言为功者多，以文为败者希。吕不韦、淮南王以他为过，不以书有非；使客作书，不身自为，如不作书，犹蒙此章章之祸。人古今违属，未必皆著作材知极也。邹阳举疏，免罪於梁；徐乐上书，身拜郎中。材能以其文为功於人，何嫌不能营卫其身？韩蚤信公子非，国不倾危。及非之死，李斯如（妒）奇，非以著作材极，不能复有为也。春物之伤，或死之也；残物不伤，秋亦大长。假令非不死，秦未可知。故才人能令其行可尊，不能使人必法己；能令其言可行，不能使人必采取之矣。

或曰：古今作者非一，各穿凿失经之实，违〔传〕圣人（之）质，故谓之蕞残③，比之玉屑。故曰："蕞残满车，不成为道；玉屑满

---

① 有身：当为"身有"之误。
② 旦：当为"且"之误。
③ 蕞残：支离破碎之物。

箧，不成为宝。"前人近圣，犹为蓑残，况远圣从后复重为者乎？其作必为妄，其言必不明，安可采用而施行？

答曰：圣人作其经，贤者造其传，述作者之意，采圣人之志，故经须传也。俱贤所为，何以独谓经传是，他书记非？彼见经传，传经之文，经须而解，故谓之是。他书与书（传）相违，更造端绪，故谓之非。若此者，趡是於五经。使言非五经，虽是不见听。使五经从孔门出，到今常（尚）令人不缺灭，谓之纯壹，信之可也。今五经遭亡秦之奢侈，触李斯之横议，燔烧禁防，伏生之休（徒），抱经深藏。汉兴，收五经，经书缺灭而不明，篇章弃散而不具。晁错之辈，各以私意分拆文字，师徒相因相授，不知何者为是。亡秦无道，败乱之也。秦虽无道，不燔诸子，诸子尺书，文篇具在，可观读以正说，可采掇以示后人。后人复作，犹前人之造也。夫俱鸿而知，皆传记所称，文义与经相薄，何以独谓文书失经之实？由此言之，经缺而不完，书无佚本，经有遗篇，折累二者，孰与蓑残？《易》据事象，《诗》采民以为篇，《乐》须不（民）欢，《礼》待民平。四经有据，篇章乃成。《尚书》、《春秋》，采掇《史记》①。《史记》兴（与）〔书〕无异，以民、事一意。六经之作皆有据。由此言之，书亦为本，经亦为末，末失事实，本得道质，折累二者，孰为玉屑？知屋漏者在宇下，知政失者在草野，知经误者在诸子。诸子尺书，文明实是。说章句者，终不求解扣明，师师相传，初为章句者，非通览之人也。

自　纪

夫文由语也，或浅露分别，或深迂优雅，孰为辩者？故口言以明志，言恐灭遗，故著之文字。文字与言同趋，何为犹当隐闭指意？狱当嫌辜，卿决疑事，浑沌难晓，与彼分明可知，孰为良吏？夫口

---

① 《史记》：指古代史官的记载，非专指司马迁的《史记》。

论以分明为公，笔辩以获露①为通，吏文以昭察为良。深覆典雅，指意难睹，唯赋颂耳。经传之文，贤圣之语，古今言殊，四方谈异也。当言事时，非务难知，使指〔意〕闭隐也。后人不晓，世相离远，此名曰语异，不名曰材鸿。浅文读之难晓，名曰不巧，不名曰知明。秦始皇读韩非之书，叹曰："犹独不得此人同时。"其文可晓，故其事可思。如深鸿优雅，须师乃学，投之於地，何叹之有？夫笔著者，欲其易晓而难为，不贵难知而易造；口论务解分而可听，不务深迂而难睹。孟子相贤，以眸子明了者；察文，以义可晓。

……

充书不能纯美。或曰："口无择言，笔无择文。文必丽以好，言必辩以巧。言了於耳，则事味於心；文察於目，则篇留於手。故辩言无不听，丽文无不写。今新书既在论譬，说俗为戾，又不美好，於观不快。盖师旷调音，曲无不悲；狄牙和膳，肴无淡味。然则通人造书，文无暇秽。《吕氏》、《淮南》，悬於市门，观读之者，无訾②一言。今无二书之美，文虽众盛，犹多遣毁。"答曰：夫养实者不育华，调行者不饰辞。丰草多华英③，茂林多枯枝。为文欲显白其为，安能令文而无遣毁？救火拯溺，义不得好；辩论是非，言不得巧。入泽随龟，不暇调足；深渊捕蛟，不暇定手。言奸辞简，指趋妙远；语甘文峭，务意浅小。稻（舀）谷千钟，糠皮太半；阅钱满亿，穿决出万。大羹必有淡味，至宝必有瑕秽，大简必有大好④，良工必有不巧。然则辩言必有所屈，通文犹有所黜。言金由贵家起，文粪自贱室出。《淮南》、《吕氏》之（文）〔不〕无累害，所由出者，家富

---

① 获露：敷陈表露。
② 訾：毁谤，非议。
③ 华英：当作"落英"。
④ 大好：当作"不好"，与下句"良工必有不巧"对文。

官贵也。夫贵，故得悬於市；富，故有千金副。观读之者，惶恐畏忌，虽见乖不合，焉敢谴一字？

充书既成，或稽合於古，不类前人。或曰："谓之饰文偶辞，或径或迁，或屈或舒。谓之论道，实事委琐，文给甘酸，谐於经不验，集於传不合，稽之子长不当，内之子云不入。文不与前相似，安得名佳好，称工巧？"答曰：饰貌以强类者失形，调辞以务似者失情。百夫之子，不同父母，殊类而生，不必相似，各以所禀，自为佳好。文必有与合然后称善，是则代匠斫不伤手，然后称工巧也。文士之务，各有所从，或调辞以巧文，或辩伪以实事。必谋虑有合，文辞相袭，是则五帝不异事，三王不殊业也。美色不同面，皆佳於目；悲音不共声，皆快於耳。酒醴异气，饮之皆醉；百谷殊味，食之皆饱。谓文当与前合，是谓舜眉当复八采，禹目当复重瞳。

班 固

班固（32—92），字孟坚，扶风安陵（今陕西咸阳市东北）人，东汉著名史学家、文学家，成就主要表现在辞赋创作、修撰国史、经学理论三个方面，代表性著作有《两都赋》《汉书》《白虎通义》等。其文艺美学思想主要见于对"六艺之文"的源流研究和意义阐释，以及对屈原、司马迁、司马相如的传赞和文本评价。本节选文之《艺文志》《司马相如传》《司马迁传》摘自《汉书》，中华书局1999年版。《离骚序》《离骚赞序》《两都赋序》摘自严可均辑《全后汉文》，商务印书馆1999年版。

汉　书

艺文志

《易》曰："宓戏氏仰观象于天，俯观法于地，观鸟兽之文，与地之宜，近取诸身，远取诸物，于是始作八卦，以通神明之德，以类万物之情。"至于殷、周之际，纣在上位，逆天暴物，文王以诸侯顺命而行道，天人之占可得而效，于是重《易》六爻①，作上下篇。孔氏为之《彖》、《象》、《系辞》、《文言》、《序卦》之属十篇②。故曰《易》道深矣，人更三圣，世历三古。③及秦燔书，而《易》为筮卜之事，传者不绝。汉兴，田（和）〔何〕传之。讫于宣、元，有施、孟、梁丘、京氏列于学官，而民间有费、高④二家之说。刘向以中《古文易经》校施、孟、梁丘经，或脱去"无咎"、"悔亡"，唯费氏经与古文同。

……

《书》曰："诗言志，（哥）〔歌〕咏言。"故哀乐之心感，而（哥）〔歌〕咏之声发。诵其言谓之诗，咏其声谓之（哥）〔歌〕。故古有采诗之官，王者所以观风俗，知得失，自考正也。孔子纯取周诗，上采殷，下取鲁，凡三百五篇，遭秦而全者，以其讽诵，不独在竹帛故也。汉兴，鲁申公为《诗》训故，而齐辕固、燕韩生皆为之传。或取《春秋》⑤，采杂说，咸非其本义。与不得已，鲁最为近之。三家皆列于学官。又有毛公之学，自谓子夏所传，而河间献王好之，未得立。

---

① 六爻：指六十四卦，分上下篇。《经》文有《卦辞》《爻辞》。

② 十篇：此言《传》文，实有七种十篇，除《象辞》上下篇、《彖辞》上下篇、《系辞》上下篇、《文言》一篇、《序卦》一篇外，还有《说卦》《杂卦》各一篇。此十篇称《十翼》。

③ 三圣：伏羲、文王、孔子。三古：伏羲为上古，文王为中古，孔子为下古。

④ 费：费直，字长翁，东莱（郡治今山东莱州市）人。高：高相，沛（今江苏沛县）人。

⑤ 《春秋》：泛指古代的史书，非专指鲁《春秋》。

……

《易》曰："先王作乐崇德，殷荐之上帝，以享祖考。"故自黄帝下至三代，乐各有名。孔子曰："安上治民，莫善于礼；移风易俗，莫善于乐。"二者相与并行。周衰俱坏，乐尤微眇，以音律为节，又为郑卫所乱故无遗法。汉兴，制氏以雅乐声律，世在乐官，颇能纪其铿锵鼓舞，而不能言其义。六国之君，魏文侯最为好古，孝文时得其乐人窦公，献其书，乃《周官·大宗伯》之《大司乐》章也。武帝时，河间献王好儒，与毛生等共采《周官》及诸子言乐事者，以作《乐记》，献八佾之舞，与制氏不相远。其内史丞王定传之，以授常山王禹。禹，成帝时为谒者，数言其义，献二十四卷记。刘向校书，得《乐记》二十三篇。与禹不同，其道寖以益微。

……

六艺之文：《乐》以和神，仁之表也；《诗》以正言，义之用也；《礼》以明体，明者著见，故无训也；《书》以广听，知之术也；《春秋》以断事，信之符也。五者，盖五常之道，相须而备，而《易》为之原。故曰"《易》不可见，则乾坤或几乎息矣"，言与天地为终始也。至于五学①，世有变改，犹五行之更用事焉。古之学者耕且养，三年而通一艺，存其大体，玩经文而已，是故用日少而畜德多，三十而五经立也。后世经传既已乖离，博学者又不思多闻阙疑之义，而务碎义逃难，便辞巧说，破坏形体；说五字之文，至于二三万言。后进弥以驰逐，故幼童而守一艺，白首而后能言；安其所习，毁所不见，终以自蔽。此学者之大患也。序六艺为九种。

……

诸子十家，其可观者九家②而已。皆起于王道既微，诸侯力政，

---

① 五学：谓学者学《乐》《礼》《诗》《书》《春秋》。
② 九家：十家中去小说家。

时君世主，好恶殊方，是以九家之（说）〔术〕蜂出并作，各引一端，崇其所善，以此驰说，取合诸侯。其言虽殊，辟犹水火，相灭亦相生也。仁之与义，敬之与和，相反而皆相成也。《易》曰："天下同归而殊涂，一致而百虑。"今异家者各推所长，穷知究虑，以明其指，虽有蔽短，合其要归，亦《六经》之支与流裔。使其人遭明王圣主，得其所折中，皆股肱之材已。仲尼有言："礼失而求诸野。"方今去圣久远，道术缺废，无所更索，彼九家者，不犹愈于野乎？若能修六艺之术，而观此九家之言，舍短取长，则可以通万方之略矣。

……

传曰："不歌而诵谓之赋，登高能赋可以为大夫。"言感物造耑；材知深美，可与图事，故可以为列大夫也。古者诸侯卿大夫交接邻国，以微言相感，当揖让之时，必称《诗》以谕其志，盖以别贤不肖而观盛衰焉。故孔子曰"不学《诗》，无以言"也。春秋之后，周道寖坏，聘问歌咏不行于列国，学《诗》之士逸在布衣，而贤人失志之赋作矣。大儒孙卿及楚臣屈原离谗忧国，皆作赋以风，咸有恻隐古诗之义。其后宋玉、唐勒，汉兴枚乘、司马相如，下及扬子云，竞为侈俪闳衍①之词，没其风谕之义。是以扬子悔之，曰："诗人之赋丽以则，辞人之赋丽以淫。如孔氏之门人用赋也，则贾谊登堂，相如入室矣，如其不用何！"自孝武立乐府而采歌谣，于是有代赵之讴，秦楚之风，皆感于哀乐，缘事而发，亦可以观风俗，知薄厚云。〔序〕诗赋为五种。②

司马相如传

赞曰：司马迁称"《春秋》推见至隐③，《易本》隐以之显，《大雅》

---

① 闳衍：形容文辞恢宏繁缛。
② 指《屈原赋》《陆贾赋》《孙卿赋》《杂赋》《歌赋》。
③ 推见至隐：言由人事之现著者，推而至于天道之隐微。

言王公大人，而德逮黎庶，《小雅》讥小己之得失，其流及上。所言虽殊，其合德一也。相如虽多虚辞滥说，然要其归引之于节俭，此亦《诗》之风谏何异?"扬雄以为靡丽之赋，劝百而风一，犹骋郑卫之声，曲终而奏雅，不已戏乎!

司马迁传

赞曰：自古书契之作而有史官，其载籍博矣。至孔氏籑①之，上〔继〕〔断〕唐尧，下讫秦缪。唐虞以前虽有遗文，其语不经，故言黄帝、颛顼之事未可明也。及孔子因鲁史记而作《春秋》，而左丘明论辑其本事以为之传，又籑异同为《国语》。又有《世本》，录黄帝以来至春秋时帝王公侯卿大夫祖世所出。春秋之后，七国并争，秦兼诸侯，有《战国策》。汉兴伐秦定天下，有《楚汉春秋》。故司马迁据《左氏》、《国语》，采《世本》、《战国策》，述《楚汉春秋》，接其后事，讫于〔大〕〔天〕汉。其言秦汉，详矣。至于采经摭传，分散数家之事，甚多疏略，或有抵梧。亦其涉猎者广博，贯穿经传，驰骋古今，上下数千载间，斯以勤矣。又其是非颇缪于圣人，论大道则先黄老而后六经，序游侠则退处士而进奸雄，述货殖则崇势利而羞贱贫，此其所蔽也。然自刘向、扬雄博极群书，皆称迁有良史之材，服其善序事理，辨而不华，质而不俚，其文直，其事核，不虚美，不隐恶，故谓之实录。乌呼！以迁之博物洽闻，而不能以知自全，既陷极刑，幽而发愤，书②亦信矣。迹其所以自伤悼，《小雅》巷伯之伦。夫唯《大雅》"既明且哲，能保其身"，难矣哉!

---

① 籑：与"撰"同。
② 书：指《报任安书》(即《报任少卿书》)。

离骚序

　　昔在孝武，博览古文，淮南王安《叙离骚传》，以"《国风》好色而不淫，《小雅》怨悱而不乱，若《离骚》者，可谓兼之。蝉蜕浊秽之中，浮游尘埃之外，皭然泥而不滓，推此志，与日月争光可也"。斯论似过其真。又说五子以失家巷，谓五子胥①也。及至羿、浇、少康、贰姚、有娀佚女，皆各以所识有所增损，然犹未得其正也。故博采经书传记本文以为之解。且君子道穷命矣，故潜龙不见，是而无闷。《关雎》哀周道而不伤，蘧瑗②持可怀之智，宁武保如愚之性，咸以全命避害，不受世患，故《大雅》曰："既明且哲，以保其身。"斯为贵矣。今若屈原，露才扬己，竞乎危国群小之间，以离谗贼。然责数怀王，怨恶椒兰，愁神苦思，非其人忿怼不容，沈江而死，亦贬絜狂狷景行之士。多称昆仑、冥婚、宓妃虚无之语，皆非法度之政。经义所载，谓之兼《诗·风》《雅》，而与日月争光，过矣！然其文弘博丽雅，为辞赋宗，后世莫不斟酌其英华，则象其从容。自宋玉、唐勒、景差之徒，汉兴枚乘、司马相如、刘向、扬雄，骋极文辞，好而悲之，自谓不能及也。虽非明智之器，可谓妙才者也。

离骚赞序

　　《离骚》者，屈原之所作也。屈原初事怀王，甚见信任。同列上官大夫妒害其宠，谗之王，王怒而疏屈原。屈原以忠信见疑，忧愁幽思而作《离骚》。离，犹遭也；骚，忧也。明己遭忧作辞也。是时

---

　　① 五子：即五观或武观，夏启之子。胥：作胥靡解。

　　② 蘧瑗：字伯玉，谥成子。春秋时期卫国(今河南卫辉市)大夫。被封为"先贤"，奉祀于孔庙东庑第一位。

周室已灭，七国并争，屈原痛君不明，信用群小，国将危亡，忠诚之情，怀不能已，故作《离骚》。上陈尧、舜、禹、汤、文王之法，下言羿、浇、桀、纣之失以风。怀王终不觉寤，信反间之说，西朝于秦。秦人拘之，客死不还。至于襄王，复用谗言，逐屈原。在野又作"九章"①，赋以风谏，卒不见纳。不忍浊世，自投汨罗。原死之后，秦果灭楚。其辞为众贤所悼悲，故传于后。

两都赋序

或曰："赋者，古诗之流也。"②昔成、康没而颂声寝，王泽竭而诗不作。大汉初定，日不暇给。至于武、宣之世，乃崇礼官，考文章。内设金马、石渠之署③，外兴乐府、协律之事，以兴废继绝，润色鸿业。是以众庶悦豫，福应尤盛，白麟、赤雁、芝房、宝鼎之歌，荐于郊庙。神雀、五凤、甘露、黄龙之瑞，以为年纪。故言语侍从之臣，若司马相如、虞丘寿王、东方朔、枚皋、王褒、刘向之属，朝夕论思，日月献纳。而公卿大臣御史大夫儿宽、太常孔臧、大中大夫董仲舒、宗正刘德、太子太傅萧望之等，时时间作。或以抒下情而通讽谕，或以宣上德而尽忠孝，雍容揄扬，著于后嗣，抑亦《雅》《颂》之亚也，故孝成之世，论而录之。盖奏御者千有余篇，而后大汉之文章，炳焉与三代同风。且夫道有夷隆，学有粗密，因时而建德者，不以远近易则，故皋陶歌虞，奚斯颂鲁，同见采于孔氏，列于《诗》《书》，其义一也。稽之上古则如彼，考之汉室又如此。

---

① "九章"：《惜诵》《涉江》《哀郢》《抽思》《怀沙》《思美人》《惜往日》《橘颂》《悲回风》。

② 《毛诗序》云，"诗有六义焉"，"二曰赋"，故称赋为古诗之流。

③ 金马：即金马门，为官署门，旁有铜马，故谓之金马门。石渠：即石渠阁，在大秘殿北，以阁秘书。

斯事虽细，然先臣之旧式，国家之遗美，不可阙也。臣窃见海内清平，朝廷无事，京师修宫室，浚城隍，起苑囿，以备制度。西土耆老，咸怀怨思，冀上之眷顾，而盛称长安旧制，有陋雒邑之议。故臣作《两都赋》，以极众人之所眩曜①，折以今之法度。

王 符

王符（约85—162），安定临泾（今甘肃镇原县）人。因耿介不同于俗，终身不仕，隐居著书。所著《潜夫论》共10卷36篇，大多是讨论治国安民的政论性文章，少数涉及哲学和美学问题。此书之所以以"潜夫"命名，大抵和作者"不欲彰显其名"、立志潜隐的人生态度有关。选文摘自汪继培笺，彭铎校正《潜夫论笺校正》，中华书局1985年版。

潜夫论·务本

夫教训者，所以遂道术而崇德义也。今学问之士，好语虚无之事，争著雕丽之文，以求见异于世，品人②鲜识，从而高之，此伤道德之实，而或蒙夫之大者也。诗赋者，所以颂善丑之德，泄哀乐之情也，故温雅以广文，兴喻以尽意。今赋颂之徒，苟为饶辩屈塞③之辞，竞陈诬罔无然之事，以索见怪於世，愚夫戆士④，从而奇

---

① 眩曜：惑乱，迷惑。

② 品人：众人。

③ 屈塞：形容隐晦艰涩。

④ 戆士：愚昧的人。

之，此悖孩童之思，而长不诚之言者也。尽孝悌於父母，正操行於闺门，所以为列士也。今多务交游以结党助，偷世窃名以取济渡，夸末之徒，从而尚之，此逼贞士之节，而眩世俗之心者也。养生顺志，所以为孝也。① 今多违志俭养，约生以待终，终没之后，乃崇饬丧纪以言孝，盛飨宾旅以求名，诬善之徒，从而称之，此乱孝悌之真行，而误后生之痛者也。忠正以事君，信法以理下，所以居官也。今多奸谀以取媚，挠法以便佞，苟得之徒，从而贤之，此灭贞良之行，而开乱危之原者也：五者，外虽有振贤才之虚誉，内有伤道德之至实。

王　逸

　　王逸，东汉著名文学家，生卒年不详，大致生活于东汉中后期，南郡宜城（今湖北宜城市）人，曾任豫州刺史、豫章太守。所撰《楚辞章句》以西汉刘向编定的 16 卷本《楚辞》为底本，是汉代楚辞研究的集大成之作，也是后世楚辞研究的奠基性文本。除对作品进行逐句注释外，王逸在每篇辞赋前均加上序言，以简释题意和作者的创作意图。这些序言反映了王逸的文艺美学思想。选文摘自严可均辑《全后汉文》，商务印书馆 1999 年版。

楚辞章句叙

　　叙曰：昔者孔子，睿圣明哲。天生不群，定经术，删《诗》《书》，

---

　　① 《礼记・内则》中记载，曾子曰："孝子之养老也，乐其心，不违其志，乐其耳目，安其寝处，以其饮食忠养之。"

正礼乐，制作《春秋》，以为后王法。门人三千，罔不昭达。临终之日，则大义乖而微言绝。其后周室衰微，战国并争，道德陵迟，谲诈萌生。于是杨、墨、邹、孟、孙、韩之徒，各以所知，著造传记，或以述古，或以明世。而屈原履忠被谮，忧悲愁思，独依诗人之义而作《离骚》，上以讽谏，下以自慰。遭时暗乱，不见省纳，不胜愤懑，遂复作《九歌》以下凡二十五篇。楚人高其行义，玮其文采，以相教传。至于孝武帝，恢廓①道训，使淮南王安作《离骚经章句》，则大义粲然。后世雄俊，莫不瞻慕，舒肆妙虑，缵述其词。逮至刘向，典校经书，分为十六卷。孝章即位，深弘道艺。而班固、贾逵，复以所见，改易前疑，各作《离骚经章句》。其余十五卷，阙而不说。又以"壮"为"状"，义多乖异，事不要括。今臣复以所识所知，稽之旧章，合之经传，作十六卷《章句》。虽未能究其微妙，然大指之趣，略可见矣。且人臣之义，以忠正为高，以伏节为贤。故有危言以存国，杀身以成仁。是以伍子胥不恨于浮江，比干不悔于剖心，然后忠立而行成，荣显而名著。若夫怀道以迷国，详愚而不言，颠则不能扶，危则不能安，婉娩以顺上，逡巡以避患，虽保黄耈，终寿百年，盖志士之所耻，愚夫之所贱也。今若屈原，膺②忠贞之质，体清洁之性，直若砥矢，言若丹青，进不隐其谋，退不顾其命，此诚绝世之行，俊彦之英也。而班固谓之露才扬己，竞于群小之中；怨恨怀王，讥刺椒兰，苟欲求进，强非其人；不见容纳，忿恚③自沈，是亏其高明，而损其清洁者也。昔伯夷、叔齐让国守分，不食周粟，遂饿而死，岂可复谓有求于世而怨望哉！且诗人怨主刺上，曰"呜呼小子，未知臧否，匪面命之，言提其耳"。风谏之语，于斯为切。然

---

① 恢廓：发扬，扩大。

② 膺：接受，承当。

③ 忿恚：愤怒，怨恨，使恼怒。

仲尼论之，以为大雅。引此比彼，屈原之词，优游婉顺①，宁以其君不智之故，欲提携其耳乎？而论者以为露才扬己，怨刺其上，强非其人，殆失厥中矣。夫《离骚》之文，依托《五经》以立义焉。"帝高阳之苗裔"，则厥初生民，时惟姜嫄也。"纫秋兰以为佩"，则将翱将翔，佩玉琼琚也。"夕揽洲之宿莽"，则《易》潜龙勿用也。"驷玉虬而乘鹥"，则时乘六龙以御天也。"就重华而陈词"，则《尚书》咎繇之谋谟也。"登昆仑而涉流沙"，则《禹贡》之敷土也。故智弥盛者其言博，才益多者其识远。屈原之词，诚博远矣。自终没以来，名儒博达之士，著造词赋，莫不拟则其仪表，祖式其模范，取其要妙，窃其华藻，所谓金相玉质，百世无匹，名垂罔极，永不刊灭者矣。

离骚经序

《离骚经》者，屈原之所作也。屈原与楚同姓，仕于怀王，为三闾大夫。三闾之职，掌王族三姓，曰昭、屈、景。屈原序其谱属，率其贤良，以厉国士。入则与王图议政事，决定嫌疑；出则监察群下，应对诸侯。谋行职修，王甚珍之。同列大夫上官靳尚妒害其能，共谮毁之。王乃疏屈原。屈原执履忠贞而被谗邪，忧心烦乱，不知所诉，乃作《离骚经》。离，别也；骚，愁也；经，径也。言己放逐离别，忠心愁思，独依道径，以风谏君也。故上述唐、虞、三后②之制，下序桀、纣、羿、浇之败，冀君觉悟，反于正道而还己也。是时秦昭王使张仪谲诈怀王，令绝齐交。又使诱楚，请与俱会武关，遂胁与俱归，拘留不遣，卒客死于秦。其子襄王复用谗言，迁屈原于江南。屈原放在草野，复作《九章》，援天引圣，以自证明，终不

① 婉顺：温柔和顺。
② 三后：指禹、汤、文王。

见省。不忍以清白久居浊世，遂赴汩渊，自沈而死。《离骚》之文，依《诗》取兴，引类譬谕，故善鸟香草，以配忠贞；恶禽臭物，以比谗佞；灵修美人，以媲于君；宓妃佚女，以譬贤臣；虬龙鸾凤，以托君子；飘风云霓，以为小人。其词温而雅，其义皎而朗。凡百君子，莫不慕其清高，嘉其文采，哀其不遇，而愍其志焉。

九歌序

九歌者，屈原之所作也。昔楚国南郢之邑，沅湘之间，其俗信鬼而好祠。其祠必作歌乐鼓舞，以乐诸神。屈原放逐，窜伏其域，怀忧苦毒，愁思沸郁①。出见俗人祭祀之礼，歌舞之乐，其词鄙陋，因为作《九歌》之曲，上陈事神之敬，下见己之冤结，托之以风谏。故以其文意不同，章句杂错，而广异义焉。

郑 玄

郑玄（127—200），字康成，北海高密（今山东高密市）人。幼年贫而好学，后终成大儒，是汉代经学的集大成者。他遍注儒家经典，计有《周礼注》《仪礼注》《礼记注》《毛诗传笺》《周易注》《古文尚书注》《孝经注》《论语注》等共 60 余种。选文《诗谱序》摘自李学勤主编《十三经注疏·毛诗正义》，北京大学出版社 1999 年版。《六艺论·诗论》摘自严可均辑《全后汉文》，商务印书馆 1999 年版。

---

① 沸郁：愤懑，郁闷。

诗谱序

诗之兴也，谅不于上皇之世。大庭、轩辕逮于高辛，其时有亡载籍，亦蔑云焉。①《虞书》曰："诗言志，歌永言，声依永，律和声。"然则诗之道放于此乎！有夏承之，篇章泯弃，靡有孑遗。迩及商王，不风不雅。何者？论功颂德所以将顺其美，刺过讥失所以匡救其恶，各于其党，则为法者彰显，为戒者著明。周自后稷播种百谷，黎民阻饥，兹时乃粒，自传于此名也。陶唐之末，中叶公刘亦世修其业，以明民共财。至于大王、王季，克堪顾天。文、武之德，光熙前绪，以集大命于厥身，遂为天下父母，使民有政有居。其时《诗》，《风》有《周南》、《召南》，《雅》有《鹿鸣》、《文王》之属。及成王，周公致大平，制礼作乐，而有颂声兴焉，盛之至也。本之由此风、雅而来，故皆录之，谓之《诗》之正经②。后王稍更陵迟，懿王始受谮亨齐哀公。夷身失礼之后，邶不尊贤。自是而下，厉也幽也，政教尤衰，周室大坏，《十月之交》、《民劳》、《板》、《荡》勃尔俱作。众国纷然，刺怨相寻。五霸之末，上无天子，下无方伯，善者谁赏？恶者谁罚？纪纲绝矣。故孔子录懿王、夷王时诗，讫于陈灵公淫乱之事，谓之变风、变雅。以为勤民恤功，昭事上帝，则受颂声，弘福如彼；若违而弗用，则被劫杀，大祸如此。吉凶之所由，忧娱之萌渐，昭昭③在斯，足作后王之鉴，于是止矣。

夷、厉已上，岁数不明。太史《年表》自共和始，历宣、幽、平王而得春秋次第，以立斯《谱》。欲知源流清浊之所处，则循其上下而省之；欲知风化芳臭气泽之所及，则傍行而观之，此《诗》之大纲

---

① 大庭：神农，即炎帝。这几句谓有歌无载。

② 正经：及"变风""变雅"说，见于《毛诗序》。

③ 昭昭：明亮，光明。

也。举一纲而万目张，解一卷而众篇明，于力则鲜，于思则寡，其诸君子亦有乐于是与。

六艺论·诗论

诗者，弦歌讽谕之声也。自书契之兴，朴略尚质，面称不为谄，目谏不为谤，君臣之接，如朋友然，在于恳诚而已。斯道稍衰，奸伪以生，上下相犯，及其制礼，尊君卑臣，君道刚严，臣道柔顺。于是箴谏①者希，情志不通，故作诗者以诵其美而讥其过。（《毛诗谱·序》正义）

《春秋纬·演孔图》云："诗含五际六情。"（《毛诗·关雎》正义）

唐虞始造其初，至周分为六诗②。（《毛诗谱·序》正义，《关雎》正义）

孔子录周衰之歌，及众国圣贤之遗风，自文王创基，至于鲁僖，四百年间，凡取三百五篇，合为《国风》《雅》《颂》。（《毛诗谱·序》正义）

河间献王好学，其博士毛公善说《诗》，献王号之曰《毛诗》。（《毛诗·国风》正义）

未有若今传训章句。（《毛诗·关雎》正义）

注《诗》宗毛为主，毛义若隐略，则更表明；如有不同，即下己意，使可识别也。（《毛诗》郑氏笺释文）

---

① 箴谏：规诫劝谏的话；规诫劝谏。
② 六诗：风，赋，比，兴，雅，颂。

二、音乐美学

陆　贾

陆贾（约公元前 240—前 170），楚人，西汉初期著名思想家、政治家、外交家。在汉代政治中首倡儒学治国的重要性，主张以儒为本，道、法并举，为西汉前期的王朝政治奠定了基本的治理模式，有《新语》12 篇传世。选文摘自王利器撰《新语校注》，中华书局 1986 年版。

新 语

道 基

礼义不行，纲纪不立，后世衰废；於是后圣①乃定《五经》，明《六艺》，承天统地，穷事察微，原情立本，以绪人伦，宗诸天地，纂修篇章，垂诸来世，被诸鸟兽，以匡衰乱，天人合策，原道悉备，智者达其心，百工穷其巧，乃调之以管弦丝竹之音，设钟鼓歌舞之乐，以节奢侈，正风俗，通文雅。

后世淫邪，增之以郑、卫之音，民弃本趋末，技巧横出，用意各殊，则加雕文刻镂，傅致②胶漆丹青、玄黄琦玮③之色，以穷耳目之好，极工匠之巧。

……

《礼》以仁尽节，乐以礼升降。

仁者道之纪，义者圣之学。学之者明，失之者昏，背之者亡。陈力就列，以义建功，师旅行阵，德仁为固，仗义而强，调气养性，仁者寿长，美才次德，义者行方。君子以义相褒，小人以利相欺，愚者以力相乱，贤者以义相治。《穀梁传》曰："仁者以治亲，义者以利尊。万世不乱，仁义之所治也。"

无 为

道莫大於无为，行莫大於谨敬。何以言之？昔舜治天下也，弹五弦之琴，歌《南风》之诗，寂若无治国之意，漠若无忧天下之心，然而天下大治。周公制作礼乐，郊天地，望山川，师旅不设，刑格

---

① 后圣：指孔子。

② 傅致：涂上。

③ 琦玮：浮华，华丽。

法悬，而四海之内，奉供来臻，越裳之君，重译来朝。故无为者乃有为也。

辨　惑

鲁定公之时，与齐侯会於夹谷，孔子行相事。两君升坛，两相处下，两相欲揖，君臣之礼，济济备焉。齐人鼓噪而起，欲执鲁公。孔子历阶而上，不尽一等而立，谓齐侯曰："两君合好，以礼相率，以乐相化。臣闻嘉乐不野合，牺象①之荐不下堂。夷、狄之民何求为？"命司马请止之。定公曰："诺。"齐侯逡巡而避席曰："寡人之过。"退而自责大夫。罢会。齐人使优旃儛②於鲁公之幕下，傲戏，欲候鲁君之隙，以执定公。孔子叹曰："君辱臣当死。"使司马行法斩焉，首足异门而出。

本　行

治以道德为上，行以仁义为本。……然而夫子当於道，二三子近於义，自布衣之士，上□天子，下齐庶民，而累其身而匡上也。及闵周室之衰微，礼义之不行也，厄挫顿仆，历说诸侯，欲匡帝王之道，反天下之政，身无其立，而世无其主，周流天下，无所合意，大道隐而不舒，羽翼摧而不申，自□□□深授其化，以序终始，追治去事，以正来世，按纪图录，以知性命，表定《六艺》，以重儒术，善恶不相干，贵贱不相侮，强弱不相凌，贤与不肖不得相踰，科第相序，为万□□□而不绝，功传而不衰，《诗》、《书》、《礼》、《乐》，为得其所，乃天道之所立，大义之所行也，岂以□□□威耶？

---

① 牺象：古代饰有鸟形、鸟羽或象骨的酒器。
② 儛：同"舞"。

明　诚

圣人承天之明，正日月之行，录星辰之度，因天地之利，等高下之宜，设山川之便，平四海，分九州，同好恶，一风俗。《易》曰："天垂象，见吉凶，圣人则之；天出善道，圣人得之。"言御占图历之变，下衰风化之失，以匡盛衰，纪物定世，后无不可行之政，无不可治之民，故曰："则天之明，因地之利。"观天之化，推演万事之类，散之於□□之闲，调之以寒暑之节，养之以四时之气，同之以风雨之化，故绝国异俗，莫不知□□□①，乐则歌，哀则哭，盖圣人之教所齐一也。

思　务

孔子曰："行夏之时，乘殷之辂，服周之冕，乐则《韶》舞，放郑声，远佞人。"□□□道而行之於世，虽非尧、舜之君，则亦尧、舜也。今之为君者则不然，治不以五帝之术，则曰今之世不可以道德治也。为臣者不思稷、契，则曰今之民不可以仁义正也。为子者不执曾、闵之质，朝夕不休，而曰家人不和也。

贾　谊

贾谊（公元前 200—前 168），洛阳人，西汉初年著名政论家、文学家，世称贾生。汉文帝时任博士，迁太中大夫，后任长沙王、梁怀王太傅，33 岁去世。著作主要有辞赋和政论性散文，《吊屈原赋》《鵩鸟赋》《过秦论》《论积贮疏》是其中代表。其著作集《新书》由刘向在西汉后期编辑而成，政治上主张以儒治国，仁礼结合，儒法并济，

---

①　莫不知□□□：《汇函》《品节》作"莫不知慕"。

文艺美学思想是其政治思想的延伸。选文摘自阎振益、钟夏校注《新书校注》，中华书局 2000 年版。

新 书

审 微

礼，天子之乐宫县，诸侯之乐轩县，大夫直县，士有琴瑟。叔孙①于奚者，卫之大夫也。曲县者，卫君之乐体也。繁缨者，君之驾饰也。齐人攻卫，叔孙于奚率师逆②之，大败齐师。卫於是赏以温叔孙于奚辞温，而请曲县、繁缨以朝，卫君许之。孔子闻之，曰："惜乎！不如多与之邑。夫乐者所以载国，国者所以载君。彼乐亡而礼从之，礼亡而政从之，政亡而国从之，国亡而君从之。惜乎！不如多与之邑。"

礼容语下

鲁叔孙昭子聘於宋，宋元公与之燕，饮酒，乐。昭子右坐，歌终而语，因相泣也。乐祁曰："过哉，君！非哀所也。"已而告人曰："今兹③，君与叔孙其皆死乎？吾闻之，哀乐而乐哀，皆丧心也。心之精爽是谓魂魄，魂魄已失，何以能久？且吾闻之，主民者不可以媮④，媮必死。今君与叔孙其语皆媮，死日不远矣。"居六月，宋元公薨。间一月，叔孙婼卒。

---

① 孙：原无，此据何孟春本补。

② 逆：迎。

③ 今兹：今年。

④ 媮：苟且。

韩　婴

选文摘自许维遹校释《韩诗外传集释》，中华书局 1980 年版。

韩诗外传

卷一　第十六章

古者天子左五钟，右五钟。① 将出，则撞黄钟，而右五钟皆应之。马鸣中律，驾者有文，御者有数。立则磬折，拱则抱鼓，行步中规，折旋中矩。然后太师奏升车之乐，告出也。入则撞蕤宾，而左五钟皆应之，以治容貌。容貌得则颜色齐，颜色齐则肌肤安。蕤宾有声，鹊震马鸣，及倮介之虫，无不延颈以听。在内者皆玉色，在外者皆金声。然后少师奏升堂之乐，即席告入也。此言音乐相和，物类相感，同声相应之义也。《诗》云："钟鼓乐之。"此之谓也。

卷二　第二十九章

子夏读《书》已毕。夫子问曰："尔亦可言於《书》矣。"子夏对曰："《书》之於事也，昭昭乎若日月之光明，燎燎乎如星辰之错行，上有尧舜之道，下有三王之义，弟子所受於夫子者，志之於心不敢忘。虽居蓬户之中，弹琴以咏先生之风，有人亦乐之，无人亦乐之，亦可发愤忘食矣。"

卷五　第七章

孔子学鼓琴於师襄子② 而不进。师襄子曰："夫子可以进矣。"孔子曰："丘已得其曲矣，未得其数也。"有间，曰："夫子可以进矣。"

---

① 《尚书·大传》曰："天子左五钟，右五钟。"
② 师襄子：鲁乐太师。

曰："丘已得其数矣，未得其意也。"有间，复曰："夫子可以进矣。"
曰："丘已得其意矣，未得其人也。"有间，复曰："夫子可以进矣。"
曰："丘已得其人矣，未得其类也。"有间，曰："邈然远望，洋洋乎，
翼翼乎，必作此乐也。黯然而黑，几然而长，以王天下，以朝诸侯
者，其惟文王乎？"师襄子避席再拜曰："善！师以为文王之操也。"故
孔子持文王之声，知文王之为人。师襄子曰："敢问何以知其文王之
操也？"孔子曰："然。夫仁者好韦，和者好粉，智者好弹，有殷勤①
之意者好丽。丘是以知文王之操也。"

卷五　第十六章

秦之时，非礼义，弃《诗》《书》，略古昔，大灭圣道，专为苟妄，
以贪利为俗，以告猎为化，而天下大乱。於是兵作而火起，暴露居
外，而民以侵渔遏夺相攘为服习，离圣王光烈之日久远，未尝见仁
义之道，被礼乐之风。是以嚚顽②无礼，而肃敬日损，凌迟以威武
相摄，妄为佞人，不避祸患，此其所以难治也。人有六情，目欲视
好色，耳欲听宫商，鼻欲嗅芬香，口欲嗜甘旨，其身体四肢欲安而
不作，衣欲被文绣而轻暖。此六者，民之六情也，失之则乱，从之
则穆。故圣王之教其民也，必因其情而节之以礼，必从其欲而制之
以义。义简而备，礼易而法，去情不远，故民之从命也速。孔子知
道之易行也。《诗》云："诱民孔易。"非虚辞也。

卷六　第二十一章

孔子行，简子将杀阳虎，孔子似之，带甲以围孔子舍。子路愠
怒，奋戟将下，孔子止之曰："由！何仁义之寡裕也。夫《诗》《书》之
不习，礼乐之不讲，是丘之罪也。若我非阳虎而以我为阳虎，则非

---

① 殷勤：恳切。
② 嚚顽：愚昧顽钝。

丘之罪也。命也夫！歌予和若。"子路歌，孔子和之，三终而围罢。《诗》曰："来游来歌。"以陈盛德之和而无为也。

卷七 第二十六章

昔者孔子鼓瑟，曾子子贡侧门而听。曲终，曾子曰："嗟乎！夫子瑟声殆有贪狼之志，邪僻之行，何其不仁趋利之甚？"子贡以为然，不对而入。夫子望见子贡有谏过之色，应难之状，释瑟而待之。子贡以曾子之言告。子曰："嗟乎！夫参，天下贤人也，其习知音矣。乡者丘鼓瑟，有鼠出游，狸见於屋，循梁微行，造焉而避，厌目曲脊，求而不得。丘以瑟淫其音。参以丘为贪狼邪僻，不亦宜乎！"《诗》曰："鼓钟于宫，声闻于外。"

卷八 第三十章

汤作《护》，闻其宫声，使人温良而宽大。闻其商声，使人方廉而好义。闻其角声，使人恻隐而爱仁。闻其徵声，使人乐养而好施。闻其羽声，使人恭敬而好礼。《诗》曰："汤降不迟，圣敬日跻①。"

刘 安

选文摘自何宁撰《淮南子集释》，中华书局 1998 年版。

淮南子

原道训

夫无形者物之大祖也，无音者声之大宗也……

---

① 跻：登，上升。

无形而有形生焉①，无声而五音鸣焉……是故有生於无，实出於虚……音之数不过五，而五音之变不可胜听也……色之数不过五，而五色之变不可胜观也。故音者，宫立而五音形矣……色者，白立而五色成矣；道者，一立而万物生矣。

所谓乐者，岂必处京台、章华，游云梦、沙邱②，耳听《九韶》、《六莹》，口味煎熬芬芳，驰骋夷道，钓射鹔鷞③之谓乐乎？吾所谓乐者，人得其得者也。夫得其得者，不以奢为乐，不以廉为悲，与阴俱闭，与阳俱开。故子夏心战而臞，得道而肥。圣人不以身役物，不以欲滑和，是故其为欢不忻忻，其为悲不惙惙，万方百变，消摇而无所定，吾独慷慨遗物，而与道同出。是故有以自得之也，乔木之下，空穴之中，足以适情；无以自得也，虽以天下为家，万民为臣妾，不足以养生也。能至于无乐者，则无不乐，无不乐则至极乐矣。

夫建钟鼓，列管弦，席旃茵④，傅旄象，耳听朝歌北鄙靡靡之乐，齐靡曼之色，陈酒行觞，夜以继日，强弩弋高鸟，走犬逐狡兔，此其为乐也，炎炎赫赫，怵然⑤若有所诱慕。解车休马，罢酒彻乐，而心忽然若有所丧，怅然若有所亡也。是何则？不以内乐外，而以外乐内，乐作而喜，曲终而悲，悲喜转而相生，精神乱营，不得须臾平。

---

① 无形：道。有形：万物。
② 京台、章华：皆楚国高台。云梦：古代楚地的大泽。沙邱：即沙丘，相传商纣王曾于此筑台，畜养野兽。
③ 鹔鷞：鸟名，长颈绿身，形似雁。
④ 旃茵：毡制的褥子或坐垫。
⑤ 怵然：引申为向往之状。

天文训

二阴一阳成气二，二阳一阴成气三，合气而为音，合阴而为阳，合阳而为律，故曰五音六律。音自倍而为日，律自倍而为辰，故日十而辰十二。

月日行十三度七十六分度之二十六，二十九日九百四十分日之四百九十九而为月，而以十二月为岁。……

道曰规始於一，一而不生，故分而为阴阳，阴阳合和而万物生，故曰："一生二，二生三，三生万物。"天地三月而为一时，故祭祀三饭以为礼，丧纪三踊以为节，兵重三军以为制。以三参物，三三如九，故黄钟之律九寸而宫音调。因而九之，九九八十一，故黄钟之数立焉。黄者，土德之色，钟者，气之所种也。日冬至德气为土，土色黄，故曰黄钟。律之数六，分为雌雄，故曰十二钟，以副十二月。十二各以三成，故置一而十一，三之，为积分十七万七千一百四十七，黄钟大数立焉。凡十二律，黄钟为宫，太蔟为商，姑洗为角，林钟为徵，南吕为羽。物以三成，音以五立，三与五如八，故卵生者八窍。律之初生也，写凤之音，故音以八生。黄钟为宫，宫者，音之君也，故黄钟位子，其数八十一，主十一月，下生林钟。林钟之数五十四，主六月，上生太蔟。太蔟之数七十二，主正月，下生南吕。南吕之数四十八，主八月，上生姑洗。姑洗之数六十四，主三月，下生应钟。应钟之数四十二，主十月，上生蕤宾。蕤宾之数五十七，主五月，上生大吕。大吕之数七十六，主十二月，下生夷则。夷则之数五十一，主七月，上生夹钟。夹钟之数六十八，主二月，下生无射。无射之数四十五，主九月，上生仲吕。仲吕之数六十，主四月，极不生。徵生宫，宫生商，商生羽，羽生角，角生姑洗，姑洗生应钟，比于正音，故为和；应钟生蕤宾，不比正音，故为缪。日冬至，音比林钟，浸以浊。日夏至，音比黄钟，浸以清。以十二律应二十四时之变。甲子，仲吕之徵也；丙子，夹钟之羽也；戊子，黄钟之宫也；庚子，无射之商也；壬子，夷则之角也。

古之为度量轻重，生乎天道。黄钟之律修九寸。物以三生，三九二十七，故幅广二尺七寸。音以八相生，故人修八尺，寻自倍，故八尺而为寻。有形则有声。音之数五，以五乘八，五八四十，故四丈而为匹。匹者，中人之度也。一匹而为制。

本经训

古之人，同气于天地，与一世而优游。当此之时，无庆贺之利，刑罚之威，礼义廉耻不设，毁誉仁鄙不立，而万民莫相侵欺暴虐，犹在于混冥之中。逮至衰世，人众财寡，事力劳而养不足，於是忿争生，是以贵仁；仁鄙不齐，比周朋党，设诈谞、怀机械巧故之心而信失矣，是以贵义；阴阳之情，莫不有血气之感，男女群居杂处而无别，是以贵礼；性命之情，淫而相胁，以不得已则不和，是以贵乐。是故仁义礼乐者，可以救败，而非通治之至也。

夫仁者所以救争也，义者所以救失也，礼者所以救淫也，乐者所以救忧也。……道德定於天下而民纯朴，则目不营於色，耳不淫於声，坐俳而歌谣，被发而浮游，虽有毛嫱、西施之色，不知说也，《掉羽》、《武象》，不知乐也，淫泆无别不得生焉。由此观之，礼乐不用也。……是故德衰然后仁生，行沮然后义立，和失然后声调，礼淫然后容饰。是故知神明然后知道德之不足为也，知道德然后知仁义之不足行也，知仁义然后知礼乐之不足修也。

古者圣人在上，政教平，仁爱洽，上下同心，君臣辑睦，衣食有余，家给人足，父慈子孝，兄良弟顺，生者不怨，死者不恨，天下和洽，人得其愿。夫人相乐，无所发貌，故圣人为之作乐以和节之。末世之政，田渔重税，关市急征，泽梁毕禁，网罟①无所布，耒耜②无所设，民力竭於徭役，财用殚於会赋，居者无食，行者无粮，老者不养，死者不葬，赘妻鬻子，以给上求，犹弗能澹③；愚夫蠢妇，皆有流连之心，凄怆之志，乃使始为之撞大钟，击鸣鼓，吹竽笙，弹琴瑟，失乐之本矣。……乐者所以致和，非所以为淫也……

主术训

夫荣启期一弹而孔子三日乐，感于和；邹忌一徽而威王终夕悲，感于忧。动诸琴瑟，形诸音声，而能使人为之哀乐。县法设赏，而不能移风易俗者，其诚心弗施也。宁戚商歌车下，桓公喟然而寤，至精入人深矣。故曰：乐，听其音则知其俗，见其俗则知其化。孔子学鼓琴於师襄，而谕文王之志，见微以知明矣；延陵季子听鲁乐而知殷、夏之风，论近以识远也。作之上古，施及千岁而文不灭，况於并世化民乎？汤之时，七年旱，以身祷於桑林之际，而四海之云凑，千里之雨至。抱质效诚，感动天地，神谕方外；令行禁止，岂足为哉？

古圣王至精形於内，而好憎忘於外，出言以副情，发号以明旨，陈之以礼乐，风之以歌谣，业贯万世而不壅④，横扃四方而不穷，禽兽昆虫，与之陶化，又况於执法施令乎！

乐生於音，音生於律，律生於风，此声之宗也。

故古之为金石管弦者，所以宣乐也；兵革斧钺者，所以饰怒也；

---

① 网罟：捕鱼及捕鸟兽的工具。
② 耒耜：古代的一种耕地翻土的农具。耒是耒耜的柄，耜是耒耜下端的起土部分。
③ 澹：恬静、安然的样子。
④ 壅：塞、壅阻。

觞酌俎豆酬酢之礼，所以效善也；衰绖菅屦①，辟踊哭泣，所以谕哀也：此皆有充於内而成像於外。及至乱主，取民则不裁其力，求於下则不量其积，男女不得事耕织之业以供上之求，力勤财匮，君臣相疾也。故民至於焦唇沸肝，有今无储，而乃始撞大钟，击鸣鼓，吹竽笙，弹琴瑟，是犹贯甲胄而入宗庙，被罗纨而从军旅，失乐之所由生矣。

缪称训

情先动，动无不得，无不得则无着，发着而后快。故唐、虞之举错也，非以偕情也，快己而天下治；桀、纣非正贼之也，快己而百事废：喜憎议而治乱分矣。

圣人之行，无所合，无所离。譬若鼓，无所与调，无所不比。丝管金石，小大修短有叙，异声而和；君臣上下，官职有差，殊事而调。夫织者日以进，耕者日以却，事相反，成功一也。申喜闻乞人之歌而悲，出而视之，其母也；艾陵之战也，夫差曰："夷声阳，句吴其庶乎?"同是声而取信焉异，有诸情也。故心哀而歌不乐，心乐而哭不哀。夫子曰："弦则是也，其声非也。"文者，所以接物也，情，系於中而欲发外者也。以文灭情则失情，以情灭文则失文，文情理通，则凤麟极矣，言至德之怀远也。

歌之修其音也，音之不足於其美者也。金石丝竹助而奏之，犹未足以至於极也。人能尊道行义，喜怒取予，欲如草之从风。

甯戚击牛角而歌，桓公举以大政；雍门子以哭见孟尝君，涕流沾缨：歌哭，众人之所能为也，一发声，入人耳，感人心，情之至

---

① 菅屦：用菅草编织为鞋；草鞋。古代服丧时着之。

者也。故唐、虞之法可效也，其谕人心不可及也。简公以懦杀，子阳以猛劫，皆不得其道者也。故歌而不比於律者，其清浊一也。绳之外与绳之内，皆失直者也。

齐俗训

夫载哀者闻歌声而泣，载乐者见哭者而笑。哀可乐者，笑可哀者，载使然也。

……

古者，非不能陈钟鼓、盛管箫、扬干戚、奋羽旄，以为费财乱政，制乐足以合欢宣意而已，喜不羡於音。非不能竭国靡民，虚府殚财，含珠鳞施①，纶组节束，追送死也，以为穷民绝业而无益於槁骨腐肉也，故葬埋足以收敛盖藏而已。昔舜葬苍梧，市不变其肆；禹葬会稽之山，农不易其亩：明乎生死之分，通乎俭侈之适者也。乱国则不然，言与行相悖，情与貌相反，礼饰以烦，乐优以淫，崇死以害生，久丧以招行，是以风俗浊於世，而诽誉萌於朝，是故圣人废而不用也。

……故瑟无弦，虽师文不能以成曲；徒弦则不能悲。故弦，悲之具也，而非所以为悲也。若夫工匠之为连钖②运开、阴闭、眩错，入於冥冥之眇，神调之极，游乎心手众虚之间，而莫与物为际者，父不能以教子。瞽师之放意相物，写神愈舞，而形乎弦者，兄不能以喻弟。今夫为平者准也，为直者绳也。若夫不在於绳准之中，可以平直者，此不共之术也。故叩宫而宫应，弹角而角动，此同音之相应也。其於五音无所比，而二十五弦皆应，此不传之道也。故萧条者形之君，而寂寞者音之主也。

---

①　鳞施：古代贵族丧葬时给死者穿戴的玉衣。
②　钖：弩上发箭的机关。

氾论训

夏后氏殡於阼阶之上，殷人殡於两楹之间，周人殡於西阶之上，此礼之不同者也。① 有虞氏用瓦棺，夏后氏堲周，殷人用椁，周人墙置翣②，此葬之不同者也。夏后氏祭於暗，殷人祭於阳，周人祭於日出以朝，此祭之不同者也。尧《大章》，舜《九韶》，禹《大夏》，汤《大濩》，周《武象》，此乐之不同者也。故五帝异道而德覆天下，三王殊事而名施后世，此皆因时变而制礼乐者。譬犹师旷之施瑟柱也，所推移上下者无寸尺之度，而靡不中音。故通於礼乐之情者能作，音有本主於中，而以知榘彟之所周者也。

今不知道者，见柔懦者侵，则矜为刚毅；见刚毅者亡，则矜为柔懦。此本无主於中，而见闻舛驰於外者也，故终身而无所定趋。譬犹不知音者之歌也，浊之则郁而无转，清之则燋而不讴。及至韩娥、秦青、薛谈之讴，侯同曼声之歌，愤於志，积於内，盈而发音，则莫不比於律而和於人心。何则？中有本主以定清浊，不受於外而自为仪表也。

今夫盲者行於道，人谓之左则左，谓之右则右，遇君子则易道，遇小人则陷沟壑。何则？目无以接物也。故魏两用楼翟、吴起而亡西河，湣王专用淖齿而死於东庙，无术以御之也。文王两用吕望、召公奭而王，楚庄王专任孙叔敖而霸，有术以御之也。

修务训

故秦、楚、燕、魏之歌也，异转而皆乐，九夷八狄之哭也，殊

---

① 《礼记·檀弓上》载："夏后氏殡於东阶之上，则犹在阼也；殷人殡於两楹之间，则与宾主夹之也；周人殡於西阶之上，则犹宾之也。"

② 翣：古代棺饰物。

声而皆悲，一也。夫歌者乐之征也，哭者悲之效也，愤於中则应於外，故在所以感。夫圣人之心，日夜不忘於欲利人，其泽之所及者，效亦大矣。

今夫盲者，目不能别昼夜，分白黑。然而搏琴抚弦，参弹复徽，攫援摽拂①，手若蔑蒙，不失一弦。使未尝鼓瑟者，虽有离朱之明，攫掇②之捷，犹不能屈伸其指。何则？服习积贯之所致。

昔晋平公令官为钟，钟成而示师旷。师旷曰："钟音不调。"平公曰："寡人以示工，工皆以为调，而以为不调何也？"师旷曰："使后世无知音者则已，若有知音者，必知钟之不调。"故师旷之欲善调钟也，以为后之有知音者也。

泰族训

民有好色之性，故有大婚之礼；有饮食之性，故有大飨之谊；有喜乐之性，故有钟鼓管弦之音；有悲哀之性，故有衰绖哭踊之节。故先王之制法也，因民之所好而为之节文者也。因其好色而制婚姻之礼，故男女有别；因其喜音而正雅颂之声，故风俗不流；因其宁家室、乐妻子，教之以顺，故父子有亲；因其喜朋友而教之以悌，故长幼有序。

……

夫物未尝有张而不弛，成而不毁者也，惟圣人能盛而不衰，盈而不亏。神农之初作琴也，以归神，及其淫也，反其天心。夔之初作乐也，皆合六律而调五音，以通八风；及其衰也，以沉湎淫康，

---

① 摽拂：弹奏古琴的抚按指法。
② 攫掇：传说为黄帝时动作敏捷的人。

不顾政治，至於灭亡。……故《易》之失也卦，《书》之失也敷，乐之失也淫，《诗》之失也辟，礼之失也责，《春秋》之失也刺。

　　今夫《雅》、《颂》之声，皆发於词，本於情，故君臣以睦，父子以亲。故《韶》、《夏》之乐也，声浸乎金石，润乎草木。今取怨思之声，施之於弦管，闻其音者，不淫则悲，淫则乱男女之辨，悲则感怨思之气，岂所谓乐哉！赵王迁流於房陵，思故乡，作为《山水》之讴，闻者莫不殒涕。荆轲西刺秦王，高渐离、宋意为击筑，而歌於易水之上，闻者莫不瞋目裂眦，发植穿冠。① 因以此声为乐而入宗庙，岂古之所谓乐哉！故弁冕辂舆，可服而不可好也；太羹②之和，可食而不可嗜也；朱弦漏越，一唱而三叹，可听而不可快也。故无声者，正其可听者也；其无味者，正其足味者也。呋声清於耳，兼味快於口，非其贵也。故事不本於道德者，不可以为仪；言不合乎先王者，不可以为道；音不调乎《雅》、《颂》者，不可以为乐。故五子之言，所以便说掇取也，非天下之通义也。

　　圣王之设政施教也，必察其终始，其县法立仪，必原其本末，不苟以一事备一物而已矣。见其造而思其功，观其源而知其流，故博施而不竭，弥久而不垢。夫水出於山而入于海，稼生于田而藏於仓，圣人见其所生，则知其所归矣。故舜深藏黄金於崭岩之山③，所以塞贪鄙之心也。仪狄为酒，禹饮而甘之，遂疏仪狄而绝旨酒，所以遏流湎之行也。师涓为平公鼓朝歌北鄙之音，师旷曰："此亡国之乐也。"太息而抚之，所以防淫辟之风也。④ 故民知书而德衰，知数

① 事见《战国策·燕策》及《史记·刺客列传》。
② 太羹：大羹。
③ 见《新语·术事》。
④ 事见《韩非子·十过》及《史记·乐书》。

而厚衰，知券契而信衰，知械机而实衰也。巧诈藏于胸中，则纯白不备，而神德不全矣。琴不鸣而二十五弦各以其声应，轴不连而三十辐各以其力旋。弦有缓急小大然后成曲，车有劳逸动静而后能致远。使有声者，乃无声者也；能致千里者，乃不动者也。

短　　则

金石有声，弗叩弗鸣；管箫有音，弗吹无声。（《诠言训》）

故不得已而歌者，不事为悲；不得已而舞者，不矜为丽。歌舞而不事为悲丽者，皆无有根心者也。（《诠言训》）

《诗》之失僻，乐之失刺，礼之失责。徵音非无羽声也，羽音非无徵声也，五音莫不有声，而以徵羽定名者，以胜者也。（《诠言训》）

钟之与磬也，近之则钟音充，远之则磬音章，物固有近不若远，远不若近者。（《说山训》）

欲学歌讴者，必先徵羽乐风；欲美和者，必先始於《阳阿》、《采菱》。（《说山训》）

至乐不笑，至音①不叫……听有音之音者聋，听无音之音者聪，不聋不聪，与神明通。（《说林训》）

使但吹竽，使工厌窍，虽中节而不可听。无其君形者也。（《说林训》）

行一棋不足以见智，弹一弦不足以见悲。（《说林训》）

异音者不可听以一律，异形者不可合於一体。（《说林训》）

善举事者，若乘舟而悲歌，一人唱而千人和。（《说林训》）

徵羽之操，不入鄙人之耳。（《说林训》）

夫歌《采菱》，发《阳阿》，鄙人听之，不若此《延路》《阳局》，非

---

① 至音：最美妙的音乐。

歌者拙也，听者异也。(《人间训》)

董仲舒

选文摘自苏舆撰，钟哲点校《春秋繁露义证》，中华书局1992年版。

春秋繁露

楚庄王

问者曰：物改而天授显矣①，其必更作乐，何也？曰：乐异乎是。② 制为应天改之，乐为应人作之。彼之所受命者，必民之所同乐也。是故大改制於初，所以明天命也。更作乐於终③，所以见天功也。缘天下之所新乐而为之文曲，且以和政，且以兴德。天下未遍合和，王者不虚作乐。乐者，盈於内而动发於外者也。应其治时，制礼作乐以成之④。成者，本末质文皆以具矣。是故作乐者必反天下之所始乐於己以为本。舜时，民乐其昭尧之业也，故《韶》。"韶"者，昭也。禹之时，民乐其三圣相继，故《夏》。"夏"者，大也。汤之时，民乐其救之於患害也，故《濩》⑤。"濩"者，救也。文王之时，民乐其兴师征伐也，故《武》。"武"者，伐也。四者，天下同乐之，

---

① 物：指正(zhēng)朔、服色等制度。显：明显。
② 乐异乎是：指"物""制"，即居处、称号、正朔、服色等制度。
③ 终：指各种制度改革之终。
④ 成之：指完成礼乐。
⑤ 《濩》：即《濩》《护》《大护》。

一也，其所同乐之端不可一也。作乐之法，必反本之所乐。所乐不同事，乐安得不世异？是故舜作《韶》而禹作《夏》，汤作《护》而文王作《武》。四乐殊名，则各顺其民始乐於己也。吾见其效矣。《诗》云："文王受命，有此武功。既伐於崇，作邑於丰。"乐之风也。又曰："王赫斯怒，爰整其旅。"①当是时，纣为无道，诸侯大乱，民乐文王之怒而咏歌之也。周人德已洽天下，反本以为乐，谓之《大武》，言民所始乐者武也云尔。故凡乐者，作之於终，而名之以始，重本之义也。由此观之，正朔、服色之改，受命应天制礼作乐之异，人心之动也。二者离而复合，所为一也。

玉　杯

礼之所重者在其志。志敬而节具，则君子予之知礼。志和而音雅，则君子予之知乐。志哀而居约，则君子予之知丧。故曰：非虚加之，重志之谓也。志为质，物为文。文著於质，质不居文，文安施质？质文两备，然后其礼成。文质偏行，不得有我尔之名。俱不能备而偏行之，宁有质而无文。虽弗予能礼，尚少善之，介葛卢来是也。有文无质，非直不子，乃少恶之，谓州公寔来是也。然则《春秋》之序道也，先质而后文，右志而左物。故曰："礼云礼云，玉帛云乎哉？"推而前之，亦宜曰：朝云朝云，辞令云乎哉？"乐云乐云，钟鼓云乎哉？"引而后之，亦宜曰：丧云丧云，衣服云乎哉？是故孔子立新王之道，明其贵志以反和，见其好诚以灭伪，其有继周之弊，故若此也。

⋯⋯

君子知在位者不能以恶服人也，是故简六艺以赡养之。《诗》《书》序其志，《礼》《乐》纯其美，《易》《春秋》明其知。六学皆大，而

---

① 赫：勃然怒貌。斯、爰：均为语助词，无义。

各有所长。《诗》道志，故长於质。《礼》制节，故长於文。《乐》咏德，故长於风。《书》著功，故长於事。《易》本天地，故长於数。《春秋》正是非，故长於治人。能兼得其所长，而不能遍举其详也。

五行五事

王者与臣无礼，貌不肃敬，则木不曲直，而夏多暴风。风者，木之气也，其音角也，故应之以暴风。王者言不从，则金不从革，而秋多霹雳。霹雳者，金气也，其音商也，故应之以霹雳。王者视不明，则火不炎上，而秋多电。电者，火气也，其音徵也，故应之以电。王者听不聪，则水不润下，而春夏多暴雨。雨者，水气也，其音羽也，故应之以暴雨。王者心不能容，则稼穑不成，而秋多雷。雷者，土气也，其音宫也，故应之以雷。

司马迁

选文摘自《史记》，中华书局 1999 年版。

史　记

乐　书

凡音之起，由人心生也。人心之动，物使之然也。感于物而动，故形于声；声相应，故生变；变成方，谓之音；比音而乐之，及干戚羽旄①，谓之乐也。乐者，音之所由生也，其本在人心感于物也。

---

① 干：盾。戚：斧。羽：雉羽。旄：旄牛尾。四者均为乐舞时所持的舞具。

是故其哀心感者，其声噍以杀；其乐心感者，其声啴①以缓；其喜心感者，其声发以散；其怒心感者，其声粗以厉；其敬心感者，其声直以廉；其爱心感者，其声和以柔。六者非性也，感于物而后动，是故先王慎所以感之。故礼以导其志，乐以和其声，政以壹其行，刑以防其奸。礼乐刑政，其极一也，所以同民心而出治道也。

凡音者，生人心者也。情动于中，故形于声，声成文谓之音。是故治世之音安以乐，其正和；乱世之音怨以怒，其正乖；亡国之音哀以思，其民困。声音之道，与政通矣。

……

太史公曰：夫上古明王举乐者，非以娱心自乐，快意恣欲，将欲为治也。正教者皆始于音，音正而行正。故音乐者，所以动荡血脉，通流精神而和正心也。故宫动脾而和正圣，商动肺而和正义，角动肝而和正仁，徵动心而和正礼，羽动肾而和正智。故乐所以内辅正心而外异贵贱也；上以事宗庙，下以变化黎庶也。琴长八尺一寸，正度也。弦大者为宫，而居中央，君也。商张右傍，其馀大小相次，不失其次序，则君臣之位正矣。故闻宫音，使人温舒而广大；闻商音，使人方正而好义；闻角音，使人恻隐而爱人；闻徵音，使人乐善而好施；闻羽音，使人整齐而好礼。夫礼由外入，乐自内出。故君子不可须臾离礼，须臾离礼则暴慢之行穷外；不可须臾离乐，须臾离乐则奸邪之行穷内。故乐音者，君子之所养义也。夫古者，天子诸侯听钟磬未尝离于庭，卿大夫听琴瑟之音未尝离于前，所以养行义而防淫佚也。夫淫佚生于无礼，故圣王使人耳闻《雅》《颂》之音，目视威仪之礼，足行恭敬之容，口言仁义之道。故君子终日言而邪辟无由入也。

---

① 啴：宽绰之貌。

律 书

《书》曰"七正"①，二十八舍。律历，天所以通五行八正之气，天所以成孰万物也。舍者，日月所舍。舍者，舒气也。

不周风居西北，主杀生。东壁居不周风东，主辟生气而东之。至于营室。营室者，主营胎阳气而产之。东至于危。危，垝也。言阳气之（危）垝，故曰危。十月也，律中应钟。应钟者，阳气之应，不用事也。其于十二子为亥。亥者，该也。言阳气藏于下，故该也。

广莫风居北方。广莫者，言阳气在下，阴莫阳广大也，故曰广莫。东至于虚。虚者，能实能虚，言阳气冬则宛藏于虚，日冬至则一阴下藏，一阳上舒，故曰虚。东至于须女。言万物变动其所，阴阳气未相离，尚相（如）胥〔如〕也，故曰须女。十一月也，律中黄钟。黄钟者，阳气踵黄泉而出也。其于十二子为子。子者，滋也；滋者，言万物滋于下也。其于十母为壬癸。壬之为言任也，言阳气任养万物于下也。癸之为言揆也，言万物可揆度，故曰癸。东至牵牛。牵牛者，言阳气牵引万物出之也。牛者，冒也，言地虽冻，能冒而生也。牛者，耕植种万物也。东至于建星。建星者，建诸生也。十二月也，律中大吕。大吕者，其于十二子为丑。

条风居东北，主出万物。条之言条治万物而出之，故曰条风。南至于箕②。箕者，言万物根棋，故曰箕。正月也，律中泰蔟。泰蔟者，言万物蔟生也，故曰泰蔟。其于十二子为寅。寅言万物始生螾③然也，故曰寅。南至于尾，言万物始生如尾也。南至于心，言万物始生有华心也。南至于房。房者，言万物门户也，至于门则出矣。

---

① 七正：古天文术语，亦称"七曜""七纬"，指日、月和五星。
② 箕：星宿名，汉族神话中的二十八宿之一。
③ 螾：蠕动貌。

明庶风居东方。明庶者，明众物尽出也。二月也，律中夹钟。夹钟者，言阴阳相夹厕也。其于十二子为卯。卯之为言茂也，言万物茂也。其于十母为甲乙。甲者，言万物剖符甲而出也；乙者，言万物生轧轧也。南至于氐。氐者，言万物皆至也。南至于亢。亢者，言万物亢见也。南至于角。角者，言万物皆有枝格如角也。三月也，律中姑洗。姑洗者，言万物洗生。其于十二子为辰。辰者，言万物之蜄①也。

清明风居东南维，主风吹万物而西之。〔至于〕轸②。轸者，言万物益大而轸轸然。西至于翼。翼者，言万物皆有羽翼也。四月也，律中中吕。中吕者，言万物尽旅而西行也。其于十二子为巳。巳者，言阳气之已尽也。西至于七星。七星者，阳数成于七，故曰七星。西至于张。张者，言万物皆张也。西至于注。注者，言万物之始衰，阳气下注，故曰注。五月也，律中蕤宾。蕤宾者，言阴气幼少，故曰蕤；痿阳不用事，故曰宾。

景风居南方。景者，言阳气道竟，故曰景风。其于十二子为午。午者，阴阳交，故曰午。其于十母为丙丁。丙者，言阳道著明，故曰丙；丁者，言万物之丁壮也，故曰丁。西至于弧。弧者，言万物之吴落且就死也。西至于狼。狼者，言万物可度量，断万物，故曰狼。

凉风居西南维，主地。地者，沈夺万物气也。六月也，律中林钟。林钟者，言万物就死气林林然。其于十二子为未。未者，言万物皆成，有滋味也。北至于罚。罚者，言万物气夺可伐也。北至于参。参言万物可参也，故曰参。七月也，律中夷则。夷则，言阴气之贼万物也。其于十二子为申。申者，言阴用事，申贼万物，故曰

---

① 蜄：古同"蜃"。

② 轸：形声，从车。本义为车箱底部后面的横木。

申。北至于浊。浊者，触也，言万物皆触死也，故曰浊。北至于留。留者，言阳气之稽留也，故曰留。八月也，律中南吕。南吕者，言阳气之旅入藏也。其于十二子为酉。酉者，万物之老也，故曰酉。

阊阖①风居西方。阊者，倡也；阖者，藏也。言阳气道万物，阖黄泉也。其于十母为庚辛。庚者，言阴气庚万物，故曰庚；辛者，言万物之辛生，故曰辛。北至于胃。胃者，言阳气就藏，皆胃胃也。北至于娄。娄者，呼万物且内之也。北至于奎。奎者，主毒螫杀万物也，奎而藏之。九月也，律中无射。无射者，阴气盛用事，阳气无馀也，故曰无射。其于十二子为戌。戌者，言万物尽灭，故曰戌。

律数：

九九八十一以为宫。三分去一，五十四以为徵。三分益一，七十二以为商。三分去一，四十八以为羽。三分益一，六十四以为角。

黄钟长八寸七分一，宫。大吕长七寸五分三分（一）〔二〕。太蔟长七寸（七）〔十〕分二，角。夹钟长六寸（一）〔七〕分三分一。姑洗长六寸（七）〔十〕分四，羽。仲吕长五寸九分三分二，徵。蕤宾长五寸六分三分（一）〔二〕。林钟长五寸（七）〔十〕分四，角。夷则长五寸（四分）三分二，商。南吕长四寸（七）〔十〕分八，徵。无射长四寸四分三分二。应钟长四寸二分三分二，羽。

生钟分：

子一分。丑三分二。寅九分八。卯二十七分十六。辰八十一分六十四。巳二百四十三分一百二十八。午七百二十九分五百一十二。未二千一百八十七分一千二十四。申六千五百六十一分四千九十六。酉一万九千六百八十三分八千一百九十二。戌五万九千四十九分三万二千七百六十八。亥十七万七千一百四十七分六万五千五

---

① 阊阖：西风。

百三十六。

生黄钟术曰：以下生者，倍其实，三其法。以上生者，四其实，三其法。上九，商八，羽七，角六，宫五，徵九。置一而九三之以为法。实如法，得长一寸。凡得九寸，命曰"黄钟之宫"。故曰音始于宫，穷于角；数始于一，终于十，成于三；气始于冬至，周而复生。

神生于无，形成于有，形然后数，形而成声，故曰神使气，气就形。形理如类有可类。或未形而未类，或同形而同类，类而可班，类而可识。圣人知天地识之别，故从有以至未有，以得细若气，微若声。然圣人因神而存之，虽妙必效情，核其华道者明矣。非有圣心以乘聪明，孰能存天地之神而成形之情哉？神者，物受之而不能知（及）其去来，故圣人畏而欲存之。唯欲存之，神之亦存。其欲存之者，故莫贵焉。

太史公曰：（故）〔在〕旋玑①玉衡以齐七政，即天地二十八宿。十母，十二子，钟律调自上古。建律运历造日度，可据而度也。合符节，通道德，即从斯之谓也。

【索隐述赞】自昔轩后，爰②命伶纶。雄雌是听，厚薄伊均。以调气候，以轨星辰。军容取节，乐器斯因。自微知著，测化穷神。大哉虚受，含养生人。

短四则

王者制事立法，物度轨则，壹禀于六律，六律为万事根本焉。（《律书》）

律历，天所以通五行八正之气，天所以成孰万物也。（《律书》）

乐者，所以移风易俗也。自《雅》《颂》声兴，则已好《郑》《卫》之音，《郑》《卫》之音所从来久矣。人情之所感，远俗则怀，比《乐书》

---

① 旋玑：亦作"旋机"。北斗七星中的第二星、第三星，亦泛指北斗。

② 爰：改易，更换。

以述来古，作《乐书》第二。(《太史公自序》)

礼乐损益，律历改易，兵权山川鬼神①，天人之际，承敝通变，作八书。(《太史公自序》)

桓 宽

《盐铁论》是研究西汉中期社会状况的重要文献。汉昭帝始元四年(公元前81)，昭帝下诏召集各郡国推举的贤良文学之士聚集京城，与政府官员讨论国家的政治、经济、军事、文化政策。由于重点涉及盐、铁和酒的官府专营问题，史称"盐铁会议"。宣帝时期，郎官桓宽根据当时的会议记录以及参会者的介绍，将其整理改编，撰成《盐铁论》。其中涉及的美学问题，是当时贤良文学和以桑弘羊为代表的政府官员之间政治、经济观念对立的反映。选文摘自王利器校注《盐铁论校注》，中华书局1992年版。

盐铁论·相刺

大夫曰："橘柚生於江南，而民皆甘之於口，味同也；好音生於郑、卫，而人皆乐之於耳，声同也。越人子臧、戎人由余，待译而后通，而并显齐、秦，人之心於善恶同也。故曾子倚山而吟，山鸟下翔；师旷鼓琴，百兽率舞。未有善而不合，诚而不应者也。意未诚与？何故言而不见从，行而不合也？"

文学曰："扁鹊不能治不受针药之疾，贤圣不能正不食谏诤之

① 兵权：即《律书》。山川：即《河渠书》。鬼神：即《封禅书》。

君。故桀有关龙逢而夏亡，纣有三仁而商灭，故不患无由余、子臧之论，患无桓、穆之听耳。是以孔子东西无所遇，屈原放逐於楚国也。故曰：'直道①而事人，焉往而不三黜？枉道而事人，何必去父母之邦。'此所以言而不见从，行而不得合者也。"

大夫曰："歌者不期於利声，而贵在中节；论者不期於丽辞，而务在事实。善声而不知转，未可为能歌也；善言而不知变，未可谓能说也。持规而非矩，执准而非绳，通一孔，晓一理，而不知权衡，以所不睹不信人，若蝉之不知雪，坚据古文以应当世，犹辰参②之错，胶柱而调瑟，固而难合矣。孔子所以不用於世，而孟轲见贱於诸侯也。"

文学曰："日月之光，而盲者不能见，雷电之声，而聋人不能闻。夫为不知音者言，若语於瘖聋③，何特蝉之不知重雪耶？夫以伊尹之智，太公之贤，而不能开辞於桀、纣，非说者非，听者过也。是以荆和抱璞而泣血，曰：'安得良工而剖之！'屈原行吟泽畔，曰：'安得皋陶而察之！'夫人君莫不欲求贤以自辅，任能以治国，然牵於流说，惑於道谀，是以贤圣蔽掩，而谗佞用事，以此亡国破家，而贤士饥於岩穴也。昔赵高无过人之志，而居万人之位，是以倾覆秦国而祸殃其宗，尽失其瑟，何胶柱之调也？"

王 褒

王褒(公元前90—前51)，蜀资中(今四川资阳市)人，汉宣帝时

---

① 直道：犹正道。指正当的道理、准则。
② 辰参：指心宿和参宿。两星宿此出彼没，永不相逢。喻人之分离不得相见。
③ 瘖聋：哑和聋。

期任谏议大夫，是西汉中后期著名的辞赋家。代表作有《洞箫赋》《甘泉赋》《四子讲德论》等。其中，《洞箫赋》是汉赋中第一篇以乐器、器乐为题材的作品，被后人称为"诸乐赋之祖"。《四子讲德论》则假托微斯文学、虚仪夫子、浮游先生、陈丘子四人，以问答方式表达了作者对诗赋歌咏、天符人瑞等问题的看法，属于说理赋。选文摘自严可均辑《全汉文》，商务印书馆1999年版。

四子讲德论

先生曰："夫乐者，感人密深而风移俗易，吾所以咏歌之者①，美其君术明而臣道得也。君者中心，臣者外体，外体作，然后知心之好恶；臣下动，然后知君之节趋。好恶不形，则是非不分。节趋不立，则功名不宣。故美玉蕴于碔砆，凡人视之恢焉。良工砥之，然后知其和宝也。精练藏于矿②朴，庸人视之忽焉，巧冶铸之，然后知其幹也。况乎圣德巍巍荡荡，民氓所不能命哉！是以刺史推而咏之，扬君德美，深乎洋洋，冈不覆载，纷纭天地，寂寥宇宙③。明君之惠显，忠臣之节究，皇唐之世，何以加兹。是以每歌之，不知老之将至也。"文学曰："《书》云：'迪一人，使四方，若卜筮。'夫忠贤之臣，导主志，承君惠，摅盛德而化洪，天下安澜，比屋可封，何必歌诗咏赋，可以扬君哉。愚窃惑焉。"浮游先生色勃眦溢曰："是何言与？昔周公咏文王之德而作《清庙》④，建为《颂》首。吉甫叹宣王，穆如清风，列于《大雅》。夫世衰道微，伪臣虚称者，殆也。世

---

① 《礼记》曰："乐者，圣人之所乐也……其感人深。"

② 矿：铜铁璞。

③ 纷纭：众多之貌。寂寥：旷远之貌。

④ 《清庙》：《诗经·周颂》篇名，周人祭祀先祖文王时演奏的乐章。

平道明，臣子不宣者，鄙也。鄙殆之累，伤乎王道，故自刺史之来也，宣布诏书，劳来不怠。今百姓遍晓圣德，莫不沾濡，庬①眉耆耉之老，咸爱惜朝夕，愿济须臾，且观大化之淳流。于是皇泽丰沛，主恩满溢，百姓欢欣，中和感发。是以作歌而咏之也。《传》曰：'诗人感而后思，思而后积，积而后满，满而后作。言之不足，故嗟叹之，嗟叹之不足，故咏歌之。咏歌之不厌，不知手之舞之，足之蹈之也。'此臣子于君父之常义，古今一也。今子执分寸而罔亿度，处把握而却寥廓，乃欲图大人②之枢机，道方伯之失得，不亦远乎。"

洞箫赋

原夫箫幹③之所生兮，于江南之丘墟。洞条畅而罕节兮，标④敷纷以扶疏。徒观其旁山侧兮，则岖嵚岿崎⑤。倚巇迤巆诚可悲乎，其不安也。弥望傥莽，联延旷荡⑥，又足乐乎，其敞闲也。托身躯于后土兮，经万载而不迁，吸至精之滋熙⑦兮，禀苍色之润坚。感阴阳之变化兮，附性命乎皇天。翔风萧萧而径其末兮，回江流川而溉其山。扬素波而挥连珠兮，声磕磕而澍渊。朝露清泠而陨其侧兮，玉液浸润而承其根。孤雌寡鹤，娱优乎其下兮，春禽群嬉，翱翔乎其颠。秋蜩⑧不食，抱朴而长吟兮，玄猿悲啸，搜索乎其间。处幽

---

① 庬：杂，眉有白黑杂色。

② 大人：天子。

③ 幹：小竹。

④ 标：竹之末。

⑤ 岖嵚岿崎：皆山险峻之貌。

⑥ 傥莽、旷荡：宽广之貌。

⑦ 滋熙：润悦貌。

⑧ 蜩：螗蜩。

隐而奥庰兮，密漠泊以猴㺪。惟详察其素体兮，宜清静而弗诿。幸得谥为洞箫兮，蒙圣主之渥恩。可谓惠而不费兮，因天性之自然。于是般匠①施巧，㜷妃准法。带以象牙，挶其会合。镂镂离洒，绛唇②错杂。邻菌缭纠，罗鳞捷猎③，胶致理比，挹抐擩㩴。于是乃使夫性眜之宕冥，生不睹天地之体势，暗于白黑之貌形，愤伊郁而酷㘐④。愍眸子之丧精，寡所舒其思虑兮，专发愤乎音声。故吻吮值夫宫商兮，和纷离其匹溢。形旖旎以顺吹兮，瞋呹㖒以纡郁⑤。气旁迕以飞射兮，驰散涣以逮律。⑥趣从容其勿述兮，惊合遝⑦以诡谲。或浑沌而潺湲兮，猎若校折。⑧或漫衍而骆驿兮，沛焉竞溢。⑨惏栗密率，掩以绝灭⑩，嚓霷晔踕⑪，跳然复出。若乃徐听其曲度兮，廉察其赋歌。啾咇㘗而将吟兮，行锯鋣以和啰。风鸿洞而不绝兮，优娆娆以婆娑。⑫翩绵连以牢落兮，漂乍弃而为他。要复遮其蹊径兮，与呕谣乎相和。故听其巨音，则周流泛滥。并包吐含，若慈父之畜子也。其妙声则清静厌瘱⑬，顺叙卑达，若孝子之事父也。科条譬类，诚应义理，澎濞慷慨，一何壮士。优柔温润，又似君子。故其

---

① 般：公输般，春秋时鲁国人，古代著名工匠，俗称鲁班。匠：匠石，字伯。

② 绛唇：箫孔以朱饰。

③ 邻菌缭纠，罗鳞捷猎：李善注曰："言箫之形也。邻菌缭纠，相著貌。如罗鱼鳞布列也。捷猎，参差也。"

④ 愤：怒气充实。酷：忧甚。

⑤ 纡郁：言箫声既发，形旖旎以随之。

⑥ 飞射：气出迅疾。逮律：气出迟缓。

⑦ 合遝：盛多。

⑧ 声或浑沌，不分潺湲，或复其声模无似枚之折也。

⑨ 漫衍：流溢貌。骆驿：相连延貌。沛：多貌。

⑩ 惏栗：寒貌，恐惧也。《风赋》曰："憭慄惏栗。"密率：安静。掩：止息貌。

⑪ 嚓霷晔踕：声疾貌。

⑫ 鸿洞：相连貌。娆娆：柔弱。婆娑：分散貌。

⑬ 妙声：声之微妙也。厌：安静貌。

武声，则若雷霆輘輷[①]，佚豫以沸㥜；其仁声，则若飘风纷披，容与而施惠，或离遝以聚敛兮，或拔搽以奋弃。[②] 悲怆怳以恻惐[③]兮，时恬淡以绥肆。被淋洒其靡靡兮，时横溃以阳遂[④]。哀悁悁之可怀兮，良醰醰而有味。故贪饕者听之而廉隅兮，狼戾者闻之而不怼。刚毅暴虣反仁恩兮，啴唌逸豫[⑤]戒其失。钟期牙旷怅然而愕兮，杞梁之妻不能为其气。师襄严春不敢窜其巧兮，浸淫叔子远其类。嚚顽朱均惕复惠[⑥]兮，桀跖鬻博儡以顿悴，吹参差而入道德兮，故永御而可贵。时奏狡弄，则彷徨翱翔。或留而不行，或行而不留，愺恅[⑦]澜漫，亡耦失畴，薄索合沓，罔象[⑧]相求，故知音者乐而悲之，不知音者怪而伟之。故闻其悲声，则莫不怆然累欷。撇涕抆泪，其奏欢娱，则莫不惮漫衍凯，阿那腲腇者已。[⑨] 是以蟋蟀蚸蠖，蚑行喘息。蝼蚁蝘蜒，蝇蝇翊翊[⑩]，迁延徙迤，鱼瞰鸡睨，垂喙婉转，瞪瞢忘食，况感阴阳之和，而化风俗之伦哉！

乱曰：状若捷武，超腾逾曳。迅漂巧兮，又似流波。泡溲泛𣶏，趋巇道兮。哮呷呟唤，跻踬连绝。淈殄沌兮，搅搜㳫捎[⑪]。逍遥踊跃，若坏颓兮。优游流离，踌躇稽诣。亦足耽兮，颓唐遂往。长辞远逝，漂不还兮。赖蒙圣化，从容中道。乐不淫兮。条畅洞达，中

---

① 輘輷：大声。

② 离遝：众多貌。拔搽：分散。

③ 恻惐：伤痛。

④ 横溃：旁决貌。阳遂：清通貌。

⑤ 啴唌逸豫：舒缓放纵之貌。

⑥ 复惠：复黠慧。

⑦ 愺恅：寂静。

⑧ 罔象：虚无罔象然也。

⑨ 惮漫衍凯：欢乐貌。阿那腲腇：舒迟貌。

⑩ 蝇蝇翊翊：游行貌。

⑪ 搅搜㳫捎：水声。

节操兮。终诗卒曲，尚馀音兮。吟气遗响，联绵漂撇①，生微风兮。连延骆驿，变无穷兮。

佚 名

　　《乐记》是我国最早的一部专题性音乐美学论著，它继承了孔子以降儒家关于音乐的特征、功用、礼乐关系的认识，是体现儒家早期音乐观念的集大成之作。该著作是西汉成帝时期戴圣所辑《礼记》中的一篇，作者一说是孔子再传弟子公孙尼子，一说是西汉河间献王刘德，一说是西汉刘向、刘歆父子校辑先秦古籍所得。比较公认的观点认为《乐记》成书于西汉，但其思想来源于先秦诸子言乐事者。《乐记》现存11篇，系唐代经学家孔颖达据郑玄《三礼目录》排定。选文摘自李学勤主编《十三经注疏·礼记正义》，北京大学出版社1999年版。

乐 记

乐本篇

　　凡音②之起，由人心生也。人心之动，物使之然也。感于物而动，故形于声。声相应，故生变，变成方，谓之音。比音而乐之，及干戚、羽旄③，谓之乐。

　　乐者，音之所由生也，其本在人心之感于物也。是故其哀心感者，

---

　　①　漂撇：余响少腾相击之貌。

　　②　音：曲调。

　　③　干戚、羽旄：即干、戚、羽、旄，跳舞时所持的四种舞具。

其声噍以杀①。其乐心感者，其声啴②以缓。其喜心感者，其声发③以散。其怒心感者，其声粗以厉。其敬心感者，其声直以廉。其爱心感者，其声和以柔。六者非性也，感于物而后动。是故先王慎所以感之者。故礼以道其志，乐以和其声，政以一其行，刑以防其奸。礼、乐、刑、政，其极一也，所以同民心而出治道也。

凡音者，生人心者也。情动于中，故形于声。声成文，谓之音。是故治世之音，安以乐，其政和。乱世之音，怨以怒，其政乖。亡国之音，哀以思，其民困。声音之道，与政通矣。

宫为君，商为臣，角为民，徵为事，羽为物。五者不乱，则无怗懘④之音矣。宫乱则荒，其君骄。商乱则陂⑤，其官坏。角乱则忧，其民怨。徵乱则哀，其事勤。羽乱则危，其财匮。五者皆乱，迭⑥相陵，谓之慢。如此，则国之灭亡无日矣。

郑、卫之音，乱世之音也，比于慢矣。桑间、濮上之音，亡国之音也，其政散，其民流⑦，诬上行私而不可止也。

凡音者，生于人心者也。乐者，通伦理者也。是故知声而不知音者，禽兽是也。知音而不知乐者，众庶是也。唯君子为能知乐。是故审声以知音，审音以知乐，审乐以知政，而治道备矣。是故不知声者，不可与言音。不知音者，不可与言乐。知乐，则几于礼矣。礼乐皆得，谓之有德。德者得也。是故乐之隆，非极音也。食飨之

---

① 噍：急促。杀：衰微。

② 啴：宽舒。

③ 发：扬。

④ 怗懘：敝败不和。

⑤ 陂：倾。

⑥ 迭：互。

⑦ 流：不受约束。

礼①，非致味也。《清庙》之瑟，朱弦而疏越，壹倡而三叹，有遗音者矣。大飨之礼②，尚玄酒③而俎腥鱼。大羹④不和，有遗味者矣。是故先王之制礼乐也，非以极口腹耳目之欲也，将以教民平好恶，而反人道之正也。

……

是故先王之制礼乐，人为之节。衰麻哭泣，所以节丧纪也。钟鼓干戚，所以和安乐也。昏姻冠笄⑤，所以别男女也。射、乡⑥食飨，所以正交接也。礼节民心，乐和民声，政以行之，刑以防之。礼、乐、刑、政，四达而不悖，则王道备矣。

乐论篇

乐者为同，礼者为异。同则相亲，异则相敬。乐胜则流，礼胜则离。合情饰貌者，礼乐之事也。礼义立，则贵贱等矣。乐文同，则上下和矣。好恶著，则贤不肖别矣，刑禁暴、爵举贤，则政均矣。仁爱以之，义以正之。如此，则民治行矣。

乐由中⑦出，礼自外作。乐由中出，故静。礼自外作，故文⑧。大乐必易，大礼必简。乐至则无怨，礼至则不争。揖让而治天下者，礼乐之谓也。暴民不作，诸侯宾服，兵革不试，五刑不用，百姓无患，天子不怒，如此，则乐达矣。合父子之亲，明长幼之序，以敬四海之内，天子如此，则礼行矣。

---

① 食飨之礼：食礼和飨礼，古代招待宾客及宗庙祭祀的礼仪。
② 大飨之礼：合祭先王的祭祀。
③ 玄酒：指水，在祭祀中以水当酒。
④ 大羹：不调以盐、菜的肉汁。
⑤ 昏姻：婚姻。冠笄：男女的成年礼。
⑥ 射：大射礼。乡：乡饮酒礼。
⑦ 中：内心。
⑧ 文：犹动也。

大乐与天地同和，大礼与天地同节。和，故百物不失；节，故祀天祭地。明则有礼乐，幽则有鬼神。如此，则四海之内，合敬同爱矣。礼者，殊事合敬者也。乐者，异文合爱者也。礼乐之情同，故明王以相沿也。故事与时并，名与功偕。

故钟鼓管磬，羽籥干戚，乐之器也。屈伸俯仰，缀兆舒疾，乐之文也。簠簋俎豆，制度文章，礼之器也。升降上下，周还裼袭①，礼之文也。故知礼乐之情者能作，识礼乐之文者能述。作者之谓圣，述者之谓明。明圣者，述作之谓也。

乐者，天地之和也。礼者，天地之序也。和故百物皆化，序故群物皆别。乐由天作，礼以地制。过制则乱，过作则暴。明于天地，然后能兴礼乐也。

论伦无患，乐之情也。欣喜欢爱，乐之官②也。中正无邪，礼之质也。庄敬恭顺，礼之制也。若夫礼乐之施于金石，越于声音，用于宗庙社稷，事乎山川鬼神，则此所与民同也。

乐礼篇

王者功成作乐，治定制礼。其功大者其乐备，其治辩③者其礼具。干戚之舞，非备乐也。孰亨④而祀，非达礼也。五帝殊时，不相沿乐。三王异世，不相袭礼。乐极则忧，礼粗则偏矣。及夫敦乐而无忧，礼备而不偏者，其唯大圣乎。

天高地下，万物散殊，而礼制行矣。流而不息，合同而化，而乐兴焉。春作夏长，仁也。秋敛冬藏，义也。仁近于乐，义近于礼。乐者敦和，率神而从天。礼者别宜，居鬼而从地。故圣人作乐以应

---

① 周：环绕。还：转体。裼袭：古代的礼服制度。

② 官：功能。

③ 辩：通"遍"。

④ 孰：通"熟"。亨：通"烹"。

天，制礼以配地。礼乐明备，天地官矣。

天尊地卑，君臣定矣。卑高已陈，贵贱位矣。动静有常，小大①殊矣。方以类聚，物以群分，则性命不同矣。在天成象，在地成形，如此，则礼者，天地之别也。地气上齐，天气下降，阴阳相摩，天地相荡，鼓之以雷霆，奋之以风雨，动之以四时，暖之以日月，而百化兴焉。如此，则乐者，天地之和也。化不时则不生，男女无辨则乱升，天地之情也。

及夫礼乐之极乎天而蟠乎地，行乎阴阳而通乎鬼神，穷高极远而测深厚。乐著大始，而礼居成物。著不息者，天也。著不动者，地也。一动一静者，天地之间也。故圣人曰"礼乐"云。

乐施篇

昔者，舜作五弦之琴以歌《南风》，夔始制乐以赏诸侯。故天子之为乐也，以赏诸侯之有德者也。德盛而教尊，五谷时熟，然后赏之以乐。故其治民劳者，其舞行缀远。其治民逸者，其舞行缀短。

故观其舞，知其德，闻其谥，知其行也。《大章》②，章之也。《咸池》③，备矣，《韶》④，继也。《夏》⑤，大也。殷、周之乐⑥尽矣。

天地之道，寒暑不时则疾，风雨不节则饥。教者，民之寒暑也，教不时则伤世。事者，民之风雨也，事不节则无功。然则先王之为乐也，以法治也，善则行象德矣。

夫豢豕为酒，非以为祸也，而狱讼益繁，则酒之流生祸也。是

---

① 小大：泛指万物。
② 《大章》：尧时乐名。章：彰明。
③ 《咸池》：黄帝时乐名。
④ 《韶》：舜时乐名。
⑤ 《夏》：禹时乐名。
⑥ 殷乐：指《大濩》。周乐：指《大武》。

故先生因为酒礼。壹献之礼，宾主百拜，终日饮酒而不得醉焉，此先王之所以备酒祸也。故酒食者，所以合欢也。乐者，所以象德也。礼者，所以缀淫也。是故先王有大事，必有礼以哀之。有大福，必有礼以乐之。哀乐之分，皆以礼终。乐也者，圣人之所乐也，而可以善民心。其感人深，其移风易俗，故先王著其教焉。

乐言篇

夫民有血气心知之性，而无哀乐喜怒之常，应感起物而动，然后心术①形焉。是故志微、噍杀之音作，而民思忧。啴谐、慢易、繁文、简节②之音作，而民康乐。粗厉、猛起、奋末、广贲③之音作，而民刚毅。廉直、劲正、庄诚之音作，而民肃敬。宽裕、肉好、顺成、和动之音作，而民慈爱。流辟、邪散、狄成、涤滥④之音作，而民淫乱。

是故先王本之情性，稽之度数，制之礼义，合生气之和，道五常之行，使之阳而不散，阴而不密，刚气不怒，柔气不慑，四畅交于中，而发作于外，皆安其位，而不相夺也。然后立之学等，广其节奏，省其文采，以绳德厚，律小大之称，比终始之序，以象事行，使亲疏、贵贱、长幼、男女之理，皆形见于乐，故曰："乐观其深矣。"

土敝则草木不长，水烦则鱼鳖不大，气衰则生物不遂，世乱则礼慝而乐淫。是故其声哀而不庄，乐而不安，慢易以犯节，流湎以忘本。广则容奸，狭则思欲。感条畅之气，而灭平和之德。是以君子贱之也。

---

① 心术：心志，思想感情。

② 啴谐：宽舒和谐。慢易：平缓。繁文：曲调曲折多变。简节：节奏舒缓。

③ 奋末：奋发。广贲：昂扬。

④ 狄成：指音乐疾速。涤滥：指音乐如水之泛滥，往而不返。

乐象篇

凡奸声感人，而逆气应之。逆气成象，而淫乐兴焉。正声感人，而顺气应之。顺气成象，而和乐兴焉。倡和有应，回邪曲直，各归其分，而万物之理，各以类相动也。是故君子反情以和其志，比类以成其行。奸声乱色，不留聪明；淫乐慝礼，不接心术；惰慢邪辟之气，不设于身体。使耳、目、鼻、口、心知、百体，皆由顺正，以行其义。

然后发以声音，而文以琴瑟，动以干戚，饰以羽旄，从以箫管。奋至德之光，动四气之和，以著万物之理。是故清明象天，广大象地，终始象四时，周还象风雨。五色成文而不乱，八风从律而不奸，百度得数而有常。小大相成，终始相生，倡和清浊，迭相为经。故乐行而伦清，耳目聪明，血气和平，移风易俗，天下皆宁。

故曰：乐者，乐也。君子乐得其道，小人乐得其欲。以道制欲，则乐而不乱；以欲忘道，则惑而不乐。是故君子反情以和其志，广乐以成其教。乐行而民乡方，可以观德矣。德者，性之端也。乐者，德之华也。金石丝竹，乐之器也。诗，言其志也。歌，咏其声也。舞，动其容也。三者本于心，然后乐器从之。是故情深而文明，气盛而化神，和顺积中，而英华发外，唯乐不可以为伪。

乐者，心之动也。声者，乐之象也。文采节奏，声之饰也。君子动其本，乐其象，然后治其饰。是故先鼓以警戒，三步以见方，再始以著往，复乱以饬归，奋疾而不拔，极幽而不隐，独乐其志，不厌其道，备举其道，不私其欲。是故情见而义立，乐终而德尊，君子以好善，小人以听过。故曰：生民之道，乐为大焉。

乐也者，施也。礼也者，报也。乐，乐其所自生，而礼，反其所自始。乐章德，礼报情，反始也。

所谓大辂①者，天子之车也。龙旂九旒②，天子之旌也。青黑缘者，天子之宝龟也。从之以牛羊之群，则所以赠诸侯也。

乐情篇

乐也者，情之不可变者也。礼也者，理之不可易者也。乐统同，礼辨异。礼乐之说，管乎人情矣。

穷本知变，乐之情也。著诚去伪，礼之经也。礼乐偩天地之情，达神明之德，降兴上下之神，而凝是精粗之体，领父子君臣之节。

是故大人举礼乐，则天地将为昭焉。天地䜣合，阴阳相得，煦妪覆育万物，然后草木茂，区萌达，羽翼奋，角觡生，蛰虫昭苏，羽者妪伏，毛者孕鬻，胎生者不殰，而卵生者不殈，则乐之道归焉耳。

乐者，非谓黄钟、大吕③、弦歌、干扬也，乐之末节也，故童者舞之。铺筵席，陈尊俎，列笾豆，以升降为礼者，礼之末节也，故有司掌之。乐师辨乎声诗，故北面而弦。宗祝④辨乎宗庙之礼，故后尸。商祝⑤辨乎丧礼，故后主人。是故德成而上，艺成而下，行成而先，事成而后。是故先王有上有下，有先有后，然后可以有制于天下⑥也。

乐化篇

君子曰：礼乐不可斯须去身。致乐以治心，则易、直、子、谅之心油然生矣。易、直、子、谅之心生则乐，乐则安，安则久，久则天，天则神。天则不言而信，神则不怒而威，致乐以治心者也。

---

① 大辂：亦作"大路"，古时天子所乘之车。

② 旒：旌旗上的梳齿样条带装饰物。

③ 黄钟：六律之首。大吕：六吕之首。

④ 宗：宗伯。祝：太祝。宗掌其礼，祝掌其位。

⑤ 商祝：商代太祝。此周承殷制而言，故称丧礼为商礼，丧祝为商祝。

⑥ 有制于天下：制礼作乐推行于天下。

致礼以治躬，则庄敬，庄敬则严威。心中斯须不和不乐，而鄙诈之心入之矣。外貌斯须不庄不敬，而易慢之心入之矣。

故乐也者，动于内者也。礼也者，动于外者也。乐极和，礼极顺，内和而外顺，则民瞻其颜色而弗与争也，望其容貌而民不生易慢焉。故德辉动于内，而民莫不承听。理发诸外，而民莫不承顺。故曰：致①礼乐之道，举而错之天下，无难矣。

乐也者，动于内者也。礼也者，动于外者也。故礼主其减，乐主其盈。礼减而进，以进为文。乐盈而反，以反为文。礼减而不进则销，乐盈而不反则放。故礼有报而乐有反。礼得其报则乐，乐得其反则安。礼之报，乐之反，其义一也。

夫乐者，乐也，人情之所不能免也。乐必发于声音，形于动静，人之道也。声音动静，性术之变，尽于此矣。

故人不耐无乐，乐不耐无形，形而不为道，不耐无乱。

先王耻其乱，故制《雅》、《颂》之声以道之，使其声足乐而不流，使其文足论而不息，使其曲直、繁瘠、廉肉、节奏，足以感动人之善心而已矣，不使放心邪气得接焉。是先王立乐之方也。

是故乐在宗庙之中，君臣上下同听之，则莫不和敬；在族长乡里之中，长幼同听之，则莫不和顺；在闺门之内，父子兄弟同听之，则莫不和亲。故乐者，审一以定和，比物以饰节，节奏合以成文，所以合和父子君臣，附亲万民也。是先王立乐之方也。

故听其《雅》、《颂》之声，志意得广焉；执其干戚，习其俯仰诎伸，容貌得庄焉；行其缀兆，要②其节奏，行列是正焉，进退得齐焉。故乐者，天地之命，中和之纪，人情之所不能免也。

夫乐者，先王之所以饰喜也，军、旅、铁、钺者，先王之所以

---

① 致：《乐书》作"知"。
② 要：会。

饰怒也。故先王之喜怒，皆得其侪焉。喜则天下和之，怒则暴乱者畏之。先王之道，礼乐可谓盛矣。

魏文侯篇

魏文侯问于子夏曰："吾端冕而听古乐，则唯恐卧。听郑卫之音，则不知倦。敢问古乐之如彼，何也？新乐之如此，何也？

子夏对曰："今夫古乐，进旅退旅，和正以广，弦匏①笙簧，会守拊鼓。始奏以文，复乱以武。治乱以相，讯疾以雅。君子于是语，于是道古。修身及家，平均天下。此古乐之发也。"

"今夫新乐，进俯退俯，奸声以滥，溺而不止，及优、侏儒，獶杂子女，不知父子。乐终，不可以语，不可以道古。此新乐之发也。今君之所问者乐也，所好者音也。夫乐者，与音相近而不同。"文侯曰："敢问何如？"

子夏对曰："夫古者天地顺而四时当，民有德而五谷昌，疾疢②不作而无妖祥，此之谓大当。然后圣人作为父子君臣，以为纪纲。纪纲既正，天下大定。天下大定，然后正六律，和五声，弦歌《诗·颂》，此之谓德音，德音之谓乐。《诗》云：'莫其德音，其德克明。克明克类，克长克君。王此大邦，克顺克俾。俾于文王，其德靡悔。既受帝祉，施于孙子。'此之谓也。今君之所好者，其溺音乎？"文侯曰："敢问溺音何从出也？"

子夏对曰："郑音好滥淫志，宋音燕女溺志，卫音趋数烦志，齐音敖辟乔志。"此四者，皆淫于色而害于德，是以祭祀弗用也。

"《诗》云：'肃雍和鸣，先祖是听。'夫肃，肃敬也。雍，雍和也。夫敬以和，何事不行？"

---

① 弦匏：借指弦歌之声。

② 疾疢：病害。

"为人君者，谨其所好恶而已矣。君好之，则臣为之。上行之，则民从之。《诗》云：'诱民孔易。'此之谓也。"

然后，圣人作为鼗、鼓、椌、楬埙、篪。此六者，德音之音也。然后钟、磬、竽、瑟以和之，干、戚、旄、狄以舞之。此所以祭先王之庙也，所以献、酬①、酳、酢也，所以官序贵贱各得其宜也，所以示后世有尊卑长幼之序也。

"钟声铿，铿以立号，号以立横，横以立武。君子听钟声，则思武臣。石声磬，磬以立辨，辨以致死。君子听磬声，则思死封疆之臣。丝声哀，哀以立廉，廉以立志。君子听琴瑟之声，则思志义之臣。竹声滥，滥以立会，会以聚众。君子听竽、笙、箫、管之声，则思畜聚之臣。鼓鼙之声谨，谨以立动，动以进众。君子听鼓鼙之声，则思将帅之臣。君子之听音，非听其铿鎗而已也，彼亦有所合之也。"

宾牟贾篇

宾牟贾侍坐于孔子，孔子与之言，及乐。曰："夫《武》之备戒之已久，何也？"对曰："病不得其众也。"

"咏叹之，淫液之，何也？"对曰："恐不逮事也。""发扬蹈厉之已蚤，何也？"对曰："及时事也。""《武》坐，致右宪左，何也？"对曰："非《武》坐也。""声淫及商，何也？"对曰："非《武》音也。"子曰："若非《武》音，则何音也？"对曰："有司失其传也。若非有司失其传，则武王之志荒矣。"子曰："唯。丘之闻诸苌弘②，亦若吾子之言是也。"

宾牟贾起，免席而请曰："夫《武》之备戒之已久，则既闻命矣，敢问迟之迟而又久，何也？"子曰："居，吾语汝。夫乐者，象成者

---

① 献、酬：饮酒时主客互相敬酒。

② 苌弘：亦作苌宏。有"苌弘化碧""碧血丹心"之说，以喻忠诚正义。

也。总干而山立，武王之事也。发扬蹈厉，大公之志也。《武》乱皆坐，周、召之治也。

"且夫《武》，始而北出，再成而灭商，三成而南，四成而南国是疆，五成而分周公左、召公右，六成复缀以崇。

"天子夹振之而驷伐，盛威于中国也。分夹而进，事蚤济也。久立于缀，以待诸侯之至也。且女独未闻牧野之语乎？武王克殷反商，未及下车而封黄帝之后于蓟，封帝尧之后于祝，封帝舜之后于陈，下车而封夏后氏之后于杞，投殷之后于宋，封王于比干之墓，释箕子之囚，使之行商容而复其位。庶民弛政，庶士倍禄。济河而西，马散之华山之阳而弗复乘，牛散之桃林之野而弗复服，车甲衅而藏之府库而弗复用，倒载干戈，包之以虎皮，将帅之士使为诸侯，名之曰'建橐'①，然后天下知武王之不复用兵也。

"散军而郊射，左射《狸首》，右射《驺虞》，而贯革之射息也。裨冕搢笏，而虎贲之士说剑也。祀乎明堂，而民知孝。朝觐，然后诸侯知所以臣。耕藉，然后诸侯知所以敬。五者，天下之大教也。食三老、五更于大学，天子袒而割牲，执酱而馈，执爵而酳②，冕而总干，所以教诸侯之弟也。若此，则周道四达，礼乐交通，则夫《武》之迟久，不亦宜乎！"

师乙篇

子赣见师乙而问焉，曰："赐闻声歌各有宜也，如赐者宜何歌也？"师乙曰："乙，贱工也，何足以问所宜？请诵其所闻，而吾子自执焉。爱者宜歌《商》，温良而能断者宜歌《齐》。夫歌者，直己而陈德也，动己而天地应焉，四时和焉，星辰理焉，万物育焉。故《商》

---

①　建橐：将兵甲收藏于武库。

②　酳：古代宴会或祭祀时的一种礼节。

者，五帝之遗声也。宽而静，柔而正者，宜歌《颂》。广大而静，疏远而信者，宜歌《大雅》。恭俭而好礼者，宜歌《小雅》。正直而静，廉而谦者，宜歌《风》。肆直而慈爱，商之遗声也，商人识之，故谓之《商》。《齐》者，三代之遗声也，齐人识之，故谓之《齐》。明乎商之音者，临事而屡断；明乎齐之音者，见利而让。临事而屡断，勇也。见利而让，义也。有勇有义，非歌孰能保此？故歌者上如抗，下如队，曲如折，止如槁①木，倨中矩，句中钩，累累乎端如贯珠。故歌之为言也，长言之也。说之，故言之；言之不足，故长言之；长言之不足，故嗟叹之；嗟叹之不足，故不知手之舞之，足之蹈之也。"

刘　向

选文摘自向宗鲁校证《说苑校证》，中华书局 1987 年版。

说　苑

尊　贤

眉睫之微，接而形乎色。声音之风，感而动乎心。甯戚击牛角而商②歌，桓公闻而举之；鲍龙跪石而登嵯，孔子为之下车；尧舜相是③，不违桑阴；文王举太公，不以④日久。

---

①　槁：草，通"稿"。

②　商：以商音为主旋律，格调悲沉的歌。

③　相是：相得，互相投合。

④　不以：不用，无须。

伯牙子鼓琴，其友①钟子期听之，方鼓而志在太山，钟子期曰："善哉乎鼓琴，巍巍乎若太山！"少选②之间，而志在流水，钟子期复曰："善哉乎鼓琴，汤汤③乎若流水！"钟子期死，伯牙破琴绝弦，终身不复鼓琴，以为世无足为鼓琴者。非独鼓琴若此也，贤者亦然。虽有贤者，而无以接之，贤者奚由尽忠哉！骥不自至千里者，待伯乐而后至也。

正　谏

晋平公好乐，多其赋敛，不治城郭，曰："敢有谏者死。"国人忧之。有咎犯者，见门大夫曰："臣闻主君好乐，故以乐见。"门大夫入言曰："晋人咎犯也，欲以乐见。"平公曰："内之。"止坐殿上，则出钟磬竽瑟。坐有顷，平公曰："客子为乐。"咎犯对曰："臣不能为乐，臣善隐④。"平公召隐士十二人。咎犯曰："隐臣窃愿⑤昧死御。"平公曰："诺。"咎犯申其左臂而诎五指，平公问於隐官曰："占之为何！"隐官皆曰："不知！"平公曰："归之。"咎犯则申其一指曰："是一也，便游赭画⑥，不峻城阙；二也，柱梁衣绣，士民无褐；三也，侏儒有余酒，而死士渴；四也，民有饥色，而马有粟秩⑦；五也，近臣不敢谏，远臣不敢达。"平公曰："善。"乃屏钟鼓，除竽瑟，遂与咎犯参治国。

---

① 其友：二字原脱，据《太平御览》所引补。

② 少选：不一会儿。

③ 汤汤：大水急流貌。

④ 隐：隐语，略似打哑谜。

⑤ 愿：原作"顾"，义不可通，引《太平御览》改。

⑥ 便游赭画：便游之处都是彩色的图画。

⑦ 粟秩：以粟米作为俸禄。

景公饮酒，移於晏子家，前驱报间①，曰："君至。"晏子被玄端②，立於门，曰："诸侯得微有故乎？国家得微有故乎？君何为非时而夜辱？"公曰："酒醴之味，金石之声，愿与夫子乐之。"晏子对曰："夫布③荐席、陈篚簋④者有人，臣不敢与焉。"公曰："移於司马穰苴之家。"前驱报间，曰："君至。"司马穰苴介胄操戟，立於门，曰："诸侯得微有兵乎？大臣得微有叛者乎？君何为非时而夜辱？"公曰："酒醴之味，金石之声，愿与夫子乐之。"对曰："夫布荐席、陈篚簋者有人，臣不敢与焉。"公曰："移於梁丘据之家。"前驱报间，曰："君至。"梁丘据左操瑟，右挈竽，行歌而至。公曰："乐哉！今夕吾饮酒也。微彼二子者，何以治吾国？微此一臣者，何以乐吾身？"君子曰："贤圣之君，皆有益友，无偷乐之臣，景公弗能及，故两用之，仅得不亡。"

善　说

雍门子周以琴见乎孟尝君。孟尝君曰："先生鼓琴，亦能令文悲乎？"雍门子周曰："臣何独能令足下悲哉！臣之所能令悲者：有先贵而后贱，先富而后贫者也；不若身材高妙，适遭暴乱无道之主，妄加不道之理焉；不若处势隐绝，不及四邻，诎折俟厌，袭於穷巷，无所告愬⑤；不若交欢相爱，无怨而生离，远赴绝国，无复相见之时；不若少失二亲，兄弟别离，家室不足，忧戚盈匈，当是之时也，固不可以闻飞鸟疾风之声，穷穷焉固无乐已：凡若是者，臣一为之，徽胶援琴而长太息，则流涕沾衿矣。今若足下，千乘之君也，居则

---

① 间：里门，这里泛指守门人。

② 玄端：黑色衣服。

③ 布：铺设，动词。

④ 篚簋：古代祭祀时所用的竹器。

⑤ 告愬：诉说，申诉。

广厦邃房①，下罗帷，来清风，倡优侏儒处前迭进而谄谀，燕则斗象棋而舞郑女，激楚之切风，练色以淫目，流声以虞耳；水游则连方舟，载羽旗，鼓吹乎不测之渊；野游则驰骋弋猎乎平原广囿，格猛兽；入则撞钟击鼓乎深宫之中：方此之时，视天地曾不若一指，忘死与生，虽有善鼓琴者，固未能令足下悲也。"孟尝君曰："否，否！文固以为不然。"雍门子周曰："然臣之所为足下悲者一事也：夫声敌帝而困秦者，君也；连五国之约南面而伐楚者，又君也。天下未尝无事，不纵则横。纵成则楚王，横成则秦帝。楚王秦帝，必报雠於薛矣。夫以秦、楚之强而报雠於弱薛，譬之犹摩萧斧而伐朝菌也，必不留行矣。天下有识之士，无不为足下寒心酸鼻者。千秋万岁之后，庙堂必不血食矣。高台既已坏，曲池既已堙，坟墓既已平，而青廷矣，婴儿竖子樵采薪荛者，蹢躅②其足而歌其上，众人见之，无不愀焉为足下悲之，曰：'夫以孟尝君尊贵，乃可使若此乎？'"於是孟尝君泫然，泣涕承睫而未殒。雍门子周引琴而鼓之，徐动宫徵，微挥羽角，切终而成曲，孟尝君涕浪汗增欷③，下而就之曰："先生之鼓琴，令文立若破国亡邑之人也。"

奉　使

赵王遣使者之楚。方鼓瑟而遣之，诫之曰："必如吾言。"使者曰："王之鼓瑟，未尝悲若此也。"王曰："宫商④固方调矣。"使者曰："调则何不书其柱耶？"王曰："天有燥湿，弦有缓急，宫商移徙不可知，是以不书。"使者曰："臣闻明君之使人也，任之以事，不制以辞，遭吉则贺之，凶则吊之。今楚、赵相去千有余里，吉凶忧患不

---

① 邃房：深广的房舍。
② 蹢躅：徘徊不进貌。
③ 欷：抽泣。
④ 宫商：古代音乐的两个音阶，这里泛指音调。

可豫①知，犹柱之不可书也。"《诗》云："莘莘征夫②，每怀靡及。"

修　文

黄帝诏泠伦作为音律。泠伦自大夏之西，乃之昆仑之阴，取竹於解谷。以生窍厚薄均者，断两节间，其长九寸，而吹之，以为黄钟之宫，曰含少。以昆仑之下，听凤之鸣，以别十二律。其雄鸣为六，雌鸣亦六，以比黄钟之宫。适合黄钟之宫，皆可生之。而律之本也。故曰："黄钟微而均鲜全而不伤。其为宫独尊，象大圣之德。可以明至贤之功，故奉而荐之于宗庙，以歌迎功德，世世不忘。是故黄钟生林钟，林钟生大吕，大吕生夷则，夷则生太簇③，太簇生南吕，南吕生夹钟，夹钟生无射，无射生沽洗④，沽洗生应钟，应钟生蕤宾⑤。三分所生益之以一分以上生，三分所生去其一分以下生。黄钟、大吕、太簇、夹钟、沽洗、仲吕、蕤宾为上生；林钟、夷则、南吕、无射、应钟为下生。大圣至治之世，天地之气合以生风。日至则日行其风，以生十二律。故仲冬短至，则生黄钟；季冬生大吕；孟春生太簇；仲春生夹钟；季春生沽洗；孟夏生仲吕；仲夏生蕤宾；季夏生林钟；孟秋生夷则；仲秋生南吕；季秋生无射；孟冬生应钟。天地之风气正，十二律至也。

圣人作为鞉鼓椌楬埙篪，此六者德音之音。然后钟磬竽瑟以和之，然后干戚旄狄以舞之。此所以祭先王之庙也，此所以献酢酳酬也，所以官序贵贱各得其宜也，此可以示后世有尊卑长幼之序也。

---

①　豫：通"预"。

②　莘莘征夫：众多疾行的使者。

③　太簇：亦作"大簇""大蔟"。古人将十二律与十二月相配，太簇配正月，因以为农历正月的别名。

④　沽洗：即姑洗。

⑤　蕤宾：古乐十二律中之第七律。律分阴阳，奇数六为阳律，名曰六律，偶数六为阴律，名曰六吕，合称律吕。蕤宾属阳律。

钟声铿，铿以立号，号以立横，横以立武。君子听钟声则思武臣。石声磬，磬以立辩，辩以致死。君子听磬声则思死封疆之臣。丝声哀，哀以立廉，廉以立志。君子听琴瑟之声则思志义之臣。竹声滥，滥以立会，会以聚众。君子听竽笙箫管之声则思畜聚之臣。鼓鼙①之声欢，欢以立动，动以进众。君子听鼓鼙之声则思将帅之臣。君子之听音，非听其铿锵而已，彼亦有所合之也。

乐者，圣人之所乐也，而可以善民心，其感人深，其移风易俗。故先王著其教焉。夫民有血气心知之性，而无哀乐喜怒之常。应感起物而动，然后心术形焉。是故感激憔悴之音作，而民思忧。啴谐慢易繁文简节之音作，而民康乐。粗厉猛奋广贲之音作，而民刚毅。廉直劲正庄诚之音作，而民肃敬。宽裕肉好顺成和动之音作，而民慈爱。流僻邪散狄成涤滥②之音作，而民淫乱。是故先王本之情性，稽之度数，制之礼义。含生气之和，道五常之行。使阳而不散，阴而不密，刚气不怒，柔气不慑。四畅交於中，而发作於外。皆安其位，不相夺也。然后立之学等，广其节奏，省其文彩，以绳德厚。律小大之称，比终始之序，以象事行。使亲疏贵贱长幼男女之理，皆形见於乐。故曰：乐观其深矣。土弊则草木不长，水烦则鱼鳖不大，气衰则生物不遂，世乱则礼慝③而乐淫。是故其声哀而不庄，乐而不安。慢易以犯节，流漫以忘本。广则容奸，狭则思欲。感涤荡④之气，而灭平和之德。是以君子贱之也。凡奸声感人，而逆气应之。逆气成象，而淫乐兴焉。正声感人，而顺气应之。顺气成象，而和乐兴焉。唱和有应，回邪曲直，各归其分，而万物之理，以类相动也。是故君子反情以和其志，比类以成其行。奸声乱色，不习

---

① 鼓鼙：亦作"鼓鼙"。古代军中常用的乐器，指大鼓和小鼓。

② 涤滥：指音乐节奏疾速短促。

③ 慝：奸邪，邪恶。

④ 涤荡：冲洗，清除。

於听。淫乐慝礼，不接心术。惰慢邪辟①之气，不设於身体。使耳目鼻口心知百体，皆由顺正，以行其义。然后发以声音，文以琴瑟，动以干戚，饰以羽毛，从以箫管，奋至德之光，动四气之和，以著万物之理。是故清明象天，广大象地，终始象四时，周旋象风雨。五色成文而不乱，八风从律而不奸，百度得数而有常。小大相成，终始相生。唱和清浊，代相为经。故乐行而伦清。耳目聪明，血气平和，移风易俗，天下皆宁。故曰：乐者，乐也。君子乐得其道，小人乐得其欲。以道制欲，则乐而不乱；以欲忘道，则惑而不乐。是故君子反情以和其意，广乐以成其教。故乐行而民向方，可以观德矣。德者，性之端也。乐者，德之华也。金石丝竹，乐之器也。诗言其志，歌咏其声，舞动其容。三者本於心，然后乐器从之。是故情深而文明，气盛而化神。和顺积中，而英华发外。惟乐不可以为伪。乐者，心之动也。声者，乐之象也。文彩节奏，声之饰也。君子之动本，乐其象也，后治其饰。是故先鼓以警戒，三步以见方，再始以著往，复乱以饬归。奋疾而不拔，极幽而不隐。独乐其志，不厌其道，不私其欲。是故情见而义立，乐终而德尊。君子以好善，小人以饬听过。故曰：生民之道，乐为大焉。

乐之可密者，琴最宜焉。君子以其可修德，故近之。凡音之起，由人心生也。人心之动，物使之然也。感於物而后动，故形於声。声相应，故生变。变成方，故谓之音。比音而乐之，及干戚羽旄，谓之乐。乐者，音之所由生也。其本在人心之感於物。是故其哀声感者，其声噍以杀；其乐心感者，其声啴以缓；其喜心感者，其声发以散；其怒心感者，其声壮以厉；其敬心感者，其声直以廉；其爱心感者，其声和以调。人之善恶，非性也，感於物而后动，是故先王慎所以感之。故礼以定其意，乐以和其性，政以一其行，刑以

---

① 邪僻：乖谬不正。

防其奸。礼乐刑政，其极一也。所以同民心而立治道也。

凡音生人心者也。情动於中，而形於声。声成文，谓之音。是故治世之音安以乐，其政和；乱世之音怨以怒，其政乖①；亡国之音哀以思，其民困。声音之道，与政通矣。宫为君，商为臣，角为民，徵为事，羽为物。五音乱则无法。无法之音：宫乱则荒，其君骄；商乱则陂，其官坏；角乱则忧，其民怨；徵乱则哀，其事勤；羽乱则危，其财匮。五者皆乱，代相凌②，谓之慢。如此，则国之灭亡无日矣。郑卫之音，乱世之音也，比於慢矣。桑间濮上之音，亡国之音也。其政散，其民流，诬上行私，而不可止也。

凡人之有患祸者，生於淫泆暴慢。淫泆暴慢之本，生於饮酒。故古者慎其饮酒之礼。使耳听雅音，目视正仪，足行正容，心谕正道。故终日饮酒而无过失。近者数日，远者数月，皆人有德焉，以益善。《诗》云："既醉以酒，既饱以德。"此之谓也。

凡从外入者，莫深於声音。变人最极。故圣人因而成之以德，曰乐。乐者，德之风。《诗》曰："威仪抑抑，德音秩秩③。"谓礼乐也。故君子以礼正外，以乐正内。内须臾离乐，则邪气生矣。外须臾离礼，则慢行起矣。故古者天子诸侯听钟声未尝离於庭，卿大夫听琴瑟未尝离於前，所以养正心而灭淫气也。乐之动於内，使人易道而好良；乐之动於外，使人温恭而文雅。雅颂之声动人，而正气应之；和成容好之声动人，而和气应之；粗厉猛贲④之声动人，而怒气应之；郑卫之声动人，而淫气应之。是以君子慎其所以动人也。

子路鼓瑟，有北鄙之音。孔子闻之曰："信矣，由之不才也。"冉有侍，孔子曰："求，来，尔奚不谓由：夫先王之制音也，奏中声为

---

① 乖：不顺，不和谐。

② 相凌：亦作"相陵"。谓相互侵扰。

③ 秩秩：聪明多智貌。

④ 贲：奔走，快跑。"虎贲"古时指勇士。

中节。流入於南，不归於北。南者，生育之乡；北者，杀伐之域。故君子执中以为本，务生以为基。故其音温和而居中，以象生育之气。忧哀悲痛之感不加乎心，暴厉淫荒之动不在乎体。夫然者，乃治存之风，安乐之为也。彼小人则不然，执末以论本，务刚以为基。故其音湫厉①而微末，以象杀伐之气。和节中正之感不加乎心，温俨恭庄之动不存乎体。夫杀者，乃乱亡之风，奔北之为也。昔舜造《南风》之声，其兴也勃焉。至今王公述而不释。纣为北鄙之声，其废也忽焉。至今王公以为笑。彼舜以匹夫，积正合仁，履中行善，而卒以兴。纣以天子，好慢淫荒，刚厉暴贼，而卒以灭。今由也，匹夫之徒，布衣之丑也。既无意乎先王之制，而又有亡国之声，岂能保七尺之身哉？"冉有以告子路，子路曰："由之罪也，小人不能，耳陷而入於斯，宜矣，夫子之言也。"遂自悔，不食，七日而骨立焉。孔子曰："由之改，过矣。"

扬 雄

选文摘自汪荣宝撰，陈仲夫点校《法言义疏》，中华书局1987年版。

法 言

吾 子

问"郑、卫之似"。曰："聪听。"或曰："朱、旷不世，如之何？"

---

① 湫厉：犹凄厉。

曰："亦精之而已矣。"

或问："交五声、十二律也，或郑，或雅，何也?"曰："中正则雅，多哇则郑。"请问"本"。曰："黄钟①以生之，中正以平之，确乎，郑、卫不能入也!"

修　身

或问："人有倚孔子之墙，弦郑、卫之声，诵韩、庄之书，则引诸门乎?"曰："在夷貉②则引之，倚门墙则麾之，惜乎衣未成而转为裳也。"

问　道

圣人之治天下也，碍诸以礼乐。无则禽，异则貉。吾见诸子之小礼乐也，不见圣人之小礼乐也。孰有书不由笔，言不由舌? 吾见天常为帝王之笔、舌也。

或问"无为"。曰："奚为哉? 在昔虞、夏袭尧之爵，行尧之道，法度彰，礼乐著，垂拱而视天下民之阜③也，无为矣。绍桀之后，篡纣之余，法度废，礼乐亏，安坐而视天下民之死，无为乎?"

或问："太古涂民耳目，惟其见也闻也。见则难蔽，闻则难塞。"曰："天之肇降生民，使其目见耳闻，是以视之礼，听之乐。如视不礼，听不乐，虽有民，焉得而涂诸?"

王　充

选文摘自黄晖撰《论衡校释》，中华书局1990年版。

---

① 黄钟：乐律十二律中的第一律，声调最宏大响亮。
② 夷貉：即夷貊。
③ 阜：盛，多，大。

论　衡

感　虚

传书言："师旷奏《白雪》之曲，而神物下降，风雨暴至，平公因之癃病①，晋国赤地。"

或言："师旷《清角》之曲，一奏之，有云从西北起；再奏之，大风至，大雨随之，裂帷幕，破俎豆，堕廊瓦。坐者散走，平公恐惧，伏乎廊室。晋国大旱，赤地三年，平公癃病。"夫《白雪》与《清角》，或同曲而异名，其祸败同一实也。

传书之家，载以为是；世俗观见，信以为然。原省其实，殆虚言也。

夫《清角》何音之声，而〔能〕致此？〔曰〕："《清角》，木音也，故至风而(雨)。如木为风，雨与风俱。"三尺之木，数弦之声，感动天地，何其神也？此复一哭崩城，一叹下霜之类也。

师旷能鼓《清角》，必有所受，非能质性生出之也。其初受学之时，宿昔习弄，非直一再奏也。审如传书之言，师旷学《清角》时，风雨当至也。

传书言："瓠芭②鼓瑟，渊(淫)鱼出听；师旷鼓琴，六马仰秣③。"或言："师旷鼓《清角》，一奏之，有玄鹤二八，自南方来，集於廊门之危；再奏之而列；三奏之，延颈而鸣，舒翼而舞，音中宫商之声，声吁于天。平公大悦，坐者皆喜。"《尚书》曰："击石拊石，百兽率舞④。"此虽奇怪，然尚可信。何则？鸟兽好悲声，耳与人耳同也。

---

① 癃病：衰弱疲病。
② 瓠芭：古代传说中的善鼓瑟者。
③ 仰秣：谓马听见美妙的音乐，竟反常地昂起头吃饲料。
④ 百兽率舞：各种野兽，相率起舞。旧指帝王修德，时代清平。

禽兽见人之食，亦欲食之，闻人之乐，何为不乐？

然而"鱼听"、"仰秣"，"玄鹤延颈"，"百兽率舞"，盖且其实；风雨之至，晋国大旱，赤地三年，平公癃病，殆虚言也。

或时奏《清角》时，天偶风雨，风雨之后，晋国适旱；平公好乐，喜笑过度，偶发癃病。传书之家，信以为然，世人观见，遂以为实。实者乐声不能致此。何以验之？风雨暴至，是阴阳乱也。乐能乱阴阳，则亦能调阴阳也，王者何须修身正行，扩施善政？使鼓调阴阳之曲，和气自至，太平自立矣。

短　则

文①音者皆欲为悲，而惊耳者寡。（《超奇》）

美色不同面，皆佳於目；悲音不共声，皆快於耳。（《自纪》）

桓　谭

桓谭（约公元前20—公元56），字君山，沛国相（今安徽濉溪县西北）人。历事西汉、新莽、东汉三朝，是两汉之际的著名学者。他遍习五经，好音乐，善鼓琴，哲学主张理智清明，反对虚妄之言，对两汉流行的谶纬神学持批判态度。著《新论》29篇，多亡佚，今有清人孙冯翼、严可均辑本行世。选文摘自严可均辑《全后汉文》，商务印书馆1999年版。

新论·琴道

昔神农氏继宓羲而王天下，上观法于天，下取法于地，近取诸身，

---

①　文：通"闻"。

远取诸物，于是始削桐为琴，绳丝为弦，以通神明之德，合天地之和焉。琴长三尺六寸有六分，象期之数；厚寸有八，象三六数；广六寸，象六律。上圆而敛，法天；下方而平，法地；上广下狭，法尊卑之礼。琴隐长四寸五分，隐以前长八分。五弦，第一弦为宫，其次商、角、徵、羽。文王、武王各加一弦，以为少宫、少商①。下徵七弦，总会枢要，足以通万物而考治乱也。八音之中，惟丝最密，而琴为之首。琴之言禁也，君子守以自禁也。大声不震哗而流漫，细声不湮灭而不闻。八音广博，琴德最优。古者圣贤玩琴以养心。夫遭遇异时，穷则独善其身，而不失其操，故谓之操。操似鸿雁之音，达则兼善天下，无不通畅，故谓之畅。《尧畅》经逸不存。《舜操》者，昔虞舜圣德玄远，遂升天子，喟然念亲，巍巍上帝之位不足保，援琴作操，其声清以微。《禹操》者，昔夏之时，洪水襄陵沈山，禹乃援琴作操，其声清以溢，潺潺志在深河。《微子操》，微子伤殷之将亡，终不可奈何，见鸿鹄高飞，援琴作操，其声清以淳。《文王操》者，文王之时，纣无道，烂金为格，溢酒为池，宫中相残，骨肉成泥，璇室瑶台，蔼云翳风，钟声雷起，疾动天地，文王躬被法度，阴行仁义，援琴作操，故其声纷以扰，骇角震商。《伯夷操》，《箕子操》，其声淳以激。

晋师旷善知音。卫灵公将之晋，宿于濮水之上，夜闻新声，召师涓告之曰：“为我听写之。”曰：“臣得之矣。”遂之晋。晋平公飨②之，酒酣，灵公曰：“有新声，愿奏之。”乃令师涓鼓琴。未终，师旷止之曰：“此亡国之声也。”

雍门周以琴见孟尝君。孟尝君曰：“先生鼓琴，亦能令文悲乎？”对曰：“臣之所能令悲者，先贵而后贱，昔富而今贫，摈压穷巷，不交四邻；不若身材高妙，怀质抱真，逢谗罹谤，怨结而不得信；不

---

① 少宫、少商：犹言清宫、清商，即高八度的宫、商。

② 飨：用酒食招待客人，泛指请人受用。

若交欢而结爱，无怨而生离，远赴绝国，无相见期；不若幼无父母，壮无妻儿，出以野泽为邻，入用堀穴为家，困于朝夕，无所假贷。若此人者，但闻飞鸟之号，秋风鸣条，则伤心矣，臣一为之援琴而太息，未有不凄恻而涕泣者也。今若足下，居则广厦高堂，连闼①洞房，下罗帷，来清风；倡优在前，诌谀侍侧，扬激楚②，舞郑妾，流声以娱耳，练色以淫目；水戏则舫龙舟，建羽旗，鼓吹乎不测之渊；野游则登平原，驰广囿，强弩下高鸟，勇士格猛兽；置酒娱乐，沈醉忘归：方此之时，视天地曾不若一指，虽有善鼓琴，未能动足下也。"孟尝君曰："固然。"雍门周曰："然臣窃为足下有所常悲。夫角帝而困秦者君也，连五国而伐楚者又君也。天下未尝无事，不从即衡；从成则楚王，衡成则秦帝。夫以秦、楚之强，而报弱薛，譬犹磨萧斧③而伐朝菌也，有识之士，莫不为足下寒心酸鼻。天道不常盛，寒暑更进退，千秋万岁之后，宗庙必不血食；高台既以倾，曲池又已平，坟墓生荆棘，狐兔穴其中，游儿牧竖，踯躅其足而歌其上，行人见之凄怆，曰：'孟尝君之尊贵，亦犹若是乎！'"于是孟尝君喟然太息，涕泪承睫而未下。雍门周引琴而鼓之，徐动宫商，叩角羽，初终而成曲。孟尝君遂欷歔④而就之曰："先生鼓琴，令文立若亡国之人也。"

宣帝元康、神爵之间，丞相奏能鼓雅琴者，渤海赵定，梁国龙德。召见温室，拜为侍郎。

黄门工鼓琴者有任真卿、虞长倩，能传其度数、妙曲遗声。

成少伯工吹竽，见安昌侯、张子夏鼓瑟，谓曰："音不通千曲以上，不足以为知音。"

---

① 连闼：一重接一重的门，形容房屋深邃。

② 激楚：歌舞曲名。

③ 萧斧：刚利之斧。

④ 欷歔：同"嘘唏"。

班 固

《白虎通义》又称《白虎通》，是东汉今古文经学的集大成之作。汉章帝建初四年(79)，为了统一今古文经学家关于儒家经典解释的争议，召集大臣、博士会集于洛阳白虎观，对五经同异进行辩论。汉章帝亲自裁决各种奏议，以期形成统一认识。后由班固汇集成书，是为《白虎通义》。其中涉及的美和艺术问题，代表了当时的官方见解。选文摘自陈立撰，吴则虞点校《白虎通疏证》，中华书局1994年版。《汉书》诸篇摘自《汉书》，中华书局1999年版。

白虎通义·礼乐

礼乐者，何谓也？礼之为言履也。可履践而行。乐者，乐也。君子乐得其道，小人乐得其欲。王者所以盛礼乐何？节文之喜怒。乐以象天，礼以法地。人无不含天地之气，有五常之性者。故乐所以荡涤，反其邪恶也。礼所以防淫泆，节其侈靡也。故《孝经》曰："安上治民，莫善於礼。""移风易俗，莫善於乐。"子曰："乐在宗庙之中，君臣上下同听之，则莫不和敬。在族长乡里之中，长幼同听之，则莫不和顺。在闺门之内，父子兄弟同听之，则莫不和亲。故乐者，所以崇和顺，比物饰节，节奏合以成文，所以和合①父子君臣，附亲万民也。是先王立乐之方也。故听其雅颂之声，志意得广焉。执干戚，习俯仰屈伸，容貌得庄焉。行其缀兆②，要其节奏，行列得正焉，进退得齐焉。故乐者，天地之命，中和之纪，人情之所不能

---

① 和合：《礼记·乐记》作"合和"。
② 缀兆：古代乐舞中舞者的行列位置。

免焉也。故乐者，先王之所以饰喜也。军旅铁钺①，先王之所以饰怒也。故先王之喜怒，皆得其齐焉。喜则天下和之，怒则暴乱者畏之。先王之道，礼乐可谓盛矣。"闻角声，莫不恻隐而慈者；闻徵声，莫不喜养好施者；闻商声，莫不刚断而立事者；闻羽声，莫不深思而远虑者；闻宫声，莫不温润而宽和者也。礼所揖让何？所以尊人自损也。揖让则不争。《论语》曰："揖让而升，下而饮，其争也君子。"故"君使臣以礼，臣事君以忠"。"谦谦君子，利涉大川"，以贵下贱，大得民也。屈己敬人，君子之心。故孔子曰："为礼不敬，吾何以观之哉？"夫礼者，阴阳之际也，百事之会也，所以尊天地，傧②鬼神，序上下，正人道也。乐所以必歌者何？夫歌者，口言之也。中心喜乐，口欲歌之，手欲舞之，足欲蹈之。故《尚书》曰："前歌后舞，假於上下。"礼贵忠何？礼者，盛不足，节有余。使丰年不奢，凶年不俭，贫富不相悬也。乐尚雅何？雅者，古正也。所以远郑声也。孔子曰："郑声淫何？郑国土地民人，山居谷浴，男女错杂，为郑声以相诱悦怿③，故邪僻，声皆淫色之声也。"

右④总论礼乐

太平乃制礼作乐何？夫礼乐所以防奢淫。天下人民饥寒，何乐之乎？功成作乐，治定制礼。乐言作，礼言制何？乐者，阳也。动作倡始，故言作。礼者，阴也。系制於阳，故言制。乐象阳也，礼法阴也。

右论太平乃制礼乐

---

① 铁钺：斫刀和大斧，腰斩、砍头的刑具。

② 傧：接引宾客。

③ 悦怿：欢乐，愉快。

④ 古书为竖排，若每段所论之题落于段后，则对应的是标题右方的文字。本书选段严格按照所标版本古籍录入，故保留题中"右"字，此处的"右"，当作"上"理解，对应标题上方的文字。书中所引《白虎通疏证》中多出现此类标题，皆同此例，不再另行解释。——编辑注

王者始起，何用正民。以为且用先代之礼乐，天下太平，乃更制作焉。《书》曰："肇称殷礼，祀新邑。"此言太平去殷礼。《春秋传》曰："曷为不修乎近而修乎远？同己也。可因先以太平也。"必复更制者，示不袭也。又天下乐之者，乐所以象德表功，而殊名也。①《礼记》曰："黄帝乐曰《咸池》，颛顼乐曰《六茎》，帝喾②乐曰《五英》，尧乐曰《大章》，舜乐曰《箫韶》，禹乐曰《大夏》，汤乐曰《大濩》，周乐曰《大武象》，周公之乐曰《酌》，合曰《大武》。"黄帝《咸池》者，言大施天下之道而行之，天之所生，地之所载，咸蒙德施也。颛顼曰《六茎》者，言和律吕以调阴阳。茎著万物也。帝喾曰《五英》者，言能调和五声，以养万物，调其英华也。尧曰《大章》者，大明天地人之道也。舜曰《箫韶》者，舜能继尧之道也。禹曰《大夏》者，言禹能顺二圣之道而行之，故曰《大夏》也。汤曰《大濩》者，言汤承衰，能护民之急也。周公曰《酌》者，言周公辅成王，能斟酌文武之道而成之也。武王曰《象》者，象太平而作乐，示己太平也。合曰《大武》者，天下始乐周之征伐行武，故诗人歌之："王赫斯怒，爰整其旅。"当此之时，乐文王之怒以定天下，故乐其武也。周室中制《象》乐何？殷纣为恶日久，其恶最甚，斫③涉句胎，残贼天下。武王起兵，前歌后儛，克殷之后，民人大喜，故中作所以节喜盛。

右论帝王礼乐

天子八佾④，诸侯四佾，所以别尊卑。乐者，阳也。故以阴数，法八风、六律、四时也。八风、六律者，天气也。助天地成万物者

---

① 疑有讹脱。《礼记·乐记》云："五帝殊时，不相沿乐，三王异世，不相袭礼。"此互文现义也。

② 帝喾：出生于高辛，上古时期一位著名的部落联盟首领。

③ 斫：大锄，引申为用刀、斧等砍。

④ 佾：古代乐舞的行列。

也。亦犹乐所以顺气变化，万民成其性命也。故《春秋公羊传》曰：
"天子八佾，诸公六佾，诸侯四佾。"《诗》《传》曰："大夫士琴瑟御。"
佾者，列也。以八人为行列，八八六十四人也。诸公六六为行，诸
侯四四为行。诸公谓三公二王后，大夫士北面之臣，非专事子民者
也，故但琴瑟而已。

右论天子诸侯佾数

王者有六乐者，贵公美德也。所以作供养。谓倾先王之乐，明
有法，示正其本，兴己所自作乐，明作己也。

右论王者六乐

所以作四夷之乐何？德广及之也。《易》曰："先王以作乐崇德，
殷荐之上帝，以配祖考。"《诗》云："奏鼓简简①，衎我烈祖。"《乐元
语》曰："受命而六乐，乐先王之乐，明有法也。兴其所自作，明有
制。兴四夷之乐，明德广及之也。故东夷之乐曰《朝离》②，南夷之
乐曰《南》，西夷之乐曰《昧》，北夷之乐曰《禁》。合欢之乐儛於堂，
四夷之乐陈於右，先王所以得之顺命重始也。"王者之乐有先后者，
各上其德也。此言以文得之先以文，谓持羽毛儛也。以武得之先以
武，谓持干戚儛也。《乐元语》曰："东夷之乐持矛舞，助时生也。南
夷之乐持羽舞，助时养也。西夷之乐持戟舞，助时煞也。北夷之乐
持干舞，助时藏也。"谁制夷狄之乐？以为先圣王也。先生推行道德，
调和阴阳，覆被夷狄。故夷狄安乐，来朝中国，於是作乐乐之。南
之为言任也，任养万物。《昧》之为言昧也。《昧》者，万物衰老，取
晦昧之义也。《禁》者，言万物禁藏。《朝离》者，万物微离地而生。
一说东方持矛，南方歌，西方戚，北方击金。夷狄质，不如中国文，
但随物名之耳，故百王不易。王者制夷狄乐，不制夷狄礼何？以为

---

① 简简：盛大貌。
② 《朝离》：即《株离》，古代东方少数民族乐名。

礼者，身当履而行之。夷狄之人，不能行礼。乐者，圣人作为以乐之耳。故有夷狄乐也。谁为舞者？以为使中国之人，何以言之？夷狄之人礼不备，恐有过误也。作之门外者何？夷在外，故就之也。夷狄无礼义，不在内。《明堂》记曰："九夷之国，东门之外。"所以知不在门内也。《明堂》记曰："纳夷蛮之乐于太庙。"言纳，明有入也。曰四夷之乐者，何谓也？以为四夷外无礼义之国，数夷狄者从东，故举本以为之总名也。言夷狄者，举终始也。言蛮，举远也。言貉，举恶也。则别之，东方为九夷，南方为八蛮，西方为六戎，北方为五狄。故《曾子问》曰："九夷八蛮，六戎五狄，百姓之难至者也。"何以知夷在东方？《礼·王制》曰："东方曰夷，被发文身。"又曰："南方曰蛮，雕题交趾。西方曰戎，被发衣皮。北方曰狄，衣羽毛，穴居。"东所以有九者何？盖来过者九，九之为言究也。德遍究，故应德而来亦九也。非故为之，道自然也。何以名为夷蛮？曰：圣人本不治外国。非为制名也，因其国名而言之耳。一说曰：名其短而为之制名也。夷者，僔夷无礼义。东方者，少阳易化，故取名也。蛮者，执心违邪。戎者，强恶也。狄者，易也。辟易无别也。北方太阴，鄙吝，故少难化。

右论四夷之乐

歌者在堂上，舞在堂下何？歌者象德，舞者象功，君子上德而下功。《郊特牲》曰："歌者在上。"《论语》曰："季氏八佾舞於庭。"《书》曰："下管鼗鼓"，"笙镛①以间"。

右论歌舞异处

降神之乐在上何？为鬼神举也。故《书》曰："戛击鸣球，搏拊②琴瑟以咏，祖考来格。"所以用鸣球搏拊者何？鬼神清虚，贵净贱铿

---

① 笙镛：亦作"笙庸"，古乐器名。镛：大钟。

② 搏拊：亦作"搏抚"，弹奏。

锵也。故《尚书大传》曰："搏拊鼓，装以糠。琴瑟练丝徽弦。"鸣者，贵玉声也。

右论降神之乐

王者食所以有乐何？乐食天下之太平，富积之饶也。明天子至尊，非功不食，非德不饱。故《传》曰："天子食，时举乐。"王者所以日四食何？明有四方之物，食四时之功也。四方不平，四时不顺，有彻膳之法焉。所以明至尊著法戒也。王者平居中央，制御四方。平旦食，少阳之始也。昼食，太阳之始也。餔食，少阴之始也。暮食，太阴之始也。《论语》曰："亚饭干适楚，三饭缭适蔡，四饭缺适秦。"诸侯三饭，卿大夫再饭，尊卑之差也。《弟子职》曰"暮食复礼"，士也。食力无数。庶人职在耕桑，戮力劳役，饥即食，饱即作，故无数。

右论侑食之乐

声音者，何谓也？[①] 声者，鸣也。闻其声即知其所生。音者，饮也。言其刚柔清浊和而相饮也。《尚书》曰："予欲闻六律、五声、八音[②]。"五声者，宫商角徵羽。土谓宫，金谓商，木谓角，火谓徵，水谓羽。《月令》曰："盛德在木"，"其音角"。又曰："盛德在火"，"其音徵"。"盛德在金"，"其音商"。"盛德在水"，"其音羽"。所以名之为角者何？角者，跃也。阳气动跃。徵者，止也。阳气止。商者，张也。阴气开张，阳气始降也。羽者，纡也。阴气在上，阳气在下。宫者，容也，含也。含容四时者也。八音者，何谓也？《乐记》曰："土曰埙，竹曰管，皮曰鼓，匏曰笙，丝曰弦，石曰磬，金

---

① 《周礼·大师》云："皆文之以五声，播之以八音。"

② 八音：我国古代对乐器的统称，通常为金、石、丝、竹、匏、土、革、木八种不同质材所制。

曰钟，木曰柷敔①。"此谓八音也。法《易》八卦也。万物之数也。八音，万物之声也。天子所以用八音何？天子承继万物，当知其数。既得其数，当知其声，即思其形。如此，蜎飞蠕动无不乐其音者，至德之道也。天子乐之，故乐用八音。②《乐记》曰："埙，《坎》音也。管，《艮》音也。鼓，《震》③音也。弦，《离》音也。钟，《兑》音也。柷，《乾》音也。"埙在十一月，埙之为言熏也。阳气于黄泉之下熏蒸而萌。匏之为言施也，牙也。在十二月，万物始施而牙。笙者，大蔟之气，象万物之生，故曰笙。有七政之节焉，有六合之和焉，天下乐之，故谓之笙。鼓，《震》音，烦气也。万物愤懑震而出。雷以动之，温以暖之，风以散之，雨以濡之。奋至德之声，感和平之气也。同声相应，同气相求，神明报应，天地佑之，其本乃在万物之始耶？故谓之鼓也。鞀者，《震》之气也。上应昴星，以通王道，故谓之鞀也。箫者，中吕之气也。万物生於无声，见於无形，勠也，肃也。故谓之箫。箫者，以禄为本，言承天继物为民本，人力加，地道化，然后万物勠也。故谓之箫也。瑟者，啬也，闲也。所以惩忿窒欲，正人之德也。故曰：瑟有君父之节，臣子之法。君父有节，臣子有义，然后四时和。四时和，然后万物生。故谓之瑟也。琴者，禁也。所以禁止淫邪，正人心也。磬④者，夷则之气也。象万物之成也。其声磬。故曰：磬有贵贱焉，有亲疏焉，有长幼焉。朝廷之礼，贵不让贱，所以明尊卑也。乡党之礼，长不让幼，所以明有年也。宗庙之礼，亲不让疏，所以明有亲也。此三者行，然后王道得，

---

① 柷敔：乐器名。奏乐开始时击柷，终止时敲敔。一说二者同用以和乐，不分终始。
② 《大戴·本命》云："八者，维纲也。天地以发明，故圣人以合阴阳之数也。"
③ 《震》：鼓。
④ 磬：立秋之乐。

王道得，然后万物成，天下乐之。故乐用磬也。钟①之为言动也。阴气用事，万物动成。钟为气，用金为声也。镈②者，时之气声也，节度之所生也。君臣有节度则万物昌，无节度则万物亡。亡与昌正相迫，故谓之镈。柷敔者，终始之声，万物之所生也。阴阳顺而复，故曰柷。承顺天地，序迎万物，天下乐之，故乐用柷。柷，始也。敔，终也。一说笙、柷、鼓、箫、瑟、埙、钟、磬如其次。笙在北方，柷在东北方，鼓在东方，箫在东南方，琴③在南方，埙在西南方，钟在西方，磬在西北方。声五、音八何？声为本，出于五行；音为末，象八风。故《乐记》曰"声成文谓之音，知音而乐之谓之乐"也。

右论五声八音

问曰：异说并行，则弟子疑焉。孔子有言："吾闻择其善者而从之。多见而志之，知之次也。""文武之道，未坠于地。""天之将丧斯文也。""乐亦在其中矣。"圣人之道，犹有文质，所以拟其说，述所闻者，亦各传其所受而已。

右通论异说

汉　书

律历志

五声之本，生于黄钟之律。九寸为宫，或损或益，以定商、角、

---

① 钟：动。《说文解字》（以下简称《说文》）云："钟，乐钟也。秋分之音，万物动成，故谓之钟。"

② 镈：古代乐器，大钟。

③ 琴：旧作"瑟"，依卢文绍意见改。

徵、羽。九六相生，阴阳之应也。律十有二，阳六为律，阴六为吕。① 律以统气类物，一曰黄钟，二曰太族，三曰姑洗，四曰蕤宾，五曰夷则，六曰亡射②。吕以旅阳宣气，一曰林钟，二曰南吕，三曰应钟，四曰大吕，五曰夹钟，六曰中吕。有三统之义焉。其传曰：黄帝之所作也。黄帝使泠纶，自大夏之西，昆仑之阴，取竹之解谷生，其窍厚均③者，断两节间而吹之，以为黄钟之宫④。制十二筒以听凤之鸣，其雄鸣为六，雌鸣亦六，比黄钟之宫，而皆可以生之，是为律本。至治之世，天地之气合以生风；天地之风气正，十二律定。黄钟：黄者，中之色，君之服也；钟者，种⑤也。天之中数五，五为声，声上宫，五声莫大焉。地之中数六，六为律，律有形有色，色上黄，五色莫盛焉。故阳气施种于黄泉，孳萌万物，为六气⑥元也。以黄色名元气律者，著宫声也。宫以九唱六，变动不居，周流六虚。始于子，在十一月。大吕：吕，旅也，言阴大，旅助黄钟（官）〔宣〕气而牙物也。位于丑，在十二月。太族：族，奏⑦也，言阳气大，奏地而达物也。位于寅，在正月。夹钟，言阴夹助太族宣四方之气而出种物也。位于卯，在二月。姑洗：洗，洁也，言阳气洗物辜洁之也。位于辰，在三月。中吕，言微阴始起未成，著于其中旅助姑洗宣气齐物也。位于巳，在四月。蕤宾：蕤，继也，宾，导也，言阳始导阴气使继养物也。位于午，在五月。林钟：林，君也，言

---

① 十二律：古代乐律学名词。十二律的名称（及其异名）由低到高依次为：黄钟、大吕、太簇、夹钟（圆钟）、姑洗、仲吕（中吕、小吕）、蕤宾、林钟（函钟）、夷则、南吕、无射、应钟。

② 亡射：即无射。

③ 窍厚均：竹筒的厚度均匀。

④ 黄钟之宫：颜师古注曰："黄钟之宫，律之最长者。"

⑤ 种：动之义。

⑥ 六气：指阴、阳、风、雨、晦、明六气，或指天地四时之气。

⑦ 奏：即"凑"。

阴气受任，助蕤宾君主种物使长大楙盛也。位于未，在六月。夷则：则，法也，言阳气正法度而使阴气夷当伤之物也。位于申，在七月。南吕：南，任也，言阴气旅助夷则任成万物也。位于酉，在八月。亡射：射，厌也，言阳气究物而使阴气毕剥落之，终而复始，亡厌已也。位于戌，在九月。应钟，言阴气应亡射，该臧万物而杂阳阂种也①。位于亥，在十月。

……

玉衡杓②建，天之纲也；日月初（缠）〔躔〕③，星之纪也。纲纪之交，以原始造设，合乐用焉。律吕唱和，以育生成化，歌奏用焉。指顾取象，然后阴阳万物靡不条鬯该成。故以成之数忖该之积，如法为一寸，则黄钟之长也。参分损一，下生林钟④。参分林钟益一，上生太族⑤。参分太族损一，下生南吕。参分南吕益一，上生姑洗。参分姑洗损一，下生应钟。参分应钟益一，上生蕤宾。参分蕤宾损一，下生大吕。参分大吕益一，上生夷则。参分夷则损一，下生夹钟。参分夹钟益一，上生亡射。参分亡射损一，下生中吕。阴阳相生，自黄钟始而左旋，八八为伍⑥。其法皆用铜。职在大乐，太常掌之。

---

① 该臧：闭藏。阂：外闭曰阂。

② 玉衡杓：即北斗七星的"斗柄"三星。

③ 躔：音 chán，日月星辰运行的度次。

④ 下生：指一个律管减去三分之一的长度而产生新律管长度的办法。林钟：九寸（黄钟之长）减去九寸的三分之一，得六寸（林钟之长）。

⑤ 上生：指一个律管增加三分之一的长度而产生新律管长度的方法。太族：即太簇。六寸增加六寸的三分之一，得八寸（太簇之长）。

⑥ 伍：耦，八八为耦。

礼乐志

《六经》之道同归，而《礼》《乐》之用为急。治身者斯须忘礼，则暴嫚入之矣；为国者一朝失礼，则荒乱及之矣。人函天地阴阳之气，有喜怒哀乐之情。天禀其性而不能节也，圣人能为之节而不能绝也，故象天地而制礼乐，所以通神明，立人伦，正情性，节万事者也。

人性有男女之情，妒忌之别，为制婚姻之礼；有交接长幼之序，为制乡饮之礼；有哀死思远之情，为制丧祭之礼；有尊尊敬上之心，为制朝觐之礼。哀有哭踊之节，乐有歌舞之容，正人足以副其诚，邪人足以防其失。故婚姻之礼废，则夫妇之道苦，而淫辟之罪多；乡饮之礼废，则长幼之序乱，而争斗之狱蕃；丧祭之礼废，则骨肉之恩薄，而背死忘先者众；朝聘之礼废，则君臣之位失，而侵陵之渐起。故孔子曰："安上治民，莫善于礼；移风易俗，莫善于乐。"礼节民心，乐和民声，政以行之，刑以防之。礼乐政刑四达而不悖，则王道备矣。

乐以治内而为同，礼以修外而为异；同则和亲，异则畏敬；和亲则无怨，畏敬则不争。揖让而天下治者，礼乐之谓也。二者并行，合为一体。畏敬之意难见，则著之于享献辞受，登降跪拜；和亲之说难形，则发之于诗歌咏言，钟石筦弦。盖嘉其敬意而不及其财贿，美其欢心而不流其声音。故孔子曰："礼云礼云，玉帛云乎哉？乐云乐云，钟鼓云乎哉？"此礼乐之本也。故曰："知礼乐之情者能作，识礼乐之文者能述，作者之谓圣，述者之谓明。明圣者，述作之谓也。"

……

乐者，圣人之所乐也，而可以善民心。其感人深，其移风易俗易，故先王著其教焉。

夫民有血气心知之性，而无哀乐喜怒之常，应感而动，然后心术形焉。是以纤微憔悴①之音作，而民思忧；阐谐嫚易②之音作，而民康乐；粗厉猛奋之音作，而民刚毅；廉直正诚之音作，而民肃敬；宽裕和顺之音作，而民慈爱；流辟邪散之音作，而民淫乱。先王耻其乱也，故制雅颂之声，本之情性，稽之度数，制之礼仪，合生气之和，导五常之行，使之阳而不散，阴而不集，刚气不怒，柔气不慑，四畅交于中，而发作于外，皆安其位而不相夺(也)，足以感动人之善心(而)〔也〕，不使邪气得接焉，是先王立乐之方也。

短四则

孟春之月，群居者将散，行人振木铎徇于路，以采诗，献之大师，比其音律，以闻于天子。故曰王者不窥牖户③而知天下。(《食货志》)

《书》曰："诗言志，(哥)〔歌〕咏言。"故哀乐之心感，而(哥)〔歌〕咏之声发。诵其言谓之诗，咏其声谓之(哥)〔歌〕。故古有采诗之官，王者所以观风俗，知得失，自考正也。(《艺文志》)

自孝武立乐府而采歌谣，于是有代赵之讴，秦楚之风，皆感于哀乐，缘事而发，亦可以观风俗，知薄厚云。(《艺文志》)

夫乐调而四时和，阴阳之变，万物之统也，可不慎与！(《外戚传》)

马　融

马融(79—166)，字季长，扶风茂陵(今陕西兴平市东北)人，东

---

① 憔悴：减缩。
② 嫚易：和缓。
③ 牖户：窗与门。

汉著名经学家、文学家,曾著《三传同异说》,注释《孝经》《论语》《周易》《尚书》《老子》《淮南子》等,东汉后期经生大多受其影响。擅长鼓琴、吹笛,所撰辞赋、颂文等共计21篇,其中《长笛赋》《琴赋》涉及音乐美学问题。选文摘自龚克昌等评注《全汉赋评注》(后汉部分),花山文艺出版社2003年版。

长笛赋(并序)

融既博览典雅,精核数术,又性好音,能鼓琴吹笛,而为督邮。无留事,独卧郿平阳邬中。有洛客舍逆旅,吹笛,为《气出》、《精列》相和。融去京师,逾年,暂闻,甚悲而乐之。追慕王子渊、枚乘、刘伯康、傅武仲等箫、琴、笙颂,唯笛独无,故聊复备数,作《长笛赋》。其辞曰:

惟箇笼①之奇生兮,于终南之阴崖。托九成之孤岑②兮,临万仞之石礒。特箭槁③而茎立兮,独聆风于极危。秋潦④漱其下趾兮,冬雪揣⑤封乎其枝。巅根跱之𡾋刵⑥兮,感回飙而将颓。夫其面旁则重𪩘增石,简积頠砋。兀崚狔豱⑦,倾昊倚伏。廖窌巧老,港洞坑谷⑧;嵃壑浍峥⑨,峭窬岩覆,运裹窅泼⑩,冈连岭属。林箫蔓荆,

---

① 箇笼:竹名。
② 岑:山小高。
③ 箭槁:二竹名。
④ 潦:因下雨而积的大水。
⑤ 揣:聚貌。“揣”与“团”古字通。
⑥ 𡾋刵:危险之貌。
⑦ 兀崚狔豱:险峻之貌。
⑧ 廖窌巧老:深空之貌。港洞:相通。
⑨ 浍峥:嵃壑深平之貌。
⑩ 运裹:回旋相缠。窅泼:卑曲不平。

森梣柞樸。

　　于是山水猥至，淳涔障溃①，颟淡②滂流。碓投瀺穴③，争湍苹萦，汩活澎濞，波澜鳞沦。④ 宛隆诡戾⑤，濡瀑⑥喷沫，奔遯砀突，摇演其山，动杌⑦其根者，岁五六而至焉。是以间介无蹊，人迹罕到。猿蜼⑧昼吟，鼯鼠夜叫，寒熊振颔，特麚昏髟⑨；山鸡晨群，壄雉晃雏⑩，求偶鸣子，悲号长啸；由衍⑪识道，嚁嚁欢噪。经涉其左右，咙聒其前后者，无昼夜而息焉。夫固危殆险巇⑫之所迫也，众哀集悲之所积也，故其应清风也。纤末奋箭，铮镤謍嗃。若组瑟促柱，号钟高调。⑬

　　于是放臣逐子，弃妻离友，彭胥伯奇，哀姜孝己。攒乎下风，收精注耳⑭，雷叹颓息，掐膺擗摽⑮，注血泫流，交横而下。通旦忘寐，不能自御。

　　于是乃使鲁般、宋翟，构云梯，抗浮柱，蹉纤根，跋蓑缕，膺

---

①　猥：众。涔：鱼池。障：防。溃：旁决。

②　颟淡：水摇荡貌。

③　碓：舂。碓投：舂击。瀺穴：水注隙穴。

④　湍：水疾。苹萦：回旋之貌。汩活：疾貌。澎濞：水瀑至声。鳞沦：相次貌。

⑤　宛隆：高下貌。诡戾：乖违貌。

⑥　濡瀑：沸涌貌。

⑦　杌：摇。

⑧　《尔雅》称：蜼，卬鼻而长尾。

⑨　振：动。麚：牡麚、牝麀。髟：苌髦。

⑩　《毛诗》云："雉之朝雊，尚求其雌。"

⑪　由衍：行貌。

⑫　险巇：犹倾侧也。

⑬　《淮南子》云："譬若张瑟，大弦□，则小弦绝矣。"

⑭　收精：不窥。注耳：专听。

⑮　雷叹颓息：叹声若雷，息声若颓也。掐：抓。膺：捶胸。擗摽：抚心貌。

陗陁①，腹陉阻。逮乎其上，匍匐伐取，挑截本末，规摹矱矩②。夔襄比律，子埜协吕③，十二毕具，黄钟为主。挢揉斤械，剸剡度拟④，锼硐⑤聩坠，程表朱里，定名曰笛，以观贤士。陈于东阶，八音俱起，食举⑥雍彻，劝侑君子。然后退理乎黄门之高廊，重丘宋灌，名师郭张，工人巧士，肄业修声。

于是游闲公子，暇豫王孙，心乐五声之和，耳比八音之调。乃相与集乎其庭，详观夫曲胤之繁会丛杂，何其富⑦也。纷葩烂漫，诚可喜也。波散广衍，实可异也。掌距劫遻，又足怪也。啾咋嘈啐，似华羽兮，绞灼激以转切。⑧震郁怫以凭怒兮，耾砀骇以奋肆。气喷勃以布覆兮，乍跮蹰以狼戾。雷叩锻之岌峇兮，正浏溧以风洌⑨。薄凑会而凌节兮，驰趣期而赴踬。⑩

尔乃听声类形，状似流水，又像飞鸿，氾滥漠漠⑪，浩浩洋洋，长矕远引，旋复回皇。充屈郁律，瞋菌碨柍。酆琅磊落，骈田旁唐。取予时适，去就有方。洪杀衰序，希数必当。微风纤妙，若存若亡。盖滞抗绝，中息更装。奄忽灭没，晔然复扬。或乃聊虑固护，专美擅工。漂凌丝簧，覆冒鼓钟⑫。或乃植持縰缰，怡儓宽容。箫管备

---

① 陗陁：高陡的崖坡。
② 摹：规。矱：度。
③ 《周礼》中称，大师掌六律六吕。
④ 斤：斫木。剸：裁。
⑤ 锼：大凿中木。硐：磨。
⑥ 食举：古代帝王进食或举行宴会时所奏的乐曲。
⑦ 富：谓声之富。
⑧ 啾：众声。咋：咋然，声大。绞灼激：声相绕激。
⑨ 浏溧：清凉貌。洌：寒貌。
⑩ 凌：超出。节：曲节。踬：颠仆。
⑪ 氾滥：任波摇荡之貌。漠漠：以翩抚水之貌，谓飞鸿之状。
⑫ 漂凌：谓漂荡凌驾。覆冒：谓掩覆冠冒。

举，金石并隆。无相奇伦，以宣八风。律吕既和，哀声五降。曲终阕尽，馀弦更兴。繁手累发，密栉叠重。踏跺攒仄，蜂聚蚁同。众音猥积，以送厥终。

然后少息暂怠，杂弄间奏。易听骇耳，有所摇演。安翔骀荡①，从容阐缓。惆怅怨怼，窈圆宴衺。聿皇②求索，乍近乍远。临危自放，若颓自反。蚡缊繙纡，緸冤蜿蟺。③ 篗笳抑隐，行人诸变。绞㮥汨湟，五音代转。按捼抠臧④，递相乘遭。反商⑤下徵，每各异善。

故聆曲引⑥者，观法于节奏，察变于句投，以知礼制之不可逾越焉。听篦弄⑦者，遥思于古昔，虞志于怛惕，以知长戚之不能闲居焉。故论记其义，协比其象：徬徨纵肆，旷漾敞罔，老、庄之概也。温直扰毅，孔、孟之方也。激朗清厉，随、光之介也。牢剌拂戾，诸、贲之气也。节解句断，管、商之制也。条决缤纷，申、韩之察也。繁缛骆驿⑧，范、蔡之说也。劈栎铫懐⑨，晢、龙之惠也。上拟法于《韶箾》、《南籥》，中取度于《白雪》、《渌水》，下采制于《延露》、《巴人》。

是以尊卑都鄙⑩，贤愚勇惧。鱼鳖禽兽闻之者，莫不张耳鹿骇。熊经鸟伸，鸥际狼顾，拊譟踊跃，各得其齐。人盈所欲，皆反中和，以美风俗。屈平适乐国，介推还受禄。澹台载尸归，皋鱼节其哭。

---

① 骀荡：舒适起伏安翔貌。

② 聿皇：疾貌。

③ 蚡缊繙纡：声相纠纷貌。緸冤蜿蟺：声音盘屈摇动貌。

④ 捼：揉。臧：犹抑。

⑤ 反商：犹变商也。《淮南子》曰："变宫生徵，变徵生商，变商生羽。"

⑥ 引：曲名。

⑦ 篦弄：小曲。

⑧ 繁缛骆驿：又相连续。

⑨ 劈栎铫懐：皆分别节制之貌。栎：音"历"。懐：音"梨"。

⑩ 尊卑都鄙：尊贵者，卑下者，美好者，丑陋者。

长万辍逆谋，渠弥不复恶。蒯聩能退敌，不占成节鄂。王公保其位，隐处安林薄。官夫乐其业，士子世其宅。鲟鱼喁于水裔，仰驷马而舞玄鹤。

于斯时也，騄駒吞声，伯牙毁弦。瓠巴珥柱，磬襄驰悬。留睰瞵眙，累称屡赞。失容坠席，搏拊雷抃①。僬眇睢维，涕洟流漫。② 是故可以通灵感物，写神喻③意。致诚效志，率作兴事。④ 溉盥污溅⑤，澡雪垢滓矣。

昔庖羲作琴，神农造瑟，女娲制簧，暴辛为埙。倕之和钟，叔之离磬。或铄金砻石，华睆切错。丸挺雕琢，刻镂钻笮。⑥ 穷妙极巧，旷以日月。然后成器，其音如彼。唯笛固其天姿，不变其材。伐而吹之，其声如此。盖亦简易之义，贤人之业也。若然，六器⑦者，犹以二皇圣哲尠益。况笛生乎大汉，而学者不识，其可以裨助盛美，忽而不赞。悲夫！有庶士丘仲，言其所由出，而不知其弘妙。其辞曰：近世双笛从羌起，羌人伐竹未及已。龙鸣水中不见己，截竹吹之声相似。剡其上孔通洞之，裁以当樥便易持。易京君明⑧识音律，故本四孔加以一。君明所加孔后出，是谓商声五音毕。

---

① 抃：鼓掌。雷抃：鼓掌声如雷。

② 僬眇睢维：目开合之貌。睢：仰目。洟：鼻液。

③ 喻：晓。《礼记》载，乐和故万物皆化，即言乐可以通于神灵，感致万物，舒写精神，晓喻志意也。

④ 致：极。率作兴事：谓率劝下人以起风俗之美事。

⑤ 溉：涤。溅：水多。

⑥ 挺：和也。此处言整治乐器的过程。笮：通"凿"。

⑦ 六器：琴、瑟、簧、埙、钟、磬。

⑧ 易京君明：即京房，本姓李，字君明，西汉今文易学"京氏学"开创者，故称"易京"。

琴　赋

惟梧桐之所生，在衡山之峻陂。于是遨闲公子，中道失志。居无室庐，罔所自置。孤茕特行，怀闵抱思。昔师旷三奏，而神物下降。玄鹤二八，轩舞于庭，何琴德之深哉！

应　劭

应劭（约153—196），字仲瑗，汝南郡南顿（今河南项城市西）人，东汉后期著名学者。曾任泰山郡太守，后依附袁绍，卒于邺。平生著作11种、136卷，现存《汉官仪》《风俗通义》等。其中，《风俗通义》原书30卷、附录1卷，今仅存10卷，是研究汉代民俗和鬼神迷信的重要文献。选文摘自王利器校注《风俗通义校注》，中华书局1981年版。

风俗通义·声音

《易》称："先王作乐崇德，殷荐之上帝，以配祖考。"《诗》云："钟鼓锽锽，磬管锵锵，降福穰穰①。"书曰："击石拊石，百兽率舞。"鸟兽且犹感应，而况於人乎？况於鬼神乎？夫乐者，圣人所以动天地，感鬼神，按万民，成性类者也。故黄帝作《咸池》，颛顼作《六茎》，喾作《五英》，尧作《大章》，舜作《韶》，禹作《夏》，汤作《护》，武王作《武》，周公作《勺》。勺，言能斟勺②先祖之道也；

---

①　穰穰：丰盛。形容获得丰收，粮食满仓。
②　斟勺：考虑、吸取。

《武》，言以功定天下也；《护》，言救民也；《夏》，大承二帝也；《韶》，继尧也；《大章》，章之也；《五英》，英华茂也；《六茎》，及根茎也；《咸池》，备矣。其后，周室陵迟，礼崩乐坏，诸侯恣行，竞悦所习，桑间、濮上、郑、卫、宋、赵之声，弥以放远，滔湮心耳，乃忘和平，乱政伤民，致疾损寿。重遭暴秦，遂以阙忘。汉兴，制氏世掌大乐，颇能纪其铿锵，而不能说其义。武帝始定郊祀，巡省告封，乐官多所增饰，然非雅正，故继其条畅曰《声音》也。

昔皇帝使伶伦自大夏之西，昆仑之阴，取竹於嶰①谷生，其窍厚均者，断两节而吹之，以为黄钟之管，制十二箭，以听凤之鸣；其雄鸣为六，雌鸣亦为六，天地之风气正而十二律定，五声於是乎生，八音於是乎出。声者，宫、商、角、徵、羽也，音者，土曰埙，匏曰笙，革曰鼓，竹曰管，丝曰弦，石曰磬，金曰钟，木曰柷。《诗》曰："鹤鸣九皋②，声闻于天。"《书》曰："八音克谐，无相夺伦。"由是言之：声本音末也。

商

谨按：刘歆《钟律书》："商者，章也，物成熟，可章度也。"五行为金，五常为义，五事为言，凡归为臣。

角

谨按：刘歆《钟律书》："角者，触也，物触地而出，戴芒角也。"五行为木，五常为仁，五事为貌，凡归为民。

宫

谨按：刘歆《钟律书》："宫者，中也，居中央，畅四方，倡始施生，为四声纲也。"五行为土，五常为信，五事为思，凡归为君。

---

① 嶰：山涧；沟壑。
② 九皋：曲折深远的沼泽。

徵

谨按：刘歆《钟律书》："徵者，祉也，物盛大而繁祉也。"五行为火，五常为礼，五事为视，凡归为事。

羽

谨按：刘歆《钟律书》："羽者，宇也，物聚藏，宇覆之也。"五行为水，五常为智，五事为德，凡归为物。故闻其宫声，使人温润而广大；闻其商声，使人方正而好义；闻其角声，使人整齐而好礼；闻其徵声，使人恻隐而博爱；闻其羽声，使人善养而好施。宫声乱者，则其君骄；商声错者，则其臣坏；角声缪者，则其民怨；徵声洪者，则其事难；羽声差者，则其物乱。春宫秋律，百卉必雕；秋宫春律，万物必荣；夏宫冬律，雨雹必降；冬宫夏律，雷必发声。夫音乐至重，所感者大，故曰："知礼乐之情者能作，识礼乐之文者能述。作者之谓圣，述者之谓明，明圣者，述作之谓也。"

埙

谨按：《世本》："暴辛公作埙。"《诗》云："天之诱民，如埙如篪①。"埙，烧土为之，围五寸半，长三寸半，有四孔，其二通，凡为六孔。

笙

谨按：《世本》："随作笙。"长四寸，十二簧，像凤之身，正月之音也，物生故谓之笙。《诗》云："我有嘉宾，鼓瑟吹笙。"大笙谓之簧，小者谓之和。

鼓

谨按：《易》称："鼓之以雷霆，圣人则之。"不知谁所作也。鼓者，郭也，春分之音也，万物郭皮甲而出，故谓之鼓。《周礼》六鼓：雷鼓八面，路鼓四面，睪鼓、晋鼓皆二面。《诗》云："击鼓其镗。"

---

① 篪：竹管乐器。

《论语》："小子鸣鼓而攻之，可也。"

管

谨按：《诗》云："嘒嘒①管声。""萧管备举。"《礼·乐记》："管，漆竹长一尺，六孔，十二月之音也。象物贯地而牙，故谓之管。"《尚书大传》："舜之时，西王母来献其白玉琯。"昔章帝时，零陵文学奚景，於泠道舜祠下得生白玉管，知古以玉为管，后乃易之以竹耳。夫以玉作音，故神人和，凤皇仪也。

瑟

谨按：《世本》："宓羲作瑟，长八尺一寸，四十五弦。"《黄帝书》："泰帝使素女鼓瑟而悲，帝禁不止，故破其瑟为二十五弦。"《春秋》："师旷为晋平公奏清徵之音，有玄鹤二八，从南方来，进於廊门之危，再奏之而成列，三奏之则延颈舒翼而舞，音中宫商，声闻于天。平公大说，坐者皆喜，平公提觞而起，为师旷寿，反坐而问曰：'音莫悲於清徵乎？'师旷曰：'不如清角。'平公曰：'清角可得闻乎？'师旷曰：'不可。昔黄帝驾象车，六交龙，毕方并辖，蚩尤居前，风伯进扫，雨师洒道，虎狼在后，虫蛇伏地，大合鬼神於太山之上，作为清角；今主君德薄，不足以听之，听之，将恐有败。'平公曰：'寡人老矣，所好者音也，愿遂闻之。'师旷不得已而鼓之，一奏之，有云从西北起，再奏之，暴风遽至，大雨丰沛，裂帷幕，破俎豆，堕廊瓦，凡坐者散走，平公恐惧，伏于室侧，身遂疾痛，晋国大旱，赤地三年。故曰：不务德治而好五音，则穷身之事也。"今瑟长五尺五寸，非正器也。

磬

谨按：《世本》："毋句作磬。"《尚书》："豫洲锡贡磬错②。"《诗》

---

① 嘒嘒：象声词，形容清亮的声音。
② 磬错：磨磬用的石头。

云："笙磬同音。"《论语》："子击磬於卫，有荷蒉而过者，曰：'有心哉！'"

钟

谨按：《世本》："垂作钟。"秋分之音也。《诗》："鼓钟于宫，声闻于外。"《论语》云："乐云乐云，钟鼓云乎哉?"周景王将铸大钟，单穆公谏曰："夫先先王之制钟也，大不出均，重不过石，律度量衡，於是乎生，小大器用，於是乎出，故圣人慎之。今王作钟，听之弗及，比之不度，钟声不可以知和，制度不可以出节，无益於乐，而鲜民财，将焉用之?"

柷

谨按：《礼·乐记》："柷，漆桶，方画木，方三尺五寸，高尺五寸，中有椎，止其名也，用柷止音为节。"《书》曰："合止柷敔，笙镛以间。"声所以五者，系五行也，音所以八者，系八风也。《传》曰："八音之变，不可胜听也。"由经五艺六，而其枝别叶布，繁华无已也。

琴

谨按：《世本》："神农作琴。"《尚书》："舜弹五弦之琴，歌《南风》之诗，而天下治。"《诗》云："我有嘉宾，鼓瑟鼓琴。"雅琴者，乐之统也，与八音并行，然君子所常御者，琴最亲密，不离於身，非必陈设於宗庙乡党，非若钟鼓罗列於虡[1]悬也，虽在穷阎陋巷，深山幽谷，犹不失琴，以为琴之大小得中，而声音和，大声不喧哗而流漫，小声不湮灭而不闻，适足以和人意气，感人善心。故琴之为言禁也，雅之为言正也，言君子守正以自禁也。夫以正雅之声，动感正意，故善心胜，邪恶禁；是以古之圣人君子，慎所以自感，因

---

[1]　虡：古时悬钟鼓木架的两侧立柱。

邪禁之适，故近之间居，则为从容以致思焉，如有所穷困，其道闭塞，不得施行，及有所通达而用事，则著之於琴，以杼其意，以示后人；其道行和乐而作者，命其曲曰畅，畅者，言其道之美畅，犹不敢自安，不骄不溢，好礼不以畅其意也；其遇闭塞，忧愁而作者，命其曲曰操，操者，言遇菑遭害，因厄穷迫，虽怨恨失意，犹守礼义，不惧不慑，乐道而不失其操者也。伯子牙方鼓琴，钟子期听之，而意在高山，子期曰："善哉乎，巍巍若太山！"顷之间而意在流水，钟子又曰："善哉乎，汤汤若江、河！"子期死，伯牙破琴绝弦，终身不复鼓，以为世无足为音者也。今琴长四尺五寸，法四时五行也；七弦者，法七星也。

空侯

谨按：《汉书》："孝武皇帝赛南越，祷祠太一后土，始用乐人侯调，依琴作坎坎①之乐，言其坎坎应节奏也，侯以姓冠章耳。"或说：空侯取其空中。琴瑟皆空，何独坎侯耶？斯论是也。《诗》云："坎坎鼓我。"是其文也。

筝

谨按：《礼·乐记》："筝五弦，筑身也。"今并、凉二州筝形如瑟，不知谁所改作也。或曰：秦蒙恬所造。

筑

谨按：《太史公记》："燕太子丹遣荆轲欲西刺秦王，与客送之易水，而设祖道，高渐离击筑，荆轲和歌，为濮上音，士皆垂发涕泣，后为羽声，慷慨而索，瞋目，发尽上指冠。荆轲入秦，事败而死。渐离变名易姓，为人庸保，匿作於宋子，久之，作苦，闻其家堂上客击筑，伎痒不能毋出言，曰：'彼有善不善。'从者告其主曰：'彼庸乃知音，窃言是非。'家丈人作乐，召前使击筑，一坐称美，赐酒；

---

① 坎坎：象声词，砍树的声音。

而渐离念久畏约，毋穷已时，乃退，出装匣中筑，与其善衣，更容貌而前，莫不惊愕，下与亢礼，以为上客，使击筑歌，无不涕泣而去者。宋子客传之，闻於秦始皇，始皇召见，人有识者，乃高渐离；始皇惜其善击筑，重杀之，乃矐①其目，使击筑，未尝不称善，稍益近之。渐离乃以铅置筑木中，后进得近，举筑扑始皇，不中，於是遂诛。"

缶

谨按：《易》称："日昃之离，不鼓缶而歌。"《诗》云："坎其击缶，宛丘之道。"缶者，瓦器，所以盛浆，秦人鼓之以节歌。《太史公记》："赵惠文王与秦昭王会於渑池，秦王饮，酒酣，曰：'寡人窃闻赵王好音，请奏瑟。'赵王鼓瑟，秦御史前曰：'某日，秦王与赵王会饮，令赵王鼓瑟。'蔺相如前曰：'窃闻秦王善为秦声，请奏缶以相乐。'秦王怒不许。於是相如进曰：'五步之内，相如请得以颈血溅大王矣！'左右欲刃相如，张目叱之，皆靡。於是秦王不怿，为一击缶。相如顾召御史书曰：'秦王为赵王击缶也。'"

笛

谨按：《乐记》："武帝时丘仲之所作也。笛者，涤也，所以荡涤邪秽，纳之於雅正也。"长二尺四寸，七孔。其后又有羌笛，马融《笛赋》曰："近世双笛从羌起，羌人伐竹未及已，龙鸣水中不见己，截竹吹之音相似，剞②其上孔通洞之，材以当榱便易持，京君明贤识音律，故本四孔加以一，君明所加孔后出，是谓商声五音毕。"

批把③

谨按：此近世乐家所作，不知谁也。以手批把，因以为名。长

---

① 矐：使目失明。

② 剞：削，削尖。

③ 批把：拨奏弦鸣乐器。

三尺五寸，法天地人与五行，四弦象四时。

竽

　　谨按：《礼记》："管三十六簧也，长四尺二寸。"今二十三管。

簧

　　谨按：《世本》："女娲作簧。"簧，笙中簧也。《诗》云："吹笙鼓簧，承筐是将。"

籥①

　　谨按：《周礼》："籥师氏掌教国子吹籥。"《诗》云："以籥不僭。"籥乐之器，竹管，三孔，所以和众声也。

篪

　　谨按：《世本》："苏成公作篪。"管乐，十孔，长尺一寸。《诗》云："伯氏吹埙，仲氏吹篪。"

箫

　　谨按：《尚书》："舜作，箫韶九成，凤皇来仪。"其形参差，像凤之翼，十管，长一尺。

籁

　　谨按：《礼·乐记》："三孔籥也，大者谓之产，其中谓之仲，小者谓之箹。"

筑

　　谨按：《汉书旧注》："筑，吹鞭也。筑者，忾也，言其节忾威仪。"

篴②

　　谨按：《汉书注》："篴，箭也，言其声音篴篴，名自定也。"

---

　　① 籥：假借为"龠"，古管乐器。
　　② 篴：边棱音气鸣乐器。竹质筒形有指孔，管端截平，无豁口。

三、舞蹈美学

刘　安

选文摘自何宁撰《淮南子集释》，中华书局
1998年版。

淮南子

本经训

凡人之性，心和欲得则乐，乐斯动，动斯
蹈，蹈斯荡，荡斯歌，歌斯舞，歌舞节则禽兽
跳矣。人之性，心有忧丧则悲，悲则哀，哀斯
愤，愤斯怒，怒斯动，动则手足不静。人之
性，有侵犯则怒，怒则血充，血充则气激，气

激则发怒，发怒则有所释憾矣。故钟鼓管箫，干戚羽旄，所以饰喜也。衰经苴杖①，哭踊有节，所以饰哀也。兵革羽旄，金鼓斧钺，所以饰怒也。必有其质，乃为之文。

修务训

今鼓舞者，绕身若环，曾挠摩地，扶旋猗那，动容转曲，便媚拟神，身若秋药被风，发若结旌，骋驰若骛。木熙者，举梧檟，据句枉，蝯自纵，好茂叶，龙夭矫，燕枝拘，援丰条，舞扶疏，龙从鸟集，搏援攫肆，蔑蒙踊跃，且夫观者莫不为之损心酸足。彼乃始徐行微笑，被衣修擢。夫鼓舞者非柔纵，而木熙者非眇劲，淹浸渍渐靡使然也。是故生木之长，莫见其益，有时而修；砥砺礛堅，莫见其损，有时而薄；藜藿之生，蠕蠕然日加数寸，不可以为栌栋，梗柟②豫章之生也，七年而后知，故可以为棺舟。夫事有易成者名小，难成者功大。君子修美，虽未有利，福将在后至。故《诗》云："日就月将，学有缉熙於光明。"此之谓也。

匡 衡

匡衡，生卒年不详，东海郡承县（今山东枣庄市东南）人，西汉后期政治家，汉元帝时官至丞相，是当时整个社会向儒家原典回归运动的重要推动者。选文摘自班固撰《汉书·郊祀志》，中华书局1999年版。

---

① 衰：古代的丧服。经：丧服中的麻带。苴杖：服丧时用的竹杖，表示因悲痛而不能站立。

② 梗柟：亦作"梗楠"。黄梗木与楠木，皆大木。

上言罢郊坛伪饰

衡言："甘泉泰畤紫坛，八觚①宣通象八方。五帝坛周环其下，又有群神之坛。以《尚书》禋六宗②、望山川、遍群神之义，紫坛有文章采镂黼黻之饰及玉、女乐③，石坛、仙人祠、瘗鸾路、骍驹、寓龙马，不能得其象于古。臣闻郊（紫坛）〔柴〕飨帝之义，扫地而祭，上质也。歌大吕④舞《云门》以俟天神，歌太簇⑤舞《咸池》以俟地祇，其牲用犊，其席槁秸，其器陶匏⑥，皆因天地之性，贵诚上质，不敢修其文也。以为神祇功德至大，虽修精微而备庶物，犹不足以报功，唯至诚为可，（致）〔故〕上质不饰，以章天德。紫坛伪饰、女乐、鸾路、骍驹、龙马、石坛之属，宜皆勿修。"

刘 苍

刘苍(？—83)，光武帝子，汉明帝同母弟。光武帝建武十五年(39)被封为东平公，十七年(41)被封为东平王，都无盐(今山东东平县)。汉明帝永平元年(58)任骠骑将军，位在三公之上。永平五年(62)归国，汉章帝建初八年(83)薨，谥号宪王。选文摘自严可均辑《全后汉文》，商务印书馆1999年版。

---

① 觚：棱角。
② 禋：古代祭天的典礼。六宗：指四时、寒暑、日、月、星、水旱六种神。
③ 黼黻：花纹。玉：指玉饰器具。
④ 大吕：古时十二律之一。
⑤ 太簇：古时十二律之一。
⑥ 匏：瓠。

世祖庙乐舞议

汉制旧典，宗庙各奏其乐，不皆相袭，以明功德。秦为无道，残贼百姓，高皇帝受命诛暴，元元各得其所，万国咸熙，作《武德》之舞。孝文皇帝躬行节俭，除诽谤，去肉刑，泽施四海，孝景皇帝制《昭德》之舞。孝武皇帝功德茂盛，威震海外，开地置郡，传之无穷，孝宣皇帝制《盛德》之舞。光武皇帝受命中兴，拨乱反正，武畅方外，震服百蛮，戎狄奉贡，宇内治平，登封告成，修建三雍，肃穆典祀，功德巍巍，比隆前代。以兵平乱，武功盛大。歌所以咏德，舞所以象功，世祖庙乐舞名宜曰《大武》之舞。《元命包》曰："缘天地之所杂乐为之文典。"文王之时，民乐其兴师征伐，而诗人称其武功。《枢机钤》曰："有帝汉出，德洽作乐。"各与虞《韶》、禹《夏》、汤《濩》、周《武》无异①，不宜以名舞。《叶图徵》曰："大乐必易。"《诗传》曰："颂言成也，一章成篇，宜列德，故登歌《清庙》一章也。"《汉书》曰："百官颂所登御者，一章十四句。"依书《文始》《五行》《武德》《昭真修》之舞②，节损益前后之宜，六十四节为舞，曲副八佾之数。十月烝祭始御，用其《文治》《五行》之舞如故。勿进《武德舞歌诗》曰："於穆世庙，肃雍显清，俊乂翼翼，秉文之成。越序上帝，骏奔来宁，建立三雍，封禅泰山，章明图谶，放③唐之文。休④矣惟德，罔射⑤协同，本支百世，永保厥功。"

---

① 关于虞《韶》、禹《夏》、汤《濩》、周《武》，《汉书·礼乐志》云："舜作《招》，禹作《夏》，汤作《濩》，武王作《武》。"

② 按：聚珍本《东观记》作"《昭德》《盛德修》之舞"。

③ 放：效。

④ 休：美、善。

⑤ 罔射：无厌。

傅 毅

傅毅(约 42—约 90)，字武仲，扶风茂陵(今陕西兴平市东北)人。章帝时任兰台令史，与班固等共校典籍，著有诗、赋、颂、诔等文 28 篇。所撰《舞赋》，是中国赋史上最早以舞名篇的赋作。传见《后汉书·文苑传》，选文摘自萧统编，李善注《昭明文选》，上海古籍出版社 1986 年版。

舞 赋

楚襄王既游云梦，使宋玉赋高唐之事。将置酒宴饮，谓宋玉曰："寡人欲觞群臣，何以娱之？"玉曰："臣闻歌以咏言，舞以尽意。是以论其诗，不如听其声；听其声，不如察其形。《激楚》《结风》①，《阳阿》之舞，材人之穷观，天下之至妙。噫，可以进乎？"王曰："如其郑何？"②玉曰："小大殊用，郑雅异宜③，弛张之度，圣哲所施。是以《乐》记干戚之容，《雅》美蹲蹲④之舞，《礼》设三爵之制，《颂》有醉归之歌。夫《咸池》《六英》，所以陈清庙⑤、协神人也。郑卫之乐，所以娱密坐、接欢欣也。余日怡荡，非以风民也，其何害哉！⑥王曰："试为寡人赋之。"玉曰："唯唯。"

夫何皎皎之闲夜兮，明月烂以施光。朱火晔其延起兮，燿华屋

---

① 《激楚》：歌曲名。《结风》：亦曲名。

② 郑、卫之音乃亡国之音也，郑舞亦同。

③ 言其舞应雅乐。

④ 蹲蹲：翩翩起舞的样子。

⑤ 清庙：帝王祀先王之庙。

⑥ 余日：闲暇之日。怡荡：怡悦放荡。风：教化。

而熺^①洞房。黼帐袪^②而结组兮，铺首炳以焜煌。陈茵席而设坐兮，溢金罍而列玉觞。^③腾觚爵之斟酌兮，漫既醉其乐康。严颜和而怡怿^④兮，幽情形而外扬。文人不能怀其藻兮，武毅不能隐其刚。简惰^⑤跳踸，般纷挐兮。渊塞沈荡，改恒常兮。於是郑女出进，二八徐侍。姣服极丽，姁媮^⑥致态。貌嫽妙以妖蛊兮，红颜晔其扬华。^⑦眉连娟以增绕兮，目流睇而横波。^⑧珠翠的皪而炤燿兮，华袿飞髾而杂纤罗。^⑨顾形影，自整装。顺微风，挥若^⑩芳。动朱唇，纡清阳^⑪。亢音高歌为乐方。

歌曰：摅予意以弘观兮，绎精灵之所束。^⑫弛紧急之弦张兮，慢末事之骫^⑬曲。舒恢炱之广度兮，阔细体之苛缛。^⑭嘉《关雎》之不淫兮，哀《蟋蟀》之局促。启泰真之否隔兮^⑮，超遗物而度俗。扬《激徵》，骋《清角》。^⑯赞舞操，奏均曲。形态和，神意协。从容得，志不劫。

---

① 熺：通"熹"，照耀辉映。

② 黼帐：绣有花纹的帐幔。袪：掀起。

③ 茵：蓐。罍：酒樽。玉觞：玉爵。

④ 怿：乐。

⑤ 简惰：疏简怠惰。

⑥ 姁媮：和悦貌。

⑦ 妖蛊：淑艳。扬华：扬其光华。

⑧ 连娟：细貌。横波：言目邪视，如水之横流。

⑨ 珠翠：珠及翡翠。的皪：珠光。髾：燕尾，衣上假饰。

⑩ 若：杜。

⑪ 清阳：眉目之间。

⑫ 摅：散。弘：大。绎：理。

⑬ 骫：通"委"，曲也。

⑭ 恢炱：广大之貌。苛缛：烦数之貌。

⑮ 泰真：太极真气。否隔：不通。

⑯ 《激徵》《清角》：皆雅曲名。

於是蹑节鼓陈，舒意自广。游心无垠，远思长想。其始兴也，若俯若仰，若来若往。雍容惆怅，不可为象。其少进也，若翔若行，若竦若倾。兀动赴度，指顾应声。罗衣从风，长袖交横。骆驿飞散，飒擖合并。① 鶣鷅燕居，拉揩鹄惊。② 绰约闲靡，机迅体轻。③ 姿绝伦之妙态，怀悫④素之洁清。修仪操以显志兮，独驰思乎杳冥。在山峨峨，在水汤汤。与志迁化，容不虚生。明诗表指，喟息激昂。气若浮云，志若秋霜。观者增叹，诸工莫当。

於是合场递进，按次而俟。埒材角妙，夸容乃理。轶态横出，瑰姿谲起。眄般鼓则腾清眸，吐哇咬⑤则发皓齿。摘齐行列，经营切儗。⑥ 仿佛神动，回翔竦峙。击不致筴，蹈不顿趾。翼尔悠往，闇⑦复辍已。及至回身还入，迫於急节。浮腾累跪，跗蹋摩跌。⑧ 纡形赴远，漼似摧折。⑨ 纤縠蛾飞，纷猋若绝。⑩ 超逾鸟集，纵弛殟殁⑪。蜲蛇姌袅⑫，云转飘曶。体如游龙，袖如素蜺。⑬ 黎收而拜，曲度究毕。迁延微笑，退复次列。观者称丽，莫不怡悦。

於是欢洽宴夜，命遣诸客。扰躟就驾，仆夫正策。⑭ 车骑并狎，

---

① 骆驿：不绝貌。飒擖：屈折貌。

② 鶣鷅：轻貌。拉揩：飞貌。

③ 绰约：美貌。闲靡：闲缓而柔美。机迅体轻：言舞之回折如弩机之发迅。

④ 悫：忠贞质朴。

⑤ 哇咬：民歌民乐。

⑥ 摘齐行列：使之齐整。经营：往来之貌。切儗：切合比拟的内容或对象。

⑦ 闇：通“奄”。

⑧ 浮腾：跳跃。累跪：进跪貌。跗蹋：足踏地。摩跌：以足摩地而扬跌。

⑨ 纡形赴远：纡曲其形，以踊其身也。漼：折貌。

⑩ 纤縠：细縠。蛾飞：如蛾之飞。纷猋：飞扬貌。

⑪ 殟殁：舒缓貌。

⑫ 蜲蛇：回旋曲折。姌袅：长貌。

⑬ 游龙、素蜺：喻美丽。

⑭ 躟：疾行貌。仆夫：执驾者。策：辔。

瀧裞逼迫。^① 良骏逸足，跭捍^②凌越。龙骧横举，扬镳飞沫。马材不同，各相倾夺。或有逾埃赴辙，霆骇电灭。跖地远群，闇跳独绝^③。或有宛足郁怒，般桓不发。后往先至，遂为逐末。或有矜容爱仪，洋洋习习^④。迟速承意，控御缓急。车音若雷，驽骤相及。骆漠^⑤而归，云散城邑。天王燕胥^⑥，乐而不洪。娱神遗老，永年之术。优哉游哉，聊以永日。

张　衡

张衡(78—139)，字平子，南阳郡西鄂县(今河南南阳市石桥镇)人，东汉著名文学家和科学家，《二京赋》和《归田赋》是其文学代表作。选文《观舞赋》已残缺，摘自龚克昌等评注《全汉赋评注》(后汉部分)，花山文艺出版社2003年版。

观舞赋

昔客有观舞于淮南者，美而赋之，曰：
音乐陈兮旨酒施，击灵鼓兮吹参差^⑦。叛淫衍兮漫陆离。^⑧ 於是

---

① 狎：谓多而相排也。瀧裞：聚貌。
② 跭捍：马走疾之貌。
③ 闇跳：行疾貌。闇跳独绝：言行急无比。
④ 洋洋：庄敬貌。习习：和调貌。
⑤ 骆漠：骆驿纷漠奔驰之貌。
⑥ 胥：皆。燕胥：共宴。
⑦ 灵鼓：鼓名，古时祭地祇时用。参差：古乐器名。
⑧ 叛：光鲜明亮。陆离：形容声音参差错杂。

饮者皆醉，日亦既昃①。美人兴而将舞，乃修容而改袭，罗縠而杂错，申绸缪以自饰。② 拊者啾其齐列，盘鼓焕以骈罗。③ 抗修袖④以翳面兮，展清声而长歌。歌曰："惊雄逝兮孤雌翔，临归风兮思故乡。"搦纤腰而互折，嬛倾倚兮低昂。⑤ 增芙蓉之红花兮，光的皪⑥以发扬。腾瞑目以顾眄，盼烂烂⑦以流光。连翩骆驿⑧，乍续乍绝。裾似飞燕，袖如回雪⑨。徘徊相佯，提若霆震，闪若电灭。⑩ 骞兮宕往，彳兮中辄。⑪ 于是粉黛施兮玉质粲，珠簪挺兮缁发乱。⑫ 然后饰笄整发，被纤垂紫。⑬ 同服骈奏⑭，合体齐声。进退无差，若影追形。历七盘⑮而屣蹑。

含清哇而吟咏，若离鹍鸣姑邪。⑯

既娱心以悦目。

---

① 昃：太阳偏西。

② 兴：兴致。袭：穿衣。罗縠：一种疏细的丝织品。申：加上。绸缪：古妇女衣带上的带结。

③ 拊者：指操作打击乐器的人。盘鼓：古代用于舞蹈伴奏的一种鼓曲。

④ 抗：高举。修袖：长袖。

⑤ 互折：交互曲折。嬛：柔美貌。

⑥ 的皪：明亮鲜艳貌。

⑦ 烂烂：光亮貌。

⑧ 骆驿：通"络绎"。

⑨ 裾：衣服的前后襟。回雪：雪回旋飞舞，比喻女子舞姿轻盈优美。

⑩ 相佯：疑作"相佯"，游戏。闪若电灭：指舞服色彩闪闪发光。

⑪ 骞：停止。宕：飘荡。彳：小步。辄：不动貌。

⑫ 施：通"弛"，解除，舍去。粲：鲜明华美。挺：解除，拔掉。缁发：黑发。

⑬ 笄：束发的簪子。古代女子十五岁即束发。纤：细纹的绸帛。紫：紫带之类的饰物。

⑭ 同服：同车。骈奏：并列前进。

⑮ 七盘：亦作"七槃"，在地上排列七个盘，舞者在盘周围或者盘上跳舞。

⑯ 哇：音乐靡曼之声。姑：通"蛄"。

且夫九德之歌①，《九韶》之舞，化如凯风②，泽譬时雨。移风易俗，混一齐楚③。以祀则神祇来格，以飨则宾主乐胥④。方⑤之於此，孰者为优。

西京赋

大驾幸乎平乐⑥，张甲乙而袭翠被。攒珍宝之玩好⑦，纷瑰丽⑧以爹靡。临迥望⑨之广场，程角觝⑩之妙戏。乌获扛鼎⑪，都卢寻橦⑫。冲狭燕濯⑬，胸突铦锋⑭。跳丸剑⑮之挥霍，走索上而相逢。华岳峨峨，冈峦参差，神木灵草⑯，朱实离离。总会⑰仙倡，戏豹舞罴。白虎鼓瑟，苍龙吹篪⑱。女娥⑲坐而长歌，声清畅而蜲蛇⑳。洪

① 九德之歌：即歌九功（水、火、金、木、土、谷、正德、利用、厚生）之德。

② 凯风：和暖的南风。

③ 混一齐楚：指全国到处受到九德之歌、《九韶》之舞的教化。

④ 乐胥：喜乐。

⑤ 方：比拟。

⑥ 大驾：指天子的车架。平乐：观名，亦作平乐观、平乐苑。

⑦ 攒：积聚。玩好：供赏玩的奇珍异宝。

⑧ 纷：杂。瑰丽：瑰奇华丽。

⑨ 迥望：远望。

⑩ 角觝：两两相当。

⑪ 扛鼎：类似于今天的举重。

⑫ 寻橦：爬竿。

⑬ 冲狭：穿刀圈。燕濯：燕子戏水。

⑭ 胸突铦锋：胸冲锋利的刀刃。

⑮ 跳丸剑：抛掷铁丸短剑。

⑯ 神木灵草：神奇灵异的草木。

⑰ 总会：集合。

⑱ 篪：古代一种竹制的乐器。

⑲ 女娥：即女英、娥皇，这里指扮相。

⑳ 蜲蛇：委婉绵延。

涯立而指麾①，被毛羽之襳襹②。度曲未终，云起雪飞。初若飘飘，后遂霏霏③。复陆④重阁，转石成雷⑤。礔砺⑥激而增响，磅礚象乎天威。巨兽百寻，是为曼延。神山崔巍，欻⑦从背见。熊虎升而拏攫⑧，猿狖超而高援。怪兽陆梁，大雀踆踆⑨，白象行孕，垂鼻辚囷⑩，海鳞变而成龙，状蜿蜿以蝹蝹⑪。舍利飏飏⑫，化为仙车。骊驾⑬四鹿，芝盖九葩⑭。蟾蜍与⑮龟，水人⑯弄蛇。奇幻倏忽，易貌分形。吞刀吐火，云雾杳冥⑰。画地成川，流渭通泾。东海黄公，赤刀粤祝。冀厌白虎，卒不能救。挟邪作蛊，于是不售⑱。尔乃建戏车⑲，树修旃。侲僮程材，上下翩翻。突倒投而跟絓，譬陨绝而复联。百马同辔，骋足⑳并驰。橦末之伎㉑，态不可弥。弯弓射乎西

---

① 指麾：即指挥。

② 襳襹：衣上羽毛丰盛貌。

③ 霏霏：雨雪盛貌。

④ 复陆：复道。

⑤ 转石成雷：转动石头模拟雷声。

⑥ 礔砺：即霹雳，雷声。

⑦ 欻：忽然。

⑧ 拏攫：相互揪打。

⑨ 踆踆：步行迟重貌。

⑩ 辚囷：象鼻下垂貌。

⑪ 蜿蜿、蝹蝹：龙行貌。

⑫ 飏飏：张口吐气貌。

⑬ 骊驾：并列驾驱。

⑭ 九葩：比喻花多。

⑮ 与：干预，摆弄。

⑯ 水人：水乡习水之人。

⑰ 杳冥：昏暗。

⑱ 不售：不行，行不通。

⑲ 戏车：表演用的车子。

⑳ 骋足：奔跑的马足，这里指良马。

㉑ 橦末之伎：指在竿顶的表演。

羌，又顾①发乎鲜卑。

于是众变②尽，心醒醉③。盘乐极，怅怀④萃。阴戒期门，微行要屈。⑤降尊就卑，怀玺藏绂⑥。便旋⑦闾阎，周观郊遂。若神龙⑧之变化，章⑨后皇之为贵。

然后历掖庭，适欢馆⑩。捐衰色，从嫚婉⑪。促中堂之狭坐⑫，羽觞行而无筭⑬。秘舞更奏⑭，妙材骋伎⑮。妖蛊⑯艳夫夏姬，美声畅于虞氏。始徐进而羸形，似不任乎罗绮。⑰嚼清商而却转⑱，增婵娟以此豸⑲。纷纵体⑳而迅赴，若惊鹤之群罢㉑。振朱屣于盘樽，奋

---

① 顾：回顾。
② 众变：指上述各式各样的表演内容。
③ 醒醉：观众看完表演后的陶醉貌。
④ 怅怀：怅然思念。
⑤ 阴戒：暗中戒备。要屈：简约仪仗。
⑥ 绂：系印的绶带。
⑦ 便旋：犹回转。
⑧ 神龙：即龙。相传龙变幻莫测，故称。
⑨ 章：表明。
⑩ 欢馆：欢乐的宫馆，指嫔妃所住之处。
⑪ 嫚婉：美好貌。
⑫ 狭坐：拥挤地坐在一起。
⑬ 无筭：即不算数。
⑭ 更奏：更替进献。
⑮ 骋伎：施展技艺。
⑯ 妖蛊：艳丽。
⑰ 羸形：身体瘦弱。不任：不堪。
⑱ 却转：回转，指舞姿。
⑲ 此豸：体态婀娜。
⑳ 纵体：身体轻举貌。
㉑ 罢：离散，散开。

长袖之飒纚①。要绍②修态，丽服飏菁③。眇藐流眄④，一顾倾城。展季桑门，谁能不营⑤？列爵十四，竞媚取荣。盛衰无常，唯爱所丁⑥。卫后兴于鬒发⑦，飞燕⑧宠于体轻。尔乃逞志究欲⑨，穷身⑩极娱，鉴戒唐《诗》⑪，他人是媮⑫。自君作故⑬，何礼之拘？增昭仪于婕妤，贤既公而又侯。许赵氏以无上，思致董于有虞。王闳争坐于侧，汉载安而不渝。

边　让

边让，字文礼，陈留浚仪（今河南开封市）人。东汉晚期人，生卒年不详。汉灵帝、献帝时期曾任九江太守，后被曹操属部所杀。其文多遗失，现仅存《章华台赋》一篇。选文摘自龚克章等评注《全后汉赋评注》（后汉部分），花山文艺出版社2003年版。

---

① 飒纚：长袖舞动的样子。
② 要绍：妩媚多姿。
③ 飏菁：显示华彩。
④ 流眄：转动眼睛一瞥。
⑤ 营：惑乱。
⑥ 丁：当，遭逢。
⑦ 鬒发：稠密的黑发。
⑧ 飞燕：即赵飞燕，汉成帝皇后。
⑨ 究欲：充分满足情欲。
⑩ 穷身：终身。
⑪ 鉴戒唐《诗》：即以《诗经·唐风·山有枢》为借鉴。
⑫ 他人是媮：让他人来享乐。
⑬ 作故：指不依旧规，自创先例。

章华台赋

於是招宓妃①，命湘娥②，齐倡列，郑女罗③。扬《激楚》④之清宫兮，展新声而长歌。繁手超于北里，妙舞丽於《阳阿》。⑤金石类聚，丝竹群分。⑥被轻裾，曳华文，罗衣飘飘，组绮缤纷。⑦纵轻躯以迅赴，若孤鹄之失群。振华袂以逶迤，若游龙之登云。於是欢嫚既洽，长夜向半，琴瑟易调，繁手改弹，清声发而响激，微音逝而流散。振弱支而纤绕兮，若绿繁之垂干。⑧忽飘飘以轻逝兮，似鸾飞於天汉⑨。舞无常态，鼓无定节⑩，寻声响应，修短靡跌⑪。长袖奋而生风，清气激而绕结。尔乃妍媚递进，巧弄相加，俯仰异容，忽兮神化。体迅轻鸿，荣曜春华，进如浮云，退如激波。虽复柳惠⑫，能不咨嗟！於是天河既回，淫乐未终，清篪发徵⑬，《激楚》扬风。於是音气发于丝竹兮，飞响轶於云中。比目应节而双跃兮，孤雌感声而鸣雄。美繁手之轻妙兮，嘉新声之弥隆。於是众变已尽，

---

① 宓妃：洛水之神。

② 湘娥：湘水之神，相传尧的两个女儿娥皇、女英哭舜而死。

③ 齐倡列，郑女罗：齐、郑古多出美女，这里言美女众多。倡：歌伎，舞女。

④ 《激楚》：古乐典名，歌声激切昂扬。

⑤ 繁手：弹得急切繁密，是一种繁复的手法，这里指乐器的弹奏技法。《阳阿》：楚乐曲名，属于俗乐。

⑥ 金石：钟磬之类的乐器。丝竹：管弦之类的乐器。

⑦ 裾：妇女的上衣。组：丝织的宽带子。

⑧ 弱支：柔弱的肢体。绿繁：繁茂的绿叶。

⑨ 天汉：即银河。

⑩ 这两句指歌舞变化无穷。

⑪ 跌：差错，失误。

⑫ 柳惠：春秋时鲁大夫，展氏，名获，字禽。因食邑柳下，又叫柳下惠。以善于讲究贵族礼节著称。

⑬ 天河既回：指夜深。篪：古管乐器，似笛，六孔。

群乐既考。归乎生风之广夏兮，修黄轩①之要道。携西子之弱腕兮，援毛嫱之素肘。形便娟以婵媛兮②，若流风之靡草。美仪操之姣丽兮，忽遗生而忘老。

葛　洪

《西京杂记》，中国早期笔记小说集，多记西汉时期的遗闻轶事，属于杂史类文献。按《西京杂记》的跋文，此书由西汉学者刘歆所著，后由东晋葛洪辑抄整理，是研究西汉社会世俗生活的重要文献。选文摘自《西京杂记》，中华书局 1985 年版。

西京杂记·戚夫人歌舞

高帝、戚夫人善鼓瑟击筑③。帝常拥夫人倚瑟而弦歌，毕，每泣下流涟。夫人善为翘袖折腰之舞，歌《出塞》、《入塞》、《望归》之曲，侍妇数百皆习之。后宫齐首高唱，声入云霄。

---

① 黄轩：黄帝轩辕氏。
② 便娟：轻盈美好貌。婵媛：情思牵萦眷恋。
③ 筑：一种乐器。

四、书法美学

萧　何

　　萧何(? —公元前193)，沛(今属江苏徐州市)人，汉朝开国大臣，高祖、惠帝时期任丞相，死后谥号文终侯。曾负责重建未央宫，善籀文，时称"萧籀"。《书势法》相传为其论书之文，最早由南宋书法家陈思辑录于其《书苑精华·秦汉魏四朝用笔法》。这一材料是否可靠已不可考，列此仅供参考。选文摘自《历代书法文论选》，上海书画出版社1979年版。

书势法

夫书法势，犹若登阵，变通并在腕前，文武遗于笔下，出没须有倚伏①，开合藉于阴阳。每欲书字，喻如下营，稳思审之，方可用笔。且笔者心也，墨者手也，书者意也，依此行之，自然妙矣。

班　固

选文摘自《汉书》，中华书局 1999 年版。

汉书·艺文志

《易》曰："上古结绳以治，后世圣人易之以书契，百官以治，万民以察，盖取诸《夬》。""夬②，扬于王庭"，言其宣扬于王者朝廷，其用最大也。古者八岁入小学，故《周官》保氏掌养国子，教之六书，谓象形、象事、象意、象声、转注、假借，造字之本也。汉兴，萧何草律，亦著其法，曰："太史试学童，能讽书九千字以上，乃得为史。又以六体试之，课最者以为尚书御史史书令史。吏民上书，字或不正，辄举劾。"六体③者，古文、奇字、篆书、隶书、缪篆、虫书，皆所以通知古今文字，摹印章，书幡信也。古制，书必同文，不知则阙，问诸故老，至于衰世，是非无正，人用其私④。故孔子

---

① 倚伏：互相转化。

② 夬：音 guài，指《易》之夬卦。

③ 六体：疑误。此与前文云"八体六技"显然矛盾。

④ 人用其私：言各任私意而为字。

曰："吾犹及史之阙文也，今亡矣夫!"盖伤其寖不正。《史籀篇》者，周时史官教学童书也，与孔氏壁中古文异体。《苍颉》七章者，秦丞相李斯所作也;《爰历》六章者，车府令赵高所作也;《博学》七章者，太史令胡毋敬所作也;文字多取《史籀篇》，而篆体复颇异，所谓秦篆者也。是时始造隶书矣，起于官狱多事，苟趋省易，施之于徒隶也。汉〔书〕〔兴〕，闾里书师合《苍颉》、《爰历》、《博学》三篇，断六十字以为一章，凡五十五章，并为《苍颉篇》。武帝时司马相如作《凡将篇》，无复字。元帝时黄门令史游作《急就篇》，成帝时将作大匠李长作《元尚篇》，皆《苍颉》中正字也。《凡将》则颇有出①矣。至元始中，征天下通小学者以百数，各令记字于庭中。扬雄取其有用者以作《训纂篇》，顺续《苍颉》，又易《苍颉》中重复之字，凡八十九章。臣复续扬雄作十〔二〕〔三〕章，凡一百二章，无复字，六艺群书所载略备矣。《苍颉》多古字，俗师失其读，宣帝时征齐人能正读者，张敞从受之，传至外孙之子杜林，为作训故，并列焉。

许　慎

　　许慎(约58—约147)，字叔重，汝南召陵(今河南漯河市召陵区)人，东汉经学家、文字学家。曾于汉章帝时期任太尉南阁祭酒，校书东观。撰有《五经异义》《说文解字》，被时人誉为"《五经》无双许叔重"。所著《说文解字》，集汉代古文经学训诂之大成，既是中国社会早期最重要的文字学著作，也是研究当时政治、文化、宗教、美学等的百科全书。他为此书所撰的序言，综论汉字起源及书体构成，是

---

① 出：指多出于《苍颉》之字。

研究中国书法、绘画理论的最重要文献之一。选文摘自段玉裁注《说文解字注》，上海古籍出版社 1981 年版。

说文解字序

古者庖牺氏之王天下也，仰则观象於天，俯则观法①於地，视鸟兽之文，与地之宜②，近取诸身，远取诸物。於是始作易八卦，以垂宪象③。及神农氏结绳为治，而统④其事，庶业其繁⑤，饰伪⑥萌生。黄帝之史仓颉⑦，见鸟兽蹄迒⑧之迹，知分理⑨之可相别异也，初造书契⑩。"百工以乂，万品⑪以察，盖取诸夬"，"夬，扬于王庭"，言文者宣教明化⑫於王者朝廷，君子所以施禄及下，居德则忌也⑬。仓颉之初作书，盖依类象形⑭，故谓之文。其后形声相益⑮，即谓之字。文者物象之本，字者言孳乳⑯而寖多也；箸於竹帛

---

① 法：法象，现象。
② 文：文理。宜：犹言仪，谓形状。
③ 宪象：法定的图像。
④ 统：纪。
⑤ 繁：多，此谓事物特别繁。
⑥ 饰伪：巧饰伪诈也。
⑦ 史：史官，记事之官也。仓或作苍。
⑧ 蹄：古"蹄"字。迒：兽迹。蹄迒：近义复合词。
⑨ 分理：犹文理。
⑩ 书契：文字。
⑪ 万品：万物。
⑫ 宣教明化：即宣明教化。
⑬ 君子：王臣百官。居德：蓄德。忌：忌讳。
⑭ 依类象形：不但指象形，而且包括指事，因为有事可指必有形可象。
⑮ 形声相益：不但指形声，而且包括会意。
⑯ 孳乳：犹言滋生。

谓之书，书者如也①。以迄②五帝三王之世，改易殊体。封于泰山者七十有二代，靡有同焉。周礼八岁入小学，保氏教国子，先以六书。③一曰指事④。指事者，视而可识，察而见意，上下是也。二曰象形。象形者，画成其物，随体诘诎⑤，日月是也。三曰形声。形声者，以事为名，取譬相成，江河是也。四曰会意⑥。会意者，比类合谊，以见指㧑，武信是也。五曰转注。转注者，建类一首，同意相受，考老是也。六曰假借。假借者，本无其字，依声托事⑦，令长是也。及宣王太史籀著大篆十五篇，与古文或异。至孔子书六经，左丘明述春秋传，皆以古文，厥意可得而说。其后诸侯力政，不统於王，恶礼乐之害己，而皆去其典籍。⑧分为七国，田畴异晦，车涂异轨，律令异法，衣冠异制，言语异声，文字异形。秦始皇帝初兼天下，丞相李斯乃奏同之，罢其不与秦文合者。斯作仓颉篇，中车府令赵高作爰历篇，太史令胡毋敬作博学篇，皆取史籀大篆，或颇省改，所谓小篆者也。是时秦烧灭经书，涤除旧典，大发吏卒，兴戍役，官狱职务繁，初有隶书，以趣约⑨易，而古文由此绝矣。自尔秦书有八体。一曰大篆，二曰小篆，三曰刻符⑩，四曰虫书，五曰摹印，六曰署书，七曰殳书，八曰隶书。汉兴有草书。尉律⑪：

---

① 箸：同"著"，显明。箸于竹帛，即明箸于竹帛。如：谓如其事物之状。

② 迄：同"讫"。

③ 礼：制度。保氏：官名。

④ 指事：刘歆、班固皆作象事，象事即指事。

⑤ 诘诎：弯曲。

⑥ 会意：合二体之意。

⑦ 托：寄。事：义。依声托事：谓托意于同音之字。

⑧ 政：借为"征"。力政：以武力相征伐。典籍：书籍。

⑨ 趣：趋向。约：指形体之简化。

⑩ 刻符：刻于符信之体。

⑪ 尉律：廷尉之法律。

学僮十七以上，始试，讽籀①书九千字，乃得为史；又以八体试之。郡移大史并课②，最者以为尚书史。书或不正，辄举劾③之。今虽有尉律不课，小学不修，莫达其说④久矣。孝宣皇帝时，召通仓颉读者，张敞从受之⑤；凉州刺史杜业、沛人爰礼、讲学大夫秦近，亦能言之。孝平皇帝时，征礼等百余人，令说文字未央廷中，以礼为小学元士。黄门侍郎杨雄采⑥以作训纂篇。凡仓颉以下十四篇，凡五千三百四十字，群书所载，略存之矣。及亡新⑦居摄，使大司空甄丰等校文书之部。自以为应制作⑧，颇改定古文。时有六书⑨：一曰古文，孔子壁中书也；二曰奇字，即古文而异者也⑩；三曰篆书，即小篆，秦始皇帝使下杜人程邈所作也；四曰左⑪书，即秦隶书；五曰缪篆，所以摹印也；六曰鸟虫书，所以书幡信也。壁中书⑫者，鲁恭王坏孔子宅，而得《礼记》、《尚书》、《春秋》、《论语》、《孝经》。又北平侯张苍献春秋左氏传，郡国亦往往於山川得鼎彝，其铭⑬即前代之古文，皆自相似。虽叵复见远流，其详可得略说也。而世人大共非訾，以为好奇者也，故诡更正文，乡壁虚造不可知之书，变

---

① 籀：纰绎理解之意。
② 并课：合试。
③ 劾：以法纠有罪。
④ 其说：文字构形之说。
⑤ 从受之：谓从之受业。
⑥ 采：采取，采取会议讲学讨论之结果。
⑦ 亡新：指王莽。
⑧ 应制作：谓应王莽之制（命）而作。
⑨ 六书：谓文字之体有六，与《周礼保氏》中"六书"同名异实。
⑩ 此处未说大篆，是因为大篆包于古文、奇字二者之中。
⑪ 左：佐助。左书者言其法简便而迅捷，可佐助篆书之不及。
⑫ 壁中书：以古文出于壁中，故谓之壁中书。
⑬ 铭：钟鼎上之文字。

乱常行，以耀於世。诸生竞逐说字解经①谊，称秦之隶书为仓颉时书，云父子相传，何得改易？乃猥②曰：马头人为长，人持十为斗，虫者屈中也。廷尉说律，至以字断法，"苛③人受钱"，苛之字止句也，若此者甚众。皆不合孔氏古文，谬於史籀。俗儒鄙夫玩其所习，蔽所希闻④，不见通学，未尝睹字例之条，怪旧艺而善野言，以其所知为秘妙，究洞圣人之微恉。又见仓颉篇中"幼子承诏"，因曰古帝之所作也，其辞有神仙之术焉。共迷误不谕，岂不悖哉！《书》曰，"予欲观古人之象"，言必遵⑤修旧文而不穿凿。孔子曰："吾犹及史之阙文，今亡矣夫！"盖非其不知而不问，人用己私，是非无正，巧说衺⑥辞，使天下学者疑。盖文字者，经艺⑦之本，王政之始，前人所以垂后，后人所以识古。故曰"本立而道生"，"知天下之至啧而不可乱也"⑧。今叙篆文，合以古籀，博采通人⑨，至於小大，信而有证。稽撰其说，将以理群类，解谬误，晓学者，达神恉。分别部居⑩，不相杂厕。万物咸睹，靡不兼载。厥谊不昭，爰明以谕。其称《易》孟氏、《书》孔氏、《诗》毛氏、《礼》、《周官》、《春秋》、《左氏》、《论语》、《孝经》，皆古文也。其於所不知，盖阙如也。

---

① 说字解经：言依秦隶书之形体牵强解字释经。
② 猥：曲，误。
③ 苛："诃"之假借字，斥责。
④ 玩：玩弄。所习：指隶书。蔽：不明之意。
⑤ 遵：循也按。
⑥ 衺：同"邪"，不正。
⑦ 经艺：经传子史。
⑧ 至啧：谓深远之理。乱：错乱，违背。
⑨ 通人：学识渊博的专家。
⑩ 部居：部类。

崔 瑗

崔瑗(77—142)，字子玉，涿郡安平(今河北安平县)人，曾于汉安帝初年任济北相。以书法名世，精于草书和篆书，同时深通天文历法和易学，著有赋、碑、铭、箴等 57 篇。所著《草书势》，辑录于晋卫恒《四体书势》。选文摘自严可均辑《全后汉文》，商务印书馆1999 年版。

草书势

书契①之兴，始自颉皇②。写彼鸟迹，以定文章。爰暨末叶，典籍弥繁。人之多僻③，政之多权。官事荒芜，剿其墨翰。惟作佐隶④，旧字是删。草书之法，盖先简略。应时谕旨，周于卒迫。兼功并用，爱日省力。纯俭之变，岂必古式？观其法象，俯仰有仪。方不中矩，圆不副规；抑左扬右，望之若敧。竦企鸟跱，志在飞移；狡兽暴骇，将奔未驰。或黜点染，状似连珠，绝而不离，蓄怒怫郁，放逸生奇。或凌邃而惴栗，若据槁而临危；傍点邪附，似螳螂而抱枝。绝笔收势，余綖⑤虬结，若山蜂施毒，看隙缘巇，腾蛇赴穴，头没尾垂。是故远而望之，漼焉若注岸崩涯；就而察之，即一画不可移。纤微要妙，临事从宜。略举大较，仿佛若斯。

---

① 书契：文字。
② 颉皇：即仓颉。
③ 僻：邪僻之事。
④ 佐隶：即"左书""秦隶"。
⑤ 余綖：将要收笔而顺势延伸的笔画。

赵 壹

赵壹，字元叔，大致生活于东汉灵帝在位时期，汉阳郡西县(今甘肃天水市)人，曾任汉阳郡上计吏。著有赋、颂、箴、诔、书、论等十六篇，今存赋四篇、书三通及论文《非草书》。所著《非草书》是一篇专论草书的批评性文献，开启了中国书法美学史上的书体之争。选文摘自严可均辑《全后汉文》，商务印书馆1999年版。

非草书

余郡①士有梁孔达、姜孟颖者，皆当世之彦哲②也，然慕张生之草书，过于希颜、孔焉。孔达写书以示孟颖，皆口诵其文，手楷③其篇，无怠倦焉。于是后学之徒，竞慕④二贤，守令⑤作篇，人撰一卷，以为秘玩。余惧其背经而趋俗，此非所以弘道兴世也。又想罗、赵之所见蚩沮，故为说草书本末，以慰罗、赵，息梁、姜焉。窃览⑥有道张君所与朱使君书，称"正气可以消除邪？人无其衅，妖不自作"，诚可谓信道抱真、知命乐天者也。⑦ 若夫褒杜、崔，沮罗、赵，昕昕有自臧之意者，无乃近于矜伎贱彼贵我哉！夫草书之兴也，其于近古乎？上非天象所垂，下非河洛所吐，中非圣人所造，盖秦

---

① 余郡：指汉阳郡(今属甘肃)。

② 彦哲：贤哲之士。

③ 楷：取法，师法，效法。

④ 竞慕：竞相仿效。

⑤ 守令：郡守、县令等地方官的通称。

⑥ 窃览：私下观览。

⑦ 此句系揶揄张芝。

之末，刑峻网密，官书烦冗，战攻并作，军书交驰，羽檄纷飞，故为隶草①，趣急速耳。示简易之旨，非圣人之业也。但贵删难省烦，损复为单，务取易为易知，非常仪也。故其赞曰："临事从宜。"而今之学草书者，不思其简易之旨，以为杜、崔之法，龟蛇②所见也。其扰扶柱桎③诘屈友乙，不可失也。龀齿以上，苟任涉学，皆废仓颉、史籀，竞以杜、崔为楷。私书相与，犹谓就每书适迫遽④，故不及草。草本易而速，今反以难而迟，失指多矣。凡人各殊气血⑤，异筋骨，心有疏密，手有巧拙。书之好丑，在心与手，可强为哉！若人颜有美恶，岂可学有相若耶？昔西施心疗，捧胸而颦，众愚效之，祗增其丑。赵女善舞，行步媚蛊，学者弗获，失节匍匐。夫杜、崔、张子，皆有超俗绝世之才，博学余暇，游手于斯。后世慕焉，专用为务。钻坚仰高，忘其罢劳。夕惕不息，仄不暇食。⑥ 十日一笔，月数丸墨⑦。领袖如皂，唇齿常黑。虽处众坐，不遑谈戏。展指画地，以草列壁⑧。臂穿皮刮，指爪摧折。见鰓⑨出血，犹不休辍。然其为字，无益于工拙。亦如效颦者之增丑，学步者之失节也。且草书之人，盖技艺之细耳。乡邑不以此较能，朝廷不以此科吏，博士⑩不以

---

① 隶草：一说指隶书。隶书乃秦时草书。

② 龟蛇：古人以龟蛇为灵物。

③ 柱桎：草书忽起忽落之笔势。

④ 迫遽：紧迫。

⑤ 气血：即气性，气质，性情。

⑥ 夕惕：谓至夜仍心怀忧惧。仄：倾斜，偏斜。

⑦ 丸墨：古代墨以丸计，故称墨为丸墨。

⑧ 列壁：划壁。

⑨ 见鰓：现出骨来。鰓：肉中骨。

⑩ 博士：古代学官名。六国时有博士，秦因之诸子、诗赋、术数、方伎皆立博士。

此讲试,四科①不以此求备,征聘②不问此意,考绩③不课此字。徒善字既不达于政,而拙草亦无损于治。推斯言之,岂不细哉!夫务内者必阙外,志小者必忽大。俯而扪虱,不暇见天地。天地至大而不见者,方锐精于扪虱,乃不暇焉。第以此篇研思锐精,岂若用之于彼《七经》,稽历协律④,推步期程,探赜钩深,幽赞神明⑤,览天地之心⑥,推圣人之情,析疑论之中,理俗儒之诤,依正道于邪说,济雅乐于郑声,兴至德之和睦,弘大伦之玄清,穷可以守身遗名,达可以尊主致平,以兹命世⑦,永监后生,不亦渊乎!

蔡 邕

　　蔡邕(133—192),陈留圉(今河南杞县西南)人,东汉文学家、书法家。因官至左中郎将,后世亦称其为"蔡中郎"。他博于经史,精通音律,善于辞赋,书法精于篆隶,尤以隶书造诣深厚,独创"飞白"书体,对后世影响甚巨。其《笔论》《九势》见于南宋陈思《书苑精华》一书,选文摘自《历代书法论文选》,上海书画出版社1979年版。《篆势》摘自严可均辑《全后汉文》,商务印书馆1999年版。

---

　　① 四科:孔门四门科目,指德行、言语、政事、文字。
　　② 征聘:谓征召诸侯聘问。
　　③ 考绩:按一定的标准考核官吏的成绩。
　　④ 稽历协律:即稽协历律。
　　⑤ 探赜:探索奥秘。钩深:思索深刻的意义。幽赞神明:谓暗中受神明赞助。
　　⑥ 天地之心:指《礼记·礼运》所说:"人者,天地之心也。"
　　⑦ 命世:著名于当世,多用以指称有治国之才的人。

笔　论

书者，散①也。欲书先散怀抱②，任情恣性③，然后书之；若迫于事，虽中山兔豪不能佳也。夫书，先默坐静思，随意所适，言不出口，气不盈息，沉密神彩，如对至尊，则无不善矣。为书之体，须入其形，若坐若行，若飞若动，若往若来，若卧若起，若愁若喜，若虫食木叶，若利剑长戈，若强弓硬矢，若水火，若云雾，若日月，纵横有可象者，方得谓之书矣。

九　势

夫书肇于自然，自然既立，阴阳生焉；阴阳既生，形势出矣。藏头护尾，力在字中，下笔用力，肌肤之丽。故曰：势来不可止，势去不可遏，惟笔软④则奇怪生焉。

凡落笔结字，上皆覆下，下以承上，使其形势递相映带，无使势背。

转笔，宜左右回顾，无使节目孤露。

藏锋，点画出入之迹，欲左先右，至回左亦尔。

藏头，圆笔属纸，令笔心常在点画中行。

护尾，画点势尽，力收之。

疾势，出于啄磔之中，又在竖笔紧趯之内。⑤

---

① 散：排遣，发抒。

② 怀抱：心意，胸襟。这里指情性。

③ 任情恣性：使情性回到一种本然的状态。

④ 笔软：指毛笔的弹性。

⑤ 啄、磔、趯：即短撇、捺、挑。啄者，如禽之啄物。

掠笔，在于趱①锋峻趯用之。

涩势，在于紧驶②战行之法。

横鳞，竖勒之规。

此名九势，得之虽无师授，亦能妙合古人，须翰墨功多，即造妙境耳。

篆　势

字画之始，因于鸟迹③。苍颉循圣，作则制文。体有六篆，要妙入神。或象龟文，或比龙鳞。纤体放尾，长翅短身④。颓若黍稷之垂颖⑤，蕴若虫蛇之棼缊⑥。扬波振激⑦，鹰跱⑧鸟震。延颈胁翼，势似凌云。或轻举内投，微本浓末，若绝若连；似露缘丝，凝垂下端；从者如悬，衡者如编；杳⑨杪邪趣，不方不圆；若行若飞，蚑蚑⑩翾翾。远而望之，若鸿鹄群游，络绎迁延⑪；迫而视之，湍漈⑫

---

① 趱：惊散貌，大概借此以喻舒展。

② 驶：同"快"。

③ 因于鸟迹：即起于鸟迹。

④ 长翅短身：因篆字两旁下垂的笔画往往超过它的中心笔画，故称之为"长翅短身"。

⑤ 垂颖：下垂的黍穗。

⑥ 棼缊：形容错杂盘聚。

⑦ 振激：振动激荡。

⑧ 跱：同"峙"，指山屹立，耸立。

⑨ 杳：幽暗，深幽。

⑩ 蚑蚑：徐动的样子。

⑪ 迁延：徘徊，徜徉。

⑫ 湍漈：萦回急湍冲击。

不可得见，指扐①不可胜原。研、桑②不能数其诘屈，离娄③不能睹其隙间，般、倕揖让而辞巧④，籀、诵拱手而韬翰⑤。处篇籍之首目，粲粲彬彬其可观。摛华艳于纨素，为学艺之范闲。嘉文德之弘蕴，懿作者之莫刊。思字体之俯仰，举大略而论旃⑥。

---

① 指扐：同"指挥""指麾"，犹指示，指点。

② 研、桑：计研和桑弘羊的并称。二人皆古之善计算者。

③ 离娄：《孟子·离娄上》载："离娄之明，公输子之巧，不以规矩，不能成方圆。"

④ 辞巧：辞掉巧名，不敢称巧。

⑤ 韬翰：搁笔。韬：隐蔽之意。

⑥ 旃：之，焉。

五、绘画美学

刘　安

选文摘自何宁撰《淮南子集释》，中华书局
1998 年版。

淮南子

氾论训

今儒、墨者称三代、文武而弗行，是言其
所不行也；非今时之世而弗改，是行其所非
也。称其所是，行其所非，是以尽日极虑而无
益於治，劳形竭智而无补於主也。今夫图工好
画鬼魅而憎图狗马者，何也？鬼魅不世出，而

狗马可日见也。

说林训

以小见大，以近喻远。

十顷之陂，可以灌四十顷，而一顷之陂，可以灌四顷，大小之衰然。

明月之光，可以远望而不可以细书；甚雾之朝，可以细书而不可以远望寻常①之外。

画者谨毛②而失貌③，射者仪小而遗大。

说山训

画西施之面，美而不可说；规孟贲之目，大而不可畏；君形者④亡焉。

扬　雄

选文摘自汪荣宝撰，陈仲夫点校《法言义疏》，中华书局1987年版。

法言·问神

言不能达其心，书不能达其言，难矣哉！惟圣人得言之解，得

---

① 寻常：古时的长度单位，八尺为"寻"，倍寻为"常"。
② 毛：细微的地方。
③ 貌：全貌。
④ 君形者：即与形相对的"神"。

书之体，白日以照之，江、河以涤之，灏灏①乎其莫之御也！面相之，辞相适，捈中心之所欲，通诸人之嗛嗛②者，莫如言。弥纶天下之事，记久明远，著古昔之㖼㖼，传千里之忞忞③者，莫如书。故言，心声也；书，心画也。声画形，君子小人见矣。声画者，君子小人之所以动情乎？

西汉画事九则

选文摘自班固撰《汉书》，中华书局 1999 年版。

（上至平城，为匈奴所围，七日乏食）陈平使画工图美女，间遣人遗阏氏，云汉有美女如是，今皇帝困厄，欲献之。阏氏畏其夺己宠，因谓单于曰："汉天子亦有神灵，得其土地，非能有也。"于是匈奴开其一角，得突出。（《高帝纪》颜师古注引应劭语）

（武帝）作甘泉宫，中为台室，画天地泰一诸鬼神，而置祭具以致天神。（《郊祀志》）

李夫人少而蚤卒，上怜闵焉，图画其形于甘泉宫。（《外戚传上》）

甘露三年，单于始入朝。上思股肱④之美，乃图画其人于麒麟阁，法其形貌，署其官爵姓名。（《李广苏建传》）

是时上年老，宠姬钩弋赵倢伃有男，上心欲以为嗣，命大臣辅之。察群臣唯光任大重，可属社稷。上乃使黄门画者画周公负成王

---

① 灏灏：广大无际貌。
② 嗛嗛：愦愦。
③ 忞忞：乱。
④ 股肱：比喻左右辅佐之臣。

朝诸侯以赐光。(《霍光传》)

(金)日磾母教诲两子，甚有法度，上闻而嘉之。病死，诏图画于甘泉宫，署曰"休屠王阏氏"。日磾每见画常拜，乡之涕泣。(《金日磾传》)

充国以功德与霍光等列，画未央宫。成帝时，西羌尝有警，上思将帅之臣，追美充国，乃召黄门郎杨雄即充国图画而颂之。(《赵充国传》)

(广川王刘越)子海阳嗣，十五年，坐画屋为男女裸交接，置酒请诸父姊妹饮，令仰视画。(《景十三王传》)

成帝游于后庭，尝欲与健仔同辇载，健仔辞曰："观古图画，贤圣之君皆有名臣在侧，三代末主乃有嬖女①，今欲同辇，得无近似之乎?"上善其言而止。(《外戚传下》)

王　充

选文摘自黄晖撰《论衡校释》，中华书局1990年版。

论　衡

别　通

人好观图画者，图上所画，古之列人也。见列人之面，孰与观其言行? 置之空壁，形容具存，人不激劝者，不见言行也。古贤之

---

① 嬖：宠爱，引申为受宠爱的人。嬖女：即受宠爱的姬妾。

遗文，竹帛之所载粲然①，岂徒墙壁之画哉？空器在厨，金银涂饰，其中无物益於饥，人不顾也；肴膳甘醢②，土釜之盛，入者乡（飨）之。古贤文之美善可甘，非徒器中之物也，读观有益，非徒膳食有补也。故器空无实，饥者不顾；胸虚无怀，朝廷不御也。

齐 世

画工好画上代之人，秦、汉之士，功行谲奇，不肯图今世之士者，尊古卑今也。贵鹄贱鸡，鹄远而鸡近也。使当今说道深於孔、墨，名不得与之同；立行崇於曾、颜，声不得与之钧。何则？世俗之性，贱所见，贵所闻也。有人於此，立义建节，实核其操，古无以过，为文书者，肯载於篇籍，表以为行事乎？作奇论，造新文，不损於前人，好事者肯舍久远之书，而垂意观读之乎？杨子云作《太玄》，造《法言》，张伯松③不肯壹观。与之并肩，故贱其言。使子云在伯松前，伯松以为《金匮》矣。

须 颂

宣帝之时，画图汉列士，或不在於画上者，子孙耻之。何则？父祖不贤，故不画图也。夫颂言非徒画文也，如千世之后，读经书不见汉美，后世怪之。故夫古之通经之臣，纪主令功，记於竹帛；颂上令德，刻於鼎铭。文人涉世，以此自勉。

汉德不及六代④，论者不德之故也。

---

① 粲然：鲜亮发光的样子。
② 醢：肉酱。
③ 张伯松：名竦，张敞孙，王莽封其为淑德侯。
④ 六代：唐、虞、夏、商、周、秦。

王延寿

王延寿，生卒年不详，东汉末年辞赋家，楚辞学家王逸之子，南郡宜城（今湖北宜城市）人。少年时曾游历山东曲阜，20 余岁时渡湘水溺死。所著《鲁灵光殿赋》，对西汉景帝之子鲁恭王刘余建造的灵光殿壁画进行了详细、精妙的描述，是了解汉代建筑和绘画美学史的重要史料。选文摘自龚克昌评注《全汉赋评注》（后汉部分），花山文艺出版社 2003 年版。

鲁灵光殿赋

尔乃悬栋结阿，天窗绮疏。圆渊方井，反植荷蕖。发秀吐荣，菡萏披敷。绿房紫菂，窋咤垂珠。

云楶藻棁，龙桷雕镂。① 飞禽走兽，因木生姿。奔虎攫挐以梁倚，仡奋𩇕而轩鬐。② 虬龙腾骧以蜿蟺，颔若动而躨跜③。朱鸟舒翼以峙衡，腾蛇蟉虬而绕榱④。白鹿子蜺⑤于欂栌，蟠螭宛转而承楣。狡兔跧伏于柎侧，猿狖攀椽而相追。玄熊舑𧖢以龂龂⑥，却负载而蹲跠。齐首目以瞪眝，徒眓眓以狋狋⑦。胡人遥集于上楹，俨雅跽而相对。仡欺愄以雕眦，鹖顠顙而睽睢。状若悲愁于危处，憯嗼嚬

---

① 云楶：有云状纹饰的柱头斗拱。棁：梁上楹。龙桷：画有龙的椽。

② 攫挐：相搏持也。仡：举头。奋𩇕：迅速而有气势。轩鬐：竖起脊上的长毛。

③ 颔：摇头。躨跜：动貌。

④ 蟉虬：缠绕。榱：椽子。

⑤ 子蜺：延首之貌。

⑥ 舑𧖢：吐舌貌。龂龂：露齿貌。

⑦ 眓眓：视貌。狋狋：怒视貌。

177

而含悴。神仙岳岳于栋间，玉女窥窗而下视。忽瞟眇以响像，若鬼神之仿佛。图书天地，品类群生。杂物奇怪，山神海灵。写载其状，托之丹青。千变万化，事各缪形①。随色象类，曲得其情。上纪开辟，遂古之初。五龙②比翼，人皇九头。伏羲鳞身，女娲蛇躯。鸿荒朴略，厥状睢盱③。焕炳可观，黄帝、唐、虞。轩冕以庸，衣裳有殊。下及三后④，淫妃乱主。忠臣孝子，烈士贞女。⑤贤愚成败，靡不载叙。恶以诫世，善以示后。

张　衡

选文摘自范晔撰《后汉书·张衡列传》，中华书局1999年版。

请禁绝图谶⑥疏

（张衡）乃上疏曰："臣闻圣人明审律历⑦以定吉凶，重之以卜筮，杂之以九宫，经天验道，本尽于此。或观星辰逆顺，寒燠所由，或察龟策之占，巫觋之言，其所因者，非一术也。立言于前，有征于后，故智者贵焉，谓之谶书。谶书始出，盖知之者寡。自汉取秦，

---

① 缪形：形态不同。

② 《春秋命历序》曰："皇伯、皇仲、皇叔、皇季、皇少五姓同期俱驾龙，周密与神通，曰五龙。"

③ 睢盱：质朴之形。

④ 三后：夏、殷、周的君主。

⑤ 忠臣：屈原、子胥之等。孝子：申生、伯奇之等。烈士：豫让、聂政之等。贞女：梁寡、昭姜之等。

⑥ 谶：能够应验将来的预言、预兆。

⑦ 明审：精细地审定。律历：乐律和历法。

用兵力战，功成业遂，可谓大事，当此之时，莫或称谶。若夏侯胜、眭孟之徒，以道术立名，其所述著，无谶一言。刘向父子领校秘书，阅定九流，亦无谶录。① 成、哀之后，乃始闻之。《尚书》尧使鲧理洪水，九载绩用不成，鲧则殛死，禹乃嗣兴。而《春秋谶》云‘共工理水’②。凡谶皆云黄帝伐蚩尤，而《诗谶》独以为‘蚩尤败，然后尧受命’。《春秋元命包》中有公输班与墨翟③，事见战国，非春秋时也。又言‘别有益州’。益州之置，在于汉世。其名④三辅诸陵，世数可知。至于图中讫于成帝。一卷之书，互异数事，圣人之言，孰无若是，殆必虚伪之徒，以要世取资。往者侍中贾逵⑤摘谶互异三十馀事，诸言谶者皆不能说。至于王莽篡位，汉世大祸，八十篇何为不戒？则知图谶成于哀平之际也。且《河洛》、《六艺》，篇录已定，后人皮傅⑥，无所容篡。永元中，清河宋景遂以历纪推言水灾，而伪称洞视玉版。或者至于弃家业，入山林。后皆无效，而复采前世成事，以为证验。至于永建复统⑦，则不能知。此皆欺世罔俗，以昧执位，情伪较然，莫之纠禁。且律历、卦候、九宫、风角⑧，数有征效，世莫肯学，而竞称不占之书。譬犹画工，恶图犬马而好作鬼魅，诚以实事难形，而虚伪不穷也。宜收藏图谶，一禁绝之，则朱紫无所眩，典籍无瑕玷矣。”

----

① 领校：编撰修订。秘书：指国家秘藏图书。阅定：校阅审定。

② 共工：为传说中的水神。理水：治水。

③ 公输班与墨翟：《衡集》云“班与墨翟并当子思时，出仲尼后”也。

④ 名：谓谶书中命名。

⑤ 贾逵(30—101)：扶风平陵(今陕西咸阳市西北)人，字景伯，东汉经学家，撰有《春秋左氏传解诂》《国语解诂》等。

⑥ 皮傅：凭着一知半解浅薄的认识附会。

⑦ 永建：顺帝即位年，即公元 126 年。复统：谓废而复立，言谶家不论也。

⑧ 卦候：以《易》卦与节候相配，称为卦候。风角：古代占卜之法，以五音占四方之风而定吉凶。

阳　球

阳球，字方正，渔阳泉州（今天津市武清区）人，东汉后期酷吏。桓、灵时期历任尚书侍郎、高唐令、九江太守、平原相、尚书令、司隶校尉、卫尉，后被诛。选文摘自范晔撰《后汉书·酷吏列传》，中华书局 1999 年版。

奏罢鸿都文学

奏罢鸿都文学，曰："伏承有诏敕中尚方为鸿都文学乐松、江览等三十二人图象立赞，以劝学者。臣闻《传》曰：'君举必书。书而不法，后嗣何观！'案松、览等皆出于微蔑，斗筲小人，依凭世戚，附托权豪，俛眉①承睫，微进明时。或献赋一篇，或鸟篆盈简，而位升郎中，形图丹青。亦有笔不点牍，辞不辩心，假手请字，妖伪百品，莫不被蒙殊恩，蝉蜕滓浊。是以有识掩口，天下嗟叹。臣闻图象之设，以昭劝戒，欲令人君动鉴得失。未闻竖子小人，诈作文颂，而可妄窃天官，垂象图素者也。今太学、东观足以宣明圣化。愿罢鸿都之选，以消天下之谤。"

东汉画论三则

桓谭论画

前世俊士立功垂名，图画於殿阁宫省，此乃国之大宝，亦无价矣。

---

① 俛眉：向……低头屈服。

虽积和璧、累夏璜、囊隋侯、箧①夜光，未足喻也。(《新论·求辅》，选文摘自朱谦之校辑《新辑本桓谭新论》，中华书局 2009 年版)

马援论画

所谓刻鹄②不成尚类鹜者也。效季良不得，陷为天下轻薄子，所谓画虎不成反类狗者也。讫今季良尚未可知，郡将下车辄切齿，州郡以为言，吾常为寒心，是以不愿子孙效也。(选文摘自范晔撰《后汉书·马援列传》，中华书局 1999 年版)

蔡邕论画

夫书画辞赋，才之小者，匡国理政，未有其能。(《上封事陈政要七事》，选文摘自范晔撰《后汉书·蔡邕列传》，中华书局 1999 年版)

东汉画事九则

选文摘自范晔撰《后汉书》，中华书局 1999 年版。

永平初，援女立为皇后。显宗图画建武中名臣、列将于云台，以椒房故，独不及援。东平王苍观图，言于帝曰："何故不图伏波③将军像?"帝笑而不言。(《马援列传》)

---

① 箧：小箱子，藏物之具。

② 鹄：天鹅，比雁大，羽毛白有光泽。

③ 伏波：汉将军名号。

永平中，显宗追感前世功臣，乃图画二十八将于南宫云台，其外又有王常、李通、窦融、卓茂，合三十二人。（《朱景王杜马刘傅坚马列传》）

（皇后）常以列女图画置于左右，以自监戒。（《皇后纪》）

是时郡尉府舍皆有雕饰，画山神海灵奇禽异兽，以眩耀之，夷人益畏惮焉。（《南蛮西南夷列传》）

（宫廷设少府，下属有）黄门署长①、画室署长、玉堂署长各一人。（《百官志三》）

（延笃）后遭党事禁锢。永康元年，卒于家。乡里图其形于屈原之庙。（《吴延史卢赵列传》）

晨（邓晨）于都（宫）〔宫〕为杨起庙，图画形像，百姓思其功绩，皆祭祀之。（《方术列传》）

豫州刺史嘉其（陈纪）至行，表上尚书，图象百城，以厉风俗。（《苟韩钟陈列传》）

孝女叔先雄者，犍为人……郡县表言，为雄立碑，图象其形焉。（《列女传》）

李业字巨游，广汉梓潼人也……蜀平，光武下诏表其间，《益部纪》载其高节，图画形象。（《独行列传》）

葛 洪

选文摘自《西京杂记》，中华书局 1985 年版。

---

① 黄门署长：汉代官名。

西京杂记·卷二

元帝后宫既多，不得常见，乃使画工图形，案图召幸之。诸宫人皆赂画工，多者十万，少者亦不减五万。独王嫱不肯，遂不得见。匈奴入朝，求美人为阏氏，於是上案图，以昭君行。及去，召见，貌为后宫第一，善应对，举止闲雅。帝悔之，而名籍已定。帝重信於外国，故不复更人。乃穷案其事，画工皆弃市，籍其家，资皆巨万。画工有杜陵毛延寿，为人形，丑好老少，必得其真。安陵陈敞，新丰刘白、龚宽，并工为牛马飞鸟众势，人形好丑，不逮延寿。下杜阳望，亦善画，尤善布色。樊育亦善布色。同日弃市。京师画工，於是差稀。

曹 植

曹植(192—232)，字子建，沛国谯(今安徽亳州市)人，曹操第三子，汉魏之际文学家，建安文学代表人物。代表作有《洛神赋》《白马篇》《七哀诗》等，今存《曹子建集》。其《画赞序》因记东汉明帝与马皇后事迹，故录于此。选文摘自严可均辑《全三国文》，商务印书馆1999年版。

画赞序

盖画者，鸟书之流也。昔明德马后，美于色，厚于德，帝用嘉之。尝从观画，过虞舜之像，见娥皇女英，帝指之戏后曰："恨不得如此人为妃。"又前见陶唐之像，后指尧曰："嗟乎，群臣百僚，恨不得戴君如是。"帝顾而咨嗟①焉。

---

① 咨嗟：赞叹。

张彦远

张彦远(815—907)，蒲州猗氏(今山西临猗县)人，唐代画家，书画理论家，著有《历代名画记》《法书要录》等。《历代名画记》是我国第一部系统的绘画艺术通史，上自远古，下迄唐代。其中部分内容涉及两汉画史，故录于此。选文摘自俞剑华注释《历代名画记》，上海美术出版社 1964 年版。

历代名画记

叙画之兴废

汉明雅好丹青，别开画室，又创立鸿都①学以集奇艺，天下之艺云集。

叙历代能画人名

汉

毛延寿，杜陵人。陈敞，安陵人。刘白，新丰人。龚宽，洛阳人。阳望，下杜人。樊育，长安人。

已上六人并永光、建昭②中画手。时元帝后宫既多，使图其状，每披图召见；诸宫人竞赂画工钱帛，独王嫱貌丽，意不苟求，工人遂为丑状。及匈奴求汉美女，上按图召昭君行，帝见昭君貌第一，甚悔之而籍已定，乃穷其事，画工皆弃市，籍其家赀，皆巨万。毛延寿画人老少美恶，皆得其真。陈敞、刘白、龚宽并工牛马，但人

---

① 鸿都：东汉灵帝光和元年设在鸿都门的学校，专习辞赋书画。
② 永光、建昭：汉元帝年号。

物不及延寿。阳望、樊育亦善画，尤善布色。（见葛洪《西京杂记》）

后汉

赵岐，字邠卿，京兆长陵人，多才艺，善画。自为寿藏于郢城，画季札、子产、晏婴、叔向四人居宾位，自居主位，各为赞颂。献帝建安六年官至太常卿。（见范晔《东汉书》）

刘褒，汉桓帝时人，曾画《云汉图》，人见之觉热；又画《北风图》，人见之觉凉。官至蜀郡太守。（见孙畅之《述画记》及张华《博物志》云）

蔡邕，字伯喈（裴孝源所定品第，云：伯喈在下品），陈留圉人。工书画，善鼓琴，建宁中为郎中，校书东观①，刊正六经文字，书于太学石壁，天下模学。又创八分书体，为左中郎将，封高阳乡侯，年六十一。灵帝诏邕画赤泉侯五代将相于省（喜、震、叔、节、赐、彪），兼命为赞及书，邕书画与讚皆擅名于代，时称三美。（见《东观汉记》并孙畅之《述画》，有《讲学图》《小列女图》传于代）

张衡，字平子，南阳西鄂人。高才过人，性巧，明天象，善画，累拜侍中，出为河间王相。年六十二。昔建州浦城县山有兽名"骇神"，豕身人首，状貌丑恶，百鬼恶之。好出水边石上，平子往写之，兽入潭中不出，或云："此兽畏人画故不出也，可去纸笔。"兽果出，平子拱手不动，潜以足指画兽②，今号为巴兽潭。（见郭氏《异物志》。彦远按，《三齐记》云："昔秦始皇见海神，使左右巧者以足画之。"又按：应劭《风俗通》云："公输班见水上蠡形以足画之。"巧者非止于手运思，脚亦应乎心也）

刘旦、杨鲁，并光和中画手。待诏尚方，画于洪都学。（二人并见谢承《后汉书》）

---

① 东观：汉时官府著述及藏书之所。
② 足指画兽：古代有以足画兽的传说，因时代既久传说不一，因有鲁班、秦工人、张衡三说。

第二编 ◎

朝廷——制度——天下美学

本编导读

中国社会，自周公制礼作乐始，美就构成了现实政治最具本质性的内容。诗教、礼教、乐教是国家教育的主干，"文质彬彬"的君子之风、"诗礼传家"的家族传统、"郁郁乎文"的国家理想，使美和艺术成为修身、齐家、治国、平天下中的贯穿性要素。汉王朝自武帝"罢黜百家，表彰六经"始，恢复周制是历代帝王的政治理想，这必然使美的问题成为当时社会最重大的问题。所谓美学，就其对现实政治的全面参与看，在此就成为一种政治美学或审美政治学。

基于汉代政治与美学密切的互渗、互动关系，本编按照美不断放大的逻辑，自内而外分为三部分，即朝廷美学、制度美学和天下美学。

　　第一部分选编的内容主要是汉代帝王的诏书、策问以及与朝中重臣的其他政治交往,这些资料凸显了美在国家政治运作中的重要性。西汉之初,萧何治未央宫、刘邦颁限制衣冠令、叔孙通制礼、群臣议天子所服等内容虽然是片断性的,却说明了美在国家政治生活中的不可或缺性。武、宣时期,受董仲舒恢宏的哲学体系的影响,美的作用主要体现于对国家政治哲学、天地观念的构建,如改正朔、易服色,等等。西汉晚期,先帝留下的墓葬以及与此密切相关的祭祀礼仪,成为国家不堪承受的负担,同时也与周制对帝王葬制的规定相龃龉。因此,经济上如何摆脱这一重负,政治上如何与周制保持一致,就成为时代性的大问题。本章之所以将这一时期关于帝王丧葬的文献资料编列进来,一是因为按照汉代"视死如视生"的生死观,对死后世界的经营与现实世界有同等的重要性;二是因为按照汉代"以孝治天下"的政治观,丧葬是国家礼乐美学精神体现得最充分的领域;三是因为后世对汉代美和艺术的实物认识,大多数来自对其墓葬的发掘,如汉画像石,了解汉代丧葬观念是研究这些艺术遗存的必要背景。汉代美学,在此表现为一种死亡美学。除此之外,有汉一代,虽然生活的奢靡是宫廷的常态,而且愈近于末世愈严重,但至少在理论上,却无一不显现出崇尚节俭的价值理念。这一理念使主张节欲、节葬的汉文帝成为楷模,同时也促成了汉王朝历史中时时浮现的关于宗庙乐舞规制的讨论,如汉景帝颁布的《定孝文帝庙乐诏》、汉宣帝时期的《议武帝庙乐诏》、汉哀帝时期的《罢乐府官》、光武帝的《营寿陵诏》,均以表彰先帝或节俭的名义凸显了美学的内容。另外,借助艺术对忠臣良将进行表彰,也是汉王朝的重要政治手段。例如,汉武帝图金日磾母于麒麟阁,汉宣帝图十一名臣于麒麟阁,东汉明帝图二十八将于云台,均体现出美和艺术之于现实政治的重要性。

第二部分选编的内容主要是汉代思想者关于国家政治制度的种种构想。这些构想大量渗入了美学的内容，从而生成一种理论形态的审美政治学。从选文内容看，贾谊关于服制、礼容等问题的讨论，带有儒法并济或儒表法里的典型特征，这使他的审美政治学观念偏于威势和刚猛。董仲舒对国家政治制度的审美设定，建立在他的天人感应理论基础上，更多的是通过天人相感为现行政权确立合法性，带有鲜明的自然神秘主义气息。《礼记》选文更多是对王朝日常政治生活的审美规划，意在凸显王朝作为礼仪之邦的风仪。刘向《说苑》的政治立场更趋于柔顺温和，这与西汉王朝中晚期从"王霸道兼杂"向原教旨主义的儒家回归的趋势相呼应，体现出偃武修文的鲜明意向。东汉时期，《白虎通义》对礼乐、葬仪等问题的问答式解释具有特别的重要性。因为这部著作是汉代经学家经过漫长争议而形成的共识性结论，并得到帝王的认可，具有类似国家宪法的性质。如果说美和艺术在国家政治生活中被赋予了制度形式，那么《白虎通义》就是这种制度美学的权威版本。另外，在东汉时期，卫宏、蔡邕、应劭等也留下了大量关于汉王朝审美制度的讨论，这些讨论大多是"述而不作"的，所以仅具有历史文献的意义，而不具有思想或理论的意义。要而言之，汉代思想者对于审美政治学的理论贡献，主要体现在贾谊、董仲舒、刘向的相关著述以及《礼记》中，《白虎通义》的贡献在于对如上思想成果做了理论总结，并转换为具有操作性的实践形式。

第三部分选编的内容是汉代文献里对于远方世界的宏观记载，主要指汉王朝疆域之外的地理区域。自《尚书·禹贡》始，中国就形成了以中原（中邦）为中心的天下地理空间构建。其中，冀州、兖州、青州、徐州、扬州、荆州、豫州、梁州、雍州，是中原王朝势力能达的区域，可称为中国本土。此外的区域则称为异域。但是，按照

《尚书·禹贡》设定的贡服体系，这异域并非与中原王朝全无关系，而是按照甸服、侯服、绥服、要服、荒服的圈层结构，逐步外向放大。在政治层面，距离中邦最近的区域，如甸服、侯服，无疑与中央政府存在着最紧密的隶属关系。外向延伸、放大的过程则无疑是权力关系愈趋于松弛的过程。在文化层面，中原民族认为，越趋于中心地带越文明，越趋于遥远地带越野蛮，这样，政治上的中原中心论就位移为文化方面的文明中心论。根据这种观念，中原地带无疑因代表着最高的文明而代表着最高的美，相反，遥远地带则因为远离文明而变得日益粗俗和野蛮。但是，相反的审美价值判断方式也是存在的。比如，按照道家带有反文明色彩的空间观念，越靠近国家地理中心越人工，越充满巧饰，人性越虚伪。相反，越远离文明中心则越自然，人性越真纯，越成为充满想象色彩的神奇之域。也就是说，越是遥远之地越是审美之地。这两种空间地理判断无疑是矛盾的，但在本质上又存在着共同性，即它们对外部世界的认知都不是客观的，而是想象的。正是这种想象，使外部世界成为诗性的审美之域。所谓天下美学，正是这种建基于空间想象的审美地理学。本章所选内容，除《淮南子·墬形训》体现出较强的中原中心观念外，大多对异域世界抱有肯定和欣赏的态度。它们通过对中土与异域在自然风物、风情、艺术方面的差异性比较，为中央帝国敞开了一个充满魅力的神奇世界。在此，远方作为一种心理召唤和吸引，激发了汉王朝的积极进取精神，同时也为宗教性游仙文学在后世的出现做了铺垫。

一、朝廷美学

(一)汉高祖的美学思想

汉高祖刘邦(公元前 256 或前 247—前
195),沛丰邑(今江苏丰县)人,汉朝开国皇
帝。平定天下后,接受儒家的政治主张,倡导
文治,为汉王朝建立了长治久安的政治体制,
在王朝礼仪制度建设方面涉及美学问题。

班　固

选文摘自《汉书》,中华书局 1999 年版。

汉 书

与萧何议治未央宫

二月①，至长安。萧何治未央宫②，立东阙、北阙、前殿、武库、大仓。上见其壮丽，甚怒，谓何曰："天下匈匈③，劳苦数岁，成败未可知，是何治宫室过度也！"何曰："天下方未定，故可因以就④宫室。且夫天子以四海为家，非令壮丽亡以重威⑤，且亡令后世有以加⑥也。"上说。自栎阳徙都长安。置宗正⑦(宫)〔官〕以序九族。

复吏卒限制衣冠令

春三月⑧，行如雒阳。令吏卒从军至平城及守城邑者皆复终身勿事⑨。爵非公乘⑩以上毋得冠刘氏冠⑪。贾人⑫毋得衣锦绣绮縠絺纻罽⑬，操兵，乘骑马。

---

① 二月：汉高祖八年(公元前 198)二月。

② 未央宫：汉宫名，在汉长安城内西南侧。

③ 匈匈：动乱不安的样子。

④ 就：成，修。

⑤ 重威：强化威势。

⑥ 有以加：有所超过。

⑦ 宗正：官名，管理皇族事务。

⑧ 春三月：汉高祖九年(公元前 197)三月。

⑨ 复终身勿事：免除终生赋役。

⑩ 公乘：秦汉时期二十等爵位的第八级。八级以上的官员因为具备乘公家之车的资格，故称公乘。

⑪ 刘氏冠：以竹皮所做之冠，因刘邦喜戴而得名。

⑫ 贾人：即商人。

⑬ 锦绣绮縠絺纻罽：西汉初期标明人身份地位的昂贵织物。绮：有文采的丝织品。絺：细葛布料。纻：纻麻织成的布。罽：兽毛或兽皮织品。

与陆贾论文治

贾时时前说称《诗》《书》。高帝骂之曰："乃公①居马上得之，安事《诗》《书》!"贾曰："马上得之，宁可以马上治乎？且汤武逆取而以顺守之，文帝并用，长久之术也。昔者吴王夫差、智伯极武而亡；秦任刑法不变，卒灭赵氏。乡使秦以并天下，行仁义，法先圣，陛下安得而有之?"高帝不怿②，有惭色，谓贾曰："试为我著秦所以失天下，吾所以得之者，及古成败之国。"贾凡著十二篇。每奏一篇，高帝未尝不称善，左右呼万岁，称其书曰《新语》③。

令叔孙通治礼

汉王已并天下，诸侯共尊为皇帝于定陶，通就其仪号④。高帝悉去秦仪法，为简易。群臣饮争功，醉或妄呼，拔剑击柱，上患之。通⑤知上益厌之，说上曰："夫儒者难与进取，可与守成。臣愿征鲁诸生，与臣弟子共起朝仪。"高帝曰："得无难乎?"通曰："五帝异乐，三王不同礼。礼者，因时世人情为之节文⑥者也。故夏、殷、周礼所因损益⑦可知者，谓不相复⑧也。臣愿颇采古礼与秦仪杂就⑨之。"上曰："可试为之，令易知，度吾所能行为之。"

于是通使征鲁诸生三十馀人。鲁有两生不肯行，曰："公所事者

---

①　乃公：你老子。

②　怿：高兴。

③　《新语》：陆贾著。

④　仪号：礼仪制度。

⑤　通：叔孙通。

⑥　节文：意谓规范与修饰。

⑦　损益：减少，增补。

⑧　复：重复。

⑨　杂就：拼凑。

且十主①，皆面谀亲贵。今天下初定，死者未葬，伤者未起，又欲起礼乐。礼乐所由起，百年积德而后可兴也。吾不忍为公所为。公所为不合古，吾不行。公往矣，毋污我！"通笑曰："若真鄙儒②，不知时变。"

遂与所征三十人西，及上左右为学者与其弟子百馀人为绵蕞野外③。习之月馀，通曰："上可试观。"上使行礼，曰："吾能为此。"乃令群臣习肄④，会十月⑤。

汉七年，长乐宫⑥成，诸侯群臣朝十月。仪：先平明，谒者治礼，引以次入殿门，廷中陈车骑戎卒卫官，设兵⑦，张旗志。传曰："趋"。殿下郎中侠陛，陛数百人。功臣列侯诸将军军吏以次陈西方，东乡；文官丞相以下陈东方，西乡。大行设九宾，胪句传⑧。于是皇帝辇出房，百官执戟传警⑨，引诸侯王以下至吏六百石以次奉贺。自诸侯王以下莫不震恐肃敬。至礼毕，尽伏，置法酒⑩。诸侍坐殿上皆伏抑⑪首，以尊卑次起上寿⑫。觞九行，谒者言"罢酒"。御史执法举不如仪者辄引去。竟朝置酒，无敢喧哗失礼者。于是高帝曰："吾乃今日知为皇帝之贵也。"拜通为奉常，赐金五百斤。

---

① 且十主：将近十个主人，批评叔孙通事主不专一。

② 鄙儒：迂腐、猥琐的儒生。

③ 绵蕞野外：在野外演习朝会礼仪。绵：古时以绳索圈出一块演习场地曰绵。蕞：以茅草插排出尊卑位次曰蕞。

④ 习肄：练习。

⑤ 会十月：会于十月，即朝会定在十月。

⑥ 长乐宫：由秦长乐宫改建而成，汉初在此举行朝会。

⑦ 兵：兵器。

⑧ 胪句传：自上向下传告为胪，自下向上传告为句。

⑨ 传警：传达警号。

⑩ 法酒：朝廷礼宴。

⑪ 抑：屈，俯。

⑫ 上寿：向皇上敬酒。

与群臣议天子所服

大谒者臣章受诏长乐宫，曰："令群臣议天子所服，以安治天下。"相国臣何、御史大夫臣昌谨与将军臣陵、太子太傅臣通等①议："春夏秋冬天子所服，当法天地之数，中得人和。故自天子王侯有土之君，下及兆民，能法天地，顺四时，以治国家，身亡祸殃，年寿永究，是奉宗庙安天下之大礼也。臣请法之。中谒者赵尧举春，李舜举夏，兒汤举秋，贡禹举冬②，四人各职一时。"大谒者襄章③奏，制曰："可。"

(二)汉惠帝的美学思想

汉惠帝刘盈（公元前 210—前 188），高祖刘邦与吕后之子，汉朝第二位皇帝。政治上奉行无为之治，为后来文、景时期政治、文化的繁荣奠定了基础。

班　固

选文摘自《汉书》，中华书局 1999 年版。

---

① 何，指萧何。昌，指周昌。陵，指王陵。通，指叔孙通。四人均为汉高祖时大臣。

② 赵尧、李舜、兒汤、贡禹，均为汉高祖时大臣名。其中，西汉元帝时也有一大臣名贡禹，两者非同一人。

③ 襄：刘襄。章：人名，不知何姓。二人均为汉高祖时大臣。

汉　书

与叔孙通议游衣冠

高帝崩，孝惠即位，乃谓通曰："先帝园陵寝庙，群臣莫习①。"徙通为奉常，定宗庙仪法。乃稍定汉诸仪法，皆通所论著也。惠帝为东朝长乐宫，及间往，数跸②烦民，作复道，方筑武库南，通奏事，因请间③，曰："陛下何自筑复道高帝寝，衣冠月出游④高庙？子孙奈何乘宗庙道(以)〔上〕行哉！"惠帝惧，曰："急坏之。"通曰："人主无过举。今已作，百姓皆知之矣。愿陛下为原庙⑤渭北，衣冠月出游之，益广宗庙，大孝之本。"上乃诏有司立原庙。

(三)汉文帝的美学思想

汉文帝刘恒(公元前 202—前 157)，汉高祖第四子，汉惠帝庶弟。初被封为代王，陈平、周勃等诛灭吕氏势力后登基。政治上遵奉黄老之学，深持柔仁不拔之德，尤以节俭的生活方式为后世称道。

班　固

选文摘自《汉书》，中华书局 1999 年版。

---

①　习：熟悉。

②　跸：帝王出行时开路清道，禁止通行。

③　请间：请闲暇时间个别谈话。

④　衣冠月出游：按汉制，高祖的衣冠藏于陵寝，每月初一要持其衣冠出游，名曰"游衣冠"。

⑤　原庙：正庙之外再立之庙。

汉 书

遗 诏

七年①夏六月己亥，帝崩于未央宫。遗诏曰："朕闻之，盖天下万物之萌生，靡不有死。死者天地之理，物之自然，奚可甚哀！当今之世，咸嘉生而恶死，厚葬以破业，重服以伤生，吾甚不取。且朕既不德，无以佐百姓；今崩，又使重服久临②，以罹寒暑之数，哀人父子，伤长老之志，损其饮食，绝鬼神之祭祀，以重吾不德，谓天下何！朕获保宗庙，以眇眇③之身托于天下君王之上，二十有馀年矣。赖天之灵，社稷之福，方内安宁，靡有兵革。朕既不敏，常畏过行，以羞先帝之遗德；惟年之久长，惧于不终。今乃幸以天年得复供养于高庙，朕之不明与嘉之④，其奚哀念之有！其令天下吏民，令到出临三日，皆释服⑤。无禁取⑥妇嫁女祠祀饮酒食肉。自当给丧事服临者，皆无践⑦。(佺)〔绖〕带⑧无过三寸。无布车及兵器。无发民哭临宫殿中。殿中当临者，皆以旦夕各十五举音⑨，礼毕罢。非旦夕临时，禁无得擅哭(临)。以下⑩，服大红十五日，小红十四

---

① 公元前 163 年，汉文帝改年号为"后元"。七年：指汉文帝后元七年，即公元前 157 年。

② 临：哭吊。

③ 眇眇：微末。

④ 朕之不明与嘉之：我的见识也许不高明吧，却喜欢这样的归宿。

⑤ 释服：除去丧服。

⑥ 取：通"娶"。

⑦ 无：通"毋"，不要。践：通"跣"，赤足。

⑧ 绖带：古代服丧时系的麻带。

⑨ 各十五举音：各哭十五声。

⑩ 以下：下葬以后。

日，纤七日①，释服。它不在令中者，皆以此令比类从事。布告天下，使明知朕意。霸陵山川因其故，无有所改。归夫人以下至少使。②"

纪　赞

孝文皇帝即位二十三年，宫室苑囿车骑服御无所增益。有不便，辄弛以利民。尝欲作露台③，召匠计之，直百金。上曰："百金，中人十家之产也。吾奉先帝宫室，常恐羞之，何以台为!"身衣弋绨④，所幸慎夫人⑤衣不曳地，帷帐无文绣，以示敦朴，为天下先。治霸陵⑥，皆瓦器，不得以金银铜锡为饰，因其山，不起坟。

(四)汉景帝的美学思想

汉景帝刘启(公元前188—前141)，汉文帝刘恒第五子，出生于代地中都(今山西平遥县西南)。在位期间继续推行"与民休息"的政策，平定七国之乱，与其父刘恒一起开创了"文景之治"。

班　固

选文摘自《汉书》，中华书局1999年版。

---

① 大红、小红、纤：皆为丧服的名称。
② 归夫人以下至少使：从后宫夫人以下直至少使，皆遣散回娘家。
③ 露台：建筑中的露天平台。
④ 衣弋绨：用黑色厚缯做的衣服。
⑤ 慎夫人：汉文帝的宠妃。
⑥ 霸陵：汉文帝的陵墓。

汉　书

定孝文帝庙乐诏

元年①冬十月，诏曰："盖闻古者祖有功而宗有德②，制礼乐各有由。歌者，所以发德也；舞者，所以明功也。高庙酎③，奏《武德》、《文始》、《五行》之舞。孝惠庙酎，奏《文始》、《五行》之舞。孝文皇帝临天下，通关梁，不异远方；除诽谤，去肉刑，赏赐长老，收恤孤独，以遂群生；减耆④欲，不受献，罪人不帑⑤，不诛亡罪，不私其利也；除宫刑，出美人，重绝人之世也⑥。朕既不敏，弗能胜识。此皆上世之所不及，而孝文皇帝亲行之。德厚侔天地，利泽施四海，靡不获福。明象乎日月，而庙乐不称，朕甚惧焉。其为孝文皇帝庙为《昭德》之舞，以明休德。然后祖宗之功德，施于万世，永永无穷，朕甚嘉之。其与丞相、列侯、中二千石、礼官具礼仪奏。"丞相臣嘉⑦等奏曰："陛下永思孝道，立《昭德》之舞以明孝文皇帝之盛德，皆臣嘉等愚所不及。臣谨议：世功莫大于高皇帝，德莫盛于孝文皇帝。高皇帝庙宜为帝者太祖之庙，孝文皇帝庙宜为帝者太宗之庙。天子宜世世献祖宗之庙。郡国诸侯宜各为孝文皇帝立太宗之庙。诸侯王列侯使者侍祠天子所献祖宗之庙。请宣布天下。"制曰"可"。

---

① 元年：汉景帝元年，即公元前 156 年。

② 祖有功而宗有德：始取天下为"功"，始治天下为"德"。

③ 酎：醇酒，指代祭祀。

④ 耆：通"嗜"。

⑤ 帑：通"孥"。不帑：指不株连罪人的妻子儿女。

⑥ 重绝人之世也：把绝人后代的事看得很重。

⑦ 嘉：申徒嘉，当时为丞相。

定长吏车服诏

五月①，诏曰："夫吏者，民之师也。车驾衣服宜称②。吏六百石以上，皆长吏③也。亡度者或不吏服，出入闾里，与民亡异。令长吏二千石车朱两轓④，千石至六百石朱左轓。车骑从者不称其官衣服，下吏出入闾巷亡吏体者，二千石上其官属，三辅⑤举不如法令者，皆上丞相御史请之。"先是吏多军功，车服尚轻⑥，故为设禁。

令二千石修职诏

夏四月，诏曰："雕文刻镂，伤农事者也；锦绣纂组⑦，害女红⑧者也。农事伤则饥之本也，女红害则寒之原也。夫饥寒并至，而能亡为非者寡矣。朕亲耕，后亲桑，以奉宗庙粢盛祭服，为天下先；不受献，减太官，省繇赋，欲天下务农蚕，素有畜积，以备灾害。"

劝农桑诏

三年春正月，诏曰："农，天下之本也。黄金珠玉，饥不可食，寒不可衣，以为币用，不识其终始⑨。间岁或不登，意为末⑩者众，农民寡也。其令郡国务劝农桑，益种树，可得衣食物。吏发民⑪若取庸⑫采

---

① 五月：汉景帝中元六年(公元前144)五月。
② 称：相称，匹配。
③ 长吏：高级官员。
④ 车朱两轓：所乘车辆两边的藩屏涂成红色。轓：车的障蔽。
⑤ 三辅：是汉代负责治理京畿长安附近的地方长官的统称，包括京兆尹、左冯翊、右扶风三种职官。
⑥ 尚轻：还不被重视。
⑦ 纂组：彩色绶带。
⑧ 女红：同"女功"。
⑨ 终始：本末。
⑩ 末：工商业。
⑪ 发民：征用其民。
⑫ 取庸：雇佣。

黄金珠玉者，坐臧为盗①。二千石听者，与同罪。"

(五)汉武帝的美学思想

汉武帝刘彻(公元前 156—前 87)，景帝次子，是中国历史上杰出的政治家、战略家和诗人。文化上采纳董仲舒的建议，"罢黜百家，表彰六经"，实现了汉王朝从黄老向儒学的转向。

班　固

选文摘自《汉书》，中华书局 1999 年版。

汉　书

元光元年诏贤良策问②

制③曰：朕获承至尊休德，传之亡穷，而施之罔极，任大而守重，是以夙夜不皇康宁，永惟万事之统，犹惧有阙。故广延四方之豪俊，郡国诸侯公选贤良修絜博习之士，欲闻大道之要，至论之极。今子大夫襃然为举首，朕甚嘉之。子大夫其精心致思，朕垂听而问焉。

盖闻五帝三王之道，改制作乐而天下洽和，百王同之。

---

① 坐臧为盗："臧"通"赃"，指与盗贼同罪。

② 这是汉武帝元光元年(公元前 134)向贤良文学下的三道制文，以及董仲舒以策论形式所做的回答。

③ 制：古代帝王的命令。

当虞氏①之乐莫盛于《韶》，于周莫盛于《勺》②。圣王已没，钟鼓管弦之声未衰，而大道微缺，陵夷至乎桀纣之行，王道大坏矣。夫五百年之间，守文之君，当涂之士，欲则先王之法以戴翼③其世者甚众，然犹不能反，日以仆灭，至后王而后止，岂其所持操或悖缪而失其统与？固天降命不可复反，必推之于大衰而后息与？乌虖！凡所为屑屑④，夙兴夜寐，务法上古者，又将无补与？三代受命，其符安在？灾异之变，何缘而起？性命之情，或天或寿，或仁或鄙，习闻其号，未烛厥理。伊欲风流而令行，刑轻而奸改，百姓和乐，政事宣昭，何脩何饬而膏露降，百谷登，德润四海，泽臻中木，三光⑤全，寒暑平，受天之祜⑥，享鬼神之灵，德泽洋溢，施乎方外，延及群生？

子大夫明先圣之业，习俗化之变，终始之序，讲闻高谊之日久矣，其明以谕朕。科别其条，勿猥勿并⑦，取之于术，慎其所出。乃其不正不直，不忠不极，枉于执事，书之不泄，兴于朕躬，毋悼后害。子大夫其尽心，靡有所隐，朕将亲览焉。

仲舒对曰：

陛下发德音，下明诏，求天命与情性，皆非愚臣之所

---

① 虞氏：虞舜。
② 《勺》：读音与"酌"同，《诗经·周颂》之一诗名。
③ 戴：增益。翼：辅助。
④ 屑屑：劳碌不安貌。
⑤ 三光：日、月、星辰之光。
⑥ 祜：福。
⑦ 猥：烦琐。并：含混。

能及也。臣谨案《春秋》之中，视前世已行之事，以观天人相与之际①，甚可畏也。国家将有失道之败，而天乃先出灾害以谴告之；不知自省，又出怪异以警惧之；尚不知变，而伤败乃至。以此见天心之仁爱人君而欲止其乱也。自非大亡道之世者，天尽欲扶持而全安之，事在强勉而已矣。强勉学问，则闻见博而知益明；强勉行道，则德日起而大有功：此皆可使还至而（立）有效者也。《诗》曰"夙夜匪解"②，《书》云"茂③哉茂哉！"皆强勉之谓也。

道者，所繇适于治之路也，仁义礼乐皆其具④也。故圣王已没，而子孙长久安宁数百岁，此皆礼乐教化之功也。王者未作乐之时，乃用先王之乐宜于世者，而以深入教化于民。教化之情不得，雅颂之乐不成，故王者功成作乐，乐其德也。乐者，所以变民风，化民俗也；其变民也易，其化人也著⑤。故声发于和而本于情，接于肌肤，臧于骨髓。故王道虽微缺，而管弦之声未衰也。夫虞氏之不为政久矣，然而乐颂遗风犹有存者，是以孔子在齐而闻《韶》也。夫人君莫不欲安存而恶危亡，然而政乱国危者甚众，所任者非其人，而所繇者非其道，是以政日以仆灭也。夫周道衰于幽厉⑥，非道亡也，幽厉不繇也。至于宣王，思昔先王之德，兴滞补弊，明文武之功业，周道粲然复兴，诗人美之而作，上天佑之，为生贤佐，后世称诵，至今不绝。此夙夜不解行善之所致也。孔子曰"人能弘道，非道弘人"

---

① 天人相与之际：天与人相关联之处。
② 夙夜匪解：朝夕不懈。解：通"懈"。
③ 茂：勉。
④ 具：载体。
⑤ 著：明显。
⑥ 幽厉：周幽王、周厉王。

也。故治乱废兴在于己，非天降命不可得反，其所操持悖谬失其统也。

臣闻天之所大奉使之王①者，必有非人力所能致而自至者，此受命之符②也。天下之人同心归之，若归父母，故天瑞应诚而至。《书》曰"白鱼入于王舟，有火复于王屋，流为乌"，此盖受命之符也。周公曰"复哉复哉"，孔子曰"德不孤，必有邻"，皆积善累德之效也。及至后世，淫佚衰微，不能统理群生，诸侯背畔，残贼良民以争壤土，废德教而任刑罚。刑罚不中，则生邪气；邪气积于下，怨恶畜于上。上下不和，则阴阳缪盭而妖孽生矣。此灾异所缘而起也。

臣闻命者天之令也，性者生之质也，情者人之欲也。或夭或寿，或仁或鄙，陶冶而成之，不能粹③美，有治乱之所生，故不齐也。孔子曰："君子之德风(也)，小人之德中(也)，中上之风必偃。"故尧舜行德则民仁寿，桀纣行暴则民鄙夭。夫上之化下，下之从上，犹泥之在钧④，唯甄者⑤之所为；犹金之在熔，唯冶者之所铸。"绥之斯俫，动之斯和"，此之谓也。

臣谨案《春秋》之文，求王道之端，得之于正⑥。正次王，王次春。春者，天之所为也；正者，王之所为也。其意曰，上承天之所为，而下以正其所为，正王道之端云尔。

① 大奉使之王：意谓奉以天下而使之为王。
② 受命之符：领受天命的符验。
③ 粹：纯粹。
④ 钧：制陶的器具。
⑤ 甄者：制陶者。
⑥ 正：正月。

然则王者欲有所为，宜求其端于天。天道之大者在阴阳。阳为德，阴为刑；刑主杀而德主生。是故阳常居大夏，而以生育养长为事；阴常居大冬，而积于空虚不用之处。以此见天之任德不任刑也。天使阳出布施于上而主岁功，使阴入伏于下而时出佐阳；阳不得阴之助，亦不能独成岁。终阳以成岁为名，此天意也。王者承天意以从事，故任德教而不任刑。刑者不可任以治世，犹阴之不可任以成岁也。为政而任刑，不顺于天，故先王莫之肯为也。今废先王德教之官，而独任执法之吏治民，毋乃任刑之意与！孔子曰："不教而诛谓之虐。"虐政用于下，而欲德教之被四海，故难成也。

臣谨案《春秋》谓一元①之意，一者万物之所从始也，元者辞之所谓大也。谓一为元者，视大始而欲正本也。《春秋》深探其本，而反自贵者始。故为人君者，正心以正朝廷，正朝廷以正百官，正百官以正万民，正万民以正四方。四方正，远近莫敢不壹于正，而亡有邪气奸其间者。是以阴阳调而风雨时，群生和而万民殖，五谷孰②而中木茂，天地之间被润泽而大丰美，四海之内闻盛德而皆徕臣，诸福之物，可致之祥，莫不毕至，而王道终矣。

孔子曰："凤鸟不至，河不出图，吾已矣夫！"自悲③可致此物，而身卑贱不得致也。今陛下贵为天子，富有四海，居得致之位，操可致之势，又有能致之资，行高而恩厚，

---

① 谓一元：谓"一"为"元"。
② 孰：通"熟"。
③ 自悲：自我悲叹。

知明而意美，爱民而好士，可谓谊主①矣。然而天地未应而美祥莫至者，何也？凡以教化不立而万民不正也。夫万民之从利也，如水之走下，不以教化堤防之，不能止也。是故教化立而奸邪皆止者，其堤防完也；教化废而奸邪并出，刑罚不能胜者，其堤防坏也。古之王者明于此，是故南面而治天下，莫不以教化为大务。立大学以教于国，设庠序以化于邑，渐民以仁，摩民以谊，节民以礼，故其刑罚甚轻而禁不犯者，教化行而习俗美也。

圣王之继乱世也，埽除其迹而悉去之，复修教化而崇起之。教化已明，习俗已成，子孙循之，行五六百岁尚未败也。至周之末世，大为亡道，以失天下。秦继其后，独不能改，又益甚之，重禁文学，不得挟书，弃捐礼谊而恶闻之，其心欲尽灭先王之道，而颛为自恣苟简之治，故立为天子十四岁而国破亡矣。自古以来，未尝有以乱济乱，大败天下之民如秦者也。其遗毒馀烈，至今未灭，使习俗薄恶，人民嚚顽，抵冒殊扞②，孰烂如此之甚者也。孔子曰："腐朽之木不可雕也，粪土之墙不可圬也。"今汉继秦之后，如朽木粪墙矣，虽欲善治之，亡可奈何。法出而奸生，令下而诈起，如以汤止沸，抱薪救火，愈甚亡益也。窃譬之琴瑟不调，甚者必解而更张之，乃可鼓也；为政而不行，甚者必变而更化之，乃可理也。当更张而不更张，虽有良工不能善调也；当更化而不更化，虽有大贤不能善治也。故汉得天下以来，常欲善治而至今不可善治者，失之于当更化而不更化也。古人有言曰："临渊羡鱼，不如（蛛）〔退〕

---

① 谊主：有道之君。谊：通"义"。
② 抵冒殊扞：抵触，冒犯，拒绝。抵：抵触。冒：冒犯。殊：特别。扞：抗拒。

而结网。"今临政而愿治七十馀岁矣，不如退而更化；更化则可善治，善治则灾害日去，福禄日来。《诗》云："宜民宜人，受禄于天。"为政而宜于民者，固当受禄于天。夫仁谊礼知信五常之道，王者所当脩饬也；五者修饬，故受天之佑，而享鬼神之灵，德施于方外，延及群生也。

天子览其对而异焉，乃复册之曰：

制曰：盖闻虞舜之时，游于岩郎①之上，垂拱无为，而天下太平。周文王至于日昃不暇食，而宇内亦治。夫帝王之道，岂不同条共贯与？何逸劳之殊也？

盖俭者不造玄黄旌旗之饰。及至周室，设两观，乘大路②，朱干玉戚，八佾陈于庭，而颂声兴。夫帝王之道岂异指哉？或曰良玉不瑑③，又曰非文无以辅德，二端异焉。

殷人执五刑④以督奸，伤肌肤以惩恶。成康不式⑤，四十馀年天下不犯，囹圄空虚。秦国用之，死者甚众，刑者相望，耗矣哀哉！

乌虖！朕夙寤晨兴，惟前帝王之宪，永思所以奉至尊，章洪业，皆在力本任贤。今朕亲耕藉田以为农先，劝孝弟，崇有德，使者冠盖相望，问勤劳，恤孤独，尽思极神，功烈休德未始云获也。今阴阳错缪，氛气⑥充塞，群生寡遂，

———

① 岩郎：殿堂边的侧屋。郎：通"廊"。

② 路：通"辂"。

③ 瑑：雕刻。

④ 五刑：指殷人惩罚人的五种肉刑，包括墨、劓、刖、宫、大辟。

⑤ 成康：周成王、周康王。不式：不用刑。

⑥ 氛气：恶气。

黎民未济,廉耻贸乱,贤不肖浑(清)〔殽〕,未得其真,故详延特起之士,(意)庶几乎!今子大夫待诏百有馀人,或道世务而未济,稽诸上古之不同,考之于今而难行,毋乃牵于文系而不得骋①(欤)〔与〕?将所繇异术,所闻殊方与?各悉对,著于篇,毋讳有司。明其指略,切磋究之,以称朕意。

仲舒对曰:

　　臣闻尧受命,以天下为忧,而未以位为乐也,故诛逐乱臣,务求贤圣,是以得舜、禹、稷、禼、咎繇②。众圣辅德,贤能佐职,教化大行,天下和洽,万民皆安仁乐谊,各得其宜,动作应礼,从容中道。故孔子曰"如有王者,必世而后仁",此之谓也。尧在位七十载,乃逊于位以禅虞舜。尧崩,天下不归尧子丹朱而归舜。舜知不可辟③,乃即天子之位,以禹为相,因尧之辅佐,继其统业,是以垂拱无为而天下治。孔子曰"《韶》尽美矣,又尽善(也)〔矣〕",此之谓也。至于殷纣,逆天暴物,杀戮贤知,残贼百姓。伯夷、太公皆当世贤者,隐处而不为臣。守职之人皆奔走逃亡,入于河海④。天下耗乱,万民不安,故天下去殷而从周。文王顺天理物,师用贤圣,是以闳夭、大颠、散宜生⑤等亦聚于朝廷。爱施兆民,天下归之,故太公起海滨而即三公也。当此之时,纣尚在上,尊卑昏乱,百姓散亡,

---

① 牵于文系而不得骋:拘束于文法而不得驰骋。
② 禼:"契"的古字,指商朝先祖契。咎繇:尧时的贤臣皋陶氏。
③ 辟:通"避"。
④ 入于河海:至于河滨海上,意谓不愿为官。
⑤ 闳夭、大颠、散宜生:均为周文王时期的贤臣。

故文王悼痛而欲安之，是以日昃而不暇食也。孔子作《春秋》，先正王而系万事，见①素王之文焉。繇此观之，帝王之条贯同，然而劳逸异者，所遇之时异也。孔子曰"《武》尽美矣，未尽善也"，此之谓也。

　　臣闻制度文采玄黄之饰，所以明尊卑，异贵贱，而劝有德也。故《春秋》受命所先制者，改正朔，易服色，所以应天也。然则宫室旌旗之制，有法而然者也。故孔子曰："奢则不逊，俭则固②。"俭非圣人之中制③也。臣闻良玉不瑑，资质润美，不待刻瑑，此亡异于达巷党人不学而自知也。然则常玉不瑑，不成文章；君子不学，不成其德。

　　臣闻圣王之治天下也，少则习之学，长则材诸位④，爵禄以养其德，刑罚以威其恶，故民晓于礼谊而耻犯其上。武王行大谊，平残贼，周公作礼乐以文之，至于成康之隆，囹圄空虚四十余年。此亦教化之渐而仁谊之流，非独伤肌肤之效也。至秦则不然。师申商之法，行韩非之说，憎帝王之道，以贪狼为俗，非有文德以教训于（天）下也。诛⑤名而不察实，为善者不必免，而犯恶者未必刑也。是以百官皆饰（空言）虚辞而不顾实，外有事君之礼，内有背上之心，造伪饰诈，趣利无耻；又好用憯酷之吏，赋敛亡度，竭民财力，百姓散亡，不得从耕织之业，群盗并起。是以刑者甚众，死者相望，而奸不息，俗化使然也。故孔子曰"导之以政，齐之以刑，民免而无耻"，此之谓也。

---

①　见：通"现"。
②　固：简陋。
③　中制：合理适中之制。
④　材诸位：量才而授予官位。
⑤　诛：责。

今陛下并有天下，海内莫不率服，广览兼听，极群下之知，尽天下之美，至德昭然，施于方外。夜郎、康居①，殊方万里，说德归谊，此太平之致也。然而功不加于百姓者，殆王心未加焉。曾子曰："尊其所闻，则高明矣；行其所知，则光大矣。高明光大，不在于它，在乎加之意而已。"愿陛下因用所闻，设诚于内而致行之，则三王何异哉！

陛下亲耕藉田以为农先，夙寤晨兴，忧劳万民，思惟往古，而务以求贤，此亦尧舜之用心也，然而未云获者，士素不厉②也。夫不素养士而欲求贤，譬犹不（璆）〔琢〕玉而求文采也。故养士之大者，莫大（虖）〔呼〕太学；太学者，贤士之所关也，教化之本原也。今以一郡一国之众，对亡应书者③，是王道往往而绝也。臣愿陛下兴太学，置明师，以养天下之士，数考问以尽其材，则英俊宜可得矣。今之郡守、县令，民之师帅，所使承流而宣化也；故师帅不贤，则主德不宣，恩泽不流。今吏既亡教训于下，或不承用主上之法，暴虐百姓，与奸为市，贫穷孤弱，冤苦失职，甚不称陛下之意。是以阴阳错缪，氛气充塞，群生寡遂，黎民未济，皆长吏不明，使至于此也。

夫长吏多出于郎中、中郎，吏二千石子弟选郎吏，又以富訾④，未必贤也。且古所谓功者，以任官称职为差，非（所）谓积日絫久也。故小材虽絫日，不离于小官；贤材虽未久，不害为辅佐。是以有司竭力尽知，务治其业而以赴

---

① 夜郎：汉时西南夷国名。康居：汉时西域国名。
② 厉：通"励"，劝勉。
③ 对亡应书者：对皇帝策问的应对皆不合经义。
④ 富訾：汉初之制，限资十万钱乃得为官。

功。今则不然。（累）〔絫〕日以取贵，积久以致官，是以廉耻贸乱，贤不肖浑殽，未得其真。臣愚以为使诸列侯、郡守、二千石各择其吏民之贤者，岁贡各二人以给宿卫，且以观大臣之能；所贡贤者有赏，所贡不肖者有罚。夫如是，诸侯、吏二千石皆尽心于求贤，天下之士可得而官使也。遍得天下之贤人，则三王之盛易为，而尧舜之名可及也。毋以日月为功，实试贤能为上，量材而授官，录德而定位，则廉耻殊路，贤不肖异处矣。陛下加惠，宽臣之罪，令勿牵制于文，使得切磋究之，臣敢不尽愚！

于是天子复册之。

　　制曰：盖闻"善言天者必有征于人，善言古者必有验于今"。故朕垂问乎天人之应，上嘉唐虞，下悼桀纣，寖①微寖灭寖明寖昌之道，虚心以改。今子大夫明于阴阳所以造化，习于先圣之道业，然而文采未极，岂惑乎当世之务哉？条贯靡竟，统纪未终，意朕之不明与？听若眩与？夫三王之教②所祖不同，而皆有失，或谓久而不易者道也，意岂异哉？今子大夫既已著大道之极，陈治乱之端矣，其悉之究之，孰之复之。《诗》不云乎："嗟尔君子，毋常安息，神之听之，介尔景福。"朕将亲览焉，子大夫其茂明之。

仲舒复对曰：

　　臣闻《论语》曰："有始有卒者，其唯圣人乎！"今陛下幸

---

① 寖：渐。
② 三王之教：夏、商、周三代帝王的政教。

加惠，留听于承学之臣，复下明册，以切其意，而究尽圣德，非愚臣之所能具也。前所上对，条贯靡竟，统纪不终，辞不别白，指不分明，此臣浅陋之罪也。

册曰："善言天者必有征于人，善言古者必有验于今。"臣闻天者群物之祖也，故遍覆包函而无所殊，建日月风雨以和之，经阴阳寒暑以成之。故圣人法天而立道，亦溥爱而亡私，布德施仁以厚之，设谊立礼以导之。春者天之所以生也，仁者君之所以爱也；夏者天之所以长也，德者君之所以养也；霜者天之所以杀也，刑者君之所以罚也。繇此言之，天人之征，古今之道也。孔子作《春秋》，上揆之天道，下质诸人情，参之于古，考之于今。故《春秋》之所讥，灾害之所加也；《春秋》之所恶，怪异之所施也。书邦家之过，兼灾异之变；以此见人之所为，其美恶之极，乃与天地流通而往来相应，此亦言天之一端也。古者修教训之官，务以德善化民，民已大化之后，天下常亡一人之狱矣。今世废而不修，亡以化民，民以故弃行谊而死财利，是以犯法而罪多，一岁之狱以万千数。以此见古之不可不用也，故《春秋》变古则讥之。天令之谓命，命非圣人不行；质朴之谓性，性非教化不成；人欲之谓情，情非度制不节。是故王者上谨于承天意，以顺命也；下务明教化民，以成性也；正法度之宜，别上下之序，以防欲也：修此三者，而大本举矣。人受命于天，固超然异于群生，入有父子兄弟之亲，出有君臣上下之谊，会聚相遇，则有耆老长幼之施；粲然有文以相接，欢然有恩以相爱，此人之所以贵也。生五谷以食之，桑麻以衣之，六畜以养之，服牛乘马，圈豹槛虎，是其得天之灵，贵于物也。故孔子曰："天地之性人为贵。"明于天性，知自贵于物；知自贵于物，然后知仁谊；知仁谊，然后重礼节；重礼节，然后安处善；安处善，然后乐循理；乐循理，然后谓之君子。故孔子曰"不知命，亡以为君子"，此之谓也。

册曰："上嘉唐虞，下悼桀纣，寖微寖灭寖明寖昌之道，虚心以改。"臣闻众少成多，积小致钜，故圣人莫不以晻致明，以微致显。是以尧发于诸侯，舜兴乎深山，非一日而显也，盖有渐以致之矣。言出于己，不可塞也；行发于身，不可掩也。言行，治之大者，君子之所以动天地也。故尽小者大，慎微者著。《诗》云："惟此文王，小心翼翼。"故尧兢兢日行其道，而舜业业日致其孝，善积而名显，德章而身尊，以其寖明寖昌之道也。积善在身，犹长日加益，而人不知也；积恶在身，犹火之销膏，而人不见也。非明乎情性察乎流俗者，孰能知之？此唐虞之所以得令名，而桀纣之可为悼惧者也。夫善恶之相从，如景乡①之应形声也。故桀纣暴谩，谗贼并进，贤知隐伏，恶日显，国日乱，晏然自以如日在天，终陵夷而大坏。夫暴逆不仁者，非一日而亡也，亦以渐至，故桀、纣虽亡道，然犹享国十馀年，此其寖微寖灭之道也。

册曰："三王之教所祖不同，而皆有失，或谓久而不易者道也，意岂异哉？"臣闻夫乐而不乱复而不厌者谓之道；道者万世亡弊，弊者道之失也。先王之道必有偏而不起之处，故政有眊而不行，举其偏者以补其弊而已矣。三王之道所祖不同，非其相反，将以捄溢扶衰，所遭之变然也。

---

① 景乡：影响。

故孔子曰:"亡为而治者,其舜乎!"改正朔,易服色,以顺天命而已;其馀尽循尧道,何更为哉!故王者有改制之名,亡变道之实。然夏上①忠,殷上敬,周上文者,所继之捄,当用此也。孔子曰:"殷因于夏礼,所损益可知也;周因于殷礼,所损益可知也;其或继周者,虽百世可知也。"此言百王之用,以此三者矣。夏因于虞,而独不言所损益者,其道如一而所上同也。道之大原出于天,天不变,道亦不变,是以禹继舜,舜继尧,三圣相受而守一道,亡救弊之政也,故不言其所损益也。繇是观之,继治世者其道同,继乱世者其道变。今汉继大乱之后,若宜少损周之文致,用夏之忠者。

陛下有明德嘉道,愍世俗之靡薄,悼王道之不昭,故举贤良方正之士,论(谊)〔议〕考问,将欲兴仁谊之休德,明帝王之法制,建太平之道也。臣愚不肖,述所闻,诵所学,道师之言,廑②能勿失耳。若乃论政事之得失,察天下之息耗,此大臣辅佐之职,三公九卿之任,非臣仲舒所能及也。然而臣窃有怪者。夫古之天下亦今之天下,今之天下亦古之天下,共是天下,古(亦)〔以〕大治,上下和睦,习俗美盛,不令而行,不禁而止,吏亡奸邪,民亡盗贼,囹圄空虚,德润草木,泽被四海,凤皇来集,麒麟来游,以古准今,壹何不相逮之远也!安所缪盭而陵夷若是?意者有所失于古之道与?有所诡于天之理与?试迹之〔于〕古,返之于天,党③可得见乎?

---

① 上:尚,崇尚。
② 廑:仅。
③ 党:通"倘"。

夫天亦有所分予①，予之齿者去其角，傅②其翼者两其足，是所受大者不得取小也。古之所予禄者，不食于力，不动于末，是亦受大者不得取小，与天同意者也。夫已受大，又取小，天不能足，而况人乎！此民之所以嚚嚚苦不足也。身宠而载高位，家温而食厚禄，因乘富贵之资力，以与民争利天下，民安能如之哉！是故众其奴婢，多其牛羊，广其田宅，博其产业，畜其积委，务此而亡已③，以迫蹴④民，民日削月朘，寖以大穷。富者奢侈美溢，贫者穷急愁苦；穷急愁苦而上不救，则民不乐生；民不乐生，尚不避死，安能避罪！此刑罚之所以蕃而奸邪不可胜者也。故受禄之家，食禄而已，不与民争业，然后利可均布，而民可家足。此上天之理，而亦太古之道，天子之所宜法以为制，大夫之所当循以为行也。故公仪子⑤相鲁，之其家见织帛，怒而出其妻，食于舍而茹葵，愠而拔其葵，曰："吾已食禄，又夺园夫红女利乎！"古之贤人君子在列位者皆如是，是故下高其行而从其教，民化其廉而不贪鄙。及至周室之衰，其卿大夫缓于谊而急于利，亡推让之风而有争田之讼。故诗人疾而刺之，曰："节彼南山，惟石岩岩，赫赫师尹，民具尔瞻⑥。"尔好谊，则民乡仁而俗善；尔好利，则民好邪而俗败。由是观之，天子大夫者，下民之所视效，远方之所四面而内望也。近者视而放⑦之，远者望而效之，

---

① 分予：分别给予。

② 傅：通"附"。

③ 亡已：不已，无停息。

④ 蹴：踢，践踏。

⑤ 公仪子：即公仪休，春秋时鲁国宰相。

⑥ 民具尔瞻：人民都在看着你。具：通"俱"。

⑦ 放：通"仿"。

岂可以居贤人之位而为庶人行哉！夫皇皇求财利常恐乏匮者，庶人之意也；皇皇求仁义常恐不能化民者，大夫之意也。《易》曰："负且乘，致寇至。"乘车者君子之位也，负担者小人之事也，此言居君子之位而为庶人之行者，其患祸必至也。若居君子之位，当君子之行，则舍公仪休之相鲁，亡可为者矣。

《春秋》大一统者，天地之常经，古今之通谊也。今师异道，人异论，百家殊方，指意不同，是以上亡以持一统；法制数变，下不知所守。臣愚以为诸不在六艺之科①孔子之术者，皆绝其道，勿使并进。邪辟之说灭息，然后统纪可一而法度可明，民知所从矣。

元光五年策贤良制

上策诏诸儒：

制曰：盖闻上古至治，画衣冠，异章服，而民不犯；阴阳和，五谷登，六畜蕃，甘露降，风雨时，嘉禾兴，朱中生，山不童②，泽不涸；麟凤在郊薮③，龟龙游于沼，河洛出图书④；父不丧子，兄不哭弟；北发渠搜⑤，南抚交阯⑥，舟车所至，人迹所及，跂行喙息⑦，咸得其宜。朕甚

---

① 六艺之科：《诗》《书》《礼》《乐》《易》《春秋》。
② 童：无草木。
③ 薮：少水的泽池。
④ 河洛出图书：《易传·系辞上》中"河出图，洛出书"的简写。按照古代儒家的传说性记载，伏羲氏时代，黄河出现龙马，背负着"河图"；洛水出现神龟，背负"洛书"。二者被看作"天授神物"，它们的出现被视为华夏文明的起源，也被视为祥瑞之兆。
⑤ 渠搜：汉代县名，属朔方郡。在今内蒙古乌拉特前旗东南。
⑥ 交阯：即"交趾"，汉代郡名，管辖今越南河内。
⑦ 跂行喙息：指有足能行走、有口能呼吸的各种自然生命。

嘉之，今何道而臻乎此？

增太室祠诏

春正月，行幸缑氏。诏曰："朕用事华山，至于中岳，获驳麚①，见夏后启母石。翌日亲登嵩高，御史乘属、在庙旁吏卒咸闻呼万岁者三。登礼罔不答。② 其令祠官加增太室祠，禁无伐其草木。以山下户三百为之奉邑，名曰崇高③，独给祠，复亡所与。"

郊祠泰畤诏

十一月辛巳朔旦，冬至。立泰畤④于甘泉。天子亲郊见，朝日夕月。诏曰："朕以眇身托于王侯之上，德未能绥民，民或饥寒，故巡祭后土以祈丰年。冀州脽壤乃显文鼎，获〔祭〕〔荐〕于庙。渥洼⑤水出马，朕其御焉。战战兢兢，惧不克任，思昭天地，内惟自新。《诗》云：'四牡翼翼，以征不服。'亲省边垂⑥，用事所极。望见泰一，修天文禩。辛卯夜，若景光十有二明。《易》曰：'先甲三日，后甲三日。'朕甚念年岁未咸登，饬躬斋戒，丁酉，拜况⑦于郊。"

元封七年改正朔、易服色

至武帝元封七年⑧，汉兴百二岁矣，大中大夫公孙卿、壶遂、

---

① 麚：兽名，大鹿。
② 登礼罔不答：登山的祭礼有问必答。
③ 名曰崇高：命名为崇高邑。
④ 泰畤：秦汉时祭天的祭坛。
⑤ 渥洼：水名，在今甘肃瓜州县境内，传说产神马之处。
⑥ 垂：通"陲"。
⑦ 况：赐。
⑧ 元封七年：公元前104年。

太史令司马迁等言"历纪坏废，宜改正朔①"。是时御史大夫兒宽明经术，上乃诏宽曰："与博士共议，今宜何以为正朔？服色②何上？"宽与博士赐等议，皆曰："帝王必改正朔，易服色，所以明受命于天也。创业变改，制不相复，推传序文，则今夏时也。臣等闻学褊陋，不能明。陛下躬圣发愤，昭配天地，臣愚以为三统③之制，后圣复前圣者，二代在前也。今二代之统绝而不序矣，唯陛下发圣德，宣考天地四时之极，则顺阴阳以定大明之制，为万世则。"于是乃诏御史曰："乃者有司言历未定，广延宣问，以考星度④，未能雠⑤也。盖闻古者黄帝合而不死，名察发敛⑥，定清浊，起五部，建气物分数。然则上矣。书缺乐弛，朕甚难之。依违以惟⑦，未能修明。其以七年为元年。"遂诏卿、遂、迁与侍郎尊、大典星射姓等议造《汉历》。乃定东西，立晷仪，下漏刻，以追二十八宿相距于四方，举终以定朔晦分至，躔离⑧弦望。乃以前历上元泰初四千六百一十七岁，至于元封七年，复得阏逢摄提格之岁，中冬十一月甲子朔旦冬至，日月在建星，太岁在子，已得太初本星度新正。姓等奏不能为算，愿募治历者，更造密度，各自增减，以造汉《太初历》。乃选治历邓平及长乐司马可、酒泉候宜君、侍

---

① 正朔：一年的第一天。正：正月。朔：初一。古时改朝换代，新王朝常重定正朔，修正历法。

② 服色：指车马、祭牲、服饰等的颜色。古代由于五德终始思想的流行，每一王朝都有自己的用色谱系，以符合五行、五色相生相克的道理。

③ 三统：指夏、商、周三代的正朔。夏正建寅为人统，商正建丑为地统，周正建子为天统。

④ 星度：天体所在位置与运行规律。

⑤ 雠：相当，相应。

⑥ 名察发敛：分辨天体与节气的规律。

⑦ 依违以惟：反复思考。

⑧ 躔离：谓日月所历度次。

郎尊及与民间治历者，凡二十馀人，方士唐都、巴郡落下闳与焉。都分天部，而闳运算转历。其法以律起历①，曰："律容一龠，积八十一寸，则一日之分也。与长相终。律长九寸，百七十一分而终复。三复而得甲子。夫律阴阳九六，爻象所从出也。故黄钟纪元气之谓律。律，法也，莫不取法焉。"与邓平所治同。于是皆观新星度、日月行，更以算推，如闳、平法。法，一月之日二十九日八十一分日之四十三。先藉半日，名曰阳历；不藉，名曰阴历。所谓阳历者，先朔月生；阴历者，朔而后月乃生。平曰："阳历朔皆先旦月生，以朝诸侯王群臣便。"乃诏迁用邓平所造八十一分律历，罢废尤疏远者②十七家，复使校历律昏明。宦者淳于陵渠复覆③《太初历》晦朔弦望，皆最密，日月如合璧，五星如连珠。陵渠奏状，遂用邓平历，以平为太史丞。

司马迁

选文摘自《史记》，中华书局 1999 年版。

史 记

定正朔改元太初诏

因诏御史曰："乃者，有司言星度④之未定也，广延宣问，以理

---

① 以律起历：根据律管长度、容积、音高等设定历法。
② 尤疏远者：相差甚远的。
③ 复覆：重新推算。
④ 星度：星宿运行的度数。

星度，未能詹也①。盖闻昔者黄帝合而不死，名察度验，定清浊②，起五部③，建气物分数④。然盖尚矣。书缺乐弛，朕甚闵焉。朕唯未能循明也，紬绩日分⑤，率应水德之胜⑥。今日顺夏至，黄钟为宫，林钟为徵，太蔟为商，南吕为羽，姑洗为角。⑦ 自是以后，气复正，羽声复清，名复正变，以至子日当冬至，则阴阳离合之道行焉。十一月甲子朔旦冬至已詹，其更以七年为太初元年。年名'焉逢摄提格'⑧，月名'毕聚'⑨，日得甲子，夜半朔旦冬至。"

(六)汉宣帝的美学思想

汉宣帝刘询(公元前 91—前 49)，汉武帝曾孙。爱好辞赋、歌诗、乐律，以此宣化盛德。治国之道"王道""霸道"兼杂，反对专任儒术，使西汉王朝进入新的繁荣时期，史称"宣帝中兴"。

---

① 未能詹也：未能得到满意的答复。詹：通"瞻"。

② 定清浊：审定音律的清浊。

③ 起五部：确立五行之道。

④ 建气物分数：确立节气、物候变化的日数。

⑤ 紬绩日分：意谓要像纺织一样将时间按年月日组织起来。紬绩：纺织。

⑥ 应水德之胜：五行土胜水，意谓应胜水德的土德。按照战国至秦汉流行的五德终始说，武帝认为汉王朝属于土德。

⑦ 此处的黄钟、林钟、太蔟、南吕、姑洗，是十二律中的五律；宫、徵、商、羽、角，是五音。

⑧ 焉逢摄提格：指甲寅年。"焉逢"为甲，"摄提格"为寅。

⑨ 毕聚：正月的异名。

班 固

选文摘自《汉书》，中华书局 1999 年版。

汉 书

与群臣议武帝庙乐

宣帝初即位，欲褒先帝，诏丞相御史曰："朕以眇①身，蒙遗德，承圣业，奉宗庙，夙夜惟念。孝武皇帝躬仁谊，厉威武，北征匈奴，单于远遁，南平氏羌、昆明、瓯骆两越，东定薉、貉、朝鲜，廓地斥境，立郡县，百蛮率服，款塞②自至，珍贡陈于宗庙；协音律，造乐歌，荐上帝，封太山，立明堂，改正朔，易服色；明开圣绪，尊贤显功，兴灭继绝，褒周之后；备天地之礼，广道术之路。上天报况，符瑞③并应，宝鼎出，白麟获，海效④巨鱼，神人并见，山称万岁。功德茂盛，不能尽宣，而庙乐⑤未称，朕甚悼焉。其与列侯、二千石、博士议。"于是群臣大议廷中，皆曰："宜如诏书。"长信少府胜⑥独曰："武帝虽有攘四夷广土斥境之功，然多杀士众，竭民财力，奢泰亡度，天下虚耗，百姓流离，物故⑦者（过）半。蝗虫大起，赤地数千里，或人民相食，畜积至今未复。亡德泽于民，不宜为立庙乐。"公

---

① 眇：微小。

② 款塞：叩塞门，谓外族前来通好。

③ 符瑞：吉祥的征兆，多指帝王受命的征兆。

④ 效：致。

⑤ 庙乐：宗庙音乐，多用于祭祀或颂德。

⑥ 胜：夏侯胜。西汉经学家，今文尚书学"大夏侯学"的开创者。

⑦ 故：死。

卿共难胜曰："此诏书也。"胜曰："诏书不可用也。人臣之谊，宜直言正论，非苟阿意顺指。议已出口，虽死不悔。"于是丞相义、御史大夫广明劾奏胜非议诏书，毁先帝，不道①，及丞相长史黄霸阿纵胜，不举劾，俱下狱。有司遂请尊孝武帝庙为世宗庙，奏《盛德》、《文始》、《五行》之舞，天下世世献纳，以明盛德。武帝巡狩所幸郡国凡四十九，皆立庙，如高祖、太宗焉。

博举诏

秋八月，诏曰："朕不明六艺，郁②于大道，是以阴阳风雨未时。其博举吏民，厥身修正，通文学，明于先王之术，宣究其意者，各二人，中二千石各一人。"

禁春夏弹射诏

夏六月，诏曰："前年夏，神爵③集雍。今春，五色鸟以万数飞过属县④，翱翔而舞，欲集未下。其令三辅毋得以春夏摘⑤巢探卵，弹射飞鸟。具为令。"

改元神爵诏

神爵元年春正月，行幸甘泉，郊泰畤。三月，行幸河东，祠后土。诏曰："朕承宗庙，战战栗栗，惟万事统，未烛⑥厥理。乃元康四年嘉谷玄稷⑦降于郡国，神爵仍集，金芝九茎产于函德殿⑧铜池

---

① 不道：不遵君臣之道。

② 郁：不通。

③ 爵：通"雀"。神爵：神雀，后用为汉宣帝年号。

④ 属县：三辅诸县。

⑤ 摘：用手指抓搔。

⑥ 烛：照。

⑦ 玄稷：黑色的粟。

⑧ 函德殿：汉武帝时期所建的建章宫中的宫殿名。

中，九真①献奇兽，南郡获白虎威凤为宝。朕之不明，震于珍物，
饬躬斋精，祈为百姓。东济大河，天气清静，神鱼舞河。幸万岁
宫②，神爵翔集。朕之不德，惧不能任。其以五年为神爵元年。赐
天下勤事吏爵二级，民一级，女子百户牛酒，鳏寡孤独高年帛。所
振贷物勿收。行所过毋出田租。"

嫁娶不禁具酒食诏

秋八月，诏曰："夫婚姻之礼，人伦之大者也；酒食之会，所以
行礼乐也。今郡国二千石或擅为苛禁③，禁民嫁娶不得具酒食相贺
召。由是废乡党之礼，令民亡所乐，非所以导民也。《诗》不云乎？
'民之失德，乾糇以愆。'④勿行苛政。"

麒麟阁图十一功臣

甘露三年⑤，单于始入朝。上思股肱⑥之美，乃图画其人于麒麟
阁⑦，法其形貌，署其官爵姓名。唯霍光不名，曰大司马大将军博
陆侯姓霍氏，次曰卫将军富平侯张安世，次曰车骑将军龙额侯韩增，
次曰后将军营平侯赵充国，次曰丞相高平侯魏相，次曰丞相博阳侯
丙吉，次曰御史大夫建平侯杜延年，次曰宗正阳城侯刘德，次曰少
府梁丘贺，次曰太子太傅萧望之，次曰典属国苏武。皆有功德，知

---

①　九真：武帝在南越国所建九真郡。
②　万岁宫：指河东郡汾阴的万岁宫。
③　苛禁：严苛的禁令。
④　乾糇：干粮。愆：过失。
⑤　甘露三年：公元前51年。
⑥　股肱：大腿与胳膊，比喻辅佐大臣。
⑦　麒麟阁：位于未央宫中，因武帝元狩年间打猎获得麒麟而得名，主要用于珍藏历
史文件，供奉功臣。

名当世，是以表而扬之，明著中兴辅佐，列于方叔、召虎、仲山甫焉①。凡十一人，皆有传。自丞相黄霸、廷尉于定国、大司农朱邑、京兆尹张敞、右扶风尹翁归及儒者夏侯胜等，皆以善终，著名宣帝之世，然不得列于名臣之图，以此知其选矣。

修汉武故事

宣帝时修武帝故事，讲论六艺群书，博尽奇异之好，征能为《楚辞》九江被公，召见诵读，益召高材刘向、张子侨、华龙、柳褒等待诏金马门。神爵、五凤之间，天下殷（当）〔富〕，数有嘉应。上颇作歌诗，欲兴协律之事，丞相魏相奏言知音善鼓雅琴者渤海赵定、梁国龚德，皆召见待诏。于是益州刺史王襄欲宣风化于众庶，闻王褒有俊材，请与相见，使褒作《中和》、《乐职》、《宣布诗》，选好事者令依《鹿鸣》之声习而歌之。时汜乡侯何武为僮子，选在歌中。久之，武等学长安，歌太学下，转而上闻。宣帝召见武等观之，皆赐帛，谓曰："此盛德之事，吾何足以当之！"

论辞赋

上令褒与张子侨等并待诏，数从褒等放猎，所幸宫馆，辄为歌颂，第其高下，以差赐帛。议者多以为淫靡不急，上曰："'不有博弈者乎，为之犹贤乎已！'辞赋大者与古诗同义，小者辩丽可喜。辟如女工有绮縠，音乐有郑卫，今世俗犹皆以此虞说耳目，辞赋比之，尚有仁义风谕，鸟兽草木多闻之观，贤于倡优博弈远矣。"顷之，擢褒为谏大夫。

---

① 列于方叔、召虎、仲山甫焉：与方叔、召虎、仲山甫的图像相并列。方叔、召虎、仲山虎，均为西周宣王中兴之功臣。

(七)汉元帝的美学思想

汉元帝刘奭(公元前 74—前 33),汉宣帝长子。在位时期"崇尚儒术",开启了西汉后期社会全面儒家化的时代。

班 固

选文摘自《汉书》,中华书局 1999 年版。

汉 书

初陵勿置县邑诏

九月戊子,罢卫思后园①及戾园②。冬十月乙丑,罢祖宗庙在郡国者。诸陵分属三辅。以渭城寿陵亭部原上为初陵③。诏曰:"安土重迁,黎民之性;骨肉相附,人情所愿也。顷者有司缘臣子之义,奏徙郡国民以奉园陵,令百姓远弃先祖坟墓,破业失产,亲戚别离,人怀思慕之心,家有不安之意。是以东垂④被虚耗之害,关中有无聊之民,非久长之策也。《诗》不云呼?'民亦劳止,迄可小康,惠此中国,以绥四方。'今所为初陵者,勿置县邑,使天下咸安土乐业,

---

① 卫思后园:汉武帝第二任皇后卫子夫的陵园。
② 戾园:汉武帝嫡长子刘据的陵园。
③ 初陵:指元帝初置之陵。
④ 东垂:东部地区。垂:通"陲"。

亡有动摇之心。布告天下，令明知之。"又罢先后父母奉邑。①

与贡禹等议罢郡国庙

初，高祖时，令诸侯王都皆立太上皇庙。至惠帝尊高帝庙为太祖庙，景帝尊孝文庙为太宗庙，行所尝幸郡国各立太祖、太宗庙。至宣帝本始二年②，复尊孝武庙为世宗庙，行所巡狩亦立焉。凡祖宗庙在郡国六十八，合百六十七所。而京师自高祖下至宣帝，与太上皇③、悼皇考④各自居陵旁立庙，并为百七十六。又园中各有寝、便殿。日祭于寝，月祭于庙，时祭于便殿。寝，日四上食；庙，岁二十五祠；便殿，岁四祠。又月一游衣冠⑤。而昭灵后⑥、武哀王⑦、昭哀后⑧、孝文太后、孝昭太后、卫思后⑨、戾太子⑩、戾后⑪各有寝园，与诸帝合，凡三十所。一岁祠，上食二万四千四百五十五，用卫士四万五千一百二十九人，祝宰⑫乐人万二千一百四十七人，养牺牲卒不在数中。

至元帝时，贡禹⑬奏言："古者天子七庙，今孝惠、孝景庙皆亲尽，宜毁。及郡国庙不应古礼，宜正定。"天子是其议，未及施行而

---

① 罢先后父母奉邑：撤销为父母坟墓设置的护墓进祭人员。

② 宣帝本始二年：公元前72年。

③ 太上皇：汉高祖刘邦之父。

④ 悼皇考：汉宣帝之父，即史皇孙刘进。

⑤ 游衣冠：汉代祭祀制度，每月初一将汉高祖的衣冠从陵墓的宫殿中移到祭祀高祖的宗庙里去。

⑥ 昭灵后：汉高祖的母亲。

⑦ 武哀王：刘邦的大哥刘伯。

⑧ 昭哀后：刘邦的姐姐。

⑨ 卫思后：汉武帝第二任皇后卫子夫。

⑩ 戾太子：汉武帝嫡长子刘据。

⑪ 戾后：戾太子的妾室，汉宣帝的祖母。

⑫ 祝宰：汉代官名，主司祭祀礼仪。

⑬ 贡禹：琅琊人，西汉中期大臣。

禹卒。永光四年①，乃下诏先议罢郡国庙，曰："朕闻明王之御世也，遭时为法，因事制宜。往者天下初定，远方未宾，因尝所亲以立宗庙，盖建威销萌②，一民之至权③也。今赖天地之灵，宗庙之福，四方同轨，蛮貊贡职，久遵而不定，令疏远卑贱共承尊祀，殆非皇天祖宗之意，朕甚惧焉。传不云乎？'吾不与祭，如不祭。'其与将军、列侯、中二千石、二千石、诸大夫、博士、议郎议。"丞相玄成、御史大夫郑弘、太子太傅严彭祖、少府欧阳地馀、谏大夫尹更始等七十人皆曰："臣闻祭，非自外至者也，繇中出，生于心也。故唯圣人为能飨帝，孝子为能飨亲。立庙京师之居，躬亲承事，四海之内各以其职来助祭，尊亲之大义，五帝三王所共，不易之道也。《诗》云：'有来雍雍，至止肃肃，相维辟公，天子穆穆。'《春秋》之义，父不祭于支庶之宅，君不祭于臣仆之家，王不祭于下土诸侯。臣等愚以为宗庙在郡国，宜无修，臣请勿复修。"奏可。因罢昭灵后、武哀王、昭哀后、卫思后、戾太子、戾后园，皆不奉祠，裁置吏卒守焉。

与群臣议毁庙迁主

罢郡国庙后月馀，复下诏曰："盖闻明王制礼，立亲庙四，祖宗之庙，万世不毁，所以明尊祖敬宗，著亲亲④也。朕获承祖宗之重，惟大礼未备，战栗恐惧，不敢自颛，其与将军、列侯、中二千石、二千石、诸大夫、博士议。"玄成等四十四人奏议曰："《礼》，王者始受命，诸侯始封之君，皆为太祖。以下，五庙而迭毁，毁庙之主⑤

---

① 永光四年：公元前 40 年。
② 建威销萌：建立威势，消除逆乱之萌生。
③ 一民之至权：加强中央集权。
④ 亲亲：亲近亲人。
⑤ 主：神主牌位。

臧乎太祖，五年而再殷祭①，言壹禘壹祫也②。祫祭者，毁庙与未毁庙之主皆合食于太祖，父为昭，子为穆③，孙复为昭，古之正礼也。祭义曰：'王者禘其祖自出，以其祖配之，而立四庙。'言始受命而王，祭天以其祖配，而不为立庙，亲尽也。立亲庙四，亲亲也。亲尽而迭毁，亲疏之杀，示有终也。周之所以七庙者，以后稷始封，文王、武王受命而王，是以三庙不毁，与亲庙四而七。非有后稷始封，文、武受命之功者，皆当亲尽而毁。成王成二圣之业，制礼作乐，功德茂盛，庙犹不世④，以行为谥而已。《礼》，庙在大门之内，不敢远亲也。臣愚以为高帝受命定天下，宜为帝者太祖之庙，世世不毁，承后属尽者宜毁。今宗庙异处，昭穆不序，宜入就太祖庙而序昭穆如礼。太上皇、孝惠、孝文、孝景庙皆亲尽宜毁，皇考庙亲未尽⑤，如故。"大司马车骑将军许嘉等二十九人以为孝文皇帝除诽谤，去肉刑，躬节俭，不受献，罪人不帑，不私其利，出美人，重绝人类，宾赐长老，收恤孤独，德厚侔天地，利泽施四海，宜为帝者太宗之庙。廷尉忠以为孝武皇帝改正朔，易服色，攘四夷，宜为世宗之庙。谏大夫尹更始等十八人以为皇考庙上序于昭穆，非正礼，宜毁。

于是上重其事，依违⑥者一年，乃下诏曰："盖闻王者祖有功而宗有德，尊尊之大义也；存亲庙四，亲亲之至恩也。高皇帝为天下

---

① 殷祭：大祭。

② 禘、祫：禘与祫，皆帝王宗庙之大祭。

③ 昭、穆：中国古代宗法制度对宗庙或墓地的辈次排列规则。始祖居中，始祖以下同一宗族男性依辈分在宗庙或墓地中按奇昭偶穆的顺序排列。二世、四世、六世位于始祖的左方，称"昭"；三世、五世、七世位于始祖的右方，称"穆"。

④ 不世：不存于世。

⑤ 皇考庙：汉宣帝刘询生父，即汉元帝刘奭祖父史皇孙的庙。亲未尽：指直系亲属刘奭仍然在世。

⑥ 依违：犹豫，模棱两可。

诛暴除乱，受命而帝，功莫大焉。孝文皇帝国为代王，诸吕作乱，海内摇动，然群臣黎庶靡不壹意，北面而归心，犹谦辞固让而后即位，削乱秦之迹，兴三代之风，是以百姓晏然，咸获嘉福，德莫盛焉。高皇帝为汉太祖，孝文皇帝为太宗，世世承祀，传之无穷，朕甚乐之。孝宣皇帝为孝昭皇帝后，于义壹体。孝景皇帝庙及皇考庙皆亲尽，其正礼仪。"玄成等奏曰："祖宗之庙世世不毁，继祖以下，五庙而迭毁。今高皇帝为太祖，孝文皇帝为太宗，孝景皇帝为昭，孝武皇帝为穆，孝昭皇帝与孝宣皇帝俱为昭。皇考庙亲未尽。太上、孝惠庙皆亲尽，宜毁。太上庙主宜瘗园①，孝惠皇帝为穆，主迁于太祖庙，寝园皆无复修。"奏可。

议者又以为《清庙》之诗言交神之礼无不清静，今衣冠出游，有车骑之众，风雨之气，非所谓清静也。"祭不欲数②，数则渎，渎则不敬。"宜复古礼，四时祭于庙，诸寝园日月间祀皆可勿复修。上亦不改也。明年，玄成复言："古者制礼，别尊卑贵贱，国君之母非适不得配食，则荐于寝，身没而已。陛下躬至孝，承天心，建祖宗，定迭毁，序昭穆，大礼既定，孝文太后、孝昭太后寝祠园宜如礼勿复修。"奏可。

后岁馀，玄成薨，匡衡为丞相。上寝疾，梦祖宗谴③罢郡国庙，上少弟楚孝王亦梦焉。上诏问衡，议欲复之，衡深言不可。上疾久不平，衡惶恐，祷高祖、孝文、孝武庙曰："嗣曾孙皇帝恭承洪业，夙夜不敢康宁，思育休烈，以章祖宗之盛功。故动作接神，必因古圣之经。往者有司以为前因所幸而立庙，将以系海内之心，非为尊祖严亲也。今赖宗庙之灵，六合之内莫不附亲，庙宜一居京师，天

---

① 瘗园：埋葬于陵园中。

② 数：烦琐。

③ 谴：谴责。

子亲奉，郡国庙可止毋修。皇帝祗肃旧礼，尊重神明，即告于祖宗而不敢失①。今皇帝有疾不豫，乃梦祖宗见戒以庙，楚王梦亦有其序。皇帝悼惧，即诏臣衡复修立。谨案上世帝王承祖祢之大（义）〔礼〕，皆不敢不自亲。郡国吏卑贱，不可使独承。又祭祀之义以民为本，间者岁数不登，百姓困乏，郡国庙无以修立。《礼》，凶年则岁事不举，以祖祢之意为不乐，是以不敢复。如诚非礼义之中，违祖宗之心，咎尽在臣衡，当受其殃，大被其疾，队②在沟渎之中。皇帝至孝肃慎，宜蒙祐福。唯高皇帝、孝文皇帝、孝武皇帝省察，右③飨皇帝之孝，开赐皇帝眉寿亡疆，令所疾日瘳，平复反④常，永保宗庙，天下幸甚！"

又告谢毁庙曰："往者大臣以为在昔帝王承祖宗之休典，取象于天地，天序五行，人亲五属，天子奉天，故率其意而尊其制。是以禘尝之序，靡有过五。受命之君躬接于天，万世不堕。继烈以下，五庙而迁，上陈太祖，间岁⑤而祫，其道应天，故福禄永终。太上皇非受命而属尽，义则当迁。又以为孝莫大于严父，故父之所尊子不敢承，父之所异子不敢同。礼，公子不得为母信，为后则于子祭，于孙止，尊祖严父之义也。寝日四上食，园庙间祠，皆可亡修。皇帝思慕悼惧，未敢尽从。惟念高皇帝圣德茂盛，受命溥将⑥，钦若稽古，承顺天心，子孙本支，陈锡亡疆。诚以为迁庙合祭，久长之策，高皇帝之意，乃敢不听⑦？即以令日迁太上、孝惠庙，孝文

---

① 不敢失：不敢失礼。

② 队：如"坠"。

③ 右：如"佑"。

④ 反：如"返"。

⑤ 间岁：隔一年。

⑥ 溥将：广大。

⑦ 乃敢不听：不敢不听从。

太后、孝昭太后寝，将以昭祖宗之德，顺天人之序，定无穷之业。今皇帝未受兹福，乃有不能共①职之疾。皇帝愿复修承祀，臣衡等咸以为礼不得。如不合高皇帝、孝惠皇帝、孝文皇帝、孝武皇帝、孝昭皇帝、孝宣皇帝、太上皇、孝文太后、孝昭太后之意，罪尽在臣衡等，当受其咎。今皇帝尚未平，诏中朝臣具复毁庙之文。臣衡中朝臣咸复以为天子之祀义有所断，礼有所承，违统背制，不可以奉先祖，皇天不祐，鬼神不飨。《六艺》所载，皆言不当，无所依缘，以作其文。事如失指，罪乃在臣衡，当深受其殃。皇帝宜厚蒙祉福，嘉气日兴，疾病平复，永保宗庙，与天亡极，群生百神，有所归息。"诸庙皆同文。

久之，上疾连年，遂尽复诸所罢寝庙园，皆修祀如故。初，上定迭毁礼，独尊孝文庙为太宗，而孝武庙亲未尽，故未毁。上于是乃复申明之，曰："孝宣皇帝尊孝武庙曰世宗，损益之礼，不敢有与焉。他皆如旧制。"唯郡国庙遂废云。

(八)汉成帝的美学思想

汉成帝刘骜(公元前 51—前 7)，汉元帝嫡子。博通古今，有政治抱负，但耽于酒色，开西汉后期内宠、外戚乱政之滥觞。

班　固

选文摘自《汉书》，中华书局 1999 年版。

---

①　共：如"供"。

汉 书

与匡衡议罢祠毁庙

元帝崩，衡奏言：“前以上体不平，故复诸所罢祠，卒不蒙福。案①卫思后、戾太子、戾后园，亲未尽。孝惠、孝景庙亲尽，宜毁。及太上皇、孝文、孝昭太后、昭灵后、昭哀后、武哀王祠，请悉罢，勿奉。”奏可。初，高后时患臣下妄非议先帝宗庙寝园官，故定著令，敢有擅议者弃市②。至元帝改制，蠲除此令。成帝时以无继嗣，河平元年复复③太上皇寝庙园，世世奉祠。昭灵后、武哀王、昭哀后并食于太上寝庙如故，又复擅议宗庙之命④。

罢昌陵诏

秋七月，诏曰：“朕执德不固，谋不尽下⑤，过听⑥将作大匠万年⑦言昌陵三年可成。作治五年，中陵、司马殿门内尚未加功。天下虚耗，百姓罢⑧劳，客土疏恶⑨，终不可成。朕惟其难，怛然伤心。夫‘过而不改，是谓过矣’。其罢昌陵，及故陵⑩勿徙吏民，令天下毋有动摇之心。”

---

① 案：据考察。
② 弃市：古代死刑之一，在闹市中执行死刑并暴尸街头。
③ 复复：重新恢复。
④ 复擅议宗庙之命：恢复了吕后擅议宗庙之事即处死的法令。
⑤ 谋不尽下：没有广泛采纳臣下之谋。
⑥ 过听：误听。
⑦ 万年：解万年，汉成帝时负责建造昌陵的大臣。
⑧ 罢：通“疲”。
⑨ 客土疏恶：从他处运来填充冢墓的土，土质疏松恶劣。
⑩ 故陵：指成帝原作的延陵。

徙解万年、封淳于长等诏

十二月，诏曰："前将作大匠万年知昌陵卑下，不可为万岁居，奏请营作，建置郭邑，妄为巧诈，积土增高，多赋敛繇役，兴卒暴之作。卒①徒蒙辜，死者连属，百姓罢极，天下匮竭。常侍闳前为大司农中丞，数奏昌陵不可成。侍中卫尉长②数白宜早止，徙家反故处。朕以长言下闳章，公卿议者皆合长计。〔长〕首建至策，闳典主省大费，民以康宁。闳前赐爵关内侯，黄金百斤。其赐长爵关内侯，食邑千户。闳五百户。万年佞邪不忠，毒流众庶，海内怨望，至今不息，虽蒙赦令，不宜居京师。其徙③万年敦煌郡。"

禁奢侈诏

圣王明礼制以序尊卑，异车服以章有德，虽有其财，而无其尊，不得逾制，故民兴行，上义而下利。方今世俗奢僭④罔极，靡有厌足。公卿列侯亲属近臣，四方所则，未闻修身遵礼，同心忧国者也。或乃奢侈逸豫，务广第宅，治园池，多畜奴婢，被服绮縠⑤，设钟鼓，备女乐，车服嫁娶葬埋过制。吏民慕效，寖以成俗，而欲望百姓俭节，家给人足，岂不难哉！《诗》不云乎？"赫赫师尹，民具尔瞻。"其申敕有司，以渐禁之。青绿民所常服，且勿止。列侯近臣，各自省改。司隶校尉察不变者。

(九)汉哀帝的美学思想

汉哀帝刘欣（公元前25—前1），汉成帝刘骜的侄子。文辞博敏，

---

① 卒，通"猝"。
② 长：淳于长。
③ 徙：流放。
④ 奢僭：奢华，僭礼。
⑤ 縠：古称质地轻薄纤细透亮、表面起绉的平纹丝织物为縠，也称绉纱。

幼有令闻，继位之初有政治抱负，早逝于"痿痹"之疾。

班　固

选文摘自《汉书》，中华书局 1999 年版。

汉　书

与何武、王舜、刘歆议毁武帝庙

成帝崩，哀帝即位。丞相孔光、大司空何武奏言："永光五年①制书，高皇帝为汉太祖，孝文皇帝为太宗。建昭五年②制书，孝武皇帝为世宗。损益之礼，不敢有与。臣愚以为迭毁之次，当以时定，非令所为擅议宗庙之意也。臣请与群臣杂议。"奏可。于是，光禄勋彭宣、詹事满昌、博士左咸等五十三人皆以为继祖宗以下，五庙而迭毁，后虽有贤君，犹不得与祖宗并列。子孙虽欲褒大显扬而立之，鬼神不飨也。孝武皇帝虽有功烈，亲尽宜毁。

太仆王舜、中垒校尉刘歆议曰："臣闻周室既衰，四夷并侵，猃狁最强，于今匈奴是也。至宣王而伐之，诗人美而颂之曰'薄伐猃狁，至于太原'，又曰'啴啴推推，如霆如雷，显允方叔，征伐猃狁，荆蛮来威'，故称中兴。及至幽王，犬戎来伐，杀幽王，取宗器。自是之后，南夷与北夷交侵，中国不绝如线。《春秋》纪齐桓南伐楚，北伐山戎，孔子曰：'微管仲，吾其被发左衽矣。'是故弃桓之过而录

---

① 永光五年：汉元帝永光五年，即公元前 39 年。
② 建昭五年：汉元帝建昭五年，即公元前 34 年。

其功，以为伯首①。及汉兴，冒顿始强，破东胡，禽月氏，并其土地，地广兵强，为中国害。南越尉佗总百粤，自称帝。故中国虽平，犹有四夷之患，且无宁岁。一方有急，三面救之，是天下皆动而被其害也。孝文皇帝厚以货赂，与结和亲，犹侵暴无已。甚者，兴师十馀万众，近屯京师及四边，岁发屯备虏，其为患久矣，非一世之渐也。诸侯郡守连匈奴及百粤以为逆者非一人也。匈奴所杀郡守都尉，略取人民，不可胜数。孝武皇帝愍中国罢②劳无安宁之时，乃遣大将军、骠骑、伏波、楼船之属，南灭百粤，起七郡；北攘匈奴，降昆邪十万之众，置五属国，起朔方，以夺其肥饶之地；东伐朝鲜，起玄菟、乐浪，以断匈奴之左臂；西伐大宛，并三十六国，结乌孙，起敦煌、酒泉、张掖，以鬲婼羌，裂匈奴之右肩。单于孤特③，远遁于幕北④。四垂无事，斥地远境，起十馀郡。功业既定，乃封丞相为富民侯，以大安天下，富实百姓，其规橅可见。又招集天下贤俊，与协心同谋，兴制度，改正朔，易服色，立天地之祠，建封禅，殊官号，存周后，定诸侯之制，永无逆争之心，至今累世赖之。单于守籓，百蛮服从，万世之基也，中兴之功未有高焉者也。高帝建大业，为太祖；孝文皇帝德至厚也，为文太宗；孝武皇帝功至著也，为武世宗：此孝宣帝所以发德音也。《礼记·王制》及《春秋穀梁传》，天子七庙，诸侯五，大夫三，士二。天子七日而殡，七月而葬；诸侯五日而殡，五月而葬：此丧事尊卑之序也，与庙数相应。其文曰：'天子三昭三穆，与太祖之庙而七；诸侯二昭二穆，与太祖之庙而五。'故德厚者流光，德薄者流卑。《春秋左氏传》曰："名位不同，礼

---

① 伯首：五霸之首。伯：通"霸"。

② 罢：通"疲"。

③ 孤特：孤立无援。

④ 幕北：大漠之北。幕：通"漠"。

亦异数。"自上以下，降杀以两①，礼也。七者，其正法数，可常数者也。宗不在此数中。宗，变也②，苟有功德则宗之，不可预为设数。故于殷，太甲为太宗，大戊曰中宗，武丁曰高宗。周公为《毋逸》之戒，举殷三宗以劝成王。繇是言之，宗无数也，然则所以劝帝者之功德博矣。以七庙言之，孝武皇帝未宜毁；以所宗言之，则不可谓无功德。《礼记》祀典曰：'夫圣王之制祀也，功施于民则祀之，以劳定国则祀之，能救大灾则祀之。'窃观孝武皇帝，功德皆兼而有焉。凡在于异姓，犹将特祀之，况于先祖？或说天子五庙无见文，又说中宗、高宗者，宗其道而毁其庙。名与实异，非尊德贵功之意也。《诗》云：'蔽芾甘棠，勿翦勿伐，邵伯所茇。'思其人犹爱其树，况宗其道而毁其庙乎？迭毁之礼自有常法，无殊功异德，固以亲疏相推及。至祖宗之序，多少之数，经传无明文，至尊至重，难以疑文虚说定也。孝宣皇帝举公卿之议，用众儒之谋，既以为世宗之庙，建之万世，宣布天下。臣愚以为孝武皇帝功烈如彼，孝宣皇帝崇立之如此，不宜毁。"上览其议而从之。制曰："太仆舜、中垒校尉歆议可。"

罢乐府官

是时③，郑声尤甚。黄门名倡丙彊、景武之属富显于世，贵戚五侯定陵、富平外戚之家淫侈过度，至与人主争女乐。哀帝自为定陶王时疾之，又性不好音，及即位，下诏曰："惟世俗奢泰文巧，而郑卫之声兴。夫奢泰则下不孙而国贫，文巧则趋末背本者众，郑卫之声兴则淫辟之化流，而欲黎庶敦朴家给，犹浊其源而求其清流，岂不难哉！孔子不云乎？'放郑声，郑声淫。'其罢乐府官。郊祭乐及

---

① 降杀以两：每降一级减少两个庙祭。
② 宗，变也：宗庙是一个变量。
③ 是时：汉成帝时期。

古兵法武乐，在经①非郑卫之乐者，条奏②，别属他官。"丞相孔光、大司空何武奏："郊祭乐人员六十二人，给祠南北郊。大乐鼓员六人，《嘉至》鼓员十人，邯郸鼓员二人，骑吹鼓员三人，江南鼓员二人，淮南鼓员四人，巴俞鼓员三十六人，歌鼓员二十四人，楚严鼓员一人，梁皇鼓员四人，临淮鼓员二十五人，兹邡鼓员三人，凡鼓十二，员百二十八人，朝贺置酒陈殿下，应古兵法。外郊祭员十三人，诸族乐人兼《云招》给祠南郊用六十七人，兼给事雅乐用四人，夜诵员五人，刚、别柎员二人，给《盛德》主调箎员二人，听工以律知日冬夏至一人，钟工、磬工、箫工员各一人，仆射二人主领诸乐人，皆不可罢。竽工员三人，一人可罢。琴工员五人，三人可罢。柱工员二人，一人可罢。绳弦工员六人，四人可罢。郑四会③员六十二人，一人给事雅乐，六十一人可罢。张瑟员八人，七人可罢。《安世乐》鼓员二十人，十九人可罢。沛吹鼓员十二人，族④歌鼓员二十七人，陈吹鼓员十三人，商乐鼓员十四人，东海鼓员十六人，长乐鼓员十三人，缦乐鼓员十三人，凡鼓八，员百二十八人，朝贺置酒，陈前殿房中，不应经法⑤。治竽员五人，楚鼓员六人，常从倡⑥三十人，常从象人⑦四人，诏随常从倡十六人，秦倡员二十九人，秦倡象人员三人，诏随秦倡一人，雅大人员九人，朝贺置酒为乐。楚四会员十七人，巴四会员十二人，铫四会员十二人，齐四会员十九人，蔡讴员三人，

---

① 在经：合乎常道。
② 条奏：分条奏闻。
③ 郑：地名。四会：与四方乐声会合。
④ 族：杂。
⑤ 经法：常法。
⑥ 倡：歌手。
⑦ 象人：演员。

齐讴员六人，筝瑟钟磬员五人，皆郑声，可罢。师学①百四十二人，其七十二人给大官捅马酒②，其七十人可罢。大凡八百二十九人，其三百八十八人不可罢。可领属大乐③，其四百四十一人不应经法，或郑卫之声，皆可罢。"奏可。

(十)汉平帝的美学思想

汉平帝刘衎(公元前9—公元6)，汉元帝之孙，9岁登基，14岁去世。此时王莽专权，体现朝廷意志的政治礼乐举措多出自王莽。

班　固

选文摘自《汉书》，中华书局1999年版。

汉　书

与王莽议罢皇祖考庙

至平帝元始中，大司马王莽奏："本始④元年丞相义⑤等议，谥孝宣皇帝亲曰悼园，置邑三百家，至元康元年，丞相相⑥等奏，父

---

① 师学：学徒。
② 给大官捅马酒：帮助造酒官制作马奶酒。
③ 领属大乐：归属到太乐官府。
④ 本始：汉宣帝年号。
⑤ 义：蔡义，西汉中期大臣。
⑥ 相：魏相，西汉中期大臣。

为士，子为天子，祭以天子，悼园宜称尊号曰'皇考'，立庙，益故奉园民满千六百家，以为县。臣愚以为皇考庙本不当立，累世奉之，非是。又孝文太后南陵、孝昭太后云陵园，虽前以礼不复修，陵名未正。谨与大司徒晏等百四十七人议，皆曰孝宣皇帝以兄孙继统为孝昭皇帝后，以数，故孝元世以孝景皇帝及皇考庙亲未尽，不毁。此两统贰父①，违于礼制。案义奏亲谥曰'悼'，裁置奉邑，皆应经义。相②奏悼园称'皇考'，立庙，益民为县，违离祖统，乖缪③本义。父为士，子为天子，祭以天子者，乃谓若虞舜、夏禹、殷汤、周文、汉之高祖受命而王者也，非谓继祖统为后者也。臣请皇高祖考庙奉明园毁勿修，罢南陵、云陵为县。"奏可。

<h3 style="text-align:center">元始四年制礼作乐</h3>

是岁④，莽奏起明堂⑤、辟雍⑥、灵台⑦，为学者筑舍万区，作市⑧、常满仓⑨，制度甚盛。立《乐经》，益博士员，经各五人。征天下通一艺教授⑩十一人以上，及有逸《礼》、古《书》、《毛诗》、《周官》、《尔雅》、天文、图谶、钟律、月令、兵法、《史篇》文字，通知其意者，皆诣公车。网罗天下异能之士，至者前后千数，皆令记说

---

① 两统贰父：两个皇统，两个父亲。意谓皇统与亲属不是统一的嫡系。
② 相：魏相。
③ 缪：通"谬"。
④ 是岁：汉平帝元始四年，即公元4年。
⑤ 明堂：古代帝王所建的最具象征意义的建筑物，用来朝会诸侯、发布政令、大享祭天，并配祀祖宗，是宣明政教之处。
⑥ 辟雍：古代大学所在地，圆形，围以水池。东汉以后，辟雍改为行乡饮、大射或祭祀之礼的场所。
⑦ 灵台：古代帝王观察天文星象、妖祥灾异的建筑。汉代的天文气象台名"灵台"。
⑧ 作市：兴建集市贸易场所。
⑨ 常满仓：即常平仓，是朝廷为储粮、调节粮价而设的粮仓。
⑩ 教授：指当时的五经或六经博士。

廷中，将令正乖缪，壹异说云。群臣奏言："昔周公奉继体之嗣①，据上公之尊，然犹七年制度乃定。夫明堂、辟雍，堕废千载莫能兴，今安汉公起于第家，辅翼陛下，四年于兹，功德烂然。公以八月载生魄②庚子奉使朝，用书临赋营筑③，越若翊辛丑④，诸生、庶民大和会，十万众并集，平作二旬⑤，大功毕成。唐虞发举，成周造业，诚亡以加。宰衡⑥位宜在诸侯王上，赐以束帛加璧，大国乘车、安车各一，骊马二驷。"诏曰："可。其议九锡⑦之法。"

授王莽九锡之礼

于是公卿大夫、博士、议郎、列侯（富平侯）张纯⑧等九百二人皆曰："圣帝明王招贤劝能，德盛者位高，功大者赏厚。故宗臣有九命上公⑨之尊，则有九锡登等之宠。今九族亲睦，百姓既章，万国和协，黎民时雍，圣瑞毕溱⑩，太平已洽。帝者之盛莫隆于唐虞，而陛下任之；忠臣茂功莫著于伊周，而宰衡配之。所谓异时而兴，如合符者也。谨以《六艺》通义，经文所见，《周官》、《礼记》宜于今者，为九命之锡。臣请命锡。"奏可。

......

---

① 继体之嗣：指周成王。
② 载生魄：月亮开始发光，此处指阴历八月初二或初三。
③ 用书临赋营筑：拿着用来分派劳役的簿册亲自部署修建工程。
④ 越若翊辛丑：第二天辛丑日。翊：通"翌"。
⑤ 平作二旬：正常施工二十天。
⑥ 宰衡：汉平帝时加给王莽的官名。
⑦ 九锡：古代帝王赐给诸侯、大臣有殊勋者的九种礼器，是最高礼仪的代称。锡：通"赐"。
⑧ 张纯：京兆杜陵（今陕西西安市）人，继承祖爵富平侯。
⑨ 九命上公：周代官爵分九个等级，称九命。等级最高的是上公九命。
⑩ 溱：通"臻"。

于是莽稽首再拜，受绿韨衮冕衣赏，玚琫玚珌①，句履②，鸾路③乘马，龙旗九旒④，皮弁素积⑤，戎路⑥乘马，彤⑦弓矢，卢⑧弓矢，左建朱钺⑨，右建金戚⑩，甲胄一具，秬鬯二卣⑪，圭瓒二，九命青玉珪二，朱户纳陛⑫。署宗官、祝官、卜官、史官，虎贲三百人，家令丞各一人，宗、祝、卜、史官皆置嗇夫⑬，佐安汉公。在中府外第，虎贲为门卫，当出入者傅籍⑭。自四辅、三公有事府第，皆用传。以楚王邸为安汉公第，大缮治，通周卫⑮。祖祢⑯庙及寝皆为朱户纳陛。陈崇又奏："安汉公祠祖祢，出城门，城门校尉宜将骑士从。入有门卫，出有骑士，所以重国也。"奏可。

(十一)光武帝的美学思想

光武帝刘秀(公元前5—公元57)，南阳郡蔡阳县(今湖北枣阳市

---

① 玚琫玚珌：用黄金装饰的佩刀。
② 句履：鞋名，鞋头像刀鼻分开。
③ 鸾路：画着青鸟图案的大车。
④ 九旒：九条丝织垂饰。
⑤ 皮弁：贵族用的武冠。素积：素裳。
⑥ 戎路：帝王所乘的兵车。
⑦ 彤：红色。
⑧ 卢：黑色。
⑨ 朱钺：红色的大斧。
⑩ 金戚：金色的斧钺。
⑪ 秬鬯：祭祀用的香酒。卣：盛酒器。
⑫ 朱户：红漆大门。纳陛：将殿堂前的台阶建在廊檐以内。
⑬ 嗇夫：官名，协理员。
⑭ 傅籍：登记入册。
⑮ 周卫：周围的警卫。
⑯ 祖祢：父辈以上的先祖。

西南)人，东汉开国皇帝，崇尚儒学，躬行节俭，迷信图谶，开东汉
"风化最美，儒学最盛"时代。

范　晔

范晔(398—445)，字蔚宗，顺阳(今河南淅川县南)人，南朝宋
史学家、文学家。元嘉九年(432)被贬为宣城太守，于任内著写《后
汉书》。《后汉书》是一部纪传体史书，记载了东汉光武帝建武元年
(25)至汉献帝建安二十五年(1220)的历史，其中包含大量与东汉典
章制度相关的美学文献。选文摘自《后汉书》，中华书局1999年版。

后汉书

不复令桓谭给事中

帝尝问弘①通博之士，弘乃荐沛国桓谭才学洽闻②，几能及杨
雄、刘向父子。于是召谭拜议郎、给事中。帝每宴，辄令鼓琴，好
其繁声。弘闻之不悦，悔于荐举，伺谭内出，正朝服坐府上，遣吏
召之。谭至，不与席而让之曰："吾所以荐子者，欲令辅国家以道德
也，而今数进郑声以乱《雅》《颂》，非忠正者也。能自改邪？将令相
举以法乎？"谭顿首辞谢，良久乃遣之。后大会群臣，帝使谭鼓琴，
谭见弘，失其常度。帝怪而问之。弘乃离席免冠谢曰："臣所以荐桓
谭者，望能以忠正导主，而令朝廷耽悦郑声，臣之罪也。"帝改容谢，
使反服③，其后遂不复令谭给事中。

---

① 弘：宋弘，字仲子，京兆长安(今陕西西安市)人，东汉初年大臣。
② 洽闻：博闻多识。
③ 反服：换回衣服。反：通"返"。

与宋弘议新屏风列女图

弘当谠见①,御坐新屏风②,图画列女③,帝数顾视之。弘正容言曰:"未见好德如好色者。"帝即为彻④之。笑谓弘曰:"闻义则服⑤,可乎?"对曰:"陛下进德⑥,臣不胜其喜。"

禁郡国献异味诏

十三年春正月庚申,大司徒侯霸薨。

戊子,诏曰:"往年已敕郡国,异味不得有所献御⑦,今犹未止,非徒有豫养导择⑧之劳,至乃烦扰道上,疲费过所。其令太官勿复受。明敕下以远方口实⑨所以荐宗庙,自如旧制。"

宣布图谶于天下

是岁⑩,初起明堂、灵台、辟雍,及北郊兆域⑪。宣布图谶⑫于天下。

刘 珍

选文摘自刘晓东等点校《东观汉记》,齐鲁书社 2000 年版。

① 谠见:在皇帝公余时被召见,有别于朝见。
② 御坐新屏风:皇上坐在新制的屏风前。
③ 列女:重义轻生、有节操的女子。
④ 彻:通"撤"。
⑤ 服:服从。
⑥ 进德:增进道德。
⑦ 献御:进献食物给皇上。
⑧ 豫养导择:预先饲养、挑选。
⑨ 口实:珍馐膳食。
⑩ 是岁:光武帝中元元年,即 56 年。
⑪ 兆域:墓地。
⑫ 图谶:录写预言、预兆的书籍。

东观汉记

营寿陵诏

四月①，始营陵地于临平亭南。诏曰："无为山陵，陂池裁令流水而已。迭兴之后②，亦无丘垄，使合古法。今日月已逝③，当豫④自作。臣子奉承，不得有加。"乃令陶人作瓦器。又曰："临平望平阴，河水洋洋，舟船泛泛，善矣！夫周公、孔子，犹不得存，安得松、乔⑤与之而共游乎？文帝晓终始之义，景帝所谓孝子也。故遭反覆⑥，霸陵⑦独完，非成法耶？"初作寿陵⑧，将作大匠窦融上言园陵广袤，无虑所用。帝曰："古者帝王之葬，皆陶人瓦器，木车茅马，使后世之人不知其处。太宗识终始之义，景帝能遵孝道，遭天下反覆而独完其福，岂不美哉？今所制地不过二三顷，无为陵池。"

孙星衍

选文摘自周天游点校《汉官六种》，中华书局 1990 年版。

---

① 四月：光武帝建武二十六年(50)四月。

② 迭兴之后：指光武帝光复汉室之后。迭兴：复兴。

③ 日月已逝：年岁距离去世不远。

④ 豫：通"预"。

⑤ 松、乔：秦汉神话中以长寿著称的两位仙人的合称，即赤松子、王子乔。

⑥ 反覆：多次变动更改。此处指社会动荡变化。

⑦ 霸陵：西汉孝文帝刘恒的陵墓，位于今西安市东郊白鹿原附近。

⑧ 寿陵：帝王在世时所作陵墓。寿：取长久之义。

汉官六种

四科取士诏

世祖诏："方今选举①，贤佞朱紫②错用。丞相故事，四科取士。一曰德行高妙，志节清白；二曰学通行修，经中博士；三曰明达法令，足以决疑，能案章覆问，文中御史；四曰刚毅多略，遭事不惑，明足以决，才任三辅令③。皆有孝悌廉公之行。自今以后，审四科辟召，及刺史、二千石察茂才尤异孝廉之吏，务尽实覈，选择英俊、贤行、廉洁、平端於县邑，务授试以职。有非其人，临计过署，不便习官事，书疏不端正，不如诏书，有司奏罪名，并正举者。"

(十二)汉明帝的美学思想

汉明帝刘庄(28—75)，光武帝刘秀第四子，东汉第二位皇帝。尊崇儒学，完善朝廷礼乐典章制度，在位期间佛教传入中国。

范　晔

选文摘自《后汉书》，中华书局 1999 年版。

---

① 选举：选拔举荐。
② 贤佞朱紫：指贤人与奸佞，是非、正邪与善恶。
③ 三辅令：主管东汉洛阳城附近事务的官员。

后汉书

诏骠骑将军三公

二年春正月辛未，宗祀光武皇帝于明堂，帝及公卿列侯始服冠冕、衣裳、玉佩、绚屦以行事。礼毕，登灵台。使尚书令持节诏骠骑将军、三公曰："今令月吉日，宗祀光武皇帝于明堂，以配五帝①。礼备法物，乐和八音，咏祉福，舞功德，（其）班时令，敕群后。事毕，升灵台，望元气，吹时律，观物变。群僚藩辅，宗室子孙，众郡奉计，百蛮贡职，乌桓②、濊貊③咸来助祭，单于侍子、骨都侯④亦皆陪位。斯固圣祖功德之所致也。朕以暗陋，奉承大业，亲执珪璧，恭祀天地。仰惟先帝受命中兴，拨乱反正，以宁天下，封泰山，建明堂，立辟雍，起灵台，恢弘大道，被之八极；而胤子⑤无成康⑥之质，群臣无吕旦⑦之谋，盥洗进爵，踧踖⑧惟惭。素性顽鄙，临事益惧，故'君子坦荡荡，小人长戚戚'。其令天下自殊死已下，谋反大逆，皆赦除之。百僚师尹，其勉修厥职，顺行时令，敬若昊天，以绥兆人。"

获宝鼎诏

昔禹收九牧⑨之金，铸鼎以象物，使人知神奸，不逢恶气。遭

---

① 五帝：此处指五方神帝，即东方苍帝，南方赤帝，中土黄帝，西方白帝，北方黑帝。
② 乌桓：中国古代北方的少数民族之一。
③ 濊貊：中国古代东北地区的少数民族，又称貊、貉貊或藏貊。
④ 骨都侯：汉时匈奴官名，是单于的辅政近臣。
⑤ 胤子：子嗣，后代。
⑥ 成康：西周时期的周成王和周康王，以"成康之治"闻名。
⑦ 吕旦：西周初期的名臣吕尚（姜子牙）和周公旦，分别辅佐周武王和周成王。
⑧ 踧踖：恭敬而不安的样子。
⑨ 九牧：九州。

德则兴，迁于商、周；周德既衰，鼎乃沦亡。祥瑞之降，以应有德。方今政化多僻①，何以致兹？《易》曰鼎象三公，岂公卿奉职得其理邪？太常其以祫祭②之日，陈鼎于庙，以备器用。赐三公帛五十匹，九卿、二千石半之。先帝诏书，禁人上事言圣，而间者章奏颇多浮词，自今若有过称虚誉，尚书皆宜抑而不省，示不为谄子③蚩也。

报楚王英诏④

英少时好游侠，交通宾客，晚节更喜黄老⑤，学为浮屠⑥斋戒祭祀。八年，诏令天下死罪入缣赎⑦。英遣郎中令奉黄缣白纨三十匹诣国相曰："托在蕃辅，过恶累积，欢喜大恩，奉送缣帛，以赎愆罪。"国相以闻。诏报曰："楚王诵黄老之微言，尚浮屠之仁祠，絜斋三月，与神为誓，何嫌何疑，当有悔吝？其还赎，以助伊蒲塞桑门⑧之盛馔。"

刘　珍

选文摘自刘晓东等点校《东观汉记》，齐鲁书社 2000 年版。

---

① 多僻：多邪僻，不正常。

② 祫祭：古代宗庙祭祀名，指春祭。

③ 谄子：奉承、谄媚之人。

④ 这是汉地文献对佛教的最早记录。虽不涉及美学，但可作为中国佛教美学研究的发端。

⑤ 黄老：道教别称之一。黄：黄帝。老：老子。

⑥ 浮屠：佛陀，佛教。

⑦ 缣赎：以缣帛赎罪。

⑧ 伊蒲塞桑门：伊蒲塞即优婆塞，指在家信佛、行佛道并照佛的戒律受持五戒的男居士；桑门即沙门，意义类于和尚。

东观汉记

永平三年图云台二十八将

三年①春二月，图②二十八将于云台③。册曰："剖符封侯，或以德显。"

改乐名乐官诏

秋八月④，诏曰："《尚书璇玑钤》曰：'有帝汉出，德洽作乐，名予⑤。'其改郊庙乐曰《大予乐》，乐官曰大予乐官。以应图谶。"

(十三)汉章帝的美学思想

汉章帝刘炟(57—88)，汉明帝刘庄第五子，东汉第三位皇帝。好儒术，重文教，尚节俭，使东汉王朝经济、文化全面繁荣，史称"明章之治"。

房玄龄

选文摘自《晋书》，中华书局1984年版。

---

① 三年：汉明帝永平三年(60)。

② 图：画。

③ 云台：汉宫中的高台名。汉明帝时曾在云台上图画邓禹等二十八将，以追念功臣。

④ 秋八月：永平三年(60)秋八月。

⑤ 予：乐名。

晋　书

召严宣补学官主调乐器诏

汉章帝元和元年，待诏候钟律殷肜上言："官无晓六十律①以准②调音者。故待诏严崇具以准法教子男宣，愿召宣补学官，主调乐器。"诏曰："崇子③学审晓律，别其族④，协其声者，审试。不得依托父学，以聋为聪。声微妙，独非莫知，独是莫晓。⑤以律错吹，能知命十二律不失一，乃为能传崇学耳。"试宣十二律，其二中，其四不中，其六不知何律，宣遂罢。自此律家莫能为准。

---

① 六十律：是西汉音律学家京房根据传统乐律学的十二律演绎出来的六十音律。

② 准：音准，标准。

③ 崇子：严崇的儿子严宣，父子俱为当时通晓乐律的人。

④ 别其族：分辨音律类别。

⑤ 独非莫知，独是莫晓：个别人说他行或不行，都是靠不住的。

二、制度美学

贾　谊

选文摘自阎振益、钟夏校注《新书校注》，中华书局 2000 年版。

新　书

服　疑

制服①之道，取至适至和以予民，至美至神进之帝。奇服文章，以等上下而差贵贱。是以高下异，则名号异，则权力异，则事势异，

---

①　制服：制定服饰制度。

则旗章①异，则符瑞②异，则礼宠异，则秩禄③异，则冠履异，则衣带异，则环佩④异，则车马异，则妻妾异，则泽厚异，则宫室异，则床席异，则器皿异，则食饮异，则祭祀异，则死丧异。故高则此品⑤周高，下则此品周下。加人⑥者品此临之，埤人⑦者品此承之。迁则品此者进，绌⑧则品此者损⑨。贵周丰，贱周谦⑩；贵贱有级，服位有等。等级既设，各处其检⑪，人循其度。擅退则让，上僭⑫则诛。建法以习之，设官以牧之。是以天下见其服而知贵贱，望其章而知其势，使人定其心，各著其目。

故众多而天下不眩，传远而天下识祗。卑尊已著，上下已分，则人伦法矣。於是主之与臣，若日之与星以。臣不几可以疑主，贱不几可以冒贵。下不凌等则上位尊，臣不逾级则主位安。谨守伦纪，则乱无由生。

---

① 旗章：旗帜和名号。
② 符瑞：当指符节、珪璧、印章之类代表身份之物。
③ 秩禄：俸禄。
④ 环佩：标志身份的佩玉。
⑤ 此品：种类，各类东西，此处指上述各种等级制度。
⑥ 加人：高于他人，超过他人，指升迁。品此：依照这个标准。
⑦ 埤人：低于他人。埤：低下。
⑧ 绌：通"黜"，贬斥，降职。
⑨ 损：贬谪。
⑩ 谦：通"歉"，缺少，减损。
⑪ 检：法度。
⑫ 僭：超越职分，冒用在上者之权行事。

等　齐①

诸侯王所在之宫卫②，织履蹲夷③，以皇帝所在宫法论之；郎中、谒者受谒取告④，以官皇帝之法予之；事诸侯王或不廉洁平端⑤，以事皇帝之法罪之。曰一用汉法，事诸侯王乃事皇帝也。谁是则诸侯之王乃将至尊⑥也。然则，天子之与诸侯，臣之与下，宜撰⑦然齐等若是乎？天子之相，号为丞相，黄金之印；诸侯之相，号为丞相，黄金之印，而尊无异等，秩⑧加二千石⑨之上。天子列卿秩二千石，诸侯列卿秩二千石，则臣已同矣。人主登臣而尊，今臣既同，则法恶得不齐？天子卫御⑩，号为大仆⑪，银印，秩二千石；诸侯之御，号曰大仆，银印，秩二千石，则御已齐矣。御既已齐，则车饰恶得不齐？天子亲，号云太后；诸侯亲，号云太后。天子妃，号曰后；诸侯妃，号曰后。然则，诸侯何损而天子何加焉？妻既已同，则夫何以异？天子宫门曰司马⑫，阑入⑬者为城旦⑭；诸侯宫门

---

①　《新书·等齐》篇言诸侯在称谓，适用制度及所用服饰、名号、用度诸方面与皇帝等齐无差，就会造成下僭拟其上的变乱，意在劝汉文帝制定区分尊卑贵贱的制度。等齐，指君臣相等无差。

②　宫卫：即宫禁，指皇帝或诸侯王居住之宫殿，因其禁卫森严，臣下不得擅自出入。

③　织履蹲夷：铺上草席蹲坐，这里指拜见诸侯王的仪式。

④　郎中：官职名，即郎中令，掌宫殿掖门户，下属有大夫、郎、谒者。取告：听取命令。

⑤　平端：指行为端庄，合于身份。

⑥　至尊：皇帝。

⑦　撰：刘师培《贾子新书斠补》认为当作"选"、齐等之意。

⑧　秩：俸禄，秩俸。

⑨　二千石：汉代内自九卿郎将，外至郡守郡尉的俸禄均为二千石。

⑩　卫御：警卫及侍御之人。

⑪　大仆：官职名，汉代为九卿之一，掌管皇帝车马及牧畜之事。大，同"太"。

⑫　司马：这里指汉代掌管宫门之官。

⑬　阑入：擅自进入。

⑭　城旦：秦汉时对犯人进行的一种白昼守卫御敌，夜间筑城的刑罚。

曰司马，阑入者为城旦。殿门俱为殿门，阑入之罪亦俱弃市①。宫墙门卫同名，其严一等②，罪已钧矣。天子之言曰令，令甲令乙是也；诸侯之言曰令，□仪之言是也。天子卑号皆称陛下，诸侯卑号称陛下。天子车曰乘舆，诸侯车曰称舆，乘舆等也。衣被次齐贡死经纬也，苟工巧而志欲之，唯冒上轶主次也。然则，所谓主者安居，臣者安在？

人之情不异，面目状貌同类，贵贱之别非人天根着於形容也。所持以别贵贱明尊卑者，等级、势力、衣服、号令也。乱且不息，滑曼无纪。天性则同，人事无别。然则，所谓臣臣主主者，非有相临之具、尊卑之经也，持面形而肤之耳。近习乎昼，近貌然后能识，则疏远无所放，众庶无以期，则下恶能不疑其上？君臣同伦，异等同服，则上恶能不眩於其下？孔子曰："长民者，衣服不二，从容有常，以齐其民，则民德一。"云："彼都人士，狐裘黄裳"，"行归於周，万民之望"。孔子曰："为上可望而知也，为下可类而志也，则君不疑於其臣，而臣不惑於其君。"而此之不行，沐渎无界，可谓长大息者此也。

傅　职

天子处位不端，受业不敬，教诲讽诵《诗》《书》《礼》《乐》之不经不法不古，言语不序，音声③不中律；将学趋让④，进退即席不以礼，登降揖让无容，视瞻俯仰周旋无节，咳唾数顾，趋行不得，色

---

① 弃市：古代的一种刑罚，在集市上斩杀罪人。

② 一等：一样，相同。

③ 音声：《礼记·乐记》注："声者，是宫商角徵羽也。音者，谓宫商角徵羽，相杂和比。单者谓之声，众声和成章谓之音。"

④ 趋让：即下句"进退即席"（谓就座）之礼仪。

不比①顺，隐琴肆瑟②，凡此其属，太保之任也。古者燕召公职之。

……

天子居处，出入不以礼，衣服冠带不以制，御器③在侧不以度，杂彩从美不以彰德，忿怒说喜不以义，赋与嗺让不以节，小行、小礼、小义、小道，不从少师之教，凡此其属，少傅之任也。

天子居处燕私④，安所易，乐而湛⑤，夜漏屏人而数⑥，饮酒而醉，食肉而饱，饱而强食，饥而馁，暑而暍⑦，寒而懦，寝而莫宥⑧，坐而莫恃，行而莫先莫后，帝自为开户，自取玩好，自执器皿，亟⑨顾还⑩面，而器御之不举不臧⑪，折毁丧伤，凡此其属，少保之任也。

干戚戈羽之舞，管籥⑫琴瑟之会，号呼歌谣声音不中律，燕乐⑬《雅》《颂》逆乐序，凡此其属，诏工之任也。

保　傅

三代之礼：天子春朝朝日，秋幕夕月，所以明有敬也；春秋入学，坐国老，执酱而亲馈之，所以明有孝也；行以鸾和，步中《采

---

①　比：王聘珍曰："比，和也。"

②　隐琴肆瑟：孔广森曰："隐，倚也。慢其雅器，其容褒也。"《广雅·释诂》注："肆，踞也。"

③　御器：王聘珍曰："御器，服用之器。尊者谓之御。"

④　燕私：闲居安息，《汉书·谷永传》注："损燕私之闲以劳天下。"

⑤　湛：王聘珍曰："湛，淫也。"

⑥　数：《礼记·儒行》注："数，说也。"

⑦　暍：卢辩曰："暍，伤暑也。"

⑧　宥：王聘珍曰："宥，读为侑。"《说文》注："侑，耦也。"

⑨　亟：孔广森曰："亟，屡也。"

⑩　还：《集韵》注："还，通作环。"卢辩曰："环，旋也。"

⑪　臧：通"藏"。

⑫　籥：古乐器。《尔雅·释乐》注："籥，如笛，三孔而短小。"

⑬　燕乐：王聘珍曰："号，大呼也。燕乐，房中之乐，即《关雎》、《二南》也。"

荼》，趋中《肆夏》①，所以明有度也；其於禽兽也，见其生不忍其死，闻其声不尝其肉，故远庖厨，所以长恩，且明有仁也。食以礼，收以乐。失度，则史书之，工诵之，三公进而读之，宰夫减其膳，是天子不得为非。

《明堂之位》曰："笃仁而好学，多闻而道顺。天子疑则问，应而不穷者谓之道。道者，道天子②以道者也，常立於前，是周公也。诚立而敦断，辅善而相义者谓之辅。辅者，辅天子之意者也，常立於左，是太公也。洁廉而切直，匡过而谏邪者谓之拂③。拂者，拂天子之过者也，常立於右，是召公也。博闻强记，捷给而善对者谓之承④。承者，承天子之遗忘者也，常立於后，是史佚也。故成王中立听朝，则四圣维之，是以虑无失计而举⑤无过事。"殷周之所以长久者，其辅翼天子有此具也。

及秦而不然，其俗固非贵辞让也，所上者告讦也；固非贵礼让也，所上者刑罚也。使赵高傅胡亥而教之狱，所习者非斩劓⑥人，则夷⑦人之三族⑧也。故今日即位，明日射人⑨，忠谏者谓之诽谤，深为之计者谓之妖言，其视杀人若艾草菅⑩然。岂胡亥之性恶哉？其所以集道之者非理故也。

---

① 《采荼》《肆夏》：皆古乐名，或曰逸诗。

② 道天子：即导天子。

③ 拂：《荀子·臣道》注："拂，读为弼。"

④ 承：朱骏声曰："承，假借谓丞。"《广韵》注："丞，佐也。"

⑤ 举：行。

⑥ 劓：割鼻。

⑦ 夷：灭。

⑧ 三族：父母、兄弟、妻子。

⑨ 射人：王聘珍引《史记·李斯传》云："有行人入上林中，二世自射杀之。"

⑩ 菅：茅。

鄙谚曰："不习为吏，而视已事①。"又曰："前车覆而后车戒。"夫殷周之所以长久者，其已事可知也；然而不能从，是不法圣智也。秦之呕绝者，其轨迹可见也，然而不避，是后车又覆也。夫存亡之反②，治乱之机，其要在是矣。天下之命，县于太子；太子之善，在於蚤谕教与选左右。心未滥而先谕教，则化易成也；夫开於道术③，知义理之指④，则教之功也。若其服习积贯，则左右而已矣。夫胡越之人，生而同声，嗜欲不异，及其长而成俗也，累数译而不能相通；行有虽死而不相为者，则教习然也。臣故曰："选左右、蚤谕教最急。"夫教得而左右正，则太子正矣，太子正而天下定矣。《书》曰："一人⑤有庆，兆民赖之。"此时务也。

辅　佐

大相上承大义而启治道，总百官之要，以调天下之宜，正身行，广教化，修礼乐，以美风俗；兼领而和一之，以合治安。故天下失宜，国家不治，则大相之任也。上执政职。

大拂秉义立诚，以翼⑥上志；直议正辞，以持上行；批天下之患，匡诸侯之过。令或郁而不通，臣或螫⑦而不义⑧，大拂之任也。中执政职。

大辅⑨闻善则以献，知善则以献，明号令，正法则，颁度量，

---

① 已事：即成事。
② 反：《说文》注："反，覆也。"《列子·仲尼》注："反，变也。"
③ 术：艺。
④ 指：意。
⑤ 一人：天子。
⑥ 翼：《集韵》注："翼，辅也。"
⑦ 螫：乖戾。
⑧ 义：宜。
⑨ 辅：相。

论贤良，次①官职，以时巡循，使百吏敬率其业。故经②义不衷，贤不肖失序，大辅之任也。下执事职。

道行典知变化，以为规是非，明利害，掌仆及舆马之度，羽旄③旌旗之制，步骤徐疾之节，春夏秋冬马之伦④色；居车之容，登降之礼，见规宜论，见过则调⑤。故职不率义⑥，则道行之任也。

调讯⑦典博闻，以掌驷乘，领时⑧从，此贤能，天子出则为车右，坐立则为位，承圣帝之德，畜民之道，礼乐之正，应事之理，则职以箴；刑狱之衷，赏罚之诚，已诺之信，百官之经⑨，丧祭之共⑩，戎事之诚，身行之强，则职以谂⑪；遇大臣之敬，遇小臣之惠，坐立之端，言默之序，音声之适，揖让之容，俯仰之节，立事之色⑫，则职以证；出入不从礼，衣服不从制，御器不以度，迎送非其章，忿说⑬忘其义，取予失其节，安易而乐湛，则职以谏。故善不彻，过不闻，侍从不谏，则调讯之任也。

典方⑭典容仪，以掌诸侯、远方之君，撰之班爵、列位、轨任之约，朝觐、宗遇、会同、享聘、贡职之数；辨其民人之众寡，政

---

① 次：列。《荀子·王霸》注："列，置于列位也。"
② 经：《吕氏春秋·有始》注："经，道也。"《集韵》注："经，常也。"
③ 羽旄：以鸟羽和旄牛尾为旗饰。
④ 伦：类。《礼记·曲礼》注："伦，犹类也。"
⑤ 調：通"谏"。
⑥ 率：《玉篇》注："率，遵也。"义：宜。
⑦ 讯：谏。
⑧ 时：《释名·释言语》注："侍，时也。"《广雅·释言》注："时，伺也。"
⑨ 经：纲纪。
⑩ 共：通"供"。
⑪ 谂：同"审"，规谏，劝告。《说文》注："谂，深谏也。"
⑫ 色：《说文》注："色，颜气也。"
⑬ 说：悦。
⑭ 方：国。

之治乱。率德道顺，僻淫犯禁之差第①；天子巡狩，则先循於其方。故或有功德而弗举，或有淫僻犯禁而不知，典方之任也。

奉常②典天，以掌宗庙社稷之祀，天神地祇人鬼，凡山川四望国之诸祭，吉凶妖祥占相之事；序礼乐丧纪，国之礼仪，毕居其宜，以识宗室；观民风俗，审诗商，修宪命③，禁邪言，息淫声；於四时之交，有事於南郊，以报祈天明④。故历⑤天事不得，事鬼神不序，经⑥礼仪人伦不正，奉常之任也。

祧师⑦典春，以掌国之众庶，四民⑧之序，以礼义伦理教训人民。方春三月，缓施生遂，动作百物，是时有事於皇考祖考□□□□□⑨。

礼

昔周文王使太公望傅太子发，太子嗜鲍鱼，而太公弗与，太公曰："礼，鲍鱼不登於俎⑩，岂有非礼而可以养⑪太子哉?"寻常之室无奥剽之位，则父子不别；六尺之舆无左右之义，则君臣不明。寻常之室、六尺之舆，处无礼，即上下踌逆，父子悖乱，而况其大者乎! 故道德仁义，非礼不成；教训正俗，非礼不备；分争辩讼，非礼不决；君臣、上下、父子、兄弟，非礼不定；宦学事师，非礼不亲；班朝治军、莅官行法，非礼威严不行；祷祠祭祀，供给鬼神，

---

① 僻:《广韵》注:"僻，邪僻也。"第:《说文》注:"第，次也。"
② 奉常:秦官，掌宗庙礼仪。
③ 宪命:君令，法令。
④ 天明:犹言天命。
⑤ 历:《尔雅·释诂》注:"历，数也。"
⑥ 经:纪理。
⑦ 祧师:《大戴礼记》作"司徒"。
⑧ 四民:士、农、工、商。
⑨ □□□□□:此处缺字。
⑩ 俎:祭宗庙之器。
⑪ 养:教。

非礼不诚不庄。是以君子恭敬、撙节、退让以明礼。

礼者，所以固国家，定社稷，使君无失其民者也。主主臣臣[①]，礼之正也；威德在君，礼之分也；尊卑大小，强弱有位，礼之数也。礼，天子爱天下，诸侯爱境内，大夫爱官属，士庶各爱其家，失爱不仁，过爱不义。故礼者，所以守尊卑之经、强弱之称者也。礼，天子适诸侯之宫，诸侯不敢自阼[②]阶。阼阶者，主之阶也。天子适诸侯，诸侯不敢有宫[③]，不敢为主人礼也。君惠臣忠，父慈子孝，兄爱弟敬，夫和妻柔，姑慈妇听，礼之至也。君惠则不厉，臣忠则不贰，父慈则教，子孝则协，兄爱则友，弟敬则顺，夫和则义，妻柔则正，姑慈则从，妇听则婉，礼之质也。

礼者，臣下所以承其上也。故《诗》云："一发五豝，吁嗟乎驺虞。"驺者，天子之囿也。虞者，囿之司兽者也。天子佐舆[④]十乘，以明贵也。二牲而食，以优饱也。虞人翼五豝以待一发，所以复中也。人臣於是所尊敬，不敢以节待，敬之至也。甚尊其主，敬慎其所掌职，而志厚尽矣。作此诗者，以其事深见良臣顺上之志也。良臣顺上之志者，可以义矣。故其叹之也长，曰"吁嗟乎"。虽古之善为人臣者，亦若此而已。

礼者，所以节义而没不逾，故飨饮之礼，先爵於卑贱，而后贵者始羞[⑤]，殽膳下浃[⑥]而乐人始奏。觞不下遍，君不尝羞；殽不下

---

① 主主臣臣：原作主臣。《俗激》注："令主主臣臣，上下有差。"
② 阼：主人接待宾客的地方。
③ 诸侯不敢有宫：不敢自居宫殿主人。
④ 佐舆：即佐车。
⑤ 羞：进献。
⑥ 浃：《小尔雅·释言》注："浃，匝也。"

狭，上不举乐。故礼者，所以恤下也。由余①曰："干肉不腐，则左右亲；苞苴时有，筐筐时至，则群臣附；官无蔚②藏，腌③陈时发，则载其上。"《诗》曰："投我以木瓜，报之以琼④琚；匪⑤报也，永以为好也。"上少投之，则下以躯偿矣；弗敢谓报，愿长以为好。古之蓄⑥其下者，其施报如此。

国无九年之蓄，谓之不足；无六年之蓄，谓之急；无三年之蓄，国非其国也。民三年耕，必余一年之食；九年而余三年之食；三十岁相通，而有十年之积。虽有凶旱水溢，民无饥馑。然后天子备味而食，日举以乐。诸侯食珍不失，钟鼓之县⑦可使乐也。乐也者，上下同之⑧。故礼，国有饥人，人主不飧；国有冻人，人主不裘；报囚之日，人主不举乐。岁凶谷不登⑨，台扉不涂，榭彻干侯，马不食谷，驰道⑩不除，食减膳，飨祭有阙。故礼者，自行之义，养民之道也。受计之礼，主所亲拜者二：闻生民之数则拜之，闻登谷则拜之。《诗》曰："君子乐胥，受天之祜。"胥者，相也。祜，大福也。夫忧民之忧者，民必忧其忧；乐民之乐者，民亦乐其乐。与士民若此者，受天之福矣。

---

① 由余：古人名，《秦本纪》注："戎王使由余于秦。由余，其先晋人也，亡入戎，能晋言，故使由余观秦。"
② 蔚：草木盛貌。
③ 腌：《说文》注："腌，渍肉也。"
④ 琼：玉之美者。
⑤ 匪：如"非"。
⑥ 蓄：养。
⑦ 县：钟磬之属。
⑧ 上下同之：《孟子·梁惠王》注："王与百姓同乐则王矣。"
⑨ 登：成熟。
⑩ 驰道：《始皇本纪》集解："驰道，天子所行道也。"

礼，圣王之於禽兽也，见其生不忍见其死，闻其声不尝其肉，隐①弗忍也。故远庖厨，仁之至也。不合围，不掩群，不射宿②，不涸泽。豺不祭兽，不田猎；獭不祭鱼，不设网罟；鹰隼不鸷，睢而不逮，不出植罗；草木不零落，斧斤不入山林；昆虫不蛰，不以火田。不麛③，不卵，不剖④胎，不殀⑤夭，鱼肉不入庙门，鸟兽不成毫毛不登庖厨。取之有时，用之有节，则物蕃多。汤曰："昔蛛蝥作罟，不高顺、不用命者，宁丁我网。"其惮害物也如是。《诗》曰："王在灵囿，麀鹿攸伏。麀鹿濯濯，白鸟皓皓。王在灵沼，於牣鱼跃。"言德至也。圣主所在，鱼鳖禽兽犹得其所，况於人民乎？

故仁人行其礼，则天下安而万理得矣。逮至德渥⑥泽洽，调和大畅，则天清彻，地富熅⑦，物时熟，民心不挟诈贼⑧，气脉淳化；攫噬捕拿之兽鲜，毒蠚猛蚖之虫密，毒山不蕃，草木少薄矣。铄⑨乎大仁之化也。

容　　经

志有四兴：朝迁之志，渊⑩然清以严；祭祀之志，谕然思以和；军旅之志，怫然愠然精以厉；丧纪⑪之志，潲然潵然忧以湫。四志形中⑫，

---

① 隐：恻隐之心。
② 宿：宿禽宿兽。
③ 麛：鹿。
④ 剖：剖破。
⑤ 殀：《王制》注："殀，断杀。"
⑥ 渥：厚。
⑦ 熅：饶。
⑧ 贼：《论语·先进》疏："贼，害也。"
⑨ 铄：美。
⑩ 渊：《集韵》注："渊，深貌。"
⑪ 丧纪：丧事。
⑫ 形：见。中：内。

四色发外，维如□□□□□。志色之经。

容有四起：朝廷之容，师师然翼翼然整以敬；祭礼之容，遂遂①然粥粥然敬以婉；军旅之容，湢②然肃然固以猛；丧纪之容，怆然懀然③若不逮。容经。

视有四则：朝廷之视，端沑④平衡；祭祀之视，视如有将⑤；军旅之视，固植虎张⑥；丧纪之视，下沑垂网。视经。

言有四术：言敬以和，朝廷之言也；文言有序，祭祀之言也；屏气折⑦声，军旅之言也；言若不足，丧纪之言也。言经。

固颐⑧正视，平肩正背，臂如抱鼓，足间二寸，端面摄缨，端股整足。体不摇肘曰经立，因以微磬曰共立，因以磬折曰肃立，因以垂佩曰卑立。立容。

坐以经立之容，胕不差而足不跌。视平衡曰经坐，微俯视尊者之膝曰共坐，俯首视不出寻常之内曰肃坐，废首低肘曰卑坐。坐容。

行以微磬之容，臂不摇掉，肩不上下，身似不则，从然⑨而任。行容。

趋以微磬之容，飘然翼然，肩状若沑，足如射箭，趋容。

旋以微磬之容，其始动也，穆如惊倏；其固⑩复也，旄如濯丝。跘旋之容。

---

① 遂遂：《礼记·祭义》注："遂遂，相随行之貌。"
② 湢：《康熙字典》注："湢，整肃貌。"
③ 懀然：戚然。
④ 沑：《玉篇》注："沑，古文流字。"
⑤ 将：《周礼·春官·小宗伯》注："送也，犹奉也。"
⑥ 植：志。张：张目。
⑦ 折：《广雅·释诂》注："折，下也。"
⑧ 颐：《急就篇》注："颐，下颔也。"
⑨ 从然：从容。
⑩ 固：《正字通》注："固，本然之词。"

跪以微磬之容，揄①右而下，进左而起，手有抑扬，各尊其纪。跪容。

拜以磬折之容，吉事上②左，凶事上右，随前以举。项衡以下，宁速无迟，背项③之状如屋之氐。拜容。

拜而未起。伏容。

坐乘以经坐之容，手抚式④，视五旅，欲无顾，顾不过毂。小礼动，中礼式，大礼下。坐车之容。

立乘以经立之容，右持绥而左臂诎，存⑤剑之纬，欲顾，顾不过毂，小礼据⑥，中礼式，大礼下。立车之容。

礼，介者不拜，兵车不式，不顾，不言，反抑式以应武容也。兵车之容。

若夫立而技，坐而踦，礼怠懈，志骄傲，趁⑦视数顾，容色不比⑧，动静不以度，妄咳唾，疾言嗟，气不顺，皆禁也。

古者年九岁入就小学，蹠⑨小节焉，业小道焉；束发就大学，蹠大节焉，业大道焉。是以邪放非辟，无因入之焉。谚曰："君子重袭⑩，小人无由入；正人十倍，邪辟无由来。"古之人其谨於所近乎！《诗》曰："芃芃棫朴，薪之槱之；济济辟王，左右趋之。"此言左右日以善趋也。

---

① 揄：《说文》注："揄，引也。"

② 上：作"尚"，尊贵之意。

③ 项：《说文》注："项，头后也。"

④ 式：通"轼"，车前横木。

⑤ 存：即在。

⑥ 据：《说文》注："据，杖持也。"

⑦ 趁：即"躁"。

⑧ 比：和。《管子·五辅》注："比，和也。"

⑨ 蹠：遵循。《论语·先进》集解："蹠，循也。"

⑩ 袭：藏。

古者圣王居有法则，动有文章①，位执戒辅，鸣玉②以行。鸣玉者，佩玉也。上有双珩，下有双璜，冲牙蠙珠以纳其间，琚瑀以杂之。行以《采荠》，趋以《肆夏》，步中规，折中矩。登车则马行而鸾鸣，鸾鸣而和应，声曰和，和则敬。故《诗》曰："和鸾嗈嗈，万福攸同。"言动以纪度，则万福之所聚也。故曰：明君在位可畏，施舍可爱，进退可度，周旋可则，容貌可观，作事可法，德行可象③，声气可乐，动作有文，言语有章，以承其上，以接其等，以临其下，以畜其民。故为之上者敬而信之，等者亲而重之，下者畏而爱之，民者肃而乐之，是以上下和协而士民顺一。故能宗揖其国以藩卫天子，而行义足法。夫有威而可畏谓之威，有仪而可象谓之文。富不可为量，多不可为数。故《诗》曰："威仪棣棣，不可选也。"棣棣，富也。不可选，众也。言接君臣、上下、父子、兄弟、内外、大小品事之各有容志也。

子赣由其家来，谒於孔子。孔子正颜，举杖磬折而立，曰："子之大亲毋乃不宁乎？"放杖而立，曰："子之兄弟亦得无恙乎？"曳杖倍下行，曰："妻子家中得毋病乎？"故身之倨佝，手之高下，颜色声气，各有宜称，所以明尊卑，别疏戚也。

子路见孔子之背，磬折举褒④，曰："唯由也见。"孔子闻之，曰："由也，何以遗亡⑤也。"故过犹不及，有余犹不足也。

语曰："沉乎明王，执中履衡⑥。"言秉中适而据乎宜，故威胜德则淳，德胜威则施。威之与德，文若缪缰⑦，且畏且怀，君道正矣。

---

① 文章：《论语·泰伯》集注："文章，礼乐法度也。"

② 鸣玉：《楚语》下注："鸣玉，鸣其佩玉，以相礼也。"

③ 象：效仿。

④ 褒：衣袖。

⑤ 亡：作"忘"。

⑥ 履衡：《礼记·表记》注："履，行也。"《尚书·太甲》注："衡，平也。"

⑦ 缰：绳索。

"质胜文则野，文胜质则史；文质彬彬，然后君子。"

龙也者，人主之辟也。亢龙①往而不返，故《易》曰"有悔"。悔者，凶也。潜龙入而不能出，故曰"勿用"。勿用者，不可也。龙之神也，其惟兹龙乎。能与细细，能与巨巨，能与高高，能与下下。吾故曰：龙变无常，能幽能章②。故圣人者，在小不宝，在大不宛③；狎④而不能作，习而不能顺；姚不偝⑤，卒不妄；饶裕不赢，迫不自丧；明是审非，察中居宜。此之谓有威仪。

古之为路舆⑥也，盖圜以象天，二十八橑⑦以象列宿，轸⑧方以象地，三十辐以象月。故仰则观天文，俯则察地理，前视则睹鸾和之声，侧听则观四时之运，此舆教之道也。

人主太浅则知暗，太博则业厌⑨，二者异失同败，其伤必至。故师傅之道既美其施，又慎其齐；适疾徐，任多少，造而勿趣，稍而勿苦；省其所省，而堪其所堪。故力不劳而身大盛，此圣人之化也。

刘　安

选文摘自何宁撰《淮南子集释》，中华书局1998年版。

---

① 亢龙：高飞的龙。

② 章：同"彰"。

③ 宛：轻佻放肆。

④ 狎：侮慢。

⑤ 姚不偝：姚，缓也；不偝，事虽缓而不能遗忘。

⑥ 舆：车。

⑦ 橑：支撑车盖的弓形木架。

⑧ 轸：车底。

⑨ 厌：《集韵》注："厌，足也。"

淮南子

时则训

阴阳大制有六度：天为绳，地为准，春为规，夏为衡，秋为矩，冬为权。绳者所以绳万物也，准者所以准万物也，规者所以员万物也，衡者所以平万物也，矩者所以方万物也，权者所以权万物也。绳之为度也，直而不争，修而不穷，久而不弊，远而不忘，与天合德，与神合明，所欲则得，所恶则亡，自古及今，不可移匡①，厥德孔密，广大以容，是故上帝以为物宗。准之为度也，平而不险，均而不阿，广大以容，宽裕以和，柔而不刚，锐而不挫，流而不滞，易而不秽，发通而有纪②，周密而不泄，准平而不失；万物皆平，民无险谋，怨恶不生。是故上帝以为物平③。规之为度也，转而不复，员而不垸④，优而不纵，广大以宽，感动有理，发通有纪，优优简简，百怨不起。规度不失，生气乃理。衡之为度也，缓而不后，平而不怨，施而不德，吊而不责，当平民禄，以继不足，教教阳阳，唯德是行，养长化育，万物蕃昌，以成五谷，以实封疆，其政不失，天地乃明⑤。矩之为度也，肃而不悖，刚而不愦，取而无怨，内而无害，威厉而不慑，令行而不废，杀伐既得，仇敌乃克，矩正不失，百诛乃服。权之为度也，急而不赢，杀而不割，充满以实，周密而不泄，败物而弗取，罪杀而不赦，诚信以必，坚悫⑥以固，粪除苛

---

① 匡：郑司农注："匡，枉也。"
② 纪：道。
③ 平：正。
④ 垸：转。
⑤ 明：理。
⑥ 悫：诚实，谨慎。

愚，不可以曲，故冬正将行，必弱以强，必柔以刚，权正而不失，万物乃藏。明堂之制，静而法准，动而法绳，春治以规，秋治以矩，冬治以权，夏治以衡，是故燥湿寒暑以节至，甘雨膏露以时降。

齐俗训

义者，循理而行宜也；礼者，体情制文者也。义者宜也，礼者体也。昔有扈氏①为义而亡，知义而不知宜也。鲁治礼而削，知礼而不知体也。有虞氏②之祀，其社用土③，祀中霤④，葬成亩，其乐《咸池》、《承云》、《九韶》⑤，其服尚黄⑥。夏后氏其社用松⑦，祀户，葬墙⑧置翣⑨，其乐《夏籥》九成、《六佾》，《六列》、《六英》⑩，其服尚青⑪。殷人之礼，其社用石⑫，祀门，葬树松，其乐《大濩》⑬、《晨露》，其服尚白⑭，周人之礼，其社用栗⑮，祀灶，葬树

---

①　有扈氏：夏启之庶兄。

②　有虞氏：古部落名。《通志·氏族略二》载："虞氏，姚姓，舜之建国也。舜以天下授禹，禹封舜之子商均于虞城为诸侯，后世国绝，以国为氏。"

③　其社用土：即社神的牌位由堆土而成，原注："封土为社。"

④　祀中霤：室中之祭。《礼记·月令》注："中霤犹中室也。古者复穴，是以名室为霤。"

⑤　《咸池》《承云》：原注："舜兼用黄帝乐。"《九韶》：原注："舜所作也。"

⑥　其服尚黄：《道藏》本、景宋本等注："舜土德也，故尚黄。"

⑦　其社用松：以松木为社主。

⑧　墙：古代柩车饰件，即棺罩四周的帷幔。

⑨　翣：音 shà，古代出殡时的棺饰。

⑩　《六佾》《六列》《六英》：古乐名。

⑪　其服尚青：原注："木德，故尚青也。"

⑫　其社用石：以石为社主。

⑬　《大濩》：古乐名，简称《濩》，又称《韶濩》。

⑭　其服尚白：原注："金德，故尚白也。"

⑮　其社用栗：以栗木为社主。

柏，其乐《大武》①、《三象》、《棘下》，其服尚赤②。礼乐相诡，服制相反，然而皆不失亲疏之恩，上下之伦，今握一君之法籍，以非传代之俗，譬由胶柱而调瑟③也。故明主制礼义而为衣，分节行而为带，衣足以覆形，从《典》、《坟》④，虚循挠⑤，便身体，适行步，不务於奇丽之容，隅眥之削⑥；带足以结纽收衽⑦，束牢连固，不亟於为文句疏短⑧之靸：故制礼义，行至德，而不拘於儒、墨。

所谓明者，非谓其见彼也，自见而已；所谓聪者，非谓闻彼也，自闻而已；所谓达者，非谓知彼也，自知而已。是故身者，道之所托，身得则道得矣。

董仲舒

选文摘自苏舆撰，钟哲点校《春秋繁露义证》，中华书局1992年版。

---

① 《大武》：古乐名，简称《武》。

② 其服尚赤：原注："火德，故尚赤也。"

③ 胶柱而调瑟：用胶粘住瑟上调弦的短柱，柱不能转动，也就无法调整音高，比喻固执拘泥，不知变通。

④ 《典》《坟》：马宗霍《参证》注："'《典》、《坟》'即谓《三坟》、《五典》，礼义节行，皆《典》、《坟》之所载也。"

⑤ 虚循挠：马宗霍《参证》注："'循挠'者，遵而行之之意。'虚'之为言'间'也。盖《典》、《坟》先王之法籍，但可间取，不可尽从，故又曰虚循挠耳。若尽从之，又上文所谓胶柱而调瑟矣。"

⑥ 隅眥之削：衣裳刻意裁剪出花样。

⑦ 结纽收衽：扎紧纽衽，收束衣襟。

⑧ 文句疏短：圆形和方形的花纹。

春秋繁露

三代①改制质文

《春秋》曰："王正月。"《传》曰："王者孰谓？谓文王②也。曷为先言王而后言正月？王正月也。"何以谓之王正月？曰：王者必受命而后王。王者必改正朔③，易服色，制礼乐，一统於天下，所以明易姓，非继人，通以己受之於天也。王者受命而王，制此月以应变，故作科以奉天地，故谓之王正月也。王者改制作科奈何？曰：当十二色，历各法而正色④，逆数三⑤而复。绌⑥三之前曰五帝⑦，帝迭首⑧一色，顺数五而相复，礼乐各以其法象其宜。顺数四⑨而相复。咸作国号，迁宫邑，易官名，制礼作乐。故汤受命而王，应天变夏作殷号，时正白统。亲夏故虞，绌唐谓之帝尧，以神农为赤帝。作宫邑於下洛之阳，名相官曰尹⑩。作《濩乐》，制质礼以奉天。文王受命而王，应天变殷作周号，时正赤统。亲殷故夏，绌虞谓之帝舜，以轩辕为黄帝，推神农以为九皇。作宫邑於丰。名相官曰宰。作《武乐》，制文礼以奉天。武王受命，作宫邑於鄗，制爵五等，作《象乐》，继文以奉天。周

---

① 三代：指夏、商、周三代。

② 文王：周文王。文王始称天子，在孔子看来这是受命于天，所以以文王之法为正宗。

③ 正朔：指正月初一日。古代帝王继位，定改正朔，所以在汉代以前，每次帝王更迭，都要改正朔，汉武帝后才用夏制。

④ 各法而正色：应作"各法其正色"，"而"为"其"字之误。

⑤ 三：指夏、商、周三代。

⑥ 绌：往……以前。

⑦ 五帝：指黄帝、颛顼、帝喾、帝尧、帝舜。

⑧ 迭：重复，轮流，轮替。首：指五色之首，即土（黄）色。

⑨ 四：可能指一商一夏，一质一文。

⑩ 尹：商代帝王的辅相官名。历史上的伊尹即名伊，官职为尹。伊，据说叫阿衡。

公辅成王受命，作宫邑於洛阳，成文武之制，作《汋乐》以奉天。殷汤之后称邑，示天之变反命。故天子命无常。唯命是德庆。故《春秋》应天作新王之事，时正黑统。王鲁，尚黑，绌夏，亲周，故宋①。乐宜亲《招武》，故以虞录亲，乐制②宜商，合伯子男为一等。然则其略说奈何？曰：三正以黑统初。正日月朔於营室③，斗④建寅。天统气始通化物，物见萌达，其色黑。故朝正服黑，首服藻黑，正路舆⑤质黑，马黑，大节绥帻⑥尚黑，旗黑，大宝⑦玉黑，郊牲黑，牺牲角卵。冠于阼⑧，昏⑨礼逆⑩于庭，丧礼殡⑪於东阶之上。祭牲黑牡，荐尚肝。乐器黑质。法不刑有怀任新产，是月不杀。听朔⑫废刑发德，具存二王之后也。亲赤统，故日分平明，平明朝正⑬。正白统奈何？曰：正白统者，历正日月朔于虚，斗建丑。天统气始蜕化物，物始芽，其色白，故朝正服白，首服藻⑭白，正路舆质白，马白，大节绥帻尚白，旗白，大宝玉白，郊牲白，牺牲角茧。冠于堂，昏礼逆于堂，丧事殡于楹柱之间。祭牲白牡，荐尚肺。乐器白质。法不刑有身怀任，是月不杀。

---

① 宋：指商，因后宋地为纣王之子武庚的封地，所以用宋代商。

② 乐制：应作"制爵"，指定爵位。

③ 营室：星宿名，或称室宿，二十八宿之一。

④ 斗：星宿名，二十八宿之一。

⑤ 正路舆：指行大路所用的车辆。

⑥ 大节：指朝廷用的符节。绥：绥带，即用来拴印信、玉石的丝带。帻：包头巾。

⑦ 大宝：指帝王的宝座。

⑧ 阼：登上正堂的主阶。

⑨ 昏：通"婚"。

⑩ 逆：迎接。

⑪ 殡：停放灵柩。

⑫ 听朔：也叫视朔。古代天子、诸侯每月初一要行听朔之礼，即听治一月之政事。

⑬ 朝正：意同正朔。

⑭ 首服：帽子。藻：系冠的绳。

听朔废刑发德，具存二王^①之后也。亲黑统，故日分鸣晨，鸣晨朝正。正赤统奈何？曰：正赤统者，历正日月朔于牵牛^②，斗建子。天统气始施化物，物始动，其色赤，故朝正服赤，首服藻赤，正路舆质赤，马赤，大节绶，帻尚赤，旗赤，大宝玉赤，郊牲骍，牺牲角栗^③。冠于房，昏礼逆于户，丧礼殡于西阶之上。祭牲骍牡，荐尚心。乐器赤质。法不刑有身，重怀藏以养微，是月不杀。听朔废刑发德，具存二王之后也。亲白统，故日分夜半，夜半朝正。改正之义，奉元^④而起。古之王者受命而王，改制称号正月，服色定，然后郊告天地及群神，远追祖祢^⑤，然后布天下。诸侯庙受，以告社稷宗庙山川，然后感应一其司。三统^⑥之变，近夷遐方无有，生煞^⑦者独中国。然而三代改正，必以三统天下。曰：三统五端^⑧，化四方之本也。天始废始施，地必待中，是故三代必居中国。法天奉本，执端要以统天下，朝诸侯也。是以朝正之义，天子纯统色^⑨衣，诸侯统衣缠缘纽^⑩，大夫士以冠，参近夷以绥^⑪，遐方各衣其服而朝，所以明乎天统之义也。其谓统三正^⑫者，曰：正者正也，统致其气，万物皆应，而正统正，其余皆正，凡岁之要，在正月也。法正之道，正本而末应，正内而外应，

---

① 二王：指虞、夏二王，即舜、禹二王。

② 牵牛：星宿名，又称牛宿。

③ 角栗：角比蚕茧微大一点。

④ 奉元：奉天。

⑤ 祢：父庙。

⑥ 三统：指天施、地化、人事。

⑦ 生煞：如"生杀"，即相生相克，互相滋生，互相制约。

⑧ 五端：又叫"五始"，指年月日时分，计时之始。

⑨ 纯统色：纯一，与天统相同的颜色。

⑩ 纽：衣带。

⑪ 绥：冠缨，即系帽子的带绳。

⑫ 三正：即三个正月的起始标准。轩辕、高辛、夏后氏、汉皆以十三月为正，少昊、有唐、有殷皆以十二月为正，高阳、有虞、有周皆以十一月为正。

动作举错①，靡不变化随从，可谓法正也。故君子曰："武王其似正月矣。"《春秋》曰："杞伯来朝。"王者之后称公，杞何以称伯?《春秋》上黜夏，下存周，以《春秋》当新王。《春秋》当新王者奈何? 曰:王者之法，必正号，绌王谓之帝，封其后以小国，使奉祀之。下存二王之后以大国，使服其服，行其礼乐，称客而朝。故同时称帝者五，称王者三，所以昭五端，通三统也。是故周人之王，尚推神农为九皇，而改号轩辕谓之黄帝，因存帝颛顼、帝喾、帝尧之帝号，绌虞而号舜曰帝舜，录五帝以小国。下存禹之后于杞，存汤之后于宋，以②方百里爵号公。皆使服其服，行其礼乐，称先王客而朝。《春秋》作新王之事，变周之制，当正黑统。而殷周为王者之后，绌夏改号禹谓之帝，录其后以小国，故曰绌夏存周，以《春秋》当新王。不以杞侯，弗同王者之后也。称子又称伯何? 见殊之小国也。黄帝之先谥，四帝之后谥，何也? 曰:帝号必存五，帝代首天之色③，号至五而反。周人之王，轩辕直首天黄号，故曰黄帝云。帝号尊而谥卑，故四帝后谥也。帝，尊号也，录以小何? 曰:远者号尊而地小，近者号卑而地大，亲疏之义也。故王者有不易者，有再④而复者，有三⑤而复者，有四⑥而复者，有五⑦而复者，有九⑧而复者，明此通天地、阴阳、四时、日月、星辰、山川、人伦、德侔天地者称皇帝，天佑而子之，号称天子。故圣王生则称天子，崩迁则存为三王，绌灭则为五帝，下至附庸，绌为九皇，下极其

---

① 举错:同"举措"，行动。
② 以:应为"地"字。
③ 首天之色:指黄色。
④ 再:文、质更替。
⑤ 三:指正朔。
⑥ 四:指商、周、文、质。
⑦ 五:指五帝。
⑧ 九:指九皇。上古的九名领袖，神农是其中最后一名。

为民①。有一谓之三代，故虽绝地，庙位祝牲犹列于郊号，宗于代宗②。故曰：声名魂魄施於虚③，极寿无疆④。何谓再而复，四而复？《春秋》郑忽⑤何以名？《春秋》曰：伯子男一也，辞无所贬。何以为一？曰：周爵五等，《春秋》三等。《春秋》何三等？曰：王者以制，一商一夏，一质一文。商质者主天，夏文者主地，《春秋》者主人，故三等也。主天法商而王，其道佚阳⑥，亲亲而多⑦仁朴。故立嗣予子，笃母弟，妾以子贵。昏冠之礼，字子以父。别眇⑧夫妇，对坐而食，丧礼别葬，祭礼先膘⑨，夫妻昭穆别位。制爵三等，禄士⑩二品。制郊宫明堂员，其屋高严侈员⑪，惟祭器员。玉厚九分，白藻五丝，衣制大上，首服严员。鸾舆尊盖⑫，法天列象，垂四鸾。乐载鼓，用锡僛⑬，僛溢⑭员。先毛血而后用声。正刑多隐，亲戚多讳。封禅于尚位。主地法夏而王，其道进阴，尊尊而多义节⑮。故立嗣与孙，笃世子，妾不以子称贵号。昏冠之礼，字子以母。别眇夫妇，同坐而食，丧礼合葬，祭

---

① 民：指史称之"六十四民"，六十四民指六十四名首领。

② 宗：正宗、尊贵。代宗：同"岱宗"，指泰山。

③ 施於虚：行于天地。虚：指天、地。

④ 极寿无疆：德盛则名永存，虽死犹生。

⑤ 郑忽：郑伯名忽，即郑昭公。

⑥ 佚阳：意同"溢阳"，即盛阳。

⑦ 多：崇高。

⑧ 别眇：区别细微。这里指区别细微的妻妾与丈夫的关系。

⑨ 膘：意同"膏膘"，猪的肥肉、肥油之类。

⑩ 禄士：向士赏赐。

⑪ 侈员：中央细小的圆形。

⑫ 鸾舆：配有铃铛的车。尊盖：高起的圆形车顶篷。

⑬ 锡僛：干舞，即手执干盾的舞蹈。

⑭ 溢：同"佾"，古代群舞中的阵列。由于地位不同，群舞中的阵列有别，分八佾(64人)、六佾(48人)、四佾(32人)等。

⑮ 义节：用义的标准决定恩德。

礼先亨，妇从夫为昭穆。制爵五等，禄士三品。制郊宫明堂方，其屋卑污方①，祭器方。玉厚八分，白藻四丝，衣制大下，首服卑退②。鸾舆卑，法地周象载，垂二鸾。乐设鼓，用纤施傩③，傩溢方。先亨而后用声。正刑天法，封坛④於下位。主天法质而王，其道佚阳，亲亲而多质爱。故立嗣予子，笃母弟，妾以子贵。昏冠之礼，字子以父。别眇夫妇，对坐而食，丧礼别葬，祭礼先嘉疏⑤，夫妇昭穆别位。制爵三等，禄士二品。制郊宫明堂内员外椭，其屋如倚靡⑥员椭，祭器椭。玉厚七分，白藻三丝，衣长前衽，首服员转。鸾舆尊盖，备天列象，垂四鸾。乐桯鼓⑦，用羽籥⑧傩，傩溢椭。先用玉声而后烹，正刑多隐，亲戚多赦。封坛於左位。主地法文而王，其道进阴，尊尊而多礼文。故立嗣予孙，笃世子，妾不以子称贵号。昏冠之礼，字子以母。别眇夫妻，同坐而食，丧礼合葬，祭礼先秬鬯⑨，妇从夫为昭穆。制爵五等，禄士三品。制郊宫明堂内方外衡，其屋习⑩而衡，祭器衡同，作秩机⑪。玉厚六分，白藻三丝，衣长后衽，首服习而垂流⑫。鸾舆

---

① 污方：低洼的方形。

② 卑退：夏冕前圆后方，前低后高，用以表示人的地位越高，其志趣越向下，所以说"卑退"。

③ 纤施傩：即旄舞，手执牦牛尾起舞。

④ 封坛：同"封禅"。

⑤ 嘉疏：同"嘉蔬"，《礼·曲礼》注："稻曰嘉蔬。"

⑥ 倚靡：同"离靡"，相连不断。

⑦ 桯鼓：有支架的鼓。桯：本为床前几案，这里指几案形的支架。

⑧ 羽：指翟羽。籥：一种管制乐器。

⑨ 秬鬯（jù chàng）：黑米酿造的香酒。周人崇尚气味，祭祀前先用香酒灌牲耳。秬：黑色的黍。鬯：祭祀用的香酒。

⑩ 屋习：重笮屋，即双重房箔的房子。

⑪ 秩机：测天仪器。

⑫ 流：同"旒"，飘带。

卑，备地周象载，垂二鸾。乐县鼓，用《万舞》①，傩溢衡。先烹而后用乐，正刑天法，封坛於左位。

官制象天

王者制官，三公②、九卿③、二十七大夫、八十一元士，凡百二十人，而列臣备矣。吾闻圣王所取仪，金天之大经，三起而成，四转而终，官制亦然者，此其仪与？三人而为一选，仪於三月而为一时也。四选而止，仪于四时而终也。三公者，王之所以自持也。天以三成之，王以三自持。立成数以为植而四重之，其可以无失矣。备天数以参事，治谨於道之意也。此百二十臣者，皆先王之所与直道而行也。是故天子自参以三公，三公自参以九卿，九卿自参以三大夫，三大夫自参以三士。三人为选者四重，自三之道以治天下，若天之四重，自三之时以终始岁也。一阳而三春，非自三之时与？而天四重之，其数同矣。天有四时，时三月；王有四选，选三臣。是故有孟、有仲、有季，一时之情也；有上、有下、有中，一选之情也。三臣而为一选，四选而止，人情尽矣。人之材固有四选，如天之时固有四变也。圣人为一选，君子为一选，善人为一选，正人为一选，由此而下者，不足选也。四选之中，各有节也。是故天选四堤十二而人变尽矣。尽人之变合之天，唯圣人者能之，所以立王事也。何谓天之大经？三起而成日，三日而成规，三旬而成月，三月而成时，三时而成功。寒暑与和，三而成物；日月与星，三而成光；天地与人，三而成德。由此观之，三而一成，天之大经也，以此为天制。是故礼三让而成一节，官三人而成一选。三公为一选，三卿为一选，三大夫为一选，三士为一选，凡四选。三臣应天之制，

---

① 《万舞》：干舞（持盾牌起舞）的曲名。

② 三公：中国古代朝廷中最尊显的三个官职的合称。

③ 九卿：古代中央部分行政长官的总称。

凡四时之三月也。是故其以三为选，取诸天之经；其以四为制，取诸天之时；其以十二臣为一条，取诸岁之度；其至十条而止，取之天端。何谓天之端？曰：天有十端，十端而止已。天为一端，地为一端，阴为一端，阳为一端，火为一端，金为一端，木为一端，水为一端，土为一端，人为一端，凡十端而毕，天之数也。天数毕於十，王者受十端於天，而一条之率。每条一端以十二时，如天之每终一岁以十二月也。十者天之数也，十二者岁之度也。用岁之度，条天之数，十二而天数毕。是故终十岁而用百二十月，条十端亦用百二十臣，以率被之，皆合於天。其率三臣而成一慎，故八十一元士为二十七慎，以持二十七大夫；二十七大夫为九慎，以持九卿；九卿为三慎，以持三公；三公为一慎，以持天子。天子积四十慎以为四选，选一慎三臣，皆天数也。是故以四选率之，则选三十人，三四十二，百二十人，亦天数也。以十端四选，十端积四十慎，慎三臣，三四十二，百二十人，亦天数也。以三公之劳率之，则公四十人，三四十二，百二十人，亦天数也。故散而名之为百二十臣，选而宾之为十二长，所以名之虽多，莫若谓之四选十二长，然而分别率之，皆有所合，无不中天数者也。求天数之微，莫若於人。人之身有四肢，每肢有三节，三四十二，十二节相持而形体立矣。天有四时，每一时有三月，三四十二，十二月相受而岁数终矣。官有四选，每一选有三人，三四十二，十二臣相参而事治行矣。以此见天之数，人之形，官之制，相参相得也。人之与天，多此类者，而皆微忽，不可不察也。天地之理，分一岁之变以为四时，四时亦天之四选已。是故春者少阳之选也，夏者太阳之选也，秋者少阴之选也，冬者太阴之选也。四选之中各有孟、仲、季，是选之中有选，故一岁之中有四时，一时之中有三长，天之节也。人生於天而体天之节，故亦有大小厚薄之变，人之气也。先王因人之气，而分其变以为四选，是故三公之位，圣人之选也。三卿之位，君子之选也；三大夫之位，善人之选也；三士之位，正直之选也。分人之变以为四选，选立三臣，如天之分岁之变以为四时，时有三节也。天以四时之选十二节相和而成岁，王以四位之选与十二臣相砥砺①而致极，道必极於其所至，然后能得天地之美也。

服　　制

率得十六万国三分之，则各度爵而制服，量禄而用财。饮食有量，衣服有制，宫室有度，畜产人徒②有数，舟车甲器有禁。生有轩冕③、之服位、贵禄、田宅之分，死有棺椁、绞衾④、圹袭⑤之度。虽有贤才美体，无其爵不敢服其服；虽有富家多赀⑥，无其禄不敢用其财。天子服有文章⑦，不得以燕⑧公以朝；将军大夫不得以燕；将军大夫以朝官吏；命士止於带缘。散民不敢服杂采，百工商贾不敢服狐貉⑨，刑余戮民不敢服丝玄纁⑩乘马，谓之服制。

度　　制

凡衣裳之生也，为盖形暖身也。然而染五采，饰文章者，非以为益饥肤血气之情也，将以贵贵尊贤，而明别上下之伦，使教亟行，使化易成，为治为之也。若去其度制，使人人从其欲，快其意，以

---

① 砥砺：勉励。

② 人徒：服役的人员。

③ 轩：大夫以上的官吏乘坐的车子。冕：贵族戴的帽子。

④ 绞衾：人死后尸体的装饰物，实即束尸的布带和被子。

⑤ 圹袭：指墓穴、坟高的规格。

⑥ 赀：同"资"。

⑦ 文章：同"纹彰"，花纹彩绘。

⑧ 燕：同"宴"，即宴会。

⑨ 狐貉：狐貉皮制成的衣服。这种高级衣服是大夫这一级的官吏穿的，工匠、商人只可穿犬羊皮制的衣服。

⑩ 玄纁：深绛色。绛色，即紫红色。

逐无穷，是大乱人伦，而靡斯财用也，失文采所遂生之意矣。上下之伦不别，其势不能相治，故苦乱也。嗜欲之物无限，其势不能相足，故苦贫也。今欲以乱为治，以贫为富，非反之制度不可。古者天子衣文，诸侯不以燕，大夫衣裷，士不以燕，庶人衣缦①，此其大略也。

佚 名

《礼记》是战国至秦汉年间儒家思想的资料汇编，也是研究中国社会早期封建典章制度的重要文献。西汉中期，经学家戴德、戴圣叔侄潜心研究《礼》学，分别编订了孔子弟子所记的关于礼仪的著作，前者被称为《大戴礼记》，后者被称为《小戴礼记》。东汉末，郑玄为《小戴礼记》作注，在后世广泛流行。今本《礼记》一般指《小戴礼记》。选文摘自李学勤主编《十三经注疏·礼记正义》，北京大学出版社1999年版。

礼 记

王 制

天子七庙，三昭三穆②，与大祖之庙而七。诸侯五庙，二昭二

---

① 缦：指没有花纹、单一颜色的衣服。

② 三昭三穆：指父、祖、曾祖、高祖、高祖之父、高祖之祖的宗庙排列次序，若子为昭，则父为穆、祖为昭、曾祖为穆，依次递推。昭、穆：周代先祖宗庙排列之次序，左为昭庙，右为穆庙。

穆①，与大祖之庙而五。大夫三庙，一昭一穆，与大祖之庙而三。
士一庙。庶人祭于寝。②

　　天子诸侯宗庙之祭，春曰礿③，夏曰禘，秋曰尝，冬曰烝。天
子祭天地，诸侯祭社稷，大夫祭五祀④。天子祭天下名山大川，五
岳视三公⑤，四渎⑥视诸侯。诸侯祭名山大川之在其地者。

　　天子诸侯，祭因国之在其地而无主后者。

　　天子犆⑦礿，祫⑧禘，祫尝，祫烝。诸侯礿则不禘，禘则不尝，
尝则不烝，烝则不礿。诸侯礿犆，禘一犆一祫⑨。尝祫，烝祫。

　　天子社稷皆大牢⑩，诸侯社稷皆少牢⑪。大夫、士宗庙之祭，有
田则祭，无田则荐⑫。庶人春荐韭，夏荐麦，秋荐黍，冬荐稻。韭
以卵，麦以鱼，黍以豚，稻以雁。祭天地之牛角茧栗，宗庙之牛角
握，宾客之牛角尺。诸侯无故不杀牛，大夫无故不杀羊，士无故不
杀犬豕，庶人无故不食珍。

---

　　①　二昭二穆：这是诸侯的四亲庙，加太祖庙为五庙。

　　②　庶人祭于寝：庶人无庙，故祭于寝。

　　③　礿：音 yuè，据郑玄注，礿、禘、尝、烝为夏殷的祭名，周代则改春曰祠、夏
曰礿。

　　④　五祀：指祭户、灶、中霤、门、行五种神。

　　⑤　视三公：据郑玄注，指祭祀规格，即所用祭牲、祭器及仪式比照祭祀三公。

　　⑥　四渎：我国古代对四条独流入海的大河的称呼，即"江、河、淮、济"。《初学记》
引"四渎"下有"江、河、淮、济"四字。

　　⑦　犆：同"特"，一。

　　⑧　祫：音 xiá，指合祭祖先于太庙。

　　⑨　禘一犆一祫：一岁犆祭，一岁祫祭。

　　⑩　大牢：牛羊豕三牲具备曰大（太）牢。

　　⑪　少牢：仅有羊豕二牲。

　　⑫　荐：献，谓行荐新之礼，即向先人供献四时新物。

庶羞不逾牲①，燕衣不逾祭服，寝不逾庙。古者公田藉②而不税，市廛③而不税，关讥④而不征，林麓川泽，以时入而不禁。夫圭田⑤无征。

用民之力，岁不过三日。

田里不粥⑥，墓地不请。

月　令

孟春⑦之月，日在营室，昏参⑧中，旦尾⑨中。

其日甲乙⑩。

其帝大皞⑪，其神句芒⑫。

其虫鳞。其音角。

律中大蔟⑬。其数八。其味酸，其臭膻。其祀户，祭先脾。

东风解冻，蛰虫始振，鱼上冰，獭祭鱼，鸿雁来。

天子居青阳左个⑭，乘鸾路，驾仓龙，载青旂，衣青衣，服仓

---

① 庶：众。羞：美味食物。不逾牲：谓用羊祭祀则不以牛肉为羞。

② 藉：借。

③ 廛：即今所谓店铺。

④ 讥：稽查，盘问。

⑤ 夫：犹治。圭田：卿大夫士的祭田。

⑥ 粥：卖。

⑦ 孟春：《正义》曰："孟春者，夏正建寅之月也。"孟：长。

⑧ 参：《时则训》注曰："参，西方白虎之宿也。是月昏时，中于南方。"

⑨ 尾：《时则训》注曰："尾，东方苍龙之宿也。是月将旦时，中于南方。"

⑩ 甲乙：《说文》注："甲，东方之孟，阳气萌动，从木戴孚甲之象。一曰人头宜为甲，甲象人头。乙，象春草木冤曲而出，阴气尚强，其出乙乙也，与一同意。乙承甲，象人头。"

⑪ 大皞：传说中的上古帝王。

⑫ 句芒：少皞氏之子。

⑬ 大蔟：即"太簇"，林钟之所生，三分益一，律长八寸。

⑭ 青阳左个：大寝东堂偏北的侧室。

玉，食麦与羊，其器疏以达。

是月也，以立春①。先立春三日，大史②谒之天子曰：“某日立春，盛德③在木。”天子乃齐。立春之日，天子亲帅三公、九卿、诸侯、大夫，以迎春于东郊。还反，赏公、卿、诸侯、大夫于朝。

孟夏④之月，日在毕，昏翼中，旦婺女中。

其日丙丁⑤。其帝炎帝⑥，其神祝融⑦。其虫羽。其音徵，律中中吕。其数七。其味苦，其臭焦。其祀灶，祭先肺。

蝼蝈鸣，蚯蚓出，王瓜生，苦菜秀。

天子居明堂左个⑧，乘朱路，驾赤𩣡⑨，载赤旂，衣朱衣，服赤玉，食菽与鸡，其器高以粗。

是月也，以立夏⑩，先立夏三日，大史谒之天子曰：“某日立夏，盛德在火。”天子乃齐。立夏之日，天子亲帅三公、九卿、大夫，以迎夏于南郊，还反，行赏，封诸侯，庆赐遂行，无不欣说⑪。

中央土。

---

① 立春：二十四节气中的第1个节气，干支历的岁首，建寅月之始日。

② 大史：礼官之属，掌正岁年以序事。

③ 盛德：四时之盛气。

④ 孟夏：夏季第一个月，即农历四月。郑玄注：“孟夏者，日月会于实沉，而斗建巳之辰。”

⑤ 丙丁：《说文》注：“丙，位南方，万物成炳然。阴气初起，阳气将亏，以一入门。一者，阳也。丙承乙，象人肩。丁，夏时，万物皆丁实，象形。丁承丙，象人心。”

⑥ 炎帝：大庭氏。

⑦ 祝融：颛顼氏之子曰黎，为火官。

⑧ 明堂左个：大寝南堂偏东的侧室。

⑨ 𩣡：泛指骏马。

⑩ 立夏：二十四节气中的第7个节气。

⑪ 欣说：同“欣悦”。

其日戊己^①。

其帝黄帝，其神后土。

其虫倮。

其音宫。

律中黄钟之宫。

其数五。其味甘，其臭香。其祀中霤^②，祭先心。

天子居大庙大室，乘大路，驾黄骝，载黄旂，衣黄衣，服黄玉，食稷与牛，其器圜以闳^③。

孟秋^④之月，日在翼，昏建星中，旦毕中。

其日庚辛。其帝少暤，其神蓐收^⑤。

其虫毛，其音商，律中夷则^⑥。

其数九。其味辛，其臭腥。其祀门，祭先肝。

凉风至，白露降，寒蝉鸣，鹰乃祭鸟，用始行戮。

天子居总章左个^⑦，乘戎路，驾白骆，载白旂，衣白衣，服白玉，食麻与犬，其器廉以深。

是月也，以立秋^⑧。先立秋三日，大史谒之天子曰："某日立秋，盛德在金。"天子乃齐。立秋之日，天子亲帅三公、九卿、诸侯、大夫以迎秋于西郊，还反，赏军帅、武人于朝。

---

① 戊己：古人用十干以纪日，戊己即戊日与己日。

② 祀中霤：室中之祭。

③ 闳：通"宏"，宏大。

④ 孟秋：郑玄注："孟秋者，日月会于鹑尾，而斗建申之辰也。"

⑤ 蓐收：少暤氏之子曰该，为金官。

⑥ 夷则：大吕之所生，三分去一，律长五寸七百二十九分寸之四百五十一。

⑦ 总章左个：大寝西堂偏南的侧室。

⑧ 立秋：二十四节气中的第13个节气。

孟冬之月[①]，日在尾，昏危中，旦七星中。

其日壬癸。

其帝颛顼，其神玄冥[②]。

其虫介。其音羽。

律中应钟[③]。

其数六。其味咸，其臭朽。其祀行，祭先肾。

水始冰，地始冻，雉入大水为蜃，虹藏不见。

天子居玄堂左个[④]，乘玄路，驾铁骊，载玄旂，衣黑衣，服玄玉，食黍与彘，其器闳以奄。

是月也，以立冬[⑤]。先立冬三日，太史谒之天子曰："某日立冬，盛德在水。"天子乃齐。立冬之日，天子亲帅三公、九卿、大夫以迎冬于北郊，还反，赏死事，恤孤寡[⑥]。

玉　藻

天子玉藻，十有二旒[⑦]，前后邃延[⑧]，龙卷[⑨]以祭。玄端而朝日[⑩]于东门之外，听朔于南门之外[⑪]，闰月则阖门左扉，立于其中。

---

①　孟冬：郑玄注："孟冬者，日月会于析木之津，而斗建亥之辰也。"

②　玄冥：少皞氏之子曰脩，曰熙，为水官。

③　应钟：姑洗之所生，三分去一，律长四寸二十七分寸之二十。

④　玄堂左个：大寝北堂偏西的侧室。

⑤　立冬：二十四节气中的第 19 个节气。

⑥　孤寡：孤儿寡妇。

⑦　天子玉藻，十有二旒：天子之冕十有二旒。玉：谓冕前垂旒之玉珠。藻：谓穿玉珠用的彩色丝绳。

⑧　邃：深长。延：覆盖于冕上的木板，其表蒙以玄色的布，其里则为纁色。

⑨　龙卷：谓画龙于衣，即龙衮服。

⑩　玄端而朝日："端"是"冕"字之误。玄冕：玄衣而著冕。朝日：春分所行之礼。

⑪　听朔于南门之外：天子及诸侯每月初一要杀牲，到宗庙行"告朔"礼，即把初一这天的到来报告给祖先之神，告朔而后处理朝政，就叫"听朔"，也叫"视朔"。听朔是在南门外的明堂进行的，故曰"听朔于南门之外"。

皮弁①以日视朝，遂以食。日中而馂，奏而食。日少牢，朔月大牢。五饮：上水、浆②、酒、醴、酏。卒食，玄端而居。动则左史书之，言则右史书之。御瞽幾声之上下。③ 年不顺成，则天子素服，乘素车，食无乐。

诸侯玄端④以祭，裨冕以朝，皮弁以听朔于大庙，朝服以日视朝于内朝⑤。朝，辨色始入。⑥ 君日出而视之，退适路寝听政，使人视大夫，大夫退，然后适小寝⑦释服。又朝服以食，特牲，三俎，祭肺⑧，夕深衣，祭牢肉。朔月少牢，五俎四簋⑨。子卯稷食菜羹。夫人与君同庖⑩。

君无故不杀牛，大夫无故不杀羊，士无故不杀犬豕。君子远庖厨，凡有血气之类，弗身践也⑪。至于八月不雨，君不举。

年不顺成，君衣布，搢本⑫，关梁不租，山泽列而不赋，土功不兴，大夫不得造车马。

---

① 皮弁：白鹿皮制的弁。弁，音 biàn。

② 上水、浆：水为上，浆以次之。浆：即醋水。

③ 御瞽幾声之上下：瞽人审音，察乐声之哀、乐；若政和则乐声乐，政酷则乐声哀。察其乐，以防君之失。幾：察。

④ 玄端：此"端"亦"冕"字之误。

⑤ 内朝：即正朝，又叫治朝，在路寝门之外，而相对于库门外的外朝。

⑥ 朝：指群臣入朝。辨色：谓天色始可辨时。

⑦ 小寝：即燕寝。

⑧ 三俎：豕、鱼、腊。祭肺：指用牲俎上的肺行食前祭礼。

⑨ 五俎：前三俎再加盛羊肉之俎和盛羊的肠胃之俎，即为五俎。四簋：谓黍、稷、稻、粱各一簋。

⑩ 同庖：即共庖厨。

⑪ 弗身践也：不忍亲见其宰杀。

⑫ 搢：插。本：指笏板的下部。

卜人定龟①，史定墨②，君定体③。

君羔幦虎犆④；大夫齐车鹿幦豹犆，朝车⑤；士齐车鹿幦豹犆。

君子之居恒当户，寝恒东首。若有疾风、迅雷、甚雨，则必变。虽夜必兴，衣服冠而坐。日五盥，沐稷而靧粱，栉用樿栉，发晞用象栉，进机进羞⑥，工乃升歌。浴用二巾，上绤下绤。出杅⑦，履蒯⑧席，连⑨用汤，履蒲席，衣布晞身，乃屦，进饮⑩。将适公所，宿齐戒，居外寝⑪，沐浴。史进象笏，书思对命。⑫ 既服，习容、观玉声，乃出。揖私朝⑬，辉如也，登车则有光矣。

天子搢珽⑭，方正于天下也。诸侯荼⑮，前诎⑯后直，让于天子也。大夫前诎后诎，无所不让也。

---

① 卜人：为君掌卜事之官。定龟：龟甲有多种，占卜不同的事项当用不同的龟甲，故需定之。

② 史定墨：灼龟甲后，由史官用墨涂其坼裂处（即所谓兆纹），其裂广而深者，则墨可渗入而显，其裂细微者则墨不可入而不显，然后根据其所显之兆纹以断吉凶。

③ 体：即兆体、兆象，亦即史官所涂墨而显者。定体：谓视兆所得。

④ 幦：车轼上的覆盖物。犆：谓缘。羔幦虎犆：此车是君的斋车，即君祭祀所乘车。

⑤ 朝车：臣子的朝车，其制与斋车同。

⑥ 机：音 jì，沐后所饮的酒。羞：此谓脯醢。

⑦ 杅：音 yú，浴盆。

⑧ 蒯：草名，多丛生水边，茎可编席。

⑨ 连：犹释，谓释去足垢。

⑩ 进饮：即进机。

⑪ 外寝：此谓正寝。

⑫ 史：大夫之史官。象笏：指以象骨饰本之笏。书思对命：谓书己之所思于笏，以待对答君之命。

⑬ 私朝：谓大夫处理家政之所。

⑭ 珽：天子玉笏名，即大圭，长三尺，上稍窄，而顶端为锥状（即三角形）。

⑮ 荼：诸侯笏名。荼，通"舒"，谓上有天子，有所畏惧。

⑯ 诎：通"屈"，谓首端作圆弧形，不为锥状。

侍坐则必退席，不退则必引而去君之党。登席不由前，为蹑席。① 徒坐②不尽席尺。读书，食，则齐。豆去席尺。若赐之食，而君客之，则命之祭然后祭，先饭，辩尝羞，饮而俟。若有尝羞者③，则俟君之食，然后食，饭饮而俟。君命之羞，羞近者。命之品尝之，然后唯所欲。凡尝远食，必顺近食。君未覆手④，不敢飧⑤。君既食，又饭飧。饭飧者，三饭也。君既彻，执饭与酱，乃出授从者⑥。

凡侑食，不尽食。食于人不饱。唯水浆不祭，若祭，为已僑卑⑦。

君若赐之爵，则越席再拜稽首受，登席祭之⑧。饮，卒爵而俟，君卒爵，然后授虚爵。君子之饮酒也，受一爵而色洒如⑨也。二爵而言言斯⑩，礼已三爵而油油⑪，以退。退则坐取屦，隐辟而后屦，坐左纳右，坐右纳左。凡尊必上玄酒。唯君而尊。唯飨野人皆酒。大夫侧尊，用棜⑫；士侧尊，用禁。

始冠缁布冠，自诸侯下达，冠而敝之可也。玄冠朱组缨⑬，天

---

① 登席不由前，为蹑席：升席必由席的下端开始。蹑：音 liè，践。

② 徒：空。徒坐：空坐，谓非饮食及讲问时。

③ 尝羞者：指膳宰。

④ 覆手：谓食毕用手擦拭嘴角两旁，怕沾有饭污。

⑤ 飧：本指水泡饭，此处谓作水泡饭以劝君饱食。

⑥ 执饭与酱，乃出授从者：按古礼，主人请客吃饭，凡专为客设的饭菜，饭后吃不完可以带走，有时还由主人派人把所剩的饭菜送到客人家去。

⑦ 僑卑：谓为势所压，惧而自卑。

⑧ 祭之：这是用酒行食前祭礼，盖以酒酹地少许以示祭。

⑨ 洒如：肃敬貌。

⑩ 言言：和敬貌。斯：犹"耳"。

⑪ 油油：悦敬貌。

⑫ 侧尊：谓设尊于旁侧，不使主人向之，明与宾客共此酒。棜：禁名，一名斯禁。

⑬ 玄冠朱组缨：这是天子始加之冠，与诸侯以下异。

子之冠也。缁布冠缋①緌，诸侯之冠也。玄冠丹组缨，诸侯之齐冠也。玄冠綦②组缨，士之齐冠也。缟冠玄武，子姓之冠也。③ 缟冠素纰④，既祥之冠也。

垂緌五寸，惰游之士也。⑤ 玄冠缟武，不齿⑥之服也。居冠属武⑦，自天子下达，有事然后緌。五十不散⑧送。亲没不髦，大帛⑨不緌。玄冠紫緌，自鲁桓公始也。

朝玄端，夕深衣。深衣三袪⑩，缝齐，倍要⑪，衽⑫当旁，袂可以回肘。长、中⑬，继掩尺⑭，袷⑮二寸，祛尺二寸，缘广寸半。以帛裹布，非礼也。士不衣织⑯。无君者不贰采。衣正色⑰，裳间色。

---

①　缋：同"绘"。

②　綦：杂色。

③　缟冠玄武，子姓之冠也：武，指冠圈。子姓，即孙。缟是凶色，玄是吉色，缟冠而玄武，则不纯吉。因父有父母之丧，子孙不敢穿纯吉服，故戴吉凶二色相杂之冠。

④　纰：缘边。

⑤　垂緌五寸，惰游之士也：垂緌，是指缟冠、素纰之垂緌。惰游失业之士，使之服此以耻之。

⑥　不齿：指那些不可教化的被逐放的人。

⑦　居：闲居。属武：冠梁和冠圈是连缀在一起的，且不加緌饰，这是因为闲居时礼简而少威仪的缘故。

⑧　不散：送丧不散麻。

⑨　大帛：言其质，即疏帛，也就是素缯。

⑩　三袪：大夫、士的深衣的腰围与袖口的比例。袖口周长是二尺四寸，腰围则为七尺二寸。

⑪　齐：指深衣的下边。倍要：谓腰围七尺二寸，下边则为一丈四尺四寸。

⑫　衽：指裳两旁斜裁为上窄下宽形的布幅。

⑬　长：长衣。中：中衣。二者都是穿于礼服之内。

⑭　继掩尺：长衣、中衣因衬于礼服之内，故其袖长当与礼服相称，所以相当于在深衣的袖口处另接一尺，以继袖长，使可掩覆手掌。

⑮　袷：音 jié，曲领，即交叠于胸前的衣领。

⑯　织：此处指先染丝而后织以为缯者。

⑰　正色：五方之纯色，即东方青色，南方赤色，西方白色，北方黑色，中方黄色。

非列采①不入公门，振绤、绤不入公门②，表裘不入公门。

袭裘③不入公门。纩为茧，缊为袍，禅为絅，帛为褶④，朝服之以缟⑤也，自季康子始也。

孔子曰："朝服而朝，卒朔⑥然后服之。"曰："国家未道，则不充其服焉。"

唯君有黼裘以誓省⑦，大裘⑧非古也。

君衣狐白裘，锦衣以裼之⑨。君之右虎裘，厥左狼裘。士不衣狐白。⑩

君子⑪狐青裘豹褎，玄绡衣以裼之；麑裘青豻⑫褎，绞衣⑬以裼之；羔裘豹饰，缁衣以裼之；狐裘，黄衣以裼之。锦衣狐裘，诸侯之服也。犬羊之裘不裼。

不文饰也，不裼。

裘之裼也，见美也。⑭

---

① 列采：正服，在此盖指朝服，朝服玄冠、缁衣、素裳，色皆不同。

② 振绤、绤不入公门：振，通"袗"，单。单绤绤之所以不得入公门，是因为其可以露出人体的轮廓。

③ 袭裘：非当盛礼，以文为美，不可袭裘，当袒正服前襟而露出里面的裼衣。

④ 这几句是记衣之异名。帛为褶，谓有表有里而中间不再填棉、絮。

⑤ 朝服之以缟：缟在此指白色的生丝绢。按：朝服当用布做成，这里不用布而用缟，是不符合古制的。

⑥ 朔：告朔礼。

⑦ 黼裘：以杂狐白为黼文的黑羊皮做的裘。誓：敕告。省：当为"狝"，谓秋季田猎。

⑧ 大裘：这是天子行祭天礼穿的服装，诸侯服之，是僭礼的行为。

⑨ 锦衣：以素锦为衣。裼：指加在狐裘外的罩衣。

⑩ 士不衣狐白：因为狐之白者少而贵，故只有国君才可穿，士贱则不得穿。

⑪ 君子：指大夫、士。

⑫ 豻：音 àn，北方的一种野狗。

⑬ 绞：苍黄色。绞衣：苍黄色的缯做的衣。

⑭ 裘之裼也，见美也：裼，原误作"饰"。见美，指裼衣上还加有正服，这里是指敞开正服前襟以见裼衣的文饰之美。君子在一般情况下，以见美为敬。

吊则袭，不尽饰也。

君在则裼，尽饰也。

服之袭也，充美也。①

是故尸袭，执玉，龟袭。

无事则裼，弗敢充也。

笏，天子以球②玉，诸侯以象，大夫以鱼须文竹③，士竹，本，象可也。见于天子与射，无说④笏。入大庙说笏，非古也。小功不说笏，当事免则说之。既搢必盥，虽有执于朝，弗有盥矣。凡有指画于君前，用笏；造受命于君前，则书于笏。笏，毕用也，因饰焉。笏度二尺有六寸，其中博三寸，其杀六分而去一⑤。

而素带，终辟⑥，大夫素带，辟垂⑦，士练带，率⑧，下辟，居士锦带，弟子缟带，并纽约用组⑨。

韠，君朱，大夫素，士爵⑩韦。圜，杀，直：天子直，公侯前后方，大夫前方后挫角，士前后正。韠下广二尺，上广一尺，长三尺，其颈五寸，肩，革带，博二寸。大夫大带四寸。杂⑪带，君朱绿，

---

① 服之袭也，充美也：充，犹覆。这是指在盛礼的场合，以质为敬，故当袭以充美。

② 球：美玉。

③ 鱼须文竹：此鱼盖为海产的蛟鱼（也就是鲨鱼）。"须"是"颁"之误，"颁"与"班"古字通，蛟鱼皮有班（斑），可以为饰，故大夫用之以饰笏。

④ 说：通"脱"。

⑤ 其杀六分而去一：天子、诸侯从笏的中部以下渐渐杀，至上首六分三寸而去其一分，余有二寸半。大夫、士又从中以下渐渐杀，至下首亦六分而去其一。杀：杼。

⑥ 而素带，终辟：这里说的是诸侯之制。辟：通"裨冕"之"裨"。裨，谓以缯采饰其侧。素：熟绢。终：竟。终辟：为终竟此带尽缘其边。

⑦ 垂：指带下余而垂以为饰的部分。

⑧ 练：缯。率：编其两侧为辫状。

⑨ 并纽约用组：是说天子至弟子皆如此。纽是带之交结处。

⑩ 爵：通"雀"，如雀头的颜色，显微黑。

⑪ 杂：饰。

大夫玄华①，士缁辟二寸，再缭四寸。凡带有率，无箴功。② 一命缊韨幽衡③，再命赤韨幽衡，三命赤韨葱衡。天子素带，朱里，终辟。

王后袆衣④，夫人揄狄⑤，三寸⑥，长齐于带⑦，绅长制：士三尺，有司⑧二尺有五寸。子游曰："参分带下，绅居二焉。"⑨绅、韠、结⑩三齐。君命屈狄⑪，再命袆衣，一命襢衣⑫，士褖衣⑬。唯世妇命于奠茧⑭，其他则皆从男子。

凡侍于君，绅垂⑮，足如履齐⑯，颐霤⑰，垂拱，视下而听上，

---

① 华：黄色。

② 率：谓为辪状。无箴功：谓针线细密，不见用针之功。

③ 一命：谓士。缊：音wēn，赤黄色。韨：音fú，因是穿祭服时所系，故异其名。衡：亦作"珩"，佩玉上部的横杠可系处。

④ 袆衣：王后的祭服名，服素底而画有彩色羽毛的雉（野鸡）为饰。

⑤ 揄狄：亦作"摇翟"，音同互通，是国君夫人的祭服名，服青底而画有彩色羽毛的雉为饰。

⑥ 三寸：这是指系带的纽和丝绳的宽度。

⑦ 长齐于带：这是说丝带下部分的长度与绅带齐。此处的带即指绅带之余而下垂为饰的部分。

⑧ 有司：谓府、史之属，主人自除之吏。

⑨ 参分带下，绅居二焉：人长八尺，大带之下四尺五寸，分为三，绅居二分，而绅长三尺。

⑩ 结：谓结其余。

⑪ 君：谓女君，子男之妻。屈：亦作"阙"。阙狄，是子男之妻的祭服，服上有用缯剪的雉形，缝缀之以为饰。

⑫ 一命襢衣：子男之大夫一命，其妻得服襢衣。襢：袒，其衣坦然正白而无文采。

⑬ 褖衣：是一种黑色的衣。

⑭ 唯世妇命于奠茧：世妇，位卑于夫人（诸侯之正妻）。世妇虽已被命，犹不得即服命服，必须入助蚕事，蚕事毕，献茧多而功大，更须君亲命之著服，才得服，故云"命于奠茧"。奠茧，犹言献茧。

⑮ 绅垂：弯腰时则绅带垂。

⑯ 足如履齐：弯腰时前裳的下边挨地而与履齐。

⑰ 霤：屋檐。

视带以及袷，听乡任左①。凡君召以三节②，二节以走，一节以趋。在官不俟屦，在外不俟车。

士于大夫，不敢拜迎③，而拜送。士于尊者先拜，进面，答之拜则走④。

士于君所言大夫，没矣，则称谥若字，名士。与大夫言，名士，字大夫。

于大夫所，有公讳，无私讳。凡祭不讳，庙中不讳，教学、临文不讳。

古之君子必佩玉，右徵、角，左宫、羽，趋以《采齐》⑤，行以《肆夏》，周还中规，折还中矩，进则揖之，退则扬⑥之，然后玉锵鸣也。故君子在车则闻鸾、和⑦之声，行则鸣佩玉，是以非辟之心无自入也。君在不佩玉⑧，左结佩，右设佩。居则设佩，朝则结佩。齐则绾结佩⑨，而爵韠。凡带必有佩玉，唯丧否。佩玉有冲牙，君子无故玉不去身，君子于玉比德焉。天子佩白玉而玄组绶，公侯佩山玄玉而朱组绶，大夫佩水苍玉而纯组绶，世子佩瑜玉⑩而綦组绶，士佩瓀玟⑪而缊组绶。孔子佩象环五寸而綦组授。

---

① 任左：因为人的右耳目不如左耳目明，故任左为欲听之审。
② 节：国君派使者召臣时所持的信物，用玉做的，其形制不详。
③ 不敢拜迎：士卑于大夫，若迎拜，则恐烦大夫答拜。若地位相同，则当迎拜。
④ 答之拜则走：这是表示不敢当尊者之拜。
⑤ 趋以《采齐》：这是路门外的乐节。《采齐》：古乐名，已佚。
⑥ 扬：同"仰"。
⑦ 鸾、和：车铃。
⑧ 君在不佩玉：这是指太子不敢佩玉以表德，故去玉以示无德。
⑨ 绾结佩：谓结其绶而又屈上之。
⑩ 世子佩瑜玉：瑜，是玉之美者，故世子佩之。
⑪ 瓀玟：似玉的美石。

童子之节也，缁布衣，锦缘，锦绅并纽，锦束发，皆朱锦也。肆束①及带，勤者有事则收之，走则拥之。童子不裘不帛，不屦绚②，无缌服，听事不麻。无事则立主人之北，南面。见先生，从人而入。③

侍食于先生、异爵④者，后祭先饭⑤。客祭，主人辞曰⑥："不足祭也。"客飧⑦，主人辞以"疏"。主人自置其酱，则客自彻之。一室之人⑧，非宾客，一人⑨彻。壹⑩食之人，一人彻。凡燕食，妇人不彻⑪。

食枣、桃、李，弗致于核。瓜祭上环⑫，食中，弃所操。凡食果实者，后君子，火孰者，先君子。有庆，非君赐不贺。有忧者。勤者有事则收之，走则拥之。

孔子食于季氏，不辞，不食肉而飧⑬。

君赐车马，乘以拜。赐衣服，服以拜。赐，君未有命，弗敢即乘、服也。君赐，稽首，据掌，致诸地。酒肉之赐弗再拜。凡赐，

---

① 肆束：谓纽约之余。肆：通"肆"，余。

② 绚：鞋头上的装饰，有孔，可以穿系鞋带。

③ 先生即老师。童子不能独为礼，若前往见老师，则随成人而入。

④ 异爵：谓爵尊于己。

⑤ 后祭先饭：后祭，是表示此馔不为己，是为尊者尝食。

⑥ 客祭：有表示感谢主人的饭菜丰盛的意思。主人辞：自谦饭菜粗疏，不值得祭。

⑦ 飧：这是指客人吃饱后，还要再吃上几口，以表示赞美主人的饭菜好吃。

⑧ 一室之人：同事而共居者。

⑨ 一人：年少者。

⑩ 壹：犹聚。

⑪ 妇人不彻：这是因为妇人体质弱，不胜礼事。

⑫ 瓜祭上环：吃瓜亦须在行食前祭礼。环：谓削瓜似环。上环：近蒂处。

⑬ 不辞，不食肉而飧：凡为客之礼，吃饭前当先起身推辞，吃时则当先吃肉块，并依次而吃其他食物，一直到吃饱，再行飧礼，即吃三口水泡饭。然而孔子既不辞，又不食肉而飧，必是季氏进食失礼。

君子与小人不同日。

凡献于君，大夫使宰，士亲，皆再拜稽首送之。膳于君，有荤、桃、茢①，于大夫去茢，于士去荤，皆造于膳宰②。大夫不亲拜，为君之答己也。

大夫拜赐而退，士待诺而退，又拜，弗答拜。大夫亲赐士，士拜受，又拜于其室。衣服弗服以拜。敌者不在，拜于其室。凡于尊者有献，而弗敢以闻③。士于大夫不承贺。下大夫于上大夫承贺。亲在，行礼于人称父。人或赐之，则称父拜之。

礼不盛，服不充。故大裘不裼④，乘路车不式。

父命呼，唯而不诺，手执业则投之，食在口则吐之，走而不趋。亲老，出不易方⑤，复不过时。亲瘝⑥，色容不盛，此孝子之疏节也。父没而不能读父之书，手泽存焉尔。母没而杯圈⑦不能饮焉，口泽之气存焉尔。

君入门，介拂闑，大夫中枨与闑之间，士介拂枨。宾入不中门，不履阈，公事自闑西，私事自闑东。

君与尸行接武⑧，大夫继武，士中武。徐趋皆用是，疾趋则欲

----

① 荤、桃、茢：皆避凶邪之物。

② 膳宰：本指为国君掌饮食的官，此处泛指为君、大夫、士掌饮食之官。

③ 弗敢以闻：不敢直说献物给尊者的话，而只能说送何物给尊者的属吏或从者之类的话。

④ 大裘：天子祭天所服。不裼：谓不袒露裼衣。这是举例说明礼盛则服充。

⑤ 出不易方：外出前禀告过父母要去何处，外出后不得改易，以免父母召己而莫知所在。

⑥ 瘝：病。

⑦ 杯圈：皆盛酒浆之器。圈：木制的卮、匜之类。

⑧ 武：足迹。接武：指一次举足迈出的距离只是足迹的一半，人的足迹长一尺二寸，这一次只迈出六寸的距离，这是因为尊者行步尚徐缓。

发①，而手足毋移。圈豚②行，不举足，齐如流。席上亦然。端行，颐霤如矢。弁③行，剡剡④起屦。执龟、玉，举前曳踵，蹜蹜⑤如也。

凡行，容惕惕⑥，庙中，齐齐⑦，朝廷，济济、翔翔⑧。

君子之容舒迟，见所尊者齐遬⑨。足容重，手容恭，目容端，口容止，声容静，头容直，气容肃，立容德，色容庄，坐如尸。燕居告温温。

凡祭，容貌颜色如见所祭者。

丧容累累，色容颠颠，视容瞿瞿、梅梅，言容茧茧。

戎容暨暨，言容詻詻⑩，色容厉肃，视容清明。立容辨⑪卑，毋讇⑫。头颈必中。山立，时行，盛气颠实扬休⑬，玉色。

凡自称，天子曰"予一人"，伯曰"天子之力臣"。诸侯之于天子，曰"某土之守臣某"⑭；其在边邑，曰"某屏之臣某"；其于敌以下，曰"寡人"。小国之君曰"孤"，摈者亦曰"孤"。

---

① 疾趋则欲发：这是因他事行礼，手无所执，而需直身速行时，非谓于宗庙中，故可不遵接武、继武、中武之法，而可如平常迈步一般阔狭自如。发：起。

② 圈：转。豚：若有所循。

③ 弁：急。

④ 剡剡：音 yǎn，起行貌。

⑤ 蹜蹜：音 sù，指脚步小而快。

⑥ 惕惕：直疾貌。

⑦ 齐齐：恭悫貌。

⑧ 济济、翔翔：庄敬貌。

⑨ 齐遬：遬，音 sù。"齐"与"遬"同义，而"遬"即籀文"速"字，是迅疾的意思。

⑩ 詻詻：教令严貌。

⑪ 辨：通"贬"，谓自我贬卑。

⑫ 讇：同"谄"。

⑬ 颠：通"填"。实：满。扬：通"阳"。休：通"煦"。

⑭ 某土之守臣某：前一个"某"，代封地名；后一个"某"，代诸侯名。

上大夫曰"下臣"，摈者曰"寡君之老"①。下大夫自名，摈者曰"寡大夫"。世子自名，摈者曰"寡君之适"。公子曰"臣孽"。② 士曰"传遽之臣"③，于大夫曰"外私"④。大夫私事使，私人摈⑤则称名，公士⑥摈，则曰"寡大夫"、"寡君之老"。大夫有所往，必与公士为宾也。

刘　向

《说成帝定礼乐》和《谏营昌陵疏》摘自严可均辑《全汉文》，中华书局 1999 年版。《说苑·修文》摘自向宗鲁校证《说苑校证》，中华书局 1987 年版。

说成帝定礼乐

宜兴辟雍，设庠序，陈礼乐，隆雅颂之声，盛揖让之容，以风化天下。如此而不治者，未之有也。或曰：不能具礼，礼以养人为本，如有过差⑦，是过而养人也。刑罚之过，或至死伤。今之刑，

---

① 寡君之老：这是指上大夫作为使者出使他国时，主国之君设摈者接待之，主国的摈者向主君转达使者之介的原话，称上大夫为"寡君之老"。

② 公子曰"臣孽"：公子，谓诸侯之庶子。树干荫生旁枝曰孽，故借用为庶子之称。

③ 传遽之臣：秦汉之后，凡急事速行，乘车曰传，乘马曰遽。传遽皆微贱小事，士位卑，故借以自称。

④ 于大夫曰"外私"：凡大夫家臣称私，此士既不与大夫为臣，故对大夫称曰外私。

⑤ 私人：大夫之家臣。摈：即大夫之介，介之所以称摈者，是因为在宾国，而主国致礼，则己为宾国之主人，故称摈。

⑥ 公士：国君所命之士，即公家之士。

⑦ 过差：失错。

非皋陶之法也，而有司请定法，削①则削，笔②则笔，救时务也。至于礼乐，则曰不敢，是敢于杀人，不敢于养人也。为其俎豆管弦之间小不备，因是绝而不为，是去小不备而就大不备③，大不备，或莫甚焉。夫教化之比于刑法，刑法轻，是舍④所重而急所轻也。且教化所恃以为治也，刑法所以助治也。今废所恃而独立其所助，非所以致太平也。自京师有悖逆不顺之子孙，至于陷大辟受刑戮者不绝，繇不习五常之道也⑤。夫承千岁之衰周，继暴秦之余敝，民渐渍恶俗，贪饕险诐⑥，不闲义理，不示以大化，而独驱以刑罚，终已不改。故曰："导之以礼乐，而民和睦。"初，叔孙通将制定礼仪，见非于齐鲁之士，然卒为汉儒宗，业垂后嗣，斯成法也。

谏营昌陵疏

臣闻《易》曰："安不忘危，存不忘亡，是以身安而国家可保也。"故贤圣之君，博观终始，穷极事情，而是非分明。王者必通三统⑦，明天命所授者博，非独一姓也。孔子论《诗》，至于"殷士肤敏，祼将于京"⑧，喟然叹曰："大哉天命！善不可不传于子孙，是以富贵无常；不如是，则王公其何以戒慎，民萌何以劝勉？"盖伤微子之事周，而痛殷之亡也。虽有尧舜之圣，不能化丹朱之子；虽有禹汤之德，

---

① 削：有所删去。

② 笔：有所增益，以笔就而书。

③ 大不备：颜师古注曰："大不备者，事之亏失，莫甚于此。"

④ 舍：废弃。

⑤ 繇：同"由"。五常：儒家仁、义、礼、智、信五种道德规范，人性所常行之也。

⑥ 饕：贪食。诐：行险。

⑦ 三统：指夏、商、周三代的正朔。夏正建寅为人统，商正建丑为地统，周正建子为天统。亦谓之三正。

⑧ 见于《诗经·大雅·文王》。

不能训末孙之桀纣。自古及今，未有不亡之国也。昔高皇帝既灭秦，将都雒阳，感寤刘敬之言，自以德不及周，而贤于秦，遂徙都关中，依周之德，因秦之阻。世之长短，以德为效，故常战栗，不敢讳亡。孔子所谓"富贵无常"，盖谓此也。

孝文皇帝居霸陵，北临厕①，意凄怆悲怀，顾谓群臣曰："嗟乎！以北山石为椁，用纻絮斫陈漆其间，岂可动哉！"张释之进曰："使其中有可欲，虽锢南山犹有隙；使其中无可欲，虽无石椁，又何戚焉？"夫死者无终极，而国家有废兴，故释之之言，为无穷计也。孝文寤焉，遂薄葬，不起山坟。

《易》曰："古之葬者，厚衣之以薪，臧之中野，不封②不树。后世圣人易之以棺椁。"棺椁之作，自黄帝始。黄帝葬于桥山，尧葬济阴，丘垄皆小，葬具甚微。舜葬苍梧，二妃不从。禹葬会稽，不改其列。殷汤无葬处。文、武、周公葬于毕，秦穆公葬于雍橐、泉宫、祈年馆下，樗里子葬于武库，皆无丘垄之处。此圣帝明王贤君智士远览独虑无穷之计也。其贤臣孝子，亦承命顺意而薄葬之。此诚奉安君父，忠孝之至也。

夫周公，武王弟也，葬兄甚微。孔子葬母于防，称古墓而不坟，曰："丘，东西南北之人也，不可不识也。"为四尺坟，遇雨而崩。弟子修之，以告孔子，孔子流涕曰："吾闻之，古者不修墓。"盖非之也。延陵季子适齐而反，其子死，葬于嬴、博之间，穿不及泉，敛以时服，封坟掩坎，其高可隐，而号曰："骨肉归复于土，命也，魂气则无不之也。"夫嬴、博去吴千有余里，季子不归葬。孔子往观曰："延陵季子于礼合矣。"故仲尼孝子，而延陵慈父，舜禹忠臣，周公弟弟，其葬君亲骨肉，皆微薄矣；非苟为俭，诚便于礼也。宋桓司马

---

①　厕：旁边靠近水。
②　封：积土以为坟。

为石椁,仲尼曰"不如速朽"。秦相吕不韦集知略之士而造《春秋》,亦言薄葬之义,皆明于事情者也。

逮至吴王阖闾,违礼厚葬,十有余年,越人发之。及秦惠文、武、昭、严襄①五王,皆大作丘陇,多其瘗②臧,咸尽发掘暴露,甚足悲也。秦始皇帝葬于骊山之阿,下锢三泉,上崇山坟,其高五十余丈,周回五里有余;石椁为游馆,人膏为灯烛,水银为江海,黄金为凫雁。珍宝之藏,机械之变,棺椁之丽,宫馆之盛,不可胜原。又多杀宫人,生埋工匠,计以万数。天下苦其役而反之,骊山之作未成,而周章③百万之师至其下矣。项籍燔其宫室营宇,往者咸见发掘。其后牧儿亡羊,羊入其凿,牧者持火照求羊,失火烧其臧椁。自古至今,葬未有盛如始皇者也。数年之间,外被项籍之灾,内离④牧竖之祸,岂不哀哉!

是故德弥厚者葬弥薄,知愈深者葬愈微。无德寡知,其葬愈厚,丘陇弥高,宫庙甚丽,发掘必速。由是观之,明暗之效,葬之吉凶,昭然可见矣。周德既衰而奢侈,宣王贤而中兴,更为俭宫室,小寝庙。诗人美之,《斯干》之诗是也。上章道宫室之如制,下章言子孙之众多也。及鲁严公⑤刻饰宗庙,多筑台囿,后嗣再绝,《春秋》刺焉。周宣如彼而昌,鲁、秦如此而绝,是则奢俭之得失也。

陛下即位,躬亲节俭,始营初陵,其制约小,天下莫不称贤明。及徙昌陵,增埤⑥为高,积土为山,发民坟墓,积以万数,营起邑居,期日迫卒,功费大万百余。死者恨于下,生者愁于上,怨气感

---

① 严襄:应为秦庄襄王,秦始皇之父。

② 瘗:埋。

③ 周章:陈胜的将领。

④ 离:遭受。

⑤ 鲁严公:应为鲁庄公。

⑥ 埤:下。

动阴阳，因之以饥馑，物故流离以十万数，臣甚惛^①焉。以死者为有知，发人之墓，其害多矣；若其无知，又安用大？谋之贤知则不说，以示众庶则苦；若苟以说愚夫淫侈之人，又何为哉！陛下慈仁笃美甚厚，聪明疏达盖世，宜弘汉家之德，崇刘氏之美，光昭五帝、三王，而顾与暴秦乱君竞为奢侈，比方丘陇，说愚夫之目，隆一时之观，违贤知之心，亡万世之安，臣窃为陛下羞之。唯陛下上览明圣黄帝、尧、舜、禹、汤、文、武、周公、仲尼之制，下观贤知穆公、延陵、樗里、张释之之意。孝文皇帝去坟薄葬，以俭安神，可以为则；秦昭、始皇增山厚臧，以侈生害，足以为戒。初陵之模，宜从公卿大臣之议，以息众庶。

说苑·修文

天子曰巡狩，诸侯曰述职。巡狩者，巡其所守也。述职者，述其所职也。春省耕，助不给也；秋省敛，助不足也。天子五年一巡狩。岁二月，东巡狩，至于东岳，柴，而望祀山川，见诸侯，问百年者，命太师陈诗以观民风，命市纳贾以观民之所好恶。志淫好僻者，命典礼。考时月，定日，同律礼乐制度衣服，正之。山川神祇有不举者为不敬，不敬者君黜以爵。宗庙有不顺者为不孝，不孝者君削其地。有功泽於民者，然后加地。入其境，土地辟除，敬老尊贤，则有庆，益其地。入其境，土地荒秽，遗老失贤，掊克在位，则有让，削其地。一不朝者黜其爵，再不朝者黜其地，三不朝者以六师移之。岁五月，南巡狩，至于南岳，如东巡狩之礼。岁八月，西巡狩，至于西岳，如南巡狩之礼。岁十一月，北巡狩，至于北岳，

---

① 惛：忧病。

如西巡狩之礼。归格于祖祢，用特。

……

天子诸侯无事则岁三田，一为乾豆，二为宾客，三为充君之庖。无事而不田曰不敬。田不以礼曰暴天物。天子不合围，诸侯不掩群①。天子杀则下大绥，诸侯杀则下小绥，大夫杀则止佐车②。佐车止则百姓畋猎③。獭祭鱼然后渔人入泽梁，鸠化为鹰，然后设罻罗，草木零落，然后入山林。昆虫不蛰，不以火田。不麑④，不卵，不殀夭，不覆巢。此皆圣人在上，君子在位，能者在职，大德之发者也。是故皋陶为大理，平民各服得其实。伯夷主礼，上下皆让。倕为工师，百工致功。益主虞，山泽辟成。弃主稷，百谷时茂。契主司徒，百姓亲和。龙主宾客，远人至。十二牧行，而九州莫敢僻违。禹陂九泽，通九道，定九州，各以其职来贡，不失厥宜。方五十里，至于荒服。南抚交趾、大发，西析支、渠搜、氐、羌，北至山戎、肃慎，东至长夷、岛夷。四海之内，皆戴帝舜之功。於是禹乃兴《九韶》之乐，致异物，凤凰来翔，天下明德也。

……

生而相与交通，故曰留宾。自天子至士，各有次。赠死不及柩尸⑤，吊生不及悲哀，非礼也。故古者吉行五十里，奔丧百里。赠赗及事之谓时。时，礼之大者也。《春秋》曰："天王使宰咺来归惠公仲子之赗。"赗者何？丧事有赗者，盖以乘马束帛。舆马曰赗，货财

---

① 掩群：捕取兽群。
② 车：古同"舆"。
③ 畋猎：打猎。
④ 麑：泛指幼兽。
⑤ 柩尸：指灵柩。

曰赗①，衣被曰襚②，口实曰唅，玩好曰赠。知生者赗、赙，知死者赠、襚。赠、襚所以送死也，赗、赙所以佐生也。舆马、束帛、货财、衣被、玩好，其数奈何？曰：天子乘马六匹；诸侯四匹；大夫三匹；元士二匹；下士一匹。天子束帛五匹，玄三、纁二，各五十尺；诸侯玄三、纁二，各三十尺；大夫玄一、纁二，各三十尺；元士玄一，纁一，各二丈；下士彩缦各一匹；庶人布帛各一匹。天子之赙，乘马六匹，乘车；诸侯四匹，乘舆；大夫曰参舆；元士、下士不用舆。天子文绣衣各一袭，到地；诸侯覆跗；大夫到踝；士到骭。天子唅实以珠；诸侯以玉；大夫以玑；士以贝；庶人以谷实。位尊德厚及亲者，赗、赙、唅、襚厚。贫富亦有差。二、三、四、五之数，本之天地，而制奇偶，度人情而出节文，谓之有因。礼之大宗也。

《春秋》曰："庚戌，天王崩。"《传》曰："天王何以不书葬？天子记崩，不记葬，必其时也。诸侯记卒，记葬，有天子在，不必其时也。"必其时奈何？天子七日而殡，七月而葬。诸侯五日而殡，五月而葬。大夫三日而殡，三月而葬。士庶人二日而殡，二月而葬。皆何以然？曰，礼不豫凶事，死而后治凶服。衣衰饰，修棺椁，作穿窆③宅兆，然后丧文成，外亲毕至，葬坟集。孝子忠臣之恩厚备尽矣。故天子七月而葬，同轨毕至；诸侯五月而葬，同会毕至；大夫三月而葬，同朝毕至；士庶人二月而葬，外姻毕至也。

---

① 赗：拿钱财帮助别人办理丧事。
② 襚：给死者赠送衣物。
③ 窆：指下葬。

班　固

《汉书》诸篇摘自《汉书》，中华书局 1999 年版。《白虎通义》诸篇摘自陈立撰，吴则虞点校《白虎通疏证》，中华书局 1994 年版。

汉　书

礼乐志

汉兴，乐家有制氏，以雅乐声律世世在大乐官，但能纪其铿鎗①鼓舞，而不能言其义。高祖时，叔孙通因秦乐人制宗庙乐。大祝迎神于庙门，奏《嘉②至》，犹古降神之乐也。皇帝入庙门，奏《永至》，以为行步之节，犹古《采荠》、《肆夏》③也。乾豆④上，奏《登歌》，独上歌，不以管弦乱人声，欲在位者遍闻之，犹古《清庙》之歌也。《登歌》再终，下奏《休成》之乐，美神明既飨也。皇帝就酒东厢，坐定，奏《永安》之乐，美礼已成也。又有《房中祠乐》，高祖唐山夫人所作也。周有《房中乐》⑤，至秦名曰《寿人》。凡乐，乐其所生，礼不忘本。高祖乐楚声，故《房中乐》楚声也。孝惠二年，使乐府令夏侯宽备其箫管，更名曰《安世乐》。

高（祖）庙奏《武德》、《文始》、《五行》之舞；孝文庙奏《昭德》、《文始》、《四时》、《五行》之舞；孝武庙奏《盛德》、《文始》、《四时》、《五行》之舞。《武德舞》者，高祖四年作，以象天下乐己行武

---

① 铿鎗：指的是金石之声。
② 嘉：李奇注："嘉，善也，善神之至也。"
③ 《肆夏》：古乐章名。
④ 乾豆：郑玄注："乾豆，谓腊之以为祭祀豆实也。"
⑤ 《房中乐》：周代宫廷音乐的一种，由后妃们在内宫侍宴时演唱，用琴、瑟伴奏。

以除乱也。《文始舞》者，曰本舜《招舞》也，高祖六年更名曰《文始》，以示不相袭也。《五行舞》者，本周舞也，秦始皇二十六年更名曰《五行》也。《四时舞》者，孝文所作，以（明）示天下之安和也。盖乐己所自作，明有制也；乐先王之乐，明有法也。孝景采《武德舞》以为《昭德》，以尊大宗庙。至孝宣，采《昭德舞》为《盛德》，以尊世宗庙。诸帝庙皆常奏《文始》、《四时》、《五行舞》云。高祖六年又作《昭容乐》、《礼容乐》。《昭容》者，犹古之《昭夏》也，主出《武德舞》。《礼容》者，主出《文始》、《五行舞》。舞人无乐者，将至至尊之前不敢以乐也；出用乐者，言舞不失节，能以乐终也。大氐皆因秦旧事焉。

初，高祖既定天下，过沛，与故人父老相乐，醉酒欢哀，作"风起"之诗，令沛中僮儿百二十人习而歌之。至孝惠时，以沛宫为原庙①，皆令歌儿习吹以相和，常以百二十人为员。文、景之间，礼官肄②业而已。至武帝定郊祀之礼，祠太一于甘泉，就乾位也③；祭后土于汾阴，泽中方丘也。乃立乐府④，采诗夜诵⑤，有赵、代、秦、楚之讴。以李延年为协律都尉，多举司马相如等数十人造为诗赋，略论律吕，以合八音之调，作十九章之歌。以正月上辛用事甘泉圆丘⑥，使童男女七十人俱歌，昏祠至明。夜常有神光如流星止集于祠坛，天子自竹宫⑦而望拜，百官侍祠者数百人皆肃然动心焉。

---

①　原：重。指已有正庙，更重新立之。

②　肄：习。

③　就乾位也：指的是在京师的西北方向。

④　乃立乐府：乐府之名起于此，汉哀帝时罢之。

⑤　采诗：依古徇路，采取百姓之言，以知政教得失。夜诵：夜诵者，其言辞或秘而不可宣露，故于夜里歌诵。

⑥　上辛：用周礼郊天日。辛：取斋戒自新之义。圆丘：取象天形。

⑦　竹宫：以竹为宫，天子居中。

是时，河间献王有雅材，亦以为治道非礼乐不成，因献所集雅乐。天子下大乐官，常存肄之，岁时以备数，然不常御，常御及郊庙皆非雅声。然诗乐施于后嗣，犹得有所祖述。昔殷周之《雅》《颂》，乃上本有娀、姜原①，卨②、稷③始生，玄王、公刘、古公、大伯、王季、姜女、大任、太姒之德，乃及成汤、文、武受命，武丁、成、康、宣王④中兴，下及辅佐阿衡、周、召、太公、申伯、召虎、仲山甫之属，君臣男女有功德者，靡不褒扬。功德既信美矣，褒扬之声盈乎天地之间，是以光名著于当世，遗誉垂于无穷也。今汉郊庙诗歌，未有祖宗之事，八音调均，又不协于钟律，而内有掖庭材人，外有上林乐府，皆以郑声施于朝廷。

至成帝时，谒者常山王禹世受（可）〔河〕间乐，能说其义，其弟子宋晔等上书言之，下大夫博士平当等考试。当以为"汉承秦灭道之后，赖先帝圣德，博受兼听，修废官，立大学，河间献王聘求幽隐，修兴雅乐以助化。时大儒公孙弘、董仲舒等皆以为音中正雅，立之大乐。春秋乡射，作于学官，希阔不讲。故自公卿大夫观听者，但闻（鉴）〔铿〕锵，不晓其意，而欲以风谕众庶，其道无由。是以行之百有馀年，德化至今未成。今晔等守习孤学，大指归于兴助教化。衰微之学，兴废在人。宜领属雅乐，以继绝表微。孔子曰：'人能弘道，非道弘人。'河间区区⑤，（不）〔小〕国藩臣，以好学修古，能有所存⑥，民到于今称之，况于圣主广被之资，修起旧文，放郑近雅，述而不作，信而好古，于以风示海内，扬名后世，诚非小功小美

---

① 姜原：后稷之母。

② 卨：殷之始祖。

③ 稷：周之始祖。

④ 武丁：殷王高宗。成：周成王，武王之子。康：周康王，成王之子。宣王：周厉王之子。

⑤ 区区：小貌也。

⑥ 能有所存：存意于礼乐。

也"。事下公卿，以为久远难分明，当议复寝。

是时，郑声尤甚。黄门名倡丙彊、景武之属富显于世，贵戚五侯定陵、富平外戚之家淫侈过度，至与人主争女乐。哀帝自为定陶王时疾之，又性不好音，及即位，下诏曰："惟世俗奢泰文巧，而郑卫之声兴。夫奢泰则下不孙而国贫，文巧则趋末背本者众，郑卫之声兴则淫辟之化流，而欲黎庶敦朴家给，犹浊其源①而求其清流，岂不难哉！孔子不云乎？'放郑声，郑声淫。'其罢乐府官。郊祭乐及古兵法武乐，在经非郑卫之乐者，条奏，别属他官。"丞相孔光、大司空何武奏："郊祭乐人员六十二人，给祠南北郊。大乐鼓员六人，《嘉至》鼓员十人，邯郸鼓员二人，骑吹鼓员三人，江南鼓员二人，淮南鼓员四人，巴俞②鼓员三十六人，歌鼓员二十四人，楚严鼓员一人，梁皇鼓员四人，临淮鼓员三十五人，兹邡鼓员三人，凡鼓十二，员百二十八人，朝贺置酒陈殿下，应古兵法。外郊祭员十三人，诸族乐人兼《云招》给祠南郊用六十七人，兼给事雅乐用四人，夜诵员五人，刚、别柎员二人，给《盛德》主调箎③员二人，听工以律知日冬夏至一人，钟工、磬工、箫工员各一人，仆射二人主领诸乐人，皆不可罢。竽④工员三人，一人可罢。琴工员五人，三人可罢。柱工⑤员二人，一人可罢。绳弦⑥工员六人，四人可罢。郑四会员六十二人，一人给事雅乐，六十一人可罢。张瑟员八人，七人可罢。《安世乐》鼓员二十人，十九人可罢。沛吹鼓员十二人，族歌鼓员二十七人，陈吹鼓员十三人，商乐鼓员十四人，东海鼓员十六人，长乐鼓

---

① 源：水泉之本。
② 巴：巴人。俞：俞人。
③ 箎：以竹为之，七孔，也是笛子的一类。
④ 竽：和笙是一类乐器，三十六簧。
⑤ 柱工：主筝瑟之柱者。
⑥ 弦：琴瑟之弦。

员十三人，缦乐①鼓员十三人，凡鼓八，员百二十八人，朝贺置酒，陈前殿房中，不应经法。治竽员五人，楚鼓员六人，常从倡三十人，常从象人四人，诏随常从倡十六人，秦倡员二十九人，秦倡象人员三人，诏随秦倡一人，雅大人员九人，朝贺置酒为乐。楚四会员十七人，巴四会员十二人，铫四会员十二人，齐四会员十九人，蔡讴员三人，齐讴员六人，竽瑟钟磬员五人，皆郑声，可罢。师学百四十二人，其七十二人给大官挏马酒，其七十人可罢。大凡八百二十九人，其三百八十八人不可罢。可领属大乐，其四百四十一人不应经法，或郑卫之声，皆可罢。"奏可。然百姓渐渍日久，又不制雅乐有以相变，豪富吏民湛沔②自若，陵夷③坏于王莽。

今海内更始，民人归本，户口岁息④，平其刑辟，牧以贤良，至于家给，既庶且富，则须庠序礼乐之教化矣。今幸有前圣遗制之威仪，诚可法象而补备之，经纪可因缘而存著也。孔子曰："殷因于夏礼，所损益，可知也；周因于殷礼，所损益，可知也；其或继周者，百世可知也。"今大汉继周，久旷大仪，未有立礼成乐，此贾（宜）〔谊〕、仲舒、王吉、刘向之徒所为发愤而增叹也。

律历志

《虞书》⑤曰"乃同律度量衡"，所以齐远近立民信也。自伏戏画八卦，由数起⑥，至黄帝、尧、舜而大备。三人稽古，法度章焉。周衰官失，孔子陈后王之法，曰："谨权量，审法度，修废官，举逸

---

① 缦乐：杂乐。

② 湛沔：沉湎，沉迷。

③ 陵夷：衰败，走下坡路。

④ 息：生。

⑤ 《虞书》：《舜典》。

⑥ 由数起：此谓卦起于数（刘攽说）。

民，四方之政行矣。"①汉兴，北平侯张苍首律历事，孝武帝时乐官考正。至元始中王莽秉政，欲耀名誉，征天下通知钟律者百（徐）馀人，使羲和刘歆等典领条奏，言之最详。故删其伪辞，取正义，著于篇。

……

三统②者，天施，地化，人事之纪也。十一月，《乾》之初九③，阳气伏于地下，始著为一，万物萌动，钟于太阴，故黄钟为天统，律长九寸。九者，所以究极中和，为万物元也。《易》曰："立天之道，曰阴与阳。"④六月，《坤》之初六⑤，阴气受任于太阳，继养化柔，万物生长，楙之于未，令种刚强大，故林钟为地统，律长六寸。六者，所以含阳之施，楙之于六合之内，令刚柔有体也。"立地之道，曰柔与刚。"⑥"《乾》知太始，《坤》作成物。"⑦正月，《乾》之九三，万物棣通，族出于寅，人奉而成之，仁以养之，义以行之，令事物各得其理。寅，木也，为仁；其声，商也，为义。故太族为人统，律长八寸，象八卦，宓戏氏之所以顺天地，通神明，类万物之情也。"立人之道，曰仁与义。"⑧"在天成象，在地成形。"⑨"后以裁成天地之道，辅相天地之宜，以左右民。"⑩此三律之谓矣，是为三统。

……

---

① 语见《论语·尧曰篇》。权：斤两。量：斗斛。法度：丈尺。逸民：有德而隐居者。
② 三统：王先谦曰："此谓黄钟、林钟、太簇三律为三统。"统，绪也。
③ 《乾》之初九：《易·乾卦》有"初九，潜龙勿用"句。
④ 引文见《易·说卦》。
⑤ 《坤》之初六：《易·坤卦》有"初六，履霜坚冰至"句。
⑥ 引文见《易·说卦》。
⑦ 引文见《易·系辞上》。
⑧ 引文见《易·说卦》。
⑨ 引文见《易·系辞上》。
⑩ 引文见《易·泰卦》。

　　玉衡杓建，天之纲也；日月初（缠）〔躔〕，星之纪也。纲纪之交，以原始造设，合乐用焉。律吕唱和，以育生成化，歌奏用焉。指顾取象，然后阴阳万物靡不条鬯该成。故以成之数忖①该之积，如法为一寸，则黄钟之长②也。参分损一，下生林钟。参分林钟益一，上生太族。参分太族损一，下生南吕。参分南吕益一，上生姑洗。参分姑洗损一，下生应钟。参分应钟益一，上生蕤宾。参分蕤宾损一，下生大吕。参分大吕益一，上生夷则。参分夷则损一，下生夹钟。参分夹钟益一，上生亡射。参分亡射损一，下生中吕。阴阳相生，自黄钟始而左旋，八八为伍。其法皆用铜。职在大乐③，太常掌之。

　　……

　　历数之起上矣。传述颛顼④命南正⑤重⑥司天，火正⑦黎⑧司地，其后三苗⑨乱德，二官咸废，而闰馀乖次⑩，孟陬殄灭⑪，摄提失方⑫。尧复育重、黎之后，使纂其业，故《书》曰："乃命羲、和，钦若昊天，历象日月星辰，敬授民时。""岁三百有六旬有六日，以闰月

---

　　① 忖：切割，除也。

　　② 黄钟之长：该积（亥 177147）除以成数（酉 19683），等于黄钟之长（9 寸）。即 177147÷19683=9（寸）。

　　③ 大乐：官名，属太常。

　　④ 颛顼：传说为古代部族首领，号高阳氏。

　　⑤ 南正：官名。

　　⑥ 重：人名。

　　⑦ 火正：官名。

　　⑧ 黎：人名。

　　⑨ 三苗：古代部族名，活动于长江中游一带。

　　⑩ 闰馀乖次：历法错乱。闰馀：夏历每年与四季相比所差的时日。

　　⑪ 孟陬殄灭：意谓由于历法错乱，使计算正月的时节不正确，而不成其为岁首。孟陬（zōu）：夏历正月的别称。

　　⑫ 摄提失方：意谓由于历法错乱，也使确定摄提所指与时节失调。摄提：星名，属亢宿，共六星。直斗杓所指，以建时节。

定四时成岁，允厘百官，众功皆美。"①其后以授舜曰："咨尔舜，天之历数在尔躬。""舜亦以命禹。"②至周武王访箕子③，箕子言大法九章④，而五纪⑤明历法。故自殷周，皆创业改制，咸正历纪，服色⑥从之，顺其时气，以应天道。三代既没，五伯之末史官丧纪⑦，畴人⑧子弟分散，或在夷狄，故其所记，有《黄帝》、《颛顼》、《夏》、《殷》、《周》及《鲁历》。战国扰攘，秦兼天下，未皇暇也，亦颇推五胜⑨，而自以为获水德⑩，乃以十月为正⑪，色上黑⑫。

郊祀志

昔三代之居皆河洛⑬之间，故嵩高为中岳，而四岳各如其方，四渎咸在山东⑭。至秦称帝，都咸阳⑮，则五岳、四渎皆并在东方。

---

① "《书》曰"等句：引文皆见《尚书·虞书·尧典》。羲、和：羲氏、和氏，两个掌管天地四时之官。钦：敬。若：顺。昊天：天。昊：元气博大貌。岁：即每年，三百六十六日。闰月：农历一年与地球公转一周相比，约差十日有余，每数年积所余之时日为闰，而置闰月，以调整时差。允厘百官：以治理百官。

② "授舜曰"等句：事见《论语·尧曰篇》。咨：叹息。历数：本指按时制历，后人理解为"天道"。尔躬：你身。

③ 箕子：商纣诸父，因谏被囚。武王伐纣后，释放箕子。今《尚书·洪范》，相传是箕子为武王而作。

④ 大法九章：指《洪范》九畴。

⑤ 五纪：岁、月、日、星辰、历数，皆纪天象，故称五纪。

⑥ 服色：谓车马、服饰的颜色。

⑦ 丧纪：失于记时。

⑧ 畴人：历算学者。

⑨ 推：推究。五胜：五行相胜（克）。

⑩ 自以为获水德：秦据五行学说，以为周为火德，秦为水德，以水德胜火德。

⑪ 以十月为正：即以十月为岁首。

⑫ 色上黑：因水德与黑色配合，故崇尚黑色。

⑬ 河洛：黄河、洛水。也指这两条河之间的地区。

⑭ 山东：指崤山或华山以东地区。

⑮ 咸阳：都邑名，在今陕西咸阳市东北。

自五帝以至秦，迭①兴迭衰，名山大川或在诸侯，或在天子，其礼损益世殊，不可胜记。及秦并天下，令祠官所常奉天地名山大川鬼神可得而序也。

成帝初即位，丞相衡、御史大夫谭奏言②："帝王之事莫大乎承天之序，承天之序莫重于郊祀，故圣王尽心极虑以建其制。祭天于南郊，就阳之义也；瘗地③于北郊，即阴之象也。天之于天子也，因其所都而各飨焉。往者，孝武皇帝居甘泉宫，即于云阳立泰畤，祭于宫南。今行常幸长安，郊见皇天反北之泰阴，祠后土反东之少阳，事与古制殊。又至云阳，行溪谷中，厄④狭且百里，汾阴则渡大川，有风波舟楫之危，皆非圣主所宜数乘。郡县治道共张，吏民困苦，百官烦费。劳所保之民，行危险之地，难以奉神灵而祈福祐，殆未合于承天子民之意。昔者周文武郊于丰镐，成王郊于雒邑。由此观之，天随王者所居而飨之，可见也。甘泉泰畤、河东后土之祠宜可徙置长安，合于古帝王。愿与群臣议定。"奏可。大司马车骑将军许嘉⑤等八人以为所从来久远，宜如故。右将军王商、博士师丹、议郎翟方进等五十人以为《礼记》曰"燔柴于太坛⑥，祭天也；瘗埋于大折⑦，祭地也"。兆于南郊，所以定天位也。祭地于大折，在北郊，就阴位也。郊处各在圣王所都之南北。《书》曰"越三日丁巳，用

---

① 迭：交替，轮流。
② 衡：匡衡。谭：张谭，字仲叔。
③ 瘗地：祭地。
④ 厄：阻塞。
⑤ 许嘉：封平恩侯。
⑥ 太坛：古代祭天之处，在南郊。
⑦ 大折：古代祭地之处，在北郊。

牲于郊，牛二"①。周公加牲，告徙新邑，定郊礼于雒②。明王圣主，事天明，事地察。天地明察，神明章矣。天地以王者为主，故圣王制祭天地之礼必于国郊。长安，圣主之居，皇天所观视也。甘泉、河东之祠非神灵所飨，宜徙就正阳大阴之处。违俗复古，循圣制，定天位，如礼便。

汉兴之初，庶事草创，唯一叔孙生③略定朝廷之仪。若乃正朔、服色、郊望之事，数世犹未章焉。至于孝文，始以夏郊，而张仓据水德，公孙臣、贾谊更以为土德，卒不能明。孝武之世，文章为盛，太初改制，而兒宽、司马迁等犹从臣、谊④之言，服色数度，遂顺黄德，彼以五德之传从所不胜⑤，秦在水德，故谓汉据土而克之。刘向父子以为帝出于《震》⑥，故包羲氏始受木德，其后以母传子⑦，终而复始，自神农、黄帝下历唐虞三代而汉得火焉。故高祖始起，神母夜号，著赤帝之符，旗章遂赤，自得天统矣。昔共工氏以水德间于木火，与秦同运，非其次序，故皆不永。由是言之，祖宗之制盖有自然之应，顺时宜矣。究观方士祠官之变，谷永之言，不亦正乎！不亦正乎！

白虎通义

礼　乐

礼乐者，何谓也？礼之为言履也。可履践而行。乐者，乐也。

---

① 引文见《尚书·周书·召诰》。

② 雒：雒邑，今河南洛阳市。

③ 叔孙生：叔孙通。

④ 臣、谊：公孙臣与贾谊。

⑤ 彼以五德之传从所不胜：谓彼以五德相胜之法，如火胜金，土胜水。

⑥ 《震》：《易》卦名。

⑦ 以母传子：周寿昌注："木生火，故云以母传子也。"

君子乐得其道，小人乐得其欲。王者所以盛礼乐何？节文之喜怒。乐以象天，礼以法地。人无不含天地之气，有五常之性者。故乐所以荡涤，反其邪恶也。礼所以防淫泆，节其侈靡也。故《孝经》曰："安上治民，莫善於礼。""移风易俗，莫善於乐。"子曰："乐在宗庙之中，君臣上下同听之，则莫不和敬。在族长乡里之中，长幼同听之，则莫不和顺。在闺门之内，父子兄弟同听之，则莫不和亲。故乐者，所以崇和顺，比物饰节，节奏合以成文，所以和合父子君臣，附亲万民也。是先王立乐之方也。故听其雅颂之声，志意得广焉。执干戚，习俯仰屈伸，容貌得庄焉。行其缀兆，要其节奏，行列得正焉，进退得齐焉。故乐者，天地之命，中和之纪，人情之所不能免焉也。故乐者，先王之所以饰喜也。军旅鈇钺①，先王之所以饰怒也。故先王之喜怒，皆得其齐焉。喜则天下和之，怒则暴乱者畏之。先王之道，礼乐可谓盛矣。"闻角声，莫不恻隐而慈者；闻徵声，莫不喜养好施者；闻商声，莫不刚断而立事者；闻羽声，莫不深思而远虑者；闻宫声，莫不温润而宽和者也。礼所揖让何？所以尊人自损也。揖让则不争。《论语》曰："揖让而升，下而饮，其争也君子。"故"君使臣以礼，臣事君以忠"。"谦谦君子，利涉大川"，以贵下贱，大得民也。屈己敬人，君子之心。故孔子曰："为礼不敬，吾何以观之哉？"夫礼者，阴阳之际也，百事之会也，所以尊天地，傧鬼神，序上下，正人道也。乐所以必歌者何？夫歌者，口言之也。中心喜乐，口欲歌之，手欲舞之，足欲蹈之。故《尚书》曰："前歌后舞，假於上下。"礼贵忠何？礼者，盛不足，节有余。使丰年不奢，凶年不俭，贫富不相

---

① 鈇钺：《礼记·王制》载："赐鈇钺然后杀。"《文选》注引《仓颉篇》曰："鈇，椹也，质也。钺，斧也。"诸侯无专刑之道，故赐之以鈇钺，然后行刑。

悬也。乐尚雅何？雅者，古正也。所以远郑声①也。孔子曰："郑声淫何？郑国土地民人，山居谷浴，男女错杂，为郑声以相诱悦怿，故邪僻，声皆淫色之声也。"

右总论礼乐

太平乃制礼作乐何？夫礼乐所以防奢淫。天下人民饥寒，何乐之乎？功成作乐，治定制礼。乐言作，礼言制何？乐者，阳也。动作倡始，故言作。礼者，阴也。系制於阳，故言制。乐象阳也，礼法阴也。

右论太平乃制礼乐

王者始起，何用正民。以为且用先王之礼乐，天下太平，乃更制作焉。《书》曰："肇称殷礼，祀新邑。"此言太平去殷礼。《春秋传》曰："曷②为不修乎近而修乎远？同己也。可因先以太平也。"必复更制者，示不袭也。又天下乐之者，乐所以象德表功，而殊名也。《礼记》曰："黄帝乐曰《咸池》，颛顼乐曰《六茎》，帝喾乐曰《五英》，尧乐曰《大章》，舜乐曰《箫韶》，禹乐曰《大夏》，汤乐曰《大濩》，周乐曰《大武象》，周公之乐曰《酌》，合曰《大武》。"黄帝曰《咸池》者，言大施天下之道而行之，天之所生，地之所载，咸蒙德施也。颛顼曰《六茎》者，言和律吕③以调阴阳。茎著万物也。帝喾曰《五英》者，言能调和五声，以养万物，调其英华也。尧曰《大章》者，大明天地人之道也。舜曰《箫韶》者，舜能继尧之道也。禹曰《大夏》者，言禹能顺二圣之道而行之，故曰《大夏》也。汤曰《大濩》者，言汤承衰，能护民之急也。周公曰《酌》者，言周公辅成王，能斟酌文武之道而成之也。武王曰《象》者，象太平而作乐，示己太平也。合曰《大武》

---

① 郑声：郑、卫之音，春秋战国时期郑、卫等国的民间音乐。

② 曷：何。

③ 律吕：十二律的另称，语源出于三分损益律的六律、六吕。

者，天下始乐周之征伐行武，故诗人歌之曰："王赫斯怒，爰整其旅。"当此之时，乐文王之怒以定天下，故乐其武也。周室中制《象》乐何？殷纣为恶日久，其恶最甚，斫涉句胎，残贼天下。武王起兵，前歌后儛，克殷之后，民人大喜，故中作所以节喜盛。

右论帝王礼乐

天子八佾，诸侯四佾，所以别尊卑。乐者，阳也。故以阴数，法八风、六律、四时也。八风、六律者，天气也。助天地成万物者也。亦犹乐所以顺气变化，万民成其性命也。故《春秋公羊传》曰："天子八佾，诸公六佾，诸侯四佾。"《诗》《传》曰："大夫士琴瑟御。"佾者，列也，以八人为行列，八八六十四人也。诸公六六为行，诸侯四四为行。诸公谓三公二王后，大夫士北面之臣，非专事子民者也，故但琴瑟而已。

右论天子诸侯佾数

王者有六乐者，贵公美德也。所以作供养。谓倾先王之乐，明有法，示正其本，兴己所自作乐，明作己也。

......

右论四夷之乐

歌者在堂上，舞在堂下何？歌者象德，舞者象功，君子上德而下功。《郊特牲》曰："歌者在上。"《论语》曰："季氏八佾舞於庭。"《书》曰："下管鞉鼓"，"笙镛以间"。

右论歌舞异处

降神之乐在上何？为鬼神举也。故《书》曰："戛击鸣球，搏拊琴瑟以咏，祖考来格。"所以用鸣球搏拊者何？鬼神清虚，贵净贱铿锵也。故《尚书大传》①曰："搏拊鼓，装以糠。琴瑟练丝徽弦。"鸣者，贵玉声也。

---

① 《尚书大传》：对《尚书》的解释性著作，作者和成书时间均无法完全确定。

右论降神之乐

王者食所以有乐何？乐食天下之太平，富积之饶也。明天子至尊，非功不食，非德不饱。故《传》曰："天子食，时举乐。"王者所以日四食何？明有四方之物，食四时之功也。四方不平，四时不顺，有彻膳之法焉。所以明至尊著法戒焉。王者平居中央，制御四方。平旦食，少阳之始也。昼食，太阳之始也。餔食，少阴之始也。暮食，太阴之始也。《论语》曰："亚饭干适楚，三饭缭适蔡，四饭缺适秦。"诸侯三饭，卿大夫再饭，尊卑之差也。《弟子职》曰"暮食复礼"，士也。食力无数。庶人职在耕桑，戮力劳役，饥即食，饱即作，故无数。

右论侑食之乐

声音者，何谓也？声者，鸣也。闻其声即知其所生。音者，饮也。言其刚柔清浊和而相饮也。《尚书》曰："予欲闻六律①、五声、八音。"五声者，宫商角徵羽。土谓宫，金谓商，木谓角，火谓徵，水谓羽。《月令》曰："盛德在木"，"其音角"。又曰："盛德在火"，"其音徵"。"盛德在金"，"其音商"。"盛德在水"，"其音羽"。所以名之为角者何？角者，跃也。阳气动跃。徵者，止也。阳气止。商者，张也。阴气开张，阳气始降也。羽者，纡也。阴气在上，阳气在下。宫者，容也，含也。含容四时者也。八音者，何谓也？《乐记》曰："土曰埙，竹曰管，皮曰鼓，匏曰笙，丝曰弦，石曰磬，金曰钟，木曰柷敔。"此谓八音也。法《易》八卦也。万物之数也。八音，万物之声也。天子所以用八音何？天子承继万物，当知其数。既得其数，当知其声，即思其形。如此，蜎飞蠕动无不乐其音者，至德

---

① 六律：黄钟、太簇、姑洗、蕤宾、夷则、无射六阳律与大吕、夹钟、仲吕、林钟、南吕、应钟六阴律。

之道也。天子乐之，故乐用八音。《乐记》曰："埙，《坎》①音也。管，《艮》②音也。鼓，《震》音也。弦，《离》音也。钟，《兑》音也。柷，《乾》音也。"埙在十一月，埙之为言熏也。阳气于黄泉之下熏蒸而萌。匏之为言施也，牙也。在十二月，万物始施而牙。笙者，大蔟③之气，象万物之生，故曰笙。有七政之节焉，有六合之和焉，天下乐之，故谓之笙。鼓，《震》音，烦气也。万物愤懑震而出。雷以动之，温以暖之，风以散之，雨以濡之。奋至德之声，感和平之气也。同声相应，同气相求，神明报应，天地佑之，其本乃在万物之始耶？故谓之鼓也。鼗④者，《震》之气也。上应昴星，以通王道，故谓之鼗也。箫者，中吕之气也。万物生於无声，见於无形，勠也，肃也。故谓之箫。箫者，以禄为本，言承天继物为民本，人力加，地道化，然后万物勠也，故谓之箫也。瑟者，啬也，闲也。所以惩忿窒欲，正人之德也。故曰：瑟有君父之节，臣子之法。君父有节，臣子有义，然后四时和。四时和，然后万物生。故谓之瑟也。琴者，禁也。所以禁止淫邪，正人心也。磬者，夷则之气也。象万物之成也。其声磬。故曰：磬有贵贱焉，有亲疏焉，有长幼焉。朝廷之礼，贵不让贱，所以明尊卑也。乡党之礼，长不让幼，所以明有年也。宗庙之礼，亲不让疏，所以明有亲也。此三者行，然后王道得，王道得，然后万物成，天下乐之。故乐用磬也。钟之为言动也。阴气用事，万物动成。钟为气，用金为声也。镈者，时之气声也，节度之所生也。君臣有节度则万物昌，无节度则万物亡。亡与昌正相迫，故谓之镈。柷敔者，终始之声，万物之所生也。阴阳顺而复，故曰

---

① 《坎》：《周易》六十四卦中第二十九卦。

② 《艮》：《周易》六十四卦中第五十二卦。

③ 大蔟：即太簇，农历正月的别名。

④ 鼗：有柄的小鼓。

枳。承顺天地，序迎万物，天下乐之，故乐用枳。枳，始也。敔，终也。一说笙、枳、鼓、箫、瑟、埙、钟、磬如其次。笙在北方，枳在东北方，鼓在东方，箫在东南方，琴在南方，埙在西南方，钟在西方，磬在西北方。声五、音八何？声为本，出于五行；音为末，象八风。故《乐记》曰"声成文谓之音，知音而乐之谓之乐"也。

右论五声八音

问曰："异说并行，则弟子疑焉。"孔子有言："吾闻择其善者而从之，多见而志之，知之次也。""文武之道，未坠于地。""天之将丧斯文也。""乐亦在其中矣。"圣人之道，犹有文质，所以拟其说，述所闻者，亦各传其所受而已。

右通论异说

大瑟①谓之洒，长八尺一寸，广一尺八寸，二十七弦。

考　黜

诸侯所以考黜何？王者所以勉贤抑恶，重民之至也。《尚书》曰："三载考绩，三考黜陟②。"

右总论黜陟

《礼》说九锡，车马、衣服、乐则、朱户、纳陛、虎贲、钺铖、弓矢、秬鬯③，皆随其德，可行而次。能安民者赐车马，能富民者赐衣服，能和民者赐乐则，民众多者赐朱户，能进善者赐纳陛，能退恶者赐虎贲，能诛有罪者赐钺铖，能征不义者赐弓矢，孝道备者

---

① 瑟：古老的拨弦乐器。

② 三考黜陟：《春秋繁露·考功名》篇载："考试之法，大者缓，小者急，贵者舒而贱者促。诸侯月试其国，州伯时试其部，四试而一考。天子岁试天下，三试而一考，前后三考而黜陟，命之曰计。"

③ 秬鬯（jù chàng）：黑米酿造的香酒。周人崇尚气味，祭祀前先用香酒灌牲耳。秬：黑色的黍。鬯：祭祀用的香酒。

赐秬鬯。以先后与施行之次自不相逾，相为本末然。安民然后富足，富足而后乐，乐而后众，乃多贤，多贤乃能进善，进善乃能退恶，退恶乃能断刑。内能正己，外能正人，内外行备，孝道乃生。能安民，故赐车马，以著其功德，安其身。能使人富足衣食，仓廪实，故赐衣服，以彰其体。能使民和乐，故赐之乐则，以事其先也。《礼》曰："夫赐乐者，得以时王之乐事其宗庙也。"朱盛色，户所以纪民数也。故民众多赐朱户①也。古者人君下贤，降阶一等而礼之，故进贤赐之纳陛以优之也。既能进善，当能戒恶，故赐虎贲②。虎贲所以戒不虞而距恶。距恶当断刑，故赐之鈇钺，所以断大刑。刑罚既中，则能征不义。故赐之弓矢，所以征不义，伐无道也。圭瓒秬鬯，宗庙之盛礼。故孝道备而赐之秬鬯，所以极著孝道。孝道纯备，故内和外荣，玉以象德，金以配情，芬香条鬯，以通神灵。玉饰其本，君子之性，金饰其中，君子之道，君子有黄中通理之道美素德。金者精和之至也，玉者德美之至也，鬯者芬香之至也。君子有玉瓒③秬鬯者，以配道德也。其至矣，合天下之极美，以通其志也，其唯玉瓒秬鬯乎。车者，谓有赤有青之盖，朱轮，特能居前，左右寝米也。以其进止有节，德绥民，路车乘马以安其身。言成章，行成规，衮龙之衣服表显其德。长于教诲，内怀至仁，则赐时王乐以化其民。尊贤达德，动作有礼，赐之纳陛以安其体。居处修治，房内节，男女时配，贵贱有别，则赐朱户以明其德。威武有矜，严仁坚强，赐以虎贲，以备非常。喜怒有节，诛伐刑刺，赐以鈇钺，使得专杀。好恶无私，执义不倾，赐以弓矢，使得专征。孝道之美，百行之本也。故赐之玉瓒，使得专为畅也。故《王制》曰："赐之弓

① 朱户：《文选》注引服虔云："朱户，天子之礼也。朱户，赤户也。"
② 虎贲：《续汉志》注引《风俗通》云："虎贲，国之秘兵。"
③ 玉瓒：圭瓒。

矢，然后专杀。"又曰："赐圭瓒然后为畅。未赐者，资畅於天子。"
《王度记》曰："天子鬯，诸侯薰，大夫苣兰，士萧①，庶人艾。"车
马、衣服、乐则三等者赐与其物。《礼》："天子赐侯氏车服，路先
设，路下四亚之。"又曰："诸侯奉箧服②。"《王制》曰："天子赐诸侯
乐，则以柷将之。"《诗》云："君子来朝，何锡与之？虽无与之，路车
乘马。又何与之？玄衮及黼。"《书》曰："明试以功，车服以庸。"朱
户、纳陛、虎贲者，皆与之制度，而钑钺、弓矢、秬鬯，皆与之物，
各因其宜也。秬者，黑黍，一稃二米。鬯者，以百草之香郁金而合
酿之，成为鬯。阳达于墙屋，阴入于渊泉，所以灌地降神也。玉瓒
者，器名也，所以灌鬯之器也。以圭饰其柄，灌鬯贵玉气也。

右论九锡

崩　薨

《书》曰："成王崩③。"天子称崩何？别尊卑，异死生也。天子曰
崩。大尊像。崩之为言，惭④然伏僵，天下抚击失神明，黎庶殒涕，
海内悲凉。诸侯曰薨⑤。国失阳，薨之言奄也，奄然亡也。大夫曰
卒⑥。精耀终也。卒之为言终於国也。士曰不禄⑦。不终君之禄，禄
之言消也，身消名彰。庶人曰死。魂魄去亡。死之为言澌，精气穷
也。崩薨纪於国何？以为有尊卑之礼，谥号之制即有矣。礼始於皇
帝，至舜尧而备。《易》言没者，据远也。《书》言殂⑧落死者，各自

---

① 萧：没长穗的芦苇。

② 箧服：置于箧中的衣服。

③ 崩：古代称帝王之死。

④ 疑"惭"有误，不见于字书。

⑤ 薨：古代称诸侯之死。

⑥ 卒：死亡，古代称大夫之死。《说题词》载："大夫曰卒。精辉终卒，卒之言绝，
绝於邦也。"

⑦ 不禄：古代称士之死。《曲礼》注："不禄，不终其禄。"

⑧ 殂：《说文》注："殂，往死也。"

见义。尧见僭痛之，舜见终各一也。

右论崩夢异称

丧者，何谓也？丧者，亡也。人死谓之丧何？言其丧亡，不可复得见也。不直言死，称丧者何？为孝子之心不忍言也。《尚书》曰："武王既丧①。"《丧礼经》曰："死於适室。"知据死者称丧也。生者丧痛之亦称丧。《礼》曰："丧服斩衰。"《易》曰："不封不树，丧期无数。"《孝经》曰："孝子之丧亲也，是施生者也。"天子下至庶人，俱言丧何？欲言身体发肤俱受之父母，其痛一也。

右论天子至庶人皆言丧

刘　苍

选文摘自严可均辑《全后汉文》，商务印书馆 1999 年版。

南北郊冕服议

孔子曰："行夏之时，乘殷之辂②，服周之冕③。"为汉制法。高皇帝始受命创业，制长冠以入宗庙。光武受命中兴，建明堂，立辟雍。陛下以圣明奉遵，以礼服龙衮祭五帝④。礼缺乐崩，久无祭天地冕服之制。案尊事神祇，洁斋盛服，敬之至也。日月星辰，山龙

---

①　既丧：除丧服。

②　乘殷之辂：殷辂，即大辂，汉代祭天，尚乘大辂，东汉称为桑根车。

③　服周之冕：孔子主张礼服华美，《论语·伯泰篇》中孔子肯定禹"恶衣服而致美乎黻冕"，可证。周冕较前代华美，所以孔子主张"周服之冕"。

④　五帝：据范晔《后汉书·明帝纪》中李贤注引《五经通义》，指苍帝灵威仰、赤帝赤熛怒、黄帝含枢纽、白帝白招矩、黑帝叶光纪。

华藻，天王衮冕十有二旒，以则天数。旒有龙章日月，以备其文。今祭明堂宗庙，圆以法天，方以则地，服以华文，象其物宜，以降神明，肃雍备思，博其类也。天地之礼，冕冠裳衣，宜如明堂之制。

世祖庙乐舞议

汉制旧典，宗庙各奏其乐，不皆相袭，以明功德。秦为无道，残贼百姓，高皇帝受命诛暴，元元各得其所，万国咸熙，作《武德》之舞。孝文皇帝躬行节俭，除诽谤，去肉刑，泽施四海，孝景皇帝制《昭德》之舞。孝武皇帝功德茂盛，威震海外，开地置郡，传之无穷，孝宣皇帝制《盛德》之舞。光武皇帝受命中兴，拨乱反正，武暘方外，震服百蛮，戎狄奉贡，宇内治平，登封告成，修建三雍，肃修典祀，功德巍巍，比隆前代。以兵平乱，武功盛大。歌所以咏德，舞所以象功，世祖庙乐舞名宜曰《大武》之舞。《元命包》曰："缘天地之所杂乐为之文典。"文王之时，民乐其兴师征伐，而诗人称其武功。《枢机钤》曰："有帝汉出，德洽作乐。"各与虞《韶》、禹《夏》、汤《濩》、周《武》无异，不宜以名舞。《叶图徵》曰："大乐必易。"《诗传》曰："颂言成也，一章成篇，宜列德，故登歌《清庙》一章也。"《汉书》曰："百官颂所登御者，一章十四句。"依书《文始》《五行》《武德》《昭真修》之舞，节损益前后之宜，六十四节为舞，曲副八佾之数。十月烝祭始御，用其《文始》《五行》之舞如故。勿进《武德舞歌诗》曰："於穆世庙，肃雍显清，俊乂①翼翼，秉文之成。越序上帝，骏奔来宁，建立三雍，封禅泰山，章明图谶②，放唐之文。休矣惟德，罔射协同，本支百世，永保厥功。"

---

① 乂：音 yì，有才德的人。
② 谶：巫师、方士编造的预示吉凶的阴语。

明帝庙乐议

昔者孝文庙乐曰《昭德》之舞，孝武庙乐曰《盛德》之舞，今皆祫①食于高庙，《昭德》《盛德》之舞不进，与高庙同乐。今孝明皇帝主在世祖庙，当同乐，《盛德》之乐无所施，如自立庙当作舞乐者，不当与世祖庙《盛德》之舞同名，即不改作舞乐，当进《武德》之舞。臣愚戆鄙陋，庙堂之论，诚非所当闻、所宜言。陛下体纯德之妙，奋至谦之意，猥归美于载列之臣，故不敢隐蔽愚情，披露腹心。诚知愚鄙之言，不可以仰四门宾于之议。伏惟陛下以至德当成、康之隆，天下乂②安刑措之时也。百姓盛歌元首之德，股肱③贞良，庶事宁康。臣钦仰圣化，嘉羡盛德，危颠之备，非所宜称。

蔡　邕

《礼乐志·乐意》摘自严可均辑《全后汉文》，中华书局 1999 年版。《独断》诸篇摘自《独断》，上海古籍出版社 1990 年版。

礼乐志·乐意

汉乐四品：一曰《大予乐》，典郊庙、上陵殿、诸食举之乐。郊乐，《易》所谓"先王以作乐崇德，殷荐上帝"，《周官》"若乐六变，则天神皆降，可得而礼也"。宗庙乐，《虞书》所谓"琴瑟以咏，祖考来

---

① 祫：夹。
② 乂：安定。
③ 股肱：左右辅佐之大臣。

假",《诗》云"肃雍和鸣，先祖是听"。食举乐，《王制》谓"天子食举以乐"，《周官》"王大食，则命奏钟鼓"。二曰《周颂雅乐》，典辟雍、飨射①、六宗、社稷之乐。辟雍、飨射，《孝经》所谓"移风易俗，莫善于乐"，《礼记》曰"揖让而治天下者，礼乐之谓也"。社稷，所谓"琴瑟击鼓，以御田祖"者也。《礼记》曰"夫乐，施于金石，越于声音，用乎宗庙、社稷，事乎山川、鬼神"，此之谓也。三曰《黄门鼓吹》，天子所以宴乐群臣，《诗》所谓"坎坎鼓我，蹲蹲舞我"者也。其短箫、铙歌，军乐也。其《传》曰"黄帝、岐伯②所作，以建威扬德，风劝士"也。盖《周官》所谓"王大捷则令凯乐，军大献则令凯歌"也。孝章皇帝亲著歌诗四章，列在食举，又制云台十二门新诗，下太予乐官习诵，被声，与旧诗并行者，皆当撰录，以成《乐志》。

独　断

天子正号之别名

乘舆出於律。律曰：敢盗乘舆服御物，谓天子所服食者也。天子至尊，不敢渫渎③言之，故托之於乘舆。乘犹载也，舆犹车也，天子以天下为家，不以京师宫室为常处，则当乘车舆以行天下，故群臣托乘舆以言之。或谓之车驾。

天子自谓曰行在所，犹言今虽在京师，行所至耳，巡狩天下，所奏事处皆为宫。在京师曰奏长安宫，在泰山则曰奏奉高宫。唯当时所在，或曰朝廷，亦依违尊者所都，连举朝廷以言之也。亲近侍

---

①　飨射：古礼，宴饮宾客并举行射箭之礼。

②　岐伯：古代传说极富声望的医学家。《帝王世纪》载："（黄帝）又使岐伯尝味百草。典医疗疾，今经方、本草之书咸出焉。"

③　渫渎：亵慢，轻慢不严肃。

从官称曰大家，百官小吏称曰天家。

玺者，印也，印者信也。天子玺以玉螭虎①纽。古者尊卑共之，月令曰：固封玺。《春秋左氏传》曰：鲁襄公在楚，季武子使公冶问玺书，追而与之。此诸侯大夫印称玺者也。卫宏曰：秦以前，民皆以金玉为印，龙虎纽，唯其所好。然则秦以来，天子独以印称玺，又独以玉，群臣莫敢用也。

宗庙所歌诗之别名

清庙一章八句：洛邑既成，诸侯朝见，宗祀文王之所歌也。维天之命一章八句：告太平於文王之所歌也。维清一章五句：奏象武之歌也。烈文一章十三句：成王即政，诸侯助祭之所歌也。天作一章七句：祝先王公之所歌也。昊②天有成命一章七句：郊祀天地之所歌也。我将一章十句：祀文王於明堂之所歌也。时迈一章十五句：巡守告祭柴望之所歌也。执竞一章十四句：祀武王之所歌也。思文一章八句：祀后稷配天之所歌也。臣工一章十句：诸侯助祭，遣之於庙之所歌也。噫嘻一章八句：春夏祈谷于上帝之所歌也。振鹭一章八句：二王之后，来助祭之所歌也。丰年一章七句：烝尝秋冬之所歌也。有瞽一章十三句：始作乐，合诸乐而奏之所歌也。潜一章六句：季冬荐鱼，春献鲔之所歌也。雍一章十六句：禘太祖之所歌也。载见一章十四句：诸侯始见于武王庙之所歌也。有客一章十三句：微子来见祖庙之所歌也。武一章七句：奏大武，周武所定一代之乐所歌也。闵予小子一章十一句：成王除武王之丧，将始即政，朝於庙之所歌也。访落一章十二句：成王谋政於庙之所歌也。敬之

---

① 螭虎：战国之后玉器中常见的异兽，战国晚期玉器上就有螭虎纹饰。
② 昊：元气博大貌。

一章十二句：群臣进戒嗣王之所歌也。小毖一章八句：嗣王求忠臣助己之所歌也。载芟一章三十一句：春耤田祈社稷之所歌也。良耜一章二十三句：秋报社稷之所歌也。丝衣一章九句：绎宾尸之所歌也。酌一章九句：告成大武，言能酌先祖之道，以养天下之所歌也。桓一章九句：师祭讲武类祃之所歌也。赉一章六句：大封於庙，赐有德之所歌也。般一章七句：巡守祀四岳河海之所歌也。

五帝三代乐之别名

黄帝曰《云门》，颛顼曰《六茎》，帝喾曰《五英》，尧曰《咸池》，舜曰《大韶》，一曰《大招》。夏曰《大夏》①，殷曰《大濩》②，周曰《大武》③。天子八佾④，八八六十四人。八者象八风，所以风化天下也。公之乐六佾⑤，象六律也。侯之乐四佾，象四时也。

四夷乐之别名

四夷乐之别名：王者必作四夷之乐，以定天下之欢心，祭神明，和而歌之，以管乐为之声。东方曰靺，南方曰任，西方曰株离（一作禁）⑥，北方曰禁（一作昧）。

宗庙之制

古学以为人君之居，前有朝，后有寝，终则前制庙以象朝，后制寝以象寝，庙以藏主，列昭穆，寝有衣冠几杖，象生之具，总谓

---

①　《大夏》：夏代乐舞。

②　《大濩》：商代乐舞。

③　《大武》：周代乐舞。

④　八佾：古代天子用的一种乐舞。佾即舞列，八佾即纵横都是 8 人，共 64 人。

⑤　六佾：周代诸侯所用乐舞之格局。6 列，每列 6 人，共 36 人；或说，每列 8 人，6 列共 48 人。

⑥　株离：古舞曲名。《尚书大传》卷一下载："阳伯之乐，舞《株离》。"郑玄注："《株离》，舞曲名，言象物生育离根株也。"

之宫。《月令》曰，"先荐寝庙"，《诗》云，"公侯之宫"，《颂》曰，"寝庙奕奕①"，言相连也。是皆其文也。古不墓祭，至秦始皇出，寝起之於墓侧，汉因而不改，故今陵上称寝殿，有起居衣冠象生之备，皆古寝之意也。居西都时，高帝以下，每帝各别立庙，月备法驾，游衣冠，又未定迭毁②之礼。元帝时，丞相匡衡御史大夫贡禹乃以经义处正，罢游衣冠，毁先帝亲尽之庙。高帝为太祖，孝文为太宗，孝武为世宗，孝宣为中宗，祖宗庙皆世世奉祠，其余惠景以下皆毁。五年而称殷祭，犹古之禘祫③也。殷祭则及诸毁庙，非殷祭则祖宗而已。光武中兴，都洛阳，乃合高祖已下至平帝为一庙，藏十一帝主於其中。元帝为光武为祢，故虽非宗而不毁也，后嗣遵承，遂常奉祀。光武举天下以再受今复汉祚④，更起庙称世祖。孝明临崩，遗诏遵俭，母起寝庙，藏主於世祖庙。孝章不敢违，是后遵承，藏主於世祖庙，皆如孝明之礼，而园陵皆自起寝庙。孝明曰显宗，孝章曰肃宗，是后踵前，孝和曰穆宗，孝安曰恭宗，孝顺曰敬宗，孝桓曰威宗。唯殇⑤冲质三少帝皆以未逾⑥年而崩，不列於宗庙，四时就陵上祭寝而已。今洛阳诸陵，皆以晦望、二十四气、伏社腊及四时日上饭，太官送用，园令食监典省其亲陵所。宫人随鼓漏理被枕，具盥水，陈严具，天子以正月五日毕。供后上原陵以次周徧，公卿百官皆从。四姓小侯诸侯家妇，凡与先帝先后有瓜葛者，及诸侯王，

---

① 奕奕：高达貌。

② 迭毁：古宗庙制度。天子设七庙供奉七代祖先，诸侯设五庙供奉五代祖先。其中始封之君、开国帝王之庙，世世不毁，余则亲过高祖而毁其庙，迁其神主于太庙中。亲庙依次而毁，故称"迭毁"。

③ 禘祫：古代帝王祭祀始祖的一种隆重仪礼。

④ 汉祚：指自上古时期传承至今的华夏的国统。

⑤ 殇：汉殇帝。殇，意为未成年而死。

⑥ 逾：超过。

大夫郡国计吏，匈奴朝者，西国侍子皆会，尚书官属，陛西除下，先帝神座后。大夫计吏皆当轩下，占其郡谷价，四方灾异，欲皆使先帝魂神具闻之，遂於亲陵各赐计吏而遣之。正月上丁，祠南郊礼毕，次北郊明堂高祖庙、世祖庙，谓之五供。五供毕，以次上陵也。四时宗庙用牲，十八太牢，皆有副倅①。西庙五主，高帝、文帝、武帝、宣帝、元帝也。高帝为高祖，文帝为太宗，武帝为世宗，宣帝为中宗，其庙皆不毁。孝元功簿当毁，光武复天下，属弟於元帝为子，以元帝为祢庙②，故列於祖宗后嗣，因承遂不毁也。

卷　　下

正月朝贺，三公奉璧上殿，向御座北面，太常赞曰：皇帝为君兴。三公伏，皇帝坐，乃进璧。古语曰：御座则起，此之谓也。旧仪，三公以下月朝，后省，常以六月朔、十月朔旦朝，后又以盛暑，省六月朝，故今独以为正月十月朔朝也。冬至，阳气始起，麋鹿解③角，故寝兵鼓，身欲宁，志欲静，不听事，送迎五日。腊者岁终大祭，纵吏民宴饮，非迎气故，但送不迎。正月岁首，亦如腊仪。冬至阳气起君道长，故贺。夏至阴气起君道衰，故不贺。鼓以动众，钟以止众，夜漏尽，鼓鸣则起，昼漏尽，钟鸣则息也。

天子出，车驾次第，谓之卤簿④。有大驾，有小驾，有法驾。大驾则公卿奉引，大将军参乘，太仆御，属车八十一乘，备千乘万骑。在长安时，出祠天於甘泉备之，百官有其仪注，名曰甘泉卤簿。中兴以来希用之。先帝时时备大驾，上原陵也，不常用，唯遭大丧乃施之。法驾、公卿不在卤簿中，唯河南尹执金吾洛阳令奉引，侍

---

① 　副倅：预备役兵员，亦称"游倅"。

② 　祢庙：父庙，或称考庙。

③ 　觧：同"解"。

④ 　卤簿：古代帝王外出时扈从的仪仗队。

中参乘，奉车郎御，属车三十六乘。北郊明堂则省诸副车。小驾，祠宗庙用之，每出太仆奉驾，上卤簿於尚书中，中常侍侍御史主者、郎令史，皆执注以督整诸军、车、骑。春秋上陵，令又省於小驾，直事尚书一人从。令以下，皆先行。

法驾，上所乘曰金根车，驾六马，有五色安车五色立车各一，皆驾四马，是为五时副车。俗人名之曰五帝车，非也。又有戎立车以征伐，三盖车名耕根车，一名芝车，亲耕籍田乘之。又有蹋猪车，慢轮有画，田猎乘之。绿车名曰皇孙车，天子孙乘之以从。

凡乘舆，车皆羽盖金华爪黄屋左纛金镤，方釳繁缨重毂副牵。①

黄屋者，盖以黄为里也。

左纛者，以牦牛尾为之，大如斗，在最后左骓②马髻上。金镤者，马冠也，高广各四寸，如玉华形，在马髻前。方釳者，铁广数寸，在髻后，有三孔，挿③翟尾其中。繁缨在马膺前，如索帬④者是也。

重毂⑤者，毂外复有一毂，施牵其外，乃复设牵施铜，金镤形如缇亚，飞軨以缇油⑥，广八寸，长注地，左画苍龙右白虎，系轴头。今二千石亦然，但无画耳。

前驱有九斿⑦云罕阘戟皮轩銮旗车，皆大夫载。銮旗者，编羽毛引系橦旁，俗人名之曰鸡翘车，非也。后有金钲黄越黄门鼓车。

---

① 纛：音 dào，古代用毛羽做的舞具或帝王车舆上的饰物。镤：音 zōng，马头上的装饰。釳：古代装在马头上的像角的金属装饰物。

② 骓：驾在辕马两旁的马。

③ 挿：古通"插"。

④ 索帬：系在马胸前的穗状饰物。

⑤ 毂：车轮中心的圆木，周围与车辐的一端相接，中有圆孔，可以插轴。

⑥ 缇油：古代车轼前屏泥的红色油布。

⑦ 斿：同"旒"，古代旌旗下边或边缘上悬垂的装饰品。

古者诸侯贰车九乘，秦灭九国，兼其车服，故大驾属车八十一乘也。尚书御史乘之，最后一车悬豹尾，以前皆皮轩，虎皮为之也。

永安七年，建金根耕根诸御车，皆一辕，或四马，或六马，金根箱轮，皆以金镈正黄两臂前后刻金，以作龙虎鸟龟形，上但以青缣为盖，羽毛为后户。

冕冠周曰爵弁①，殷曰冔，夏曰收，皆以三十升漆布为殻，广八寸，长尺二寸，加爵冕其上。周黑而赤，如爵头之色，前小后大。殷黑而微白，前大后小。夏纯黑而赤，前小后大。皆有收以持笄。《诗》曰：常服黼冔。礼朱干玉戚，冔而舞大武。《周书》曰：王与大夫尽弁。古皆以布，中古以丝。孔子曰：麻冕，礼也，今也纯俭。汉云翘冠乐祠天地五郊舞者服之，冕冠垂旒。周礼：天子冕前后垂延朱绿藻有十二旒，公侯大夫各有差别。汉兴，至孝明帝永平二年，诏有司采《尚书皋陶篇》及《周官》《礼记》，定而制焉，皆广七寸，长尺二寸，前圆后方，朱绿里而玄上，前垂四寸，后垂三寸，系白玉珠於其端，是为十二旒，组缨如其绶之色。三公及诸侯之祠者，朱绿九旒、青玉珠，卿大夫七旒、黑玉②珠，皆有前无后，组缨各视其绶之色，旁垂黈纩当耳。郊天地祠宗庙祀明堂则冠之，衣黼衣，佩玉佩，履絇履。孔子曰：服周之冕，鄙人不识，谓之平天冠。

天子冠通天冠，诸侯王冠远游冠，公侯冠进贤冠。公王三梁，卿大夫尚书二千石博士冠两梁，千石六百石以下至小吏冠一梁。天子公卿特进朝侯祀天地明堂皆冠平冕。

天子十二旒，三公九，诸侯卿七，其缨与组，各如其绶之色，衣玄上纁下，日月星辰，山龙华虫。祠宗庙则长冠杨玄。其武官太尉以下及侍中常侍皆冠惠文冠，侍中常侍加貂蝉，御史冠法冠，谒

---

① 爵弁：冠名，色如雀头，赤而微黑。

② 玉，音 sù，有疵点的玉。

者冠高山冠。其乡射行礼，公卿冠委貌，衣玄端，执事者皮弁服，宫门仆射冠却非，大乐郊社祝舞者冠建华，其状如妇人缕簏。迎气五郊，舞者所冠亦为冕，车加出。后有巧士冠，其冠似高山冠而小。

　　帻者，古之卑贱执事，不冠者之所服也。孝武帝幸馆陶公主家，召见董偃①，偃傅青褠绿帻，主赞曰：主家庖人臣偃昧死再拜谒。上为之起，乃赐衣冠引上殿。董仲舒武帝时人，其上两书曰：执事者皆赤帻，知皆不冠者之所服也。元帝额有壮发，不欲使人见，始进帻服之，群臣皆随焉。然尚无巾。如今半帻而已。王莽无发乃施巾，故语曰：王莽秃，帻施屋，冠进贤者宜长耳，冠惠文者宜短耳，各随所宜。

　　通天冠：天子常服，汉服受之秦，礼无文。远游冠：诸侯王所服，展筒无山，礼无文。高山冠：齐冠也，一曰侧注，高九寸，铁为卷梁，不展筒，无山。秦制，行人使官所冠，今谒者服之，礼无文。太傅胡公说曰：高山冠，盖齐王冠也。秦灭齐，以其君冠赐谒者。

　　进贤冠：文官服之，前高七寸，后三寸，长八寸，公侯三梁，卿大夫尚书博士两梁，千石六百石以下一梁。汉制，礼无文。

　　法冠：楚冠也，一曰柱后惠②文冠，高五寸，以纚③裹，铁柱卷。秦制，执法服之，今御史廷尉监平服之，谓之獬豸④。獬豸兽名，盖一角，今冠两角以獬豸为名，非也。太傅胡公说曰：左氏传有南冠而絷者，国语曰南冠以如夏姬，是知南冠盖楚之冠，秦灭楚，以其君冠赐御史。

---

　　① 董偃：汉武帝时人，馆陶公主晚年的面首。

　　② 惠：同"惠"。

　　③ 纚：古代束发的布帛。

　　④ 獬豸：中国古代神话传说中的神兽，体形大者如牛，小者如羊，类似麒麟，全身长着浓密黝黑的毛，双目明亮有神，额上通常长一角。

武冠：或曰繁冠，今谓之大冠，武官服之。侍中中常侍加黄金附貂蝉之饰。秦灭。太傅胡公说曰：赵武灵王效胡服，始施貂蝉鼠尾饰之，赵以其君冠赐侍中。齐冠或曰长冠，竹裹以缅，高七寸，广三寸，形制如板。

高祖冠：以竹皮为之，谓之刘氏冠。楚制，礼无文，鄙人不识，谓之鹊尾冠。

建华冠：以铁为柱卷，贯大珠九枚，今以铜为珠，形制似缕簏。记曰：知天文者服之。左传曰：郑子臧好聚鹬冠，前图（一作徒），以为此则是也，天地五郊，明堂月令，舞者服之。

方山冠：以五采縠为之，汉祀宗庙大享八月乐五行舞人服之，衣冠各从其行之色，如其方色而舞焉。

术士冠：前圆，吴制，迤迤四重，赵武灵王好服之，今者不用，其说未闻。

巧士冠：高五寸，要后相通，埽除从官服之，礼无文。

却非冠：宫门仆射者服之，礼无文。

樊哙冠：汉将军樊哙造次所冠，以入项籍营，广七寸，前出四寸，司马殿门大护卫士服之。

却敌冠：前高四寸，通长四寸，后高三寸，监门卫士服之，礼无文。

珠冕、爵、帻、收、通天冠、进贤冠、长冠、缁布冠、委貌冠、皮弁、惠文冠，古者天子冠所加者，其次在汉礼。

帝　谥

违拂不成曰隐，靖民则法曰黄，翼善传圣曰尧，仁圣盛明曰舜，残人多垒曰桀，残义损善曰纣，慈惠爱亲曰孝，爱民好与曰惠，圣善同文曰宣，声闻宣远曰昭，克定祸乱曰武，聪明睿智曰献，温柔圣善曰懿，布德执义曰穆，仁义说民曰元，安仁立政曰神，布纲治纪曰平，乱而不损曰灵，保民耆艾曰明，辟土有德曰襄，贞心大度曰匡，大虑慈民曰定，知改能改曰恭，不生其国曰声，一德不懈曰简，夙兴夜寐曰敬，清白自守曰贞，柔德好众曰靖，安乐治民曰康，小心畏忌曰僖，中身早折曰悼，慈仁和民曰顺（一曰倾），好勇致力曰庄，恭人短折曰哀，在国逢难曰愍，名实过爽曰缪（立穆切），雍遏不通曰幽，暴虐无亲曰厉，致志大图曰景，辟土兼国曰桓，经天纬地曰文，执义扬善曰怀，短折不成曰殇，去礼远众曰炀，怠政外交曰携，治典不敷曰祈（一曰震）。

范　晔

选文摘自《后汉书》，中华书局 1999 年版。

后汉书

舆服上

夫礼服之兴也，所以报功章德，尊仁尚贤。故礼尊〔尊〕贵贵，不得相逾，所以为礼也。非其人不得服其服，所以顺礼也。顺则上下有序，德薄者退，德盛者缛。故圣人处乎天子之位，服玉藻邃延，日月升龙，山车金根饰，黄屋左纛，所以副其德，章其功也。贤仁佐圣，封国（爰）〔受〕民，黼黻①文绣，降龙路车，所以显其仁，光其能也。及其季末，圣人不得其位，贤者隐伏，是以天子微弱，诸

---

① 黼黻：泛指古代礼服上所绣的花纹。

侯胁矣。於此相贵以等，相𧮪①以货，相赂以利，天下之礼乱矣。至周夷王下堂而迎诸侯，此天子失礼，微弱之始也。自是诸侯宫县乐食，祭以白牡，击玉磬，朱干设锡，冕而儛《大武》。② 大夫台门旅树反坫，绣黼丹朱中衣，镂簋朱纮③，此大夫之僭诸侯礼也。《诗》刺"彼己之子，不称其服"，伤其败化。《易》讥"负且乘，致寇至"，言小人乘君子器，盗思夺之矣。自是礼制大乱，兵革并作；上下无法，诸侯陪臣，山藻藻棁。降及战国，奢僭益炽，削灭礼籍，盖恶有害己之语。竞修奇丽之服，饰以舆马，文罽玉缨，象镳金鞍，以相夸上。争锥刀之利，杀人若刈④草然，其宗祀亦旋夷灭。荣利在己，虽死不悔。及秦并天下，揽其舆服，上选以供御，其次以锡百官。汉兴，文学既缺，时亦草创，承秦之制，后稍改定，参稽《六经》，近于雅正。孔子曰："其或继周者，行夏之正，乘殷之辂，服周之冕，乐则《韶舞》。"故撰《舆服》著之于篇，以观古今损益之义云。

上古圣人，见转蓬始知为轮。轮行可载，因物知生，复为之舆。舆轮相乘，流运罔极，任重致远，天下获其利。后世圣人观於天，视斗周旋，魁方杓曲⑤，以携龙、角为帝车，于是乃曲其辀，乘牛驾马，登险赴难，周览八极。故《易·震》乘《乾》，谓之《大壮》，言器莫能有上之者也。自是以来，世加其饰。至奚仲为夏车正，建其斿旒⑥，尊卑上下，各有等级。周室大备，官有六职，百工与居一

---

① 𧮪：音 dú，怨恨，憎恶。

② 郑玄注《礼记》曰："此皆天子之礼也。宫县，四面县也。干，盾也。锡，傅其背如龟也。《武》，《万舞》也。白牡，大路，殷天子之礼也。白牡，殷牲。"

③ 朱纮：红色系带。

④ 刈：割。

⑤ 魁方杓曲：《春秋纬》曰："瑶光第一至第四为魁，第五至第七为杓，合为斗。"

⑥ 斿旒：有饰物与图像的旗帜。旒：古代的一种旗帜。

焉。一器而群工致巧者，车最多，是故具物以时，六材皆良。舆方法地，盖圆象天；三十辐以象日月；盖弓二十八以象列星；龙旂九斿，七仞齐轸①，以象大火②；鸟旟③七斿，五仞齐较④，以象鹑火⑤；熊旗六斿，五仞齐肩，以象参、伐；龟旐四斿，四仞齐首，以象营室⑥；弧旌枉矢，以象弧也：此诸侯以下之所建者也。

天子（五）〔玉〕路⑦，以玉为饰，（锡）〔钖〕樊缨十有再就，建太常，十有二斿，九仞⑧曳地，日月升龙，象天明也。夷王以下，周室衰弱，诸侯大路。秦并天下，阅三代之礼，或曰殷瑞山车，金根之色。汉承秦制，御为乘舆，所谓孔子乘殷之路者也。

乘舆、金根、安车、立车，轮皆朱班重牙⑨，贰毂两辖⑩，金薄缪龙，为舆倚较，文虎伏轼⑪，龙首衔轭，左右吉阳筩，鸾雀立衡，𧼝文画辀，羽盖华蚤，建大旂，十有二斿，画日月升龙，驾六马，象镳镂（锡）〔钖〕，金（鑆）〔镂〕方釳，插翟尾⑫，朱兼樊缨，赤罽易茸，

---

① 轸：古代车箱底部四周的横木。

② 大火：郑玄曰："交龙为旂，诸侯之所建也。大火，苍龙宿之心，其属有尾，尾九星。"

③ 旟：古代的一种旗帜。

④ 较：郑玄曰："较者，车高槛木也。"

⑤ 鹑火：郑玄曰："鸟隼为旟，州里之所建。鹑火，朱鸟宿之柳，其属有七星。"

⑥ 营室：郑玄曰："营室，玄武宿，与东壁连体而四星。"

⑦ 玉路：《周礼》称王之五路，一曰玉路，二曰金路，三曰象路，四曰革路，五曰木路。《释名》曰："天子所乘曰路，路亦军事也，谓之路，言行路也。"

⑧ 仞：古代的计量单位。郑玄曰："七尺为仞，天子之旗高六丈三尺。"

⑨ 牙：《周礼》曰："牙也者，以为固抱也。"

⑩ 贰毂两辖：蔡邕曰："毂外复有一毂抱辖，其外乃复设辖，抱铜置其中。"

⑪ 轼：《魏都赋》注曰："轼，车横覆膝，人所冯止者也。"

⑫ 金（鑆）〔镂〕方釳，插翟尾：《独断》曰："金（鑆）〔镂〕者，马冠也。高广各五寸，上如（三）〔玉〕华形，在马髦前。方釳，铁也。广数寸，在马（鑆）〔镂〕后。后有三孔，插翟尾其中。"

金就十有二，左纛以牦牛尾为之，在左骖马轭上，大如斗，是为德车。五时车，安、立亦皆如之。各如方色，马亦如之。白马者，朱其髦尾为朱鬣云。所御驾六。馀皆驾四，后从为副车。

耕车，其饰皆如之。有三盖，一曰芝车，置耒耜①之箙，上亲耕所乘也。

戎车②，其饰皆如之。蕃以矛麾金鼓羽析幢翳，韅膺甲弩之箙。

猎车，其饰皆如之。重辋缦轮，缪龙绕之。一曰闟猪车③，亲校猎乘之。

太皇太后、皇太后法驾，皆御金根，加交（路）〔络〕帐裳。非法驾，则乘紫罽軿车④。云橶文画辀，黄金涂五末、盖蚤。左右骖，驾三马。长公主赤罽軿车。大贵人、贵人、公主、王妃、封君油画軿车。大贵人加节画辀。皆右骖而已。

皇太子、皇子皆安车，朱班轮，青盖，金华蚤，黑橶文，画轓文辀，金涂五末。皇子为王，锡以乘之，故曰王青盖车。皇孙〔则〕绿车以从。皆左右骖，驾三。公、列侯安车，朱班轮，倚鹿较，伏熊轼，皂缯盖，黑轓，右骖。

舆服下

上古穴居而野处，衣毛而冒皮，未有制度。后世圣人易之以丝麻，观翚翟之文，荣华之色，乃染帛以效之，始作五采，成以为服。见鸟兽有冠角䫌胡之制，遂作冠冕缨蕤⑤，以为首饰。凡十二章。故《易》曰："庖牺氏之王天下也，仰观象于天，俯观法于地，观鸟兽

---

① 耒耜：古代耕地翻土的农具。耒是耒耜的柄，耜是耒耜下端的起土部分。
② 戎车：《汉制度》曰："戎，立车，以征伐。"
③ 闟猪车：古代帝王用的猎车。
④ 軿车：有帷幕的车子。
⑤ 缨蕤：头冠上的一种饰物。

之文，与地之宜，近取诸身，远取诸物，于是始作八卦，以通神明之德，以类万物之情。"黄帝尧舜垂衣裳而天下治，盖取诸乾《《。乾《《有文，故上衣玄，下裳黄。日月星辰，山龙华虫，作缋宗彝，藻火粉米，黼黻缔绣①，以五采章施于五色作服。天子备章，公自山以下，侯伯自华虫以下，子男自藻火以下，卿大夫自粉米以下。至周而变之，以三辰为旂旗。王祭上帝，则大裘而冕；公侯卿大夫之服用九章以下。秦以战国即天子位，灭去礼学，郊祀之服皆以袀玄。汉承秦故。至世祖践祚，都于土中，始修三雍，正兆七郊。显宗遂就大业，初服旒冕，衣裳文章，赤舄绚屦，以祠天地，养三老五更于三雍，于时致治平矣。

天子、三公、九卿、特进侯、侍祠侯，祀天地明堂，皆冠旒冕，衣裳玄上𫄸下。乘舆备文，日月星辰十二章，三公、诸侯用山龙九章，九卿以下用华虫七章，皆备五采，大佩，赤舄绚履，以承大祭。百官执事者，冠长冠，皆祗服。五岳、四渎、山川、宗庙、社稷诸沾秩祠，皆袀玄长冠，五郊各如方色云。百官不执事，各服常冠袀玄以从。

冕冠，垂旒，前后邃延②，玉藻。孝明皇帝永平二年，初诏有司采《周官》、《礼记》、《尚书皋陶篇》，乘舆服从欧阳氏说，公卿以下从大小夏侯氏说。冕皆广七寸，长尺二寸，前圆后方，朱绿里，玄上，前垂四寸，后垂三寸，系白玉珠为十二旒，以其绶采色为组缨③。三公诸侯七旒，青玉为珠；卿大夫五旒，黑玉为珠。皆有前无后，各以其绶采色为组缨，旁垂黈纩④。郊天地，宗祀，明堂，

---

① 缔绣：绣有彩纹的细葛。

② 邃：垂也。延：冕上覆。

③ 组缨：古代系冠的丝带。《说文》注："组，绶属也，小者以为冕缨焉。"

④ 黈纩：黄绵所制的小球，悬于冠冕之上，垂两耳旁，以示不欲妄听是非。

则冠之。衣裳玉佩备章采，乘舆刺（史）〔绣〕，公侯九卿以下皆织成，陈留襄邑献之云。

长冠，一曰斋冠，高七寸，广三寸，促漆纚为之，制如板，以竹为里。初，高祖微时，以竹皮为之，谓之刘氏冠，楚冠制也。民谓之鹊尾冠，非也。祀宗庙诸祀则冠之。皆服袀玄^①，绛缘领袖为中衣，绛绔袜，示其赤心奉神也。五郊，衣帻绔袜各如其色。此冠高祖所造，故以为祭服，尊敬之至也。

委貌冠、皮弁^②冠同制，长七寸，高四寸，制如覆杯，前高广，后卑锐，所谓夏之（母）〔毋〕追，殷之章甫者也。委貌以皂绢为之，皮弁以鹿皮为之。行大射礼于辟雍，公卿诸侯大夫行礼者，冠委貌，衣玄端素裳。执事者冠皮弁，衣缁麻衣，皂领袖，下素裳，所谓皮弁素积者也。

爵弁，一名冕。广八寸，长尺二寸，如爵形，前小后大，缯其上似爵头色，有收持笄，所谓夏收殷冔者也。祠天地五郊明堂，《云翘舞》乐人服之。《礼》曰："朱干玉戚^③，冕而舞《大夏》。"此之谓也。

通天冠，高九寸，正竖，顶少邪却，乃直下为铁卷梁，前有山，展筒^④为述，乘舆所常服。服衣，深衣制，有袍，随五时色。袍者，或曰周公抱成王宴居，故施袍。《礼记》"孔子衣逢掖之衣"。缝掖其袖，合而缝大之，近今袍者也。今下至贱更小史，皆通制袍，单衣，皂缘领袖中衣，为朝服云。

远游冠，制如通天，有展筒横之于前，无山述，诸王所服也。

高山冠，一曰侧注。制如通天，〔顶〕不邪却，直竖，无山述展

---

① 袀玄：纯玄色即全黑色服装。《独断》曰："袀，绀缯也。"《吴都赋》注曰："袀，皂服也。"

② 皮弁：古代首服的一种。

③ 朱干玉戚：郑玄曰："朱干，赤大盾也。戚，斧也。"

④ 展筒：古代礼冠上的一种饰物。

筒，中外官、谒者、仆射所服。太傅胡广说曰："高山冠，盖齐王冠也。秦灭齐，以其君冠赐近臣谒者服之。"

进贤冠，古缁布冠也，文儒者之服也。前高七寸，后高三寸，长八寸。公侯三梁，中二千石以下至博士两梁，自博士以下至小史私学弟子，皆一梁。宗室刘氏亦两梁冠，示加服也。

法冠，一曰柱后。高五寸，以纚为展筒，铁柱卷，执法者服之，侍御史、廷尉正监平也。或谓之獬豸。獬豸神羊，能别曲直，楚王尝获之，故以为冠。胡广说曰："《春秋左氏传》有南冠而絷者，则楚冠也。秦灭楚，以其君服赐执法近臣御史服之。"

武冠①，一曰武弁大冠，诸武官冠之。侍中、中常侍加黄金珰，附蝉为文，貂尾为饰，谓之"赵惠文冠"。胡广说曰："赵武灵王效胡服，以金珰饰首，前插貂尾，为贵职。秦灭赵，以其君冠赐近臣。"建武时，匈奴内属，世祖赐南单于衣服，以中常侍惠文冠，中黄门童子佩刀云。

建华冠，以铁为柱卷，贯大铜珠九枚，制似缕鹿。记曰："知天者冠述，知地者履绚。"《春秋左传》曰："郑子臧好鹬②冠。"前圆，以为此则是也。天地、五郊、明堂，《育命舞》乐人服之。

方山冠，似进贤，以五采縠为之。祠宗庙，《大予》、《八佾》、《四时》、《五行》乐人服之，冠衣各如其行方之色而舞焉。

巧士冠，〔前〕高七寸，要后相通，直竖。不常服，唯郊天，黄门从官四人冠之，在卤簿中，次乘舆车前，以备宦者四星云。

却非冠，制似长冠，下促。宫殿门吏仆射冠之。负赤幡，青翅燕尾，诸侯诸仆射幡皆如之。

却敌冠，前高四寸，通长四寸，后高三寸，制似进贤，卫

① 武冠：一说为古缁布冠之象，或曰繁冠。
② 鹬：《说文》注："鹬，知天将雨鸟也。"

士服之。

樊哙冠，汉将樊哙造次所冠，以入项羽军。广九寸，高七寸，前后出各四寸，制似冕。司马殿门大难卫士服之。或曰，樊哙常持铁盾①，闻项羽有意杀汉王，哙裂裳以裹盾，冠之入军门，立汉王旁，视项羽。

术氏冠，前圆，吴制，差池逦迤②四重。赵武灵王好服之。今不施用，官有其图注。

诸冠皆有缨蕤③，执事及武吏皆缩缨，垂五寸。

武冠，俗谓之大冠，环缨无蕤，以青系为绲，加双鹖尾，竖左右，为鹖冠云。五官、左右虎贲、羽林、五中郎将、羽林左右监皆冠鹖冠，纱縠单衣。虎贲将虎文绔，白虎文剑佩刀。虎贲武骑皆鹖冠，虎文单衣。襄邑岁献织成虎文云。鹖者，勇雉也，其斗对一死乃止，故赵武灵王以表武士，秦施之焉。

安帝立皇太子，太子谒高祖庙、世祖庙，门大夫从，冠两梁进贤；洗马冠高山。罢庙，侍御史任方奏请非乘从时，皆冠一梁，不宜以为常服。事下有司。尚书陈忠奏："门大夫职如谏大夫，洗马职如谒者，故皆服其服，先帝之旧也。方言可寝。"奏可。谒者，古者一名洗马。

古者有冠无帻④，其戴也，加首有颏⑤，所以安物。故《诗》曰"有颏者弁"，此之谓也。三代之世，法制滋彰，下至战国，文武并用。秦雄诸侯，乃加其武将首饰为绛袙，以表贵贱，其后稍稍作颜题。汉兴，续其颜，却摞之，施巾连题，却覆之，今丧帻是其制也。

---

① 盾：古代防具的一种。

② 逦迤：曲折连绵。

③ 缨蕤：头冠上的一种饰物。

④ 帻：巾帻，古代汉族男子包裹鬓发、遮掩发髻的巾帕。

⑤ 颏：古代用以束发固冠的发饰。

名之曰帻。帻者，赜也，头首严赜也。至孝文乃高颜题，续之为耳，崇其巾为屋，合后施收，上下群臣贵贱皆服之。文者长耳，武者短耳，称其冠也。尚书帻收，方三寸，名曰纳言，示以忠正，显近职也。迎气五郊，各如其色，从章服也。皂衣群吏春服青帻，立夏乃止，助微顺气，尊其方也。武吏常赤帻，成其威也。未冠童子帻无屋者，示未成人也。入学小童帻也句卷屋者，示尚幼少，未远冒也。丧帻却摞，反本礼也。升数如冠，与冠偕也。期丧起耳有收，素帻亦如之，礼轻重有制，变除从渐，文也。

古者君臣佩玉，尊卑有度；上有韨①，贵贱有殊。佩，所以章德，服之衷也。韨，所以执事，礼之共也。故礼有其度，威仪之制，三代同之。五霸迭兴，战兵不息，佩非战器，韨非兵旗，于是解去韨佩，留其系璲，以为章表。故《诗》曰"鞙鞙佩璲"②，此之谓也。韨佩既废，秦乃以采组连结于璲③，光明章表，转相结受，故谓之绶。汉承秦制，用而弗改，故加之以双印佩刀之饰。至孝明皇帝，乃为大佩，冲牙双瑀④璜，皆以白玉。乘舆落以白珠，公卿诸侯以采丝，其〔玉〕视冕旒，为祭服云。

佩刀，乘舆黄金通身貂错，半鲛鱼鳞，金漆错，雌黄室，五色罽隐室华。诸侯王黄金错，环挟半鲛，黑室。公卿百官皆纯黑，不半鲛。小黄门雌黄室，中黄门朱室，童子皆虎爪文，虎贲黄室虎文，其将白虎文，皆以白珠鲛为镖⑤口之饰。乘舆者，加翡翠山，纤婴其侧。

---

① 韨：形似围裙，系在腰间，其长蔽膝，为跪拜时所用。徐广注："韨如〔巾〕〔今〕蔽膝。"
② 鞙鞙：佩玉貌。璲：瑞。
③ 璲：古代贵族佩戴的一种端玉。
④ 瑀：古代佩件。
⑤ 镖：《通俗文》曰："刀锋曰镖。"

佩双印，长寸二分，方六分。乘舆、诸侯王、公、列侯以白玉，中二千石以下至四百石皆以黑犀，二百石以至私学弟子皆以象牙。上合丝，乘舆以縢贯白珠，赤罽蕤①，诸侯王以下以缲②赤丝蕤，縢缲各如其印质。刻书文曰："正月刚卯既决，灵殳四方，赤青白黄，四色是当。帝令祝融，以教夔龙，庶疫刚瘅③，莫我敢当。疾日严卯，帝令夔化，慎尔周伏，化兹灵殳。既正既直，既觚既方，庶疫刚瘅，莫我敢当。"

卫 宏

卫宏，字敬仲，东汉学者。生卒年不详，大致活动于东汉光武帝时代。曾受学《毛诗》于九江人谢曼卿，润色整理《毛诗序》。所撰《汉旧仪》，又名《汉官旧仪》，今存残卷，清人孙星衍有校正、补遗。选文摘自孙星衍等辑，周天游点校《汉官六种》，中华书局 1990 年版。

汉旧仪

卷 上

皇帝起居仪宫司马内，百官案籍出入，营卫周庐，昼夜谁何。殿外门署属卫尉，殿内郎署属光禄勋，黄门、钩盾署属少府。辇动

---

① 蕤：悬垂饰物。
② 缲：系印的丝带。
③ 刚瘅：厉鬼。

则左右侍帷幄者称警，车驾则卫官填街，骑士塞路。出殿则传跸①，止人清道，建五旗，丞相、九卿执兵奉引。乘舆冠高山冠，飞羽之缨，帻耳赤，丹纨里，带七尺斩蛇剑，履虎尾绚履，诸王归国称从。

皇帝六玺，皆白玉螭虎纽，文曰"皇帝行玺"、"皇帝之玺"、"皇帝信玺"、"天子行玺"、"天子之玺"、"天子信玺"，凡六玺。以皇帝行玺为凡杂以皇帝之玺赐诸侯王书；以皇帝信玺发兵；其征大臣，以天子行玺；策拜外国事，以天子之玺；事天地鬼神，以天子信玺。皆以武都紫泥封，青布囊，白素里，两端无缝，尺一板中约署。皇帝带绶，黄地六采，不佩玺。玺以金银螣组，侍中组负以从。秦以前民皆佩绶，以金、银、铜、犀、象为方寸玺，各服所好。汉以来，天子独称玺，又以玉，群臣莫敢用也。奉玺书使者乘驰②传，其驿骑也，三骑行，昼夜行千里为程。

皇帝见诸侯王、列侯起，侍中称曰："皇帝为诸侯王、列侯起！"起立，乃坐。太常赞曰："谨谢行礼。"皇帝在道，丞相迎谒，谒者赞称曰："皇帝为丞相下舆。"立乃升车。皇帝见丞相起，谒者赞称曰："皇帝为丞相起。"立乃坐。太常赞称："敬谢行礼。"宴见，侍中、常侍赞，御史大夫见皇帝称"谨谢"，将军见皇帝称"谢"，中二千石见皇帝称"谢"，二千石见皇帝称"制曰可"，太守见皇帝称"谢"。拜御史大夫为丞相，左、右、前、后将军赞，五官中郎将授印绶；拜左、右、前、后将军为御史大夫，中二千石赞，左、右中郎将授印绶；拜中二千石，中郎将赞，御史中丞授印绶。印绶盛以箧，箧以绿绨表，白素里。尚书令史捧，西向，侍御史东向，取箧中印绶，授者

---

① 传跸：古代皇帝出行先清道，断绝行人往来。
② 驰：当作"驿"。

却退，受印绶者手握持出，至尚书下，乃席①之。丞相、列侯、将军金印紫绋绶，中二千石、二千石银印青绋绶，皆龟纽。其断狱者，印为章也。

卷　下

皇后玉玺，文与帝同。皇后玉玺，金螭虎纽。

皇后春桑，皆衣青，手采桑，以缫三盆茧，示群臣妾从。春桑生而皇后亲桑，於苑中蚕室，养蚕千薄以上。祠以中牢②羊豕，祭蚕神曰苑窳妇人、寓氏公主，凡二神。群臣妾从桑还，献於茧观，皆赐从采桑者乐。皇后自行。凡蚕丝絮，织室以作祭服。祭服者，冕服也。天地宗庙群神五时之服。皇帝得以作缕缝衣，皇后得以作巾絮而已。置蚕官令、丞，诸天下官下法皆诣蚕室，与妇人从事，故旧有东西织室作治。

天子六厩，未央厩、承华厩、騊駼厩、路軨厩、骑马厩、大厩，马皆万匹。

中黄门駙马、犬宛马、汗血马、乾河马③、天马、果下马④。

长安城方六十里，经纬各十五里，十二城门，积九百七十三顷，百二十亭。长安城方六十里，中皆属长安令。置左、右尉。城东、城南置广部尉，城西、城北置明部尉，凡四尉。

---

① 席：当作"带"。

② 中牢：猪羊二牲。《汉书·昭帝纪》载："有不幸者，赐衣被一袭，祠以中牢。"颜师古注："中牢即少牢，谓羊豕也。"

③ 乾河马：华山神马种。

④ 果下马：高三尺的马，乘之可于果树下行进。

汉旧仪补遗

卷　上

诸侯王印，黄金橐驼①纽，文曰玺，赤地绶。列侯黄金印，龟纽，文曰印。丞相、大将军黄金印，龟纽，文曰章。御史大夫章。匈奴单于黄金印，橐驼纽，文曰章。御史、二千石银印，龟纽，文曰章。千石、六百石、四百石铜印，鼻纽②，文曰印。章，二百石以上，皆为通官印。

卷　下

汉制：天地以下，群臣所祭凡一千五百四十。新③益为万五千四十。汉法：三岁一祭天于云阳宫甘泉坛，以冬至日祭天，天神下。三岁一祭地于河东汾阴后土宫，以夏至日祭地，地神出。五帝祭于雍〔五〕畤。

元年祭天，二年祭地，三年祭五帝于五畤。三岁一遍，皇帝自行，他祠不出。

祭天地五（祀）〔畤〕，皇帝不自行，祠还致福。

皇帝祭天，居云阳宫，斋百日，上甘泉通天台，高三十丈，以候天神之下，见如流火。舞女童三百人，皆年八岁。天神下坛所，举烽火。皇帝就竹宫中，不至坛所。甘泉台去长安三百里，望见长安城，皇帝所以祭天之圆丘也。

通天台高三十丈，望云雨悉在其下，去长安三百里，望见长安城。武帝祭天，上通天台。舞八岁童女三百人，置祠具，招仙人。

---

①　橐驼：骆驼。《山海经·北山经》载："其兽多橐驼，其鸟多寓。"
②　鼻纽：古印纽名，印章的鼻作鼻形。
③　新：王莽所立新朝。

祭天已，令人升通天台，以候天仙。天神既下祭所，若大流星，乃举烽火，而就竹宫望拜。

武帝於甘泉宫更置前殿，始广诸宫室。有芝生甘泉殿边房中。

芝有九茎，金色，绿叶朱实，夜有光，乃作《芝房之歌》。

通天台上有承露〔盘〕，仙人掌擎玉杯，〔以〕承云表之露。元凤闲，台自毁，橡桷①皆化为龙凤，随风雨飞去。

皇帝祭天自行，群臣从之，斋皆百日，他祠不出。祭天紫坛幄帐。高皇帝配天，居堂下西向，绀幄，绀席。

祭天，用六彩绮席六重，长一丈，中一幅，四周缘之。玉几、玉饰器，凡七千三百物备具。养牛五岁，至三千斤。

大祀，斋五日。小祀，斋三日。

斋则食丈二尺旋案，陈三十六肉，九谷饭。

斋法：食肉三十六两②。

凡斋，绀帻；耕，青帻；秋貙刘③，服缃帻。

祠五祀，谓五行金、木、水、火、土也。木正曰句芒，火正曰祝融，金正曰蓐收，水正曰玄冥，土正曰后土，皆古贤能治成五行有功者也，主其神祀之。

〔凡〕圣王之法，追祭天地日月星辰山川万神，皆古之人也，能〔纪〕天地五行气，奉（成）〔其〕功以成人者也。故其奉祀，皆以人事之礼，食之所食也，非祭食天与土地、金、木、水、火、土、石也。

祭参、辰星於池阳谷口，夹道左右为坛，营覆地各周三十六里。

祭地河东汾阴后土宫，宫曲入河，古之祭地泽中方丘也。礼仪如祭天，名曰汾葵，一曰葵丘也。

---

① 橡桷：泛指椽子。橡：圆形。桷：方形。

② 食肉三十六两：出自《太平御览·饮食部》。

③ 貙刘：古代天子于立秋日射牲以祭宗庙之礼。

郊泰畤，皇帝平旦出竹宫，东向揖日，其夕，西南向揖月，便用郊日，不用春秋。

祭五岳，祠用三正色牲。十月涸冻，二月解冻，皆祭祀。乘传车，称使者。

祭四渎，用三正色牲，沈珪，有车马绀盖。

祭人先於陇西西县人先山，山上皆有土人，山下有畤，埒如种菜畦，畤中各有一土封，故云畤。

祭〔西〕王母於石室，皆在所二千石令长奉祠。

祭三皇、五帝、九皇、六十四民，皆古帝王，凡八十一姓也。

宗庙三年大祫祭，子孙诸帝以昭穆坐於高庙，诸隳庙神皆合食，设左右坐。高祖南面，幄绣帐，望堂上西北隅。帐中坐长一丈，广六尺，绣裀厚一尺，著之以絮四百斤。曲几，黄金扣器。高后右坐，亦幄帐，却六寸。白银扣器。每牢中分之，左辨上帝，右辨上后。俎余委肉积於前殿千斤，名曰堆俎。子为昭，孙为穆。昭西面，曲屏风，穆东面，皆曲几，如高祖。馔陈其右，各配其左，坐如祖姒之法。太常导皇帝入北门。群臣陪者，皆举手班辟抑首伏。大鸿胪①、大行令、九傧传曰："起。"复位。而皇帝上堂盥，侍中以巾奉觯酒从。帝进拜谒。赞飨曰："嗣曾孙皇帝敬再拜。"前上酒。却行，至昭穆之坐次上酒。子为昭，孙为穆，各父子相对也。毕，却西面坐，坐如乘舆坐。赞飨奉高祖赐寿，皇帝起再拜，即席以大牢之左辨赐皇帝，如祠。其夜半入行礼，平明上九卮②，毕，群臣皆拜，因赐胙。皇帝出，即更衣巾，诏罢，当从者奉承。

皇帝唯八月饮酎，车驾夕牲，牛以绛衣③之。皇帝暮视牲，以

---

① 大鸿胪：古代官职位。

② 卮：盛酒的器皿。

③ 绛衣：深红色衣服。

鉴燧取水於月，以阳燧取火於日，为明水〔火〕。左袒，以水沃牛右肩，手执鸾刀，以切牛毛血荐之，而即更衣巾，侍上熟，乃祀之。

皇帝会诸侯酎金庙中，以上计仪设九宾陪位也。

宗庙一岁十二祠。五月尝麦。六月、七月三伏，立秋貙娄，又尝粢①。八月先夕馈飧，皆一太牢②，酎祭用九太牢。十月尝稻，又饮蒸，二太牢。十一月尝，十二月腊。又每月一太牢，如闰加一祠，与上十二为二十五祠。

……

汉五年，修复周室旧祀，祀后稷於东南。常以八月祭以太牢，舞者七十二人，冠者五六三十人，童子六七四十二人，为民祈农报功〔厥〕。夏则龙星见而始雩。龙星左角为天田，右角为天庭。天田为司马，教人种百谷为稷。灵者，神也。辰之神为灵星，故以壬辰日祠灵星於东南，金胜为土相也。

……

帝崩，唅以珠，缠以缇缯③十二重。以玉为襦，如铠状，连缝之，以黄金为缕。腰以下以玉为札，长一尺，〔广〕二寸半为柙，下至足，亦缝以黄金缕。请诸衣衿敛之。凡乘舆衣服，已御，辄藏之，崩皆以敛。

王侯葬，腰以下玉为札，长尺，广二寸半，为匣，下至足，缀以黄金缕为之。

高帝崩三日，小敛室中牖④下。作栗木主，长八寸，前方后圆，围一尺置牖中，望外，内张绵絮以障外，以皓木大如指，长三尺，

---

① 粢：谷物。
② 太牢：古代帝王祭祀社稷时，牛、羊、豕三牲全备。
③ 缇缯：赤黄色的丝织品。
④ 牖：窗户。

四枚，缠以皓皮四方置牖中，主居其中央。七日大敛棺，以黍饭羊舌祭之牖中。已葬，收主。为木函，藏庙太室中西墙壁坎中，望内，外不出室堂之上。坐为五时衣、冠、履，几、杖、竹笼。为甬人，无头，坐起如生时。皇后主长七寸，围九寸，在皇帝主右旁。高皇帝主长九寸。上林给栗木，长安祠庙作神主，东园秘器作梓宫①，素木长丈三尺，崇广四尺。

天子即位，明年，将作大匠营陵地，用地七顷，方中用地一顷，深十三丈，堂坛高三丈，坟高十二丈。武帝坟高二十丈，明中高一丈七尺，四周二丈，内梓棺柏黄肠题凑，以次百官藏毕。其设四通羡门，容大车六马，皆藏之内方，外陟车石。外方立，先闭剑户，户设夜龙、莫邪剑、伏弩，设伏火。已营陵，余地为西园后陵，余地为婕好②以下，次赐亲属功臣。

诸侯王薨，天子遣使者往，使者皆素服。

应 劭

《汉官仪》，东汉末年应劭撰，是对两汉典章制度的汇集。选文摘自孙星衍等辑，周天游点校《汉官六种》，中华书局1990年版。

汉官仪·卷下

衣裳公侯华虫，卿大夫藻火。

周冕与古冕略等，周加垂旒，天子前后垂真白珠各十二。

---

① 梓宫：皇帝的棺材。
② 婕好：宫中嫔妃的一种称号。

冕广七寸，长八寸。

天子冠通天，诸侯王冠远游，三公、诸侯冠进贤，三梁；卿、大夫、尚书、二千石、博士冠两梁；二千石以下至小吏冠一梁。天子、公、卿、特进、诸侯祀天地明堂，皆冠平冕，天子十二旒，三公、九卿、诸侯七旒，其缨各如其绶色，玄衣纁裳①。

帻者，古之卑贱执事不冠者之所服也。

孝武时，天子以下未有帻。元帝额上有壮发，不欲使人见，乃使进帻，群寮随焉。

帻本无巾，如今半帻而已。王莽无发，因为施巾，故里语曰："王莽头秃施帻屋。"

孔子称："封太山，禅梁父，可得而数七十有二。"传曰："封者以金泥银绳，印之以玺。玺，施也，信也。古者尊卑共之。"《月令》曰"固封玺"。《春秋传》"襄公在楚，季武子使公冶问，玺书追而与之"是也。秦汉以来，尊者以为名，乃使避。

子婴上始皇玺，因服御之，代代传受，号曰"汉传国玺"。

天子有传国玺，文曰："受命于天，既寿且康。"不以封也。

玺皆白玉螭虎纽，文曰"皇帝行玺"、"皇帝之玺"、"皇帝信玺"、"天子行玺"、"天子之玺"、"天子信玺"，凡六玺。"皇帝行玺"，凡封之玺赐王侯书。"信玺"，发兵征大臣。"天子行玺"，策拜外国及事天地鬼神。玺皆以武都紫泥封，青囊白素里，两端无缝，尺一板中约署。皇帝带绶，黄地六采，不佩玺。玺以金银縢组，侍中组负以从。秦以前民皆佩绶，金、玉、银、铜、犀、象为方寸玺，各从所好。奉玺书使者乘驰传，其驿骑也，三骑行，昼夜千里为程。

---

① 纁裳：浅绛色的衣裳。《礼记·礼器》载："礼有以文为贵者，天子龙衮，诸侯黼，大夫黻，士玄衣纁裳。"

蔡　质

蔡质，字子文，陈留圉（今河南杞县）人，生卒年不详，蔡邕叔父。曾著《汉官典职仪式选用》，简称《汉官典仪》。选文摘自孙星衍等辑，周天游点校《汉官六种》，中华书局1990年版。

汉官典职仪式选用

正月旦，天子幸德阳殿，临轩。公、卿、将、大夫、百官各陪朝贺。蛮、貊①、胡、羌②朝贡毕，见属郡计吏，皆陛觐，庭燎③。宗室诸刘杂会，万人以上，立西面。位定，公纳荐，太官赐食酒，西入东出。既定，上寿。计吏中庭北面立，太官上食，赐群臣酒食。贡事御史四人执法殿下，虎贲、羽林弧弓撮矢，陛戟④左右，戎头逼胫启前向后，左、右中郎将住东西，羽林、虎贲将住东北，五官将住中央，悉坐就赐。作九宾彻乐。舍利从西方来，戏於庭极，乃毕入殿前，激水化为比目鱼，跳跃就⑤水，作雾障日。毕，化成黄龙，长八丈，出水游戏於庭，炫耀日光。以两大丝绳系两柱中头间，相去数丈，两倡女对舞，行於绳上，对面道逢，切肩不倾，又蹋局出身⑥，藏形於斗中。钟磬并作，乐毕，作鱼龙曼延。小黄门吹三通，谒者引公卿群臣以次拜，微行出，罢。卑官在前，尊官在后。

---

① 貊：古代汉族对东北方少数民族的一种称呼。

② 羌：古代汉族对西部少数民族的一种称呼。

③ 庭燎：古代宫廷中用来照明的火炬。

④ 陛戟：持戟侍卫于殿阶两侧。

⑤ 就：《安帝纪》和《西京赋》注引"就"作"激"。

⑥ 出身：《艺文类聚》《太平御览》引作"屈身"。

德阳殿周旋容万人。陛高二丈，皆文石作坛。激沼水①於殿下。画屋朱梁，玉阶金柱，刻镂作宫掖之好，厕以青翡翠，一柱三带，韬以赤缇。天子正旦节，会朝百官于此。自到偃师，去宫四十三里，望朱雀五阙，德阳，其上郁律与天连。

……

宫中苑，聚土为山，十里九坂，种奇树，育麋鹿麛麂②，鸟兽百种，激上河水，铜龙吐水，铜仙人衔杯，受水下注，天子乘辇游猎苑中。宫北朱雀门至止车门，内崇贤门，内建礼门。

洛阳二十四街，街一亭；十二城门，门一亭。

佚　名

《汉武故事》，又名《汉武帝故事》，记载汉武帝从出生到死葬茂陵的传闻逸事，属于汉武帝传说系列的一部传记小说。其作者有班固、葛洪、王俭诸说，但均无确凿证据。学界推断应为建安前后文人所作。选文摘自鲁迅撰《古小说钩沉》，见《鲁迅全集》第 8 卷，人民文学出版社 1972 年版。

汉武故事

栾大曰："神尚清净。"上于是于宫外起神明殿九间。神室铸铜为柱，黄金涂之，丈五围；基高九尺，以赤玉为陛，基上及户，悉以

---

① 沼水：《艺文类聚》引作"洛水"。
② 麛：幼鹿。麂：俗称麂子，鹿科。

碧石；橑亦以金，刻玳瑁①为龙虎禽兽，以薄其上，状如隐起，橑首皆作龙形，每龙首衔铃，流苏悬之；铸金如竹状以为壁，白石脂为泥，渍椒汁以和之，白密如脂，以火齐薄其上；扇屏悉以白琉璃作之，光照洞彻，以白珠为帘，玳瑁押之；以象牙为蔑，帷幕垂流苏；以琉璃珠玉，明月夜光，杂错天下珍宝为甲帐，其次为乙帐，甲以居神，乙以自御，俎案器服，皆以玉为之。前庭植玉树，植玉树之法，葺珊瑚为枝，以碧玉为叶，花子或青或赤，悉以珠玉为之，子皆空其中，小铃鎗鎗有声。甍标②作金凤皇，轩翥③若飞状，口衔流苏，长十余丈，下悬大铃。庭中皆壁以文石，率以铜为瓦，而淳漆其外，四门并如之。虽昆仑玄圃，不是过也。上恒斋其中，而神犹不至，于是设诸伪，使鬼语作神命云："应迎神，严装入海。"上不敢去，东方朔乃言大之无状，上亦发怒，收大，腰斩之。

上于长安作蜚帘观，于甘泉作延寿观，高二十丈。又筑通天台于甘泉，去地百余丈，望云雨，悉在其下。春至泰山，还作道山宫，以为高灵馆。又起建章宫，为千门万户，其东凤阙，高二十丈；其西唐中，广数十里；其北太液池，池中有渐台，高三十丈，池中又作三山，以象蓬莱，方丈，瀛洲，刻金石为鱼龙禽兽之属；其南方有玉堂璧门大鸟之属，玉堂基与未央前殿等，去地十二丈，阶陛④咸以玉为之，铸铜凤皇，高五丈，饰以黄金，栖屋上。又作神明台井干楼，高五十余丈，皆作悬阁，辇道相属焉。其后又为酒池肉林，聚天下四方奇异鸟兽于其中，鸟兽能言能歌舞，或奇形异态，不可

---

① 玳瑁：一种有机宝石。
② 甍标：屋脊之顶。《文选·张衡》载："凤骞翥於甍标，咸遡风而欲翔。"薛综注："甍，栋也；标，末也。"
③ 轩翥：飞举。《楚辞·远游》载："雌蜺便娟以增挠兮，鸾鸟轩翥而翔飞。"
④ 阶陛：宫殿的台阶。

称载。其旁别造奇华殿，四海夷狄器服珍宝充之，琉璃珠玉火浣布切玉刀，不可称数。巨象大雀，师子骏马，充塞苑厩，自古已来所未见者必备。又起明光宫，发燕赵美女二千人充之。率取年十五已上，二十已下；满四十者出嫁，掖庭令①总其籍，时有死出者补之。凡诸宫美人可有七八千。建章，未央，长乐三宫，皆辇道相属，悬栋飞阁，不由径路。常从行郡国，载之后车。与上同辇者十六人，员数恒使满；皆自然美丽，不假粉白黛黑。侍衣轩者亦如之。上能三日不食，不能一时无妇人；善行导养术，故体常壮悦。其有孕者，拜爵为容华，充侍衣之属。

　　未央庭中设角抵戏②，享外国，三百里内皆观。角抵者，六国所造也；秦并天下，兼而增广之；汉兴虽罢，然犹不都绝，至上复采用之。并四夷之乐，杂以奇幻，有若鬼神。角抵者，使角力相抵触者也。其云雨雷电，无异于真，画地为川，聚石成山，倏忽变化，无所不为。

---

①　掖庭令：古代官名。
②　角抵戏：一种历史悠久的汉族民俗娱乐表演艺术，又称百戏。

三、天下美学

贾　谊

选文摘自阎振益、钟夏校注《新书校注》，中华书局 2000 年版。

新书·匈奴

匈奴之来者，家长[①]已上固必衣绣，家少者必衣文锦，将为银车五乘，大雕画之，驾四马，载绿盖，从数骑，御骖乘，且虽单于之出

---

① 家长：匈奴十家设十家之长，五十家设五十家之长。此为五十家之长，下"家少者"当指十家之长。

入也，不轻都此矣。令匈奴降者，时时得此而赐之耳。一国闻之者、见之者，希心①而相告，人人冀幸，以为吾至亦可以得此，将以坏其目②，一饵。匈奴之使至者，若大人降者也，大众之所聚也，上必有所召，赐食焉。饭物故四五盛，美胾③膹炙，肉具醯醢④，方数尺於前，令一人坐此，胡人欲观者，固百数在旁。得赐者之喜也，且笑且饭，味皆所嗜而所未尝得也。令来者时时得此而飨⑤之耳。一国闻之者、见之者，垂涎而相告，人悇憛⑥其所自，以吾至亦将得此，将以此坏其口，一饵。降者之杰也，若使者至也，上必使人有所召客焉。令得召其知识⑦，胡人之欲观者勿禁。令妇人傅白墨黑，绣衣而侍其堂者二十三十人，或薄或撎，为其胡戏以相饭。上使乐府幸假之倡乐⑧，吹箫鼓鞀⑨，倒挈面者⑩更进，舞者蹈者时作，少间击鼓舞其偶人，莫时乃为戎乐，携手胥强上客之后，妇人先后扶侍之者固十余人，令使者、降者时或得此而乐之耳。一国闻之者、见之者，希盱⑪相告，人人伋伋⑫唯恐其后来至也，将以此坏其耳，一饵。凡降者，陛下之所召幸，若所以约致也。陛下必时有

①　希心：满心欢喜，高兴，心向往之。

②　坏其目：使其目欲向往之。坏：通"怀"，思念，向往。

③　胾：大块肉。

④　醯醢：肉酱和醋，即代指佐料。

⑤　飨：以酒食招待人。

⑥　悇憛：贪图，爱好。

⑦　知识：熟悉的人，故旧。

⑧　倡乐：歌舞艺人。

⑨　鞀：一种带柄的小鼓。

⑩　倒挈：犹今之翻筋斗。面：假面具。

⑪　希盱：高兴的样子。

⑫　伋伋：同"急急"，急切，迫切。

所官，必令此有高堂邃宇①，善厨处，大困京，厩有编马②，库有阵车，奴婢、诸婴儿、畜生具。令此时大具召胡客，飨胡使，上幸令官助之具，假之乐。令此其居处乐虞③，困京之畜④，畜皆过其故王，虑出其单于或⑤，时时赐此而为家耳。匈奴一国倾心而冀，人人怓怓惟恐其后来至也，将以此坏其腹，一饵。於来降者，上必时时而有所召幸，拊循⑥而后得入官。夫胡大人难亲也，若上於故婴儿召贵人子好可爱者，上必召幸大数十人，为此绣衣好阋，且出则从，居则更侍。上即飨胡人也，大觳抵⑦也，客胡使也，力士、武士固近侍傍，胡婴儿得近侍侧，故贵人更进得佐酒前，上乃幸自御此薄，使付酒钱⑧，时人偶⑨之。为间则出绣衣，具带服宾余，时以赐之。上即幸拊胡婴儿，捣遒⑩之，戏弄之，乃授炙幸自啖之，出好衣，闲且自为赣⑪之。上起，胡婴儿或前或后，胡贵人既得奉酒，出则服衣佩绶，贵人而立於前，令数人得此而居耳。一国闻者、见者，希盱而欲，人人怓怓惟恐其后来至也。将以此坏其心，一饵。故牵其耳、牵其目、牵其口、牵其腹，四者已牵，又引其心，安得不来，下胡抑抎⑫也。此谓五饵。

---

① 邃宇：高大的房屋。

② 编马：排列成队伍的马。

③ 乐虞：高兴，欢乐而安适。

④ 困京：当作"困仓"，即粮仓，指粮食。畜：同"蓄"，积蓄。

⑤ 虑：大略，大抵。或：通"域"，疆域，国土。

⑥ 拊循：抚慰，安抚。

⑦ 觳抵：即角抵，一种游戏，角力，摔跤。

⑧ 钱：一种酒器。

⑨ 人偶：彼此相亲爱。

⑩ 捣遒：腾身翻倒。

⑪ 赣：赐予，给予。

⑫ 抎：同"殒"，跃坠。此言匈奴纷纷降汉，如叶之坠落一般。

刘　安

选文摘自何宁撰《淮南子集释》，中华书局 1998 年版。

淮南子

墜形训

墜形之所载，六合①之间，四极②之内，照之以日月，经之以星辰，纪之以四时③，要之以太岁④。天地之间，九州八极，土有九山，山有九塞，泽有九薮⑤，风有八等，水有六品。何谓九州？东南神州曰农土，正南次州曰沃土，西南戎州曰滔土，正西弇州曰并土，正中冀州曰中土，西北台州曰肥土，正北泲州曰成土，东北薄州曰隐土，正东阳州曰申土……阖四海之内，东西二万八千里，南北二万六千里⑥，水道八千里⑦，通谷其名川六百⑧，陆径三千里。

禹乃使太章步自东极至于西极，二亿三万三千五百里七十五步。使竖亥步自北极至于南极，二亿三万三千五百里七十五步。⑨ 凡鸿

---

① 六合：《庄子·齐物》成玄英疏："六合者，谓天地四方也。"
② 四极：原注为"四方之极"，即四方极远的地方。
③ 纪：管理。此句谓四时决定着大地的变化。
④ 要之以太岁：原注："要，正也。以太岁所在正天时也。"
⑤ 薮：《说文》注："薮，大泽也。"
⑥ 子午为经，卯酉为纬，经短而纬长。
⑦ 《中山经》云："出水之山者八千里，受水者八千里。"
⑧ 陈观楼云，《吕氏春秋·有始篇》作"通谷六，名川六百"，此"其"字当为"六"。
⑨ 太章、竖亥：皆禹臣。

水渊薮自三百仞以上，二亿三万三千五百五十里有九渊。禹乃以息土填洪水，以为名山①，掘昆仑虚以下地，中有增城九重，其高万一千里百一十四步二尺六寸。上有木禾，其修五寻②。珠树、玉树、琔树、不死树在其西，沙棠、琅玕③在其东，绛④树在其南，碧⑤树、瑶树在其北。旁有四百四十门，门间四里，里间九纯⑥，纯丈五尺，旁有九井，玉横⑦维其西北之隅，北门开以内不周之风。倾宫、旋室⑧、县圃、凉风、樊桐在昆仑阊阖⑨之中，是其疏圃。疏圃之池，浸之黄水，黄水三周复其原，是谓丹水⑩，饮之不死。河水出昆仑东北陬，贯渤海⑪，入禹所导积石山。赤水出其东南陬，西南注南海丹泽之东。赤水之东，弱水出自穷石⑫，至于合黎，余波入于流沙，绝流沙，南至南海。洋水⑬出其西北陬，入于南海羽民之南。凡四水者，帝之神泉，以和百药，以润万物。

……

---

① 名山：大山。

② 五寻：长三十五尺。

③ 沙棠、琅玕：玉名，在木禾之东。一说"沙棠"是木名，《吕氏春秋》曰："果之美者，沙棠之实也。"

④ 绛：赤色。

⑤ 碧：青玉。

⑥ 纯：量名。此处疑本作"里门九纯"，意思是表示门的广大。

⑦ 横：或作"彭"，器名。

⑧ 旋室：用旋玉装饰的屋子。

⑨ 阊阖：昆仑虚门名。

⑩ 丹水：王念孙认为，"丹水"本作"白水"，此后人妄改之也。《太平预览·地部》二十四亦云："《淮南子》曰：白水出昆仑之原，饮之不死。"

⑪ 渤海：大海。

⑫ 穷石：山名，位于张掖北塞外。

⑬ 洋水：即汉水。庄达吉认为，"洋"或作"养"，"养"应作"漾"。

东方之美者，有医毋闾之珣玗琪焉①。东南方之美者，有会稽之竹箭焉。南方之美者，有梁山之犀象焉。西南方之美者，有华山之金石②焉。西方之美者，有霍山之珠玉焉。西北方之美者，有昆仑之球琳琅玕③焉。北方之美者，有幽都之筋角焉。东北方之美者，有斥山之文皮焉。中央之美者，有岱岳以生五谷桑麻，鱼盐出焉。

凡地形东西为纬，南北为经，山为积德，川为积刑；高者为生，下者为死；邱陵为牡④，溪谷为牝⑤；水圆折者有珠，方折者有玉；清水有黄金⑥，龙渊有玉英。土地各以其类生。是故山气多男，泽气多女，障气⑦多喑，风气⑧多聋，林气多癃⑨，木气多伛⑩，岸下气⑪多肿，石气多力⑫，险阻气多瘿⑬，暑气多夭，寒气多寿，谷气多痹⑭，邱⑮气多狂，衍⑯气多仁，陵气多贪，轻土多利⑰，重土多

---

① 医毋闾：山名，在今辽宁北镇市西，人呼为广宁山，主峰名望海山。珣玗琪：玉名。

② 金：美金。石：含玉之石。

③ 球琳琅玕：皆美玉。

④ 牡：雄性。《说文》注："牡，畜父也。"

⑤ 牝：雌性。《说文》注："牝，畜母也。"此以牝牡指阴阳。

⑥ 清水有黄金：原注："清水澄，故黄金出焉。"

⑦ 障气：即瘴气，南方热带山林中湿热蒸郁、致人疾病之气。

⑧ 风气：风邪之气。

⑨ 癃：一种类似瘫痪的疾病。

⑩ 伛：驼背。《说文》注："伛，偻也。"

⑪ 岸下气：岸边潮湿之气。

⑫ 石气多力：原注为"象石坚也"，谓居于山区多石地区的人力气大。

⑬ 瘿：颈瘤，俗称大脖子，属甲状腺肿大的一种疾病。

⑭ 谷气：山谷的阴冷湿气。痹：中医指由风、寒、湿等引起的肢体疼痛或麻木的病。

⑮ 邱：同"丘"，丘陵。

⑯ 衍：原注："下而污者为衍也。"

⑰ 轻土：疏松的土壤。利：敏捷。

迟①，清水音小，浊水音大，湍水人轻，迟水人重，中土多圣人：皆象其气，皆应其类。故南方有不死之草，北方有不释之冰，东方有君子之国，西方有形残之尸。寝居直梦②，人死为鬼，磁石上飞③，云母来水，土龙致雨④，燕雁代飞⑤，蛤蟹珠龟，与月盛衰。是故坚土⑥人刚，弱土人肥；垆土⑦人大，沙土人细；息土⑧人美，耗⑨土人丑。食水者善游能寒，食土者⑩无心而慧，食木者多力而奰⑪，食草者善走而愚⑫，食叶者⑬有丝而蛾，食肉者勇敢而悍，食气者⑭神明而寿，食谷者知慧而夭⑮，不食者不死而神。

······

万物之生而各异类：蚕食而不饮，蝉饮而不食，蜉蝣不饮不食⑯，介鳞者⑰夏食而冬蛰。龂吞者八窍而卵生，嚼咽者九窍而胎

① 重土：板结的土壤。迟：与"利"相对，犹言迟钝，不灵敏。

② 直梦：犹言梦与事实相当。

③ 磁石上飞：磁石将金属吸到身上。

④ 土龙致雨：原注："汤遭旱，作土龙以象龙，云从龙，故致雨也。"

⑤ 燕雁代飞：原注："燕，玄鸟也。春分而来，雁春分而北诣漠中也。燕秋分而去，雁秋分而南诣彭蠡也。故曰代飞。代，更也。"

⑥ 坚土：坚硬的土壤。

⑦ 垆土：《说文》注："垆，黑刚土也。"

⑧ 息土：杨树达《证闻》载："《大戴礼·易本命篇》注云：'息土谓衍沃之田，耗土谓疏薄之田。'"

⑨ 耗：同"耗"。

⑩ 食土者：原注："蚯蚓之属是也。"

⑪ 奰：怒。

⑫ 食草者：原注："麋鹿之属也是。"走：奔跑。

⑬ 食叶者：原注："蚕是也。"

⑭ 食气者：原注："仙人松、乔之属是也。"松、乔即古代仙人赤松子、王乔。

⑮ 食谷者：指人类。知：同"智"。

⑯ 庄达吉称，卢辩注《大戴礼记》引《淮南子》云："蚕食而不饮，三十二日而化；蚕饮而不食，三十日而死，蜉蝣不饮不食，三日而终。"

⑰ 介：指"甲"，龟鳖之属。鳞：鱼龙之属。

生，四足者无羽翼，戴角者无上齿，无角者膏^①而无前，有角者指^②而无后。昼生者类父，夜生者似母。至阴生牝，至阳生牡。夫熊罴蛰藏，飞鸟时移。是故白水宜玉，黑水宜砥^③，青水宜碧，赤水宜丹，黄水宜金，清水宜龟，汾水濛浊而宜麻，沛水通和而宜麦，河水中浊而宜菽^④，雒水轻利而宜禾，渭水多力而宜黍，汉水重安而宜竹，江水肥仁而宜稻，平土之人慧而宜五谷。

东方川谷之所注，日月之所出。其人兑形小头，隆鼻大口，鸢肩企行，窍通於目，筋气属焉，苍色主肝，长大早知而不寿；其地宜麦，多虎豹。南方阳气之所积，暑湿居之。其人修形兑上，大口决眦^⑤，窍通於耳，血脉属焉，赤色主心，早壮而夭；其地宜稻，多兕象。西方高土，川谷出焉，日月入焉。其人面末偻，修颈印行，窍通於鼻，皮革属焉，白色主肺，勇敢不仁；其地宜黍，多旄犀。北方幽晦不明，天之所闭也，寒冰之所积也，蛰虫之所伏也，其人翕形短颈，大肩下尻，窍通於阴，骨干属焉，黑色主肾，其人蠢愚，禽兽而寿；其地宜菽，多犬马。中央四达，风气之所通，雨露之所会也。其人大面短颐，美须恶肥，窍通於口，肤肉属焉，黄色主胃，慧圣而好治；其地宜禾，多牛羊及六畜。

---

① 膏：指"豕"，熊猿之属。
② 指：牛羊麋之属。庄达吉认为，"指"应作"脂"，见《周礼》注所谓"载角者脂，无角者膏"是也。
③ 砥：指皂石。
④ 菽：豆。
⑤ 《说文》注："眦，目匡也。"

齐俗训

三苗髽首①，羌人括②领，中国冠笄③，越人劗鬋④，其於服，一也。……越王勾践劗发文身，无皮弁搢笏⑤之服，拘罢拒折⑥之容，然而胜夫差於五湖，南面而霸天下，泗上十二诸侯，皆率九夷以朝。胡、貉、匈奴之国，纵体拖发，箕倨反言，而国不亡者，未必无礼也。楚庄王裾⑦衣博袍，令行乎天下，遂霸诸侯。晋文君大布⑧之衣，牂羊之裘，韦以带剑，威立於海内。岂必邹、鲁之礼之谓礼乎！

张　骞

张骞（约公元前164—前114），汉中郡城固县（今陕西城固县东）人，汉代探险家、外交家，汉武帝时期因军功被封博望侯。多次出使西域，对丝绸之路的开拓做出了重大贡献。选文摘自司马迁撰《史记·大宛列传》，中华书局1999年版。

---

① 三苗：三苗之国，在彭蠡、洞庭之野。髽：用枲绑头发。
② 括：结。
③ 笄：簪。
④ 鬋：断。
⑤ 搢：佩绅。笏：佩玉，长三尺。
⑥ 罢：圆。拒折：方。
⑦ 裾：衣服的大襟。
⑧ 大布：粗布。

具言西域地形

大宛在匈奴西南，在汉正西，去汉可万里。其俗土著，耕田，田稻麦。有蒲陶酒。多善马，马汗血，其先天马子也。有城郭屋室。其属邑大小七十馀城，众可数十万。其兵弓矛骑射。其北则康居，西则大月氏，西南则大夏，东北则乌孙，东则扜罙[①]、于寞。于寞之西，则水皆西流，注西海；其东水东流，注盐泽[②]。盐泽潜行地下，其南则河源出焉。多玉石，河注中国。而楼兰、姑师邑有城郭，临盐泽。盐泽去长安可五千里。匈奴右方居盐泽以东，至陇西长城，南接羌，鬲汉道焉。

王　褒

选文摘自严可均辑《全汉文》，商务印书馆1999年版。

四子讲德论

先生曰："夫匈奴者，百蛮之最强者也，天性憍蹇[③]，习俗杰暴。贱老贵壮，气力相高。业在攻伐，事在猎射。儿能骑羊，走箭飞镞[④]。逐水随畜，都无常处。鸟集兽散，往来驰骛。周流旷野，以济嗜欲。其末耗则弓矢鞍马，播种则扞弦掌拊。收秋则奔狐驰兔，

---

① 扜罙：国名。
② 盐泽：盐水。
③ 憍蹇：骄横不驯。
④ 镞：箭头，形容箭的锋利轻捷。

获刈则颠倒殪仆，追之则奔遁，释之则为寇。是以三王不能怀，五伯不能绥，惊边抚士，屡犯刍荛①。诗人所歌，自古患之。今圣德隆盛，威灵外覆，日逐举国而归德，单于称臣而朝贺，乾坤之所开，阴阳之所接。编结沮颜，燋齿②枭瞷，剪发黥首，文身裸袒之国，靡不奔走贡献，欢忻来附，婆娑呕吟，鼓掖而笑。夫鸿均之世，何物不乐，飞鸟翕翼，泉鱼奋跃。是以刺史感㶁，舒音而咏至德。鄙人黯浅③，不能究识。敬遵所闻，未克殚焉。"

扬　雄

选文摘自张震泽校注《扬雄集校注》，上海古籍出版社1993年版。

蜀王本纪

蜀之先，称王者有蚕丛、柏濩、鱼凫、开明。是时人萌椎髻，左衽④，不晓文字，未有礼乐。从开明已上至蚕丛，积三万四千岁。

蜀王之先，名蚕丛，后代名曰柏濩，后者名鱼凫。此三代各数百岁，皆神化不死。其民亦颇随王化去。鱼凫田于湔山，得仙，今庙祀之于湔。时蜀民稀少。

后有一男子，名曰杜宇⑤。从天堕，止朱提。有一女子名利，

---

① 刍荛：割草打柴的人。
② 燋齿：黑齿。
③ 黯浅：暗昧浅薄。
④ 左衽：衣襟向左掩。
⑤ 杜宇：传说古蜀国国王。周代末年，七国称王，杜宇始称帝于蜀，号曰望帝。

从江源井中出，为杜宇妻。乃自立为蜀王，号曰望帝。治汶山下邑曰郫，化民往往复出。

望帝积百余岁，荆有一人名鳖灵，其尸亡去，荆人求之不得。鳖灵尸随江水上至郫，遂活，与望帝相见。望帝以鳖灵为相。时玉山出水，若尧之洪水。望帝不能治，使鳖灵决玉山，民得安处。鳖灵治水去后，望帝与其妻通，惭愧，自以德薄，不如鳖灵，乃委国授之而去，如尧之禅舜。鳖灵即位，号曰开明帝。帝生卢保，亦号开明。

望帝去时，子𪁩鸣，故蜀人悲子𪁩鸣而思望帝。望帝，杜宇也，从天堕。

开明帝下至五代，有开明尚，始去帝号，复称王也。

天为蜀王生五丁力士，能徙蜀山。王无（死），五丁辄立大石，长三丈，重千钧，号曰石牛，千人不能动，万人不能移。

蜀王据有巴蜀之地，本治广都樊乡，徙居成都。秦惠王遣张仪司马错定蜀，因筑成都而县之。成都在赤里街，张若徙置少城内，始造府县寺舍，今与长安同制。

……

武都人有善知蜀王者，将其妻女适蜀。居蜀之后，不习水土，欲归。蜀王心爱其女，留之，乃作《伊鸣》之声六曲以舞之。

……

于是，秦王知蜀王好色，乃献美女五人于蜀王。蜀王爱之，遣五丁迎女。还至梓潼①，见大蛇入山穴中，一丁引其尾不出，五丁共引蛇，山乃崩，压五丁。五丁踏地大呼秦王，五女及迎送者皆上山化为石。蜀王登台望之不来，因名五妇候台。蜀王亲埋作冢，皆致万石，以志其墓。

---

①　梓潼：春秋战国时期蜀国领地，即今四川梓潼县，位于绵阳市东北方。

班　固

《汉书·匈奴传》摘自《汉书》，中华书局 1999 年版。《白虎通义·四夷之乐》摘自陈立撰，吴则虞点校《白虎通疏证》，中华书局 1994 年版。

汉书·匈奴传

匈奴，其先夏后氏之苗裔，曰淳维。唐虞以上有山戎、猃允、薰粥①，居于北边，随草畜牧而转移。其畜之所多则马、牛、羊，其奇畜则橐佗、驴、骡、驶駼、骝骢、驒奚②。逐水草迁徙，无城郭常居耕田之业，然亦各有分地。无文书，以言语为约束。儿能骑羊，引弓射鸟鼠，少长则射狐兔，肉食。士力能弯弓，尽为甲骑。其俗，宽则随畜田猎禽兽为生业，急则人习战攻以侵伐，其天性也。其长兵则弓矢，短兵则刀铤③。利则进，不利则退，不羞遁走。苟利所在，不知礼义。自君王以下咸食畜肉，衣其皮革，被旃裘。壮者食肥美，老者饮食其馀。贵壮健，贱老弱。父死，妻其后母；兄弟死，皆取其妻妻之。其俗有名不讳而无字。

夷狄之人贪而好利，被发左衽，人面兽心，其与中国殊章服，异习俗，饮食不同，言语不通，辟居北垂寒露之野，逐草随畜，射猎为生，隔以山谷，雍以沙幕，天地所以绝外内也。

---

① 山戎、猃允、薰粥：颜师古注曰："皆匈奴别号。"

② 颜师古曰："橐佗，言能负橐囊而驮物也。骡，驴种而马生也。驶駼，俊马也，生七日而超其母。骝骢，马类也，生北海。驒奚，駏驉类也。"

③ 铤：铁把小矛。

白虎通义·四夷之乐

所以作四夷之乐何？德广及之也。《易》曰："先王以作乐崇德，殷荐之上帝，以配祖考。"《诗》云："奏鼓简简，衎①我烈祖。"《乐元语》曰："受命而六乐，乐先王之乐，明有法也。兴其所自作，明有制。兴四夷之乐，明德广及之也。故东夷之乐曰《朝离》，南夷之乐曰《南》，西夷之乐曰《昧》，北夷之乐曰《禁》。合欢之乐儛於堂，四夷之乐陈於右，先王所以得之顺命重始也。"王者之乐有先后者，各上其德也。此言以文得之先以文，谓持羽毛儛也。以武得之先以武，谓持干戚儛也。《乐元语》曰："东夷之乐持矛舞，助时生也。南夷之乐持羽舞，助时养也。西夷之乐持戟舞，助时煞也。北夷之乐持干舞，助时藏也。"谁制夷狄之乐？以为先圣王也。先生②推行道德，调和阴阳，覆被夷狄。故夷狄安乐，来朝中国，於是作乐乐之。《南》之为言任也，任养万物。《昧》之为言昧也。《昧》者，万物衰老，取晦昧之义也。《禁》者，言万物禁藏。《朝离》者，万物微离地而生。一说东方持矛，南方歌，西方戚，北方击金。夷狄质，不如中国文，但随物名之耳，故百王不易。王者制夷狄乐，不制夷狄礼何？以为礼者，身当履而行之。夷狄之人，不能行礼。乐者，圣人作为以乐之耳。故有夷狄乐也。③谁为舞者？以为使中国之人，何以言之？夷狄之人礼不备，恐有过误也。作之门外者何？夷在外，故就之也。夷狄无礼义，不在内。《明堂》记曰："九夷之国，东门之外。"所以知不在门内也。《明堂》记曰："纳蛮夷之乐于太庙。"言纳，明有入也。

---

① 衎：和乐，愉快。

② 先生：疑应为"先王"。

③ 《周礼》载："礼者，所以均中国也。即位夷礼，恐夷人不能随中国礼也。故《春秋》于夷狄不备责，诸夏有即夷礼者，即夷之也。"

曰四夷之乐者，何谓也？以为四夷外无礼义之国，数夷狄者从东，故举本以为之总名也。言夷狄者，举终始也。言蛮，举远也。言貉，举恶也。则别之，东方为九夷，南方为八蛮，西方为六戎，北方为五狄。故《曾子问》曰："九夷八蛮，六戎五狄，百姓之难至者也。"何以知夷在东方？《礼·王制》曰："东方曰夷，被发文身。"又曰："南方曰蛮，雕题交趾。西方曰戎，被发衣皮。北方曰狄，衣羽毛，穴居。"东所以九者何？盖来过者九，九之为言究也。德遍究，故应德而来亦九①也。非故为之，道自然也。何以名为夷蛮？曰：圣人本不治外国。非为制名也，因其国名而言之耳。一说曰：名其短而为之制名也。夷者，僔夷②无礼义。东方者，少阳易化，故取名也。蛮者，执心违邪。戎者，强恶也。狄者，易也。辟易无别也。北方太阴，鄙吝，故少难化。

应　劭

选文摘自王利器校注《风俗通义校注》，中华书局 1981 年版。

风俗通义

序

风者，天气有寒暖，地形有险易③，水泉有美恶，草木有刚柔

---

① 九：《广雅·释诂》云："九，究也。"《汉书·律历志》载："九者，所以究极中和，为万物元也。"

② 夷：引申为凡是没有礼仪者都属于夷。

③ 险易：《太平御览》作"阴阳"。

也。俗者，含血之类①，像②之而生，故言语歌讴异声，鼓舞动作殊形，或直或邪，或善或淫也。圣人作③而均齐之，咸归於正；圣人废，则还其本俗。《尚书》："天子巡守④，至於岱宗，觐诸侯，见⑤百年，命大师陈诗，以观民风俗。"《孝经》曰："移风易俗，莫善於乐。"⑥传曰："百里不同风，千里不同俗，户异政，人殊服。"⑦由此言之：为政之要，辩风正俗，最其上也。

皇　霸

六国⑧

楚之先，出自帝颛顼⑨。其裔孙曰陆终，娶于鬼方氏，是谓女溃，盖孕而三年不育，启其左胁，三人出焉，启其右胁，三人又出焉；其六曰季连⑩，是⑪为芈。其后有鬻⑫熊子，为文王师。成王举文、武勤劳，而封熊绎於楚，食子男之采，其十世称王。怀王信任佞臣上官、子兰，斥远忠臣；屈原作《离骚》之赋，自投汨罗。王因为张仪⑬所欺，客死於秦。到王负刍，遂为秦所灭。百姓哀之，为

---

① 含血之类：指人类。

② 像：《意林》《通考》作"象"。

③ 作：兴起。

④ 守：同"狩"。

⑤ 见：《尚书大传》作"问"。

⑥ 引自《孝经》，见《广要道》章。《汉书·五行志》下载："夫天子省乐以作风。"应邵曰："风，土地风俗也。省中和之风以作乐，然后可移恶风移恶俗也。"

⑦ 引自《汉书·王吉传》。

⑧ 六国：韩、魏、赵、燕、齐、楚。

⑨ 颛顼：楚国的祖先。

⑩ 季连：《楚世家》载："一曰昆吾，二曰参胡，三曰彭祖，四曰会人，五曰曹姓，六曰季连。"

⑪ 是：《拾补》曰："'是'与'氏'同。"

⑫ 鬻：《汉书·艺文志》本注："名熊，为周师，自周文王以下问焉，周封为楚祖。"

⑬ 张仪：秦昭王的宰相，为衡说以抑诸侯。

之语曰："楚虽三户，亡秦必楚。"①自颛顼至负刍六十四世，凡千六百一十六载。

燕召公②奭，与周同姓；武王灭纣，封召公於燕；成王时，入据三公，出为二伯，自陕以西，召公主之，当农桑之时，重为所烦劳不舍乡亭③，止于棠树之下，听讼决狱，百姓各得其所。寿百九十余乃卒。后人思其德美，爱其树而不敢伐，《诗·甘棠》之所作也。九世称侯，八世称公，十世称王。到王喜，为秦所灭。燕外迫蛮、貊，内筦④齐、晋，崎岖强国之间，最为弱小，几灭者数矣；然社稷血食⑤者八九百载，於姬姓独后亡：非盛德之遗烈，岂其然乎！

韩之先，与周同姓。武子事晋献公，封於韩原，因以为姓。韩厥因卜者之繇，陈成季⑥之功，绍赵氏之孤，建程婴之义，为晋名卿，宣天所相。其四代，始与赵、魏俱得列为诸侯矣。五世称王，到王安，为秦所灭。

魏之先，毕公高之后也。毕公与周同姓，武王灭纣，封高於毕，因以为姓。其裔孙曰毕万，事晋献公；献公伐魏，灭之，以封万。卜偃曰："毕万之后必大。万，盈数；魏，大名也。天子曰兆民，诸侯曰万民；今名之大，以从盈数，以是有众，不亦宜乎！"其六世称侯，侯之孙称王，到王假，为秦所灭。

赵之先，与秦同祖。其裔孙曰造父，幸於周穆王，为御骅骝、骒耳之乘，西谒西王母⑦，东灭徐偃王，日驰千里；帝念其功，赐以

---

① 《集解》载："瓒曰：'楚人怨秦，虽三户犹足以亡秦也。'"

② 燕召公：《白虎通义·王者不臣》载："召公，文王子。"

③ 亭：留，即行旅宿食的旅馆。

④ 筦：与"迫"同义。《说文》注："筦，迫也。"

⑤ 血食：颜师古曰："祭者尚血腥，故曰血食也。"

⑥ 成季：赵衰。《赵世家》载："晋襄公之六年，而赵衰卒，谥为成季。"所以"成"指谥号。

⑦ 西王母：《穆天子传》载："穆王觞西王母于瑶池之上。西征，至于昆仑之丘，见西王母。"

赵城，因以为姓。子叔带始去周事晋。其后，简子地过於诸侯，权
重於晋君。简子疾，五日，不知人；大夫皆惧，呼医扁鹊视之。出，
董安于问扁鹊，曰："血脉治也，勿怪。昔秦穆公尝如此，七日而
寤，寤之日，告公孙支与子舆①曰：'我之帝所，甚乐。吾所以久
者，适有学也。帝告我：晋国且大乱，五世②不安，其后将霸，未
老而死；霸者之子，且令国男女无别。'公孙支书而藏之，秦策於是
出。夫献公之乱，文公之霸，而襄公之败秦师於殽，而归纵淫：此
子之所闻。今主君之病与之同，不出三日，病必间，有言也。"居二
日半，简子寤，语大夫曰："我之帝所乐，与百神游於钧天广乐于九
奏万舞，不类三代之乐，其声动心。有一熊欲援我，帝令我射之，
中，熊死。有罴来，我又射之，中，罴死。帝甚嘉之，赐我二笥，
皆有副③。吾见兒在帝侧，属我翟犬，曰：'及汝子之壮也，以赐
之。'帝告我：'晋国且衰，七世④而亡，嬴姓将大，败周人於范魁之
西，亦不能有也。'"董安于受言而藏之，以扁鹊之言告简子，赐扁鹊
田四万亩。他日，简子出，有人⑤当道，辟之不去，从者将刃之，
当道者曰："吾欲有谒於主君。"从者以闻，简子召之曰："嘻，吾有
所见子晰⑥也！"当道者曰："屏左右，愿有以谒。"简子屏人。当道者
曰："主君之病，臣在帝侧。"简子曰："然。子之见我何为？"当道者曰：
"帝令主君射熊罴，皆死。"简子曰："是且何也？"当道者曰："晋国且大
难，主君首之，帝令主灭二卿，夫熊罴皆其祖也。"简子曰："帝赐我二
笥皆有副，何也？"当道者曰："主君之子，将克二国於翟，皆子姓也。"
简子曰："吾见兒在帝侧，属我一翟犬，曰：'及汝子之长以赐之。'夫

---

① 公孙支：字子桑。子舆：即子车。
② 五世：梁玉绳曰："'五世'当是'三世'，盖晋献公、惠公、怀公也。"
③ 副：颜师古曰："副，贰也。其列侯功籍，已藏於宗庙，副贰之本，又在有司。"
④ 七世：晋定公、晋出公、晋哀公、晋幽公、晋烈公、晋孝公、晋静公。
⑤ 人：《论衡·奇怪篇》作"鬼"。
⑥ 晰：明。

兒何说以赐翟犬?"当道者曰:"兒,主君之子也,翟犬,代之先也,主君之子,其必有代。及主君之后嗣,且有革①政而胡服,并二国於翟。"简子问其姓而延之以官,当道者曰:"臣野人,致帝命耳。"遂不见。无几,范、中行作乱,简子灭之,此熊之效应也。简子卒,无恤立,是为襄子。智伯攻襄子,襄子奔保晋阳,原过从,后,至王泽②,见三人,自带以上不可见,与原过竹二节,莫通,曰:"为我以是遗赵无恤。"原过既至,以告。襄子斋三日,亲自剖竹,有朱书曰:"无恤,余霍太山阳侯天使,三月丙戌,余将使汝灭智氏,亦立我百邑③,余将使赐若林胡之地;至于后世,且有伉王,赤黑,龙面鸟属,须眉髭髯,大膺大匈,修下而冯上,左任④介乘,奄有河宗⑤,至于休溷、诸貉,南伐晋别⑥,北灭黑姑⑦。"襄子再拜,受三神之令。三国攻晋阳,岁余,乃以汾水灌其城,城不没者三板。城中悬釜而炊,易子而食。张孟谈乃夜出见韩、魏,韩、魏反与合谋而灭智氏,共分其地。於是赵北有代,南并知山,遂祀三神于百邑,使原过主霍太山⑧。至武灵王,竟胡服骑射,辟地千里。到王迁,信秦反间之言,杀其良将李牧,而任赵括,遂为所灭。此童谣曰:"赵为号,秦为笑,以为不信,视地上生毛。"

陈完字敬仲,陈厉公之子也。初,懿氏卜⑨妻之,其繇⑩曰:

---

① 革:更。

② 王泽:在今山西新绛县西南七里。

③ 百邑:原作"三百邑"。

④ 任:《史记》作"衽"。方苞曰:"介,甲也。此指武灵王变服习骑射事。左衽,变服也;介乘,谓甲而乘马习骑射。"

⑤ 河宗:贾达曰:"六宗,谓日宗、月宗、星宗、岱宗、海宗、河宗也。"

⑥ 晋别:《正义》曰:"赵南伐晋之别邑,谓韩、魏之邑也。"

⑦ 黑姑:《正义》曰:"亦戎国。"

⑧ 霍太山:《正义》曰:"《括地志》云:'三神祠,今名原过祠,今在霍山侧也。'"

⑨ 卜:《汉书·文纪》注引应劭曰:"卜,以荆灼龟。"

⑩ 繇:本作"籀",占卜的文辞。

"是谓'凤凰于飞，和鸣锵锵。有妫①之后，将育于姜②。五世其昌，并于正卿；八世之后，莫之与京③。'"周史有以《周易》筮之，遇《观》之《否》④，曰："是谓'观国之光，利用宾于王。'此其代陈有国乎！不在此，其在异国；非此其身，在其子孙：光远而自他有耀者也。"厉公为蔡所灭杀，国内乱；完奔于齐，齐侯以为卿，辞曰："羁旅之臣，幸若获宥，及於宽政，赦其不闲教训，而免诸罪戾，弛於负檐，君之惠也，所获多矣；敢辱高位，以速官谤。《诗》云：'翘翘车乘，招我以弓；岂不欲往，畏我友朋。'"使为工正⑤。饮桓公酒，乐，曰："以火。"辞曰："臣卜其昼，未卜其夜，不敢。"君子曰："酒以成礼，弗继以淫⑥，义也。以君成礼，弗纳於淫，仁也。"桓公嘉之，爱敬日新，位比高、国⑦，始食田采，姓田氏焉。六世田成杀简公。其三世曰和，迁康公於海上，食一城以祀太公以下。后魏文侯乃使使言周天子及诸侯，列言於周室。其孙曰威王。到王建用后胜之计，又宾客多受秦金，劝王朝秦，不修战备，秦兵平步入临菑⑧，民无敢格者，迁王建於共。国人歌之曰："松耶柏耶，亡建共者客耶！"疾建用客之不详也。

---

①　妫：杜预注曰："妫，陈姓。"

②　姜：杜预注曰："姜，齐姓。"

③　京：贾达曰："京，大也。"

④　《史记》引贾达曰："《坤》上《巽》下，《观》；《坤》下《乾》上，《否》；《观》爻在六四，变而之否。"

⑤　工正：杜预注曰："掌百工之官。"

⑥　淫：《预览》引《左传》注："夜饮（今误'淫'）为淫乐。"

⑦　位比高、国：杜预注曰："国子、高子，天子所命为齐守臣，皆上卿也。"

⑧　临菑：古邑名，以城临菑水得名。故址在今山东淄博市东北旧临淄。

声　音

昔皇①帝使伶伦②自大夏③之西，昆仑之阴，取竹於嶰谷生，其窍厚均者，断两节而吹之，以为黄钟之管，制十二筒，以听凤之鸣；其雄鸣为六，雌鸣亦为六，天地之风气正而十二律定，五声於是乎生，八音於是乎出。声者，宫、商、角、徵、羽也，音者，土曰埙，匏曰笙，革曰鼓，竹曰管，丝曰弦，石曰磬，金曰钟，木曰柷。《诗》曰："鹤鸣九皋，声闻于天。"《书》："八音克谐，无相夺伦。"由是言之：声本音末也。

空侯④

谨按：《汉书》："孝武皇帝赛⑤南越，祷祠太一后土，始用乐人侯调，依琴作坎坎之乐，言其坎坎应节奏也，侯以姓冠章耳。"或说：空侯取其空中。琴瑟皆空，何独坎侯耶？斯论是也。《诗》云："坎坎鼓我⑥。"是其文也。

批把⑦

谨按：此近世乐家所作，不知谁也。以手批把，因以为⑧名。长三尺五寸，法天地人与五行⑨，四弦象四时。

---

① 皇：通"黄"。

② 伶伦：《吕氏春秋·古乐》注："伶伦，黄帝臣。"

③ 大夏：应劭曰："大夏，西戎之国也。"

④ 空侯：即箜篌。

⑤ 赛：《汉书》作"塞"。

⑥ 鼓我：《诗》认为"鼓我"与"舞我"同。

⑦ 批把：多作"琵琶"。

⑧ 为：《意林》作"得"。

⑨ 朱筠曰："《玉篇·琴部》引作'象三才五行'。"

山　泽

五岳

东方泰山，《诗》云："泰山岩岩，鲁邦所瞻。"尊曰岱宗①，岱者，长也，万物之始，阴阳交代，云触石而出，肤寸而合，不崇朝而遍雨天下，其惟泰山乎！故为五岳之长。王者受命易姓，改制应天，功成封禅，以告天地。孔子曰："封泰山，禅梁父，可得而数，七十有二。"岱宗庙在博县西北三十里，山虞长守之。十月曰合冻，腊月曰涸冻，正月曰解冻，皆太守自侍祠，若有秽疾②，代行事，法七十万五千三牲，燔柴③，上福脯三十朐，县次传送京师。四岳皆同王礼。南方衡山，一名霍山，霍者，万物盛长，垂枝布叶，霍然而大。庙在庐江灊县。西方崋山，崋者，华也，万物滋熟，变华於西方也。庙在弘农崋阴县。北方恒山，恒者，常也，万物伏藏於北方有常也。庙在中山上曲阳县。中央曰嵩高，嵩者，高也，诗云："嵩高惟岳，峻极于天。"庙在颍川阳城县。

四渎

河出燉煌④塞外昆仑山，发源注海。《易》："河出图，圣人则之。"《禹贡》："九河既道。"《诗》曰："河水洋洋。"庙在河南荥阳县。河堤谒者掌四渎，礼祠与五岳同。江出蜀郡湔氐徼外崏山，入海。《诗》云："江、汉陶陶⑤。"《禹贡》："江、汉朝宗于海。"庙在广陵江

---

① 岱宗：对泰山的尊称。
② 秽疾：不洁之病，恶病。
③ 燔柴：古代祭天仪式。
④ 燉煌：作"敦煌"。应劭曰："敦，大也；煌，盛也。"
⑤ 陶：通"滔"。

都县①。淮出南阳平氏桐柏大复山东南，入海②。《禹贡》："海、岱及淮，淮、沂其乂。"《诗》云："淮水汤汤。"庙在平氏县。济出常山房子赞皇山，东入沮。《禹贡》："浮于汶，达于济。"庙在东郡临邑县。

佚　文

东方曰夷者，东方仁，好生，万物抵触地而出。夷者，抵也，其类有九：一曰玄菟，二曰乐浪，三曰高骊，四曰满饰（一作蒲饰），五曰凫臾，六曰索家，七曰东屠，八曰倭人，九曰天鄙。南方曰蛮者，君臣同川而浴，极为简慢。蛮者，慢也，其类有八：一曰天竺，二曰垓首，三曰僬侥，四曰跂踵，五曰穿胸，六曰儋耳，七曰狗轵，八曰旁脊。西方曰戎者，斩伐杀生，不得其中。戎者，凶也，其类有六：一曰侥夷，二曰戎夷，三曰老白，四曰耆羌，五曰鼻息，六曰天刚。北方曰狄者，父子叔嫂，同穴无别。狄者，辟也，其行邪辟，其类有五：一曰月支，二曰秽貊，三曰匈奴，四曰单于，五曰白屋。

《王制》云："东方曰夷，夷者，柢也，言仁而好生，万物柢地而出。"

……

羌本西戎，卑贱者也，主牧羊，故羌字从羊人，因以为号。无君臣上下，健者为豪，不能相一，种别部分，强者陵弱，转相抄盗，男子战死以为吉，病终者谓之凶。

诸羌种落炽盛，大为边害。

氐言抵冒贪饕，至死好利。乐在山溪，本西南夷，别种号曰白马，孝武皇帝遣中郎将郭昌等引兵征之，降服，以为武都郡。

---

① 江都县：《汉书·地理志》载："江都有江水祠。"《汉书·郊祀志》载："江水祠蜀，宣帝改祠于江都。"

② 入海：《说文·水部》载："淮水出南阳平氏桐柏大复山东南，入海。"

······

巴有賨人①，剽勇。高帝为汉王时，阆中人范目说高祖募取賨人，定三秦，封目为阆中慈凫乡侯，并复除目所发賨人卢、朴、沓、鄂、度、夕、袭七姓，不供租赋。阆中有渝水，賨人左右居，锐气善舞，高祖乐其猛锐，数观其舞，后令乐府习之。

王　粲

王粲(177—217)，字仲宣，山阳郡高平县(今山东邹城市西南)人，东汉末年文学家，"建安七子"之一，代表作为《登楼赋》，曹魏时期任侍中。《隋书·经籍志》著录有文集 11 卷，明人张溥辑有《王侍中集》。选文摘自严可均辑《全后汉文》，商务印书馆 1999年版。

迷迭赋

惟遐方之珍草兮，产昆仑之极幽。受中和之正气兮，承阴阳之灵休。扬丰馨于西裔兮，布和种于中州。去原野之侧陋兮，植高宇之外庭。布萋萋②之茂叶兮，挺苒苒③之柔茎。色光润而采发兮，以孔翠之扬精。

---

① 賨人：历史上的少数民族，又称寅人，属巴人一支，其活动中心地区在今四川渠县一带。

② 萋萋：草长得茂盛的样子。

③ 苒苒：柔弱貌，柔和貌。

玛瑙勒赋

游大国以广观兮，览希世之伟宝。总众材而课美兮，信莫臧于玛瑙。被文采之华饰，杂朱绿与苍皂。于是乃命工人，裁以饰勒。因姿象形，匪雕匪刻。厥容应规，厥性顺德。御世嗣之骏服兮，表骁骥①之仪式。

车渠碗赋

侍君子之宴坐，览车渠之妙珍。挺英才于山岳，含阴阳之淑真。飞轻缥与浮白，若惊风之飘云。光清朗以内曜②，泽温润而外津。体贞刚而不挠，理修达而有文。杂玄黄以为质，似乾坤之未分。兼五德之上美，超众宝而绝伦。

繁 钦

繁钦(？—218)，东汉颍川(郡治今河南禹州市)人，曾于汉献帝时代任曹操主簿，以善写诗、赋、文著名。选文摘自严可均辑《全后汉文》，商务印书馆1999年版。

---

① 骁骥：指骏马。

② 曜：照耀。

三胡赋

莎车①之胡，黄目深精，员耳狭颐②。康居之胡，焦头折颏③，高辅陷□④，眼无黑眸，颊无余肉。罽宾之胡，面象炙猬，顶如持囊，隅目赤眦⑤，洞颏仰鼻。

硕似鼬皮，色象娄橘。

范　晔

选文摘自《后汉书》，中华书局 1999 年版。

后汉书

东夷列传

《王制》云："东方曰夷。"夷者，柢也，言仁而好生，万物柢地而出。故天性柔顺，易以道御，至有君子、不死之国焉⑥。夷有九种，曰畎夷，于夷，方夷，黄夷，白夷，赤夷，玄夷，风夷，阳夷。故孔子欲居九夷也。

---

① 莎车：位于新疆维吾尔自治区塔里木盆地西缘。古"丝绸之路"南道要冲，东西方陆路交通枢纽，西域诸国中富庶地区之一。

② 颐：面颊，腮。

③ 颏：鼻梁。

④ □：此处缺字。

⑤ 眦：眼眶。

⑥ 《山海经》曰："君子国衣冠带剑，食兽，使二文虎在旁。"《山海经》又曰："不死人在交胫东，其为人黑也，寿不死。"

......

自中兴之后，四夷来宾，虽时有乖畔，而使驿不绝，故国俗风土，可得略记。东夷率皆土著，憙饮酒歌舞，或冠弁衣锦，器用俎豆①。所谓中国失礼，求之四夷者也。凡蛮、夷、戎、狄总名四夷者，犹公、侯、伯、子、男皆号诸侯云。

......

初，北夷索离国王出行，其侍儿於后姙身，王还，欲杀之。侍儿曰："前见天上有气，大如鸡子，来降我，因以有身。"王囚之，后遂生男。王令置於豕牢②，豕以口气嘘之，不死。复徙於马兰③，马亦如之。王以为神，乃听母收养，名曰东明。东明长而善射，王忌其猛，复欲杀之。东明奔走，南至掩㴲水，以弓击水，鱼鳖皆聚浮水上，东明乘之得度，因至夫馀而王之焉。於东夷之域，最为平敞，土宜五谷。出名马、赤玉、貂豽，大珠如酸枣。以员栅为城，有宫室、仓库、牢狱。其人粗大强勇而谨厚，不为寇钞。以弓矢刀矛为兵。以六畜名官，有马加、牛加、狗加，其邑落皆主属诸加。食饮用俎豆，会同拜爵洗爵，揖让升降。以腊月祭天，大会连日，饮食歌舞，名曰"迎鼓"。是时断刑狱，解囚徒。有军事亦祭天，杀牛，以蹄占其吉凶④。行人无昼夜，好歌吟，音声不绝。其俗用刑严急，被诛者皆没其家人为奴婢。盗一责十二。男女淫皆杀之，尤治恶妒妇，既杀，复尸於山上。兄死妻嫂。死则有椁无棺。杀人殉葬，多者以百数。其王葬用玉匣，汉朝常豫以玉匣付玄菟郡，王死则迎取以葬焉。

---

① 俎豆：古代祭祀、宴飨时盛食物用的两种礼器。

② 牢：圈。

③ 兰：栏。

④ 以蹄占其吉凶：《魏志》曰："牛蹄解者为凶，合者为吉。"

……

挹娄，古肃慎之国也。在夫馀东北千馀里，东滨大海，南与北沃沮接，不知其北所极。土地多山险。人形似夫馀，而言语各异。有五谷、麻布，出赤玉、好貂。无君长，其邑落各有大人。处於山林之间，土气极寒，常为穴居，以深为贵，大家至接九梯。好养豕，食其肉，衣其皮。冬以豕膏涂身，厚数分，以御风寒。夏则裸袒，以尺布蔽其前后。其人臭秽不洁，作厕于中，圜之而居。自汉兴已后，臣属夫馀。种众虽少，而多勇力，处山险，又善射，发能入人目。弓长四尺，力如弩。矢用楛①，长一尺八寸，青石为镞②，镞皆施毒，中人即死。便乘船，好寇盗，邻国畏患，而卒不能服。东夷夫馀饮食类(此)皆用俎豆，唯挹娄独无，法俗最无纲纪者也。

高句骊，在辽东之东千里，南与朝鲜、濊貊，东与沃沮，北与夫馀接。地方二千里，多大山深谷，人随而为居。少田业，力作不足以自资，故其俗节於饮食，而好修宫室。东夷相传以为夫馀别种，故言语法则多同，而跪拜曳一脚，行步皆走。凡有五族，有消奴部，绝奴部，顺奴部，灌奴部，桂娄部。③ 本消奴部为王，稍微弱，后桂娄部代之。其置官，有相加、对卢、沛者、古邹大加④、主簿、优台、使者、帛衣先人。武帝灭朝鲜，以高句骊为县，使属玄菟，赐鼓吹伎人。其俗淫，皆洁净自憙，暮夜辄男女群聚为倡乐。好祠鬼神、社稷、零星，以十月祭天大会，名曰"东盟"。其国东有大穴，号襚神，亦以十月迎而祭之。其公会衣服皆锦绣，金银以自饰。大

---

①　楛：指荆一类的植物，茎可制箭杆。

②　镞：箭头。

③　高丽五部：一曰内部，一名黄部，即桂娄部；二曰北部，一名后部，即绝奴部；三曰东部，一名左部，即顺奴部；四曰南部，一名前部，即灌奴部；五曰西部，一名右部，即消奴部。

④　古邹大加：高丽掌(贺)宾客的官员。

加、主簿皆著帻，如冠帻而无后；其小加著折风，形如弁。无牢狱，有罪，诸加评议便杀之，没入妻子为奴婢。其昏姻皆就妇家，生子长大，然后将还，便稍营送终之具。金银财币尽于厚葬，积石为封，亦种松柏。其人性凶急，有气力，习战斗，好寇钞，沃沮①、东濊②皆属焉。

……

濊北与高句骊、沃沮，南与辰韩接，东穷大海，西至乐浪。

……

男女皆衣曲领。其俗重山川，山川各有部界，不得妄相干涉。同姓不昏。多所忌讳，疾病死亡，辄捐弃旧宅，更造新居。知种麻，养蚕，作绵布。晓候星宿，豫知年岁丰约。常用十月祭天，昼夜饮酒歌舞，名之为"舞天"。又祠虎以为神。邑落有相侵犯者，辄相罚，责生口牛马，名之为"责祸"。杀人者偿死。少寇盗。能步战，作矛长三丈，或数人共持之。乐浪檀弓出其地。又多文豹，有果下马，海出班鱼，使来皆献之。

韩有三种：一曰马韩，二曰辰韩，三曰弁辰③。

……

马韩人知田蚕，作绵布。出大栗如梨。有长尾鸡，尾长五尺。邑落杂居，亦无城郭。作土室，形如冢，开户在上。不知跪拜。无长幼男女之别。不贵金宝锦罽，不知骑乘牛马，唯重璎珠，以缀衣为饰，及县颈垂耳。大率皆魁头④露紒，布袍草履。其人壮勇，少年有筑室作力者，辄以绳贯脊皮，缒以大木，嚾呼为健。常以五月

---

① 沃沮：朝鲜半岛历史上北部的一个部落国家。
② 东濊：朝鲜半岛历史上的一个部落国家。
③ 弁辰：古国名。与"马韩""辰韩"合称"三韩"。
④ 魁头：即科头，意思是用发萦绕成科结。

田竟祭鬼神，昼夜酒会，群聚歌舞，舞辄数十人相随蹋地为节。十月农功毕，亦复如之。诸国邑各以一人主祭天神，号为"天君"。又立苏涂①，建大木以县铃鼓，事鬼神。其南界近倭，亦有文身者。

辰韩，耆老自言秦之亡人，避苦役，适韩国，马韩割东界地与之。其名国为邦，弓为弧，贼为寇，行酒为行觞，相呼为徒，有似秦语，故或名之为秦韩。有城栅屋室。诸小别邑，各有渠帅，大者名臣智，次有俭侧，次有樊祇，次有杀奚，次有邑借。土地肥美，宜五谷。知蚕桑，作缣布。乘驾牛马。嫁娶以礼。行者让路。国出铁。濊、倭、马韩并从市之。凡诸〔货〕〔贸〕易，皆以铁为货。俗憙歌舞饮酒鼓瑟。儿生欲令其头扁，皆押之以石。

弁辰与辰韩杂居，城郭衣服皆同，语言风俗有异。其人形皆长大，美发，衣服洁清。而刑法严峻。其国近倭，故颇有文身者。

……

倭在韩东南大海中，依山岛为居，凡百馀国。自武帝灭朝鲜，使驿通於汉者三十许国，国皆称王，世世传统。其大倭王居邪马台国。乐浪郡徼，去其国万二千里，去其西北界拘邪韩国七千馀里。其地大较在会稽东冶之东，与朱崖、儋耳相近，故其法俗多同。

土宜禾稻、麻纻、蚕桑，知织绩为缣布。出白珠、青玉。其山有丹土。气温腝，冬夏生菜茹。无牛马虎豹羊鹊②。其兵有矛、盾、木弓，竹矢或以骨为镞。男子皆黥面文身，以其文左右大小别尊卑之差。其男衣皆横幅结束相连。女人被发屈紒，衣如单被，贯头而著之；并以丹朱坋③身，如中国之用粉也。有城栅屋室。父母兄弟

---

① 苏涂：古代马韩国中所设置的含有神道色彩的特殊区域。《魏志》曰："诸国各有别邑，为苏涂，诸亡逃至其中，皆不还之。苏涂之义，有似浮屠。"

② 鹊：或作"鸡"。

③ 坋：涂。《说文》注："坋，尘也。"

异处，唯会同男女无别。饮食以手，而用笾豆。俗皆徒跣，以蹲踞为恭敬。人性嗜酒。多寿考，至百馀岁者甚众。国多女子，大人皆有四五妻，其馀或两或三。女人不淫不妒。又俗不盗窃，少争讼。犯法者没其妻子，重者灭其门族。其死停丧十馀日，家人哭泣，不进酒食，而等类就歌舞为乐。灼骨以卜，用决吉凶。行来度海，令一人不栉沐，不食肉，不近妇人，名曰"持衰"。若在涂吉利，则雇以财物；如病疾遭害，以为持衰不谨，便共杀之。

南蛮西南夷列传

昔高辛氏①有犬戎之寇，帝患其侵暴，而征伐不克。乃访募天下，有能得犬戎之将吴将军头者，购黄金千镒。邑万家，又妻以少女。时帝有畜狗，其毛五采，名曰槃瓠②。下令之后，槃瓠遂衔人头造阙下，群臣怪而诊③之，乃吴将军首也。帝大喜，而计槃瓠不可妻之以女，又无封爵之道，议欲有报而未知所宜。女闻之，以为帝皇下令，不可违信，因请行。帝不得已，乃以女配槃瓠。槃瓠得女，负而走入南山，止石室中，所处险绝，人迹不至。於是女解去衣裳，为仆鉴之结，著独力之衣。帝悲思之，遣使寻求，辄遇风雨震晦，使者不得进。经三年，生子一十二人，六男六女。槃瓠死后，因自相夫妻。织绩木皮，染以草实，好五色衣服，制裁皆有尾形。其母后归，以状白帝，於是使迎致诸子。衣裳班兰，语言侏离④，好入山壑，不乐平旷。帝顺其意，赐以名山广泽。其后滋蔓，号曰蛮夷。外痴内黠，安土重旧。以先父有功，母帝之女，田作贾贩，

① 高辛氏：帝喾。
② 槃瓠：《魏略》载："高辛氏有老妇，居〔正〕〔王〕室，得耳疾，挑之，乃得物大如茧。妇人乘瓠中，覆之以槃，俄顷化为犬，其文五色，因名槃瓠。"
③ 诊：候视。
④ 侏离：蛮夷的语言。

无关梁符传，租税之赋。有邑君长，皆赐印绶，冠用獭皮。名渠帅曰精夫，相呼为姎徒①。今长沙武陵蛮是也。

西南夷者，在蜀郡徼外。有夜郎国，东接交阯，西有滇国，北有邛都国，各立君长。其人皆椎结左衽，邑聚而居，能耕田。其外又有巂、昆明诸落，西极同师，东北至叶榆②，地方数千里。无君长，辫发，随畜迁徙无常。……

夜郎者，初有女子浣於遯水，有三节大竹流入足间，闻其中有号声，剖竹视之，得一男儿，归而养之。及长，有才武，自立为夜郎侯，以竹为姓。武帝元鼎六年，平南夷，为牂柯郡，夜郎侯迎降，天子赐其王印绶。后遂杀之。夷獠咸以竹王非血气所生，甚重之，求为立后。牂柯太守吴霸以闻，天子乃封其三子为侯。死，配食其父。今夜郎县有竹王三郎神是也。

……

滇王者，庄蹻之后也。元封二年，武帝平之，以其地为益州郡，割牂柯、越巂各数县配之。后数年，复并昆明地，皆以属之此郡。有池，周回二百馀里，水源深广，而末更浅狭，有似倒流，故谓之滇池。河土平敞，多出鹦鹉、孔雀，有盐池田渔之饶，金银畜产之富。人俗豪忕③。居官者皆富及累世。

……

哀牢夷者，其先有妇人名沙壹④，居于牢山。尝捕鱼水中，触沈木若有感，因怀妊，十月，产子男十人。后沈木化为龙，出水上。

---

① 姎徒：《说文》注："姎，女人自称，我也。"

② 叶榆：县，隶属益州郡（今属云南）。

③ 忕：奢侈。

④ 其先有妇人名沙壹：《集解》引惠栋说，谓"壹"《华阳国志》作"壶"，《水经注》作"台"。

沙壹忽闻龙语曰："若为我生子，今悉何在？"九子见龙惊走，独小子不能去，背龙而坐①，龙因舐之。其母鸟语，谓背为九，谓坐为隆，因名子曰九隆。及后长大，诸兄以九隆能为父所舐而黠，遂共推以为王。后牢山下有一夫一妇，复生十女子，九隆兄弟皆聚以为妻，后渐相滋长。种人皆刻画其身，象龙文，衣皆著尾。九隆死，世世相继。乃分置小王，往往邑居，散在溪谷。绝域荒外，山川阻深，生人以来，未尝交通中国。

……

哀牢人皆穿鼻儋耳，其渠帅自谓王者，耳皆下肩三寸，庶人则至肩而已。土地沃美，宜五谷、蚕桑。知染采文绣，罽②氍③帛叠，兰干细布，织成文章如绫锦。有梧桐木华，绩以为布④，幅广五尺，洁白不受垢污。先以覆亡人，然后服之。其竹节相去一丈，名曰濮竹。出铜、铁、铅、锡、金、银、光珠⑤、虎魄⑥、水精、瑠璃、轲虫、蚌珠、孔雀、翡翠、犀、象、猩猩、貊兽。云南县有神鹿两头，能食毒草。

……

邛都夷者，武帝所开，以为邛都县。无几而地陷为汗泽，因名为邛池，南人以为邛河⑦。后复反叛。元鼎六年，汉兵自越巂水伐

---

① 背龙而坐：《集解》引惠栋说，谓"背"一作"陪"。
② 罽：兽毛或兽皮织品。
③ 氍：中国古代西南少数民族织的一种毛毡。
④ 梧桐木华，绩以为布：《广志》曰"梧桐有白者，剽国有桐木，其华有白毳，取其毳淹渍，绩织以为布"也。
⑤ 光珠：《华阳国志》曰："兰沧水有金沙，洗取融为金。有光珠穴。"《博物志》曰："光珠即江珠也。"
⑥ 虎魄：《广志》曰："虎魄生地中，其上及旁不生草，深者八九尺，大如斛，削去皮，成虎魄如斗，初时如桃胶，凝坚乃成。"
⑦ 邛河：在巂州越巂县（今四川西昌市）东南。

之，以为越巂郡①。其土地平原，有稻田。青蛉县禺同山②有碧鸡金马，光景时时出见。俗多游荡，而喜讴歌，略与牂柯③相类。豪帅放纵，难得制御。

……

莋都夷者，武帝所开，以为莋都县。其人皆被发左衽，言语多好譬类，居处略与汶山夷同。土出长年神药，仙人山图④所居焉。元鼎六年，以为沈黎郡。至天汉四年，并蜀为西部，置两都尉，一居旄牛，主徼外夷，一居青衣，主汉人。

永平中，益州刺史梁国朱辅⑤，好立功名，慷慨有大略。在州数岁，宣示汉德，威怀远夷。自汶山以西，前世所不至，正朔所未加。白狼、槃木、唐菆等百馀国，户百三十馀万，口六百万以上，举种奉贡，称为臣仆。辅上疏曰："臣闻《诗》云：'彼徂者岐，有夷之行。'传曰：'岐道虽僻，而人不远。'⑥诗人诵咏，以为符验。今白狼王唐菆等慕化归义，作诗三章。路经邛来大山零高坂，峭危峻险，百倍岐道。襁负老幼，若归慈母。远夷之语，辞意难正。草木异种，鸟兽殊类。有犍为郡掾田恭与之习狎，颇晓其言，臣辄令讯其风俗，译其辞语。今遣从事史李陵与恭护送诣阙，并上其乐诗。昔在圣帝，舞四夷之乐；今之所上，庶备其一。"帝嘉之，事下史官，录其歌焉。

---

① 越巂郡：《前书地理志》曰，言其越巂水以置郡，故名焉。

② 禺同山：在襄州杨波县。

③ 牂柯：船只停泊时用来系缆绳的木桩。

④ 山图：刘向《列仙传》曰"山图，陇西人。好乘马，马蹹折脚，山中道士教服地黄、当归、羌活、玄参，服一年，不嗜食，病愈身轻。追道士问之，自云：'五岳使人，之名山采药。能随吾，汝便不死。'山图追随，人不复见。六十馀年，一旦归来，行母服於冢间。期年复去，莫知所之"也。

⑤ 朱辅：《东观记》"辅"当作"酺"，梁国宁陵人。

⑥ 《韩诗薛君传》曰："徂，往也。夷，易也。行，道也。彼百姓归往文王者，皆曰岐有易道，可往归矣。易道谓仁义之道而易行，故岐道阻险而人不难。"

《远夷乐德歌诗》曰:

　　大汉是治,堤官隗构。与天合意。魏冒逾糟。吏译平端,罔驿刘脾。不从我来。旁莫支留。闻风向化,征衣随旅。所见奇异。知唐桑艾。多赐(赠)〔缯〕布,邪毗继缯。甘美酒食。推潭仆远。昌乐肉飞,拓拒苏(使)〔便〕。屈申悉备。局后仍离。蛮夷贫薄,偻让龙洞。无所报嗣。莫支度由。愿主长寿,阳雒僧鳞。子孙昌炽。莫穉角存。

《远夷慕德歌诗》曰:

　　蛮夷所处,偻让皮尼。日入之部。且交陵悟。慕义向化,绳动随旅。归日出主。路旦拣雒。圣德深恩,圣德渡诺。与人富厚。魏菌度洗。冬多霜雪,综邪流藩。夏多和雨。菲邪寻螺。寒温时适,蘬浮泸漓。部人多有。菌补邪推。涉危历险,辟危归险。不远万里。莫受万柳。去俗归德,术叠附德。心归慈母。仍路孳摸。

《远夷怀德歌》曰:

　　荒服之外,荒服之仪。土地烧埆。犁籍怜怜。食肉衣皮,阻苏邪犁。不见盐谷。莫砀粗沐。吏译传风,罔译传微。大汉安乐。是汉夜拒。携负归仁。踪优路仁。触冒险陕。雷折险陇。高山岐峻,伦狼藏幢。缘崖磻石。扶路侧禄。木薄发家,息落服淫。百宿到洛。理历髭雒。父子同赐,捕莒菌毗。怀抱匹帛。怀稿匹漏。传告种人,传室呼敕。长愿臣仆。陵阳臣仆。

　　······

冉駹①夷者，武帝所开。元鼎六年，以为汶山郡。至地节三年②，夷人以立郡赋重，宣帝乃省并蜀郡为北部都尉。其山有六夷七羌九氐，各有部落。其王侯颇知文书，而法严重。贵妇人，党母族。死则烧其尸。土气多寒，在盛夏冰犹不释，故夷人冬则避寒，入蜀为佣，夏则违暑，反其（众）〔聚〕邑，皆依山居止，累石为室，高者至十馀丈，为邛笼。又土地刚卤，不生谷粟麻菽，唯以麦为资，而宜畜牧。有旄牛，无角，一名童牛，肉重千斤，毛可为毦。出名马。有灵羊，可疗毒。③ 又有食药鹿，鹿麑有胎者，其肠中粪亦疗毒疾。又有五角羊、麝香、轻毛毿鸡、牲牲。其人能作旄毡、班罽、青顿、毞毲、羊羧之属。特多杂药。地有咸土，煮以为盐。麖④羊牛马食之皆肥。

……

论曰："汉氏征伐戎狄，有事边远，盖亦与王业而终始矣。至於倾没疆垂，丧师败将者，不出时岁，卒能开四夷之境，款殊俗之附。若乃文约⑤之所沾渐，风声之所周流，几将日所出入处也。著自山经、水志者，亦略及焉。虽服叛难常，威泽时旷，及其化行，则缓耳⑥雕脚之伦，兽居⑦鸟语之类，莫不举种尽落，回面而请吏，陵海越障，累译以内属焉。故其录名中郎、校尉之署，编数都护、部守之曹，动以数百万计。若乃藏山隐海之灵物，沈沙栖陆之玮宝，莫不呈表怪丽，雕被宫幄焉。又其赍嵊火毳驯禽封兽之赋，斡积於内

---

①　冉駹：古族名，主要分布在今四川茂汶地区，以游牧为生。

②　地节三年：宣帝时期，公元前 67 年。

③　《本草经》曰："零羊角味咸无毒，主疗青盲、蛊毒，去恶鬼，安心气，强筋骨。"

④　麖：麋狼。

⑤　文约：文书、要约。

⑥　缓耳：儋耳，古代地名。

⑦　兽居：穴居。

府；夷歌巴舞殊音异节之技，列倡於外门。岂柔服之道，必足於斯？然亦云致远者矣。蛮夷虽附阻岩谷，而类有土居，连涉荆、交之区，布护巴、庸之外，不可量极。然其凶勇狡算，薄于羌狄，故陵暴之害，不能深也。西南之徼，尤为劣焉。故关守永昌，肇自远离，启土立人，至今成都焉。

赞曰：百蛮蠢①居，仞彼方徼。镂体卉衣②，凭深阻峭。亦有别夷，屯彼蜀表。参差聚落，纡馀岐道。往化既孚③，改襟④输宝。俾建永昌，同编亿兆。

西域传

大秦国一名犁鞬，以在海西，亦云海西国。地方数千里，有四百馀城。小国役属者数十。以石为城郭。列置邮亭，皆垩墍⑤之。有松柏诸木百草。人俗力田作，多种树蚕桑。皆髡头而衣文绣，乘辎軿白盖小车，出入击鼓，建旌旗幡帜。

所居城邑，周圜百馀里。城中有五宫，相去各十里。宫室皆以水精为柱，食器亦然。其王日游一宫，听事五日而后遍。常使一人持囊随王车，人有言事者，即以书投囊中，王至宫发省，理其枉直。各有官曹文书。置三十六将，皆会议国事。其王无有常人，皆简立贤者。国中灾异及风雨不时，辄废而更立，受放者甘黜不怨。其人民皆长大平正，有类中国，故谓之大秦。

土多金银奇宝，有夜光璧、明月珠、骇鸡犀⑥、珊瑚、虎魄、

① 蠢：小貌。
② 镂体：文身。卉衣：草服。
③ 孚：信。
④ 襟：衽。
⑤ 垩：音"恶"，白土。墍：饰。
⑥ 骇鸡犀：传说中的海兽。其角可去尘，故名。

琉璃、琅玕①、朱丹、青碧。刺金缕绣，织成金缕罽、杂色绫。作黄金涂、火浣布。又有细布，或言水羊毳，野蚕茧所作也。合会诸香，煎其汁以为苏合。凡外国诸珍异皆出焉。

以金银为钱，银钱十当金钱一。与安息、天竺交市于海中，利有十倍。其人质直，市无二价。谷食常贱，国用富饶。邻国使到其界首者，乘驿诣王都，至则给以金钱。其王常欲通使于汉，而安息欲以汉缯彩与之交市，故遮阂不得自达。至桓帝延熹九年，大秦王安敦遣使自日南徼外献象牙、犀角、玳瑁，始乃一通焉。其所表贡，并无珍异，疑传者过焉。

或云其国西有弱水、流沙，近西王母所居处，几于日所入也。《汉书》云"从条支西行二百馀日，近日所入"，则与今书异矣。前世汉使皆自乌弋以还，莫有至条支者也。又云"从安息陆道绕海北行出海西至大秦，人庶连属，十里一亭，三十里一置②，终无盗贼寇警。而道多猛虎、师子，遮害行旅，不百馀人，赍兵器，辄为所食"。又言"有飞桥数百里可度海北"。诸国所生奇异玉石诸物，谲怪多不经，故不记云。

……

天竺国一名身毒，在月氏之东南数千里。俗与月氏同，而卑湿暑热。其国临大水。乘象而战。其人弱于月氏，修浮图③道，不杀伐，遂以成俗。从月氏、高附国以西，南至西海，东至磐起国，皆身毒之地。身毒有别城数百，城置长。别国数十，国置王。虽各小异，而俱以身毒为名，其时皆属月氏。月氏杀其王而置将，令统其人。土出象、犀、玳瑁、金、银、铜、铁、铅、锡，西与大秦通，有大秦珍物。又有细布、好毾㲪④、诸香、石蜜、胡椒、姜、黑盐。

---

① 琅玕：汉族神话传说中的仙树，其实似珠。

② 置：驿。

③ 浮图：即佛。

④ 毾㲪：有花纹的细毛毯。毾，音 tà。㲪，音 dēng。

南匈奴列传

匈奴俗，岁有三龙祠，常以正月、五月、九月戊日祭天神。南单于既内附，兼祠汉帝，因会诸部，议国事，走马及骆驼为乐。

乌桓鲜卑列传

乌桓者，本东胡也。汉初，匈奴冒顿灭其国，馀类保乌桓山，因以为号焉。俗善骑射，弋猎禽兽为事。随水草放牧，居无常处。以穹庐为舍，东开向日。食肉饮酪，以毛毳①为衣。贵少而贱老，其性悍②塞。怒则杀父兄，而终不害其母，以母有族类，父兄无相仇报故也。有勇健能理决斗讼者，推为大人，无世业相继。邑落各有小帅，数百千落自为一部。大人有所召呼，则刻木为信，虽无文字，而部众不敢违犯。氏姓无常，以大人健者名字为姓。大人以下，各自畜牧营产，不相徭役。其嫁娶则先略女通情，或半岁百日，然后送牛马羊畜，以为娉币。婿随妻还家，妻家无尊卑，旦旦拜之，而不拜其父母。为妻家仆役，一二年间，妻家乃厚遣送女，居处财物一皆为办。其俗妻后母，报寡嫂，死则归其故夫。计谋从用妇人，唯斗战之事乃自决之。父子男女相对踞蹲。以髡头为轻便。妇人至嫁时乃养发，分为髻，著句决，饰以金碧，犹中国有簂③步摇。妇人能刺韦作文绣，织氀毼④。男子能作弓矢鞍勒⑤，锻金铁为兵器。其土地宜穄及东墙。东墙似蓬草，实如穄子，至十月而熟。见鸟兽孕乳，以别四节。

俗贵兵死，敛尸以棺，有哭泣之哀，至葬则歌舞相送。肥养一

---

① 毳：指毛发。郑玄注《周礼》曰："毛之缛细者为毳也。"

② 悍：勇猛。《说文》注："悍，勇也。"

③ 簂：音"吉"，或为"帼"，妇人的首饰。

④ 氀毼：古代一种较粗的毛织物品。《广雅》曰："氀毼，罽也。"罽：兽毛或兽皮织品。

⑤ 勒：马衔。

犬，以彩绳缨牵，并取死者所乘马衣物，皆烧而送之，言以属累①犬，使护死者神灵归赤山。赤山在辽东西北数千里，如中国人死者魂神归岱山也。敬鬼神，祠天地日月星辰山川及先大人有健名者。祠用牛羊，毕皆烧之。其约法：违大人言者，罪至死；若相贼杀者，令部落自相报，不止，诣大人告之，听出马牛羊以赎死；其自杀父兄则无罪；若亡畔为大人所捕者，邑落不得受之，皆徙逐于雍狂之地，沙漠之中。其土多蝮蛇，在丁令②西南，乌孙东北焉。

鲜卑者，亦东胡之支也，别依鲜卑山，故因号焉。其言语习俗与乌桓同。唯婚姻先髡头，以季春月大会于饶乐水③上，饮宴毕，然后配合。又禽兽异于中国者，野马、原羊、角端牛，以角为弓，俗谓之角端弓者④。又有貂、豽、鼲子，皮毛柔蠕，故天下以为名裘。

佚　名

《佛说兴起行经》共2卷，收在《大正藏》第4册，署名为"后汉外国三藏康孟详"译。康孟详是东汉译经家，祖先为康居国人，汉献帝时居于洛阳。经前序言作者不详。选文摘自严可均辑《全后汉文》，商务印书馆1999年版。

---

① 属累：即"付讬"，将人或事委托给别人。
② 丁令：《前书音义》曰："丁令，匈奴别种也。令音零。"
③ 饶乐水：古水名，位于营州（今属辽宁）北。
④ 角端弓者：郭璞注《尔雅》曰："原羊似吴羊而大角，出西方。"《前书音义》曰："角端似牛，角可为弓。"

佛说兴起行经序

所谓昆仑山者，则阎浮①利地之中心也。山皆宝石周匝，有五百窟，窟皆黄金，常五百罗汉居之。阿耨②大泉外周围山，山内平地，泉处其中，泉岸皆黄金，以四兽头出水其口，各绕一匝已，还复其方，出投四海，象口所出者，则黄河是也。其泉方各二十五由延，深三厥劣。一厥劣者，七里也。泉中有金台，台方一由延，台上有金莲华，以七宝为茎。如来将五百罗汉③，常以月十五日于中说戒，因舍利弗④问佛十事宿缘。后以十五日时将本弟子说讫乃止。如是至九往，所以十问而九答者，以木锵之，对人间偿之，欲示人宿缘不可逃避故也。又阿耨泉中非有漏碍形所可周游。虽有阿难⑤，为如来所接也。所以殷勤告舍利弗者，欲化诸龙故也。

---

① 阎浮：亦称"阎浮提"，为须弥山四方的四洲之一。
② 阿耨：佛教语，意译为极微。
③ 五百罗汉：一般指佛释迦去世后参加第一次经结集的五百比丘，以大迦叶和阿难为首。
④ 舍利弗：佛陀十大弟子之一，以智慧第一著称。
⑤ 阿难：佛陀十大弟子之一，全称阿难陀。

第三编 ◎

自然与泛艺术美学

本编导读

　　本编内容是对前两编内容的拓展和放大。其中，自然美学部分接续第二编，即从朝廷美学、制度美学、天下美学，进一步走向自然美学。泛艺术美学接续第一编，即从相对纯粹或精神性的文学艺术领域(诗、赋、音乐、舞蹈、书法、绘画)延伸至日常生活领域(身体，服饰，工艺，生活，城市、建筑)。它们与前两编一起，共同构成了汉代美学的整体轮廓。

　　首先看自然美学和身体美学。

　　要理解汉代美学的自然审美观念，首先必须了解这一王朝的文化特性。在中国历史上，汉王朝虽然作为中原王朝具有正统性，但这一政权的文化基础却是非中原的。汉起于楚地，自陈胜、吴广起兵抗秦，到刘邦、项羽击败秦国，南楚是倾覆秦王朝的主导性力量，楚文化构成了汉朝的底色。就中国早期文化的区域特性而言，楚文化是一种巫觋文化，"在《楚辞》的浪漫空间里，人首蛇身的伏羲女娲、双臂化为两翼的不死仙人王子乔，以及各种奇禽怪兽、狮虎猛龙，共同构成了一个神话——巫术世界"①。这种诗性与神性兼具的空间世界，不仅区别于当时北方"不语怪力乱神"的儒家，也区别于以形而上的道论祛除了鬼魅、更趋理智清明的道家，而是与纵论阴阳神仙、方士云集的燕齐文化具有高度的契合性。有汉一代，正是楚文化与齐文化进入中原，并与当时趋于理性、清明的中原文化发生相互作用的时代。这种混搭激发了中原王朝的空间想象，但同时也导致了空间认识水平的复魅。徐复观说，"汉人不长于抽象思维，这是思想上的一种堕退"②，正是在讲荆楚、燕齐文化的进入，导致了神性宇宙观在有汉一代的复归问题。

在汉代，受楚、齐文化影响，充满空间审美想象的文学作品主要见于西汉时期的散体大赋，如枚乘的《七发》、司马相如的《天子游猎赋》，也包括贾谊放逐楚地时所作的《吊屈原赋》《鹏鸟赋》。在思想类著作中，则主要有被楚文化浸润甚深的《淮南子》和受齐文化影响的《春秋繁露》。本编自然美学部分所选的《淮南子·天文训》和《淮南子·时则训》《淮南子·泰族训》，大致展示了有汉一代的时空认知格局。它的感性和想象性，为人提供了一个审美化的自然空间。董仲舒《春秋繁露》中的选文，则更多涉及自然空间以其神性意志与人相互匹配并互动。这种与人相感的自然，是与人高度契合的人化自然，它因人的参与克服了异己性，进而彰显出审美意义。

除因楚、齐文化的影响而铸成人对自然的审美想象外，汉代人的自然审美也有保持中原本土特色，进而实现新变的维度。像本编

---

① 刘成纪：《宋陈文化与宋陈之学》，载《社会科学战线》，1998 年第 5 期。

② 徐复观：《两汉思想史》，133 页，上海，华东师范大学出版社，2001。

所选《韩诗外传》《说苑·杂言》中的山水之论，基本是对先秦儒家山水审美观念的延续。所选咏物赋，如枚乘的《柳赋》、公孙乘的《月赋》、张衡的《温泉赋》等，则可视为楚地辞赋传统与中原士人精神传统的交汇，清丽婉约，意味深长，显现出唯美化的自然审美格调。班彪的《览海赋》则是中国文学史上第一篇关于海洋的作品，开启了中国自然审美中海洋的维度。

严格来讲，本编所列身体美学资料，应该是自然美学的组成部分。这是因为，身体作为肉体，它本身就是自然的。所谓身体之美，本身就奠基于自然美。在汉代，哲学从抽象向感性的堕退，不仅影响了那一时代的自然观和宇宙观，同时也影响了那一时代对人的看法。与先秦哲学更倾向于抽象谈论人性不同，汉代哲学则更关注人身体的感性表现及内部构成。这是人的身体在汉代成为美学问题的理论基础。以此为背景，汉代黄老之学（《淮南子》）关注人身体作为自然材料的内部有机构成（如形、神、志、气），以及这种内部构成外向显现的形象。同时，《淮南子》和以董仲舒为代表的汉代儒学也关注人体与外部世界的同构性，以及双方的感通关系。这些论述为在美学层面理解人身体的生命本性、理解人与自然的一体关系，提供了理论的依据。

接下来，我们来看看汉代的服饰美学，工艺美学，生活美学与城市、建筑美学。

1. 服饰美学

人自身向文明的生成，以对身体的自然属性认知为前提，然后才通过服饰使自身雅化，并获得审美形象。就此而言，身体美学是自然美学向人文性美学（服饰、工艺、建筑、城市）转进的中介环节。在汉代，人们对服饰价值的理解也是朝自然和人文两个方面敞开。比如，帝王一年四季，要随季节变换服色，民间求雨也应四季而变换不同服色（《春秋繁露·求雨》），以和自然相应和。在人文方面，服装的色彩及佩饰，更应与着装者的身份地位相一致，以服装区分出人的高低贵贱等级。在日常生活中，服装以及相关的礼仪训练可以使人的身体表现更文明，并得到审美的表现，从而造就出儒家的君子风范。《韩诗外传》《说苑》《白虎通义》的相关选文，总体上凸显的就是儒家的这种身体及服饰美学理想。

2. 工艺美学

汉代是中国历史上第一个大一统帝国，也是中国古代工艺史上的一个高峰。当时，经济的繁荣和国力的强大，使上层社会有足够的财力从事工艺制造，并借此享受生活。邦域之内多元文化的交汇，使其工艺风格既丰富多样又精神一体。儒家重礼尚文的造物观念，则赋予了工艺制品典雅的人文气质。

与此相一致，汉代工艺美学也得到长足发展。西汉初年，陆贾就在其《新语·道基》篇中，论述了工艺制造在社会文明进步中的巨大作用，即"正风俗，通文雅"。同时，他在《新语·资质》篇中讲述了工艺在提升自然材料价值上的重要性，即"质美者以通为贵，才良者以显为能"。此后，汉代儒家因崇礼尚文而肯定工艺，因反对淫巧、奢靡而主张节制工艺的泛滥，基本在两者之间保持了平衡。像贾谊《新书·瑰玮》篇、桓宽《盐铁论》（《殊路》《崇礼》）中贤良文学的观点，虽然更强调尚俭节用的侧面，但这是专对当时统治阶层过度奢靡的现实讲的，总体来讲并不反对工艺。与此比较，汉代的黄老之学秉持道家传统的自然观念，将一切人工对自然的改造均视为悖逆天道，并助长人性的诈伪，似乎反对工艺，如《淮南子》。但是，这种对工艺自然材质和素朴本身的看重，却为后世的工艺制作提出了一个更高的目标，即以人工模拟天然，使人工臻于化境。除了儒家和道家，汉代工艺美学中值得重视的一个取向是对具体人工器具的品玩和欣赏。这一取向大量出现于当时的咏物赋中，如贾谊的《簴赋》、刘安的《屏风赋》、刘胜的《文木赋》、邹阳的《几赋》、傅毅的

《琴赋》、蔡邕的《团扇赋》等，均让人从对工艺性器具的品味中体悟出自然真理与人生之思。这是汉代工艺美学的独创，也代表了这一时代工艺审美认知的最高成就。

3. 生活美学

汉代王朝，虽然先后以黄老的素朴无为和儒家的崇质尚简作为立国精神，并外加法家的威严和神意的夹持，但它本质上并不拒绝生活享乐。其开国皇帝刘邦原本不过是沛地一个"好酒及色"的小混混，他在沛地组织的最早武装甚至被研究者称为"芒砀山群盗集团"①，后来国家权力的核心也是靠慷慨的赏赐形成的利益共同体。这种政权基础决定了汉王朝不是一个具有清教理想的国家，而是带有根深蒂固的世俗性和欲望性。这种背景极大地影响了汉王朝的人性论和价值观。例如，司马迁云："富者，人之情性，所不学而俱欲者也。""夫神农以前，吾不知已。至若《诗》《书》所述虞夏以来，耳目欲极声色之好，口欲穷刍豢之味，身安逸乐，而心夸矜执能之荣使。俗之渐民久矣，虽户说以眇论，终不能化。"②

汉王朝的生活美学，最根本地建基于这种对人的欲望合理性的肯定。但是自西汉初年以降，统治阶级欲望的过度放纵（参见《汉书·景帝十三王传》），也引起士人的高度警惕。如何"利导之""教诲之"，使其向审美的层面提升，就成为思想者考虑的大问题。武帝时期，枚乘的《七发》提供了这方面的范本。在这篇大赋中，作者首先写楚太子因纵欲过度而得病，然后分别写音乐、饮食、车驾、游宴、田猎、观涛六件人生乐事。这基本可以代表有汉一代对生活之美的理解。在这个逐步展开并有序上升的生活美学阶梯中，作者让楚太

---

① 李开元：《汉帝国的建立与刘邦集团——军功受益阶层研究》，121 页，北京，生活·读书·新知三联书店，2000。

② （西汉）司马迁：《史记·货殖列传》。

子通过修习孔、老的"要言妙道"而"霍然病已"，这显然是将哲学或心灵的生活视为人生最高尚的生活，体现出生活之美从生理享受向视听愉悦进而向精神境界不断递升的整体态势。以此为背景，本章选文大致分为三类：第一类是儒家士人对贵族、权臣奢靡享乐生活的批判，这反映了当时儒家相对节制的生活美学观念，如《盐铁论·散不足》；第二类是士人阶层推崇的趋于雅致而富有精神意味的日常生活，主要涉及诗酒娱乐以及游艺活动，如邹阳的《酒赋》、马融的《樗蒲赋》、边韶的《塞赋》、蔡邕的《弹棋赋》等；第三类是下层百姓的日常生活，在一年四季规律性的劳作中体现出质朴的诗意，如崔寔的《四民月令》。

4. 城市、建筑美学

中国美学是农耕文明的产物，但这并不足以削弱城市在中国美学建构中的重要作用。传统中国像西方古国一样，是城邦国家。在古汉语中，"国"的本义即指城市；所谓"中国"，则要么指帝王所居的中心城市，要么指一般城市，即"中国犹国中也"。从美学角度讲，城市作为人工造物，不但它自身是美的，而且它因能工巧匠的聚集而成为精美器具的集散地，因政治经济和文化的强势而成为区域性审美风尚的主导者和审美标准的制定者。两汉前后历经400余年，大多数情况下社会稳定，经济繁荣，这极大地促进了城市的发展。除首都长安外，洛阳、邯郸、临淄、南阳、成都号称五都。本章选文大致分为如下几个方面。

第一，城市是王权的象征，是礼仪观念的物态形式。汉初，萧何重修未央宫，提出"非壮丽无以重威"的皇家建筑观念，贾谊讲"人主之尊，辟无异堂"，均是将王权的威势、尊贵与城市建筑物理性的崇高进行比附对应，这无疑使城市建筑成为帝王权威的物态形式。此后，《白虎通义》之《京师》《辟雍》则为王城礼仪性建筑赋予了制度形式。蔡邕的《明堂论》是相关城市建筑观念的延续。第二，城市建设是需要耗费大量人力物力的浩大工程，这引起了汉代思想者的警惕。这一时期，对帝王大兴土木的劝诫来自儒道两家。其中，道家的劝诫与其追求素朴、主张节欲的生活观念有关，材料主要见于《淮南子·本经训》。儒家的劝诫主要基于其礼制观念和民本思想，认为对国家财富的滥用不仅费民资财，而且逾越礼治，最终必然导致国家的覆亡。相关选文见于刘向《说苑》之《贵德》《正谏》《辨物》《反质》诸篇。第三，帝王苑囿、园林是当时城市建筑的重要组成部分，它承担着帝王游乐、遣兴甚至军事训练等诸种功能。对这些帝王、贵族苑囿的歌吟成为汉赋的重要主题，反映了自然要素在汉代建城观念中的不可或缺性。代表性的文献有枚乘的《梁王菟园赋》、司马相如的《天子游猎赋》（《子虚赋》《上林赋》）、扬雄的《甘泉赋》等。其中，由于司马相如赋作已在前面章节选用，此处不载。第四，城市赋是汉赋中最具华彩的组成部分，也是汉代城市美学研究的最重要材料。这些赋作虽然多以反对帝王大兴土木、回归礼制节俭生活作结，但往往"讽一而劝百"，在铺张扬厉的渲染中审美压倒了道德，反映了赋家的真实态度。这类赋作分为两部分：一是对城市宏大气象的整体描摹和赞美，如扬雄的《蜀都赋》、班固的《两都赋》和张衡的《二京赋》；二是对城市局部建筑充满人文情致的精致刻画，如李尤的《辟雍赋》《德阳殿赋》《平乐观赋》《东观赋》、王延寿的《鲁灵光殿赋》、繁钦的《建章凤阙赋》，等等。另外，班固的《两都赋》、张衡的《二京赋》和崔骃的《反都赋》，均隐藏着两汉时期的一个重要问题，即长安和洛阳到底哪个更适合做帝国首都的漫长争论。这一争论的美学价值赋予了不同城市不同的审美和文化个性，如长安城是欲望性的，洛阳城是伦理性的，这其实就以城市的物态形式反映了汉代人两种审美观念的长期斗争。

一、自然美学

韩　婴

选文摘自许维遹校释《韩诗外传集释》，中华书局1980年版。

韩诗外传

卷三　第二十五章

问者曰：夫智者何以乐於水也？曰：夫水者缘理而行，不遗小间，似有智者。动而之下，似有礼者。蹈深不疑，似有勇者。障防①

---

①　障防：用堤防堵塞。

而清，似知命者。历险致远，卒成不毁①，似有德者。天地以成，群物以生，品物②以正。此智者所以乐於水也。《诗》曰："思乐泮水，薄采其茆。鲁侯戾止，在泮饮酒。"③乐水之谓也。

卷三　第二十六章

问者曰：夫仁者何以乐於山也？曰：夫山者万民之所瞻仰也。草木生焉，万物植焉，飞鸟集焉，走兽休焉，四方益取与焉。出云道风猌④乎天地之间。天地以成，国家以宁，此仁者所以乐於山也。《诗》曰："太山岩岩，鲁邦所瞻。"⑤乐山之谓也。

刘　安

选文摘自何宁撰《淮南子集释》，中华书局1998年版。

淮南子

天文训

天墬⑥未形，冯冯翼翼，洞洞灟灟⑦，故曰太昭⑧。道始于虚

---

① 卒成不毁：此四字在《艺文类聚》《御览》中无。
② 品物：众物。
③ 出自《鲁颂·泮水》。
④ 猌：山高峻的样子。
⑤ 出自《鲁颂·闷宫》。
⑥ 墬：即籀文的"地"。
⑦ 冯冯翼翼，洞洞灟灟：指混沌未分、无形象的状态。
⑧ 太昭：宇宙原始混沌的状态。

霫，虚霩生宇宙，宇宙生气，气有涯垠①。清阳者薄靡而为天，重浊者凝滞而为地。清妙之合专②易，重浊之凝竭③难。故天先成而地后定。天地之袭精为阴阳④，阴阳之专精为四时，四时之散精为万物。积阳之热气生火，火气之精者为日；积阴之寒气为水，水气之精者为月。日月之淫⑤为精者为星辰。天受日月星辰，地受水潦⑥尘埃。

天之偏气怒者为风，地之含气和者为雨，阴阳相薄，感而为雷，激而为霆⑦，乱而为雾，阳气胜则散而为雨露，阴气盛则凝而为霜雪。

毛羽者，飞行之类也，故属於阳；介鳞者，蛰伏之类也，故属於阴。日者阳之主也，是故春夏则群兽除，日至而麋鹿解，月者，阴之宗也，是以月虚而鱼脑减，月死⑧而赢蛖膲⑨。火上荨⑩，水下流，故鸟飞而高，鱼动而下。物类相动，本标相应，故阳燧⑪见日

---

① 涯垠：指有了一定的质量和形态。

② 专：通"抟"，与"合"同义。至今楚地方言还把搓汤圆、煤球等柔软物叫"tuán"，即"抟"字。

③ 竭：通"结"。

④ 袭：合。牟钟鉴认为"精"不等于"气"，而是气中"细微优良者"，即气的精华。下文"火气之精者""水气之精者"可以证明牟氏的说法正确。所谓"天地之袭精"，牟氏说："天地的精气合而为阴阳。天地虽已剖判遥隔，天地之间的阴阳之气却是相互作用、相互包含的。""袭"即指这种"相互作用、相互包含"。

⑤ 淫：淫气。

⑥ 潦：积水。

⑦ 霆：杨树达认为这里应解释为"电"。《说文》注曰"电，阴阳激耀也"，与这里的说法（"激"）正合。杨说可信，这里的"霆"或是"电"的误字，或是通假字。今孝感方言还读"电"为"定"。"霆"古音定母平声，所以今读为送气清音 tíng(停)。

⑧ 月死：农历每月的晦日(月末)月球处在地球和太阳之间，它的阴面向着地球，地球上看不到月光，叫"月死"。

⑨ 膲：肉蜷缩不满。

⑩ 荨：通"覃"，蔓延。

⑪ 阳燧："火燧"，用凹镜聚光原理来聚日光生火。

则燃而为火，方诸见月则津而为水①，虎啸而谷风至，龙举而景云属，麒麟斗而日月食，鲸鱼死而彗星出，蚕珥丝而商弦绝，贲星坠而勃海决②。

时则训

孟春之月：招摇③指寅，昏参中④，旦尾中。其位东方。其日甲乙⑤，盛德在木⑥。其虫鳞。其音角。律中太蔟。⑦ 其数八。⑧ 其味酸。其臭膻。其祀户。⑨ 祭先脾。东风解冻。蛰虫始振苏。鱼上负冰。獭祭鱼。候雁北。天子衣青衣，乘苍龙，服苍玉，建青旗，食麦与羊，服八风水⑩，爨其燧火⑪，东宫御女青色衣，青采，鼓琴瑟。其兵矛。其畜羊。朝於青阳⑫左个，以出春令。

仲春之月：招摇指卯，昏弧⑬中，旦建星中。其位东方。其日甲

---

① 方诸：又作方珠、蚌镜。津：生津液，蚌蛤所含的津液溢出遇冷而凝为水珠。

② 贲星：流星。勃海：泛指大海。

③ 招摇：北斗杓端第七星。夏历以招摇星指向十二辰的寅位为正月之始。

④ 中：位于南天正中。

⑤ 其日甲乙：原注作"甲乙，木日也"。

⑥ 盛德在木：东方五行属木，东方木气旺盛，主万物萌生，所以说"盛德在木"。

⑦ 中：相应。太蔟：即十二律的太簇律。

⑧ 其数八：古人用基数中的六、七、八、九、五分配五行水、火、木、金、土，于四季则为春木、夏火、季夏土、秋金、冬水，春木对第三位的数字"八"。其余类推。

⑨ 其祀户：户祀是古代"五祀"之一。本篇说到的是户（春）、灶（孟夏、仲夏）、中霤（季夏）、门（秋）、井（冬）。中霤即室的中央，又作"中霤"。《礼记·曲礼下》中"五祀"没有"井"，有"行"。《白虎通义·五祀》和本篇相同。

⑩ 服八风水：取铜盘中露水服之，八方风所吹也。

⑪ 爨：烧火做饭。燧：古代的取火器具。

⑫ 青阳：东向明堂，故为青阳。

⑬ 弧：古星名，又叫弧矢、天弓，属井宿，有星九颗，在狼星东南，其八星如弓，外一星如矢。

乙。其虫鳞。其音角。律中夹钟。其数八。其味酸。其臭膻。其祀户。祭先脾。始雨水。桃李始华。苍庚①鸣。鹰化为鸠。

季春之月：招摇指辰，昏七星中，旦牵牛中。其位东方。其日甲乙。其虫鳞。其音角。律中姑洗。其数八。其味酸。其臭膻。其祀户。祭先脾。桐始华。田鼠化为鴽②。虹始见。萍始生。

孟夏之月：招摇指巳，昏翼中，旦婺女中。其位南方。其日丙丁。盛德在火③。其虫羽。其音徵。律中仲吕。其数七。其味苦。其臭焦。其祀灶。祭先肺。蝼蝈鸣。蚯蚓出。王瓜生。苦菜秀。④天子衣赤衣，乘赤骝，服赤玉，建赤旗，食菽与鸡，服八风水，爨柘燧火。南宫御女赤色衣，赤采，吹竽笙。其兵戟。其畜鸡。朝于明堂左个，以出夏令。

仲夏之月：招摇指午，昏亢中，旦危中。其位南方。其日丙丁。其虫羽。其音徵。律中蕤宾。其数七。其味苦。其臭焦。其祀灶。祭先肺。小暑至。螳螂生。鵙⑤始鸣。反舌⑥无声。

季夏之月：招摇指未，昏心中，旦奎中。其位中央。其日戊己。盛德在土。其虫蠃⑦。其音宫。律中百钟。其数五。其味甘。其臭

① 苍庚：或作"仓庚""仓鹒"，黄莺的别名。原注曰，"一说，斫木也"，即啄木鸟。
② 鴽：鹌鹑一类的小鸟，因其形体、颜色及生活习性似田鼠，故古人以为是由田鼠变化而来。
③ 盛德在火：火主南方。
④ 苦菜：即荼。秀：谓植物吐穗开花。
⑤ 鵙：即伯劳鸟。
⑥ 反舌：百舌鸟。
⑦ 蠃：蠃虫，长鳞片的虫。

香。其祀中霤。祭先心。凉风始至。蟋蟀居奥。鹰乃学习。腐草化为蚈①。天子衣黄衣，乘黄骝，服黄玉，建黄旗，食稷与牛，服八风水，爨柘燧火。中宫御女黄色衣，黄采。其兵剑。其畜牛。朝于中宫。

孟秋之月：招摇指申，昏斗中，旦毕中。其位西方。其日庚辛。盛德在金。其虫毛。其音商。律中夷则。其数九。其味辛。其臭腥。其祀门。祭先肝。凉风至。白露降。寒蝉鸣。鹰乃祭鸟，用始行戮。天子衣白衣，乘白骆，服白玉，建白旗，食麻与犬，服八风水，爨柘燧火。西宫御女白色衣，白采。撞白钟。其兵戈。其畜狗。朝于总章左个，以出秋令。

仲秋之月：招摇指酉，昏牵牛中，旦觜巂②中。其位西方。其日庚辛。其虫毛。其音商。律中南吕。其数九。其味辛。其臭腥。其祀门。祭先肝。凉风至。候雁来。玄鸟归。群鸟翔。

季秋之月：招摇指戌，昏虚中，旦柳中。其位西方。其日庚辛。其虫毛。其音商。律中无射。其数九。其味辛。其臭腥。其祀门。祭先肝。候雁来。宾雀入大水为蛤。菊有黄华。豺乃祭兽戮禽。

孟冬之月：招摇指亥，昏危中，旦七星中。其位北方。其日壬癸。盛德在水。其虫介。其音羽。律中应钟。其数六。其味咸。其臭腐。其祀井。祭先肾。水始冰。地始冻。雉入大水为蜃。虹藏不见。天子衣黑衣，乘玄骊，服玄玉，建玄旗，食黍与彘，服八风水，爨松燧火。北宫御女黑色衣，黑采。击磬石。其兵铄。其畜彘。朝

---

① 蚈：马蚿，又名马陆、百足。

② 觜巂：星座名。

于玄堂左个，以出冬令。

仲冬之月：招摇指子，昏壁①中，旦轸中。其位北方。其日壬癸。其虫介。其音羽。律中黄钟。其数六。其味咸。其臭腐。其祀井。祭先肾。冰益壮。地始坼。鹖鴠②不鸣。虎始交。

季冬之月：招摇指丑，昏娄中，旦氐中。其位北方。其日壬癸。其虫介。其音羽。律中大吕。其数六。其味咸。其臭腐。其祀井。祭先肾。雁北乡。鹊加③巢。雉雊④。鸡呼卵……

泰族训

天设日月，列星辰，调阴阳，张四时，日以暴之，夜以息之，风以干之，雨露以濡之。其生物也，莫见其所养而物长；其杀物也，莫见其所丧而物亡：此之谓神明。圣人象之，故其起福也，不见其所由而福起；其除祸也，不见其所以而祸除。远之则迩，延之则疏⑤；稽之弗得，察之不虚；日计无算⑥，岁计有余。夫湿之至也，莫见其形而炭已重矣。风之至也，莫见其象而木已动矣。日之行也，不见其移，骐骥倍日而驰⑦，草木为之靡，县烽未转⑧，而日在其

---

① 壁：《吕览》《月令》都作"东壁"，星宿名。

② 鹖鴠：一种鸟，似鸡，冬无毛，昼夜常鸣。

③ 加：通"架"。

④ 雊：野鸡叫。

⑤ 延之则疏：延字或当作"近"字误。

⑥ 无算：不足。

⑦ 骐骥倍日而驰：此句似当在"草木为之靡"句后，与"县烽未转，而日在其前"合为一句读，以烽火的传递速度与骐骥倍日而驰相比。

⑧ 县：同"悬"。烽：古代边境有急，于烽火台上举火放烟告警，夜里举火叫烽，白天放烟叫燧。未转：谓不需人力转送警报。烽火台每隔一段距离即设置一处，此处举火或放烟，彼处望见后也举火或放烟，故无须转送。

前。故天之且风，草木未动而鸟已翔矣；其且雨也，阴曀未集而鱼已噞矣①：以阴阳之气相动也。故寒暑燥湿，以类相从；声响疾徐，以音相应也。故《易》曰："鹤鸣在阴，其子和之。"②高宗谅闇，三年不言，四海之内寂然无声；一言声然③大动天下。是以天心呿唫者也。④ 故一动其本而百枝皆应，若春雨之灌万物也，浑然而流，沛然而施，无地而不澍，无物而不生。故圣人者怀天心，声然能动化天下者也。故精诚感於内，形气动於天，则景星见，黄龙下，祥风至，醴泉出，嘉谷生，河不满溢，海不溶波⑤。故《诗》云："怀柔百神，及河峤岳。"⑥逆天暴物，则日月薄蚀，五星失行，四时干乖⑦，昼冥宵光，山崩川涸，冬雷夏霜。《诗》曰："正月繁霜，我心忧伤。"⑧天之与人，有以相通也。……

故神明之事，不可以智巧为也，不可以筋力致也。天地所包，阴阳所呕⑨，雨露所濡，化生万物，瑶碧玉珠，翡翠玳瑁，文彩明朗，润泽若濡，摩而不玩⑩，久而不渝，奚仲不能旅，鲁般不能造，

---

① 阴曀：阴暗，阴沉。《说文》注："曀，阴而风也。"噞：鱼因水中缺氧而浮出水面呼吸。

② 见《易经·中孚》"九二"爻辞。

③ 声然：严肃的样子。

④ 天心：天意。呿：张口。唫：吸气。呿唫，犹言开闭。此句总括上文，谓遵从天意如呼吸一样相互感应。

⑤ 海不溶波：杨树达《证闻》认为："'溶'疑当读为'涌'。"《说文》注："溶，水盛也。""海不溶波"谓海波不盛，与上文"满"字义同，不必认为是通"涌"。

⑥ 见《诗经·周颂·时迈》。峤岳：高山，旧说指泰山。

⑦ 干乖：冒犯违背。

⑧ 见《诗经·小雅·正月》。

⑨ 呕：通"煦"，呵气使暖，引申为养育。

⑩ 摩而不玩：马宗霍《参证》曰："玩盖刓之借字。刓引申之，则犹损也，缺也。"意思是诸物皆天地所生，色泽文采，成之自然，虽摩弄而不缺损也。与下句"久而不渝"意相合。

此谓之大巧。宋人有以象为其君为楮叶者①，三年而成，茎柯豪芒，锋杀颜泽②，乱之楮叶之中而不可知也。列子曰："使天地三年而成一叶，则万物之有叶者寡矣。夫天地之施化也，呕之而生，吹之而落，岂此契契③哉!"故凡可度者，小也；可数者，少也。至大，非度之所能及也；至众，非数之所能领也。故九州不可顷亩也，八极不可道里也，太山不可丈尺也，江海不可斗斛也。

董仲舒

选文摘自苏舆撰，钟哲点校《春秋繁露义证》，中华书局 1992 年版。

春秋繁露

五行对

河间献王问温城④董君曰："孝经曰：'夫孝，天之经，地之义。'何谓也?"对曰："天有五行，木火土金水是也。木生火，火生土，土生金，金生水。水为冬，金为秋，土为季夏，火为夏，木为春。春主生，夏主长，季夏主养，秋主收，冬主藏。藏，冬之所成

---

① 象：象牙。楮：木名，落叶乔木，叶似桑，树皮可造纸。

② 茎柯：指叶子的主脉和支脉。豪：通"毫"，毫芒，即毫芒，喻细微。锋杀：即丰杀，肥瘦。

③ 契契：勤苦之貌。《诗·小雅·大东》有"契契寤叹"，即本文"契契"所出。《毛传》云："契契，忧苦也。"

④ 温城：据清人苏舆考证，温城当为脩市城。

也。是故父之所生，其子长之；父之所长，其子养之；父之所养，其子成之。诸父所为，其子皆奉承而续行之①，不敢不致如父之意，尽为人之道也。故五行者，五行也。由此观之，父授之，子受之，乃天之道也。故曰：夫孝者，天之经也。此之谓也。"王曰："善哉。天经既得闻之矣，愿闻地之义。"对曰："地出云为雨，起气为风。风雨者，地之所为。地不敢有其功名，必上之於天。命若从天气者②，故曰天风天雨也，莫曰地风地雨也。勤劳在地，名一归於天，非至有义，其孰能行此？故下事上，如地事天也，可谓大忠矣。土者，火之子也。五行莫贵於土。土之於四时无所命者③，不与火分功名。木名春，火名夏，金名秋，水名冬。忠臣之义，孝子之行，取之土。土者，五行最贵者也，其义不可以加矣。五声莫贵於宫，五味莫美於甘，五色莫盛於黄，此谓孝者地之义也。"王曰："善哉！"

天辨在人

春爱志也，夏乐志也，秋严志也，冬哀志也。故爱而有严，乐而有哀，四时之则也。喜怒之祸④，哀乐之义，不独在人，亦在於天，而春夏之阳，秋冬之阴，不独在天，亦在於人。人无春气，何以博爱而容众？人无秋气，何以立严而成功？人无夏气，何以盛养而乐生？人无冬气，何以哀死而恤丧？天无喜气，亦何以暖而春生育？天无怒气，亦何以清而秋杀就⑤？天无乐气，亦何以疏阳而夏养长？天无哀气，亦何以激阴而冬闭藏？故曰：天乃有喜怒哀乐之

---

①　奉承：奉命承接下来。续行：继续实行，继续去做。

②　命若从天气：点校者认为"命"字应移至下句"故"字之下，"气"字应作"下"字，两句当为"若从天下者，故命曰天风天雨也"。

③　土之於四时无所命者：因土在四时中居中央，不像金、木、水、火那样，分别代表秋、春、冬、夏，所以说无所命者。

④　喜怒之祸：本句不好解，疑"祸"字有误。

⑤　杀就：义同"杀终"。就：终、杀。

行，人亦有春秋冬夏之气者，合类之谓也。匹夫虽贱，而可以见德刑之用矣。是故阴阳之行，终各六月①，远近同度，而所在异处。阴之行，春居东方，秋居西方，夏居空右，冬居空左，夏居空下，冬居空上，此阴之常处也。阳之行，春居上，冬居下，此阳之常处也。阴终岁四移，而阳常居实，非亲阳而疏阴，任德而远刑与？天之志，常置阴空处，稍取之以为助。故刑者德之辅，阴者阳之助也，阳者岁之主也。天下之昆虫随阳而出入，天下之草木随阳而生落，天下之三王②随阳而改正，天下之尊卑随阳而序位。幼者居阳之所少，老者居阳之所老，贵者居阳之所盛，贱者居阳之所衰。藏者，言其不得当阳。不当阳者臣子是也，当阳者君父是也。故人主南面，以阳为位也。阳贵而阴贱，天之制也。

暖燠常多

天之道，出阳为暖以生之，出阴为清以成之。是故非薰也不能有育，非溧也不能有熟，岁之精也。知心而不省薰与溧③孰多者，用之必与天戾。与天戾，虽劳不成。是自正月至於十月④，而天之功毕。计其间，阴与阳各居几何，薰与溧其日孰多。距⑤物之初生，至其毕成，露与霜其下孰倍。故从中春至於秋，气温柔和调。及季秋九月，阴乃始多於阳，天於是时出溧下霜。出溧下霜，而天降物固已皆成矣。故九月者，天之功大究於是月⑥也，十月而悉毕。故案其迹⑦，数其实，清溧之日少少耳。功已毕成之后，阴乃大出。

---

① 终各六月：应作"终岁各六月"，脱"岁"字。

② 三王：即"三统"，指君王继位、更改正朔的事。

③ 薰：熏染，相互影响，指阴阳互相交往影响。溧：同"栗"，果实饱满。

④ 是自正月至於十月：疑作"若自正月……"，"是"字当为"若"。

⑤ 距：疑是"自"之误。

⑥ 大究於是月：大部分结束在这一月份。究：终结。

⑦ 案其迹：考察天功完成的过程。

天之成功也，少阴与而太阴不与①，少阴在内而太阴在外。故霜加於物，而雪加於空，空者亶②地而已，不逮物也。功已毕成之后，物未复生之前，太阴之所当出也。虽曰阴，亦以太阳资化其位，而不知所受之。故圣主在上位，天覆地载，风令雨施。雨施者，布德均也；风令者，言令直也。《诗》云："不识不知，顺帝之则。"③言弗能知识，而效天之所为云尔。禹水汤旱，非常经也，适遭世气之变，而阴阳失平。尧视民如子，民视尧如父母。《尚书》曰："二十有八载，放勋乃殂落，百姓如丧考妣。四海之内，阏密八音三年。"④三年阳气厌⑤於阴，阴气大兴，此禹所以有水名也。桀，天下之残贼也；汤，天下之盛德也。天下除残贼而得盛德大善者再，是重阳也，故汤有旱之名。皆适遭之变，非禹汤之过。毋以适遭之变疑平生之常，则所守不失，则正道益明。

四时之副

天之道，春暖以生，夏暑以养，秋清以杀，冬寒以藏。暖暑清寒，异气而同功，皆天之所以成岁也。圣人副天之所行以为政，故以庆副暖而当春，以赏副暑而当夏，以罚副清而当秋，以刑副寒而当冬。庆赏罚刑，异事而同功，皆王者之所以成德也。庆赏罚刑与春夏秋冬，以类相应也，如合符⑥。故曰王者配天，谓其道。天有

---

① 与：参与，参加。

② 亶：同"但"，只是。

③ 见《诗经·大雅·皇矣》。

④ 见《尚书·舜典》。放勋：本指功勋卓著，古代经常用来称尧。阏密：停止。八音：本指金钟、石磬、丝琴瑟、竹笛、匏笙、土埙、革鼓、木祝敔，这里泛指乐器、音乐。

⑤ 厌：同"压"。

⑥ 符：符契。本指古代朝廷传达命令或征调兵将用的凭证，双方各执一半，用时合起来以验明真伪。

四时，王有四政①，四政若四时，通类也，天人所同有也。庆为春，赏为夏，罚为秋，刑为冬。庆赏罚刑之不可不具也，如春夏秋冬不可不备也。庆赏罚刑，当其处不可不发，若暖暑清寒，当其时不可不出也。庆赏罚刑各有正处，如春夏秋冬各有时也。四政者，不可以相干②也，犹四时不可相干也。四政者，不可以易处也，犹四时不可易处也。故庆赏罚刑有不行於其正处者，《春秋》讥也。

同类相动

今平地注水，去燥就湿，均薪③施火，去湿就燥。百物去其所与异，而从其所与同，故气同则会，声比则应，其验皦然④也。试调琴瑟而错之⑤，鼓其宫则他宫应之，鼓其商而他商应之，五音比而自鸣，非有神，其数然也。美事召美类，恶事召恶类，类之相应而起也。如马鸣则马应之，牛鸣则牛应之。帝王之将兴也，其美祥亦先见；其将亡也，妖孽亦先见。物故以类相召也，故以龙致雨，以扇逐暑，军之所处以棘楚⑥。美恶皆有从来，以为命，莫知其处所。天将阴雨，人之病故为之先动，是阴相应而起也。天将欲阴雨，又使人欲睡卧者，阴气也。有忧亦使人卧者，是阴相求也；有喜者，使人不欲卧者，是阳相索也。水得夜益长数分，东风而酒湛溢⑦，病者至夜而疾益甚，鸡至几明，皆鸣而相薄。其气益精，故阳益阳而阴益阴，阴阳之气，因可以类⑧相益损也。天有阴阳，人亦有阴

---

① 四政：指祝贺、奖赏、惩罚、刑杀四种主要治国方法。

② 相干：相互侵扰。

③ 均薪：均匀地铺陈薪柴。

④ 皦然：明白清楚的样子。

⑤ 错之：放置好它。错：同"措"，置放。

⑥ 棘楚：带刺的荆棘。楚：即荆棘。

⑦ 东风而酒湛溢：应作"东风至而酒湛溢"。湛溢：漫溢。

⑧ 因可以类：应作"固可以类"。

阳。天地之阴气起，而人之阴气应之而起，人之阴气起，而天地之阴气亦宜应之而起，其道一也。明於此者，欲致雨则动阴以起阴，欲止雨则动阳以起阳，故致雨非神也。而疑於神者，其理微妙也。非独阴阳之气可以类进退也，虽不祥祸福所从生①，亦由是也。无非己先起之，而物以类应之而动者也。故聪明圣神，内视反听，言为明圣，内视反听，故独明圣者知其本心皆在此耳。故琴瑟报弹其宫，他宫自鸣而应之，此物之以类动者也。其动以声而无形，人不见其动之形，则谓之自鸣也。又相动无形，则谓之自然，其实非自然也，有使之然者矣。物固有实使之，其使之无形。《尚书大传》言："周将兴之时，有大赤鸟衔谷之种，而集王屋之上者，武王喜，诸大夫皆喜。周公曰：'茂哉！茂哉！天之见此以劝之也。'"恐恃②之。

山川颂

山则巃嵷崔嵬③，摧嵬崒巍④，久不崩陁⑤，似夫仁人志士。孔子曰："山川神祇立，宝藏殖，器用资，曲直合，大者可以为宫室台榭，小者可以为舟舆浮渡⑥。大者无不中，小者无不入，持斧则斫，折镰则艾⑦。生人立，禽兽伏，死人入，多其功而不言，是以君子取譬也。"⑧且积土成山，无损也，成其高，无害也，成其大，无亏⑨也。小其上，泰其下，久长安，后世无有去就，俨然独处，惟山之

---

① 虽不祥祸福所从生：应作"虽不祥祥、祸福所从生"，"不祥"后应补"祥"字。祥：美善。

② 恃：依靠。

③ 巃嵷：高峻的样子。崔嵬：高崇的样子。

④ 崒巍：山高不齐的样子。

⑤ 崩陁：崩落。

⑥ 浮渡：应作"浮楫"，船桨。

⑦ 艾：同"刈"，割。

⑧ "孔子曰"几句：语不知所出。

⑨ 亏：毁坏。

意。《诗》云:"节彼南山,惟石岩岩。赫赫①师尹,民具尔瞻。"②此之谓也。

水则源泉混混沄沄③,昼夜不竭,既似力者;盈科④后行,既似持平者,循微赴下,不遗小间,既似察者,循溪谷不迷,或奏万里而必至,既似知者;障防山而能清净,既似知命者;不清而入,洁清而出,既似善化者;赴千仞之壑,入而不疑,既似勇者;物皆困於火,而水独胜之,既似武者;咸得之而生,失之而死,既似有德者。孔子在川上曰:"逝者如斯夫,不舍昼夜。"⑤此之谓也。

天地之行

天地之行美也。是以天高其位而下其施,藏其形而见其光,序列星而近至精⑥,考阴阳而降霜露。高其位所以为尊也,下其施所以为仁也,藏其形所以为神也,见其光所以为明也,序列星所以相承也,近至精所以为刚也,考阴阳所以成岁也,降霜露所以生杀也。为人君者,其法取象於天⑦。故贵爵而臣国⑧,所以为仁也;深居隐处,不见其体,所以为神也;任贤使能,观听四方,所以为明也;量能授官,贤愚有差,所以相承也;引贤自近,以备股肱,所以为刚也;考实事功,次序殿最,所以成世也;有功者进⑨,无功者退,所以赏罚也。是故天执其道为万物主,君执其常为一国主。天不可

---

① 赫赫:光艳照人。
② 见《小雅·节南山》。
③ 沄沄:涌流的样子。
④ 盈科:注满条形的水沟。科:科条,条文,这里指条形的水沟。
⑤ 见《论语·子罕》。
⑥ 序列星:排列众星宿。序:序列,排列。列:众多。近至精:疑为衍文。
⑦ 取象於天:取法上天的形象。取:效法。
⑧ 臣国:使诸侯臣服。
⑨ 进:这里与"晋"同义。

以不刚，主不可以不坚。天不刚则列星乱其行，主不坚则邪臣乱其官。星乱则亡其天，臣乱则亡其君。故为天者务刚其气，为君者务坚其政，刚坚然后阳道制命。地卑其位而上其气，暴其形而著其情，受其死而献其生，成其事而归①其功。卑其位所以事天也，上其气所以养阳也，暴其形所以为忠也，著其情所以为信也，受其死所以藏终也，献其生所以助明也，成其事所以助化也，归其功所以致义也。为人臣者，其法取象於地。故朝夕进退，奉职应对，所以事贵也；供设饮食，候视疾疾②，所以致养也；委身致命，事无专制，所以为忠也；竭愚写情③，不饰其过，所以为信也；伏节死难，不惜其命，所以救穷④也；推进光荣，褒扬其善，所以助明也；受命宣恩，辅成君子，所以助化也；功成事就，归德於上，所以致义也。是故地明其理为万物母，臣明其职为一国宰。母不可以不信，宰不可以不忠。母不信则草木伤其根，宰不忠则奸臣危其君。根伤则亡其枝叶，君危则亡其国。故为地者务暴其形，为臣者务著其情。

枚　乘

　　枚乘(？—公元前 140)，字叔，西汉淮阴(今属江苏淮安市)人，辞赋家。选文摘自龚克昌等评注《全汉赋评注》(前汉部分)，花山文艺出版社 2003 年版。

---

①　归：同"馈"，赠送。

②　疾疾：疾病。

③　写情：宣泄情感，即极力表达自己的情感。写：同"泻"。

④　救穷：对事情没有完成的前途进行拯救。穷：没有出路，没有办法。

柳　赋

忘忧之馆，垂条之木。枝逶迟①而含紫，叶萋萋而吐绿。出入风云，去来羽族。既上下而好音，亦黄衣而绛足。蜩螗厉响，蜘蛛吐丝。阶草漠漠，白日迟迟。于嗟细柳，流乱轻丝。君王渊穆其度，御群英而玩之。②小臣瞽聩③，与此陈词。于嗟乐兮！于是樽盈缥玉之酒，爵献金浆之醪；庶羞千族，盈满六庖。弱丝清管，与风霜而共雕④；鎗鍠啾唧，萧条寂寥⑤；俊乂英旄，列襟联袍⑥。小臣莫效于鸿毛，空衔鲜而噭醪⑦。虽复河清海竭，终无增景于边撩。

公孙乘

公孙乘，生卒年不详，约汉武帝建元初年（公元前140）前后在世。梁孝王游忘忧馆，集诸游士枚乘、路乔加等为赋，公孙乘作《月赋》。选文摘自龚克昌等评注《全汉赋评注》（前汉部分），花山文艺出版社2003年版。

---

① 逶迟：同"逶迤"，形容柳枝下垂的样子。

② 渊穆：渊博、深沉、静穆。御群英：率领群贤。

③ 瞽聩：眼瞎与耳聋。这是作者自谦的话。

④ 雕：同"凋"，这里指声音停止。

⑤ 鎗鍠啾唧：象声词，指声大、声小。萧条寂寥：形容一切声音全无，万籁俱寂的沉寂情状。《古文苑》卷三章樵注："鎗鍠，大音；啾唧，小音，并寂然不闻。"

⑥ 俊乂：英才。英旄：才俊之士，亦作"英髦"。列襟联袍：指人们前拥后挤的热闹景象。

⑦ 衔鲜：指吃着佳味。噭醪：指喝着美酒。

月　赋

月出皦兮，君子之光①。鹍鸡舞于兰渚，蟋蟀鸣于西堂。君有礼乐，我有衣裳。猗嗟明月，当心而出。隐员岩而似钩，蔽修堞而分镜。② 既少进以增辉，遂临庭而高映。炎日匪明，皓璧非净。躔度③运行，阴阳以正。文林辩囿④，小臣不佞。

刘　向

选文摘自向宗鲁校证《说苑校证》，中华书局 1987 年版。

说　苑

杂　言

子贡问曰："君子见大水必观焉，何也?"孔子曰："夫水者君子比德焉：遍与而无私，似德；所及者生，似仁；其流卑下句倨⑤，皆循其理，似义；浅者流行，深者不测，似智；其赴百仞之谷不疑，

---

① 君子之光：《古人苑》章樵注为"以月之明比君子之德"。

② 隐：隐藏，遮挡。员岩：高耸入云的山岩。员：通"云"。《尚书·泰誓》中载："若弗员来。"孔颖达即疏为："员，即云也。"堞：城墙上的齿状女墙。分镜：分裂的明镜。

③ 躔度：指日、月、星、辰按一定轨迹运行的线路。

④ 文林：文人如林。辩囿：辩才之园林。囿：古代帝王畜养禽兽以供观赏的园林。

⑤ 句倨：曲直。

似勇；绰弱①而微达，似察；受恶不让②，似贞③；包蒙不清以入，鲜洁以出，似善化；主量必平，似正；盈不求概④，似度；其万折必东，似意；是以君子见大水观焉尔也。"

夫智者何以乐水也？曰：泉源溃溃，不释昼夜，其似力者。循理而行，不遗小间，其似持平者。动而之下，其似有礼者。赴千仞之壑而不疑，其似勇者。障防⑤而清，其似知命者。不清以入，鲜洁而出，其似善化者。众人取乎品类，以正万物，得之则生，失之则死，其似有德者。淑淑渊渊⑥，深不可测，其似圣者。通润天地之间，国家以成。是知之所以乐水也。《诗》云："思乐泮水，薄采其茆。鲁侯戾止，在泮饮酒。"⑦乐水之谓也。夫仁者何以乐山也？曰：夫山巃嵸崔巍⑧，万民之所观仰。草木生焉，众物立焉，飞禽萃焉，走兽休焉，宝藏殖焉，奇夫息焉，育群物而不倦焉，四方并取而不限焉。出云风，通气于天地之间，国家以成。是仁者之所以乐山也。《诗》曰："太山岩岩，鲁侯是瞻。"⑨乐山之谓矣。

王⑩有六美，君子贵之。望之温润，近之栗理⑪，声近徐而闻远，折而不挠，阙而不荏⑫，廉而不刿⑬，有瑕必示之於外，是以贵之。

---

① 绰弱：柔弱。

② 恶：污秽。让：辞拒。

③ 贞：点校者按："此字原脱，据《大戴礼记》补。"

④ 概：量粮食时刮平斗斛的器具，用作动词则是刮平的意思。

⑤ 障防：堵塞。

⑥ 淑淑渊渊：清澈深邃的样子。

⑦ 见《诗经·鲁颂·泮水》。

⑧ 巃嵸崔巍：山高险峻的样子。

⑨ 见《诗经·鲁颂·閟宫》。

⑩ 王：疑应为"玉"。

⑪ 栗理：严密的纹理。

⑫ 阙：毁伤。荏：软弱。

⑬ 廉：棱角分明。刿：割伤。

望之温润者，君子比德焉；近于栗理者，君子比智焉；声近徐而闻
远者，君子比义焉；折而不挠，阙而不荏者，君子比勇焉；廉而不
刿者，君子比仁焉；有瑕必见之於外者，君子比情^①焉。

辨　物

《易》曰："仰以观於天文，俯以察於地理。是故知幽明之故。"^②
夫天文地理人情之效存於心，则圣智之府。是故古者圣王既临天下，
必变四时，定律历，考天文，揆^③时变，以望气氛^④。故尧曰："咨
尔舜，天之历数在尔躬，允执其中，四海困穷。"^⑤《书》曰："在璿玑
玉衡，以齐七政。"^⑥璿玑，谓北辰句陈枢星也。以其魁杓之所指二
十八宿为吉凶祸福。天文列舍^⑦，盈缩之占，各以类为验。夫占变
之道，二而已矣。二者，阴阳之数也。故《易》曰："一阴一阳之谓
道。"道也者，物之动莫不由道也。是故发於一，成於二，备於三，
周於四，行於五。是故玄象著明，莫大於日月；察变之动，莫著於
五星。天之五星，运气於五行。其初犹发於阴阳，而化极万一千五
百二十^⑧。所谓二十八星者，东方曰角、亢、氐、房、心、尾、箕，
北方曰斗、牛、须女、虚、危、营室、东壁，西方曰奎、娄、胃、
昴、毕、觜、参，南方曰东井、舆鬼、柳、七星、张、翼、轸。所
谓宿者，日月五星之所宿也。其宿运外内者，以官名别。其根荄皆

---

① 情：真实不虚，诚恳。

② 出自《易经·系辞上》。

③ 揆：估测、推断。

④ 气氛：气数和凶兆。

⑤ 出自《论语·尧曰》。

⑥ 出自《尚书·尧典》。璿玑玉衡：这里指北斗七星。

⑦ 舍：即"宿"，星座。

⑧ "化极"句：语见《易经·系辞上》，"万一千五百二十"指乾坤阴阳可变化的总数，
古人认为这与世间事物的总数相当。

发於地，而华形於天。所谓五星者，一曰岁星，二曰荧惑，三曰镇星，四曰太白，五曰辰星。欃枪、彗孛、旬始、枉矢、蚩尤之旗，皆五星盈缩之所生也。五星之所犯，各以金木水火土为占。春秋冬夏，伏见有时。失其常，离其时，则为变异；得其时，居其常，是谓吉祥。古者有主四时者：主春者张昏而中①，可以种谷。上告于天子，下布之民。主夏者大火昏而中，可以种黍菽。上告于天子，下布之民。主秋者虚昏而中，可以种麦。上告于天子，下布之民。主冬者昴昏而中，可以斩伐田猎盖藏②。上告之天子，下布之民。故天子南面视四星之中，知民之缓急③。急则不赋籍，不举力役。《书》曰："敬授民时。"④《诗》曰："物其有矣，维其时矣。"⑤物之所以有而不绝者，以其动之时也。

······

五岳者何谓也？泰山，东岳也。霍山⑥，南岳也。华山，西岳也。常山⑦，北岳也。嵩高山，中岳也。五岳何以视三公⑧？能大布云雨焉，能大敛云雨焉。云，触石而出，肤寸⑨而合，不崇朝⑩而雨天下。施德博大，故视三公也。

四渎者何谓也？江、河、淮、济也。四渎何以视诸侯？能荡涤

---

① 张昏而中：张宿（南方第五宿）黄昏时在天空正中。

② 盖藏：储藏。

③ 缓急：指农事。

④ 敬授民时：指制定历法，教导人民按时令耕作。语出《尚书·尧典》。

⑤ 语出《诗经·小雅·鱼丽》。

⑥ 霍山：即衡山。

⑦ 常山：即恒山，汉人避文帝刘恒讳改。

⑧ 视：比照。三公：说法不一，周代以太师、太傅、太保为三公。

⑨ 肤寸：一指宽为寸，四指宽为肤，指极小的距离。

⑩ 崇朝：从拂晓到早饭的一段时间。

垢浊焉，能通百川於海焉，能出云雨千里焉。为施①甚大，故视诸侯也。

山川何以视子男②也？能出物焉，能润泽物焉，能生云雨，为恩多。然品类以百数，故视子男也。《书》曰："禋于六宗，望秩于山川，遍于群神矣。"③

……

夫天地有德④合，则生气有精矣；阴阳消息，则变化有时矣。时得而治矣，时得而化矣，时失而乱矣。是故人生而不具者五：目无见，不能食，不能行，不能言，不能施化⑤。故三月达眼⑥，而后能见。七月生齿，而后能食。期年生膑，而后能行。三年囟合，而后能言。十六精通，而后能施化。阴穷反阳，阳穷反阴，故阴以阳变，阳以阴变。故男八月而生齿，八岁而毁齿，二八十六而精小通⑦。女七月而生齿，七岁而毁齿，二七十四而精化小通。不肖者精化始至矣，而生气感动⑧，触情纵欲，故反施乱化。故《诗》云："乃如之人，怀婚姻也，大无信也，不知命也。"⑨贤者不然，精化填盈，后伤时之不可遇也。不见道端⑩，乃陈情欲以歌。《诗》曰："静

---

① 施：恩惠。

② 子男：古代封爵的第四、第五两等。

③ 见《尚书·舜典》，今本无"秩"字、"矣"字。禋：祭祀。六宗：马融以为天地四时之神。望秩：依等级而祭。

④ 德：《校正》引卢文绍说，以此字为衍文。

⑤ 施化：施行生化，指男女交合以传宗接代。

⑥ 达眼：转动眼睛。

⑦ 精小通：精气生成，情欲初通。根据下文，"精"后似应补"化"字，《韩诗外传》有之。

⑧ 生气感动：元气触动人的感情。

⑨ 见《诗经·鄘风·蝃蝀》。

⑩ 道端：事理的头绪。

女其姝，俟我乎城隅。爱而不见，搔首踟蹰。"①"瞻彼日月，遥遥我
思。道之云远，曷云能来！"②急时之辞也。甚焉，故称日月也。

班 彪

　　班彪(3—54)，字叔皮，扶风安陵(今陕西咸阳市东北)人，东汉
史学家，班固之父。著有《后传》《王命论》《北征赋》《览海赋》等。选
文摘自龚克昌等评注《全汉赋评注》(后汉部分)，花山文艺出版社
2003 年版。

览海赋

　　余有事于淮浦，览沧海之茫茫。悟仲尼之乘桴③，聊从容而遂
行。驰鸿濑以缥鹜，翼飞风而迥翔。④ 顾百川之分流，焕烂漫以成
章。风波薄其裦裦⑤，貌浩浩以汤汤。指日月以为表，索方瀛与壶
梁。曜金璆⑥以为阙，次玉石而为堂。蓂芝⑦列于阶路，涌醴渐于中

---

　　① 见《诗经·邶风·静女》。
　　② 见《诗经·邶风·雄雉》。
　　③ 乘桴：乘竹木小筏。典出自《论语·公冶长》"道不行，乘桴浮于海"，后世因以
"乘桴"表示避世。
　　④ 鸿濑：洪大的急湍。缥鹜：淡青色的鸭子，这里是形容海水。翼飞风：即以飞风
为翼，比喻海浪飞腾有如驾风。
　　⑤ 裦裦：即"裔裔"，飞流貌。《汉书·礼乐志》载："灵之来，神哉沛，先以雨，般
裔裔。"颜师古注："裔裔，飞流之貌。"
　　⑥ 璆：同"球"，美玉。
　　⑦ 蓂芝：蓂荚和灵芝草。蓂：即蓂荚，古代传说中的瑞草，一名历荚。

唐。朱紫彩烂，明珠夜光。松乔坐于东序，王母处于西箱。^① 命韩众与岐伯^②，讲神篇而校灵章。愿结旅而自托，因离世而高游。骋飞龙之骖驾，历八极而迥周。遂竦节而响应，忽轻举以神浮。遵霓雾之掩荡，登云涂以凌厉。乘虚风而体景，超太清以增逝。麾天阍^③以启路，辟闾阖而望余。通王谒于紫宫，拜太一^④而受符。

杜　笃

杜笃(?—78)，字季雅，京兆杜陵(今陕西西安市东南)人，东汉学者，博学，善文辞。选文摘自龚克昌等评注《全汉赋评注》(后汉部分)，花山文艺出版社 2003 年版。

首阳山赋

嗟首阳之孤岭，形势窟其槃曲。面河源而抗岩陇，堌隄而相属。长松落落，卉木蒙蒙。^⑤ 青罗落漠而上覆，穴溜滴沥而下通。高岫带乎岩侧^⑥，洞房隐于云中。忽吾睹兮二老^⑦，时采薇以从容。于是

---

① 松乔：赤松子和王乔，皆传说中的古仙人。王母：即西王母，神话中的女神。

② 韩众：仙人名。《列仙传》载："韩众，齐人，为王采药，王不肯服，众自服之，遂得仙。"岐伯：上古名医。

③ 天阍：神话中天帝的守门者。

④ 太一：神名，天上最尊贵的神。《史记·天官书》载："中宫天极星，其一明者，太一常居也。"

⑤ 落落：高超不凡貌。蒙蒙：繁盛貌。

⑥ 高岫：高高的峰峦。带：像衣带一样，作状语。

⑦ 二老：指伯夷、叔齐。

乎乃讯其所求，问其所修，州域乡党，亲戚疋俦①，何务何乐，而并兹游矣？其二老乃答余曰：吾殷之遗民也。厥胤孤竹，作蕃北湄。少名叔齐，长曰伯夷。闻西伯昌之善救（明本作"教"），育年艾而胡耇。② 遂相携而随之，冀寄命乎馀寿。而天命之不常，伊事变而无方。昌伏事而毕命，子忽遘③其不祥。乃兴师于牧野，遂干戈以伐商。乃弃之而来游，誓不步于其乡。余闭口而不食，并卒命于山傍。④ 九折崴嵬而多艰。⑤

张　衡

选文摘自龚克昌等评注《全汉赋评注》（后汉部分），花山文艺出版社 2003 年版。

温泉赋

阳春之月，百草萋萋。余在远行，愿望有怀。遂适骊山，观温泉，浴神井，风中峦⑥。壮厥类之独美，思在化之所原，感洪泽之普施。览中域之珍怪，无斯水之神灵，控汤谷于瀛洲，濯日月乎中

---

① 疋俦：同类，相类。

② 救：同"教"。胡耇：老人。

③ 遘：通"构"。

④ 《史记·伯夷列传》载："（伯夷、叔齐）及饿且死，作歌，其辞曰：'登彼西山兮，采其薇矣。以暴易暴兮，不知其非矣。神农、虞、夏忽焉没兮，我安适归矣？于嗟徂兮，命之衰矣！'遂饿死于首阳山。"闭口：闭口。傍：通"旁"，旁边。

⑤ 九折：喻山岭弯曲之多。崴嵬：山高峻貌。

⑥ 风：被风吹，引申为乘凉。中峦：半山腰。

营。荫高山之北延，处幽屏以间清。于是殊方①交涉，骏奔来臻。士女晔其鳞萃，纷杂遝其如纲②。

张　昶

张昶，生卒年不详，敦煌渊泉（今甘肃安西县东）人。东汉末书法家，擅草书，与其兄张芝齐名，有"亚圣"之誉。选文摘自严可均辑《全后汉文》，商务印书馆1999年版。

西岳华山堂阙碑序

《易》曰："天地定位，山泽通气。"③然山莫尊于岳，泽莫盛于渎。山岳有五而华处其一，渎有四而河在其数，其灵也至矣。圣人废兴，必有其应。故岱山石立，中宗继统；太华授璧，秦胡绝绪；白鱼入舟，姬武建业；宝珪出水，子朝丧位。布五方则处其西，列三条则居其中。若广兽奇虫，《山经》有纪矣。是以帝皇巡狩，亲五岳而告至，觌方后而考礼，故《经》有望秩④之禋⑤，《典》有生殖之祀，盖所以崇山川而报功也。

---

① 殊方：异域。
② 杂遝：众多杂乱貌。纲：气和光色混合鼓荡貌。
③ 语出自《易传·说卦》。
④ 望秩：按照等级望祭山川。
⑤ 禋：禋祀，古代祭天的一种礼仪。先燔柴升烟，再加牲体或玉帛于柴上焚烧，意为让天帝嗅味以享祭。

蔡　邕

《九疑山碑》摘自严可均辑《全后汉文》，商务印书馆 1999 年版。《汉津赋》摘自龚克昌等评注《全汉赋评注》（后汉部分），花山文艺出版社 2003 年版。

九疑山碑

岩岩九疑，峻极于天。触石肤合，兴播建云。时风嘉雨，浸润下民。芒芒南土，实赖厥勋。建于虞舜，圣德光明。克谐顽傲，以孝烝烝。师锡帝世，尧而授征。受终文祖，璇玑是承。泰阶以平，人以有终。遂葬九疑，解体而升。登此崔嵬，托灵神仙。

汉津赋

夫何大川之浩浩兮，洪流淼以玄清。配名位乎天汉，披厚土而载形。登源自乎嶓冢，引漾澧而东征。① 纳阳谷之所吐兮，兼汉沔之殊名。总畎浍之群液，演西土之阴精。② 遇万山以左回③兮，旋襄阳而南萦。切大别之东山兮，与江湘乎通灵。嘉清源之体势兮，澹澶湲以安流。鳞甲育其万类兮，蛟龙集以嬉游。明珠胎于灵蚌兮，

---

① 嶓冢：山名，在甘肃天水市、礼县间。古时以为汉水发源于此山，后发现嶓冢实是嘉陵江支流西汉水之源。汉水发源于陕西西南部宁强县，上流称"北汉水"。漾：漾水，古时亦误以为汉水之源。

② 畎：田间小沟。浍：田间小沟。阴精：指霜雪。张汇《观藏冰》诗曰："寒气方穷津，阴精正结冰。"

③ 左回：指向东回流。古坐北向南，东为左。

夜光潜于玄洲。维神宝其充盈兮，岂鱼龟之足收。于是游目骋观，南援三州，北集京都。上控陇坻，下接江湖。导财运货，懋迁有无①。既乃风飙②萧瑟，勃焉并兴。阳侯③沛以奔骛，洪涛涌而沸腾。愿乘流以上下，穷沧浪乎三澨。觑朝宗之形兆，瞰洞庭之交会。

---

① 懋迁：即"贸迁"。懋：通"贸"。《尚书·益稷》载："懋迁有无。"

② 风飙：暴风。

③ 阳侯：古代传说中的波涛之神。《淮南子·览冥训》载："阳侯之波。"高诱注："阳侯，陵阳国侯也。其国近水，溺水而死。其神能为大波，有所伤害，因谓之阳侯之波。"

二、身体美学

刘　安

选文摘自何宁撰《淮南子集释》，中华书局1998 年版。

淮南子

原道训

夫形者生之舍也，气者生之充也，神者生之制①也，一②失位则三者伤矣。是故圣人使

① 制：主宰。
② 一：一旦。

人各处其位，守其职，而不得相干①也。故夫形者，非其所安也而处之则废，气不当其所充而用之则泄，神非其所宜而行之则昧，此三者，不可不慎守也。夫举天下万物，蚑蛲贞虫②，蠕动蚑作③，皆知其所喜憎利害者何也？以其性之在焉而不离也，忽去之则骨肉无伦矣。今人之所以眭然④能视，謍⑤然能听，形体能抗，而百节可屈伸，察能分白黑，视丑美，而知能别同异，明是非者，何也？气为之充而神为之使。何以知其然也？凡人之志各有所在，而神有所系者，其行也，足蹪趈㙓⑥，头抵植木⑦，而不自知也。招之而不能见也，呼之而不能闻也，耳目非去之也，然而不能应者，何也？神失其守也。

精神训

夫精神者，所受於天也，而形体者，所禀於地也。……是故肺主目，肾主鼻，胆主口，肝主耳，外为表而内为里，开闭张歙，各有经纪⑧。故头之圆也象天，足之方也象地。天有四时、五行、九解⑨、三百六十六日，人亦有四支、五藏、九窍、三百六十六节。天有风雨寒暑，人亦有取与喜怒。故胆为云，肺为气，肝为风，肾为雨，脾为雷，以与天地相参也，而心为之主。……故所求多者所得少，所见大者所知小。

---

① 干：干犯。

② 贞虫：细腰蜂一类的昆虫。

③ 蠕动蚑作：虫类爬行。此处指爬行的虫类。

④ 眭然：眼睛深视的样子。

⑤ 謍：通"萦"，回绕。

⑥ 蹪：颠扑。趈：同"跌"，跳着行走的样子。

⑦ 植木：直立的树木。

⑧ 经纪：管理。

⑨ 九解：分周天为九，中央为钧天，东方曰苍天，东北曰变天，北方曰玄天，西北曰幽天，西方曰灏天，西南曰朱天，南方曰炎天，东南曰阳天。

夫孔窍者，精神之户牖也，而气志者，五藏之使候也。耳目淫於声色之乐，则五藏摇动而不定矣；五藏摇动而不定，则血气滔荡而不休矣；血气滔荡而不休，则精神驰骋於外而不守矣；精神驰骋於外而不守，则祸福之至虽如丘山，无由识之矣。使耳目精明玄达而无诱慕，气志虚静恬愉而省嗜欲，五藏定宁充盈而不泄，精神内守形骸而不外越，则望於往世之前，而视於来事①之后，犹未足为也，岂直祸福之间哉！故曰："其出弥远者，其知弥少。"以言乎精神之不可使外淫也。

董仲舒

选文摘自苏舆撰，钟哲点校《春秋繁露义证》，中华书局 1992 年版。

春秋繁露·人副天数

天德施，地德化，人德义。天气上，地气下，人气在其间。春生夏长，百物以兴；秋杀冬收，百物以藏。故莫精於气，莫富於地，莫神於天。天地之精所以生物者，莫贵於人。人受命乎天也，故超然有以倚②。物疢疾莫能为仁义，唯人独能为仁义；物疢疾莫能偶天地，唯人独能偶天地。人有三百六十节，偶天之数③也；形体骨

---

① 来事：疑作"来世"。

② 超然有以倚：从下文文意看应作"超然有所高物"，意为超脱有高出万物之处，是说人与万物不同。

③ 偶天之数：与上天之数相吻合，上天和人附会在一起。

肉，偶地之厚也。上有耳目聪明，日月之象也；体有空窍理脉，川谷之象也；心有哀乐喜怒，神气之类也。观人之体一，何高物之甚，而类於天也。物旁折取天之阴阳以生活耳，而人乃烂然有其文理。是故凡物之形，莫不伏从旁折天地而行，人独题直立端尚①，正正当之。是故所取天地少者，旁折之；所取天地多者，正当之。此见人之绝於物②而参天地。是故人之身，首妥③而员，象天容也；发，象星辰也；耳目戾戾④，象日月也；鼻口呼吸，象风气也；胸中达知，象神明也，腹胞实虚，象百物也。百物者最近地，故要以下，地也。天地之象，以要为带。颈以上者，精神尊严，明天类之状也；颈而下者，丰厚卑辱，土壤之比也。足布而方，地形之象也。是故礼，带置绅必直其颈，以别心也。带而上者尽为阳，带而下者尽为阴，各其分⑤。阳，天气也；阴，地气也。故阴阳之动，使人足病，喉痹起，则地气上为云雨，而象亦应之也。天地之符，阴阳之副，常设於身，身犹天也，数与之相参，故命与之相连也。天以终岁之数，成人之身，故小节三百六十六，副日数也；大节十二分，副月数也；内有五藏，副五行数也；外有四肢，副四时数也；乍视乍瞑，副昼夜也；乍刚乍柔，副冬夏也；乍哀乍乐，副阴阳也；心有计虑，副度数也；行有伦理，副天地也。此皆暗⑥肤著身，与人俱生，比而偶之弇合。於其可数也，副数；不可数者，副类。皆当同而副天，一也。是故陈其有形以著其无形者，拘其可数⑦以著其不可数者。以此言

---

① 人独题直立端尚：疑作"人独题直立端向"。

② 绝於物：应作"过于物"，即超过万物。

③ 首妥：头部突起。妥：应作"坐"，突出、突起。

④ 戾戾：弯曲的样子。

⑤ 各其分：应作"各有分"。

⑥ 暗：字疑为衍文。

⑦ 拘其可数：拿来可以计数的。拘：意为拿出来。

道之亦宜以类相应①，犹其形也②，以数相中也。

王 充

选文摘自黄晖撰《论衡校释》，中华书局 1990 年版。

论衡·骨相

人曰命难知。命甚易知。知之何用？用之骨体。人命禀於天，则有表候〔见〕於体③。察表候以知命，犹察斗斛以知容矣。表候者，骨法之谓也。

传言黄帝龙颜，颛顼戴午（干），帝喾骈齿，尧眉八采，舜目重瞳，禹耳三漏，汤臂再肘，文王四乳，武王望阳，周公背偻，皋陶马口，孔子反羽④。斯十二圣者，皆在帝王之位，或辅主忧世，世所共闻，儒所共说，在经传者，较著可信。

若夫短书俗记，竹帛胤文，非儒者所见，众多非一。苍颉四目，为黄帝史。晋公子重耳仳胁⑤，为诸侯霸。苏秦骨鼻，为六国相。张仪仳胁，亦相秦、魏。项羽重瞳，云虞舜之后，与高祖分王天下。

……

类同气钧，性体法相固自相似。异气殊类，亦两相遇⑥。富贵

---

① 以此言道之亦宜以类相应：应作"以此言之，道亦宜以类相应也"。

② 犹其形也：应作"犹其形"，"也"字移至上句"相应"之后。

③ 表候於体：文不成义，"候"下当脱"见"字。

④ 羽：通"宇"，屋檐。反羽：翻过来的屋顶。

⑤ 仳胁：肋骨长成一片。

⑥ 相遇：相互碰在一起。这里指结婚。

之男娶得富贵之妻，女亦得富贵之男。

夫二相不钧而相遇，则有立死；若未相适①，有豫亡之祸也。

……

案骨节之法，察皮肤之理，以审人之性命，无不应者。

……

非徒富贵贫贱有骨体也，而操行清浊亦有法理。贵贱贫富，命也；操行清浊，性也。非徒命有骨法，性亦有骨法。惟知命有明相，莫知性有骨法，此见命之表证，不见性之符验也。

范蠡去越，自齐遗大夫种②书，曰："飞鸟尽，良弓藏，狡兔死，走犬烹。越王为人，长颈鸟喙，可与共患难，不可与共荣乐。子何不去?"大夫种不能去，称疾不朝，赐剑而死。

大梁人尉缭，说秦始皇以并天下之计。始皇从其册③，与之亢礼，衣服饮食，与之齐同。缭曰："秦王为人，隆准长目，鸷膺豺声，少恩，虎视狼心。居约④，易以下人；得志，亦轻视人。我布衣也，然见我，常身自下我。诚使秦王 须 ⑤得志，天下皆为虏矣。不可与交游。"乃亡去。

故范蠡、尉缭见性行之证，而以定处来事之实，实有其效，如其法相。由此言之，性命系於形体，明矣。

以尺书所载，世所共见，准况⑥古今，不闻者必众多非一，皆有其实。禀气於天，立形於地，察在地之形，以知在天之命，莫不

---

① 适：女子出嫁。

② 种：文种，字少禽(一作子禽)，楚国郢(今湖北荆州市荆州区西北)人，春秋末年越国大夫。

③ 册：通"策"，计策。

④ 居约：处于不得意之时。

⑤ 须：疑是衍文。《史记·秦始皇本纪》无此字，可证。

⑥ 准况：推想。

得其实也。

有传孔子相澹台子羽、唐举占蔡泽不验之文，此失之不审。何(相)隐匿微妙之表也。相或在内，或在外，或在形体，或在声气。察外者，遗其内；在形体者，亡①其声气。孔子适郑，与弟子相失，孔子独立郑东门。郑人或问子贡曰："东门有人，其头似尧，其项若皋陶，〔其〕肩类子产。然自腰以下，不及禹三寸，儽儽②若丧家之狗。"子贡以告孔子，孔子欣然笑曰："形状未也，如丧家狗，然哉！然哉！"夫孔子之相，郑人失其实。郑人不明，法术浅也。孔子之失〔之〕子羽③，唐举惑於蔡泽，犹郑人相孔子，不能具见形状之实也。

王　符

选文摘自汪继培笺，彭铎校正《潜夫论笺校正》，中华书局1985年版。

潜夫论·相列

《诗》所谓："天生烝民，有物有则。"④是故人身体形貌皆有象类，骨法⑤角肉各有分部，以著性命之期，显贵贱之表，一人之身，

---

① 亡：通"忘"，忘记。
② 儽儽：垂头丧气的样子。
③ 此句中"之"字当在"失"字后。
④ 见《诗经·大雅·烝民》。
⑤ 骨法：即《论衡·骨相》篇所说的"骨节之法"，指骨骼的结构模式。汉代很多人都认为人的贵贱与其骨骼特点密切相关。

而五行八卦之气具焉。故师旷^①曰"赤色不寿"，火家^②性易灭也。《易》之《说卦》："《巽》^③为人多白眼"，相扬四白^④者兵死，此犹金伐木^⑤也。《经》曰："近取诸身，远取诸物。"^⑥"圣人有见天下之至赜，而拟诸形容，象其物宜。"^⑦此亦贤人之所察，纪^⑧往以知来，而著为宪则也。

人之相法，或在面部，或在手足，或在行步，或在声响。面部欲溥平润泽，手足欲深细明直，行步欲安稳覆载，音声欲温和中宫^⑨。头面手足，身形骨节，皆欲相副称。此其略要也。

夫骨法为禄相表，气色为吉凶候，部位为年时^⑩，德行为三者招，天授性命决然。表有显微，色有浓淡，行有薄厚，命有去就。是以吉凶期会，禄位成败，有不必^⑪。非聪明慧智，用心精密，孰能以中？

昔内史叔服过鲁，公孙敖^⑫闻其能相人也，而见其二子焉。叔服曰："谷也食子，难也收子，谷也丰下，必有后於鲁。"及穆伯之老也，文伯居养；其死也，惠叔典哭。鲁竟立献子，以续孟氏之后。

---

①　师旷：春秋时晋国主管音乐的太师，生而目盲，善辨声乐，能致鬼神，也常参与政事。

②　家：族，事物有某种共同属性的一大类。

③　《巽》：《周易》中的卦名，八卦之一，象征风、木、白、长、高、气味等。

④　相：即"相面"的"相"，指观察人的形貌来推测其命运。四白：指眼珠的四面皆露白。

⑤　金伐木：在五行中，金克木，所以说"金伐木"。

⑥　《经》：指《周易》。这两句见《周易·系辞下》。

⑦　见《周易·系辞上》。

⑧　纪：通"记"。

⑨　中：符合。宫：五音之一。

⑩　依汪继培说，"时"后脱了一个"征"字。

⑪　依汪继培说，"必"后脱了"至"字。

⑫　公孙敖：鲁国大夫，庆父之子。事迹见《春秋》《左传》僖公十五年至文公十四年。

及王孙说相乔如，子上几商臣，子文忧越椒，叔姬恶食我，单襄公察晋厉，子贡观邾鲁，臧文听御说，陈咸见张，贤人达士，察以善心，无不中矣。及唐举之相李兑、蔡泽，许负之相邓通、条侯，虽司命班禄，追叙行事，弗能过也。

虽然，人之有骨法也，犹万物之有种类，材木之有常宜①。巧匠因象，各有所授，曲者宜为轮，直者宜为舆，檀宜作辐，榆宜作毂，此其正法通率也。若有其质，而工不材②，可如何？故凡相者，能期其所极，不能使之必至。十种之地，膏壤虽肥，弗耕不获；千里之马，骨法虽具，弗策不致。

夫瓡而弗琢，不成於器；士而弗仕，不成於位。若此者，天地所不能贵贱，鬼神所不能贫富也。或王公孙子，仕宦终老，不至於毂③。或庶隶厮贱，无故腾跃，穷极爵位。此受天性命，当必然者也。《诗》称"天难忱斯"，性命之质，德行之招，参错④授受，不易者也。

然其大要，骨法为主，气色为候。五色⑤之见，王废有时⑥。智者见祥，修善迎之，其有忧色，循⑦行改尤。愚者反戾，不自省思，虽休征见相，福转为灾。於戏⑧君子，可不敬哉！

---

① 常宜：符合常规的用处。

② 材：通"裁"，裁制，指加工制造。

③ 毂：《论语》云："子曰：'三年学，不至於毂，不易得也。'"孔安国注："毂，善也。"《释文》引郑康成注："毂，禄也。"

④ 参错：参差交错。

⑤ 五色：青黄赤白黑五种颜色，此指脸色而言。古代五行家将五色与五行相配合，即青配木，黄配土，赤配火，白配金，黑配水。

⑥ 王废有时：汉代阴阳五行家认为，在不同的季节，木、火、土、金、水五行的兴旺衰败也是不同的。他们用"王""相""死""囚""休"等概念来描述其兴衰。

⑦ 循：当为"修"字之形讹。

⑧ 於戏：同"鸣呼"。

蔡　邕

东汉人物品评是魏晋人物品藻的先声，广泛存在于《后汉书》等文献中，现选取蔡邕的部分碑文作为代表。选文摘自严可均辑《全后汉文》，中华书局 1999 年版。

人物品评

琅邪王傅蔡朗碑

（蔡朗）雅操明允，威厉不猛，履孝悌之性，怀文艺之才，包洞典籍，刊摘沈秘，知机达要，通含神契。

玄文先生李休碑

吁兹先生，秉德恭勤。天启哲心，其学孔纯。经纬是综，雅丽是分。行己守道，匪礼不遵。处约不戚，闻宠不欣。荣不能华，威不能震。天淑厥命，以让以仁。

汝南周勰碑

（周勰）洋洋乎若德，虽崇山千仞，重渊百尺，末足以喻其高、究其深也。夫三精垂耀，处者有表。……乃相与建碑勒铭，以征休美，其辞曰：

……焕乎其文，如星之布。确乎不拔，如山之固。追踪先绪，应期作度。潜心大猷，谭思德谟。遁世无闷，屡辞王寮。洋洋泌丘，于以逍遥。蔑尔童蒙，是训是教。瞻彼荣宠，譬诸云霄。优哉游哉，佯此弘高。名振华夏，光耀昆苗。清风丕扬，德音孔昭。

太尉杨秉碑

（杨秉）朝廷惜焉，宠赐有加。自奉严敕，动遵礼度。量材授任。

当官而行，不为义疚。疾是苛政，益固其守。厨无宿肉，器不镂雕。夙丧嫔俪，妾不襞御。可谓立身无过之地，正直清俭该备者矣。昔仲尼有垂三戒，而公克焉，故能匡朝尽直，献可去奸，忠侔前后，声塞宇宙。非黄中纯白，穷达一致，其恶能立功立事，敷闻于下，昭升于上，若兹巍巍者乎！于是门人学徒，相与刊石树碑，表勒鸿勋，赞懿德，传亿年。

於戏公，唯岳灵。天挺德，翼赤精。神绸缊，仁哲生。应台任，作邦桢。帝钦亮，访典刑。道不贰，迄有成。光遐迩，穆其清。

陈留太守胡硕碑

（胡硕）猗欤懿德，令问有彰。祇服其训，克构克堂。孝思惟则，文艺丕光。敦厚忠恕，众悦其良。绥弱以仁，不云我强。爰自登朝，进退以方。见机而作，如鸿之翔。乃位常伯，恪处左右。兼掌虎贲，禁戒允理。遘兹虐疴，帝用悼止。俾守陈留，庶笃其祉。王人既诏，景命不俟。呜呼昊天，歼我英土。如可赎也，敦不百已。哀哉永伤，万年是纪。

郭泰碑

於休先生，明德通玄。纯懿淑灵，受之自天。崇壮幽浚，如山如渊。礼乐是悦，《诗》《书》是敦。匪惟摭华，乃寻厥根。宫墙重仞，允得其门。懿乎其纯，确乎其操。洋洋缙绅，言观其高。栖迟泌丘，善诱能教。赫赫三事，几行其招。委辞召贡，保此清妙。降年不永，民斯悲悼。爰勒慈铭，摛其光耀。嗟尔来世，是则是效。

处士圈典碑

夫其生也，天真淑性。清理条畅，精微周密。包括道要，致思无形。深总历部，纤入艺文。藻分葩列，如春之荣。守根据穷，不虚其声。伟德若兹，惟世之英。

鼓城姜肱碑

邈矣先生，应天淑灵。孝友是备，上德是经。弘此文艺，耽怡是宁。恂恂善诱，童冠来诚。有烨其誉，有焕其声。显显群公，并加辟命。赫赫圣皇，仍获其聘。委策避国，守此玄静。绰乎其裕，确乎其操。畴昔洪崖，双名并高。嗟乎殒殁，缙绅永悼。依依我徒，靡则靡效。勒铭金石，弥远益曜。

太尉陈球碑

至公刚寡欲，□懿惠和，高明柔克，甘味道艺，强学博物。

太尉乔玄碑

(乔玄)每所临向，清风先翔，远近豫震，兹可谓超越众庶、彰于远迩者已。

太尉乔玄碑阴

(乔玄)勇决不回，析见是非，明作达于事机。燕居从容，申申夭夭，和乐宽裕，爱士亲仁。凡见公容貌，闻公声音，莫不熙怡悦怿，思乐模则，来者忘归，去者愿还。雅性谦克，不吝于利欲。

司徒袁公夫人马氏碑

(马氏)生应灵和，德精性妙，角犀丰盈，实有伟表。温慈惠爱，慎而寡言，幼从师氏四礼之教，早达窈窕德象之仪。及笄，求匹明哲，供治妇业，孝敬婉娈，毕力中馈。后生仰则，以为谋宪。

范丹碑

(范丹)雅性谦俭，体勤能苦，不乐假借。……如渊之清，如玉之素。圂①之不浊，涅之不污。

陈寔碑

峨峨崇岳，吐符降神。於皇先生，抱宝怀珍。如何昊穹，既丧

---

① 圂：猪圈。

斯文。微言圮绝，来者曷闻？交交黄鸟，爰集于棘。命不可赎，哀何有极！

……夫其仁爱温柔，足以盈育群生；广大宽裕，足以包覆无方；刚毅强固，足以威暴矫邪；正身体化，足以陶冶世心。先生有四德者，故言斯可象，静斯可效。

太尉杨赐碑

如玉之固，如岳之乔。钻之斯坚，仰之弥高。

司空袁逢碑

凡所临君明而先觉，故能教不肃而化成，政不严而事治，其惠和也晏晏然，其博大也洋洋焉，信可谓兼三才而该刚柔，无射于人斯矣。

司空房桢碑

（房桢）刚则不吐，柔则不茹。媚兹天子，以靖土宇。

翟先生碑

为万里之场圃，九隩之林泽。挹之若江湖，仰之若华光。玄玄焉测之则无源，汪汪焉酌之则不竭，可谓生民之英者已。

荆州刺史度尚碑

君资天地之正气，含太极之纯精。明洁鲜于白珪，贞操厉乎寒松。朗鉴出于自然，英风发乎天骨。事亲以孝，则行侔于曾、闵；结交以信，则契明于黄石。温温然弘裕虚引，落落然高风起世。

桓彬碑

（桓彬）夙智早成，岐嶷也；学优文丽，至通也；仁不苟禄，绝高也；辞隆从窊，洁操也。

袁满来碑

(袁满来)情性周备，夙有奇节。孝智所生，顺而不骄。笃友兄弟，和而无忿。气决泉达，无所凝滞。

三、服饰美学

韩　婴

　　选文摘自许维遹校释《韩诗外传集释》，中华书局1980年版。

韩诗外传

卷一　第二十四章

　　传曰：衣服容貌者，所以说①目也。应对言语者，所以说耳也。好恶去就者，所以说心也。故君子衣服中，容貌得，则民之目悦矣。

---

　　① 说：通"悦"。

言语逊，应对给①，则民之耳悦矣。就仁去不仁，则民之心悦矣。三者存乎身，虽不在位，谓之素行②。故中心存善，而日新之，则独居而乐，德充而形。《诗》曰："何其处也，必有与也。何其久也，必有以也。"③

卷二　第二十八章

上之人所遇，容色为先，声音次之，事行为后。故望而知宜为人君者容也，近而可信者色也，发而安中④者言也，久而可观者行也。故君子容色，天下仪象⑤而望之，不假言而知宜为人君者。《诗》曰："颜如渥沰。"⑥其君也哉！

刘　安

选文摘自何宁撰《淮南子集释》，中华书局 1998 年版。

淮南子

齐俗训

故明王制礼义而为衣，分节行而为带，衣足以覆形，从《典》、

---

① 给：敏捷。
② 素行：出自《中庸》"素其位而行"，指守着本来的分位来行事。
③ 出自《诗经·邶风·旄丘》。
④ 安中：妥善。
⑤ 仪象：准则。
⑥ 出自《诗经·秦风·终南》。

《坟》①，虚循挠，便身体，适行步，不务於奇丽之容，隅眥之削②；带足以结纽收衽③，束牢连固，不亟於为文句疏短之鞻④；故制礼义，行至德，而不拘於儒、墨。

……故圣人财⑤制物也，犹工匠之斫削凿柄也，宰庖之切割分别也，曲得其宜而不折伤。拙工则不然，大则塞而不入，小则窕⑥而不周，动於心，枝於手，而愈丑。夫圣人之斫削物也，剖之判之，离之散之；已淫已失⑦，复揆以一；既出其根，复归其门；已雕已琢，还反於朴。合而为⑧道德，离而为仪表，其转入玄冥，其散应无形。

修务训

昔晋平公令官为钟，钟成而示师旷。师旷曰："钟音不调。"平公曰："寡人以示工，工皆以为调，而以为不调何也？"师旷曰："使后世无知音者则已，若有知音者，必知钟之不调。"故师旷之欲善调钟也，以为后之有知音者也。

三代与我同行，五伯与我齐智，彼独有圣智之实，我曾无有闾里之闻，穷巷之知者何？彼并身而立节⑨，我诞谩而悠忽。今夫毛嫱、西施，天下之美人，若使之衔腐鼠，蒙猬皮，衣豹裘，带死蛇，则布衣韦带之人过者，莫不左右睥睨而掩鼻。尝试使之施芳泽，正

---

① 《典》、《坟》：即《三坟》《五典》。

② 隅眥：又作"偶差"。隅眥之削：谓衣裳刻意剪裁出花样。

③ 结纽收衽：扎紧纽祥，收束衣襟。

④ 文句疏短：圆形和方形的花纹。"短"疑当作"矩"。文句：圜纹。疏矩：方纹。"鞻"字疑是"韝"字形误。《说文》注："韝，韦绣也。"

⑤ 财：通"裁"。

⑥ 窕：间隙，不充满。

⑦ 淫：放纵，散乱。失：通"泆"，散失。

⑧ 为：以，用。

⑨ 立节：树立名节。

娥眉，设笄珥①，衣阿锡②，曳齐纨，粉白黛黑，佩玉环揄步杂芝若，笼蒙目视冶由笑，目流眺，口曾挠，奇牙出，靥辅摇，则虽王公大人，有严志颉颃③之行者，无不惮悇痒心而悦其色矣。今以中人之才，蒙愚惑之智，被污辱之行，无本业所修，方术所务，焉得无有睥面掩鼻之容哉？

董仲舒

选文摘自苏舆撰，钟哲点校《春秋繁露义证》，中华书局 1992 年版。

春秋繁露

服制像

天地之生万物也以养人，故其可适者以养身体，其可威者以为容服，礼之所为兴也。剑之在左，青龙之象也。刀之在右，白虎之象也。韍④之在前，赤鸟之象也。冠之在首，玄武之象也。四者，人之盛饰也。夫能通古今，别然不然⑤，乃能服此也。盖玄武者，貌之最严有威者也，其像在后，其服反居首，武之至而不用⑥矣。

---

① 笄：簪子。珥：用太石做的耳环。
② 阿：细縠。锡：通"緆"，细布。
③ 严志：指态度庄重。颉颃(xié háng)：倔强，倨傲。
④ 韍：古代用熟皮制作的祭祀时佩戴的蔽膝。
⑤ 然：后一个"然"字疑为衍字。
⑥ 用：应为"害"字，古书中"害"和"用"经常混误。

圣人之所以超然，虽欲从之，末由也已。夫执介胄而后能拒敌者，故非圣人之所贵也。君子显之於服，而勇武者消其志於貌也矣。故文德为贵，而威武为下，此天下之所以永全也。於《春秋》何以言之？孔父义形於色，而奸臣不敢容邪；虞有宫之奇，而献公为之不寐；晋厉之强，中国以寝尸流血不已。故武王克殷，裨冕①而搢笏。虎贲之士说剑②，安在勇猛必任武杀然后威。是以君子所服为上矣，故望之俨然者，亦已至矣，岂可不察乎！

度　制

凡衣裳之生也，为盖形暖身也。然而染五采，饰文章者，非以为益肌肤血气之情也，将以贵贵尊贤，而明别上下之伦，使教亟行，使化易成，为治为之也。若去其度制，使人人从其欲，快其意，以逐无穷，是大乱人伦，而靡斯财用也，失文采所遂生之意矣。上下之伦不别，其势不能相治，故苦乱也。嗜欲之物无限，其势不能相足，故苦贫也。今欲以乱为治，以贫为富，非反之制度不可。古者天子衣文，诸侯不以燕，大夫衣褖，士不以燕，庶人衣缦③，此其大略也。

为人者天

衣服容貌者④，所以说目也；声音应对者，所以说耳也；好恶去就者，所以说心也。故君子衣服中⑤而容貌恭，则目说矣；言理应对逊，则耳说矣；好仁厚而恶浅薄，就善人而远僻鄙⑥，则心说

---

①　裨冕：穿着裨衣，戴着礼帽。

②　虎贲：古代形容勇猛的武士。说：同"悦"。

③　缦：没有花纹，整幅布帛都是一种颜色的织物。这里指没有花纹、单一颜色的衣服。

④　衣服：穿好衣服。容貌：梳整好容貌。衣、容作动词。

⑤　中：合适，即符合礼仪。

⑥　远僻鄙：疏远邪僻不正和眼光短浅的人。僻：邪僻，不端正，这里指行为不端的人。

矣。故曰："行思可乐，容止可观。"①此之谓也。

求　雨

春旱求雨。令县邑以水日祷社稷山川……祝②斋三日，服苍衣……小童八人，皆斋三日，服青衣而舞之。田啬夫亦斋三日，服青衣而立之。……夏求雨。令县邑以水日，家人祀灶③……祝斋三日，服赤衣……壮者七人，皆斋三日，服赤衣而舞之。司空啬夫亦斋三日，服赤衣而立之……

季夏祷山陵以助之。令县邑十日壹徙市，於邑南门之外……令各为祝斋三日，衣黄衣……丈夫五人，皆斋三日，服黄衣而舞之。老者五人，亦斋三日，衣黄衣而立之……

秋暴巫尪④至九日，无举火事，无煎金器，家人祠门。……衣白衣。他如春……鳏者九人，皆斋三日，服白衣而舞之。司马亦斋三日，衣白衣而立之……

冬舞龙六日，祷於名山以助之。家人祠井。无壅水。……祝斋三日，衣黑衣，祝礼如春。……尉亦斋三日，服黑衣而立之。

刘　向

选文摘自向宗鲁校证《说苑校证》，中华书局 1987 年版。

---

① 　此句见于《孝经》。容止：容貌举止。

② 　祝：男巫。

③ 　祀灶：祭祀灶神。

④ 　暴巫尪：古代风俗，天大旱不雨，则曝晒女巫，冀天哀怜之而降雨。尪：指身材佝偻弯曲的人。

说　苑

政　理

景公好妇人而丈夫饰者，国人尽服之①，公使吏禁之，曰："女子而男子饰者，裂其衣，断其带。"裂衣断带相望而不止。晏子见，公曰："寡人使吏禁女子而男子饰者，裂其衣断其带相望而不止者，何也？"对曰："君使服之於内，而禁之於外，犹悬牛首於门，而求买马肉也。公胡不使内勿服，则外莫敢为也！"公曰："善。"使内勿服，不旋②月，而国莫之服也。

善　说

林既衣韦衣③，而朝齐景公。齐景公曰："此君子之服也？小人之服也？"林既逡循而作色曰："夫服事何足以端④士行乎？昔者，荆为长剑危冠，令尹子西出焉；齐短衣而遂僳之冠，管仲、隰朋出焉；越文身鬋发，范蠡、大夫种出焉；西戎左衽而椎结⑤，由余亦出焉。即如君言，衣狗裘者当犬吠，衣羊裘者当羊鸣，且君衣狐裘而朝，意者得无为变乎？"景公曰："子真为勇悍矣！今未尝见子之奇辩也，一⑥邻之斗也？千乘之胜也？"林既曰："不知君之所谓者何也。夫登高临危，而目不眴⑦，而足不陵者，此工匠之勇悍也；入深渊，刺

---

① 服之：穿这样的衣服。

② 旋：超过。

③ 韦衣：打猎时所穿的皮装。

④ 端：审详。

⑤ 左衽：古代少数民族衣襟向左开。椎结：即"椎髻"，头发扎成一撮朝天，形状如椎。

⑥ 一：同"抑"，选择连词。

⑦ 眴：通"眩"，眼睛昏花。

蛟龙，抱鼋鼍①而出者，此渔夫之勇悍也；入深山，刺虎豹，抱熊罴而出者，此猎夫之勇悍也；不难断头裂腹，暴骨流血中野者，此武夫之勇悍也。今臣居广廷，作色端辩②以犯主君之怒，前虽有乘轩③之赏，未为之动也；后虽有斧质之威，未为之恐也：此既之所以为勇悍也。"

奉　使

越使诸发执一枝梅遗梁王，梁王之臣曰韩子，顾谓左右曰："恶有以一枝梅乃遗列国之君者乎？请为二三子惭之。"出谓诸发曰："大王有命：客冠，则以礼见；不冠，则否。"诸发曰："彼越亦天子之封也：不得冀、兖之州，乃处海垂之际，屏④外蕃以为居，而蛟龙又与我争焉，是以剪发文身，烂然成章⑤，以像龙子者，将避水神也。令大国其命，冠则见以礼，不冠则否。假令大国之使，时过弊邑，弊邑之君，亦有命矣，曰：'客必剪发文身，然后见之。'於大国何如？意而安之，愿假冠以见；意如不安，愿无变国俗。"梁王闻之，被衣出以见诸发，令逐韩子。《诗》云："维君子使，媚於天子。"⑥若此之谓也。

修　文

《书》曰："五事：一曰貌。"⑦貌者，男子之所以恭敬，妇人之所以姣好也。行步中矩，折旋中规。立则磬折⑧，拱则抱鼓。其以入

---

① 鼋鼍：大鳖和鳄鱼。
② 端辩：直言论辩。
③ 乘轩：高车。这里指高官。
④ 屏：排斥。
⑤ 烂然成章：斑斓多彩。章：彩色。
⑥ 语出自《诗经·大雅·卷阿》。
⑦ 貌：主要指仪态，不仅是容貌。此句见《尚书·洪范》。
⑧ 磬折：像磬一样曲直。古石磬形制略同今木工所用直尺，故云。

君朝，尊以严；其以入宗庙，敬以忠；其以入乡曲，和以顺；其以入州里族党之中，和以亲。《诗》曰："温温恭人，惟德之基。"①孔子曰："恭近於礼，远耻辱也。"②

衣服容貌者，所以悦目也。声音应对者，所以悦耳也。嗜欲好恶者，所以悦心也。君子衣服中，容貌得，则民之目悦矣。言语顺，应对给③，则民之耳悦矣。就仁去不仁，则民之心悦矣。三者存乎心，畅乎体，形乎动静，虽不在位，谓之素行④。故忠心好善，而日新之。独居乐德，内悦而形。《诗》曰："何其处也？必有与也。何其久也？必有以也。"⑤惟有以者⑥为能长生久视⑦，而无累於物也。

知天道者冠鉥，知地道者履屏，能治烦决乱者佩觿，能射御者佩韘，能正三军者揥笄。衣必荷规而承矩⑧，负绳而准下⑨。故君子衣服中而容貌得，接其服而象其德。故望五貌而行能有所定矣。《诗》曰："芄兰之枝，童子佩觿。"⑩说行能者也。

冠者，所以别成人也。修德束躬，以自申饬⑪，所以检其邪心，守其正意也。君子始冠必祝。成礼加冠，以厉其心。故君子成人必冠带以行事，弃幼少嬉戏惰慢之心，而衎衎於进德修业之志⑫。是

---

① 见《诗经·大雅·抑》。

② 见《论语·学而》。

③ 给：言语便捷。

④ 素行：素王的品行。素王，即有帝王德行而无帝王名位的人。

⑤ 见《诗经·邶风·旄丘》。

⑥ 有以者：有上述品格的人。

⑦ 视：活。《吕氏春秋·重己》载："无贤不肖，莫不欲长生久视。"高诱注："视，活也。"

⑧ 荷规而承矩：符合一定的方圆尺寸。

⑨ 负绳而准下：依粉线准确下料。

⑩ 见《诗经·卫风·芄兰》。

⑪ 申饬：检点、整肃。

⑫ 衎衎：和乐貌。进德修业：增进品德，钻研学业。

故服不成象，而内心不变。内心修德，外被礼文，所以成显令①之名也。是故皮弁素积②，百王不易。既以修德，又以正容。孔子曰："正其衣冠，尊其瞻视，俨然人望而畏之，不亦威而不猛乎？"③

成王将冠，周公使祝雍祝王，曰："达而勿多④也。"祝雍曰："使王近於民，远於佞，啬⑤於时，惠於财，任贤使能。"於此始成之时，祝辞四加而后退。公冠，自以为主，卿为宾。飨之以三献之礼⑥。公始加玄端与皮弁，皆必朝服玄冕，四加。诸侯太子、庶子冠，公为主，其礼与士同。冠於祖庙，曰："令月吉日，加子元服。去尔幼志，顺尔成德。"冠礼：十九见正而冠，古之通礼也。

班　固

选文摘自陈立撰，吴则虞点校《白虎通疏证》，中华书局 1994 年版。

白虎通义

瑞　质

何谓五瑞？谓珪、璧、琮、璜、璋也。《礼》曰："天子珪尺有二寸。"又曰："博三寸，剡上，左右各寸半，厚半寸。半珪为璋。方中圆外曰璧。半璧曰璜。圆中牙外曰琮。"《礼王度记》曰："玉者，有象

---

① 显令：显赫美好。
② 皮弁：古冠名，用白鹿皮制成，为上朝的常服。素积：细褶白布衫。
③ 见《论语·尧曰》。
④ 达而勿多：意谓祝词要通达简练。
⑤ 啬：爱惜。
⑥ 三献之礼：古代祭祀仪式之一，陈列祭品后要三次献酒，分初献、亚献、终献。

君子之德，燥不轻，湿不重，薄不桡，廉不伤，疵不掩。是以人君宝之。"天子之纯玉，尺有二寸。公侯九寸，四玉一石也。伯子男俱三玉二石也。五玉者各何施？盖以为璜以征召，璧以聘问，璋以发兵，珪以质信，琮以起土功之事也。珪以为信何？珪者，兑上，象物始生见于上也。信莫著于作见，故以珪为信，而见万物之始莫不自洁。珪之为言圭也。上兑，阳也。下方，阴也。阳尊，故其理顺备也。位在东，阳见义于上也。璧以聘问何？璧者，方中圆外，象地，地道安宁而出财物，故以璧聘问也。方中，阴德方也。圆外，阴系于阳也。阴德盛于内，故见象于内，位在中央。璧之为言积也，中央故有天地之象，所以据用也。内方象地，外圆象天也。璜所以征召何？璜者半璧，位在北方，北阴极而阳始起，故象半阴。阳气始施，征召万物，故以征召也。不象阳何？阳始物微，未可见也。璜者，横也。质尊之命也，阳气横于黄泉，故曰璜。璜之为言光也。阳光所及，莫不动也。象君之威命所加，莫敢不从，阳之所施，无不节也。璋以发兵何？璋半珪，位在南方。南方阳极，而阴始起，兵亦阴也，故以发兵也。不象其阴何？阴始起，物尚凝，未可象也。璋之为言明也。赏罚之道，使臣之礼，当章明也。南方之时，万物莫不章，故谓之璋。琮以起土功发众何？琮之为言宗也。象万物之宗聚也。功之所成，故以起土功发众也。位在西方，西方阳，收功于内，阴出成于外，内圆象阳，外直为阴，外牙而内凑，象聚会也。故谓之琮。后夫人之财也。五玉所施非一，不可胜条，略举大者也。

右论五瑞制度

衣　裳

圣人所以制衣服何？以为绨绤蔽形，表德劝善，别尊卑也。所以名为裳何？衣者，隐也。裳者，彰①也。所以隐形自障闭也。

---

① 彰：通"障"。

《易》曰："黄帝、尧、舜垂衣裳而天下治。"何以知上为衣，下为裳？以其先言衣也。《诗》曰"褰裳涉溱"①，所以合为下也。《弟子职》言"抠衣而降"也。名为衣何？上兼下也。

右总论衣裳

　　裘，所以佐女功助温也。古者缁衣羔裘，黄衣狐裘。禽兽众多，独以狐羔何？取其轻暖，因狐死首邱，明君子不忘本也。羔者，取其跪乳逊顺也。故天子狐白，诸侯狐黄，大夫狐苍，士羔裘，亦因别尊卑也。

右论裘

　　所以必有绅带者，示敬谨自约整也。缋绘为结于前，下垂三分，身半，绅居二焉。男子所以有鞶带者，示有金革之事也。

右论带

　　所以必有佩者，表德见所能也。故循道无穷则佩环。能本道德则佩琨。能决嫌则佩玦。是以见其所佩即知其所能。《论语》曰："去丧无所不佩。"②天子佩白玉，诸侯佩玄玉，大夫佩水苍玉，士佩瓀文石。佩即象其事。若农夫佩其耒耜，工匠佩其斧斤，妇人佩其针缕，亦佩玉也。何以知妇人亦佩玉？《诗》云："将翱将翔，佩玉将将。彼美孟姜，德音不忘。"③

右论佩

绂　冕

　　绂者，何谓也？绂者，蔽也，行以蔽前者尔。有事因以别尊卑，彰有德也。天子朱绂，诸侯赤绂。《诗》曰："朱绂斯皇，室家君

---

①　出自《诗经·郑风·褰裳》。

②　出自《论语·乡党》。

③　出自《诗经·郑风·有女同车》。

王。"①又云："赤绂金舄，会同有绎。"②又云："赤绂在股。"③皆谓诸侯也。《书》曰："黼黻衣黄朱绂。"亦谓诸侯也。并见衣服之制，故远别之谓黄朱亦赤矣。大夫葱衡，别於君矣。天子大夫赤绂葱衡④，士韠韐⑤。朱赤者，盛色也。是以圣人法之用为绂服，为百王不易也。绂以韦为之者，反古不忘本也。上广一尺，下广二尺，法天一地二也。长三尺，法天地人也。

右论绂

所以有冠者何？冠者，卷也，所以卷持其发者也。人怀五常，莫不贵德，示成礼有修饰文章，别成人也。《士冠经》曰："冠而字之，敬其名也。"《论语》曰："冠者五六人，童子六七人。"⑥礼所以十九见正而冠者何？渐三十之人耳。男子阳也，成于阴，故二十而冠。《曲礼》曰"二十弱冠"，言见正。何以知不谓正月也？以《礼士冠经》曰夏葛屦，"冬皮屦"，明非岁之正月也。

右总论冠礼

皮弁者，何谓也？所以法古至质，冠之名也。弁之为言攀也，所以攀持其发也。上古之时质，先加服皮以鹿皮者，取其文章也。《礼》曰："三王共皮弁素积。"素积者，积素以为裳也。言腰中辟积，至质不易之服，反古不忘本也。战伐田猎，此皆服之。

右论皮弁

麻冕者何？周宗庙之冠也。《礼》曰："周冕而祭。"又曰："殷

---

① 出自《诗经·小雅·斯干》。

② 出自《诗经·小雅·车攻》。

③ 出自《诗经·小雅·采菽》。

④ 绂：甲骨文、金文、小篆皆作"市"，《诗经》作"芾"，"绂"为后起字。后世谓之蔽膝。衡：系绂的带子。

⑤ 韠韐：染成赤黄色的皮子，用作蔽膝、护膝。

⑥ 出自《论语·先进》。

鄮①、夏收而祭。"此三代宗庙之冠也。十一月之时，阳气俛仰黄泉
之下，万物被施如冕，前俯而后仰，故谓之冕也。谓之鄮者，十二
月之时，阳气受化诩张，而后得牙，故谓之鄮。谓之收者，十三月
之时，阳气收本，举生万物而达出之，故谓之收。俛仰不同，故前
后乖也。诩张故萌大，时物亦牙萌大也。收而达，故前葱，大者在
后，时物亦前葱也。冕所以用麻为之者，女功之始，示不忘本也。
即不忘本，不用皮何？皮乃太古未有礼文之服。故《论语》曰："麻
冕，礼也。"②《尚书》曰："王麻冕。"冕所以前后邃延者何？示进贤退
不能也。垂旒③者，示不视邪，纩塞耳，示不听谗也。故水清无鱼，
人察无徒，明不尚极知下。故《礼》云："天子玉藻十有二旒，前后邃
延。"《礼器》云："天子麻冕朱绿藻，垂十有二旒者，法四时十二月
也。诸侯九旒，大夫七旒，士爵弁无旒。"

右论冕制

委貌④者，何谓也？周朝廷理政事、行道德之冠名。《士冠经》
曰："委貌周道，章甫殷道，毋追夏后氏之道。"所以谓之委貌何？周
统十一月为正，万物始萌小，故为冠饰最小，故曰委貌。委貌者，
言委曲有貌也。殷统十二月为正，其饰微大，故曰章甫。章甫者，
尚未与极其本相当也。夏统十三月为正，其饰最大，故曰毋追。毋
追者，言其追大也。

右论委貌毋追章甫

爵弁者，何谓也？其色如爵头，周人宗庙士之冠也。《礼郊特
牲》曰"周弁"。《士冠经》曰"周弁，殷鄮，夏收"。爵何以知指谓其

---

① 鄮：冠的一种，也说是商朝时冠的称呼。

② 出自《论语·子罕》。

③ 旒：帝王礼帽前后悬垂的玉串。

④ 委貌：亦作"委皃"。古冠名，以皂绢为之。

色，又乍言爵弁，乍但言弁，周之冠色所以爵何？为周尚赤。所以不纯赤，但如爵头何？以本制冠者法天，天色玄者不失其质，故周加赤，殷加白，夏之冠色纯玄。何以知殷加白也？周加赤，知殷加白也。夏殷士冠不异何？古质也。以《士冠礼》知之。

右论爵弁

蔡　邕

选文摘自严可均辑《全后汉文》，商务印书馆 1999 年版。

女　诫

礼，女始行服纁①。纁，绛也。绛，正色也。红紫不以为亵服，绀②绿不以为上服。缯③贵厚而色尚深，为其坚纫也。

而今之务在奢丽，志好美饰，帛必薄细，采必轻浅。或一朝之晏，再三易衣，从庆移坐，不因故服。

夫心，犹首面也。是以甚致饰焉。面一旦不修饰，则尘垢秽之；心一朝不思善，则邪恶入之。人咸知饰其面，而莫修其心，惑矣。夫面之不饰，愚者谓之丑；心之不修，贤者谓之恶。愚者谓之丑，犹可；贤者谓之恶，将何容焉？故览照拭面则思其心之洁也，傅脂则思其心之和也，加粉则思其心之鲜也，泽发则思其心之顺也，用栉则思其心之理也，立髻则思其心之正也，摄鬓则思其心之整也。

---

① 纁：浅红色。
② 绀：浅黄色。
③ 缯：丝织品的总称。

四、工艺美学

陆 贾

选文摘自王利器撰《新语校注》，中华书局
1986 年版。

新 语

道 基

天下人民，野居穴处，未有室屋，则与禽
兽同域。於是黄帝乃伐木构材，筑作宫室，上
栋下宇，以避风雨。

民知室居食谷，而未知功力。於是后稷乃
列封疆，画畔界，以分土地之所宜；辟土殖

谷，以用养民；种桑麻，致丝枲①，以蔽形体。

当斯之时，四渎未通，洪水为害；禹乃决江疏河，通之四渎，致之於海，大小相引，高下相受，百川顺流，各归其所，然后人民得去高险，处平土。

川谷交错，风化未通，九州绝隔，未有舟车之用，以济深致远；於是奚仲乃桡曲为轮，因直为辕，驾马服牛，浮舟杖楫，以代人力。

铄金镂木，分苞②烧殖，以备器械，於是民知轻重，好利恶难，避劳就逸；於是皋陶③乃立狱制罪，县赏设罚，异是非，明好恶，检奸邪，消佚乱。

民知畏法，而无礼义；於是中圣④乃设辟雍⑤庠序之教，以正上下之仪，明父子之礼，君臣之义，使强不凌弱，众不暴寡，弃贪鄙之心，兴清洁之行。

礼义不行，纲纪不立，后世衰废；於是后圣⑥乃定《五经》，明《六艺》，承天统地，穷事察微，原情立本，以绪人伦，宗诸天地，纂修篇章，垂诸来世，被诸鸟兽，以匡衰乱，天人合策，原道悉备，智者达其心，百工穷其巧，乃调之以管弦丝竹之音，设钟鼓歌舞之乐，以节奢侈，正风俗，通文雅。

后世淫邪，增之以郑、卫之音，民弃本趋末，技巧横出，用意各殊，则加雕文刻镂，傅致胶漆丹青、玄黄琦玮之色，以穷耳目之

---

① 丝枲：《尚书·禹贡》载："岱畎丝枲。"孔颖达《正义》载："枲，麻也。"
② 苞：通"匏"。
③ 皋陶：传说中的法官，掌刑罚。
④ 中圣：指的是文王、周公。
⑤ 辟雍：古代的一种礼制建筑。《白虎通义·辟雍》篇载："天子立辟雍何？辟雍所以行礼乐，宣德化也。辟者，璧也，象璧圆以法天也。雍者，壅之以水，象教化流行也。辟之言积也，积天下之道德；雍之为言壅也，天下之仪则；故谓之辟雍也。"
⑥ 后圣：指孔子。

好，极工匠之巧。

夫驴骡骆驼，犀象玳瑁，琥珀珊瑚，翠羽珠玉，山生水藏，择地而居，洁清明朗，润泽而濡①，磨而不磷，涅而不淄②，天气所生，神灵所治，幽闲清净，与神浮沈，莫不效力为用，尽情为器。故曰，圣人成之。所以能统物通变，治情性，显仁义也。

资　质

质美者以通为贵，才良者以显为能。何以言之？夫楩柟③豫章，天下之名木也，生於深山之中，产於溪谷之傍，立则为大山众木之宗，仆则为万世之用，浮於山水之流，出於冥冥之野，因江、河之道，而达於京师之下，因斧斤之功，得舒其文色，精捍直理，密致博通，虫蝎不能穿，水湿不能伤，在高柔软，入地坚强，无膏泽而光润生，不刻画而文章成，上为帝王之御物，下则赐公卿，庶贱而得以备器械；闭绝以关梁，及隘於山阪之阻，隔於九坑之隥，仆於嵬崔之山，顿於窅冥④之溪，树蒙茏蔓延而无间，石崔嵬嶄岩而不开，广者无舟车之通，狭者无步担之蹊，商贾所不至，工匠所不窥，知者所不见，见者所不知，功弃而德亡，腐朽而枯伤，转於百仞之壑，惕然而独僵，当斯之时，不如道傍之枯杨。纍纍结屈，委曲不同，然生於大都之广地，近於大匠之名工，材器制断，规矩度量，坚者补朽，短者续长，大者治樽，小者治觞，饰以丹漆，致⑤以明光，上备大牢，春秋礼庠，褒以文采，立礼矜庄，冠带正容，对酒

① 濡：润泽。
② 磨而不磷，涅而不淄：语出自《论语·阳货》："不曰坚乎？磨而不磷。不曰白乎？涅而不缁。"
③ 楩柟：又作"楩梓""楩楠"，一种硬木。
④ 窅冥：深窅而幽冥。
⑤ 致：通"劇"。

行觞，卿士列位，布陈宫堂，望之者目眩，近之者鼻芳。故事闭之则绝，次之则通，抑之则沈，兴之则扬，处地梗梓，贱於枯杨，德美非不相绝也，才力非不相悬也，彼则槁枯而远弃，此则为宗庙之瑚琏①者，通与不通也。

昔宫之奇为虞公画计，欲辞晋献公璧马之赂，而不假之夏阳之道，岂非金石之计哉！然虞公不听者，惑於珍怪之宝也。

本　行

璧玉珠玑，不御②於上，则玩好③之物弃於下；雕琢刻画之类，不纳於君，则淫伎曲巧绝於下。夫释农桑之事，入山海，采珠玑，捕豹翠，消筋力，散布泉④，以极耳目之好，快淫侈之心，岂不谬哉？

贾　谊

《新书·瑰玮》选文摘自阎振益、钟夏校注《新书校注》，中华书局 2000 年版。《簴赋》摘自龚克昌等评注《全汉赋评注》（前汉部分），花山文艺出版社 2003 年版。

新书·瑰玮

天下有瑰政於此：予民而民愈贫，衣民而民愈寒，使民乐而民

---

①　瑚琏：一种礼器。
②　御：进贡。《礼记·王制》载："千里之内以为御。"《正义》载："御是进御所须。"
③　玩好：《周礼·天官大府》载："凡式贡之余财，以共玩好之用。"疏云："以供玩好器物之用。"
④　散布泉：意为流布于民间。

愈苦，使民知而民愈不知避县网①，甚可瑰也！今有玮术②於此：夺民而民益富也，不衣民而民益暖，苦民而民益乐，使民愚而民愈不罗县网。陛下无意少听其数乎？

夫雕文刻镂周③用之物繁多，纤微苦窳④之器日变而起，民弃完坚而务雕镂纤巧以相竞高。作之宜一日，今十日不轻能成。用一岁，今半岁而弊。作之费日挟功，用之易弊。不耕而多食农人之食，是天下之所以困贫而不足也。故以末予民，民大贫；以本予民，民大富。

黼黻文绣纂组害女工。⑤且夫百人作之，不能衣一人，方且万里不轻能具天下之力，势安得不寒？世之俗侈相耀，人慕其所不如，悚迫於俗，愿其所未至，以相竞高，而上非有制度也。今虽刑余鬻妾下贱⑥，衣服得过诸侯、拟天子，是使天下公得冒主而夫人务侈也。冒主务侈，则天下寒而衣服不足矣。故以文绣衣民而民愈寒；以褫⑦民，民必暖而有余布帛之饶矣。

夫奇巧末技、商贩游食之民，形佚乐而心县愆⑧，志苟得而行淫侈，则用不足而蓄积少矣；即遇凶旱，必先困穷迫身，则苦饥甚焉。今驱民而归之农，皆著於本，则天下各食於力。末技、游食之民转而缘南亩，则民安性劝业而无县愆之心，无苟得之志，行恭俭蓄积而人乐其所矣，故曰"苦民而民益乐"也。

---

① 县网：县通"悬"，指法规、法律。

② 玮术：奇特的方法。

③ 周：俞樾的《诸子平议》认为当为"害"字之误，据文意以作"害"为长。

④ 苦窳：亦作"楛窳"，质量低劣不结实。

⑤ 黼黻（fǔ fú）：古代礼服上的绣花纹。纂组：本为红色丝带，此处泛指丝织品。

⑥ 刑余：受过肉刑又存活下来的人。鬻妾：指娼妓。

⑦ 褫（chǐ）：剥去衣服。

⑧ 县愆：即悬愆，放纵邪念。

世淫侈矣，饰知巧以相诈利者为知士，敢犯法禁昧大奸者为识理。故邪人务而日形，奸诈繁而不可止，罪人积下众多而无时已。君臣相冒，上下无辨，此生於无制度也。今去淫侈之俗，行节俭之术，使车舆有度，衣服器械各有制数。制数已定，故君臣绝尤①，而上下分明矣。擅遏则让，上僭者诛，故淫侈不得生，知巧诈谋无为起，奸邪盗贼自为止，则民离罪远矣。知巧诈谋不起，所谓愚。故曰"使民愚而民愈不罗县网"。

此四者，使君臣相冒，上下无别，天下困贫，奸诈盗贼并起，罪人蓄积无已者也，故不可不急速救也。

簴② 赋

牧③太平以深志，象巨兽之屈奇；妙雕文以刻镂，舒循尾之采垂；举其锯牙以左右相指，负大钟而欲飞。

妙雕文以刻镂兮，象巨兽之屈奇兮；戴高角④之峨峨，负大钟而顾飞。美哉烂兮，亦天地之大式。

樱挛拳以蟉虬⑤，负大钟而欲飞。

刘 安

《淮南子》诸篇选文摘自何宁撰《淮南子集释》，中华书局1998年

---

① 绝尤：绝对不同，相差明显。
② 簴：古代悬挂钟鼓磬的纵柱。
③ 牧：封建时代统治百姓叫"牧"。
④ 高角：指两柱上巨兽的角。
⑤ 蟉虬：弯曲的样子。

版。《屏风赋》选文摘自龚克昌等评注《全汉赋评注》(前汉部分)，花山文艺出版社 2003 年版。

淮南子

俶真训

今夫冶工之铸器金踊跃於炉中，必有波溢而播弃者，其中地而凝滞，亦有以象於物者矣。其形虽有所小用哉，然未可以保①於周室之九鼎也，又况比於规形②者乎？其与道相去亦远矣！

……

百围之木，斩而为牺尊③，镂之以剞劂④，杂之以青黄，华藻镈鲜，龙蛇虎豹，曲成文章。然其断在沟中，壹比牺尊沟中之断，则丑美有间矣，然而失木性钧也。

本经训

太清之始也，和顺以寂漠，质真而素朴，闲静而不躁，推而无故，在内而合乎道，出外而调于义，发动而成於文，行快而便於物⑤，其言略而循理，其行侻⑥而顺情，其心愉而不伪，其事素而不饰，是以不择时日，不占卦兆，不谋所始，不议所终，安则止，激则行，通体于天地，同精於阴阳，一和于四时，明照于日月，与造化者相

---

① 保：通"宝"。

② 规形：模子，模型。形：通"型"。

③ 牺尊：古代一种酒器。作牺牛形，或于尊腹刻画牛形。牺牛是古代祭礼用的纯色牛。

④ 剞劂：刻镂用的曲刀。

⑤ 文：文章。本指礼法制度，这里指合道的规则。便：有利。

⑥ 侻：原注作"简易也"，又有适当的意思。又读 tuì(退)，有美好、相宜的意思。三种解释相通。

雌雄。是以天覆以德，地载以乐①，四时不失其叙，风雨不降其虐，日月淑清而扬光，五星循轨而不失其行。……逮至衰世，镌②山石，鍱③金玉，擿④蚌蜃，消⑤铜铁，而万物不滋。刳胎杀夭⑥，麒麟不游，覆巢毁卵，凤凰不翔，钻燧取火，构木为台，焚林而田，竭泽而渔，人械不足，畜藏有余，而万物不繁兆萌牙，卵胎而不成者，处之太半矣。积壤而邱处，粪田而种谷，掘地而井饮，疏川而为利，筑城而为固，拘兽以为畜，则阴阳缪戾⑦，四时失叙，雷霆毁折，电霰降虐，氛雾霜雪不霁，而万物燋⑧夭；菑榛秽，聚埒亩⑨，芟野菼⑩，长苗秀，草木之句萌⑪衔华戴实而死者，不可胜数。乃至夏屋宫驾，县联房植⑫，橑檐榱题⑬，雕琢刻镂，乔枝菱阿，夫容芰荷，五采争胜，流漫陆离，修掞曲挍⑭，夭矫曾桡⑮，芒繁纷挐⑯，以相交持：公输王尔，无所错⑰其剞劂削锯。然犹未能澹⑱人主之欲也。

---

① 地载以乐：原注作"乐，生也"。
② 镌：开凿。
③ 鍱：雕刻。
④ 擿：摘取。
⑤ 消：通"销"，熔化金属。
⑥ 刳胎杀夭：剖取兽胎，杀死幼兽。
⑦ 缪戾：错乱。缪：通"谬"。
⑧ 燋：通"憔"，憔悴，枯萎。
⑨ 菑：除草。埒：田界。
⑩ 芟：杀除。菼：草。
⑪ 句萌：草木出土之幼芽，拳曲者叫句，有芒而直者叫萌。
⑫ 夏屋：大屋。县联：屋檐板。
⑬ 橑：屋椽。榱题：屋椽的端头。
⑭ 修掞：修长舒展。曲挍：弯曲纷杂。
⑮ 夭矫：屈伸貌，或作"夭挢"。曾桡：层叠弯曲。曾：通"层"。
⑯ 芒繁：细密繁多。纷挐：杂乱牵持。
⑰ 错：通"措"，处置、施行。
⑱ 澹：通"赡"，满足，供给。

是以松柏箘露夏槁，江、河、三川，绝而不流，夷羊①在牧，飞蛩满野，天旱地坼，凤皇不下，句爪居牙戴角出距之兽於是鸷矣。民之专室蓬庐，无所归宿，冻饿饥寒死者，相枕席也。及至分山川溪谷，使有壤界，计人多少众寡，使有分数，筑城掘池，设机械险阻以为备，饰②职事，制服等③，异贵贱，差贤不肖，经诽誉，行赏罚，则兵革兴而分争生，民之灭抑夭隐，虐杀不辜而刑诛无罪於是生矣。

主术训

故古之为车也，漆者不画，凿者不斫。

是故人主好鸷鸟猛兽，珍怪奇物，狡躁康荒④，不爱民力，驰骋田猎，出入不时。如此，则百官务乱，事勤财匮，万民愁苦，生业不修矣。人主好高台深池，雕琢刻镂，黼黻文章，绨纮绮绣，宝玩珠玉，则赋敛无度，而万民力竭矣。

是故贤主之用人也，犹巧工之制木也：大者以为舟航⑤柱梁，小者以为楫楔⑥，修者以为櫩榱⑦，短者以为朱儒枅栌⑧：无小大修短，各得其所宜，规矩方圆，各有所施。

---

① 夷羊：原注为"土神"，或谓神兽。
② 饰：整治，整敕。
③ 服等：服饰的等级差别。
④ 狡躁：狂暴。康荒：淫乐迷乱。
⑤ 航：两小船并与共济为航。
⑥ 楫楔：船桨与木楔。
⑦ 櫩：同"檐"。榱：即椽子。
⑧ 朱儒：蹲跪在屋梁短柱上的小木人。枅：柱上的方木。栌：斗拱。

齐俗训

故剞劂销锯陈，非良工不能以制木；炉橐埵坊①设，非巧冶不能以冶金。屠牛吐一朝解九牛，而刀可以剃毛；庖丁用刀十九年，而刀如新剖硎：何则？游乎众虚之间。若夫规矩钩绳者，此巧之具也，而非所以巧。故瑟无弦，虽师文不能以成曲；徒弦则不能悲。故弦，悲之具也，而非所以为悲也。若夫工匠之为连镤运开、阴闭、眩错②，入於冥冥之眇，神调之极，游乎心手众虚之间，而莫与物为际者，父不能以教子。瞽师之放意相物，写神愈舞，而形乎弦者，兄不能以喻弟。今夫为平者准也，为直者绳也。若夫不在於绳准之中，可以平直者，此不共之术也。

治国之道，上无苛令，官无烦治，士无伪行，工无淫巧，其事经而不扰，其器完而不饰。乱世则不然，为行者相揭以高，为礼者相矜以伪，车舆极於雕琢，器用逐於刻镂，求货者争难得以为宝，诋文③者处烦挠以为慧。争为佹辩，久稽而不诀，无益于治；工为奇器，历岁而后成，不周於用。故神农之法曰："丈夫丁壮而不耕，天下有受其饥者。妇人当年而不织，天下有受其寒者。"

衰世之俗，以其知巧诈伪，饰众无用，贵远方之货，珍难得之财，不积於养生之具。浇天下之淳，析天下之朴，牿服④马牛以为

---

① 橐：风箱。埵：风箱与火炉相连的通风管。坊：土刑，即铸造用的土模型，刑通"型"。

② 镤同"机"。此句极言匠人所制造的机械精巧复杂。

③ 诋文：调文，或作掉文，意即掉书袋。

④ 牿服：圈禁，制伏。牿：关牛马的圈栏。

牢。滑乱万民，以清为浊，性命飞扬，皆乱以营，贞信漫澜①，人失其情性。於是乃有翡翠犀象、黼黻文章以乱其目，刍豢黍粱、荆吴芬馨以嗛其口，钟鼓管箫、丝竹金石以淫其耳，趋舍行义、礼节谤议以营其心。於是百姓糜沸豪乱，暮行逐利，烦挐浇浅。法与义相非，行与利相反，虽十管仲弗能治也。且富人则车舆衣纂锦，马饰傅旄象，帷幕茵席，绮绣绦组②，青黄相错，不可为象；贫人则夏被褐带索，含菽饮水，以充肠，以支暑热，冬则羊裘解札，短褐不掩形而炀灶口③；故其为编户齐民无以异，然贫富之相去也，犹人君与仆虏，不足以论之。

夫乘奇技，伪邪施者，自足乎一世之间；守正修理④不苟得者，不免乎饥寒之患；而欲民之去末反本，是由发其原而壅其流也。夫雕琢刻镂，伤农事者也；锦绣纂组，害女工者也；农事废，女工伤，则饥之本而寒之原也。夫饥寒并至，能不犯法干诛者，古今之未闻也。

修务训

夫纯钩鱼肠⑤之始下型，击则不能断，刺则不能入，及加之以砥砺，摩其锋锷，则水断龙舟，陆剸犀甲。明镜之始下型，蒙然未见形容，及其粉以玄锡，摩以白旃⑥，鬓眉微豪，可得而察。

……昔者、苍颉作书，容成造历，胡曹为衣，后稷耕稼，仪狄

---

① 漫澜：散失貌。

② 绦组：用丝线编成的带子。《说文》载："绦，扁绪也"；"组，绶属。其小者以为冠缨"。

③ 炀灶口：在灶口烤火取暖。

④ 守正修理：张双棣《校释》引陈昌齐云："'修'当作'循'"。

⑤ 纯钩鱼肠：宝剑名。

⑥ 旃：同"毡"。

作酒，奚仲为车。① 此六人者，皆有神明之道，圣智之迹，故人作一事而遗后世，非能一人而独兼有之。各悉其知，贵其所欲达，遂为天下备。

……故弓待檠②而后能调，剑待砥而后能利。玉坚无敌，镂以为兽，首尾成形，礛诸③之功；木直中绳，揉以为轮，其曲中规，檃括④之力。唐碧坚忍之类，犹可刻镂，揉以成器用，又况心意乎？

……

今剑或绝侧嬴文⑤，啮缺⑥卷鉔，而称以顷襄之剑，则贵人争带之。琴或拨剌枉桡，阔解漏越，而称以楚庄之琴，侧室争鼓之。苗山之铤，羊头之销⑦，虽水断龙舟，陆剸兕甲，莫之服带。山桐之琴，涧梓之腹，虽鸣廉修营，唐牙莫之鼓也。通人则不然。服剑者期於铦利，而不期於墨阳、莫邪；乘马者期於千里，而不期於骅骝绿耳；鼓琴者期於鸣廉修营，而不期於滥胁号钟；诵《诗》、《书》者，期於通道略物，而不期於《洪范》《商颂》。

泰族训

故良匠不能斫金，巧冶不能铄木，金之势不可斫，而木之性不可铄也。埏埴而为器，窬木而为舟，铄铁而为刃，铸金而为钟，因其可也。

---

① 容成：黄帝臣。胡曹：黄帝臣。仪狄：禹臣。奚仲：夏臣。

② 檠：矫正弓弩的器具。

③ 礛诸：治玉之石。

④ 檃括：矫正竹木弯曲度的工具。

⑤ 绝：无。侧：侧边。嬴：缺损。文：同"纹"。

⑥ 啮缺：谓锋刃的缺口像被咬啮而成。

⑦ 铤：王念孙认为"铤"当作"铤"，《说文》曰"铤，铜铁樸"，即铜铁矿石。销：当训"生铁"。

水火金木土谷异物而皆任,规矩权衡准绳异形而皆施,丹青胶漆不同而皆用:各有所适,物各有宜。轮圆舆方,辕从衡横,势施便也。骖欲驰,服欲步,带不厌新,钩不厌故,处地宜也。

屏风赋

维兹屏风,出自幽谷。根深枝茂,号为乔木。孤生陋弱,畏金强族。移根易土,委伏沟渎。飘飘殆危,靡安措足。思在蓬蒿,林有朴樕①。然常无缘,悲愁酸毒,天启我心,遭遇微禄。中郎缮理,收拾捐朴;大匠攻之,刻雕削斫。表虽裂剥,心实贞悫②。等化器类,庇荫尊屋;列在左右,近君头足。赖蒙成济③,其恩弘笃;何恩施遇,分好沾渥④。不逢仁人,永为朽木。

刘 胜

刘胜(公元前 165—前 113),汉景帝刘启之子,汉武帝刘彻异母兄,西汉诸侯王。选文摘自龚克昌等评注《全汉赋评注》(前汉部分),花山文艺出版社 2003 年版。

---

① 朴樕:木名,亦作"樕朴"。
② 悫:诚实、忠厚。
③ 成济:成全,成就。
④ 分好:情义,友谊。沾渥:蒙受。

文木赋

丽木离披,生彼高崖。拂天河而布叶,横日路而擢枝①。幼雏
赢𪅂②,单雄寡雌,纷纭翔集,嘈嗷鸣啼。载重雪而梢劲风,将等岁
于二仪③。巧匠不识,王子④见知。乃命班尔,载斧伐斯,隐若天
崩,豁如地裂。华叶分披,条枝摧折。既剥既刊,见其文章。或如
龙盘虎踞,复以鸾集凤翔。青缟紫绶⑤,环璧珪璋⑥。重山累嶂,连
波叠浪。奔电屯云,薄雾浓雾。麎宗骥旅⑦,鸡族雉群。蜀绣鸳
锦⑧,莲薄芰文。色比金而有裕,质参玉而无分。裁为用器,曲直
舒卷,修竹映池,高松植嶬⑨。制为乐器,婉转蟠纡。风将九子,龙
导五驹。制为屏风,郁弟穹隆⑩。制为杖几,极丽穷美。制为枕案,
文章璀璨,彪炳涣汗⑪。制为盘盂,采玩踟蹰⑫。猗欤君子,其乐
只且。⑬

---

① 日路:太阳经过的道路。擢:拔,植物滋长。
② 𪅂:待母哺食的幼鸟。
③ 二仪:即两仪,也即天与地。《易传·系辞上》载:"易有太极,是生两仪。"
④ 王子:这里指鲁恭王刘馀。
⑤ 缟:紫青色的绶。绶:用以拴系玉饰和印章的丝质带子。
⑥ 环璧珪璋:四种玉器。环为圆圈形;璧为平圆形,内有孔,边宽为内孔直径的两
倍;珪上尖下方;璋为半珪之形。珪:同"圭"。
⑦ 麎宗骥旅:成群的鹿和马。麎:同"麚",牡鹿。
⑧ 蜀绣鸳锦:绣有蛱蝶鸳鸯的锦缎。蜀:蛱蝶类的幼虫。
⑨ 嶬:高峰。
⑩ 郁弟:山势高峻的样子。穹隆:屈曲的样子。
⑪ 彪炳:文采焕发的样子。涣汗:光彩四射的样子。
⑫ 采玩:光彩夺目的样子。踟蹰:自得的样子。
⑬ 猗欤:同"猗与",赞叹词。只且(jū):赞叹词。

邹 阳

邹阳（约公元前 206—前 129），齐（治今山东淄博市临淄区北）人，西汉文学家。曾为吴王刘濞、梁孝王刘武门客。选文摘自龚克昌等评注《全汉赋评注》（前汉部分），花山文艺出版社 2003 年版。

几 赋

韩安国①作几赋，不成。邹阳代作，其词曰：

高树凌云，蟠纡烦冤②。旁生附枝，王尔公输之徒，荷斧斤，援葛藟③，攀乔枝，上不测之绝顶，伐之以归。眇者督直④，聋者磨砻⑤。齐贡金斧，楚人名工，乃成斯几。离奇仿佛⑥，似龙蟠马回，凤去鸾归。君王凭之，圣德日跻。

桓 宽

选文摘自王利器校注《盐铁论校注》，中华书局 1992 年版。

---

① 韩安国：西汉梁国成安（今河南民权县东）人，字长孺，事梁孝王为中大夫。《史记》《汉书》有传。
② 烦冤：婉转回旋貌。
③ 葛藟：皆为蔓生植物。
④ 眇者督直：瞎一只眼睛的负责查看直线。
⑤ 聋者磨砻：耳聋的负责琢磨。
⑥ 仿佛：约略可见的形迹。

盐铁论

殊 路

大夫曰："至美素璞，物莫能饰也。至贤保真，伪文莫能增也。故金玉不琢，美珠不画。今仲由、冉求无檀柘之材，隋、和之璞，而强文之，譬若雕朽木而砺铅刀，饰嫫母①画土人也。被以五色，斐然成章，及遭行潦流波，则沮矣。夫重怀古道，枕籍《诗》、《书》，危不能安，乱不能治，邮里逐鸡，鸡亦无党②也？"

文学曰："非学无以治身，非礼无以辅德。和氏之璞，天下之美宝也、待礛诸之工而后明。毛嫱，天下之姣人也，待香泽脂粉而后容。周公，天下之至圣人也，待贤师学问而后通。今齐世庸士之人，不好学问，专以己之愚而荷负臣任，若无楫舻，济江海而遭大风，漂没於百仞之渊，东流无崖之川，安得沮而止乎？"

大夫曰："性有刚柔，形有好恶，圣人能因而不能改。孔子外变二三子之服，而不能革其心。故子路解长剑，去危冠，屈节於夫子之门，然摄齐师友，行行尔，鄙心③犹存。宰予昼寝，欲损三年之丧。孔子曰：'粪土之墙，不可圬也'④，'若由不得其死然'⑤。故内无其质而外学其文，虽有贤师良友，若画脂镂冰，费日损功。故良师不能饰戚施，香泽不能化嫫母也。"

文学曰："西子蒙以不洁，鄙夫掩鼻；恶人盛饰，可以宗祀上帝。使二人不涉圣人之门，不免为穷夫，安得卿大夫之名？故砥所

---

① 嫫母：传说黄帝时候的丑女名。
② 党：里党、乡党。
③ 鄙心：小人之心。
④ 典出自《论语·公冶长》。
⑤ 典出自《论语·阳货》。

以致於刃，学所以尽其才也。孔子曰：'觚不觚，觚哉，觚哉！'①故人事加则为宗庙器，否则斯养之爨材②。干、越之铤不厉，匹夫贱之；工人施巧，人主服③而朝也。夫丑者自以为姣，故饰；愚者自以为知，故不学。观笑在己而不自知，不好用人，自是之过也。"

崇　礼

大夫曰："饰几杖，修樽俎，为宾，非为主也。炫耀奇怪，所以陈四夷，非为民也。夫家人有客，尚有倡优奇变之乐，而况县官乎？故列羽旄，陈戎马，所以示威武，奇虫珍怪，所以示怀广远、明盛德，远国莫不至也。"

贤良曰："王者崇礼施德，上仁义而贱怪力，故圣人绝而不言。孔子曰：'言忠信，行笃敬，虽蛮、貊之邦，不可弃也。'④今万方绝国之君奉贽献者，怀天子之盛德，而欲观中国之礼仪，故设明堂、辟雍以示之，扬干戚、昭《雅》、《颂》以风之。今乃以玩好不用之器，奇虫不畜之兽，角抵诸戏，炫耀之物陈夸之，殆与周公之待远方殊。昔周公处谦以卑士，执礼以治天下，辞越裳之赞，见恭让之礼也；既，与入文王之庙，是见大孝之礼也。目睹威仪干戚之容，耳听清歌《雅》、《颂》之声，心充至德，欣然以归，此四夷所以慕义内附，非重译狄鞮来观猛兽熊罴也。夫犀象兕虎，南夷之所多也；骡驴駃驼，北狄之常畜也。中国所鲜，外国贱之，南越以孔雀珥门户，昆山之旁，以玉璞抵乌鹊。今贵人之所贱，珍人之所饶，非所以厚中国，明盛德也。隋、和，世之名宝也，而不能安危存亡。故喻德示威，惟贤臣良相，不在犬马珍怪。是以圣王以贤为宝，不以珠玉为

---

① 典出自《论语·公治长》。
② 爨材：烧火煮饭用的废材。
③ 服：带剑叫作"服"。
④ 典出自《论语·卫灵公》。

宝。昔晏子修之樽俎之间，而折冲乎千里；不能者，虽隋、和满箧，无益於存亡。”

傅　毅

选文摘自龚克昌等评注《全汉赋评注》（后汉部分），花山文艺出版社 2003 年版。

琴　赋

历嵩岑而将降，睹鸿梧于幽阻。高百仞而不枉，对修条以持处。蹈通涯而将图①，游兹梧之所宜。盖雅琴之丽朴，乃升伐其孙枝。命离娄使布绳，施公输之剖劂。遂雕琢而成器，揆②神农之初制。尽声变之奥妙，抒心志之郁滞。

绝激哇③之淫。

时促均而增徽④，接角徵而控商。

明仁义以厉己，故永御⑤而密亲。

刘　向

选文摘自向宗鲁校证《说苑校证》，中华书局 1987 年版。

---

① 通涯：通达山崖的水边。图：将砍伐梧桐。
② 揆：估量，这里指仿效。
③ 激哇：指淫乱之声。
④ 均：古弦乐器的调律器，长七尺，系以丝，以节音乐。徽：琴徽，系琴之绳。
⑤ 御：进用。

说　苑

正　谏

齐桓公谓鲍叔曰："寡人欲铸大钟，昭寡人之名焉。寡人之行，岂避①尧舜哉！"鲍叔曰："敢问君之行？"桓公曰："昔者，吾围谭②三年，得而不自与者，仁也；吾北伐孤竹，划③令支而反者，武也；吾为葵邱之会，以偃天下之兵者，文也；诸侯抱美玉而朝者九国，寡人不受者，义也；然则文武仁义，寡人尽有之矣，寡人之行，岂避尧舜哉？"鲍叔曰："君直言，臣直对。昔者，公子纠在上位而不让，非仁也；背太公之言而侵鲁境，非义也；坛场④之上，诎於一剑⑤，非武也；姪娣不离怀衽，非文也；凡为不善遍於物，不自知者，无天祸，必有人害。天处甚高，其听甚下。除君过言，天且闻之。"桓公曰："寡人有过，子幸记之，是社稷之福也；子不幸教，几有大罪，以辱社稷。"

……

泰山之溜⑥穿石，引绳久之，乃以挈木。木非石之钻，绳非木之锯也，而渐靡使之然。夫铢铢而称之，至石⑦必差，寸寸而度之，至丈必过，石称丈量，径而寡失。夫十围之木，始生於蘖⑧，可引

---

① 避：让，亚于。
② 谭：西周国名，嬴姓，子爵，春秋时灭于齐。
③ 划：通"铲"，铲除，消灭。
④ 坛场：会盟的高台。
⑤ 诎於一剑：鲁庄公十三年（公元前681），鲁败于齐，献出城邑土地与齐国在柯地会盟。鲁庄公有勇士曹沫在盟坛上用剑劫持齐桓公，迫使他归还鲁国土地。诎：同"屈"。
⑥ 溜：小股水流。
⑦ 石：古代重量单位。
⑧ 蘖：树木被砍后重新长出的枝条。

而绝，可擢而拔，据其未生，先其未形。磨砻砥砺①，不见其损，有时而尽；种树畜长，不见其益，有时而大；积德修行，不知其善，有时而用；行恶为非，弃义背理，不知其恶，有时而亡。

敬　慎

孔子观於周庙，而有欹器②焉。孔子问守庙者曰："此为何器?"对曰："盖为右坐之器③。"孔子曰："吾闻右坐之器，满则覆，虚则欹，中则正。有之乎?"对曰："然!"孔子使子路取水而试之，满则覆，中则正，虚则欹。孔子喟然叹曰："呜呼! 恶有满而不覆者哉!"子路曰："敢问持满有道乎?"孔子曰："持满之道，挹而损之。"子路曰："损之有道乎?"孔子曰："高而能下，满而能虚，富而能俭，贵而能卑，智而能愚，勇而能怯，辩而能讷，博而能浅，明而能暗：是谓损而不极，能行此道，唯至德者及之。"《易》曰④："不损而益之，故损，自损而终故益。"

谈　丛

已⑤雕已琢，还反於朴。物之相反，复归於本。

寸而度之⑥，至丈必差；铢而称之⑦，至石必过。石称、丈量，

---

① 磨砻砥砺：石磨、碾石和磨刀石。

② 欹器：倾斜易覆的器皿。

③ 右坐之器：也作"宥坐器"，即欹器。它注满就会倒，内空时倾向一边，不多不少时就端正。饮酒时置于座位右侧，提醒人不要过或不及，故称右坐之器。

④ 《易》曰：以下所引，并非《易经》原文。

⑤ 已：制止、免除。

⑥ 寸而度之：一寸一寸地量长度。

⑦ 铢而称之：一铢一铢地称重量。

径而寡失；简丝数米①，烦而不察。故大较②易为智，曲辩难为慧。

反　质

魏文侯问李克曰："刑罚之源安生？"李克曰："生於奸邪淫佚之行。凡奸邪之心，饥寒而起。淫佚者，久饥之诡也。雕文刻镂，害农事者也。锦绣纂组③，伤女工者也。农事害，则饥之本也；女工伤，则寒之原也。饥寒并至，而能不为奸邪者，未之有也。男女饰美以相矜，而能无淫佚者，未尝有也。故上不禁技巧则国贫民侈。国贫民侈则贫穷者为奸邪，而富足者为淫佚。则驱民而为邪也。民以为邪，因以法随诛之，不赦其罪，则是为民设陷也。刑罚之起有原，人主不塞其本而替其末，伤国之道乎？"文侯曰："善，以为法服④也"。

秦穆公闲问由余曰："古者明王圣帝，得国失国，当何以也？"由余曰："臣闻之，当以俭得之，以奢失之。"穆公曰："愿闻奢俭之节。"由余曰："臣闻尧有天下，饭於土簋⑤，啜於土瓶⑥。其地南至交阯，北至幽都，东西至日所出入，莫不宾服。尧释⑦天下，舜受之。作为食器，斩木而裁之。销铜铁，修其刃，犹漆黑之以为器。诸侯侈。国之不服者十有三。舜释天下，而禹受之。作为祭器，漆其外，而朱画其内。缯帛为茵褥，觞勺有彩，为饰弥侈。而国之不服者三十有二。夏后氏以没，殷周受之。作为大器⑧，而建九傲⑨，食器雕琢，觞勺刻镂。四壁四帷，茵席雕文，此弥侈矣。而国之不

---

① 简丝数米：查检丝缕，清数米粒。

② 大较：大法。

③ 纂组：赤色的绶带。

④ 法服：法用、法则。

⑤ 土簋：盛饭的瓦器。

⑥ 土瓶："瓶"与"铏"同，土瓶即土铏，为土陶鼎锅，盛汤用。

⑦ 释：放弃，这里指禅让。

⑧ 大器：《韩非子》作"大路"，同"大辂"，帝王专用的车乘。

⑨ 九傲：天子旌旗的名称。

服者五十有二。君好文章，而服者弥侈。故曰：侈其道也。"由余出，穆公召内史廖而告之，曰："寡人闻邻国有圣人，敌国之忧也。今由余圣人也，寡人患之。吾将奈何？"内史廖曰："夫戎辟①而辽远，未闻中国之声也。君其遗之女乐②，以乱其政，而厚③为由余请期，以疏其间。彼君臣有间，然后可图。"君曰："诺。"乃以女乐三九遗戎王，因为由余请期。戎王果见女乐而好之，设酒听乐，终年不迁，马牛羊半死。由余归谏，谏不听，遂去入秦。穆公迎而拜为上卿，问其兵执，与其地利，既以得矣，举兵而伐之，兼国十二，开地千里。穆公奢主，能听贤纳谏，故霸西戎。西戎淫於乐，诱於利，以亡其国，由离质朴也。

蔡　邕

选文摘自龚克昌等评注《全汉赋评注》（后汉部分），花山文艺出版社 2003 年版。

弹琴赋

尔乃言求茂木，周流四垂。观彼椅桐，层山之陂。丹华炜炜④，绿叶参差。甘露润其末，凉风扇其枝。鸾凤翔其颠，玄鹤巢其岐⑤。考之诗人，琴瑟是宜。爰制雅器，协之钟律。通理治性，恬淡清溢。

---

① 辟：同"僻"，偏远。

② 女乐：成套的歌伎舞女。

③ 厚：同"后"。

④ 炜炜：光彩炫耀。

⑤ 岐：同"歧"，即分枝、分杈，指树枝上的分杈处。

尔乃清声发兮五音举，韵宫商兮动徵羽，曲引兴兮繁丝抚。然后哀声既发，祕弄①乃开。左手抑扬，右手徘徊。抵掌反复，抑案藏摧②。於是繁弦既抑，雅韵乃扬。仲尼思归，《鹿鸣》三章。《梁甫》悲吟，周公越裳。青雀西飞，别鹤东翔。饮马长城，楚曲明光。楚姬遗叹，鸡鸣高桑。走兽率舞，飞鸟下翔。感激弦歌，一低一昂。

丹弦既张，八音既平③。

间关九弦，出入律吕④；屈伸低昂，十指如雨。

一弹三欷，曲有馀哀。

有清灵之妙。

苟斯乐之可贵，宜⑤箫琴之足听。

于是歌人恍惚以失曲。舞者乱节而忘形。哀人塞耳以惆怅，辕马蹀足以悲鸣。⑥

笔 赋

昔苍颉创业，翰墨作用，书契兴焉。夫制作上圣⑦立宪者，莫先乎笔。详原其所由，究察其成功，铄乎焕乎，弗可尚也。

惟其翰⑧之所生，于季冬之狡兔；性精亟以慓悍，体遄迅以骋

---

① 祕弄：新奇的乐曲。祕：同"秘"，新奇，稀奇。弄：乐曲。

② 抑案：按压。案：通"按"。藏摧：五脏为之摧折。藏：通"脏"。

③ 八音：我国古代对乐器的统称。《尚书·舜典》记："三载，四海遏密八音。"孔传："八音：金、石、丝、竹、匏、土、革、木。"八音既平：指八音协畅。

④ 出入律吕：指所弹琴声都符合律吕。

⑤ 宜：应当，正是。

⑥ 哀人：忧郁哀伤的人。蹀足：踏步，顿足。

⑦ 上圣：至圣，指有道德、智慧超群的人。

⑧ 翰：毛笔，古代用羽毛代笔，故以"翰"代称。这里指兔毛。

步①。削文竹以为管，加漆丝之缠束；形调搏②以直端，染玄墨以定色。画乾坤之阴阳，赞虑皇③之洪勋；叙五帝之休德，扬荡荡之典文。纪三王之功伐兮，表八百④之肆觐；传六经而缀百氏兮，建皇极而序彝伦。⑤综人事于晻昧兮，赞幽冥于明神。象类多喻，靡施不协。⑥上刚下柔，乾坤位也。新故代谢⑦，四时次也。圆和正直，规矩极也。玄首黄管，天地色也。

团扇赋

裁帛制扇，陈象应矩。轻彻妙好，其辎⑧如羽。动角扬徵，清风逐暑。春夏用事，秋冬潜处。

刘　熙

刘熙，约生于160年，卒年不详，字成国，北海(今山东昌乐县西)人，官至南安太守，东汉经学家、训诂学家。其著作《释名》，体例仿照《尔雅》，以声训义，是研究汉语语源学的要典。选文摘自《释名》，中华书局1985年版。

---

① 精弧：精明急躁。遄迅：迅速，疾速。骋步：奔跑。
② 调搏：理齐扎捆。
③ 虑皇：神话传说中的人物，又称伏羲。
④ 八百：指周武王伐殷时，八百诸侯会盟于孟津。
⑤ 百氏：指诸子百家。皇极：指皇帝施政治世的法式。
⑥ 象类多喻，靡施不协：指笔发挥上述所说的画、赞、叙、扬、纪、表、传、缀、建、序、综等作用，都得心应手，十分停当。
⑦ 新故代谢：指由竹子变成笔杆，由兔毛变为笔毛。
⑧ 辎：轻。《诗经·大雅·烝民》载："德辎如毛。"郑玄注："辎，轻。"

释名序

熙以为自古造化，制器立象，有物以来，迄於近代，或典礼所制，或出自民庶，名号雅俗，各方多殊。圣人於时，就而弗改，以成其器，著於既往。哲夫巧士，以为之名，故兴於其用，而不易其旧，所以崇易简、省事功也。夫名之与实，各有义类，百姓日称而不知其所以之意。故撰天地、阴阳、四时、邦国、都鄙、车服、丧纪，下及民庶应用之器，论叙指归，谓之《释名》，凡二十七篇。至於事类，未能究备。凡所不载，亦欲智者以类求之。博物君子，其答难解惑，王父幼孙朝夕侍问以塞，可谓之士，聊可省诸。

葛　洪

选文摘自《西京杂记》，中华书局 1985 年版。

西京杂记

天子笔管，以错宝为跗，毛皆以秋兔之毫，官师路扈为之。以杂宝为匣，厕以玉璧翠羽，皆直百金。

汉制天子玉几，冬则加绨锦其上，谓之绨几。以象牙为火笼，笼上皆散华文，后宫则五色绫文。以酒为书滴①，取其不冰；以玉为砚，亦取其不冰。夏设羽扇，冬设缯扇。公侯皆以竹木为几，冬则以细罽②为橐以凭之，不得加绨锦。

---

① 书滴：又称水滴、砚滴，是一种古老的汉族文房器物，贮存砚水供磨墨之用。

② 罽：兽毛织品。

赵飞燕女弟居昭阳殿，中庭彤朱，而殿上丹漆，砌皆铜沓，黄金涂，白玉阶，壁带①往往为黄金釭，含蓝田璧，明珠翠羽饰之。②上设九金龙，皆衔九子金铃，五色流苏。带以绿文紫绶，金银花镊。每好风日，幡旄光影，照耀一殿，铃镊之声，惊动左右。中设木画屏风，文如蜘蛛丝缕，玉几玉床，白象牙簟，绿熊席。席毛长二尺余，人眠而拥毛自蔽，望之不能见，坐则没膝，其中杂熏诸香，一坐此席，余香百日不歇。有四玉镇，皆达照，无瑕缺。窗扉多是绿琉璃，亦皆达照，毛发不得藏焉。椽桷皆刻作龙蛇，萦绕其间，鳞甲分明，见者莫不兢栗。匠人丁缓、李菊，巧为天下第一。缔构既成，向其姊子樊延年说之，而外人稀知，莫能传者。

······

长安巧工丁缓者，为常满灯，七龙五凤，杂以芙蓉莲藕之奇。又作卧褥香炉，一名被中香炉。本出房风，其法后绝，至缓始更为之。为机环转运四周，而炉体常平，可置之被褥，故以为名。又作九层博山香炉，镂为奇禽怪兽，穷诸灵异，皆自然运动。又作七轮扇，连七轮，大皆径丈，相连续，一人运之，满堂寒颤。

高祖初入咸阳宫，周行库府，金玉珍宝，不可称言。其尤惊异者，有青玉五枝灯，高七尺五寸。作蟠螭，以口衔灯，灯燃，鳞甲皆动，焕炳若列星而盈室焉。复铸铜人十二枚，坐皆高三尺，列在一筵上，琴筑笙竽，各有所执，皆缀花采，俨若生人。筵下有二铜管，上口高数尺，出筵后。其一管空，一管内有绳，大如指，使一人吹空管，一人纽绳，则众乐皆作，与真乐不异焉。有琴长六尺，安十三弦，二十六徽，皆用七宝饰之，铭曰：璠玙之乐。玉管长二

---

① 壁带：壁中露出的像带一样的横木。

② 此句描写也见于《汉书·外戚传·孝成赵皇后》。

尺三寸，二十六孔，吹之则见车马山林，隐辚相次，吹息亦不复见，铭曰：昭华之琯。有方镜，广四尺，高五尺九寸，表里有明，人直来照之，影则倒见。以手扪心而来，则见肠胃五脏，历然无碍。人有疾病在内，则掩心而照之，则知病之所在。又女子有邪心，则胆张心动。秦始皇常以照宫人，胆张心动者则杀之。高祖悉封闭以待项羽，羽并将以东，后不知所在。

欧阳询

《艺文类聚》是唐代大型类书，编修于唐初，欧阳询主编。此书分四十六部，约百余万言。书中保存了大量两汉时期的工艺美学文献。选文摘自汪绍楹校《艺文类聚》，上海古籍出版社 1982 年版。

艺文类聚

服饰部上

《三辅旧事》：秦时奢泰，渭水贯都，以象天河，横桥南渡，以象牵牛，后宫列女，万有余人，妇人之气，上冲於天，缣帐绮帷，木衣绨绣，土被朱紫。

汉班婕妤《扇诗》曰：新裂齐纨素，鲜洁如霜雪。裁成合欢扇，团团似明月。出入君怀袖，动摇微风发。常恐秋节至，凉飚夺炎热。弃捐箧笥中，恩情中道绝。

服饰部下

后汉张纮《瑰材枕赋》曰：有卓尔之殊瑰，超诡异之邈绝，且其材色也，如芸之黄，其为香也，如兰之芳，其文彩也，如霜地而金茎，紫叶而红荣，有若蒲陶之蔓延，或如兔丝之烦萦，有若嘉禾之垂颖，又似灵芝之吐英。其似木者，有类桂枝之阑干，或象灌木之丛生；其似鸟者，若惊鹤之径逝，或类鸿鹍之上征；有若孤雌之无味，或效鸳鸯之交颈，纷云兴而气蒸，般星罗而流精。何众文之同朗，灼倏爡而发明。曲有所方，事有所成，每则异姿，动各殊名。众夥（此有脱文）不可殚形。制为方枕，四角正端，会致密固，绝际无间，形妍体法，既丽且闲，高卑得適，辟坚每安。不屑珠碧之饰助，不烦锥锋之镌镂，无丹漆之彤朱，冈觿象之佐副，较程形而灵露真（句有衍文）。众妙该而悉备，珪璋特达，玙璠富也，美梓逡巡，不敢与并，相思庶几，晞风於末列，神龙之姿，众鳞相绝。昔诗人称角枕之粲，季世加以锦绣之饰，皆比集异物，费日劳力，伤财害民，有损於德。岂如兹瑰，既剖既斫，斯须速成。一材而已，莫与混并，纤微无加，而美晔春荣。

蔡邕《警枕铭》曰：应龙蟠蛰，潜德保灵，制器象物，示有其形，哲人降鉴，居安闻倾。

张纮《瑰材枕箴》曰：或彧①其文，馥馥其芬，出自幽阻，升于毡茵，允瑰允丽，惟淑惟珍，安安文枕，贰彼弁冠，冠御于昼，枕式于昏，代作充用，荣己宁身，兴寝有节，适性和神。

舟车部
《淮南子》曰：见飞蓬转而为车，以类取之也。

---

① 或彧：文采华美的样子。

贾谊《书》曰：古之为路舆也，盖圜以象天，二十八橑，以象列星，轸方以象地，三十辐以象月，故仰则观天文，俯则察地理，前规啮则鸾和之响，四时之运，此乃舆教之道也。

应劭《汉仪》曰：天子法驾，所乘曰金根车。驾六龙，以御天下也。有五色安车①，有五色立车②，各一，皆驾四马，是为五时副车。

《大戴礼》曰：王升车则闻鸾和之声，是以非僻之心，无自入也。在衡为鸾，在轼为和，马行而鸾鸣，鸾鸣而和应，其声曰和，和则敬，此御之节也。

蔡邕《独断》曰：凡乘舆车，皆羽盖金华，又黄屋左翿金𦈈。黄屋者，盖以黄为里也；左翿者，以旄牛尾为之，大如斗，在左骖马头上；金𦈈者，马冠也。

后汉冯衍《车铭》曰：乘车必护轮，治国必爱民，车无轮安处，国无民谁与。

后汉崔骃《车左铭》曰：虞夏作车，取象机衡。君子建左，法天之阳。正位受绥，车不内顾，尘不出轨，鸾以节步。彼言不疾，彼指不躬，玄览于道，永思厥中。又《车右铭》曰：择御卜右，采德用良，询纳耆老，于我是匡。惟贤是师，惟道是式，箴阙旅贲，内顾

---

① 安车：古代可以坐乘的小车。古车立乘，此为坐乘，故称安车，供年老的高级官员及贵妇人乘用。安车多用一马，礼尊者则用四马。

② 立车：古代一种须站立乘行的车辆。

自勅。匪望其度，匪愆其则，越戒敦俭，礼以华国。又《车后铭》曰：敬其在路，体貌思恭，望衡顾毂，允慎兹容。无或好失，匪盘于游，顾省厥遗，虎尾斯求。昭德塞违，抑盈以无，虽有三晋，咸然若虚。

后汉李尤《小车铭》曰：员盖象天，方舆则地，轮法阴阳，动不相离。合之嗛嘘，疏达开通，两辐障邪，尊卑是从。輗轫①之用，信义所同。

---

① 輗轫：车辕与衡轭联结处插上的销子。区别而言，輗用于大车（牛车），轫用于小车（马车）。

五、生活美学

枚　乘

选文摘自龚克昌等评注《全汉赋评注》（前汉部分），花山文艺出版社 2003 年版。

七　发

　　楚太子有疾，而吴客往问之，曰："伏闻太子玉体不安，亦少间①乎？"太子曰："惫！谨谢客。"客因称曰："今时天下安宁，四宇和平，太子方富于年，意者久耽安乐，日夜无极；邪

---

① 少间：病稍好些。

气袭逆，中若结辖。① 纷屯澹淡，嘘唏烦酲②。惕惕怵怵，卧不得瞑。虚中重听，恶闻人声；精神越渫③，百病咸生。聪明眩曜，悦怒不平。久执不废，大命乃倾。太子岂有是乎?"太子曰："谨谢客。赖君之力，时时有之，然未至于是也。"

客曰："今夫贵人之子，必宫居而闺处，内有保母，外有傅父，欲交无所④。饮食则温淳甘膬，脭醲肥厚。⑤ 衣裳则杂遝曼暖，燀烁热暑。⑥ 虽有金石之坚，犹将销铄而挺解也，况其在筋骨之间乎哉?故曰：纵耳目之欲，恣支体之安者，伤血脉之和。且夫出舆入辇，命曰蹷痿⑦之机；洞房清宫⑧，命曰寒热之媒；皓齿娥眉，命曰伐性之斧；甘脆肥脓，命曰腐肠之药。今太子肤色靡曼，四支委随，筋骨挺解，血脉淫濯，手足堕窳⑨；越女侍前，齐姬奉后；往来游宴，纵恣于曲房隐间之中。此甘餐毒药，戏猛兽之爪牙也。所以来者至深远，淹滞永久而不废，虽令扁鹊治内，巫咸治外，尚何及哉！今如太子之病者，独宜世之君子，博见强识，承间语事，变度易意⑩，常无离侧，以为羽翼。淹沉之乐，浩唐之心，遁佚之志⑪，其奚由

① 袭逆：侵犯。辖：用皮革缠叠而成的车旁障碍物。结辖：将辖联结起来，比喻气结不畅。

② 烦酲：心中烦闷。酲：酒醉后神志不清。

③ 越渫：发泄，离散，涣散。越：飘散，散失。

④ 欲交无所：无处结交朋友。

⑤ 甘膬：甘香可口。膬：同"脆"。脭醲肥厚：即脭肥醲厚。

⑥ 杂遝：众多的样子。燀烁热暑：指穿的都是珍贵的皮裘之类的布料，容易发热，令人烦躁不适。

⑦ 蹷：中医病名，脚上肌肉萎缩，神经麻痹而不能行走。痿：也是一种肌肉萎缩，失去机能的病。

⑧ 洞房：深邃的房间。清宫：清静阴凉的宫室。

⑨ 淫濯：胀大而又阻塞不通。堕窳：懒散无力。

⑩ 承间：乘机，伺机。变度易意：改变作风和心意。

⑪ 淹沉：沉溺。浩唐：即浩荡，就是恣意放纵的意思。遁佚：放纵，淫佚。

至哉!"太子曰:"诺。病已,请事此言①。"客曰:"今太子之病,可无药石针刺灸疗而已,可以要言妙道说而去也。不欲闻之乎?"太子曰:"仆愿闻之。"

客曰:"龙门之桐,高百尺而无枝;中郁结之轮菌,根扶疏以分离②。上有千仞之峰,下临百丈之溪;湍流溯波,又澹淡之。其根半死半生。冬则烈风漂霰,飞雪之所激也;夏则雷霆霹雳之所感也。朝则鹂黄𫛢鸸鸣焉;暮则羁雌迷鸟宿焉。独鹄晨号乎其上,鹍鸡哀鸣翔乎其下。于是背秋涉冬,使琴挚③斫斩以为琴,野茧之丝以为弦,孤子之钩以为隐④,九寡之珥以为约⑤。使师堂操《畅》⑥,伯子牙为之歌。歌曰:麦秀薪兮雉朝飞,向虚壑兮背槁槐,依绝区兮临回溪。飞鸟闻之,翕翼而不能去;野兽闻之,垂耳而不能行;蚑蛴蝼蚁闻之,挂喙而不能前。此亦天下之至悲也。太子能强起听之乎?"太子曰:"仆病,未能也。"

客曰:"犓牛之腴,菜以笋蒲⑦;肥狗之和,冒以山肤⑧。楚苗之食,安胡之饭,抟之不解,一啜而散。于是使伊尹煎熬,易牙调和。熊蹯之臑⑨,勺药之酱,薄耆之炙,鲜鲤之鲙,秋黄之苏,白

---

①　请事此言:一定按照你的话去做。

②　郁结:积厚,凝结。轮菌:树干纹理盘曲的样子。扶疏:指树根向四处伸展。

③　琴挚:春秋时鲁国的太师(主管音乐的官),因善弹琴,故称"琴挚",也称"师挚""大师挚"。

④　钩:衣带上的钩,装饰物。隐:琴上的装饰物。

⑤　九寡:指春秋时鲁国的一位生有九个孩子的寡妇。约:琴徽,也是琴上的装饰物。

⑥　师堂:指师襄,因古字"堂""襄"通用。春秋时鲁国乐官,孔子曾向他学琴。《畅》:琴曲名。

⑦　犓牛:小牛。腴:腹下的肥肉。蒲:香蒲,其茎鲜嫩可食。

⑧　和:调成羹汤。冒:覆盖。山肤:石耳、地衣类,附着于岩石上,可食用。

⑨　熊蹯:熊掌。臑:煮熟。

露之茹；兰英之酒，酌以涤口。山梁之餐，豢豹之胎。小饭大歠①，如汤沃雪。此亦天下之至美也，太子能强起尝之乎？"太子曰："仆病，未能也。"

客曰："钟岱之牡，齿至之车②；前似飞鸟，后类距虚。稆麦服处③，躁中烦外；羁坚辔，附易路。于是伯乐相其前后，王良、造父为之御，秦缺、楼季为之右。此两人者，马佚④能止之，车覆能起之。于是使射千镒之重⑤，争千里之逐。此亦天下之至骏也。太子能强起乘之乎？"太子曰："仆病，未能也。"

客曰："既登景夷之台，南望荆山，北望汝海，左江右湖，其乐无有。于是使博辩之士，原本山川，极命草木；比物属事，离辞连类。浮游览观，乃下置酒于虞怀之宫⑥，连廊四注；台城层构，纷纭玄绿；辇道邪交，黄池⑦纡曲。溷章白鹭，孔鸟鹍鹄，鵷雏鹔鹴，翠鬣⑧紫缨。螭龙、德牧，邕邕⑨群鸣。阳鱼腾跃，奋翼振鳞。滩湊菁蓼，蔓草芳苓。女桑河柳，素叶紫茎。苗松豫章，条上造天。梧桐并间，极望成林。众芳芬郁，乱于五风⑩。从容猗靡，消息阳阴。⑪列坐纵酒，荡乐娱心。景春佐酒，杜连理音。滋味杂陈，肴

---

① 小饭大歠：少吃饭，多喝汤。歠：饮，喝汤。
② 齿至之车：用适龄的马驾车。
③ 稆：早熟的麦子。服处：服用，喂养。
④ 佚：同"逸"，奔跑。
⑤ 射：比赛，打赌。镒：古代重量单位。
⑥ 虞怀：宫名。或以为"虞"通"娱"，"虞怀"即娱心。
⑦ 黄池：积水池。黄：通"横"。
⑧ 鬣：动物头顶的毛。
⑨ 邕邕：群鸟和鸣的声音。
⑩ 五风：五音。
⑪ 猗靡：随风飘动的样子。消息：翻覆。阳阴：指叶子的阴阳两面。

糅错该①。练色娱目，流声悦耳。于是乃发《激楚》之结风，扬郑卫之皓乐。使先施、徵舒、阳文、段干、吴娃、闾娵、傅予之徒，杂裾垂髾，目窕心与②；揄③流波，杂杜若，蒙清尘④，被兰泽，嬿服⑤而御。此亦天下之靡丽皓侈广博之乐也。太子能强起游乎？"太子曰："仆病，未能也。"

客曰："将为太子驯骐骥之马，驾飞轳之舆，乘牡骏之乘。右夏服之劲箭，左乌号之雕弓。⑥游涉乎云林，周驰乎兰泽，弭节⑦乎江浔。掩青蘋，游清风，陶阳气，荡春心。逐狡兽，集轻禽。于是极犬马之才，困野兽之足，穷相御之智巧，恐虎豹，慑鸷鸟。逐马鸣镳⑧，鱼跨麋角。履游麇兔，蹈践麖⑨鹿，汗流沫坠，冤伏陵窘⑩，无创而死者，固足充后乘⑪矣。此校猎之至壮也，太子能强起游乎？"太子曰："仆病，未能也。"然阳气见于眉宇之间，侵淫而止，几满大宅⑫。

客见太子有悦色，遂推而进之曰："冥火薄天，兵车雷运，旍旗

---

① 错：错综。该：通"赅"，齐备。

② 窕：通"挑"，挑逗的意思。心与：内心相许。

③ 揄：舀取。

④ 蒙清尘：身上好像披上一层薄雾。

⑤ 嬿服：美好的服饰。

⑥ 飞轳：轻车。牡骏：雄性的骏马。夏服：夏后氏的箭袋。乌号：传说后世为黄帝使用的弓所起的名。

⑦ 弭节：按马徐行。

⑧ 逐马：奔跑追逐的马。镳：马嚼子，可系铃。

⑨ 麖：鹿类，其角弯长，有三叉。

⑩ 冤伏：委屈地伏下。陵窘：形容野兽被威迫而窘急惊恐之情状。

⑪ 后乘：跟随的车子。

⑫ 大宅：面部。因面部为眼、耳、口、鼻所在，故称。

偃蹇①，羽毛肃纷。驰骋角逐，慕味争先。徼墨广博，观望之有圻。② 纯粹全牺，献之公门。"太子曰："善！愿复闻之。"客曰："未既。于是榛林深泽，烟云暗莫③，兕虎并作。毅武孔猛，袒裼身薄。白刃硱硱，矛戟交错。收获掌功，赏赐金帛。掩蘋肆若④，为牧人席。旨酒嘉肴，羞炰脍炙，以御宾客。涌触并起，动心惊耳。诚必不悔，决绝以诺；贞信之色，形于金石。高歌陈唱，万岁无斁⑤。此真太子之所喜也，能强起而游乎？"太子曰："仆甚愿从，直恐为诸大夫累耳。"然而有起色矣。

客曰："将以八月之望，与诸侯远方交游兄弟，并往观涛乎广陵之曲江。至则未见涛之形也，徒观水力之所到，则恤然⑥足以骇矣。观其所驾轶者，所擢拔者，所扬汩者，所温汾者，所涤汔者⑦，虽有心略辞给，固未能缕形其所由然也。恍兮忽兮，聊兮慄兮⑧，混汩汩兮，忽兮慌兮，倜兮傥兮⑨，浩瀇瀁⑩兮，慌旷旷兮。秉意乎南山，通望乎东海；虹洞兮苍天，极虑乎崖涘。流揽无穷。归神日母。泊乘流而下降兮，或不知其所止。或纷纭其流折兮，忽缪往而不来。临朱汜而远逝兮，中虚烦而益怠。莫离散而发曙兮，内存心而自持。

---

① 旂：古同"旌"。偃蹇：高举的样子。
② 徼：通"邀"，拦截。墨：烧田。圻：通"垠"，边际。
③ 暗莫：昏暗的样子。莫：通"漠"。
④ 掩蘋：压倒蘋草。肆若：铺开香草杜若。
⑤ 无斁：不厌。
⑥ 恤然：惊恐貌。
⑦ 驾轶：指波涛凌驾飞越。擢拔：指浪头耸起拔出。扬汩：形容波涛急激的样子。温汾：水流结聚和回旋的样子。涤汔：指波涛相互冲击和摩擦。
⑧ 聊、慄：恐惧貌。
⑨ 倜、傥：同"倜""傥"，形容波涛奔流不羁的样子。
⑩ 瀇瀁：同"汪洋"，水深广无涯。

于是澡概胸中，洒练五藏，澹澉手足，颒濯发齿。① 揄弃恬怠，输写滞浊，分决狐疑，发皇耳目②。当是之时，虽有淹病滞疾，犹将伸伛起躄，发瞽披聋而观望之也。③ 况直眇小烦懑，酲酸病酒之徒哉！故曰：'发蒙解惑，不足以言也。'"太子曰："善，然则涛何气哉?"客曰："不记也。然闻于师曰，似神而非者三：疾雷闻百里；江水逆流，海水上潮；山出内云，日夜不止。衍溢漂疾④，波涌而涛起。其始起也，洪淋淋焉，若白鹭之下翔。其少进也，浩浩澄澄⑤，如素车白马帷盖之张。其波涌而云乱，扰扰焉如三军之腾装。其旁作而奔起也，飘飘焉如轻车之勒兵。六驾蛟龙，附从太白。纯驰浩蜕⑥，前后骆驿。颙颙印印，椐椐强强，莘莘将将。⑦ 壁垒重坚，沓杂似军行。訇隐匈礚，轧盘涌裔，原不可当。⑧ 观其两傍，则滂渤怫郁，暗漠感突，上击下律。有似勇壮之卒，突怒而无畏；蹈壁冲津，穷曲随隈，逾岸出追；遇者死，当者坏。初发乎或围之津涯，荄轸谷分。⑨ 回翔青篾，衔枚檀桓。弭节伍子之山，通厉胥母之场。⑩ 凌赤岸，彗扶桑，横奔似雷行。诚奋厥武，如振如怒。沌沌浑浑，状如奔马。混混庉庉，声如雷鼓。发怒庢沓，清升逾跇，侯

---

① 澡概、洒练、澹澉、颒濯：都有洗濯、涤荡的意思。

② 发皇耳目：使人耳聪目明。皇：明。

③ 伛：驼背。躄：双腿瘸子。瞽：瞎子。

④ 衍溢：平满的样子。漂疾：急流的样子。

⑤ 澄澄：同"皓皓"，形容洁白。

⑥ 纯驰浩蜕：像一条白虹霓在奔跑。

⑦ 颙颙印印：波涛汹涌貌。椐椐强强：波涛前后追逐貌。莘莘将将：波涛相互激荡貌。

⑧ 訇隐匈礚：形容波涛撞击声大作。轧盘：广大无垠。涌裔：波涛汹涌奔腾貌。

⑨ 或围：津名。荄轸谷分：波涛遇山陇即回转，遇山谷即分流。荄：同"陔"，山陇。

⑩ 伍子之山：即伍子山，因伍子胥而得名。通厉：远行。胥母：山名。

波奋振，合战于藉藉之口。① 鸟不及飞，鱼不及回，兽不及走。纷纷翼翼，波涌云乱。荡取南山，背击北岸，覆亏丘陵，平夷西畔。险险戏戏，崩亏陂池，决胜乃罢。潏汩②潺湲，披扬流洒，横暴之极，鱼鳖失势，颠倒偃侧，沈沈湲湲③，蒲伏连延。神物怪疑，不可胜言。直使人踣焉，洄暗凄怆焉。④ 此天下怪异诡观也。太子能强起观之乎?"太子曰："仆病，未能也。"

客曰："将为太子奏方术之士有资略者，若庄周、魏牟、杨朱、墨翟、便蜎、詹何之伦，使之论天下之精微，理万物之是非。孔、老览观，孟子持筹而算之，万不失一。此亦天下要言妙道也，太子岂欲闻之乎?"于是太子据几而起，曰："涣乎⑤若一听圣人辩士之言。"涩然汗出，霍然病已。

邹　阳

选文摘自龚克昌等评注《全汉赋评注》(前汉部分)，花山文艺出版社 2003 年版。

酒　赋

梁孝王游于忘忧之馆，集诸游士，各使为赋，邹阳为酒赋。

---

① 座沓：波涛受阻碍而沸涌。清升：清波掀起。逾趾：超越。侯波：大波。藉藉：地名。

② 潏汩：水流激荡貌。

③ 沈沈湲湲：鱼鳖倾倒的样子。

④ 踣：跌倒。洄暗：昏聩不明的样子。

⑤ 涣乎：忽然开朗的样子，指疑惑糊涂的思想顿消，恍然大悟。

其词曰：

清者为酒，浊者为醴。① 清者圣明，浊者顽骏②。皆曲涓丘之麦，酿野田之米。③ 仓风莫预，方金未启。④ 嗟同物而异味，叹殊才而共侍。流光醳醳，甘滋泥泥⑤，醪酿既成，绿瓷既启，且筐且漉，载篚载齐⑥。庶民以为欢，君子以为礼。其品类，则沙洛渌酃⑦，程乡若下，高公之清，关中白薄，青渚萦停。凝醳醇酎，千日一醒。哲王临国，绰矣多暇。召皤皤⑧之臣，聚肃肃之宾。安广坐，列雕屏。绡绮为席，犀璩为镇。曳长裾，飞广袖，奋长缨。英伟之士，莞尔而即之。君王凭玉几，倚玉屏，举手一劳，四坐之士皆若哺粱焉。乃纵酒作倡，倾盌覆觞。⑨ 右以宫申，旁亦徵扬。乐只之涂，不吴不狂⑩，于是锡名饵，祛夕醉，遣朝醒。吾君寿亿千万岁，常与日月争光。

桓　宽

选文摘自王利器校注《盐铁论校注》，中华书局 1992 年版。

---

① 清：指清酒，祭祀用的酒。《周礼·天官·酒正》载："辨三酒之物，一曰事酒，二曰昔酒，三曰清酒。"醴：带糟的甜酒。《诗经·周颂·丰年》载："为酒为醴，烝畀祖妣。"

② 顽：愚妄。骏：愚呆。

③ 曲：酒母，酿酒或制酱用的发酵物。涓丘：小山丘。野田：荒野之田。

④ 仓风：即"苍风"，指春天。《尔雅·释天》载："春为苍天。"莫预：即勿动。金：指秋天。

⑤ 醳醳：比喻酒的色泽。泥泥：形容味道甘美诱人。

⑥ 篚：同"篓"，用篾编成的漉酒具。齐：带糟的浊酒。

⑦ 沙：酒名。渌酃：美酒名。渌、酃两水均在湖南，取水以酿美酒。

⑧ 皤皤：头发斑白的样子。

⑨ 倡：古称歌舞艺人。盌：饮食器具的一种，也称"椀""碗"。

⑩ 乐只：犹"乐哉"。吴：大声地说话。《诗经·周颂·丝衣》载："不吴不敖。"

盐铁论·散不足

丞相曰："愿闻散不足。"

贤良曰："宫室舆马，衣服器械，丧祭食饮，声色玩好，人情之所不能已也。故圣人为之制度以防之。间者，士大夫务於权利，怠於礼义；故百姓仿效，颇逾制度。今故陈之，曰：

"古者，谷物菜果，不时不食，鸟兽鱼鳖，不中杀不食。故徽罔不入於泽，杂毛①不取。今富者逐驱歼罔置，掩捕麑鷇②，耽湎沈酒铺百川。鲜羔桃，几胎肩，皮黄口。春鹅秋鸰，冬葵温韭浚，茈蓼苏，丰罱耳菜，毛果虫貉。

"古者，采椽茅茨，陶柎复穴，足御寒暑、蔽风雨而已。及其后世，采椽不斫，茅茨不翦，无斫削之事，磨砻③之功。大夫达棱楹④，士颖首⑤，庶人斧成木构而已。今富者井干增梁，雕文槛楯，垩幔壁饰。

"古者，衣服不中制，器械不中用，不粥⑥於市。今民间雕琢不中之物，刻画玩好无用之器。玄黄杂青，五色绣衣，戏弄蒲人杂妇⑦，百兽马戏斗虎，唐锑追人⑧，奇虫胡妲⑨。

"古者，诸侯不秣马，天子有命，以车就牧。庶人之乘马者，足

---

① 杂毛：各种鸟兽的皮毛，这里指幼小的鸟兽。
② 麑鷇：小鹿小鸟。
③ 磨砻：琢磨，修饰加工。
④ 棱：房屋的梁。楹：厅堂的柱子。达棱楹：把梁栓从上到下斫成四棱。
⑤ 颖：尖锐。颖首：把椽子、梁的头部斫细，作为装饰。
⑥ 粥：同"鬻"，卖。
⑦ 蒲人："蒲"同"僰"，指西汉时居住在云南地区的少数民族。戏弄蒲人杂妇：指模仿僰人的杂剧。
⑧ 唐锑追人：古代用木、泥、纸做成小人，进行爬高竿的游戏。
⑨ 奇虫：指鱼龙之类的游戏。胡妲：即花旦，游戏的一种。

以代其劳而已。故行则服桅①，止则就犁。今富者连车列骑，骖贰
辎軿。中者微舆短毂，繁髦掌蹄。夫一马伏枥，当中家六口之食，
亡丁男一人之事。

"古者，庶人耋老而后衣丝，其余则麻枲而已，故命曰布衣。及
其后，则丝里枲表，直领无祎，袍合不缘。夫罗纨文绣者，人君后
妃之服也。茧绸缣练者，婚姻之嘉饰也。是以文缯薄织，不粥於市。
今富者缛绣罗纨，中者素绨冰锦。常民而被后妃之服，亵人②而居
婚姻之饰。夫纨素之贾倍缣，缣之用倍纨也。

"古者，椎车无柔，栈舆无植及其后③，木軨不衣④，长毂数幅，
蒲荐苙盖，盍无漆丝之饰。大夫士则单榠木具⑤，盘韦柔革。常民
漆舆大軨蜀轮。今庶人富者银黄华左搔，结绥韬杠。中者错镳⑥涂
采，珥靳飞軨⑦。

"古者，鹿裘皮冒，蹄足不去。及其后，大夫士狐貉缝腋，羔麑
豹祛。庶人则毛绔彤彤，�襫皮裤⑧。今富者鼲貂，狐白凫翁。中
者罽衣金缕，燕骆代黄。

"古者，庶人贱骑绳控，革鞮皮荐而已。及其后，革鞍鏊成，铁
镳不饰。今富者颡耳银镊鞦，黄金琅勒，罽绣弇汗⑨，华韀明鲜。中
者漆韦绍系，采画暴干。

---

① 桅：驾车时架在牲口脖子上的曲木。

② 亵人：下贱的妇女。

③ 栈舆：竹木做的车子。植：同"直"，即直木。

④ 軨：车厢上的木栅栏。不衣：不加修饰。

⑤ 单榠：当依洪颐煊说作"蝉攫"，即车轮的边框。木具：蝉攫用木料制造。

⑥ 错镳：镶金的马嚼子。

⑦ 靳：古代驾辕马勒肚子的皮带，即肚带。这里是马的代称。飞軨：古代一种很讲
究的车棚的窗子。

⑧ 羝襫：即公羊皮皮袄。皮裤：杂兽皮的短皮袄。

⑨ 弇汗：马身防汗的用品。

"古者，污尊抔饮，盖无爵觞樽俎。及其后，庶人器用即竹柳陶匏而已。唯瑚琏筋豆而后雕文彤漆。今富者银口黄耳，金罍①玉钟。中者野王纻器②，金错蜀杯，夫一文杯得铜杯十，贾贱而用不殊。箕子之讥，始在天子，今在匹夫。

"古者，燔黍食稗，而捭豚以相飨。其后，乡人饮酒，老者重豆，少者立食，一酱一肉，旅饮而已。及其后，宾婚相召，则豆羹白饭，綦胅③熟肉。今民间酒食，殽旅重叠，燔炙满案，臑鳖脍鲤，麑卵鹑鷃橙枸，鲐鳢醢醯，众物杂味。

"古者，庶人春夏耕耘，秋冬收藏，昏晨力作，夜以继日。《诗》云：'昼尔于茅，宵尔索绹，亟其乘屋，其始播百谷。'非腊腊不休息，非祭祀无酒肉。今宾昏酒食，接连相因，析醒④什半，弃事相随，虑无乏日。

"古者，庶人粝食藜藿，非乡饮酒腊腊祭祀无酒肉。故诸侯无故不杀牛羊，大夫士无故不杀犬豕。今闾巷县佰，阡伯屠沽无故烹杀，相聚野外。负粟而往，挈肉而归。夫一豕之肉，得中年之收，十五斗粟，当丁男半月之食。

"古者，庶人鱼菽之祭，春秋修其祖祠。士一庙，大夫三，以时有事于五祀，盖无出门之祭。今富者祈名岳，望山川，椎牛击鼓，戏倡儛像。中者南居当路，水上云台，屠羊杀狗，鼓瑟吹笙。贫者鸡豕五芳，卫保散腊，倾盖社场。

"古者，德行求福，故祭祀而宽。仁义求吉，故卜筮而希。今世俗宽於行而求於鬼，怠於礼而笃於祭，嫚亲而贵势，至妄而信日，

---

① 金罍：用黄金做的酒器。《诗经·周南·卷耳》载："我姑酌彼金罍。"
② 野王：地名，在今河南沁阳市。纻器：纻麻制造的漆器。
③ 綦胅：细切的肉块。
④ 析：解。醒：酒醉。

听訑①言而幸得，出实物而享虚福。

"古者，君子夙夜孳孳思其德；小人晨昏孜孜思其力。故君子不素餐，小人不空食。今世俗饰伪行诈，为民巫祝，以取厘谢，坚额②健舌，或以成业致富，故惮事之人，释本相学。是以街巷有巫，闾里有祝。

"古者，无杠橢之寝，床栘之案。及其后世，庶人即采木之杠，碟桦③之橢。士不斫成，大夫苇莞而已。今富者黼绣帷幄，涂屏错跗。中者锦绨高张，采画丹漆。

"古者，皮毛草蓐，无茵席之加，旃蒻之美。及其后，大夫士复荐草缘，蒲平单莞。庶人即草蓐索经④单蔺蘧蒢而已。今富者绣茵翟柔，蒲子露床。中者獏皮代旃，阖坐平莞。

"古者，不粥饪，不市食。及其后，则有屠沽，沽酒市脯鱼盐而已。今熟食遍列，殽施成市⑤，作业堕怠，食必趣时，杨豚韭卵，狗腊马朘煎鱼切肝，羊淹鸡寒，桐马酪酒，蹇捕胃脯，膹羔豆赐，毂膹雁羹，臭鲍甘瓠，熟梁貊炙。

"古者，土鼓凷枹，击木拊石，以尽其欢。及其后，卿大夫有管磬，士有琴瑟。往者，民间酒会，各以党俗，弹筝鼓缶而已。无要妙之音，变羽之转。今富者钟鼓五乐，歌儿数曹。中者鸣竽调瑟，郑儛赵讴。

"古者，瓦棺容尸，木板堲周，足以收形骸，藏发齿而已。及其后，桐棺不衣，采椁不斫。今富者绣墙题凑。中者梓棺梗楩，贫者

---

① 訑：与"诞"通，欺骗。
② 坚额：即厚颜无耻。
③ 碟桦：赵、魏之间谓之碟，东齐、海岱之间谓之桦。
④ 草蓐索经：用草绳子把草编织起来。
⑤ 殽施成市：形容好吃的东西很多，形成一个市场。

画荒衣袍，缯囊缇橐①。

"古者，明器有形无实，示民不可用也。及其后，则有醯醢之藏，桐马偶人弥祭，其物不备。今厚资多藏，器用如生人。郡国繇吏，素桑楺偶车橹轮，匹夫无貌领，桐人衣纨绨。

"古者，不封不树，反虞祭於寝②，无坛宇之居，庙堂之位。及其后，则封之，庶人之坟半仞，其高可隐。今富者积土成山，列树成林，台榭连阁，集观增楼。中者祠堂屏合，垣阙罘罳。

"古者，邻有丧，舂不相杵，巷不歌谣。孔子食於有丧者之侧，未尝饱也，子於是日哭，则不歌。今俗因人之丧以求酒肉，幸与小坐而责辨，歌舞俳优，连笑伎戏。

"古者，男女之际尚矣，嫁娶之服，未之以记。及虞、夏之后，盖表布内丝，骨笄象珥，封君夫人加锦尚绚而已。今富者皮衣朱貉，繁露环佩。中者长裾交袆，璧瑞簪珥。

"古者，事生尽爱，送死尽哀。故圣人为制节，非虚加之。今生不能致其爱敬，死以奢侈相高；虽无哀戚之心，而厚葬重币者，则称以为孝，显名立於世，光荣著於俗。故黎民相慕效，至於发屋卖业。

"古者，夫妇之好，一男一女，而成家室之道。及后，士一妾，大夫二，诸侯有侄娣九女而已。今诸侯百数，卿大夫十数，中者侍御，富者盈室。是以女或旷怨失时，男或放死无匹。

"古者，凶年不备，丰年补败，仍旧贯而不改作。今工异变而吏殊心，坏败成功，以匿厥意。意极乎功业，务存乎面目。积功以市誉，不恤民之急。田野不辟，而饰亭落，邑居丘墟，而高其郭。

① 缯：丝织物。缇：红色的帛。囊、橐：口袋。
② 虞祭：埋葬之后回家的祭祀。寝：寝庙。死者的庙后有寝，以像生人之居。《礼记·月令》载："寝庙毕具。"郑玄注："凡庙前曰庙，后曰寝。"

"古者，不以人力徇於禽兽，不夺民财以养狗马，是以财衍而力有余。今猛兽奇虫不可以耕耘，而令当耕耘者养食之。百姓或短褐不完，而犬马衣文绣，黎民或糟糠不接，而禽兽食粱肉。

"古者，人君敬事爱下，使民以时，天子以天下为家，臣妾各以其时供公职，古今之通义也。今县官多畜奴婢，坐禀衣食，私作产业，为奸利，力作不尽，县官失实。百姓或无斗筲之储，官奴累百金；黎民昏晨不释事，奴婢垂拱遨游也。

"古者，亲近而疏远，贵所同而贱非类。不赏无功，不养无用。今蛮、貊无功，县官居肆①，广屋大第，坐禀衣食。百姓或旦暮不赡，蛮、夷或厌酒肉。黎民泮汗力作，蛮、夷交胫肆踞。

"古者，庶人粗菲草芰，缩丝尚韦而已。及其后，则綦下不借，鞔鞮革舄。今富者革中名工，轻靡使容，纨里纻下，越端纵缘。中者邓里闲作蒯苴。蠢竖婢妾，韦沓丝履。走者苴芰绚缟。

"古圣人劳躬养神，节欲适情，尊天敬地，履德行仁。是以上天歆②焉，永其世而丰其年。故尧秀眉高彩，享国百载。及秦始皇览怪迁，信机祥，使卢生求羡门高，徐市等入海求不死之药。当此之时，燕、齐之士，释锄耒，争言神仙。方士於是趣咸阳者以千数，言仙人食金饮珠，然后寿与天地相保。於是数巡狩五岳、滨海之馆，以求神仙蓬莱之属。数幸之郡县，富人以赀佐，贫者筑道旁。其后，小者亡逃，大者藏匿；吏捕索掣顿，不以道理。名宫之旁，庐舍丘落，无生苗立树；百姓离心，怨思者十有半。《书》曰：'享多仪，仪不及物曰不享。'故圣人非仁义不载於己，非正道不御於前。是以先帝诛文成、五利等，宣帝建学官，亲近忠良，欲以绝怪恶之端，而昭至德之涂也。

---

① 居肆：与下文"肆踞"同，"居""踞"并读为"倨"，傲慢放肆。
② 歆：感动。

"宫室奢侈，林木之蠹也。器械雕琢，财用之蠹也。衣服靡丽，布帛之蠹也。狗马食人之食，五谷之蠹也。口腹从恣，鱼肉之蠹也。用费不节，府库之蠹也。漏积不禁，田野之蠹也。丧祭无度，伤生之蠹也。堕成变故伤功，工商上通伤农。故一杯棬①用百人之力，一屏风就万人之功，其为害亦多矣！目修於五色，耳营於五音，体极轻薄，口极甘脆，功积於无用，财尽於不急，口腹不可为多。故国病聚不足即政怠，人病聚不足则身危。"

扬　雄

选文摘自龚克昌等评注《全汉赋评注》（前汉部分），花山文艺出版社 2003 年版。

酒　赋

子犹瓶矣。观瓶之居，居井之眉②。处高临深，动常近危。酒醪③不入口，臧水满怀。不得左右，牵于缧徽④。一旦叀硋⑤，为罋所轠⑥；身提黄泉，骨肉为泥。自用如此，不如鸱夷⑦。鸱夷滑稽⑧，

---

① 杯棬：杯、盘、盆的总称。
② 眉：边侧。
③ 酒醪：一种汁渣混合的酒。
④ 缧徽：井绳。
⑤ 叀硋：井绳被井壁所挂。叀：悬挂。
⑥ 罋：用砖砌成的井壁。轠：碰撞打击。
⑦ 鸱夷：盛酒的袋子。
⑧ 滑稽：古代的注酒工具，圆形，能转动注酒。比喻圆滑自如。

腹大如壶。尽日盛酒，人复借酤。常为国器，托于属车。出入两宫，经营公家。由是言之，酒何过乎？①

贡 禹

贡禹（公元前124—前44），字少翁，琅琊（治今山东诸城市）人，西汉元帝时期名臣，以"明经洁行"著称。选文摘自班固撰《汉书·王贡两龚鲍传》，中华书局1999年版。

奏宜放古自节

禹奏言：

> 古者宫室有制，宫女不过九人，秣马不过八匹；墙涂而不雕，木摩而不刻，车舆器物皆不文画，苑囿不过数十里，与民共之；任贤使能，什一而税，亡它赋敛徭戍之役，使民岁不过三日，千里之内自给，千里之外各置贡职而已。故天下家给人足，颂声并作。
>
> 至高祖、孝文、孝景皇帝，循古节俭，宫女不过十馀，厩马百馀匹。孝文皇帝衣绨履革，器亡雕文金银之饰。后世争为奢侈，转转益（盛）〔甚〕，臣下亦相放效②，衣服履绔③刀剑乱于主上，主上时临朝入庙，众人不能别异，甚

---

① 由：从，自。过：错误。

② 放效：仿效。

③ 绔：通"裤"。

非其宜。然非自知奢僭也，犹鲁昭公曰："吾何僭矣?"

今大夫僭诸侯，诸侯僭天子，天子过天道，其日久矣。承衰救乱，矫复古化，在于陛下。臣愚以为尽如太古难，宜少放古以自节焉。《论语》曰："君子乐节礼乐。"①方今宫室已定，亡可奈何矣，其馀尽可减损。故时齐三服官输物不过十笥②，方今齐三服官作工各数千人，一岁费数钜万。蜀广汉主金银器，岁各用五百万。三工官③官费五千万，东西织室亦然。厩马食粟将万匹。臣禹尝从之东宫，见赐杯案，尽文画金银饰，非当所以赐食臣下也。东宫之费亦不可胜计。天下之民所为大饥饿死者，是也。今民大饥而死，死又不葬，为犬猪(所)食。人至相食，而厩马食粟，苦其大肥，气盛怒至，乃日步作之。王者受命于天，为民父母，固当若此乎! 天不见邪? 武帝时，又多取好女至数千人，以填后宫。及弃天下，昭帝幼弱，霍光专事，不知礼正，妄多藏金钱财物，鸟兽鱼鳖牛马虎豹生禽，凡百九十物，尽瘗藏之，又皆以后宫女置于园陵，大失礼，逆天心，又未必称武帝意也。昭帝晏驾，光复行之。至孝宣皇帝时，陛下(乌)〔恶〕有所言，群臣亦随故事，甚可痛也! 故使天下承化，取女④皆大过度，诸侯妻妾或至数百人，豪富吏民畜歌者至数十人，是以内多怨女，外多旷夫。及众庶葬埋，皆虚地上以实地下。其过自上生，皆在大臣循故事之罪也。

---

① 《论语》原话为："益者三乐，损者三乐。乐节礼乐，乐道人之善，乐多贤友。"
② 笥：盛衣服的竹器。
③ 三工官：少府的属官，分别为考工室、右工室、东园匠。
④ 取女：娶女。

马　融

选文摘自龚克昌等评注《全汉赋评注》（后汉部分），花山文艺出版社2003年版。

樗蒲^①赋

昔有玄通先生^②，游于京都。道德既备，好此樗蒲。

伯阳入戎^③，以斯消忧。

抨^④则素牺紫巂，出乎西邻；缘以缋绣，缀以绮文。杯则摇木之干^⑤，出自崐山^⑥。矢^⑦则蓝田之石，卞和^⑧所工；含精玉润，不细不洪。马则玄犀象牙^⑨，是磋是砻^⑩。

---

①　樗蒲：古代博戏。博具有子、马、五木等。人执六马，用五木掷采。采有十种，以卢、雉、犊、白为贵采，其余为杂采。贵采得连掷、打马、过关，杂采则不用。详见唐李肇的《国史补》。樗蒲盛行于汉魏。后则专以五木为戏，并作为赌博的通称。

②　玄通先生：深通于道的有德之人。

③　伯阳：周有太史伯阳，又老子字伯阳，见《史记·周本纪》及《史记·老子韩非列传》。戎：西戎，是中原对于西北各族的称呼之一，这里泛指中原以西的地方。

④　抨：通"枰"，指古代的博局，亦指棋盘。

⑤　杯：指装骰子用的容器，骰盆。摇木：即瑶木、玉树，是传说中的仙树。

⑥　崐山：昆仑山的简称。

⑦　矢：算箸，以供人们计算齿采的多少。表示摆在枰上作为棋道的条子，有一百二十枚，带有筹码性质。

⑧　卞和：春秋时楚人。相传他发现了一块璞玉，先后献给楚厉王、武王，都被视为欺诈，被砍去双脚。等到楚文王即位，卞和又抱璞玉痛哭于荆山下，楚王使人剖璞，加工，果得宝玉，称为"和氏璧"。

⑨　马："码"的古字，指樗蒲的棋子。参加游戏者一人可执四至二十枚。玄犀：黑色的犀牛角。

⑩　磋：加工象牙。砻：以石磨物。

杯①为上将，木②为君副，齿为号令③。马为翼距④，筹为策动⑤，矢法卒数。

于是芬葩贵戚，公侯之俦，坐华榱之高殿，临激水之清流。排五木，散九齿⑥；勒良马⑦，取道里。

是以战无常胜，时有逼遂。临敌攘围，事在将帅。见利电发，纷纶滂沸；精诚一叫，入卢九雉⑧。

磊落踸踔，并来猥至；先名所射，应声粉溃，胜贵欢悦，负者沉悴。

围棋赋

略观围棋兮，法于用兵⑨。三尺之局兮，为战斗场。陈聚士卒兮，两敌相当。怯者无功兮，弱者先亡。自有中和兮，请说其方。先据四道兮，保角依旁。缘边遮列兮，往往相望。离离马首兮，连连雁行。踔度间置兮，徘徊中央。……收取死卒兮，无使相迎。当食不食兮，反受其殃。……白黑纷乱兮，于约如葛；杂乱交错兮，

---

① 杯：骰杯因控制骰子，所以被称为"大将"。

② 木：指樗蒲的骰子，有五枚，每一枚有两面，可掷出不同的齿采，又称"五木"，因为受到骰杯的控制指挥，而被称为"副将"。

③ 齿为号令：玩者以掷出的齿采作为依据来移动棋子，因以其为号令。

④ 翼距：从两侧防御。

⑤ 筹：筹码，本来指在投壶游戏中竖起来以计算分数的筹码，但在这里似乎是指棋子。策动：策马驱动。

⑥ 散九齿：散掷九次的齿采。是否每人有九次掷骰子的机会，并不清楚。

⑦ 马：将棋子比喻为马。樗蒲后来发展为打马，宋李清照写有《打马赋》。

⑧ 卢、雉：皆为齿采的名称，皆属王采。根据《五木经》记载，卢的色别是五黑，实际组成是三黑二犊，其齿数是十六；而雉的色别是三黑二白，实际组成是三黑二雉，其齿数是十四。卢、雉是两个最高的齿采。

⑨ 法于用兵：指围棋取法于用兵之道。

更相度越。守规不固兮，为所唐突；深入贪地兮，杀亡士卒。狂攘相救兮，先后并没。……计功相除兮，以时各讫。事留变生兮，拾棋欲疾。营惑窘乏兮，无令诈出。深念远虑兮，胜乃可必。

边　韶

边韶，字孝先，陈留浚仪（今河南开封市）人。生卒年不详，约汉桓帝建和初年前后在世，以文章知名。选文摘自龚克昌等评注《全汉赋评注》（后汉部分），花山文艺出版社 2003 年版。

塞　赋

问："可以代博弈者乎？"曰："塞其次也。"试习其术，以惊睡救寐，免书寝之讥而已。然而徐核其因通之极，乃亦精妙而足美也。故书其较略，举其指归，以明博弈无以尚焉，曰：

始作塞者，其明哲乎？故其用物也约，其为乐也大。犹土鼓块枹①，空桑②之瑟。质朴之化，上古所耽也。然本其规模③，制作有式。四道交正，时之则也。④ 棋有十二，律吕极也。⑤ 人操厥半，六

----

① 土鼓块枹：即用土块制作的鼓和鼓槌。枹：同"桴"，鼓槌。

② 空桑：传说中的中山名，出产琴瑟之材。《周礼·春官·大司乐》载："空桑之琴瑟，咸池之舞。"

③ 规模：格局，法度。

④ 四道交正：横竖各四条直线相交叉。时：指春夏秋冬四季。

⑤ 十二：指十二枚棋子，双方各执六枚。律吕：音乐术语，指六律六吕。相传黄帝时伶伦削竹为管，以管之长短分出音之高低清浊，乐调即以此为准。古律以竹为管，后用玉，汉末用铜。六律即黄钟、太簇、姑洗、蕤宾、夷则、无射，六吕即林钟、仲吕、夹钟、大吕、应钟、南吕。

爻列也。赤白色者，分阴阳也。乍亡乍存，像日月也。行必正直，合道中也。趋隅方折，礼之容也。迭往迭来，刚柔通也。周则复始，乾行健也。局平以正，坤德顺也。然则塞之为义，盛矣大矣，广矣博矣。质象于天，阴阳在焉。取则于地，刚柔分焉。施之于人，仁义载焉。考之古今，王霸备焉。览其成败，为法式焉。

蔡　邕

选文摘自龚克昌等评注《全汉赋评注》（后汉部分），花山文艺出版社 2003 年版。

弹棋赋

荣华灼烁，萼不䗽䗽。[1] 于是列象雕华逞丽。[2] 丰腹敛边，中隐四企，轻利调博，易使骋驰。[3] 然后枑掣，兵綦夸惊。或风飘波动，若飞若浮；不迟不疾，如行如留，放一敝六，功无与俦。

夫张局陈棋，取法武备，因嬉戏以肄业，托欢乐以讲事。设兹矢石，其夷如砥。[4] 采若锦缋[5]，平若停水。肌理光泽，滑不

---

① 不："柎"的本字，指花蒂。䗽䗽：《诗经·小雅·常棣》载："鄂不䗽䗽。"䗽䗽又作"炜炜"，本义光明、光辉，此处形容花色鲜艳美盛，指棋盘。

② 列象：指排上棋子。雕华逞丽：雕刻出花纹，表现出美丽的图案。此句连同前两句都是写棋盘的华丽讲究。

③ 丰腹敛边，中隐四企：指棋盘的形态，即腹部隆起，四边收敛，顶部中心下陷，四周翘起。轻利：轻便。调博：转动灵活。

④ 矢石：古代守城武器箭和礌石，这里指棋子、棋盘等。夷：平。砥：磨刀石，喻其平滑，这里指棋盘。

⑤ 锦缋：色彩艳丽的织锦。这句指棋盘彩绘。

可履①。乘色行巧，据险用智。②

崔　寔

崔寔(? —约170)，涿郡安平(今河北安平县)人，东汉后期政论家，曾任东汉大尚书。所著《四民月令》，是后世研究汉代农业经济和百姓生活的重要典籍。原书已佚，仅存片断。选文摘自严可均辑《全后汉文》，中华书局1999年版。

四民月令

正月之朔，是谓正旦，躬率妻孥，洁祀祖祢。及祀日，进酒降神毕，乃室家尊卑，无大无小，以次列于先祖之前。子妇曾孙，各上椒柏酒于家长，称觞举寿，欣欣如也。进酒次第，当从小起，以年少者为先。上辛日埽除韭畦中枯叶。上除若十五日，合诸膏小草续命丸散法药。农事未起，命成童③已上入大学，学《五经》。砚冰释，命幼童④入小学，学篇章。命女工趣织布，典馈酿春酒。雨水中。地气上腾，土长冒橛，陈根可拔，急菑强土黑垆之田，粪畴⑤。可种瓜，可种瓠，可种葵，可种蘘、韭、芥、大小葱、蒜、苜蓿及杂蒜，可种蓼，可菹芋，可作诸酱、肉酱、清酱。正月自朔暨晦，可移诸树竹、漆、桐、梓、松、柏、杂木。唯有果实者，及望而止。

---

① 履：踩踏。

② 乘色：指趁着周围环境。行巧：实施巧妙手段。这句指弹棋艺术。

③ 成童：十五到二十岁的青年。

④ 幼童：九岁到十四岁的少年。

⑤ 畴：麻田。

过十五日，则果少实。正月尽二月，可种春麦、䄆豆，可剥树枝。自正月以终季夏，不可伐木，必生蠹虫。

二月祠大社之日，荐韭卵于祖祢。阴冻毕泽，可菑美田缓土及河渚水处。顺阳习射，以备不虞。春分中，雷乃发声，先后各五日。寝别内外。蚕事未起，命缝人浣冬衣，彻复为袷。其有赢帛，遂供秋服。可粜粟、黍、大小豆、麻、麦子等。收薪炭。捣筛，以淅米汁溲之，更捣令熟，丸如鸡子，以供烘炉御寒之用，辄得达曙，坚实耐久，逾炭十倍。榆荚成及青，收干以为旨蓄。司部收青小麦暴之，至冬以酿，滑香宜养老。《诗》云"我有旨蓄，亦以御冬"也。色变白将落，可作鼗酳，随节早晚，勿失其适。榆荚落时可种蓝，别小葱，采术。昏参夕，杏华盛，桑椹赤，可种大豆，可种胡麻，谓之上时。可种积禾，美田欲稠，薄田欲稀。可种苴麻①。苴麻子黑，又实而重，可治作烛，不作麻。可种瓜。二月尽三月，可采土菰根，可掩树枝②。

三月三日，以及上除，可采艾及柳絮。清明节令蚕妾治蚕室，涂隙穴，具槌㭖箔笼。清明节后十日，封生姜。至四月立夏后，蚕大食，芽生，可种之。是月也，杏华盛。可菑白沙轻土之田，可种积禾，可种苴麻，可种瓜，可种胡麻，可种黍穄。布谷鸣，收小蒜。桃华盛，农人候时而种。是月也，冬谷或尽，椹麦未熟，乃顺阳布德，振赡穷乏，务施九族，自亲者始。无或蕴财，忍人之穷；无或利名，罄家继富；度入为出，处厥中焉。蚕晨尚闲，可利沟渎，葺治墙屋，修门户，警设守备，以御春饥草窃之寇。是月尽夏至，暖气将盛，日烈曛燥，利用漆油，作诸煎药。可粜黍买布，可采乌头，可种粳稻。美田欲稀，薄田欲稠。

---

① 苴麻：苎麻。
② 掩树枝：将树枝埋在土中，让其生根，然后就可以移种。

四月立夏后，作鲍鱼酱。蚕入簇，时雨降，可种黍禾，谓之上时。可种胡麻，可种大小豆。美田欲稀，薄田欲稠。可收芜菁及芥、葶苈、冬葵子，可作酢①。茧既入簇，趣缲，剖线，具机杼，敬经络。草茂可烧灰。是月也，可作枣糒，以御宾客。可籴穬②。及大麦敝絮。

五月一日可作醢③。芒种节后，阳气始亏，阴慝将萌，暖气始盛，虫蠹并兴，乃弛角弓弩，解其徽弦，张竹木弓弩，弛其弦，以灰藏旃裘毛毳之物及箭羽，以竿挂油衣，勿辟藏。是月五日，合止痢黄连圆、霍乱圆，采葸耳，取蟾蜍，取东行蝼蛄，亦可作酢。食粔籹④。霖雨将降，储米、谷、薪炭，以备道路陷滞不通。可为酱。上旬䶂豆，中庚煮之，以碎豆作末，都至六七月之交，分以藏瓜。可作鱼酱，可种胡麻，可多作糒，以供家出入之粮，以待宾位。可葘麦田。夏至先后各二日，可种黍。虫食李者，黍贵也。先后各五日，可种牡麻。是月也，阴阳争，血气散。夏至先后各十五日，薄滋味，勿多食肥酽。距立秋，无食煮饼及水引。可刈蓝，可粜大小豆、胡麻，籴穬大小麦，收敝絮及布帛。至后籴莝㹀，置罂中密封。至冬可养马，可别种稻及蓝，尽夏至后二十日止。

六月可葘麦田。六日可收葵，可作曲。初伏，荐麦瓜于祖祢，命女工织缣练。可烧灰，染青绀杂色。可种小蒜，别大葱，种冬蓝⑤。可蓄瓟。中伏后，可种冬葵，可收芥子，可种芜菁。大暑后六日，可藏瓜。

---

① 酢：醋。

② 穬：去皮的糙大麦。

③ 醢：鱼、肉等制成的酱。

④ 粔籹：古代的一种食品。以蜜和米面，搓成细条，组之成束，扭作环形，用油煎熟，犹今之馓子。又称寒具、膏环。

⑤ 冬蓝：一种药。

七月四日，命置曲室，具箔槌，取净艾。六日，馈治五谷磨具。七日，遂作曲，合蓝丸及蜀漆丸，暴经书及衣裳。作干糗，采葸耳，设酒脯、时果，散香粉于筵上，祈请于河鼓、织女。藏韭菁，别种蘸。可种芜菁，可种大小葱，可种小蒜，可种芥，可种苜宿。处暑中，向秋节，沉故制新，作舍薄以备始凉。粜大小麦豆，收缣练，收柏实。

八月暑退，命幼童入小学，如正月焉。清风戒寒，趣织缣帛，染彩色。擘丝治絮，制新浣故，及韦履贱好豫买，以备冬寒。刈萑苇刍茭，凉燥可上弩。缮治檠锄，正缚铠弦，遂以习射。弛竹木弓弧，粜种麦籴黍。凡种大小麦，得白露节可种薄田，秋分种中田，后十日种美田。唯穬早晚无常，可种大蒜，可种芥，可种苜宿，可种干葵。可断瓠作蓄瓠，瓠中白肤实以养猪致肥，其瓣则作烛致明。采王不留行，收韭菁，作捣齑。

九月九日，可采菊华，收枳实。是月也，治场圃，涂囷仓，修窦窖，缮五兵，习战射，以备寒冻穷厄之寇。存问九族孤寡老病不能自存者，分厚彻重，以救其寒。藏茈姜①蘘荷。作葵菹乾葵。其岁若温，皆待十月。

十月，培筑垣墙，塞向墐户。上辛命典馈渍曲酿冬酒，作脯腊，以供腊祀。农事毕，命成童入大学，如正月焉。五谷既登，家备储蓄。乃顺时令，敕丧纪。同宗有贫窭久丧不堪葬者，则纠合宗人，共与举之，以亲疏贫富为差，正心平敛，无相逾越。先自竭以率不随。先冰冻作凉饧，煮暴饴。可析麻绩，绩布缕，作帛履不惜。农语曰："河射角，堪夜作。犁星没，水生骨。"卖缣帛敝絮，籴粟、豆、麻子。平量五谷各一升，小甖盛，埋垣北墙阴下，冬至后五十

---

① 茈姜：生姜。

日，发取量之，息最多者，岁所宜也。

冬十一月，阴阳争，血气散。冬至日先后各五日，寝别内外。买白犬养之，以供祖祢。冬至之日，荐黍羔。先荐玄冥，以及祖祢。其进酒肴，及谒贺君师耆老，如正旦。砚冰冻，命幼童入小学，读《孝经》《论语》篇章。可酿醯，籴粳稻、粟、豆、麻子。

十二月，请召宗族婚姻宾旅，讲好和礼，以笃恩纪。休农息役，惠必下浃。遂合耦田器，养耕牛，选任田者，以俟农事之起。去猪盍车骨。及腊日，祀祖①。炙箖。东门磔白鸡头。腊明日更新，谓之小岁，进酒尊长，修贺君师。

---

① 祖：《宋书·历志》载，"黄帝之子曰累祖，好远游，死道路，故祀以为道神"，以求道路之福。

六、城市、建筑美学

陆　贾

选文摘自王利器撰《新语校注》，中华书局
1986 年版。

新　语

道　基

天下人民，野居穴处，未有室屋，则与禽
兽同域。於是黄帝乃伐木构材，筑作宫室，上
栋下宇，以避风雨。

无　为

秦始皇骄奢靡丽，好作高台榭，广宫室，

则天下豪富制屋宅者，莫不仿之，设房闼，备厩库，缮雕琢刻画之好，博玄黄琦玮之色，以乱制度。[①]

怀虑

楚灵王居千里之地，享百邑之国，不先仁义而尚道德，怀奇伎，□□□[②]，□阴阳，合物怪，作乾溪之台[③]，立百仞之高，欲登浮云，窥天文，然身死於弃疾之手。

本行

夫怀璧玉，要环佩，服名宝，藏珍怪，玉斗酌酒，金罍刻镂，所以夸小人之目者也；高台百仞，金城文画，所以疲百姓之力者也。故圣人卑宫室而高道德，恶衣服而勤仁义，不损其行，以好其容，不亏其德，以饰其身，国不兴不事之功，家不藏不用之器，所以稀力役而省贡献也。

贾谊

选文摘自阎振益、钟夏校注《新书校注》，中华书局 2000 年版。

新书

阶级

人主之尊，辟无异堂。阶陛九级者，堂高大几六尺矣。若堂无陛级者，堂高治不过尺矣。天子如堂，群臣如陛，众庶如地，此其

---

①　"秦始皇"几句：陆贾此言是在讽喻汉代的统治者。

②　□□□：原文为缺字。

③　乾溪之台：应是章华台之误。

辟也。故陛九级上，廉①远地则堂高；陛亡级，廉近地则堂卑。高者难攀，卑者易陵，理势然也。故古者圣王制为列等，内有公卿大夫士，外有公侯伯子男，然后有官师②小吏，施及庶人，等级分明，而天子加焉，故其尊不可及也。

退 让

翟③王使使至楚，楚王欲夸之，故飨客於章华之台上。上者三休④，而乃至其上。楚王曰："翟国亦有此台乎?"使者曰："否。翟，窭国⑤也，恶见此台也？翟王之自为室也，堂高三尺，壤陛三累⑥，茆茨弗剪⑦，采椽⑧弗刮，且翟王犹以作之者大苦，居之者大佚⑨，翟国恶见此台也!"楚王愧。

君 道

《诗》曰："济济多士，文王以宁。"⑩言辅翼贤正，则身必已安也。又曰："弗识弗知，顺帝之则。"⑪言士民说⑫其德义，则效而象之也。文王志之所在，意之所欲，百姓不爱其死，不惮其劳，从之如集。《诗》曰："经始灵台"，"庶民攻之，不日成之。经始勿亟，庶

---

① 廉：殿堂之侧。
② 官师：官吏之低者。
③ 翟：即"狄"字，当时北方部族名。
④ 三休：多次休息。
⑤ 窭国：贫穷国家。
⑥ 壤陛：土台阶。累：层，重。
⑦ 茆茨弗剪：用茅草盖的屋顶。
⑧ 采椽：以柞木做的椽子。采：同"棌"，柞木。椽：露在房檐外边的支撑木。
⑨ 大佚：过于安乐。大：同"太"。佚：同"逸"。
⑩ 见《诗经·大雅·文王》。
⑪ 见《诗经·大雅·皇矣》，原文作"不识不知，顺帝之则"。
⑫ 说：同"悦"，喜欢。

民子来".① 文王有志为台，令近规之。民闻之者麠裒而至，问业而作之，日日以众。故弗趋而疾，弗期而成。命其台曰灵台，命其囿曰灵囿，谓其沼曰灵沼，爱敬之至也。《诗》曰："王在灵囿，麀鹿攸伏，麀鹿濯濯，白鸟皜皜。王在灵沼，於牣鱼跃。"② 文王之泽，下被禽兽，洽于鱼鳖，咸若攸乐，而况士民乎？

枚　乘

选文摘自龚克昌等评注《全汉赋评注》（前汉部分），花山文艺出版社 2003 年版。

梁王菟园赋

修竹檀栾，夹池水，旋菟园，并驰道，临广衍，长冗故，故径于昆仑，狼观相物，艻焉子有③，似乎西山。西山陒陒，恤焉隑隑。峑峈嵝羡，峣岩绹嵾巍𡾋焉。暴熛④激，扬尘埃。蛇龙奏林薄竹。游风踊焉，秋风扬焉，满庶庶焉，纷纷纭纭，腾踊云乱。枝叶翚⑤散，摩来幡幡焉。溪谷沙石，涸波沸日，湲浸疾东，流连焉辚辚。

---

① 皆见《诗经·大雅·灵台》。
② 亦见《诗经·大雅·灵台》。麀（yōu）鹿：母鹿。牣：通"牣"，满。
③ 艻：即"物"之误。焉：系衍文。子有：即滋有，言物之多。子：通"滋"。
④ 暴熛：即暴风。
⑤ 翚：飞翔。这里形容林竹披拂。

阴发绪菲菲，间间谨谨扰①。昆鸡蜈蛙②，仓庚密切③。别鸟相离，哀鸣其中。若乃附巢蹇鹭④之传于列树也。栅栅若飞雪之重弗丽也。西望西山，山鹊野鸠，白鹭鹘桐，鹳鹗鹧雕，翡翠鸱鸧，守狗戴胜⑤，巢枝穴藏。被塘临谷，声音相闻。啄尾离属，翱翔群熙。⑥ 交颈接翼，阖⑦而未至。徐飞拉搭⑧，往来霞水，离散而没合。疾疾纷纷，若尘埃之间白云也。予之幽冥，究之乎无端，于是晚春早夏，邯郸襄国易阳之容丽人⑨，及其燕饰子，相与杂遝而往款焉，车马接轸相属，方轮错毂。接服何骖⑩，披衔迹蹶⑪。自奋增绝，怵惕腾跃，水意而未发。因更阴逐心相秩奔⑫，隧⑬林临河，怒气未竭，羽盖繇起，被以红沫⑭，蒙蒙若雨委雪。高冠扁⑮焉，长剑闲焉，左挟弹焉，右执鞭焉。日移乐衰，游观西园之芝，芝成宫阙，枝叶荣茂，选择纯熟，挈取含苴。复取其次，顾赐从者，于是从容安步，斗鸡

---

① 谨谨扰：嘈杂的鸟声。

② 昆鸡：即鹍鸡，似鹤，黄白色。蜈蛙：即鹈鸪，就是子规，杜鹃鸟。

③ 仓庚、密切：都是鸟名。

④ 附巢、蹇鹭：据说都是鸥鹭一类的水鸟。

⑤ 守狗：即天狗，鸟名。戴胜：鸟名。

⑥ 离属：接连不断的样子，离通"缡"。熙：通"嬉"。

⑦ 阖：低飞之貌。

⑧ 拉搭：飞的样子。

⑨ 邯郸：古县名，故地在今河北邯郸市。襄国：古县名，项羽改信都县置，以赵襄子溢为名，治所在今河北邢台市西南。易阳：古县名，汉置，在今河北邯郸市附近。以上三县古代多出美女。

⑩ 服：三马驾车时，当中的马称服，两旁的马称骖。何骖：谓何人之骖。

⑪ 蹶：跌倒。

⑫ 阴逐心相秩奔：此六字疑有误。

⑬ 隧：同"坠"。

⑭ 红沫：羽盖上的涂色。

⑮ 扁：通"翩"。

走兔，俯仰钓射，煎熬炮炙，极欢到莫①。若乃夫郊采桑之妇人兮，袿裼错纤，连袖方路，摩眦长鬓。②便娟数顾。芳温往来，按神连未结，已诺不分，缥併③进靖，傃笑④连便，不可忍视也。于是妇人先称曰，春阳生兮萋萋，不才子兮心哀，见嘉客兮不能归，桑萎蚕饥，中人望奈何！

刘　安

选文摘自何宁撰《淮南子集释》，中华书局1998年版。

淮南子

本经训

大构驾，兴宫室，延楼栈道，鸡栖井干，标栌欂栌⑤，以相支持，木巧之饰，盘纡刻俨⑥，赢镂雕琢，诡文回波，淌游瀷淢，菱杼绺抱⑦，芒繁乱泽，巧伪纷挐，以相挢错，此遁於木也；凿汙池之深，肆畛崖之远，来溪谷之流，饰曲岸之际，积牒旋石⑧，以纯修

---

① 莫：通"暮"。
② 袿：妇女的上衣。裼：裘衣上的罩衣。眦："陀"之误。鬓："发"之误。
③ 缥併：帛青白色。
④ 傃笑：即辇笑。
⑤ 标栌：柱子之类。欂栌：柱上承托栋梁的方形短木，即"斗拱"。
⑥ 刻俨：浮首虎头类的装饰。
⑦ 绺抱：错杂缠绕。
⑧ 旋石：即璇石。

碕①，抑减怒濑，以扬激波，曲拂邅回，以像涓浯，益树莲菱，以食鳖鱼，鸿鹄鹔鹅，稻梁饶余，龙舟鹢首，浮吹以娱，此遁於水也；高筑城郭，设树险阻，崇台榭之隆，侈苑囿之大，以穷要妙之望，魏阙之高，上际青云，大厦曾加②，拟於昆仑，修为墙垣，甬道相连，残高增下，积土为山，接径历远③，直道夷险④，终日驰骛，而无迹蹈之患，此遁於土也；大钟鼎，美重器，华虫疏镂，以相缪绐，寝兕伏虎，蟠龙连组⑤，焜昱错眩，照耀辉煌，偃蹇寥纠⑥，曲成文章，雕琢之饰，锻锡文铙，乍晦乍明，抑微灭瑕，霜文沉居，若簟籧篨，缠锦经尤，似数而疏，此遁於金也；煎熬焚炙，调齐和之适，以穷荆吴甘酸之变，焚林而猎，烧燎大木，鼓橐⑦吹埵，以销铜铁，靡流坚锻⑧，无猒足目，山无峻干，林无柘梓，燎木以为炭，燔草而为灰，野莽白素，不得其时，上掩天光，下殄地财，此遁於火也。此五者，一足以亡天下矣。是故古者明堂之制，下之润湿弗能及，上之雾露弗能入，四方之风弗能袭，土事⑨不文，木工不斫⑩，金器不镂，衣无隅差之削，冠无觚赢⑪之理，堂大足以周旋理文，静洁足以享上帝，礼鬼神，以示民知俭节。夫声色五味，远国

---

① 修碕：曲折的堤岸。

② 曾：通"层"。加：架。

③ 接径：原注作"接，疾也。径，行也"。杨树达《证闻》注："'接'读为'疌'。《说文》云：'疌，疾也。'"

④ 直道夷险：使道直，使险夷。

⑤ 组：有文采的宽丝带，古代多用作佩印或佩玉的绶。

⑥ 偃蹇：宛转委曲的样子。寥纠：缭绕纠结。

⑦ 橐：鼓风吹火器。

⑧ 坚锻：谓锻造结实。

⑨ 土事：与下文"木工"相对为文，指土建工程。

⑩ 斫：琢，雕画。

⑪ 觚：古代酒器，喇叭形，细腰，高圈形，腹与圈足上有棱。赢：通"螺"，具有回旋形硬壳的软体动物。

珍怪，瑰异奇物，足以变心易志，摇荡精神，感动血气者，不可胜计也。夫天地之生财也，本不过五。圣人节五行则治不荒。

主术训

明堂之制，有盖而无四方，风雨不能袭，寒暑不能伤，迁延而入之，养民以公。

氾论训

古者民泽处复穴，冬日则不胜霜雪雾露，夏日则不胜暑蛰蚊虻。圣人乃作为之筑土构木，以为宫室，上栋下宇①，以蔽风雨，以避寒暑，而百姓安之。

东方朔

东方朔(公元前 154—前 93)，字曼倩，平原郡厌次县(今山东陵县东北，一说今山东惠民县东)人，西汉时期著名文学家。选文摘自班固撰《汉书》，中华书局 1999 年版。

谏除上林苑

臣闻谦逊静悫②，天表之应，应之以福；骄溢靡丽，天表之应，应之以异。今陛下累郎台，恐其不高也；弋猎之处，恐其不广也。如天不为变，则三辅之地尽可以为苑，何必盩厔、鄠、杜乎！奢侈越制，天为之变，上林虽小，臣尚以为大也。

---

① 栋：屋脊梁。宇：屋檐。
② 悫：谨慎。

　　夫南山，天下之阻也，南有江淮，北有河渭，其地从汧陇①以东，商雒以西，厥壤肥饶。汉兴，去三河之地，止霸产以西，都泾渭之南，此所谓天下陆海之地，秦之所以虏西戎兼山东者也。其山出玉石，金、银、铜、铁、豫章、檀、柘，异类之物，不可胜原，此百工所取给，万民所卬足也。又有粳稻梨栗桑麻竹箭之饶，土宜姜芋，水多蛙②鱼，贫者得以人给家足，无饥寒之忧。故酆镐之间号为土膏，其贾亩一金。今规以为苑，绝陂池水泽之利，而取民膏腴之地，上乏国家之用，下夺农桑之业，弃成功，就败事，损耗五谷，是其不可一也。且盛荆棘之林，而长养麋鹿，广狐兔之苑，大虎狼之虚，又坏人冢墓，发人室庐，令幼弱怀土而思，耆老泣涕而悲，是其不可二也。斥③而营之，垣而囿之，骑驰东西，车鹜④南北，又有深沟大渠，夫一日之乐不足以危无堤之舆，是其不可三也。故务苑囿之大，不恤农时，非所以强国富人也。

　　夫殷作九市之宫而诸侯畔，灵王起章华之台而楚民散，秦兴阿房之殿而天下乱。粪土愚臣，忘生触死，逆盛意，犯隆指，罪当万死，不胜大愿，愿陈《泰阶六符》⑤，以观天变，不可不省。

刘　向

　　选文摘自向宗鲁校证《说苑校证》，中华书局 1987 年版。

---

① 汧：汧水。陇：陇坻。
② 蛙：蛙。
③ 斥：却。
④ 鹜：乱驰曰鹜。
⑤ 《泰阶六符》：孟康曰："泰阶，三台也。每台二星，凡六星。符，六星之符验也。"

说 苑

贵 德

晋平公春筑台，叔向曰："不可。古者圣王贵德而务施，缓刑辟而趋民时①。今春筑台，是夺民时也。夫德不施则民不归，刑不缓则百姓愁，使不归之民，役愁怨之百姓，而又夺其时，是重竭也。夫牧百姓，养育之而重竭之，岂所以安命安存，而称为人君於后世哉？"平公曰："善。"乃罢台役。

赵简子春筑台於邯郸，天雨而不息，谓左右曰："可无趋种乎？"尹铎对曰："公事急，厝种而悬之台，夫虽欲趋种，不能得也。"简子惕然，乃释台罢役，曰："我以台为急，不如民之急也。民以不为台故，知吾之爱也。"

智襄子为室美，士茁夕焉②，智伯曰："室美矣夫！"对曰："美则美矣，抑臣亦有惧也。"智伯曰："何惧？"对曰："臣以秉笔事君，记有之曰：'高山浚源，不生草木，松柏之地，其土不肥。'今土木胜人，臣惧其不安人也。"室成三年而智氏亡。

正 谏

楚庄王筑层台，延③石千重，延壤百里，士有反三月之粮者④。大臣谏者七十二人，皆死矣。有诸御己者，违⑤楚百里而耕，谓其

---

① 刑辟：刑法。趋民时：犹言"使民以时"。趋：同"促"，驱使。
② 士茁：智伯的家臣，其人不详。夕：傍晚时朝见。
③ 延：引来，运来。
④ 士：从事耕作等劳动的男子。反：同"贩"，这里是携带的意思。
⑤ 违：距离。

耦^①曰："吾将入见於王。"其耦曰："以身乎？吾闻之，说人主者，皆闲暇之人也，然且至而死矣。今子特草茅之人耳！"诸御己曰："若与子同耕，则比力也；至於说人主，则不与子比智矣。"委^②其耕而入见庄王。庄王谓之曰："诸御己来！汝将谏邪？"诸御己曰："君有义之用，有法之行。且己闻之，土负水者平，木负绳者正，君受谏者圣。君筑层台，延石千重，延壤百里，民之蜂咠，血成於通涂，然且未敢谏也，己何敢谏乎？顾臣愚窃闻昔者，虞不用宫之奇而晋并之，陈不用子家羁而楚并之，曹不用僖负羁而宋并之，莱不用子猛而齐并之，吴不用子胥而越并之，秦不用蹇叔之言而秦国危，桀杀关龙逄而汤得之，纣杀王子比干而武王得之，宣王杀杜伯而周室卑，此三天子六诸侯，皆不能尊用贤人辩士之言，故身死而国亡。"遂趋而出。楚王遽而^③追之，曰："己！子反矣！吾将用子之谏！先日说寡人者，其说也不足以动寡人之心，又危加诸寡人，故皆至而死；今子之说，足以动寡人之心，又不危加诸寡人，故吾将用子之谏。"明日令曰："有能入谏者，吾将与为兄弟。"遂解层台而罢民。楚人歌之曰："薪乎莱乎！无诸御己，讫^④无子乎！莱乎薪乎！无诸御己，讫无人乎！"

辨　物

齐景公为露寝之台，成而不通焉。柏常骞^⑤曰："为台甚急，台成君何为不通焉？"公曰："然。枭昔者鸣，其声无不为也。吾恶之甚，是以不通焉。"柏常骞曰："臣请禳而去之。"公曰："何具？"对曰：

---

① 耦：同"偶"，指一起耕地的人。古代人力耕地，需二人并耕。

② 委：丢弃。

③ 遽而：遽然，很快地。

④ 讫：通"迄"，至今，到现在。

⑤ 柏常骞：史官。

"筑新室为置白茅焉。"公使为室，成，置白茅焉。柏常骞夜用事。明日，问公曰："今昔闻枭声乎？"公曰："一鸣而不复闻。"使人往视之，枭当陛布翼，伏地而死。公曰："子之道若此其明也，亦能益寡人寿乎？"对曰："能。"公曰："能益几何？"对曰："天子九，诸侯七，大夫五。"公曰："亦有征兆之见乎？"对曰："得寿地且动。"公喜，令百官趣具骞之所求。柏常骞出，遭晏子于涂，拜马前，辞曰："骞为禳枭而杀之，君谓骞曰：'子之道若此其明也，亦能益寡人寿乎？'骞曰：'能。'今且大祭，为君请寿，故将往以闻。"晏子曰："嘻！亦善矣，能为君请寿也。虽然，吾闻之，惟以政与德顺乎神，为可以益寿。今徒祭可以益寿乎？然则福兆有见乎？"对曰："得寿地将动？"晏子曰："骞，昔吾见维星绝，枢星散，地其动，汝以是乎？"柏常骞俯有间，仰而对曰："然。"晏子曰："为之无益，不为无损也。薄赋敛，无费民。且令君知之。"

反　质

秦始皇既兼天下，大侈靡。即位三十五年，犹不息。治大驰道，从九原抵云阳，堑山堙谷①，直通之。厌先王宫室之小，乃于丰镐②之间，文武之处，营作朝宫。渭南山林苑中，作前殿阿房，东西五百步，南北五十丈。上可以坐万人，下可建五丈旗。周为阁道，自殿直抵南山之岭。以为阙。为复道，自阿房度渭水，属咸阳，以象天极阁道，绝汉抵营室也③。又兴骊山之役，锢三泉之底④。关中离宫三百所，关外四百所，皆有钟磬帷帐，妇女倡优。立石阙东海上

---

①　堑：壕沟，这里用为动词，犹言挖掘。堙：填塞。

②　丰镐：西周的两座都城。丰京为周文王所建，地在今陕西西安市沣河以西。镐京为周武王所建，在沣河以东。

③　天极：天宇。阁道：星名，属奎宿。绝：横渡。营室：星名，即室宿。

④　锢三泉之底：浇铸钢铁溶液堵塞三重泉的泉眼。

胊山界中，以为秦东门。於是有方士韩客侯生、齐客卢生，相与谋曰："当今时不可以居。上乐以刑杀为威，下畏罪持禄，莫敢尽忠。上不闻过而日骄，下慑伏以慢欺而取容。谏者不用，而失道滋甚。吾党久居，且为所害。"乃相与亡去。始皇闻之，大怒，曰："吾异日厚卢生，尊爵而事之，今乃诽谤我。吾闻诸生多为妖言，以乱黔首。"乃使御史悉上①诸生。诸生传相告②，犯法者四百六十余人，皆坑之。卢生不得，而侯生后得。始皇闻之，召而见之。升东阿之台，临四通之街，将数而车裂之。始皇望见侯生，大怒曰："老虏不良，诽谤而主，乃敢复见我！"侯生至，仰台而言曰："臣闻知死必勇。陛下肯听臣一言乎？"始皇曰："若欲何言？言之！"侯生曰："臣闻禹立诽谤之木，欲以知过也。今陛下奢侈失本，淫泆趋末。宫室台阁，连属增累；珠玉重宝，积袭成山；锦绣文彩，满府有余；妇女倡优，数巨万人；钟鼓之乐，流漫无穷；酒食珍味，盘错於前；衣服轻暖，舆马文饰，所以自奉，丽靡烂熳，不可胜极。黔首匮竭，民力单尽③。尚不自知。又急诽谤，严威克下。下暗上聋，臣等故去。臣等不惜臣之身，惜陛下国之亡耳。闻古之明王，食足以饱，衣足以暖，宫室足以处，舆马足以行。故上不见弃於天，下不见弃於黔首。尧茅茨不剪，采橼不斫，土阶三等，而乐终身者，以其文采之少，而质素之多也。丹朱④傲虐，好慢淫，不修理化，遂以不升。今陛下之淫，万丹朱而十昆吾桀纣，臣恐陛下之十亡也，而曾不一存。"始皇默然久之，曰："汝何不早言？"侯生曰："陛下之意，方乘青云，

---

① 悉上：《史记》作"悉案问"，犹言全部进行审问。
② 传相告：辗转告发。
③ 单尽：穷尽。单：通"殚"。
④ 丹朱：帝尧之子，不贤。

飘摇於文章之观①。自贤自健，上侮五帝，下凌三王。弃素朴，就末技②。陛下亡征见久矣。臣等恐言之无益也，而自取死。故逃而不敢言。今臣必死，故为陛下陈之。虽不能使陛下不亡，欲使陛下自知也。"始皇曰："吾可以变乎？"侯生曰："形已成矣，陛下坐而待亡耳。若陛下欲更之，能若尧与禹乎？不然，无冀也。陛下之佐又非也。臣恐变之不能存也。"始皇喟然而叹，遂释不诛。后三年，始皇崩，二世即位，三年而秦亡。

扬　雄

《将作大匠箴》摘自严可均辑《全汉文》，商务印书馆1999年版。辞赋摘自龚克昌等评注《全汉赋评注》（前汉部分），花山文艺出版社2003年版。

将作大匠箴

侃侃将作，经构宫室。墙以御风，宇以蔽日。寒暑攸除，鸟鼠攸去。王有宫殿，民有宅居。昔在帝世，茅茨土阶。夏卑宫观，在彼沟洫。桀作瑶台，纣为璇室。人力不堪，而帝业不卒。诗咏宣王，由俭改奢。观丰上六，大屋小家。《春秋》讥刺，书彼泉台。两观雉门，而鲁以不恢。或作长府，而闵子以仁。秦筑骊阿，嬴姓以颠。故人君无云我贵，榱题是遂。毋云我富，淫作极游。在彼墙屋，而忘其国戮。作臣司匠，敢告执斲。

---

① 飘摇：洋洋自得貌。文章：这里指车马、服饰、旌旗等仪仗排场。
② 末技：指求长生不老之类的道术。

甘泉赋

孝成帝时，客有荐雄文似相如者，上方郊祠甘泉泰畤①，汾阴后土，以求继嗣，召雄待诏承明之庭②。正月，从上甘泉还，奏《甘泉赋》以风。其辞曰：

惟汉十世③，将郊上玄，定泰畤。雍神休④，尊明号，同符三皇，录功五帝，恤胤锡羡，拓迹开统。于是乃命群僚，历吉日，协灵辰，星陈而天行。诏招摇⑤与泰阴兮，伏钩陈使当兵，属堪舆以壁垒兮，梢夔魖而抶獝狂。八神奔而警跸⑥兮，振殷辚而军装。蚩尤之伦带干将而秉玉戚兮，飞蒙茸而走陆梁。齐总总撙撙⑦，其相胶辕兮，猋骇云讯，奋以方攘；骊罗列布，鳞以杂沓兮，柴虒参差，鱼颉而鸟䀥；翕赫曶霍⑧，务⑨集蒙合兮，半散照烂，粲以成章。

于是乘舆乃登夫凤皇兮翳华芝，驷苍螭兮六素虬，蠖⑩略蕤绥，漓乎襂䍦。帅尔阴闭，霅然阳开，腾清霄而轶浮景兮，夫何旟旐⑪郅偈之旖旎也。流星旄以电烛兮，咸翠盖而鸾旗。敦⑫万骑于中营兮，方玉车之千乘。声骈隐以陆离兮，轻先疾雷而馺遗风。陵高衍之嵱

---

① 上：即汉武帝。郊祠：古代于郊外祭祀天地神灵的活动。

② 承明之庭：即承明殿，在未央宫中。

③ 汉十世：指汉成帝。

④ 雍神休：祈求神灵保佑并给以美好的福祥。

⑤ 招摇：星名。

⑥ 警跸：古代帝王出入称警跸。

⑦ 撙撙：聚集、集合的样子。

⑧ 翕赫：隆盛的样子。曶霍：一开一合，迅疾的样子。

⑨ 务：地气。

⑩ 蠖：行走进退，有节度，如蠖行一般。

⑪ 旟：上面画有鸟隼的旗子。旐：上面画有龟蛇的旗子。

⑫ 敦：通"屯"，布陈，屯聚。

嵸兮，超纡谲之清澄。登椽栾而訨天门兮，驰闾阖而入凌兢。

是时未輚^①夫甘泉也，乃望通天之绎绎。下阴潜以惨廪^②兮，上洪纷而相错。直峣峣^③以造天兮，厥高庆而不可乎弥度。平原唐其坛曼兮，列新雉于林薄；攒并闾与茇菇兮，纷被丽其亡鄂。崇丘陵之駊騀兮，深沟嵚岩而为谷。往往^④离宫般以相烛兮，封峦石关施靡呼延属。

于是大厦云谲波诡，摧雍^⑤而成观，仰挢首以高视兮，目冥眴而亡见。正浏滥^⑥以弘惝兮，指东西之漫漫，徒徊徊以徨徨兮，魂固眇眇而昏乱。据軨轩而周流兮，忽軮轧而亡垠。翠玉树之青葱兮，璧马犀之瞵珬。金人仡仡其承钟虡兮，嵌岩岩其龙鳞，扬光曜之燎烛兮，垂景炎之炘炘，配帝居之悬圃兮，象泰一之威神。洪台掘其独出兮，撼北极之嶟嶟，列宿乃施于上荣兮，日月才经于桪杖，雷郁律而岩窔兮^⑦，电倏忽于墙藩。鬼魅不能自还兮，半长途而下颠。历倒景而绝飞梁兮，浮蠛蠓而撇天。

左欃枪而右玄冥兮^⑧，前燻阙后应门；荫西海与幽都兮，涌醴汩以生川。蛟龙连蜷于东厓兮，白虎敦圉呼昆仑。览樛流于高光兮，溶方皇于西清。前殿崔巍兮，和氏珑玲，炕^⑨浮柱之飞榱兮，神莫莫而扶倾，闶阆阆^⑩其寥廓兮，似紫宫之峥嵘。駢交错而曼衍兮，

---

① 輚：至，到达。
② 惨廪：寒凉。
③ 峣峣：高。
④ 往往：处处，到处都有。
⑤ 摧雍：同“崔巍”，高大宏伟的样子。
⑥ 浏滥：浏览。
⑦ 郁律：细小的雷声。岩窔：山之深处，这里指宫观的深邃幽静处。
⑧ 欃枪：彗星的别名。玄冥：北方的水神名。
⑨ 炕：通“抗”，举起。
⑩ 闶：门高的样子。阆阆：高大的样子。

嵬嶵隗呼其相婴。乘云阁而上下兮，纷蒙笼以掍成，曳红采之流离兮，飓①翠气之宛延。袭琁室与倾宫兮，若登高妙远，肃呼临渊。

回猋②肆其砀骇兮，披桂椒郁杨杨。香芬茀以穷隆兮，击薄栌而将荣。芋呋肸以掍根兮，声骅隐而历钟。排玉户而飓金铺兮，发兰惠与穹穷。帷弸彋其拂汩兮，稍暗暗而靓深。阴阳清浊穆羽相和兮，若夔、牙之调琴。般③倕弃其剞劂兮，王尔投其钩绳。虽方征侨与偓佺兮④，犹仿佛其若梦。

于是事变物化，目骇耳回，盖天子穆然，珍台闲馆，琁题玉英，蜵蜎蠖濩之中，惟夫⑤所以澄心清魂，储精垂恩，感动天地，逆⑥釐三神者。乃搜逑索偶，皋、伊之徒，冠伦魁能，函甘棠之惠，挟东征之意，相与齐乎阳灵之宫。靡薜荔而为席兮，折琼枝以为芳。噏清云之流瑕兮，饮若木之露英。集乎礼神之囿，登乎颂祇之堂。建光耀之长旓兮，昭华覆之威威。攀琁玑⑦而下视兮，行游目乎三危⑧。陈众车于东阬兮，肆玉轪而下驰；漂龙渊而还九垠兮，窥地底而上回。风傱傱而扶辖兮，鸾凤纷其御蕤⑨。梁弱水之濎漾兮，蹑不周之逶蛇。想西王母欣然而上寿兮，屏玉女而却宓妃。玉女亡所眺其清卢兮，宓妃曾不得施其蛾眉。方揽道德之精刚兮，侔神明与之为资。

于是钦柴宗祈，燎熏皇天，招摇泰一。举洪颐，树灵旗，樵蒸

---

① 飓：飞扬。
② 回猋：回旋的狂风。
③ 般：公输班，又指鲁班。
④ 征侨：仙人名。偓佺：仙人名。
⑤ 惟：思考，谋划。夫：指祭祀的事情。
⑥ 逆：迎接。
⑦ 琁玑：北斗七星。
⑧ 三危：山名，在甘肃敦煌市东南。此处似应指神话中的仙山。
⑨ 蕤：古代车子上下垂的装饰物。

焜上，配藜四施，东烛沧海，西耀流沙，北爌幽都，南炀丹厓。玄瓒①觫觤，秬鬯泔淡。肸②向丰融，懿懿芬芬。炎感黄龙兮，熛讹③硕麟。选巫咸兮叫帝阍④，开天庭兮延群神。傸暗蔼兮降清坛，瑞穰穰兮委如山。于是事毕功弘，回车而归，度三峦兮偈棠黎，天阘决兮地垠开，八荒协兮万国谐。登长平兮雷鼓磕，天声起兮勇士厉，云飞扬兮雨滂沛，于胥德兮丽万世。

乱曰：崇崇圜丘，隆隐天兮。登降峛嶵，单埢垣兮。增宫嵾差，骈嵯峨兮。岭嶻⑤嶙峋，洞亡厓兮。上天之绰，杳旭卉兮。圣皇穆穆，信厥对兮。徕祇郊禋⑥，神所依兮。徘徊招摇，灵迟迟兮。辉光眩耀，隆厥福兮。子子孙孙，长亡极兮。

蜀都赋

蜀都之地，古曰梁州。禹治其江，潳皋弥望。郁乎青葱，沃野千里。上稽乾度，则井络储精⑦，下案地纪，则坤宫奠位。东有巴⑧賨，绵亘百濮⑨。铜梁金台⑩，火井龙湫。其中则有玉石嶜岑，丹青玲珑。邛节桃枝，石鳝水螭。南则有榷牂潜夷，昆明峨眉，绝限

---

① 玄瓒：用黑色玉石装饰起来的酒器。

② 肸：散布，弥漫。

③ 熛：火焰。讹：动摇，移动。

④ 帝阍：天门。

⑤ 岭嶻：形容宫观深邃。

⑥ 郊禋：到郊外燃烟祭祀天神。

⑦ 乾度：乾文，即天象。井：星名。络：井星的网状的样子。

⑧ 巴：古族名、国名，分布在今川东鄂西一带。

⑨ 濮：我国古代西南地区的少数民族名。

⑩ 铜梁：山名，在四川合川县（今重庆市合川区）南。金堂：山名，在四川金堂县东南，县即山名，亦曰金台山。

崀嵣，堪严亶翔[①]。灵山揭其右，离堆被其东。于近则有瑕英菌芝，玉石江珠；于远则有银铅锡碧，马犀象僰。西有盐泉铁冶，橘林铜陵，邛连庐池，澹漫波沦。其旁则有期牛兕旄，金马碧鸡。北则有岷山，外羌白马；兽则麢羊野麋，罴牦貘貙，麢麈，鹿麝，户豹能黄[②]，獑胡蜼玃，猨蠝玃猱，犹毅毕方。尔乃仓山隐天，岎崯[③]回丛，增嶃重崒，岫石巇崔，岌巍嶊嵬，霜雪终夏。叩岩岭嶙，崇隆临柴[④]。诸徼崼峴，五硊参差。湔山严严，观上岑嵓。龙阳累峗，灌絫交倚。峗崒崛崎，集崄胁施。形精出偈，堪嶆隐倚。彭门嵎峗，崊嵺嵑岈。方彼碑池，峨屼輵嶭，砾乎岳岳，北属昆仑泰极。涌泉醴，凝水流津，漉集成川。于是乎则左沈牦，右羌庭，漆水浡其匈，都江漂其泾。乃溢乎通沟，洪涛溶洪，千溪万谷，合流逆折，泌㵎乎争降。湖潧排碣，反波逆濞，礤石洌巇。纷菸周溥，旋溺冤，绥颓慚，博岸敌呷猝濑，磴岩樘[⑤]汾，忽溶闛沛[⑥]，蹒窘出限。连混陁隧，铿钉钟，涌声讙，薄泙龙，历丰隆，潜延，雷抶电击，鸿开康磕，远远乎长喻。驰山下卒[⑦]。湍降疾流，分川并注，合乎江州。于木则梗栎豫章树榜，楷櫖樿柙，青稚雕梓，枌梧橿枥，槲梢木稷，杍信[⑧]楫丛，俊干凑集，枇桥楧楬，圠沈樘椅，从风推参[⑨]，循崖撮捼，淫淫溶溶，缤纷幼靡，泛闳野望，芒芒菲菲。其竹则钟龙箊篁，

① 堪严：山行窈深貌。亶翔：山势飞舞的样子。

② 能黄：即黄能，传说中一种似熊的野兽。

③ 岎崯：山势险峻的样子。

④ 临柴：积聚。

⑤ 樘：水石相激而涌起的水柱。

⑥ 闛沛：水声很大。

⑦ 驰山下卒：如士卒从山上飞驰而下。

⑧ 杍：即椰树。信：通“伸”。

⑨ 推参：指随风推挤而参差交错。

野筱纷笆，宗生族攒，俊茂丰美，洪溶岔苇①，纷杨搔翕，与风披拖，夹江缘山，寻卒而起，结根才业，填衍迥野，若此者方乎数千里，于汜则注注漾漾，积土崇堤，其浅湿则生苍葭蒋蒲，藿芋青蘋，草叶莲藕，荣华菱根；其中则有翡翠②鸳鸯，袅鸬鹔鹭，霅鵁鸬鷞；其深则有猵獭沈蝉鱓③，水豹蛟蛇，鼋鼍鳖龟，众鳞鳎鳝，蚌含珠而擘裂。尔乃其都门二九，四百余间。两江珥其市，九桥带其流。武儋镇都，刻削成菽。王基既夷，蜀侯尚丛。并石石屏。屹岑倚丛。秦汉之徙，充以山东。是以隙山厥饶，水贡其获，苴④竹浮流。龟鳖磧⑤竹，石蝎相救。鱼酌不收。鸳鹧鸼鸭，风胎雨鷇。众物骇目，单⑥不知所御。尔乃其裸，罗诸圃敁缘畔黄甘诸柘，柿桃杏李枇杷，杜榰栗柰，棠黎离支，杂以梃橙，被以樱梅，树以木兰。扶林禽，燗⑦般关，旁支何若，英络其间。春机杨柳，袅弱蝉杪。扶施⑧连卷，岠猱蟷蜋。子镳呼焉。尔乃五谷凭戎，瓜瓠饶多，卉以部麻。往往姜栀，附子巨蒜，木艾椒蘺。蔼酱酴清，众献储斯。盛冬育笋，旧菜增伽⑨。百华投春，隆隐芬芳。蔓茗荧翠。翠紫青黄。丽靡摛烛，若挥锦布绣。望芒芒兮无幅。尔乃其人，自造奇锦，纮缥缫缤，緛缘卢中。发文扬采，转代无穷；其布则细绤⑩弱折，绵茧成衽。阿

---

① 洪溶：广大宽阔。岔苇：《尔雅·训诂》注："茂盛也。"

② 翡翠：鸟名，其羽艳丽，可作为装饰品。

③ 鱓在《现代汉语词典》中为"鳝"的异体字，《辞海》中则单列出来，并注明同"鼍"。两种意思在此句中都说得通，因而保留繁体字并加注说明。——编辑注

④ 苴：有子的麻。

⑤ 磧：浅水中的石头。

⑥ 单：通"殚"，尽。

⑦ 燗：光彩照人的样子。

⑧ 扶施：即扶疏，纠缠散布的样子。

⑨ 增伽：指茄子尚多。

⑩ 绤：细葛布。

丽纤靡，避晏与阴。蜘蛛作丝，不可见风。筒中黄润，一端数金，雕镂扣器，百伎千工。东西鳞集，南北并凑，驰逐相逢，周流往来，方辕齐毂。隐轸幽辎，埃勃尘拂。万端异类，崇戎总浓般旋，阓齐嗜楚，而喉不感槩。万物更凑，四时迭代，彼不折货，我罔之械。财用饶赡，蓄积备具。若夫慈孙孝子，宗厥祖祢，鬼神祭祀，练时选日。沥豫①斋戒，龙明衣，表玄縠。俪②吉日，异清浊，合疏明，绥离③旅。乃使有伊之徒，调夫五味、甘甜之味（和），勺药之羹，江东鲐鲍，陇西牛羊，糯米肥猪，麛麆不行，鸿獥獞乳，独竹孤鸧，炮鸨被纸之胎，山麇隋脑，水游之腴，蜂豚应雁，被鹦晨凫，戳鸦初乳。山鹤既交，春羔秋卿，胎鲛龟肴，秇田孺鹭，形不及劳。五肉七菜④，朦厌腥臊。可以颐精神养血脉者，莫不毕陈。尔乃其俗，迎春送冬。百金之家，千金之公。乾池泄澳⑤，观鱼于江。若其吉日嘉会，期于送春之阴，迎夏之阳。侯罗司马，郭范垒杨。置酒乎荣川之闲宅，设坐乎华都之高堂。延帷扬幕，接帐连冈。众器雕琢，早刻将星。朱绿之画，邠盼⑥丽光。龙虵螾蜷错其中，禽兽奇伟髦山林。昔天地降生肚郮密促之君，则荆上亡尸之相，厥女作歌，是以其声呼吟靖领，激呦喝啾。户音六成，行夏低徊，胥徒入冥，及庙嘈吟，诸连单情，舞曲转节，踃駃⑦应声，其佚则接芬错芳，襜裪纤延。踊《凄秋》，发《阳春》，罗儒吟，吴公连，眺朱颜，离绛唇。

---

① 沥豫：事先准备酒。

② 俪：偶，配。

③ 离：位次之别。

④ 五肉：指牛、羊、鸡、狗、猪肉。七菜：指葱、韭之类。

⑤ 澳：池塘，水塘。

⑥ 邠盼：缤纷。

⑦ 踃：跳跃。駃：疾速。

眇眇①之态，吡啴②出焉。若其游怠渔弋邰公之徒③，相与如平阳，濑巨沼。罗车百乘，期会投宿。观者方隄，行船竞逐。偃衍④撇曳，绵索⑤恍惚。罗畏⑥弥濑，蔓蔓汋汋。茏雎睏兮罘布列，枚孤施兮纤缴出，惊雌落兮高雄蹶⑦，翔鸥挂兮奔蓊毕。俎飞脍沈，单然后别。

班 固

《白虎通义》的选文摘自陈立撰，吴则虞点校《白虎通疏证》，中华书局1994年版。《两都赋》节选的选文摘自龚克昌等评注《全汉赋评注》（后汉部分），花山文艺出版社2003年版。

白虎通义

京 师

王者京师必择土中何？所以均教道，平往来，使善易以闻，为恶易以闻，明当惧慎，损於善恶。《尚书》曰："王来绍上帝，自服於土中。"⑧圣人承天而制作。《尚书》曰："公不敢不敬天之休，来相宅。"⑨

---

① 眇眇：形容仪态美好。
② 吡啴：指歌声之妙。
③ 怠：通"怡"，和乐。弋：狩猎。邰公：蜀郡的豪富。
④ 偃衍：繁杂纷乱。
⑤ 绵索：纷繁沓杂的样子。
⑥ 罗畏：纷沓的样子。
⑦ 蹶：晕倒。
⑧ 出自《尚书·召诰》。
⑨ 出自《尚书·洛诰》。

右论建国

周家始封于何？后稷封于邰，公刘去邰之邠。《诗》曰："即有邰家室。"①又曰："笃公刘，于邠斯观。"②周家五迁，其意一也。皆欲成其道也。时宁先白王者，不以诸侯移，必先请从然后行。

右论迁国

京师者，何谓也？千里之邑号也。京，大也。师，众也。天子所居，故以大众言之。明什倍诸侯，法日月之经千里。《春秋传》曰："京师，天子之居也。"《王制》曰："天子之田方千里。"

右论京师

或曰：夏曰夏邑，殷曰商邑，周曰京师。《尚书》曰"率割夏邑"，谓桀也。"在商邑"，谓殷也。

右论三代异制

禄者，录也。上以收录接下，下以名录谨以事上。《王制》曰："天子三公之田视公侯，卿视伯，大夫视子男，士视附庸。上农夫食九人，其次食八人，其次食七人，其次食六人。下农夫食五人。庶人在官者以是为差也。诸侯之下士视上农夫，禄足以代其耕也。中士倍下士，上士倍中士，下大夫倍上士。卿四大夫禄，君十卿禄。次国之卿，三大夫禄，君十卿禄。小国之卿，倍上大夫禄，君十卿禄。天子之县内，有百里之国九，七十里之国二十一，五十里之国六十三，凡九十三国。名山大泽不以封。其余以禄士，以为闲田。"

右论制禄

---

① 出自《诗经·大雅·生民》。
② 出自《诗经·大雅·公刘》。

辟 雍

天子立辟雍何？辟雍所以行礼乐，宣德化也。辟者，璧也。象璧圆，以法天也。雍者，壅之以水，象教化流行也。辟之言积也。积天下之道德。雍之为言壅也。天下之仪则，故谓之辟雍也。《王制》曰："天子曰辟雍，诸侯曰泮宫。"外圆者，欲使观者均平也。又欲言外圆内方，明德当圆，行当方也。不言圆辟何？又圆於辟，何以知其圆也？以其言辟也。何以知有水也？《诗》曰："思乐泮水，薄采其芹。"①《诗训》曰："水圆如璧。"诸侯曰泮宫者，半於天子宫也。明尊卑有差，所化少也。半者，象璜也。独南面礼仪之方有水耳。其余壅之言垣，宫名之别尊卑也。明不得化四方也。不言泮雍何？嫌但半天子制度也。《诗》云："穆穆鲁侯，克明其德，既作泮宫，淮夷攸服。"②

右论辟雍泮宫

······

天子所以有灵台者何？所以考天人之心，察阴阳之会，揆星辰之证验，为万物获福无方之元。《诗》云："经始灵台。"③天子立明堂者，所以通神灵，感天地，正四时，出教化，宗有德，重有道，显有能，褒有行者也。明堂上圆下方，八窗四闼，布政之宫，在国之阳。上圆法天，下方法地，八窗象八风，四闼法四时，九宫法九州，十二坐法十二月，三十六户法三十六雨，七十二牖法七十二风。

右论灵台明堂

---

① 出自《诗经·鲁颂·泮水》。
② 出自《诗经·鲁颂·泮水》。
③ 出自《诗经·大雅·灵台》。

西都赋

　　有西都宾问于东都主人曰："盖闻皇汉之初经营也，尝有意乎都河洛矣。辍而弗康，寔用西迁，作我上都。主人闻其故而睹其制乎?"主人曰："未也。愿宾摅怀旧之蓄念，发思古之幽情，博我以皇道，弘我以汉京。"宾曰："唯唯。"

　　汉之西都，在于雍州①，寔曰长安。左据函谷、二崤②之阻，表以太华、终南之山；右界褒斜、陇首③之险，带以洪河、泾、渭之川。众流之隈，汧涌其西。华实之毛，则九州之上腴焉；防御之阻，则天地之隩区焉。是故横被六合，三成帝畿④。周以龙兴，秦以虎视。及至大汉受命而都之也，仰悟东井之精，俯协河图之灵，奉春建策，留侯演成，天人合应，以发皇明，乃眷西顾，寔惟作京。于是睎秦岭⑤，峨北阜，挟酆、灞⑥，据龙首。图皇基于亿载，度宏规而大起。肇自高而终平，世增饰以崇丽。历十二之延祚，故穷泰而极侈。建金城而万雉，呀周池而成渊。披三条之广路⑦，立十二之通门⑧。内则街衢洞达，闾阎⑨且千。九市开场，货别隧分。人不得顾，车不得旋。阗城溢郭，旁流百廛。红尘四合，烟云相连。于是既庶且富，娱乐无疆。都人士女，殊异乎五方。游士拟于公侯，列

---

　　①　雍州：东汉雍州在今陕西、甘肃、宁夏、青海一带。
　　②　函谷：此处指古函谷关，在今河南灵宝市东北。二崤：崤山，在今河南洛宁县。
　　③　褒斜：古通道，在陕西西南。陇首：即陇山，在今陕西陇县至甘肃平凉市一带。
　　④　三成帝畿：指周、秦、汉。
　　⑤　秦岭：此处指终南山，又称南山、太一山。
　　⑥　酆：沣水，渭水支流，今已湮没。灞：灞水，渭水支流。
　　⑦　三条之广路：指通向都城城门的大路。
　　⑧　十二之通门：长安城四面，每面有三道门。
　　⑨　闾：里门。阎：里中门。

肆侈于姬姜。乡曲豪举，游侠之雄，节慕原尝，名亚春陵①，连交合众，骋骛乎其中。

若乃观其四郊，浮游近县，则南望杜、霸，北眺五陵②。名都对郭，邑居相承。英俊之域，绂冕所兴，冠盖如云，七相五公。与乎州郡之豪杰，五都之货殖。三选七迁，充奉陵邑，盖以强干弱枝，隆上都而观万国也。封畿之内，厥土千里，遌跸诸夏，兼其所有。其阳则崇山隐天，幽林穷谷，陆海珍藏，蓝田美玉。商洛缘其隈，鄠杜滨其足。③源泉灌注，陂池交属。竹林果园，芳草甘木。郊野之富，号为近蜀。其阴则冠以九嵏，陪以甘泉。④乃有灵宫起乎其中，秦汉之所极观，渊云⑤之所颂叹，于是乎存焉。下有郑白之沃，衣食之源，提封五万，疆场绮分。沟塍刻镂，原隰龙鳞。决渠降雨，荷插成云。五谷垂颖，桑麻铺棻。东郊则有通沟大漕，溃渭洞河，泛舟山东，控引淮、湖，与海通波。西郊则有上囿禁苑，林麓薮泽。陂池连乎蜀、汉，缭以周墙，四百余里。离宫别馆，三十六所。神池灵沼，往往而在。其中乃有九真之麟，大宛之马，黄支之犀，条支之鸟。⑥逾昆仑，越巨海，殊方异类，至于三万里。

其宫室也，体象乎天地，经纬乎阴阳。据坤灵之正位，仿太

---

①　原尝、春陵：平原君、孟尝君、春申君、信陵君。

②　杜、霸：杜陵、霸陵，在长安城南。五陵：长陵、安陵、阳陵、茂陵、平陵，在渭水之北。

③　商、洛、鄠、杜：指商县、上雒县、鄠县、杜阳县四县。汉代商县、上雒县属弘农郡，鄠县、杜阳县属扶风郡。

④　九嵏、甘泉：均为山名。

⑤　渊：即王褒，字子渊。云：即扬雄，字子云。

⑥　九真：汉郡名，在今越南境内。大宛：古西域国名。黄支：古国名，在今印度境内。条支：古西域国名。

紫①之圆方。树中天之华阙，丰冠山之朱堂。因瑰材而究奇，抗应龙之虹梁。列棼橑以布翼，荷栋桴而高骧。②雕玉瑱以居楹，裁金璧以饰珰。③发五色之渥彩，光焰朗以景彰。于是左城右平，重轩三阶；闺房周通，门闼洞开。列钟虡于中庭，立金人于端闱。仍增崖而衡阈，临峻路而启扉。徇以离宫别寝，承以崇台闲馆。焕若列宿，紫宫是环。清凉、宣、温、神仙、长年，金华、玉堂，白虎、麒麟④，区宇若兹，不可殚论。增盘崔嵬，登降炤烂；殊形诡制，每各异观。乘茵步辇，惟所息宴。后宫则有掖庭、椒房，后妃之室；合欢、增成，安处、常宁，茝若、椒风，披香、发越，兰林、蕙草，鸳鸯、飞翔之列。昭阳特盛，隆乎孝成；屋不呈材，墙不露形。裛以藻绣，络以纶连。随侯明月，错落其间；金钉衔璧，是为列钱。翡翠火齐，流耀含英；悬黎垂棘，夜光在焉。于是玄墀扣砌，玉阶彤庭。碝磩彩致，琳珉青荧。珊瑚碧树，周阿而生。红罗飒纚⑤，绮组缤纷。精曜华烛，俯仰如神。后宫之号，十有四位。窈窕繁华，更盛迭贵。外乎斯列者，盖以百数。左右庭中，朝堂百寮之位。萧、曹、魏、邴⑥，谋谟乎其上。佐命则垂统，辅翼则成化；流大汉之恺悌⑦，荡亡秦之毒螫。故令斯人扬乐和之声，作画一之歌。功德著乎祖宗，膏泽洽乎黎庶。又有天禄、石渠⑧，典籍之府，命夫惇

---

① 太紫：太微、紫宫两星垣。传统天文学中的三垣为太微、紫微、天市，其中紫微垣又叫紫宫。

② 棼：楼上的梁。橑：椽。栋：正梁。桴：前梁。

③ 楹：柱。珰：屋椽头。

④ "清凉……麒麟"：均殿名。

⑤ 飒纚：长袖舞动的样子。

⑥ 萧、曹、魏、邴：萧何、曹参、魏相、丙吉，汉代的四位丞相。

⑦ 恺悌：和乐平易。

⑧ 天禄、石渠：汉代的两处藏书阁。

海故老，名儒师傅，讲论乎六艺，稽合乎同异。又有承明、金马①，著作之庭，大雅宏达，于兹为群。元元本本，殚见洽闻。启发篇章，校理秘文。周以钩陈之位，卫以严更之署。总礼官之甲科，群百郡之廉孝。虎贲赘衣，阍尹阍寺。阶戟百重，各有典司。周庐千列，徼道绮错。辇路②经营，修除飞阁③。自未央而连桂宫，北弥明光而絙长乐。凌隥道而超西墉，掍建章而连外属。设璧门之凤阙④，上觚棱⑤而栖金爵。内则别风⑥之嶕峣，眇丽巧而耸擢；张千门而立万户，顺阴阳以开阖。

尔乃正殿崔嵬，层构厥高，临乎未央。经骀荡而出馺娑，洞枍诣以与天梁。⑦ 上反宇以盖戴，激日景而纳光。神明⑧郁其特起，遂偃蹇而上跻。轶云雨于太半，虹霓回带于棼楣。虽轻迅与僄狡，犹愕眙而不能阶。攀井幹⑨而未半，目眴转而意迷。舍棂⑩槛而却倚，若颠坠而复稽。魂恍恍以失度，巡回途而下低。既惩惧于登望，降周流以彷徨。步甬道⑪以萦纡，又杳窱而不见阳。排飞闼⑫而上出，若游目于天表，似无依而洋洋。前唐中而后太液，览沧海之汤汤。扬波涛于碣石，激神岳之嶈嶈。滥瀛洲与方壶，蓬莱起乎中央。于

---

① 承明：庐名。金马：署名。
② 辇路：楼阁间以木架空的通道。
③ 飞阁：架空建筑的阁道。
④ 璧门：建章宫南门，以玉装饰。凤阙：阙名。
⑤ 觚棱：殿堂屋角的瓦脊上的角棱。
⑥ 别风：阙名。
⑦ 骀荡、馺娑、枍诣、天梁：均宫殿名。
⑧ 神明：神明台。
⑨ 井幹：井幹台。
⑩ 棂：栏杆或窗上的格子。
⑪ 甬道：复道。
⑫ 飞闼：高楼上的门。

是灵草冬荣，神木丛生，岩峻嶵崒，金石峥嵘。抗仙掌以承露，擢双立之金茎。轶埃堨之混浊，鲜颢气之清英。骋文成之丕诞，驰五利之所刑。① 庶松乔之群类，时游从乎斯庭。实列仙之攸馆，非吾人之所宁。

东都赋

"往者王莽作逆，汉祚中缺。天人致诛，六合相灭。于是之乱，生人几亡，鬼神泯绝。壑无完柩，郛罔遗室。原野厌人之肉，川谷流人之血。秦项之灾，犹不克半，书契以来，未之或纪。故下人号而上诉，上帝怀而降监，乃致命乎圣皇。于是圣皇乃握乾符②，阐坤珍③，披皇图，稽帝文④。赫然发愤，应若兴云，霆击昆阳，凭怒雷震。遂超大河，跨北岳。立号高邑，建都河洛。绍百王之荒屯，因造化之荡涤。体元立制，继天而作。系唐统，接汉绪。茂育群生，恢复疆宇。勋兼乎在昔，事勤乎三五。岂特方轨并迹，纷纶后辟，治近古之所务，蹈一圣之险易云尔哉？且夫建武之元，天地革命，四海之内，更造夫妇，肇有父子，君臣初建，人伦寔始，斯乃伏羲氏之所以基皇德也。分州土，立市朝，作舟车，造器械，斯乃轩辕氏之所以开帝功也。龚行天罚，应天顺人，斯乃汤武之所以昭王业也。迁都改邑，有殷宗中兴之则焉。即土之中，有周成隆平之制焉。不阶尺土一人之柄，同符乎高祖。克己复礼，以奉始终，允恭乎孝文，宪章稽古⑤，封岱勒成，仪炳乎世宗。案《六经》而校德，眇古

---

① 文成、五利：汉武帝时候的两个方士。

② 圣皇：指光武帝。乾符：上天的符瑞。

③ 坤珍：地上的符瑞。

④ 皇图、帝文：指一些附会经义的谶纬之书。

⑤ 宪章：效法前代的典章制度。稽古：考察古代的礼法。

昔而论功，仁圣之事既该，而帝王之道备矣。

"至于永平①之际，重熙而累洽。盛三雍②之上仪，修衮龙之法服。铺鸿藻，信景铄，扬世庙，正雅乐③。人神之和允洽，群臣之序既肃。乃动大辂，遵皇衢④，省方巡狩，穷览万国之有无，考声教之所被，散皇明以烛幽。然后增周旧，修洛邑，扇巍巍，显翼翼。光汉京于诸夏，总八方而为之极。于是皇城之内，宫室光明，阙庭神丽，奢不可逾，俭不能侈。外则因原野以作苑，填流泉而为沼。发蓣藻以潜鱼，丰圃草以毓兽。制同乎梁邹⑤，谊合乎灵囿。若乃顺时节而蒐狩，简车徒以讲武，则必临之以《王制》，考之以《风》《雅》。历《驺虞》，览《驷驖》，嘉《车攻》，采《吉日》。……

"于是圣上睹万方之欢娱，又沐浴于膏泽，惧其侈心之将萌，而怠于东作也。乃申旧章，下明诏，命有司，班宪度，昭节俭，示太素。去后宫之丽饰，损乘舆之服御。……

"今论者但知诵虞夏之《书》，咏殷周之《诗》，讲羲文之《易》，论孔氏之《春秋》，罕能精古今之清浊，究汉德之所由。唯子颇识旧典，又徒驰骋乎末流，温故知新已难，而知德者鲜矣。且夫僻界西戎，险阻四塞，修其防御，孰与处乎土中，平夷洞达，万方辐凑？秦岭九嵕，泾渭之川，曷若四渎五岳，带河沂洛，图书之渊⑥？建章甘泉，馆御列仙，孰与灵台明堂，统和天人？太液昆明，鸟兽之囿，曷若辟雍海流，道德之富？游侠逾侈，犯义侵礼，孰与同履法度，

---

① 永平：刘秀之子汉明帝刘庄的年号。

② 三雍：指明堂、辟雍、灵台。三雍是古代帝王举行朝会、祭祀、庆典之处。

③ 雅乐：应为"予乐"。《后汉书·明帝纪》载："（永平三年）秋八月戊辰，改大乐为大予乐。"

④ 皇衢：驰道。

⑤ 梁邹：天子田猎之所。

⑥ 图书之渊：指黄河、洛水。

翼翼济济也？子徒习秦阿房之造天，而不知京洛之有制也；识函谷之可关，而不知王者之无外也。"

李　尤

李尤（约55—135），字伯仁，广汉雒（今四川广汉市雒城）人，东汉辞赋家、文史学家，汉和帝时拜兰台令史。撰有《函谷关》《辟雍》《德阳殿》《平乐观》《东观》等作品。选文摘自龚克昌等评注《全汉赋评注》（后汉部分），花山文艺出版社2003年版。

辟雍赋

卓矣煌煌，永元①之隆，含弘该要，周建大中②。蓄纯和之优渥兮，化盛溢而兹丰。

太学③既崇，三宫④既章。灵台司天，群耀弥光。太室宗祀，布政国阳。⑤ 辟雍嵒嵒，规圆矩方。阶序牖闶，双观四张。⑥ 流水汤汤，造舟为梁。神圣班德，由斯以匡。喜喜济济，春射秋飨⑦。王

---

① 永元：汉和帝年号（89—105）。

② 大中：《易·大有》载："大有，柔得尊位大中，而上下应之，曰大有。"王弼注："处尊以柔，居中以大。"高亨注："象大臣处于尊贵之位，守大正之道。"

③ 太学：古时国家最高学府，此即指辟雍。

④ 三宫：指明堂、辟雍、灵台。

⑤ 太室：太庙中央之室。国阳：指国都南郊。

⑥ 阶序：台阶与中堂两侧的厢屋，此借指殿堂。牖：窗户。闶：门，内门。观：指学宫门外的双阙。

⑦ 春射：春日举行的大射礼。秋飨：秋日举行的飨礼。

公群后①，卿士具集，攒罗鳞次，差池杂遝。延忠信之纯一兮，列左右之貂珰。三后八蕃，师尹群卿，加休庆德，称寿上觞。戴甫垂毕②，其仪跄跄。是以乾坤所周，八极所要③，夷戎蛮羌，儋耳哀牢④。重译响应，抱珍来朝。南金大路，玉象犀龟。

兴云动雷，飞屑风雨。

万骑蹯跙以攫挐。

德阳殿赋

若炎唐⑤，稽古作先⑥。

开三阶⑦而参会，错金银于两楹。入青阳而窥总章，历户牖之所经。⑧ 连璧组之润漫，杂虹文之蜿蜒。尔乃周阁回迎，峻楼临门，朱阙岩岩，嵯峨槷云，青琐禁门⑨，廊庑翼翼。华虫诡异，密采珍缛，达兰林以西通，中方池而特立。⑩ 果竹郁茂以蓁蓁，鸿雁沛裔而来集。德阳之北，斯曰濯龙⑪。葡萄安石，蔓延蒙笼，橘柚含桃，

---

① 后：诸侯。长官、郡守或将领亦可尊称"后"。

② 甫：即章甫，古时一种礼帽。毕：同"韠"，古朝服上的护膝。

③ 要：古以王畿外一千五百里至两千里为"要服"，此以"要"泛指极远之地或远方之国。

④ 儋耳：古时南方有国名儋耳，汉元鼎六年（公元前 111）内属，称儋耳郡，在今海南儋州市。此当泛指古外国。哀牢：古西南地区少数民族。

⑤ 炎唐：指炎帝神农氏与帝尧。

⑥ 稽古：考察古事。先：先例。

⑦ 三阶：三层台阶。

⑧ 《逸周书·明堂》载："室中方六十尺，户高八尺，广四尺……东方曰青阳，南方曰明堂，西方曰总章，北方曰玄堂（'玄'通'玄'。玄堂，北向堂），中央曰太庙。"

⑨ 青琐禁门：汉宫门名，此泛指宫门。青琐：装饰皇宫门窗的青色连环花纹。

⑩ 华虫：雉之别称。缛：色彩绚丽。兰林、方池：盖德阳殿四周苑囿中之林名和地名。

⑪ 濯龙：汉宫池名，在洛阳西南角。

甘果成丛。^① 文楶^②曜水，光映煌煌。

平乐观赋

乃设平乐之显观，章秘玮之奇珍。习禁武^③以讲捷，厌不羁之遐邻。徒观平乐之制，郁崔嵬以离娄，赫岩岩其崟嶺，纷电影以盘盱。弥平原之博敞，处金商之维隅^④。大厦累而鳞次，承岩峣之翠楼。过洞房之转闳，历金环之华铺。^⑤ 南切洛滨，北陵仓山。^⑥ 龟池泱漭，果林榛榛。天马沛艾，鬣尾布分。^⑦ 尔乃大和隆平，万国肃清。殊方重译，绝域造庭。四表^⑧交会，抱珍远并。杂逻归谊，集于春正^⑨。玩屈奇之神怪，显逸才之捷武。百僚于时，各命所主。方曲既设，秘戏连叙，逍遥俯仰，节以韬鼓。^⑩ 戏车高橦^⑪，驰骋百马，连翩九仞，离合上下。或以驰骋，覆车颠倒。乌获^⑫扛鼎，千钧若羽。吞刃吐火，燕跃鸟跱。陵高履索，踊跃旋舞。飞丸跳剑，

---

① 安石：当为"安石榴"之省称，即石榴。含桃：樱桃的别称。

② 文楶：绘有文采的屋檐前板。

③ 禁武：禁中武事。

④ 金商：汉东京洛阳西门。维隅：角隅。

⑤ 洞房：幽深的屋室。闳：宫中小门。金环：金属门环。铺：铺首，着于门上的衔环兽面。

⑥ 洛：洛水。仓山：青山。仓：通"苍"。

⑦ 沛艾：马头摇动貌。鬣：马颈上的长毛。

⑧ 四表：四方极远之地。

⑨ 春正：指夏历正月。

⑩ 秘戏：奇妙之戏，犹今杂技之类。韬鼓：一种有柄的鼓，持柄摇动，两旁绳系物击鼓发声。

⑪ 橦：古时用以表演爬竿杂技的长竿。

⑫ 乌获：战国时秦力士名，见《史记·秦本纪》。此用为大力士的通称。

沸渭回扰。巴渝①隈一，逾肩相受。有仙驾雀，其形蚴虬。骑驴驰射，狐兔惊走。侏儒巨人，戏谑为耦。禽鹿六骏，白象朱首。鱼龙②曼延，岷嵬山阜。龟螭③蟾蜍，挈琴鼓缶。

东观赋

敷华实于雍堂，集干质于东观。东观之艺，孽孽洋洋。上承重阁，下属周廊。步西蕃以徙倚④，好绿树之成行。历东厓之敞坐，庇蔽茅之甘棠。⑤ 前望云台，后匝德阳。道无隐而不显，书无阙而不陈。览三代⑥而采宜，包郁郁之周文。

臣虽顽卤，慕《小雅·斯干》⑦叹咏之美。

张 衡

《二京赋》节选的选文摘自龚克昌等评注《全汉赋评注》（后汉部分），花山文艺出版社 2003 年版。

----

① 巴渝：指巴渝舞。
② 鱼龙：漫衍鱼龙的戏法。
③ 龟螭：传说中龟身螭头的动物，此指人扮演的龟螭。
④ 西蕃：此指东观建筑群西边的部分。徙倚：犹徘徊、逡巡。
⑤ 东厓：东面的边，指东观建筑群东边的部分。甘棠：木名，即棠梨，又称杜梨。
⑥ 三代：指夏、商、周。
⑦ 《小雅·斯干》：《诗经》篇名，为筑室既成而诵祷之诗，其第四、五章描述了新筑宫室之美。

西京赋

于是量径轮①，考广袤，经城洫②，营郭邬，取殊裁于八都，岂启度于往旧。乃览秦制，跨周法，狭百堵之侧陋，增九筵③之迫胁。正紫宫④于未央，表峣阙于闉阖。疏龙首以抗殿，状巍峨以岌嶪。亘雄虹之长梁，结棼橑以相接。蒂倒茄于藻井⑤，披红葩之狎猎。饰华榱与璧珰，流景曜之韡晔。雕楹玉碣⑥，绣栭云楣⑦。三阶重轩，镂槛文㮰。右平左城，青琐丹墀。刊层平堂，设切厓陙。坻崿鳞眴，栈齴巉崄。襄岸夷涂，修路陵险。重门袭固，奸宄是防。仰福帝居，阳曜阴藏。洪钟万钧，猛虡趪趪。负筍业⑧而馀怒，乃奋翅而腾骧。

朝堂承东，温调延北，西有玉台，联以昆德。嵯峨崝嵫，罔识所则。若夫长年神仙，宣室玉堂，麒麟朱鸟，龙兴含章，譬众星之环极，叛赫戏以辉煌。正殿路寝，用朝群辟。大夏耽耽，九户开辟。嘉木树庭，芳草如积。高门有阂⑨，列坐金狄。内有常侍谒者，奉命当御。兰台金马，递宿迭居。次有天禄石渠，校文之处。重以虎威章沟⑩，严更之署。徼道外周，千卢内附，卫尉八屯，警夜巡昼。植铩悬瞂，用戒不虞。

---

① 径轮：古代测量土地的术语，即直径和周围。
② 城洫：城墙和护城河。
③ 九筵：筵为竹席，九尺长。《周礼·考工记·匠人》载："周人明堂，度九尺之筵，东西九筵，南北七筵。"后即以九筵借指明堂。
④ 紫宫：紫微宫，天帝所居。
⑤ 藻井：我国传统建筑物顶棚上的一种装饰。
⑥ 碣：柱子下面的垫石。
⑦ 栭：柱子上支撑大梁的方木，即斗拱。楣：旁屋的次梁。
⑧ 筍业：古代悬挂钟、磬等乐器的横木以及横木上的大板。
⑨ 阂：门限。
⑩ 虎威章沟：汉代长安警夜的更署名。

后宫则昭阳、飞翔、增成、合欢、兰林、披香、凤皇、鸳鸯。群窈窕之华丽、嗟内顾之所观。故其馆室次舍，采饰纤缛。裛以藻绣，文以朱绿。翡翠火齐①，络以美玉。流悬黎②之夜光，缀随珠以为烛。金釭③玉阶，彤庭辉辉。珊瑚琳碧，瑀珉磷彬。珍物罗生，焕若昆仑。虽厥裁之不广，侈靡逾乎至尊。于是钩陈④之外，阁道穹隆，属长乐与明光，径北通乎桂宫，命般尔之巧匠，尽变态乎其中。后宫不移，乐不徙悬，门卫供帐，官以物辨。恣意所幸，下辇成燕。穷年忘归，犹弗能遍。瑰异日新，殚所未见。惟帝王之神丽，惧尊卑之不殊。虽斯宇之既坦，心犹凭而未摅。思比象于紫微，恨阿房之不可庐。觇⑤往昔之遗馆，获林光于秦余。处甘泉之爽垲，乃隆崇而弘敷。既新作于迎风，增露寒与储胥。⑥ 托乔基于山冈，直墆霓以高居。通天訬以竦峙，径百常而茎擢。上辬华以交纷，下刻陭其若削。翔鹓仰而弗逮，况青鸟与黄雀。伏栜槛而俯听，闻雷霆之相激。

柏梁⑦即灾，越巫陈方。建章是经，用厌火祥。营宇之制，事兼未央。圜阙竦以造天，若双碣之相望。凤骞翥于甍⑧标，咸遡风而欲翔。阊阖之内，别风嶕峣。何工巧之瑰玮，交绮豁以疏寮。干云雾而上达，状亭亭以岩岩。神明崛其特起，井幹叠而百增。跱游

---

① 火齐：宝珠名。

② 悬黎：美玉。

③ 釭：门槛。

④ 钩陈：星名，共六星，在紫微垣内，最近北极，天文学家多称之为极星，后用以借指后宫。

⑤ 觇：视。

⑥ 迎风、露寒、储胥：皆馆名。

⑦ 柏梁：柏梁台。

⑧ 甍：屋脊。

极于浮柱①，结重栾②以相承。累层构而遂跻，望北辰而高兴。消雰埃于中宸。集重阳之清澂。瞰宛虹之长鬐，察云师之所凭。上飞闼而仰眺，正睹瑶光与玉绳③。将乍往而未半，怵悼慄而怂兢。非都卢④之轻趫、孰能超而究升？

駁娑、骀荡，焘奡桔桀。枍诣、承光，睽罛庨豁。增桴重棼，锷锷列列。反宇业业，飞檐𪖐𪖐。流景内照，引曜日月。天梁之宫，寔开高闱。旗不脱扃，结驷方蕲。轹辐轻骛，容于一扉。长廊广庑，途阁云蔓。闬⑤庭诡异，门千户万。重闺幽闼，转相逾延。望窈窱以径延，眇不知其所返。既乃珍台蹇产以极壮，墱道逦倚以正东。似阆风之遐坂，横西洫而绝金墉。城尉不弛柝，而内外潜通。

前开唐中，弥望广潒。顾临太液，沧池漭沆。渐台立于中央，赫眸眸以弘敞。清渊洋洋，神山峨峨。列瀛洲与方丈，夹蓬莱而骈罗。上林岑以垒嵬，下嶄岩以岩龉。长风激于别隯，起洪涛而扬波，浸石菌于重涯，濯灵芝以朱柯。海若游于玄渚，鲸鱼失流而蹉跎。于是采少君之端信，庶栾大之贞固。⑥ 立修茎之仙掌，承云表之清露。屑琼蕊以朝飧，必性命之可度。美往昔之松乔，要羡门乎天路。想升龙于鼎湖，岂时俗之足慕，若历世而长存，何遽营乎陵墓。

徒观其城郭之制，则旁开三门，参涂夷庭，方轨十二，街衢相经，廛里⑦端直，甍宇齐平。北阙甲第，当道直启。程巧致功，期

---

① 游极：浮梁。浮柱：梁上柱。

② 栾：建筑物立柱和横梁间形成方形的承重结构物。

③ 瑶光：北斗七星之一，古以为象征祥瑞。玉绳：星名。

④ 都卢：古国名，在南海一带，其人善攀登。

⑤ 闬：墙垣。

⑥ 少君、栾大：汉武帝时期的方士。

⑦ 廛里：古代市民居住区。

不陁陊。木衣绨锦，土被朱紫。武库禁兵，设在兰锜。匪石匪董[1]，畴能宅此？

尔乃廓开九市，通阛带阓[2]。旗亭五重，俯察百隧。周制大胥，今也惟尉。瑰货方至，鸟集鳞萃。鬻者兼赢，求者不匮。尔乃商贾百族，裨贩夫妇，鬻良杂苦，蚩眩边鄙。何必昏于作劳，邪赢优而足恃。彼肆人之男女，丽美奢乎许史。若夫翁伯、浊、质、张里之家，击钟鼎食，连骑相过。东京公侯，壮何能加？

……

郊甸[3]之内，乡邑殷赈，五都货殖，既迁既引。商旅联槅，隐隐展展。冠带交错，方辕接轸。封畿千里，统以京尹。郡国宫馆，百四十五。右机盩厔，并卷酆鄠。左暨河华，遂至虢[4]土。

上林禁苑，跨谷弥皐。东至鼎湖，邪界细柳[5]。掩长杨而联五柞，绕黄山而款牛首。缭垣绵联，四百余里。植物斯生，动物斯止。……

乃有昆明灵沼，黑火玄阯，周以金堤，树以柳杞。豫章珍馆，揭焉中峙。牵牛立其左，织女处其右，日月于是乎出入，象扶桑与濛汜。

---

① 石、董：即石显、董贤，分别为汉元帝和汉哀帝时候的佞臣，骄横至极。

② 阛：市垣。阓：市区的门。

③ 郊甸：城外为郊，郊外为甸。

④ 虢：古国名，这里指东虢、南虢，封地分别在河南成皋县（属今荥阳市）、陕县（属今三门峡市）。

⑤ 细柳：地名，在今陕西咸阳市西南渭河北岸，是历史上著名的汉代将军周亚夫屯兵之处。

东京赋

昔先王①之经邑也，掩观九隩②，靡地不营。土圭③测景，不缩不盈。总风雨之所交，然后以建王城。审曲面势，泝洛背河，左伊右瀍，西阻九阿，东门于旋。盟津达其后，太谷通其前。④回行道乎伊阙，邪径捷乎轘辕⑤。太室⑥作镇，揭以熊耳。底柱辍流，镡以大岯。温液汤泉，黑丹石缁。王鲔岫居，能鳖三趾。宓妃攸馆，神用挺纪。龙图授羲，龟书畀姒。召伯相宅，卜惟洛食。周公初基，其绳则直。芟弘魏舒，是廓是极。经涂九轨，城隅九雉。度堂以筵，度室以几。京邑翼翼，四方所视。汉初弗之宅，故宗绪中圮⑦。巨猾闲釁，窃弄神器。历载三六，偷安天位。于是蒸民，罔敢或贰，其取威也重矣。

我世祖忿之，乃龙飞白水，凤翔参墟。授钺四七⑧，共工是除。欃枪旬始⑨，群凶靡余。区宇乂宁，思和求中。睿哲玄览，都兹洛宫。曰止曰时，昭明有融。既光厥武，仁洽道丰。登岱勒封，与黄比崇。

逮至显宗⑩，六合殷昌。乃新崇德，遂作德阳。⑪启南端之特

---

① 先王：指周成王。

② 九隩：九州以内。

③ 土圭：古代用来测量日影、正四时和丈量土地的仪器。

④ 盟津：古黄河渡口名。太谷：谷名。

⑤ 轘辕：山坂名，在河南偃师市东南。

⑥ 太室：指嵩山。

⑦ 圮：废绝。

⑧ 四七：指辅佐光武帝的二十八将，以对应天上的二十八星宿。

⑨ 欃枪：彗星。旬始：天上的妖气，状如雄鸡。

⑩ 显宗：汉明帝庙号。

⑪ 崇德、德阳：都是洛阳宫中殿名，崇德在东，德阳在西。

阊，立应门之将将。昭仁惠于崇贤，抗义声于金商。① 飞云龙于春路，屯神虎于秋方。② 建象魏之两观，旌六典之旧章。其内则含德、章台，天禄、宣明，温饬、迎春，寿安、永宁。飞阁神行，莫我能形。濯龙芳林，九谷八溪。芙蓉覆水，秋兰被涯。渚戏跃鱼，渊游龟蟥。永安离宫，修竹冬青。阴池幽流，玄泉洌清。鹈鹕秋栖，鹍鹒春鸣。鸣鸠丽黄，关关嘤嘤。于南则前殿灵台，穌骧安福。谍门曲榭，邪阻城洫。奇树珍果，钩盾所职。西登少华，亭候修饬。九龙之内，寔曰嘉德。西南其户，匪雕匪刻。我后好约，乃宴斯息。于东则洪池清篽，渌水澹澹。内阜川禽，外丰葭菼。献鳖蜃与龟鱼，供蜗蠃与菱芡。其西则有平乐都场，示远之观。龙雀蟠蜿，天马半汉。瑰异谲诡，灿烂炳焕。奢未及侈，俭而不陋。规遵王度，动中得趣。于是观礼，礼举仪具。经始勿亟，成之不日。犹谓为之者劳，居之者逸。慕唐虞之茅茨，思夏后之卑室。

乃营三宫，布教颁常。复庙③重屋，八达九房。规天矩地，授时顺乡。造舟清池，惟水泱泱。左制辟雍，右立灵台。因进距衰，表贤简能。冯相观祲④，祈禳禳灾。

崔骃

崔骃（？—92），字亭伯，涿郡安平（今河北安平县）人。博学多才，有文名，著有《四巡颂》《安封侯诗》《三言诗》等。选文摘自龚克昌等评注《全汉赋评注》（后汉部分），花山文艺出版社2003年版。

---

① 崇贤：洛阳宫中东门名。金商：洛阳宫中西门名。
② 云龙：德阳殿东门名。神虎：德阳殿西门名。
③ 复庙：古指有双重椽、栋、轩板、重檐结构的堂庙。
④ 冯相：周官名，掌天文。祲：日边云气，古以为可辨吉凶。

反都赋

汉历中绝①，京师为墟。光武受命，始迁洛都，客有陈西土之富，云洛邑褊小。② 故略陈祸败之机，不在险也。

建武龙兴，奋旅西驱。虏赤眉，讨高胡，斩铜马，破骨都，收翡翠之驾，据天下之图③。上圣受命，将昭其烈。潜龙初九④，真人⑤乃发。上贯紫宫，徘徊天阙。握狼狐，蹈参伐。⑥ 陶以乾坤，始分日月。观三代之余烈，察殷夏之遗风，背崤函之固，即周洛之中。兴四郊，建三雍。禅梁父，封岱宗。

大将军临洛观赋

滨曲洛而立观，营高壤而作庐。处崇显以闲敞⑦，超绝邻而特居⑧。列阿阁以环匝，表高台而起楼。步辇道以周流，临轩槛以观鱼。於是迎夏之首，末春之垂。桃枝夭夭，杨柳猗猗。既乃日垂西阳，中曜内光。弛衔纵策，逸如奔飚。

---

① 汉历中绝：指西汉王朝覆灭。

② 西土之富：指西都长安周围富足。洛邑：洛阳。

③ 据天下之图：因关中地势险要，物产丰富，古以为据关中，即可占有天下。

④ 潜龙初九：《易·乾卦第一》曰："初九，潜龙勿用。"

⑤ 真人：成仙的人。这里指光武帝。

⑥ 狼、狐：皆星名，主弓矢之事。参、伐：亦皆星名，主斩伐之事。这句指光武帝登位主政，掌生杀大权。

⑦ 崇显：崇高显要。闲敞：阔大空旷。

⑧ 绝邻：没有邻居。特居：突出地树立。

蔡　邕

选文摘自严可均辑《全后汉文》，商务印书馆 1999 年版。

明堂论

明堂者，天子太庙，所以宗祀①其祖，以配上帝者也。夏后氏曰世室，殷人曰重屋，周人曰明堂。东曰青阳，南曰明堂，西曰总章，北曰玄堂，中央曰太室。《易》曰："离也者，明也，南方之卦也。圣人南面而听天下，乡明而治。"人君之位，莫正于此焉。故虽有五名，而主以明堂也。其正中皆曰太庙，谨承天顺时之令，昭令德宗祀之礼，明前功百辟之劳，起尊老敬长之义，显教幼诲稚之学，朝诸侯、选造士于其中，以明制度。生者乘其能而至，死者论其功而祭，故为大教之宫，而四学具焉，官司备焉。譬如北辰，居其所而众星拱之，万象翼之。政教之所由生，变化之所由来，明一统也。故言明堂，事之大，义之深也。取其宗祀之貌，则曰清庙；取其正室之貌，则曰太庙；取其尊崇，则曰太室；取其乡明，则曰明堂；取其四门之学，则曰太学；取其四面之周水圆如璧，则曰辟雍。异名而同事，其实一也。《春秋》因鲁取宋之奸赂，则显之太庙，以明圣王建清庙明堂之义。《经》曰："取郜大鼎于宋，戊申纳于太庙。"《传》曰："非礼也。君人者，将昭德塞违，故昭令德以示子孙。是以清庙茅屋，昭其俭也。夫德，俭而有度，升降有数，文物以纪之，声明以发之，以临照百官，百官于是乎戒惧而不敢易纪律。"所以明

① 宗祀：《续汉志》注补作"崇礼"，俞汝成本同。

大教也。以周清庙论之，鲁太庙皆明堂也。鲁禘祀周公于太庙明堂，犹周宗祀文王于清庙明堂也。《礼记·檀弓》曰："王斋禘于清庙明堂也。"《孝经》曰："宗祀文王于明堂。"《礼记·明堂位》曰："太庙，天子曰明堂。"又曰："成王幼弱，周公践天子位以治天下，朝诸侯于明堂，制礼作乐，颁度量，而天下大服。成王以周公有大勋劳于天下，命鲁公世世禘祀周公于太庙。以天子之礼，升歌清庙，下管象舞，所以异鲁于天下也。"取周清庙之歌歌于鲁太庙，明鲁之太庙，犹周之清庙也，皆所以昭文王、周公之德以示子孙也。《易传·太初篇》曰："天子旦入东学，昼入南学，暮入西学。太学在中央①，天子之所自学也。"《礼记·保傅篇》曰："帝入东学，尚亲而贵仁。入西学，尚贤而贵德。入南学，尚齿而贵信。入北学，尚贵而尊爵。入太学，承师而问道。"与《易传》同。魏文侯《孝经传》曰："太学者，中学明堂之位也。"《礼记》古大明堂之礼曰："膳夫于是相。礼日中出南闱，见九侯，反问于相；日侧出西闱，视五国之事；日入出北闱，视帝节猷。"《尔雅》曰："宫中之门谓之闱。"王居明堂之礼，又别阴阳，向东南称门，西北称闱②，故周官有门闱之学。师氏教以三德，守王门，保氏教以六艺，守王闱。然则师氏居东门、南门，保氏居西门、北门也。知掌教国子，与《易传》《保傅》王居明堂之礼，参详发明，为学四焉。《文王世子篇》曰："凡大合乐，则遂养老。天子至，乃命有司行事，兴秩节，祭先圣先师焉。始之养也，适东序，释奠于先老，遂设三老、五更之位焉。言教学始之于养老，由东方岁始也。又春夏学干戈，秋冬学羽籥，皆习于东序。凡祭与养老、乞言、合语之礼，皆小乐正诏之于东序。"又曰："大司成论说在东序。"然则诏学皆在东序。东序，东之堂也，学者聚焉，故称诏太学。仲夏之月，令

---

① 太学在中央：《续汉·祭祀志中》注补作"在中央曰太学"。

② 东南称门，西北称闱：《续汉志》注补作"南门称门，西门称闱"。

祀百辟卿士之有德于民者。《礼记·太学志》曰："礼，士大夫学于圣人、善人，祭于明堂，无其位者祭于太学。"《礼记·昭穆篇》曰："祀先贤于西学，所以教诸侯之德也。"即所以显行国礼之处也。大学，明堂之东序也，皆在明堂辟雍之内。《月令记》曰："明堂者，所以明天地，统万物。"明堂上通于天，象日辰，故下十二宫，象日辰也。水环四周，言王者动作法天地，德广及四海，方此水也。《礼记·盛德篇》曰："明堂九室，以茅盖屋，上圆下方，此水名曰辟雍。"《王制》曰："天子出征，执有罪，反释奠于学，以讯馘①告。"《乐记》曰："武王伐殷，俘馘于京太室。"《诗·鲁颂》云："矫矫虎臣，在泮献馘。"京，镐京也。太室，辟雍之中，明堂太室也。与诸侯泮宫，俱献馘焉，即《王制》所谓"以讯馘告"者也。《礼记》曰："祀乎明堂，所以教诸侯之孝也。"《孝经》曰："孝悌之至，通于神明，光于四海。"②《诗》云："自西自东，自南自北，无思不服。"言行孝者则曰明堂，行悌者则曰太学，故《孝经》合以为一义，而称镐京之诗以明之。凡此皆明堂、太室、辟雍、太学事通文合之义也。其制度之数，各有所依。堂方百四十四尺，坤之策也。屋圜屋径二百一十六尺，乾之策也。太庙明堂方三十六丈，通天屋径九丈，阴阳九六之变也。圜盖方载，六九之道也。八闼以象八卦，九室以象九州，十二宫以应十二辰。三十六户七十二牖③，以四户八牖乘九室之数也。户皆外设而不闭，示天下不藏也。通天屋高八十一尺，黄钟④九九之实也。二十八柱列于四方，亦七宿⑤之象也。堂高三丈，以应三统。四乡五色者，象其行。外广二十四丈，应一岁二十四气。四周以水，象

---

① 馘：古代战争中割取敌人的左耳以计数献功，也指敌人的首级。

② 《续汉志》注补有"无所不通"四字，俞汝成本亦有。

③ 户：门。牖：窗。

④ 黄钟：《灵枢·九针论》载："九而九之，九九八十一，以起黄钟数焉。"

⑤ 七宿：古天文学家将周天划为二十八星宿，东南西北各七。

四海。王者之大礼也。

繁　钦

选文摘自严可均辑《全后汉文》，商务印书馆 1999 年版。

建章凤阙赋

筑双凤之崇阙，表大路以遐通。上规圜以穹隆，下矩折而绳直。长楹森以骈停，修桷揭以舒翼。象玄圃①之层楼，肖华盖之丽天。当蒸暑之暖赫，步北楹而周旋。鹔鹏振而不及，岂归雁之能翔。抗神风以甄甍，似虞庭之锵锵。栌六翮以抚跱，俟高风之清凉。华钟金兽，列在南廷。嘉树翁蔼，奇鸟哀鸣。台榭临池，万种千名。周檐辇道，屈绕纤萦。

佚　名

选文摘自鲁迅撰《古小说钩沉》，见《鲁迅全集》第 8 卷，人民文学出版社 1972 年版。

---

① 玄圃：传说中昆仑山顶的神仙居处。见《山海经》。

汉武故事

上[1]于长安作蜚帘观，于甘泉作延寿观，高二十丈。又筑通天台于甘泉，去地百余丈，望云雨，悉在其下。春至泰山，还作道山宫，以为高灵馆。又起建章宫，为千门万户，其东凤阙，高二十丈；其西唐中，广数十里；其北太液池，池中有渐台，高三十丈，池中又作三山，以象蓬莱，方丈，瀛洲，刻金石为鱼龙禽兽之属；其南方有玉堂璧门大鸟之属，玉堂基与未央前殿等，去地十二丈，阶陛咸以玉为之，铸铜凤皇，高五丈，饰以黄金，栖屋上。又作神明台井干楼，高五十余丈，皆作悬阁，辇道相属焉。其后又为酒池肉林，聚天下四方奇异鸟兽于其中，鸟兽能言能歌舞，或奇形异态，不可称载。其旁别造奇华殿，四海夷狄器服珍宝充之，琉璃珠玉火浣布切玉刀，不可称数。巨象大雀，师子骏马，充塞苑厩，自古已来所未见者必备。又起明光宫，发燕赵美女二千人充之。

葛　洪

选文摘自《西京杂记》，中华书局 1985 年版。

西京杂记

汉高帝七年，萧相国营未央宫。因龙首山制前殿，建北阙。未央宫周回二十二里九十五步五尺，街道周回七十里。台殿四十三，

---

[1]　上：指汉武帝。

其三十二在外，其十一在后。宫池十三，山六，池一、山一亦在后宫。宫门闼凡九十五。

武帝作昆明池，欲伐昆吾夷，教习水战。因而於上游戏养鱼，鱼给诸陵庙祭祀，余付长安市卖之。池周回四十里。

太上皇①徙长安，居深宫，凄怆不乐。高祖窃因左右问其故，以平生所好，皆屠贩少年，酤酒卖饼，斗鸡蹴踘，以此为欢，今皆无此，故以不乐。高祖乃作新丰，移诸故人实之，太上皇乃悦。故新丰多无赖，无衣冠子弟故也。高祖少时，常祭枌榆之社。及移新丰，亦还立焉。高帝既作新丰，并移旧社，衢巷栋宇，物色惟旧。士女老幼，相携路首，各知其室。放犬羊鸡鸭於通涂，亦竞识其家。其匠人胡宽所营也。移者皆悦其似而德之，故竞加赏赠，月余，致累百金。

梁孝王好营宫室苑囿之乐，作曜华之宫，筑兔园。园中有百灵山，山有肤寸石，落猿岩、栖龙岫。又有雁池，池间有鹤洲凫渚。其诸宫观相连，延亘数十里，奇果异树，瑰禽怪兽毕备。王日与宫人宾客弋钓其中。

茂陵富人袁广汉，藏镪②巨万，家僮八九百人。於北邙山下筑园，东西四里，南北五里，激流水注其内。构石为山，高十余丈，连延数里。养白鹦鹉、紫鸳鸯、牦牛、青兕，奇兽怪禽，委积其间。积沙为洲屿，激水为波潮，其中致江鸥海鹤，孕雏产毂，延蔓林池。奇树异草，靡不具植。屋皆徘徊连属，重阁修廊，行之，移晷③不

---

① 太上皇：指刘邦之父。
② 镪：成串的钱。
③ 移晷：日影移动，指过去了一段时间。

能遍也。广汉后有罪诛，没入为官园，鸟兽草木皆移植上林苑中。

佚 名

选文摘自何清谷撰《三辅黄图校释》，中华书局 2005 年版。

三辅黄图·序

《易》曰："上古穴居而野处，后世圣人易之以宫室，上栋下宇，以待风雨，盖取诸大壮。"

三代盛时，未闻宫室过制。秦穆公居西秦，以境地多良材，始大宫观。戎使由余适秦，穆公示以宫观。由余曰："使鬼为之，则劳神矣。使人为之，则苦人矣。"是则穆公时，秦之宫室已壮大矣。

惠文王初都咸阳，取歧、雍巨材，新作宫室。南临渭，北逾泾，至於离宫三百。复起阿房，末成而亡。

至始皇并灭六国，凭藉富强，益为骄侈，殚天下财力，以事营缮。项羽入关，烧秦宫阙，三月火不灭。汉高祖有天下，始都长安，寔曰西京，欲其子孙长安都於此也。

至孝武皇帝，承文、景菲薄之余，恃邦国阜繁之资，土木之役，倍秦越旧，斤斧之声，畚锸之劳，岁月不息，盖骋其邪心以夸天下也。

昔孔子作《春秋》，筑一台，新一门，必书于《经》，谨其废农时夺民力也。

今裒採秦、汉以来宫殿、门阙、楼观、池苑在关辅者著于篇，曰《三辅黄图》云，东都①不与焉。

欧阳询

选文摘自汪绍楹校《艺文类聚》，上海古籍出版社 1982 年版。

艺文类聚

《汉武故事》曰：上起神屋，铸铜为柱，黄金涂之，赤玉为阶，橡亦以金，刻玳瑁为禽兽，以薄其上，橡首皆作龙首，衔铃，流苏悬之，铸铜如竹，以赤白石脂为泥，椒汁和之，以火齐薄其上，扇屏悉以白琉璃作之，光照洞彻，以白珠为帘薄，玳瑁压之，以象牙为床，以琉璃珠玉明月夜光，杂错天下珍宝为甲帐，其次为乙帐，甲以居神，乙上自御之，前庭植玉树，珊瑚为枝，以碧玉为叶，或青或赤，悉以珠玉为之，子皆空其中，如小铃，鎗鎗有声，薨摽作凤皇，轩翥若飞状。

《汉书》曰：赵皇后娣为昭仪，居昭阳舍，其中庭彤采，而砌皆铜沓黄金涂，白玉阶，壁带往往为黄金钉函，蓝田璧明珠翠羽饰之。

又曰：五侯大治第宅，起土山渐台，洞门高廊阁道，百姓歌之曰："五侯初起，曲阳家怒，坏决高都，连竟外杜②。"成都侯商尝病，欲避暑，从上借明光宫。又穿长安城，引内漕水以行舡③，立羽盖，张周帷，楫摧越歌，上幸商第，见赤墀青琐。

---

① 东都：指洛阳。

② 杜：杜陵。

③ 舡：舟。

又曰：梁孝王筑东苑，方三百里，广睢阳城七十里，大治宫室，为复道，自宫连属於平台，三十余里。

《汉书》曰：文帝尝欲作露台，召工计之，直①百金，曰："百金，中民十家之产，吾奉先帝宫室，常恐羞之，何以台为。"

《汉书》曰：惠帝为东朝长乐宫，作复道，方筑高帝庙南，叔孙通曰："陛下筑复道，高帝寝衣冠，月出游高庙，子孙奈何宗庙道上行哉。"惠帝惧，曰："急坏之。"通曰："人主无过举，今已作，百姓皆知矣，愿陛下益广宗庙，大孝本也。"帝从之。

---

①　直：通"值"。

第四编 ◎

哲学——宗教美学

本编导读

在汉代，哲学与宗教之间有着内在的连续关系。西汉初期的黄老之学，虽然在武帝时代退出了主流政治舞台，但是，它反而在帝王、贵族的私生活领域开始发挥更重要的作用，这就是由汉武帝开启的寻仙、服食、司灶（炼丹术）传统。这是汉代道家向道教转进的先声，也是黄老之道从关注现实政治问题转向关注个体长生不死问题的发端。自此以后，方士的方术让位给"黄白之术"，思想领域则出现了《列仙传》《太平经》等道教代表性著作。

与此相比，汉初儒家基本保持了先秦"不语怪力乱神"的传统，学风和政治主张理智清明，但自董仲舒"推阴阳为儒者宗"，儒家便开始走向与神学会通的道路。自然界的阴阳消息、图谶暗示成为指引现实政治的最高目标。

同时，儒家因推崇孝道而带来整个社会的厚葬之风，其"视死如视生"的观念则贯通生死屏障，加速了死亡世界的神性化。也就是说，汉代儒家无论对待现实政治还是有限个体，最终都靠近了宗教，或者说比中国历史上任何一个时代都更像宗教。

但是，对于中国这两种本土性的哲学（宗教）而言，都在解决人的必死性这一问题上表现出了无法克服的局限性。像儒家的厚葬，至多能让逝者活在生人的记忆里。它的"视死如视生"，也无法回避人死必然阴阳两隔的残酷现实。道教用服食丹药等手段许诺人长生久视，但"服食求神仙，多为药所误"，城郊越聚越多的坟茔反复验证了这种许诺的无效。在这种背景下，佛教在东汉的出现就寻到了千载难逢的发展机遇。这种宗教首先肯定人必死的事实，却借此将关于未来幸福的承诺放在了来世。这个来世无法验证，也无法否定，这就在儒、道两教无法达至的领域，为中国人提供了新的精神目标。

在现代学科建制中，美学是哲学的一个分支。这一分支因为更多涉及对美何以为美的哲学反思，所以它比文艺美学等具有更高的理论性，承担着为美的问题确立哲学根据的职责。在汉代，这种哲学反思主要来自儒家和道家，具有为汉代美学确立哲学基础的功能。与此相比，宗教更多涉及对人的生存梦想的指引和承诺。曾经有美学家说过：人类爱美的天性就是爱理想的天性。就此而言，宗教与美学具有天然的类同关系。在中国汉代，由于儒家宗教层面内容的非成熟性、道教的在世性，以及佛教早期文献的残缺，这一时期的宗教一方面给予人来世承诺，另一方面又缺乏明晰的信仰目标。但正是这种信仰目标的非确定性，使其保留了更多自由想象的成分，并因此表现出更鲜明的审美特性。所谓汉代宗教美学，就是指这种尚没有充分被信仰控制的宗教中的美学内容。

基于以上情况，本编"哲学美学"部分，重点摘选了11本汉代著作中的相关论述。

其中，西汉时期，汉初本编选取了陆贾和贾谊的相关著作，前者的哲学美学具有从天文向人文、从古今之辨向现实事功演绎的性质，最终落实为对现实中美和艺术的解释或价值判断，如《新语》中《新语·道基》《新语·术事》《新语·明诫》等篇；后者的贡献则主要在于为美和艺术确立人性的根据，如《新书·俗激》中谈到的人性"四维"，《新书·道术》中谈到的"品善之本"，《新书·六术》《新书·道德说》中谈到的"德有六理"，都是试图以人内在深植的德性作为现实审美实践和艺术的支撑。与此相比，武帝前期的《淮南子》涉及的哲学元问题更多，如道、身体、天地、精神、大人，均是试图以哲学上相对普遍或本质性的范畴对现实中的审美现象做出解释。就哲学的进步而言，《淮南子》比陆贾和贾谊体现出更高的哲学素养，可从中引申出的美学问题也更多元、更广博。此后，在汉代儒家哲学中，董仲舒做的最重要的工作是为先秦原始儒家"补天"，并通过天人同构、天人感应，使天道落实于人道，从而为现实中的礼乐建立指导。就哲学的明晰性来讲，他比《淮南子》更进了一步，但也因此显得机械。西汉晚期，本编重点选了刘向《说苑》和扬雄《法言》中的文献。这两位思想者延续了前人以天道述及人道、以人性为美和以艺术立法的传统，但武帝时期哲学的宏大气象已大大削弱，转而涉及更具体的问题。这种变化大致和西汉后期儒家哲学日益学术化有关，也和时代变局促使士人更重视个体的修身问题有关。

东汉时期，虽然刘秀登基之后就"宣布图谶于天下"，但在思想界，其主流却比西汉时期更倾向于理智清明。本编所选的四位东汉思想家，在这方面均具有类似的特性。像东汉初年的桓谭，极端反对谶纬神学，对许多重大哲学和美学问题的解释都更切近科学。在《新论·袪蔽》篇中，他将人的形体与精神的关系，比喻为蜡烛与火的关系，认为人的死亡如烛尽灯灭，"若四时代谢矣"。这种看法，不仅批判了西汉哲学对人的神性阐释，揭示了人长生久视之不可能，而且使"形神"问题成为后世中国宗教、哲学、美学和艺术中讨论的重要问题。另外，他在《新论·道赋》篇中，论及艺术创作才能的习得和鉴识问题，也极具美学史料价值。桓谭之后，王充在中国哲学史上以"疾虚妄"著称。他由哲学分析引出的对于文学艺术价值的判断虽然偏执，但也是中国美学史上的一家之言。王充之后，王符主要侧重政治哲学层面的讨论，其《潜夫论·务本》篇中关于本末问题的论述，对王朝政治有正本清源的作用，同时也为文学艺术的价值提供了清晰的定位。东汉晚期，荀悦、仲长统、徐干在哲学领域具有代表性。本编所选荀悦《申鉴·杂言上》中对艺术"平和"本性的论述、徐幹《中论·艺纪》中对艺术价值的论述，反映了作者高于前人的哲学思维水平。

本编"宗教美学"部分，涉及道教、儒家和佛教的内容，现简述如下。

其中，《列仙传》是汉代道教史上的早期文献，记载了从赤松子到玄俗共 71 位仙人的姓名、身世和事迹。《隋书·经籍志》被认为是西汉时期经学家刘向所作，真实作者已不可考。书中所载仙人大多涉及人的长生久视问题，反映了汉代道教对人的生死问题的富有想象力的回答。由于这些仙人(尤其是王子乔和赤松子)反映了人关于自身的期许和理想，所以是汉代及后世文学艺术作品常常提及的对象。同时，这些仙人的成仙环境多是在自然山水之间，这激发了汉代人对自然美的发现，也成为中国美学山水赏会传统的重要起点。本编所选文献是《列仙传》文尾的赞文，它以自然界松柏经冬不凋以及传说中的不死人物为论据，论证了人成仙成道的可能性。其理论虽然经不起推敲，却为全书所述列仙的存在提供了依据。《太平经》

是东汉道教的代表性文献，在中国道教史上占有重要地位。它将传统道家的天地、阴阳之说以及关于人的审美想象，直接贯通、落实为现实中超越生死的理想人格。这是一种谋求"道成肉身"的审美实践，为人提供了一条将哲学理想在现实中兑现的路径。本编选文重点涉及道教"求道""行道"实践中面临的理论和实践问题，具有为走向一种审美化生存开拓道路的性质。其中《诸乐古文是非诀》一文，先论音乐与自然阴阳的应合，然后论其对人精神养成的重要性，是认识道教音乐观念的重要文献。

与道教不同，汉代儒家对于宗教的态度有相当的矛盾性。如上所言，自董仲舒拈出天人感应理论之后，汉代儒学逐步神学化，蜕变为一种谶纬神学。它的这一取向被汉代道教借用，成为论证神仙存在的重要理论依据。从《太平经》的相关论述中可以看到这种儒道合流的趋势。同时，汉代儒学神学化的表现，就是这一时代大量纬书出现，涉及圣人感天而生、神话传说、预言占验等神秘主义内容。但是，就儒家的本色来讲，自孔子以降，这一学派是以"不语怪力乱神"著称的，具有鲜明的理性主义色彩。所以在汉代，儒家一方面神学化，另一方面则在学派内部激起了对这种神学化倾向的强烈反弹。本编所选文献，如王充的《论衡·道虚》，就是这一倾向的反映。另外，在这一时期，即便是同属儒家，也显示出在神仙信仰上理智与情感的矛盾。例如，刘向一方面在当时以对死亡的理性态度著称，另一方面却又是《列仙传》可能的作者；桓谭一方面认为人死如"四时代谢"，另一方面也写过赞美神仙的《仙赋》。在本编中，这些具有矛盾性的文献资料被一并列出，以凸显汉代儒家宗教美学观念的非统一性。

关于佛教美学方面的文献，"宗教美学"部分选编了东汉天竺僧人迦叶摩腾、竺法兰汉译的《四十二章经》序言和东汉末牟融的《理惑论》。其中，《四十二章经·序》不属于思想性文献，但对认识佛教进入中国的缘起具有史料价值。《理惑论》中牟融对佛教中诸多疑问的回答，反映了佛教东传初期面临的经义理解和接受问题。作者极力强调佛教与中国本土的道家、儒家在义理上的契合性，对佛教义理的解释也倾向于道家化。这一文献开了后世佛教中国化的滥觞，也为魏晋南北朝至唐代儒、道、佛的长期论争埋下了伏笔。就美学而言，该文献涉及形神、华实、文道、辞饰等中国传统美学范畴，及譬喻、有法无法问题，为佛教美学思想进入中国美学史开了先河。

一、哲学美学

陆　贾

选文摘自王利器撰《新语校注》，中华书局1986 年版。

新　语

道　基

传①曰："天生万物，以地养之，圣人成之。"功德参合，而道术生焉。

---

① 传：传闻。

故曰：张①日月，列星辰，序四时，调阴阳，布气②治性，次置五行，春生夏长，秋收冬藏，阳生雷电，阴成霜雪，养育群生，一茂一亡，润之以风雨，曝之以日光，温之以节气，降之以殒霜，位之以众星，制之以斗衡，苞之以六合，罗之以纪纲，改之以灾变，告之以祯祥③，动之以生杀，悟之以文章。

故在天者可见，在地者可量，在物者可纪，在人者可相。

故地封五岳，画四渎，规洿泽，通水泉，树物养类，苞植万根，暴形养精，以立群生，不违天时，不夺物性，不藏其情，不匿其诈。

故知天者仰观天文，知地者俯察地理。跂④行喘息，蜎⑤飞蠕动之类，水生陆行，根著叶长之属，为宁其心而安其性，盖天地相承，气感相应而成者也。

於是先圣乃仰观天文，俯察地理，图画乾坤，以定人道，民始开悟，知有父子之亲，君臣之义，夫妇之别，长幼之序。於是百官立，王道乃生。

……

是以君子握道而治，据德而行，席仁而坐，杖义而强，虚无寂寞，通动无量。故制事因短，而动益长，以圆制规，以矩立方⑥。圣人王世，贤者建功，汤举伊尹，周任吕望，行合天地，德配阴阳，承天诛恶，克暴除殃，将⑦气养物，明□设光，耳听八极⑧，目睹四

---

① 张：张设，与"陈列"义近。
② 布气：即播气。
③ 祯祥：吉兆。
④ 跂：徐行。
⑤ 蜎：肙也，小虫。
⑥ 方：规矩。
⑦ 将：养。
⑧ 八极：八方之极。

方，忠进谗退，直立邪亡，道行奸止，不得两张，□□本理，杜渐
消萌。

……

故虐行则怨积，德布则功兴，百姓以德附，骨肉以仁亲，夫妇
以义合，朋友以义信，君臣以义序，百官以义承，曾、闵①以仁成
大孝，伯姬以义建至贞，守国者以仁坚固，佐君者以义不倾，君以
仁治，臣以义平，乡党以仁恂恂，朝廷以义便便②，美女以贞显其
行，烈士以义彰其名，阳气以仁生，阴节以义降，鹿鸣以仁求其群，
关雎以义鸣其雄，《春秋》以仁义贬绝，《诗》以仁义存亡，《乾》、
《坤》以仁和合，《八卦》以义相承，《书》以仁叙九族，君臣以义制忠，
《礼》以仁尽节，乐以礼升降。

仁者道之纪，义者圣之学。学之者明，失之者昏，背之者亡。
陈力就列，以义建功，师旅行阵，德仁为固，仗义而强，调气养性，
仁者寿长，美才次③德，义者行方④。君子以义相褒，小人以利相
欺，愚者以力相乱，贤者以义相治。《穀梁传》曰："仁者以治亲，义
者以利尊。万世不乱，仁义之所治也。"

术 事

善言古者合之於今，能述远者考之於近。故说事者上陈五帝之
功，而思之於身，下列桀、纣之败，而戒之於己，则德可以配日月，
行可以合神灵，登高及远，达幽洞冥，听之无声，视之无形，世人

---

① 曾：曾参。闵：闵损。两人皆孔子弟子，有孝行。
② 恂恂：恭慎貌。便便：辨也。
③ 次：定位次。
④ 行方：行为方正。

莫睹其兆①，莫知其情，校修②《五经》之本末，道德之真伪，既□其意，而不见其人。

世俗以为自古而传之者为重，以今之作者为轻，淡於所见，甘於所闻，惑於外貌，失於中情。圣人不贵寡，而世人贱众，五谷养性，而弃之於地，珠玉无用，而宝之於身。圣人不用珠玉而宝其身，故舜弃黄金於崭岩之山，捐珠玉於五湖之渊，将以杜淫邪之欲，绝琦玮③之情。

……

故良马非独骐骥④，利剑非惟干将，美女非独西施，忠臣非独吕望。今有马而无王良之御，有剑而无砥砺⑤之功，有女而无芳泽之饰，有士而不遭文王，道术蓄积而不舒，美玉韫椟⑥而深藏。故怀道者须世，抱朴者待工，道为智者设，马为御者良，贤为圣者用，辩为智者通，书为晓者传，事为见者明。故制事者因其则，服药者因其良。书不必起仲尼之门，药不必出扁鹊之方，合之者善，可以为法，因世而权行⑦。

故性藏於人，则气达於天，纤微浩大，下学上达，事以类相从，声以音相应，道唱而德和，仁立而义兴，王者行之於朝廷，疋⑧夫行之於田，治末者调其本⑨，端其影者正其形，养其根者则枝叶茂，

----

① 兆：形。
② 校修：饰修。校：修饰整比。
③ 琦玮：觊媚。
④ 骐骥：千里马。
⑤ 砥砺：磨炼、锻炼。磨石精为砥，粗为砺。
⑥ 韫：藏。椟：盒子。
⑦ 权行：权度其行动。
⑧ 疋：同"匹"，脚。
⑨ 末：商业。本：农业。

志气调者则道冲①。

辅　政

　　故怀刚者久而缺，持柔者久而长，躁疾者为厥②速，迟重者为常存，尚勇者为悔近，温厚者行宽舒，怀急促者必有所亏，柔懦者制刚强，小慧者不可以御大，小辨者不可以说众，商贾巧为贩卖之利，而屈③为贞良，邪臣好为诈伪，自媚饰非，而不能为公方④，藏其端巧，逃其事功。

　　……朴质者近忠，便巧⑤者近亡。

　　君子远荧荧⑥之色，放铮铮⑦之声，绝恬美之味，疏嗌呕⑧之情。天道以大制小，以重颠轻。以小治大，乱度干贞。谗夫⑨似贤，美言似信，听之者惑，观之者冥。

无　为

　　是以君子尚宽舒以褒其身，行身中和以致疏远；民畏其威而从其化，怀其德而归其境，美其治而不敢违其政。民不罚而畏，不赏而劝，渐⑩渍於道德，而被服⑪於中和之所致也。

---

① 冲：中。

② 厥：通"蹶"，踏，踩。

③ 屈：当读为"拙"，否定，不为。

④ 公方：公正。

⑤ 便巧：即辩巧，诡辩机巧。

⑥ 荧荧：形容美人容颜光华貌。

⑦ 铮：金属碰撞的声音。

⑧ 嗌呕：容媚之声。

⑨ 谗夫：奸臣。

⑩ 渐：渍，染。

⑪ 被服：服膺，信奉。

辨　惑

夫众口毁誉，浮石沈①木。群邪相抑，以直为曲。视之不察，以白为黑。夫曲直之异形，白黑之殊色，乃天下之易见也，然而目缪心惑者，众邪误之。

怀　虑

夫世人不学《诗》、《书》，存仁义，尊圣人之道，极经艺②之深，乃论不验之语，学不然③之事，图天地之形，说灾变之异，乖④先王之法，异圣人之意，惑学者之心，移众人之志，指天画地，是非世事，动人以邪变，惊人以奇怪，听之者若神，视之者如异；然犹不可以济於厄而度⑤其身，或触罪□□法，不免於辜戮⑥。故事不生於法度，道不本於天地，可言而不可行也，可听而不可传也，可□玩而不可大用也。

故物之所可，非道之所宜；道之所宜，非物之所可。是以制事者不可□，设道者不可通。目以精明，耳以主听，口以别味，鼻以闻芳，手以之持，足以之行，各受一性，不得两兼，两兼则心惑，二路者行穷，正心一坚，久而不忘，在上不逸，为下不伤，执一统物，虽寡必众，心佚情散，虽高必崩，气泄生疾，寿命不长，颠倒无端，失道不行。故气感之符，清洁明光，情素之表，恬畅和良，调密者固，安静者详，志定心平，血脉乃强，秉政图两，失其中央，

---

① 沈：同"沉"。
② 经艺：经义。
③ 不然：非常之变。
④ 乖：乖舛，违背。
⑤ 度：超越尘世。
⑥ 辜戮：无辜杀戮。

战士不耕，朝士不商，邪不奸直，圆不乱方，违戾相错，拨剌①难匡。故欲理之君，闭利门，积德之家，必无灾殃，利绝而道著，武让②而德兴，斯乃持久之道，常行之法也。

<h3 style="text-align:center">明　诚</h3>

螟虫之类，随气而生；虹蜺③之属，因政而见。治道失於下，则天文变於上；恶政流於民，则螟虫生於野。贤君智则知随变而改，缘类而试思之，於□□□变。圣人之理，恩及昆虫，泽及草木，乘天气而生，随寒暑而动者，莫不延颈而望治，倾耳而听化。圣人察物，无所遗失，上及日月星辰，下至鸟兽草木昆虫，□□□鹬之退飞，治五石之所陨，所以不失纤微。至於鸲鸽来，冬多麋，言鸟兽之类□□□也。十有二月陨霜不煞菽④，言寒暑之气，失其节也。鸟兽草木尚欲各得其所，纲之以法，纪之以数，而况於人乎？

<h3 style="text-align:center">思　务</h3>

夫长於变者，不可穷以诈。通於道者，不可惊以怪。审於辞者，不可惑以言。达於义者，不可动以利。是以君子博思而广听，进退顺法，动作合度，闻见欲众，而采择欲谨，学问欲博而行己欲敦⑤，见邪而知其直，见华而知其实，目不淫於炫耀之色，耳不乱於阿谀之词，虽利之以齐、鲁之富而志不移，谈之以王乔、赤松之寿，而行不易，然后能壹⑥其道而定其操，致其事而立其功也。

---

① 剌：戾。拨剌：不正。
② 让：当作"攘"，去除，停止。
③ 虹蜺：一雄一雌的两头怪物。旧时以虹蜺色彩艳丽，比喻人的才华藻绘；又以虹蜺为二气不正之交，象征淫奔、作乱。
④ 菽：豆类。
⑤ 敦：恭顺，不违忤于物。
⑥ 壹：宋翔凤曰："本作'一'，依《治要》改。"

凡人则不然，目放於富贵之荣，耳乱於不死之道，故多弃其所长而求其所短，不得其所无而失其所有。是以吴王夫差知艾陵之可以取胜，而不知檇李可以破亡也。故事或见一利而丧万机，取一福而致百祸。夫学者通於神灵之变化，晓於天地之开阖，□□□弛张，性命之短长，富贵之所在，贫贱之所亡，则手足不劳而耳目不乱，思虑不谬，计策不误，上诀是非於天文，其次定狐疑於世务，发兴有所据，转移有所守，故道□□□□□事可法也。

……故圣人不必同道，□□□□□，好者不必同色而皆美，丑者不必同状而皆恶，天地之数，斯命之象也。日□□□□□□□□八宿并列，各有所主，万端异路，千法异形，圣人因其势而调之，使小大不得相逾，方圆不得相干，分之以度，纪之以节，星不昼见，日不夜照，雷不冬发，霜不夏降。

贾 谊

选文摘自阎振益、钟夏校注《新书校注》，中华书局 2000 年版。

新 书

俗 激

夫邪俗日长，民相然席於无廉丑，行义非循①也。岂且为人子背其父，为人臣因忠於主哉？岂为人弟欺其兄，为人下因信其上哉？

――――――――――

① 循：善。

陛下虽有权柄事业，将所寄之？管子曰："四维^①，一曰礼，二曰
义，三曰廉，四曰耻。""四维不张，国乃灭亡。"云使管子愚无识人
也，则可；使管子而少知治体，则是岂不可为寒心？今世以侈靡相
竞^②，而上无制度，弃礼义，捐廉丑，日甚，可为月异而岁不同矣。
逐利乎不耳，虑念非顾行也。今其甚者，刭父矣，财大母^③矣，踝
妪^④矣，刺兄矣。盗者虑探柱下之金，劀寝户之簾，搴两庙之器^⑤，
白昼大都之中，剽吏而夺之金。矫伪者出几十万石粟^⑥，赋六百余
万钱，乘传^⑦而行郡诸侯，此靡^⑧无行义之尤至者已。其余狙蹶而趋
之者，乃^⑨豕羊驱而往。是类管子谓"四维不张"者也与！窃为陛下
惜之。

以臣之意吏，虑不动於耳目，以为是特适然耳。夫移风易俗，
使天下移心而向道，类非俗吏之所能为也。陛下又不自忧，窃为陛
下惜之。夫立君臣等上下，使父子有礼，六亲有纪^⑩，此非天所设
也。夫人之所设，弗为持此则僵^⑪，不循则坏。秦灭四维不张，故
君臣乖而相攘^⑫，上下乱僭而无差^⑬，父子六亲殃僇而失其宜，奸人
并起，万民离叛，凡十三岁而社稷为墟。今而四维犹未备也，故奸

---

① 四维：指礼、义、廉、耻。
② 侈靡相竞：在奢侈靡费方面相攀比。
③ 大母：祖母。
④ 踝妪：伤害对自己有养育之恩的妇人。
⑤ 搴两庙之器：窃取两庙的祭器。两庙：汉高祖、汉惠帝之庙。
⑥ 矫伪：假托朝廷的名义。石：容量单位，十斗为一石。
⑦ 乘传：古代驿站所备为传达朝廷意旨之专用车马。
⑧ 靡：一作"其"。
⑨ 乃：若，如同。
⑩ 六亲：其说不一，颜师古认为是父母、兄弟、妻儿。纪：纲常。
⑪ 僵：仆倒、倒地。
⑫ 乖：相违背。攘：排斥；侵夺。
⑬ 乱僭：做事超越职分乱来。差：次第、等级。

人冀幸①，而众下疑惑矣。岂如今定经制，令主主臣臣，上下有差，父子六亲各得其宜，奸人无所冀幸，群众信上而不疑惑哉。此业一定，世世常安，而后有所持循矣。若夫经制不定，是犹渡江河无维楫②，中流而③遇风波也，船必覆败矣。悲夫，备不豫具之也④，可不察乎？

威不信⑤

古之正义，东西南北，苟舟车之所达，人迹之所至，莫不率服⑥，而后云天子；德厚焉，泽湛⑦焉，而后称帝；又加美焉，而后称皇。今称号甚美，而实不出长城，彼非特不服也，又不大敬。边长⑧不宁，中长不静，譬如伏虎，见便必动，将何时已？昔高帝起布衣而服九州⑨，今陛下杖九州而不行於凶奴，窃为陛下不足。且事势有甚逆者焉，其义尤要。

天子者，天下之首也，何也？上也。蛮夷者，天下之足也，何也？下也。蛮夷征令，是主上之操也；天子共贡，是臣下之礼也。足反居上，首顾居下，是倒植之势也。天下之势倒植矣，莫之能理，犹为国有人乎？德可远施，威可远加，舟车所至，可使如志。而特扪然⑩数百里，而威令不信⑪，可为流涕者此也。

---

① 冀幸：希望意外成功或免罚。冀：通"觊"，希望。
② 维楫：系船的大绳和船桨。
③ 而：若，如果。
④ 豫具：事先做准备。之：一作"乏"。
⑤ 威不信：威势得不到伸展。
⑥ 率服：服从，宾服。
⑦ 湛：浓厚，浓重，深厚。
⑧ 边长：边远之地，即距国都极远之边疆。下文"中长"指较近之处。
⑨ 九州：此处泛指中国，即当时汉人居住之地。
⑩ 扪然：指微小。
⑪ 信：通"伸"。

道　术

曰："数闻道之名矣，而未知其实也，请问道者何谓也?"

对曰："道者所道接物①也，其本者谓之虚，其末者谓之术。虚者，言其精微也，平素而无设诸②也；术也者，所从制物③也，动静之数也。凡此皆道也。"

曰："请问虚之接物何如?"

对曰："镜义④而居，无执不臧⑤，美恶毕至，各得其当；衡虚⑥无私，平静而处，轻重毕悬，各得其所。明主者南面而正，清虚⑦而静，令名自命，令物自定，如鉴之应，如衡之称。有譬和之，有端随之，物鞠⑧其极，而以当施之，此虚之接物也。"

曰："请问术之接物何如?"

对曰："人主仁而境内和矣，故其士民莫弗亲也；人主义而境内理矣，故其士民莫弗顺也；人主有礼而境内肃⑨矣，故其士民莫弗敬也；人主有信而境内贞⑩矣，故其士民莫弗信也；人主公而境内服矣，故其士民莫弗戴也；人主法而境内轨矣，故其士民莫弗辅也。举贤则民化善，使能则官职治；英俊在位则主尊，羽翼胜任则民

---

① 接物：接触认识和处理外物，包括人事。
② 设诸：措置，安排。
③ 制物：控制外物。
④ 镜义：指行事要有公正的标准、准则。
⑤ 无执不臧：做事情不执意某事，也无所隐匿。
⑥ 衡虚：指设立的行事标准公正而没有私情。
⑦ 清虚：清净虚无。
⑧ 鞠：推究，推阐。
⑨ 肃：恭谨，庄严。
⑩ 贞：讲诚信。

显①；操德而固则威立，教顺而必②则令行；周听③则不蔽，稽验④则不惶，明好恶则民心化，密事端则人主神。术者，接物之队。⑤凡权重者必谨於事，令行者必谨於言，则过败鲜矣。此术之接物之道也者。其为原无屈，其应变无极，故圣人尊之。夫道之详，不可胜术也。"

曰："请问品善之体⑥何如？"

对曰："亲爱利子谓之慈，反慈为嚚。子爱利亲谓之孝，反孝为孹⑦。爱利出中谓之忠，反忠为倍。心省恤人谓之惠，反惠为困⑧。兄敬爱弟谓之友，反友为嚚。弟敬爱兄谓之悌，反悌为敖⑨。接遇慎容谓之恭，反恭为媟⑩。接遇肃正谓之敬，反敬为慢。言行抱一谓之贞，反贞为伪。期果言当谓之信，反信为慢。衷理不辟谓之端，反端为跀⑪。据当不倾谓之平，反平为险。行善决菀谓之清，反清为鲛。辞利刻谦⑫谓之廉，反廉为贪。兼覆无私谓之公，反公为私。方直不曲谓之正，反正为邪。以人自观谓之度，反度为妄。以己量人谓之恕，反恕为荒⑬。恻隐怜人谓之慈，反慈为忍。厚志隐行谓

---

① 羽翼：比喻身边辅佐者。显：显贵。
② 必：已诺之事就要坚决实行。
③ 周听：广泛地听取意见。
④ 稽验：全面考核验证。
⑤ 此句意谓术是与外物交接的方式做法。
⑥ 品：各种，各类。体：外部表现形式。
⑦ 孹：愚顽，不慈爱，恶。
⑧ 困：对人刻薄寡恩。
⑨ 敖：傲慢，轻狂，不守规矩。
⑩ 媟：轻慢，亲近不庄重。
⑪ 跀：邪曲，不端庄。
⑫ 辞利刻谦：拒绝物利，言辞谦让。
⑬ 荒：对人苛刻。

之洁，反洁为汰[①]。施行得理谓之德，反德为怨。放理洁静谓之行，反行为污。功遂自却谓之退，反退为载。厚人自薄谓之让，反让为冒。心兼爱人谓之仁，反仁为戾[②]。行充其宜谓之义，反义为懵[③]。刚柔得道谓之和，反和为乖。合得密周谓之调，反调为盭。优贤不逮谓之宽，反宽为阨。包众容易谓之裕，反裕为褊[④]。欣憛可安谓之煴[⑤]，反煴为鸷。安柔不苛谓之良[⑥]，反良为啮[⑦]。缘法循理谓之轨，反轨为易。袭常缘道谓之道，反道为辟[⑧]。广较自敛谓之俭，反俭为侈。费弗过适谓之节，反节为靡。畛银勉善谓之慎，反慎为怠。忠恶勿道谓之戒，反戒为傲。深知祸福谓之知，反知为愚。亟见窕察[⑨]谓之慧，反慧为童[⑩]。动有文体谓之礼，反礼为滥。容服有义谓之仪，反仪为诡。行归而过谓之顺，反顺为逆。动静摄次谓之比[⑪]，反比为错。容志审道谓之僩[⑫]，反僩为野。辞令就得谓之雅，反雅为陋。论物明辩谓之辩，反辩为讷。纤微皆审谓之察，反察为旄[⑬]。诚动可畏谓之威，反威为圂[⑭]。临制不犯谓之严，反严为輭[⑮]。

---

① 汰：污浊，不高洁。

② 戾：凶暴，恶毒。

③ 懵：昏昧无知。

④ 褊：褊狭，狭隘。

⑤ 欣憛：和乐，和悦。煴：温和，慰藉。

⑥ 良：和悦。

⑦ 啮：苛刻，刻薄。

⑧ 辟：邪僻，不合于正道。

⑨ 窕察：深察，详察。

⑩ 童：愚昧，幼稚，浅陋。

⑪ 摄次：合于节律。比：其同，整齐。

⑫ 僩：娴雅。

⑬ 旄：同“眊”，视物不清。

⑭ 圂：通“恽”，厚重，浑厚。

⑮ 輭：一作“软”，软弱。

仁义修立谓之任①，反任为欺。伏义诚必谓之节②，反节为罢③。持节不恐谓之勇，反勇为怯。信理遂惔④谓之敢，反敢为揜⑤。志操精果谓之诚，反诚为殆。克行遂节谓之必，反必为怚⑥。凡此品也，善之体也，所谓道也。"

故守道者谓之士，乐道者谓之君子；知道者谓之明，行道者谓之贤，且明且贤，此谓圣人。

六　术

德有六理，何谓六理？道、德、性、神、明、命，此六者德之理也。六理无不生也，已生而六理存乎所生之内。是以阴阳、天地、人尽以六理为内度⑦，内度成业，故谓之六法。六法藏内，变浖而外遂⑧，外遂六术，故谓之六行。是以阴阳各有六月之节，而天地有六合之事，人有仁、义、礼、智、信之行，行和则乐与，乐与则六，此之谓六行。阴阳、天地之动也，不失六律，故能合六法；人谨修六行，则亦可以合六法矣。

然而人虽有六行，细微难识，唯先王能审之，凡人弗能自志。是故必待先王之教，乃知所从事。是以先王为天下设教，因人所有，以之为训；道人之情，以之为真⑨。是故内法六法，外体六行，以与《书》《诗》《易》《春秋》《礼》《乐》六者之术以为大义，谓之六艺⑩。

---

① 任：恩信，以恩德树立威望。

② 节：准则，规度，节度。

③ 罢：无准则，无节操。

④ 惔：同"锬"，锋利，锐利。

⑤ 揜：隐匿，隐藏。此指畏缩不前。

⑥ 怚：优柔寡断，不果敢。

⑦ 内度：内在的标准。

⑧ 外遂：表现于外的形式。

⑨ 道：同"导"，教导。之：知道，了解。

⑩ 六艺：这里指文中所举《诗》《书》《易》《礼》《乐》《春秋》六种儒家经典。

令人缘之以自修，修成则得六行矣。六行不正，反合①六法。艺之所以六者，法六法而体六行故也，故曰六则备矣。

六者非独为六艺本也，他事亦皆以六为度。

声音之道以六为首，以阴阳之节为度，是故一岁十二月，分而为阴阳，阴阳各六月。是以声音之器十二钟，钟当一月，其六钟阴声，六钟阳声；声之术，律是而出，故谓之六律。六律和五声之调，以发阴阳、天地、人之清声，而内合六法之道。是故五声②宫、商、角、徵、羽，唱和③相应而调和，调和而成理谓之音。声五也，必六而备，故曰声与音六。夫律之者，象测④之也，所测者六，故曰六律。

人之戚属，以六为法。人有六亲。六亲始曰父；父有二子，二子为昆弟；昆弟又有子，子从父而昆弟，故为从父昆弟；从父昆弟又有子，子从祖而昆弟，故为从祖昆弟；从祖昆弟又有子，子从曾祖而昆弟，故为从曾祖昆弟；从曾祖昆弟又有子，子为族兄弟，备於六，此之谓六亲。亲之始於一人，世世别离⑤，分为六亲。亲戚非六则失本末之度，是故六为制而止矣。六亲有次，不可相逾；相逾则宗族扰乱，不能相亲。是故先王设为昭穆三庙以禁其乱。何谓三庙？上室为昭，中室为穆，下室为孙嗣令子。各有⑥其次，上下更居；三庙以别，亲疏有制。丧服称亲疏以为重轻，亲者重，疏者

---

① 反合：不合，违背，背离。

② 五声：古代的五个音阶，即宫、商、角、徵、羽，又称五音。

③ 唱和：领唱或领奏之音和随唱伴奏之音。

④ 象测：测试审定（音律）的体现形式。

⑤ 别离：谓子孙繁衍而分出别居。

⑥ 有：以，李空同本即作"以"。

轻，故复有粗衰、齐衰、大红、细红、缌麻①，备六，各服其所当服。夫服则有殊，此先王之所以禁乱也。

道德说

德有六理。何谓六理？曰：道、德、性、神、明、命，此六者德之理也。诸生者，皆生於德之所生；而能象人德者，独玉也。写德体六理，尽见於玉也，各有状，是故以玉效德之六理。泽者，鉴也，谓之道；腒如窃膏②谓之德；湛而润厚而胶谓之性；康若潄流③谓之神；光辉谓之明；碧④乎坚哉谓之命；此之谓六理。鉴生空窍，而通之以道。德生理，通之以六德之毕离⑤状。六德者，德之有六理。理，离状也。⑥ 性生气，而通之以晓。神生变，而通之以化。明生识，而通之以知。命生形，而通之以定。

德有六美，何谓六美？有道、有仁、有义、有忠、有信、有密⑦，此六者德之美也。道者，德之本也；仁者，德之出⑧也；义者，德之理也；忠者，德之厚也；信者，德之固也；密者，德之高也。

六理、六美，德之所以生阴阳、天地、人与万物也。固为所生者法也。⑨ 故曰：道此之谓道，德此之谓德，行此之谓行。所谓行此者，德也。是故，著此竹帛谓之《书》。《书》者，此之著者也；

---

① 粗衰、齐衰、大红、细红、缌麻：均丧服名，这是按亲疏关系由重到轻的排列方式排列的。衰：同"缞"，麻布丧服。红：通"功"，古丧服称"大功""小功"。

② 腒：干肉，此指玉的内质。窃膏：脂肪，油脂。

③ 康：同"潢"，水虚盈闪烁之状。潄：水流动的样子。

④ 碧：一种坚硬的石头。

⑤ 毕离：长短参差的样子。

⑥ 离：网罗之丝相连。理，离状也：俞樾认为是"毕离状"，"理"为"毕"之讹。

⑦ 密：密切的联系，紧密。

⑧ 出：生出，表现出。

⑨ 固：通"故"，所以。法：仿效，以之为法，即以之为仿效准则。

《诗》者，此之志^①者也；《易》者，此之占者也；《春秋》者，此之纪者也；《礼》者，此之体者也；《乐》者，此之乐者也。祭祀鬼神，为此福者也；博学辩议，为此辞者也。

……

《书》者，著德之理於竹帛而陈之令人观焉，以著所从事，故曰："《书》者，此之著者也。"《诗》者，志德之理而明其指，令人缘之以自成也，故曰"《诗》者，此之志者也"。《易》者，察人之循德之理与弗循而占其吉凶，故曰"《易》者，此之占者也"。《春秋》者，守往事之合德之理与不合而纪其成败，以为来事师法，故曰"《春秋》者，此之纪者也"。《礼》者，体德理而为之节文^②，成人事^③，故曰"《礼》者，此之体者也"。《乐》者，《书》《诗》《易》《春秋》《礼》五者之道备，则合於德矣。合则欢然大乐矣，故曰"《乐》者，此之乐者也"。人能修德之理，则安利之谓福。莫不慕福，弗能必得，而人心以为鬼神能与於利害^④，是故具牺牲、俎豆、粢盛^⑤，斋戒^⑥而祭鬼神，欲以佐成福，故曰"祭祀鬼神，为此福者也"。德之理尽施於人，其在人也，内而难见，是以先王举德之颂而为辞语，以明其理；陈之天下，令人观焉；垂之后世，辩议以审察之，以转相告。是故弟子随师而问，受传学以达其知，而明其辞以立其诚，故曰"博学辩议，为此辞者也"。

---

① 志：心意，想法。

② 节文：节制修饰。

③ 人事：人事上的各种事情。

④ 与於：施予。利害：偏指利，害无义。

⑤ 牺牲：祭祀用的牛、羊、猪。俎豆：都是祭祀时盛祭品的器皿，此指祭祀所用的食物。粢盛：盛在祭品内的粮食。

⑥ 斋戒：一作"齐戒"。

德毕施物，物虽有之，微细难识。夫玉者，真德写也。六理在玉，明而易见也。是以举玉以谕，物之所受於德者，与玉一体也。

刘　安

选文摘自何宁撰《淮南子集释》，中华书局 1998 年版。

淮南子

原道训

夫道①者，覆天载地，廓②四方，柝八极③，高不可际④，深不可测，包裹天地，禀授无形⑤。原流泉浡⑥，冲⑦而徐盈，混混滑滑⑧，浊而徐清。故植之而塞于天地⑨，横之而弥⑩于四海，施⑪之

----

①　道：指自然规律和宇宙本源。

②　廓：张大。

③　柝：通"拓"，扩大。八极：八方极远之处。

④　际：到达。

⑤　禀授：给予。无形：指万物没有形成之时。

⑥　原：水源。浡：指水盛涌出。

⑦　冲：通"盅"，空虚。

⑧　混混：水流不绝的样子。滑滑：水流声。

⑨　植：树立。塞：充满。

⑩　弥：通"縻"，牵系。

⑪　施：使用。

无穷而无所朝夕①，舒之幎於六合②，卷之不盈於一握③。约④而能张，幽⑤而能明，弱而能强，柔而能刚。横四维⑥而含阴阳，纮宇宙而章三光⑦。甚淖而滒⑧，甚纤而微，山以之高，渊以之深，兽以之走，鸟以之飞，日月以之明，星历以之行，麟以之游，凤以之翔……

夫无形者物之大祖也，无音者声之大宗也。其子为光，其孙为水，皆生于无形乎！

……道者，一立而万物生矣。是故一之理⑨，施四海；一之解⑩，际天地。其全也，纯兮若朴⑪；其散也，混兮若浊。浊而徐清，冲而徐盈，澹⑫兮其若深渊，汎兮其若浮云，若无而有，若亡而存。万物之总⑬，皆阅⑭一孔；百事之根，皆出一门。其动无形，变化若神；其行无迹，常后而先。是故至人⑮之治也，掩其聪明，

---

① 无所朝夕：指道永恒，没有时间、空间的变化。

② 舒：舒散。幎：覆盖。

③ 一握：一把，极言其小。

④ 约：缠束。

⑤ 幽：幽暗。

⑥ 四维：四角，四隅。

⑦ 纮：维系。章：通"彰"，显明。三光：日、月、星。

⑧ 淖、滒：柔和的样子。

⑨ 理：道。

⑩ 解：通达，解散。

⑪ 朴：刘绩《补注》本作"璞"，指未雕琢之玉。

⑫ 澹：平静不动。

⑬ 总：聚束。

⑭ 阅：具备。

⑮ 至人：至道之人。

灭其文章，依道废智，与民同出於公①。约其所守，寡其所求，去其诱慕②，除其嗜欲③，损其思虑。……

夫喜怒者，道之邪④也；忧悲者，德之失也；好憎者，心之过也；嗜欲者，性之累⑤也。人大怒破阴⑥，大喜坠阳⑦，薄气发喑⑧，惊怖为狂⑨，忧悲多恚⑩，病乃成积，好憎繁多，祸乃相随。故心不忧乐，德之至也；通而不变，静之至也；嗜欲不载，虚之至也；无所好憎，平之至也；不与物散⑪，粹⑫之至也。能此五者，则通於神明。通於神明者，得其内者也。是故以中制外⑬，百事不废；中能得之，则外能收之。中之得则五藏宁，思虑平，筋力劲强，耳目聪明，疏达而不悖⑭，坚强而不鞼⑮，无所大过，而无所不逮，处小而不逼，处大而不窕⑯，其魂不躁，其神不娆⑰，

---

① 公：公正。
② 诱慕：贪图荣华富贵。
③ 嗜欲：指情欲。
④ 邪：偏邪。
⑤ 累：牵累。
⑥ 阴：指阴气。怒者为阴气。
⑦ 阳：指阳气。喜者为阳气。
⑧ 薄气：阴阳相迫之气。薄：迫。喑：哑。
⑨ 狂：指人的精神失常。
⑩ 恚：怨恨。
⑪ 散：散乱。
⑫ 粹：纯粹。
⑬ 中：指内心。外：指情欲。
⑭ 悖：谬。
⑮ 鞼：折。
⑯ 窕：空旷。
⑰ 娆：烦恼。

湫漻寂寞①，为天下枭②。

　　因天下而为天下也。天下之要，不在於彼而在於我，不在於人而在於我身，身得则万物备矣。彻於心术之论③，则嗜欲好憎外矣。是故无所喜而无所怒，无所乐而无所苦，万物玄同④也。无非无是，化育玄耀⑤，生而如死。夫天下者亦吾有也，吾亦天下之有也，天下之与我，岂有间⑥哉！夫有天下者，岂必摄⑦权持势，操杀生之柄，而以行其号令邪？吾所谓有天下者，非谓此也，自得而已。自得，则天下亦得我矣。吾与天下相得，则常相有已，又焉有不得容其间者乎？

　　所谓自得者，全其身⑧者也。全其身，则与道为一矣。

　　……

　　夫形⑨者生之舍也，气者生之充也⑩，神⑪者生之制也，一失位则三者伤矣。是故圣人使人各处其位，守其职，而不得相干也。故夫形者，非其所安也而处之则废，气不当其所充而用之则泄，神非其所宜而行之则昧⑫，此三者，不可不慎守也。夫举天下万物，蚑

---

①　湫漻：清静。寂寞：恬淡。

②　枭：猛禽。这里指枭雄。

③　彻：贯通。心术：指思想、意识、方法。

④　玄同：与天地万物混同为一。

⑤　化育：生长，养育。玄耀：上天光明。高诱注："玄，天也。耀，明也。"

⑥　间：间隙。

⑦　摄：执掌。

⑧　全其身：指保全自然赋予人的天性。

⑨　形：指人的躯体。

⑩　气：指维护生命活动的精气。充：充实。

⑪　神：指人的精神。

⑫　昧：昏暗。

蛲贞虫①，蠕②动蚑作，皆知其所喜憎利害者何也？以其性之在焉而不离也，忽去之则骨肉无伦③矣。今人之所以眣然④能视，营⑤然能听，形体能抗⑥，而百节可屈伸，察能分白黑，视丑美，而知能别同异，明是非者，何也？气为之充而神为之使也。何以知其然也？凡人之志各有所在，而神有所系⑦者，其行也，足蹪趹埳⑧，头抵植⑨木，而不自知也。招之而不能见也，呼之而不能闻也，耳目非去之也，然而不能应者，何也？神失其守也。故在於小则忘於大，在於中则忘於外，在於上则忘於下，在於左则忘於右。无所不充则无所不在。是故贵虚者，以豪末为宅也。

俶真训

夫大块载我以形，劳我以生，逸我以老，休我以死。善我生者，乃所以善我死也。夫藏舟於壑⑩，藏山於泽，人谓之固矣。虽然，夜半有力者负而趋⑪，寐者不知，犹有所遁。若藏天下於天下，则无所遁⑫其形矣。物岂可谓无大扬搉⑬乎？一范⑭人之形而犹喜。若

① 蚑：动物行走。贞虫：指细腰蜂之类的小昆虫。
② 蠕：虫类缓慢爬行的样子。
③ 无伦：指没有匹比。伦：类。
④ 眣然：目光专注的样子。
⑤ 营：通“萤”，明。
⑥ 抗：抵御。
⑦ 系：联系，牵挂。
⑧ 蹪：颠仆，跌倒。趹埳：坑坎。
⑨ 植：树立。
⑩ 壑：沟。
⑪ 趋：快走。
⑫ 遁：亡失。
⑬ 扬搉：粗略。
⑭ 范：模子，引申为效法。

人者，千变万化而未始有极也，弊①而复新，其为乐也，可胜计邪？譬若梦为鸟而飞於天，梦为鱼而没於渊，方其梦也，不知其梦也，觉而后知其梦也。今将有大觉②，然后知今此之为大梦也。始吾未生之时，焉知生之乐也？今吾未死，又焉知死之不乐也？昔公牛哀转病③也，七日化为虎。其兄掩户而入觇之④，则虎搏而杀之。是故文章⑤成兽，爪牙移易，志与心变，神与形化。方其为虎也，不知其尝为人也；方其为人也，不知其且为虎也。二者代谢舛驰⑥，各乐其成形，狡猾钝愍⑦，是非无端，孰知其所萌？夫水向冬则凝而为冰，冰迎春则泮⑧而为水，冰水移易于前后，若周员而趋⑨，孰暇知其所苦乐乎？

是故形伤于寒暑燥湿之虐⑩者，形苑而神壮⑪；神伤乎喜怒思虑之患者，神尽而形有余。故罢⑫马之死也，剥之若槁⑬；狡⑭狗之死也，割之犹濡⑮。是故伤死者其鬼娆⑯，时既者其神漠⑰，是皆不得

---

① 弊：破旧。
② 大觉：大梦醒觉。
③ 转病：高诱注："转病，易病也。"按：古代有借尸还魂之说，与此类似。
④ 掩：打开。觇：察看，侦察。
⑤ 文章：指外表的皮毛。
⑥ 代谢：更替。舛驰：背道而驰。舛：相背。
⑦ 狡猾：诡诈。钝愍：昏昧，不明事理。
⑧ 泮：消散。
⑨ 趋：归附。
⑩ 虐：祸害，残害。
⑪ 苑：枯病。壮：壮健。
⑫ 罢：气衰力竭。
⑬ 槁：枯木。
⑭ 狡：少壮。
⑮ 濡：濡湿，气力未尽。
⑯ 伤：或作"殇"，夭折。娆：指作祟害人。
⑰ 时既：时尽，指年老寿终。漠：定。

形神俱没也。夫圣人用心，仗①性依神，相扶而得终始。是故其寐不梦，其觉不忧。古之人，有处混冥之中②，神气不荡于外，万物恬漠以愉静，欃抢衡杓之气③莫不弥靡④，而不能为害。当此之时，万民猖狂⑤，不知东西，含哺⑥而游，鼓腹而熙⑦，交被天和⑧，食于地德⑨，不以曲故是非相尤⑩，茫茫沈沈⑪，是谓大治。於是在上位者，左右而使之，毋淫⑫其性，镇抚⑬而有之，毋迁其德。是故仁义不布而万物蕃殖。赏罚不施而天下宾服。其道可以大美兴⑭，而难以算计举也。是故日计之不足，而岁计之有余。夫鱼相忘於江湖，人相忘於道术。古之真人，立於天地之本，中至优游，抱德炀和而万物杂累焉。孰肯解构人间之事，以物烦其性命乎？

夫道有经纪条贯，得一之道，连千枝万叶。是故贵有以行令，贱有以忘卑，贫有以乐业，困有以处危。夫大寒至，霜雪降，然后知松柏之茂也；据难履危，利害陈于前，然后知圣人之不失道也。是故能戴大员者履大方，镜太清者视大明，立太平者处大堂，能游冥冥者，与日月同光。是故以道为竿，以德为纶，礼乐为钩，仁义

---

① 仗：凭倚。
② 混冥之中：指上古之世。
③ 欃抢：指彗星，又指妖星。衡杓：北斗七星。第五星为衡，第七星为杓，皆妖气。
④ 弥靡：远逃。弥：远。靡：逃散。
⑤ 猖狂：自由放任。
⑥ 哺：口中咀嚼食物。
⑦ 熙：通"嬉"，玩乐，嬉戏。
⑧ 交：俱，全部。天和：天然平和之气。
⑨ 地德：古时认为土地产百物，人赖以生存，有德于人，故称地德。
⑩ 曲故：曲巧，诈伪。尤：指责。
⑪ 茫茫沈沈：盛大无边。
⑫ 淫：过分，无节制。
⑬ 镇抚：镇守而安抚。
⑭ 大美：指天地覆载万物之美。兴：兴育。

为饵，投之於江，浮之於海，万物纷纷，孰非其有？夫挟依於趹跃之术，提挈人间之际，撙掞挺捔世之风俗，以摸苏牵连物之微妙，犹得肆其志，充其欲。何况怀环玮之道，忘肝胆，遗耳目，独浮游无方之外，不与物相弊捼，中徙倚无形之域，而和以天地者乎？若然者，偃其聪明，而抱其太素，以利害为尘垢，以死生为昼夜。是故目观玉辂琬象之状，耳听《白雪》清角之声，不能以乱其神；登千仞之溪，临蝹眩之岸，不足以滑其和。譬若钟山之玉，炊以炉炭，三日三夜而色泽不变，则至德天地之精也。是故生不足以使之，利何足以动之；死不足以禁之，害何足以恐之。明於死生之分，达於利害之变，虽以天下之大，易骭之一毛，无所概於志也。

……是故至道无为，一龙一蛇，盈缩卷舒，与时变化。外从其风，内守其性，耳目不耀，思虑不营，其所居神者，台简以游太清，引楯万物，群美萌生。是故事其神者神去之，休其神者神居之。道出一原，通九门，散六衢，设於无垓坫之宇，寂漠以虚无。非有为於物也，物以有为於己也。是故举事而顺于道者，非道之所为也，道之所施也。

夫天之所覆，地之所载，六合所包，阴阳所呴，雨露所濡，道德所扶，此皆生一父母而阅一和也。是故槐榆与橘柚合而为兄弟，有苗与三危通为一家。夫目视鸿鹄之飞，耳听琴瑟之声，而心在雁门之间，一身之中，神之分离剖判六合之内，一举而千万里。是故自其异者视之，肝胆胡越；自其同者视之，万物一圈也。百家异说，各有所出。若夫墨、杨、申、商之於治道，犹盖之无一橑，而轮之无一辐……

百围之木，斩而为牺尊，镂之以剞劂，杂之以青黄，华藻镈鲜，龙蛇虎豹，曲成文章。然其断在沟中，壹比牺尊沟中之断，则丑美有间矣，然而失木性钧也。是故神越者其言华，德荡者其行伪。至

603

精亡於中，而言行观於外，此不免以身役物矣。夫趋舍行伪者，为精求於外也。精有湫尽而行无穷极，则滑心浊神而惑乱其本矣。其所守者不定，而外淫於世俗之风，所断差跌者，而内以浊其清明，是故跱踌以终，而不得须臾恬澹矣。是故圣人内修道术，而不外饰仁义，不知耳目之宣，而游於精神之和。若然者，下揆三泉①，上寻九天，横廓②六合，撲贯③万物，此圣人之游也。若夫真人则动溶④于至虚，而游于灭亡之野，骑蜚廉⑤而从敦圄⑥，驰於方外⑦，休乎宇内，烛十日⑧而使风雨，臣雷公⑨，役夸父⑩，妾宓妃⑪，妻织女⑫，天地之间，何足以留其志？是故虚无者道之舍，平易者道之素⑬。

精神训

五色乱目，使目不明；五声哗耳，使耳不聪；五味乱口，使口爽伤⑭；趣舍滑心⑮，使行飞扬⑯：此四者，天下之所养性也，然皆

---

① 揆：度量。三泉：三重泉，即地下深处。

② 廓：扩大。

③ 撲贯：积累、贯通。

④ 动溶：摇荡。溶：通"熔"，摇荡。

⑤ 蜚廉：神兽名，长毛有翼。

⑥ 敦圄：古代传说中的野兽，似虎而小。一曰仙人名。

⑦ 方外：区域之外。

⑧ 十日：指十个太阳。一说指"幻日"现象。

⑨ 雷公：雷神。

⑩ 夸父：神名。又为兽名。

⑪ 宓妃：洛河女神名，相传为伏羲氏之妃。

⑫ 织女：神女名。又为星名。

⑬ 素：本色。

⑭ 爽：病，伤。伤：病。

⑮ 趣舍：取舍，进退。偏义复词，指"趣"。滑：乱。滑心：扰乱心境。

⑯ 行：《文子·九守》作"性"。飞扬：放荡，不从轨道。

人累①也。故曰：嗜欲者使人之气越，而好憎者使人之心劳②，弗疾去则志气日耗③。

……

夫悲乐者德之邪也，而喜怒者道之过也，好憎者心之暴④也。故曰其生也天行，其死也物化……

……是故视珍宝珠玉犹石砾⑤也，视至尊穷宠犹行客也⑥，视毛嫱、西施犹颠丑也⑦。以死生为一化，以万物为一方⑧，同精於太清之本，而游於忽区之旁⑨……

人之所以乐为人主⑩者，以其穷⑪耳目之欲，而适躬体⑫之便也。今高台层榭⑬，人之所丽也，而尧朴桷不斫⑭，素题不枅⑮；珍怪奇异，人之所美也，而尧粝粢⑯之饭，藜藿⑰之羹；文绣狐白⑱，

---

① 累：牵累。

② 劳：病。

③ 耗：乱。

④ 暴：损害。

⑤ 砾：小石块。

⑥ 至尊：指帝王。行客：过客。

⑦ 毛嫱、西施：古代美女名。颠丑：极丑之人。

⑧ 方：类。

⑨ 忽区之旁：恍惚无形之区旁。忽区：无形的样子。

⑩ 人主：指国君。

⑪ 穷：穷尽。

⑫ 适：适合。躬体：自己身体。

⑬ 台、榭：可以居高临下、瞭望四方的建筑物为台，台上亭阁为榭。

⑭ 朴：未加工的木材。桷：方椽子。斫：砍削。

⑮ 素题：不加彩饰。题：端。枅：柱上横木。

⑯ 粝：粗米。粢：谷物。

⑰ 藜：一种草本植物。藿：豆叶。

⑱ 文绣：绣画的锦帛。狐白：狐腋下之皮，其毛为纯白色。

人之所好也，而尧布衣①撆形，鹿裘②御寒。养性之具③不加厚，而增之以任重④之忧。

今夫穷鄙之社⑤也，叩盆拊瓴⑥，相和⑦而歌，自以为乐矣；尝试为之击建鼓⑧，撞巨钟，乃性仍仍然⑨知其盆瓴之足羞也。藏诗书，修文学⑩，而不知至论⑪之旨，则拊盆叩瓴之徒也；夫以天下为者，学之建鼓矣。

尊势厚利，人之所贪也。使之左据天下图而右手刎其喉，愚夫不为。由此观之，生尊於天下也。圣人食足以接气⑫，衣足以盖形，适情不求余；无天下不亏其性，有天下不羡其和⑬，有天下无天下一实⑭也。今赣人敖仓⑮，予人河水，饥而餐之，渴而饮之，其入腹者，不过箪⑯食瓢浆，则身饱而敖仓不为之减也，腹满而河水不为之竭也；有之不加饱，无之不为之饥，与守其篅笔⑰，有其井，一实也。

---

① 布衣：指藤、麻、葛纤维织成的布。
② 鹿裘：鹿皮制的皮衣。
③ 养性：保养其生命。具：指衣食之物。
④ 任重：指国家大事。
⑤ 穷鄙：穷巷。社：即土地之神的神主。
⑥ 拊：拍，敲。瓴：一种盛水的罐子。
⑦ 和：应和。
⑧ 建鼓：古代大型乐器，流行于战国初期。
⑨ 仍仍然：不得志的样子。
⑩ 文学：指典籍文章。
⑪ 至论：指最深刻的道理。
⑫ 气：指水谷之气。
⑬ 羡：通"衍"，超过。和：适合。
⑭ 实：等同。
⑮ 赣：赐给。敖仓：古粮仓名，在今河南荥阳市北。
⑯ 箪：古代盛饭的圆形竹具。
⑰ 篅：盛谷物的圆囤。笔：席箔围成的盛放米谷的器具。

齐俗训

率性①而行谓之道，得其天性②谓之德。性失然后贵仁，道失然后贵义。是故仁义立而道德迁③矣，礼乐饰则纯朴散矣，是非形则百姓眩④矣，珠玉尊则天下争矣：凡此四者，衰世之造也，末世之用也。……古者，民童蒙⑤不知东西，貌不羡⑥乎情，而言不溢⑦乎行。其衣致暖而无文，其兵戈铢⑧而无刃，其歌乐而无转，其哭哀而无声。凿井而饮，耕田而食。无所施其美，亦不求得。亲戚不相毁誉，朋友不相怨德。及至礼义之生，货财之贵，而诈伪萌兴，非誉相纷，怨德并行，於是乃有曾参、孝己之美，而生盗跖、庄蹻之邪。

礼者，实之文也。仁者，恩之效⑨也。故礼因人情而为之节文⑩，而仁发悁⑪以见容。礼不过实，仁不溢恩也，治世之道也。……古者，非不知繁升降槃还⑫之礼也，蹀《采齐》、《肆夏》之容也⑬，以为旷日⑭烦民而无所用，故制礼足以佐实喻意而已矣。古者，非不能

---

① 率性：依据本性。
② 天性：天然的品质或属性。
③ 迁：离散。
④ 眩：日光，迷乱。
⑤ 童蒙：幼稚、智能未开的儿童。
⑥ 羡：羡慕。
⑦ 溢：超过。
⑧ 铢：通"鎁"，钝。许慎注："楚人谓刃钝为铢。"
⑨ 效：效验。
⑩ 节文：节制修饰。
⑪ 悁：容色。许慎注："悁，色也。"
⑫ 升降：即进退。槃还：环绕。
⑬ 蹀：跺、踏、顿。《采齐》《肆夏》：许慎注："皆乐名也。"
⑭ 旷日：历时久远。

陈钟鼓、盛管箫、扬干戚、奋羽旄①，以为费财乱政，制乐足以合欢宣意②而已，喜不羡③於音。非不能竭国靡④民，虚府殚⑤财，含珠鳞施⑥，纶组节束⑦，追送死也，以为穷民绝业而无益於槁骨腐肉也，故葬埋足以收敛盖藏而已。昔舜葬苍梧，市不变其肆⑧；禹葬会稽之山，农不易其亩⑨：明乎生死之分，通乎俭侈之适者也。

氾论训

故圣人制礼乐，而不制於礼乐。治国有常，而利民为本；政教有经，而令行为上。苟利於民，不必法古；苟周於事，不必循旧。夫夏、商之衰也，不变法而亡；三代⑩之起也，不相袭⑪而王。故圣人法与时变，礼与俗化，衣服器械，各便其用，法度制令，各因其宜。故变古未可非，而循俗未足多也。百川异源而皆归於海，百家殊业而皆务於治。王道缺⑫而《诗》作，周室废、礼义坏而《春秋》作，《诗》《春秋》学之美者也，皆衰世之造也。儒者循之以教导於世，岂若三代之盛哉！以《诗》《春秋》为古之道而贵之，又有未作《诗》《春秋》之时。夫道其缺也，不若道其全也。诵先王之诗书，不若闻

---

① 管：管乐名。箫：排箫。扬：高举。奋：挥动。

② 宣意：表达心意。

③ 羡：过分。

④ 靡：浪费。

⑤ 殚：耗尽。

⑥ 含珠：古代丧葬中塞在死者嘴里的珠玉，又作"琀"。鳞施：施玉于死者之体，如鱼鳞，即金缕玉衣。

⑦ 纶：青丝绶。组：丝带。节束：札束。

⑧ 肆：店铺。

⑨ 亩：田亩。

⑩ 三代：指夏禹、商汤、周武王。

⑪ 袭：因袭。

⑫ 缺：衰败。

得其言；闻得其言，不若得其所以言。得其所以言者，言弗能言也。

今儒、墨者称三代、文武而弗行，是言其所不行也；非今时之世而弗改，是行其所非也。称其所是，行其所非，是以尽日极虑而无益於治，劳形竭智而无补於主也。今夫图工好画鬼魅①而憎图狗马者，何也？鬼魅不世出，而狗马可日见也。夫存危治乱，非智不能；道而先称古，虽愚有余。

诠言训

圣人胜心，众人胜欲。君子行正气②，小人行邪气。内便於性，外合於义，循理而动，不系於物者，正气也。重③於滋味，淫於声色，发於喜怒，不顾后患者，邪气也。邪与正相伤，欲与性相害，不可两立，一置④一废，故圣人损欲而从事於性⑤。目好色，耳好声，口好味，接⑥而说之，不知利害嗜欲也。食之不宁於体，听之不合於道，视之不便於性，三官⑦交争，以义为制者，心也。割痤疽⑧，非不痛也，饮毒药，非不苦也，然而为之者，便於身也。渴而饮水，非不快也，饥而大飧，非不澹也，然而弗为者，害於性也。此四者，耳目鼻口不知所取去，心为之制，各得其所。由是观之，欲之不可胜明矣。凡治身养性，节寝处，适饮食，和喜怒，便动静，

---

① 鬼魅：鬼怪。
② 正气：刚正之气。
③ 重：推重。
④ 置：立。
⑤ 此句谓圣人弃其欲而从其性也。
⑥ 接：交合、接受。
⑦ 三官：指食、视、听。
⑧ 痤：痈。疽：恶疮。

使在己者得，而邪气因而不生，岂若忧瘕疵①之与痤疽之发，而豫②备之哉！夫函牛之鼎③沸，而蝇蚋④弗敢入，昆山之玉瑱⑤，而尘垢弗能污也。圣人无去之心而心无丑，无取之美而美不失。故祭祀思亲不求福，飨宾修敬不思德，唯弗求者能有之。

处尊位者，以有公道而无私说⑥，故称尊焉，不称贤也。有大地者，以有常术而无钤谋⑦，故称平焉，不称智也。内无暴事以离⑧怨於百姓，外无贤行以见忌於诸侯，上下之礼袭⑨而不离，而为论者莫然⑩不见所观焉，此所谓藏无形者。非藏无形，孰能形！三代之所道者，因也。故禹决江河，因水也；后稷播种树谷，因地也；汤、武平暴乱，因时也。故天下可得而不可取也，霸王可受而不可求也。

说山训

求美则不得美，不求美则美矣；求丑则不得丑，求不丑则有丑矣；不求美又不求丑，则无美无丑矣，是谓玄同⑪。

申徒狄负石自沈於渊，而溺者不可以为抗⑫；弦高诞而存郑，

---

① 瘕：妇女腹中鼓胀病。疵：疑作"疝"，指男子疝气。

② 豫：通"预"，预备。

③ 函牛之鼎：许慎曰："函牛，受一牛之鼎也。"函：包容。

④ 蚋：蚊子。秦谓之蚋，楚谓之蚊。

⑤ 瑱：当读为"缜"，细密。

⑥ 私说：偏私的见解。

⑦ 钤谋：权谋。

⑧ 离：通"罹"，遭受。

⑨ 袭：合。

⑩ 莫然：寂静无所见的样子。莫：静。

⑪ 玄同：指与"道"混同为一。

⑫ 抗：高。

诞①者不可以为常。事有一应而不可循行。

人有多言者，犹百舌②之声。人有少言者，犹不脂③之户也。

桀有得事，尧有遗④道，嫫母有所美，西施有所丑。故亡国之法有可随者，治国之俗有可非者。

琬琰⑤之玉，在洿泥⑥之中，虽廉者弗释⑦；弊箪甑瓵⑧，在衻⑨茵之上，虽贪者不搏⑩。美之所在，虽污辱，世不能贱；恶之所在，虽高隆，世不能贵。

春贷秋赋民皆欣，春赋秋贷众皆怨，得失同，喜怒为别，其时异也。

说林训

至味不慊⑪，至言不文，至乐不笑，至音不叫⑫，大匠不斫，大豆⑬不具，大勇不斗，得道而德从之矣。譬若黄钟之比⑭宫，太簇之比商，无更⑮调焉。

---

① 诞：欺骗。

② 百舌：鸟名，以叫反舌，鸣叫如百鸟之鸣，故名。立夏后鸣叫，夏至后无声。

③ 脂：脂肪。

④ 遗：失。

⑤ 琬琰：美玉。

⑥ 洿泥：污泥。

⑦ 释：舍弃。

⑧ 箪：覆盖甑底的竹席。甑：古代做饭用的陶器。瓵：甑带。

⑨ 衻：通"毡"，毡褥。

⑩ 搏：取。

⑪ 慊：快意。

⑫ 叫：喧哗，呼叫。

⑬ 豆：古代食器，形似高脚盘。

⑭ 比：并随。

⑮ 更：更改。

以瓦鈺者全①，以金鈺者跂②，以玉鈺者发③。是故所重者在外，则内为之掘④。逐兽者，目不见泰山，嗜欲在外，则明所蔽矣。

听有音之音者聋，听无音之音者聪，不聋不聪，与神明⑤通。

使景曲者形也，使响⑥浊者声也，情泄者，中易测。华⑦不时者，不可食也。

蹠⑧越者，或以舟，或以车，虽异路，所极⑨一也。佳人不同体，美人不同面，而皆说於目；梨橘枣栗不同味，而皆调於口。

清醴⑩之美，始於耒耜；黼黻⑪之美，在於杼轴⑫。

布之新不如纻⑬，纻之弊不如布，或善⑭为新，或恶为故。靥
酺⑮在颊则好，在颡⑯则丑。绣以为裳则宜，以为冠则讥。

---

① 鈺：通"注"，赌注。全：指步伐徐缓，高诱注："全者，全步徐。"

② 跂：急速奔跑。

③ 发：疾迅。

④ 掘：通"拙"，笨拙。

⑤ 神明：指自然之道。

⑥ 响：回声。

⑦ 华：果实。

⑧ 蹠：至。

⑨ 极：到达。

⑩ 醴：清酒。

⑪ 黼黻：白与黑为黼，青与赤为黻，皆指衣服上的花纹。

⑫ 杼：织布机上的梭子。轴：织布机上的用具。杼以持纬，轴以受经。

⑬ 纻：苎麻织成的布。

⑭ 善：适宜。

⑮ 靥酺：女子嘴边的酒窝。

⑯ 颡：额头。

马齿非牛蹄，檀根非椅枝①，故见其一本而万物知②。

石生而坚，兰生而芳，少自其质，长而愈明。

扶之与提③，谢之与让④，故⑤之与先，诺之与已⑥，也之与矣，相去千里。

汙准⑦而粉其颊；腐鼠在坛⑧，烧薰於宫；入水而憎濡，怀臭而求芳：虽善者弗能为工。

百星之明，不如一月之光；十牖之开，不如一户之明。

矢之於十步贯兕甲，及其极，不能入鲁缟⑨。

太山之高，背而弗见；秋豪之末，视之可察⑩。

山生金，反自刻；木生蠹，反自食；人生事，反自贼。

巧冶不能铸木，巧工不能斫金者，形性然也。

白玉不琢，美珠不文，质有余也。

……

西施毛嫱，状貌不可同，世称其好，美钧也。尧、舜、禹、汤，法籍殊类，得民心一也。

---

① 檀：木名，其材强劲。椅：木名，又称山桐子、水冬瓜，材木亦可用。
② 知：分别。
③ 扶：扶持。提：投掷。
④ 谢：辞谢。让：诮让，责备。
⑤ 故：指当今。
⑥ 诺：许诺。已：不许，拒绝。
⑦ 准：鼻子。
⑧ 坛：指庭院。
⑨ 缟：白色丝织品。
⑩ 察：辨别。

修务训

通於物者不可惊以怪，喻於道者不可动以奇①，察於辞者不可耀②以名，审於形者不可遁③以状。世俗之人，多尊古而贱今，故为道者，必托之於神农、黄帝而后能入说。乱世暗主，高远其所从来，因而贵之；为学者蔽於论而尊其所闻，相与危坐④而称之，正领⑤而诵之：此见是非之分不明。夫无规矩，虽奚仲不能以定方圆；无准绳，虽鲁般不能以定曲直。是故钟子期死而伯牙绝弦破琴，知世莫赏也；惠施死而庄子寝说，言见世莫可为语者也。夫项托七岁为孔子师，孔子有以听其言也。以年之少，为间丈人说，救敲不给，何道之能明也？……李子⑥之相似者，唯其母能知之；玉石之相类者，唯良工能识之；书传之微者，唯圣人能论之。今取新圣人书，名之孔、墨，则弟子句指⑦而受者必众矣。故美人者，非必西施之种，通士者，不必孔、墨之类。晓然意有所通於物，故作书以喻⑧意，以为知者也。诚得清明之士，执玄鉴⑨於心，照物⑩明白，不为古今易意，摅⑪书明指以示之，虽阖棺亦不恨⑫矣。

---

① 喻：晓谕，明白。奇：奇巧，奇异。

② 耀：炫耀，显扬。

③ 遁：欺骗。

④ 危坐：端坐。

⑤ 正领：摆正头部及颈部。

⑥ 李子：双生子。

⑦ 句指：研究旨义。指：与"旨"同。

⑧ 喻：说明，表明。

⑨ 玄：水。鉴：镜。玄鉴：指玄妙的心境。

⑩ 照物：即观照万物。

⑪ 摅：抒发。

⑫ 恨：遗憾。

泰族训

故大人者，与天地合德，日月合明，鬼神合灵，与四时合信。故圣人怀天气，抱天心，执中含和，不下庙堂而衍①四海，变习易俗，民化而迁善，若性诸己，能以神化也。《诗》云："神之听之，终②和且平。"夫鬼神视之无形，听之无声，然而郊天望山川③，祷祠而求福，雩兑④而请雨，卜筮而决事。《诗》云："神之格思，不可度思，矧可射思！"⑤此之谓也。

天致其高，地致其厚，月照其夜，日照其昼，阴阳化，列星朗，非其道⑥而物自然。故阴阳四时，非生万物也；雨露时降，非养草木也；神明接，阴阳和，而万物生矣。故高山深林，非为虎豹也；大木茂枝，非为飞鸟也；流源千里，渊深百仞，非为蛟龙也；致其高崇，成其广大，山居木栖，巢枝穴藏，水潜陆行，各得其所宁焉。

治身，太上养神，其次养形；治国，太上养化⑦，其次正法⑧。神清志平，百节皆宁，养性⑨之本也；肥肌肤，充肠腹，供嗜欲，养生之末也。民交让争处卑，委利争受寡，力事争就劳，日化上迁善，而不知其所以然，此治之上也。利赏而劝善，畏刑而不为非，法令正於上，而百姓服於下，此治之末也。上世养本，而下世事末，

---

① 衍：蔓延，扩展。

② 终：既。

③ 郊：古代帝王每年冬至在南郊祭天叫"郊"。望：祭祀山川之神为望。

④ 雩：古代旱天求雨之祭。兑：通"说"，以辞责之。此为周代祭名。

⑤ 格：来到。度：揣测。矧：况且。射：厌倦。

⑥ 道：引导，主导。

⑦ 养化：施行教化。

⑧ 正法：建立正常法则。

⑨ 性：通"生"。

此太平之所以不起也。夫欲治之主不世出，而可与兴治之臣不万一，以万一求不世出，此所以千岁不一会①也。

　　故知性之情者，不务性之所无以为；知命之情者，不忧命之所无奈何。故不高宫室者，非爱木也；不大钟鼎者，非爱金也。直②行性命之情，而制度可以为万民仪。今目悦五色，口嚼滋味，耳淫五声，七窍交争以害其性，日引邪欲而浇③其身夫调④，身弗能治，奈天下何！故自养得其节，则养民得其心矣。

　　……

　　凡人之所以生者，衣与食也。今囚之冥室之中，虽养之以刍豢，衣之以绮绣，不能乐也，以目之无见，耳之无闻。穿隙穴，见雨零，则快然而叹⑤之，况开户发牖，从冥冥见照照乎！从冥冥见照照，犹尚肆然⑥而喜，又况出室坐堂，见日月光乎！见日月光，旷然⑦而乐，又况登泰山，履石封，以望八荒⑧，视天都⑨若盖，江、河若带，又况万物在其间者乎！其为乐岂不大哉！且聋者，耳形具而无能闻也；盲者，目形存而无能见也。夫言者，所以通己於人也；闻者，所以通人於己也。喑者不言，聋者不闻，既喑且聋，人道不通。故有喑聋之病者，虽破家求医，不顾其费。岂独形骸有喑聋哉？心

------

① 会：时机。

② 直：只。

③ 浇：浸渍。

④ 调：适也，有调节意。

⑤ 叹：当为"笑"，喜乐。

⑥ 肆然：纵情的样子。

⑦ 旷然：开朗的样子。

⑧ 八荒：八方极远之处，意谓全世界。荒：远。

⑨ 天都：天空。

志亦有之。夫指之拘①也，莫不事申也，心之塞也，莫知务通也，不明於类也。夫观六艺之广崇②，穷道德之渊深，达乎无上，至乎无下，运乎无极，翔乎无形，广於四海，崇於太山，富於江、河，旷然而通，昭然而明，天地之间，无所系戾③，其所以监观④，岂不大哉！人之所知者浅，而物变无穷，曩⑤不知而今知之，非知益多也，问学之所加也。夫物常见则识之，尝⑥为则能之，故因其患则造其备，犯其难则得其便。夫以一世之寿，而观千岁之知，今古之论，虽未尝更也，其道理素⑦具，可不谓有术乎！人欲知高下而不能，教之用管准则说；欲知轻重而无以，予之以权衡则喜，欲知远近而不能，教之以金目则快射；又况知应无方而不穷哉！犯大难而不慑，见烦缪而不惑，晏然自得，其为乐也，岂直一说之快哉！夫道，有形者皆生焉，其为亲亦戚矣⑧；享谷食气⑨者皆受焉，其为君亦惠矣；诸有智者皆学焉，其为师亦博矣。射者数发不中，人教之以仪⑩则喜矣，又况生仪者乎！人莫不知学之有益於己也，然而不能者，嬉戏害人也。人皆多以无用害有用，故智不博而日不足。以凿观池之力耕，则田野必辟矣；以积土山之高修堤防，则水用必足矣；以食狗马鸿雁之费养士，则名誉必荣矣；以弋猎博奕⑪之日诵诗读

---

① 拘：通"句"，曲，痉挛、不能伸直。
② 广崇：高深，广博。
③ 系戾：当为"击戾"。《释文》注："击戾，义尤乖隔。"
④ 监观：照视。
⑤ 曩：从前。
⑥ 尝：通"常"，经常。
⑦ 素：向来。
⑧ 亲：指族内。戚：言族外。
⑨ 食气：服气，古代一种练功长寿的方法。
⑩ 仪：射法。又指弩射头，即所"发"者。
⑪ 博弈：指六博和围棋。

书，闻识必博矣。故不学之与学也，犹暗聋之比於人也。

凡学者能明於天人之分，通於治乱之本，澄心清意以存①之，见其终始，可谓知略②矣。天之所为，禽兽草木；人之所为，礼节制度，构而为宫室，制而为舟舆是也。治之所以为本者，仁义也；所以为末者，法度也。凡人之所以事生者，本也；其所以事死者，末也。本末，一体也，其两爱之，一性也。先本后末谓之君子，以末害本谓之小人，君子与小人之性非异也，所在先后而已矣。草木洪者为本，而杀者为末③；禽兽之性，大者为首，而小者为尾。末大於本则折，尾大於要则不掉④矣。故食其口而百节肥，灌其本而枝叶美，天地之性也。天地之生物也有本末，其养物也有先后，人之於治也，岂得无终始哉！故仁义者，治之本也，今不知事修其本，而务治其末，是释其根而灌其枝也。且法之生也，以辅仁义，今重法而弃义，是贵其冠履而忘其头足也。故仁义者，为厚基者也，不益其厚而张其广者毁，不广其基而增其高者覆。赵政不增其德而累其高，故灭；智伯不行仁义而务广地，故亡其国。语曰："不大其栋，不能任重。重莫若国，栋莫若德。"国主之有民也，犹城之有基，木之有根，根深则本固，基美则上宁。

五帝三王之道，天下之纲纪，治之仪表也。今商鞅之启塞，申子之三符，韩非之孤愤⑤，张仪、苏秦之从衡，皆掇取⑥之权，一

---

① 存：观察。
② 略：谋略。
③ 洪：大，苗壮。杀：衰败。
④ 掉：摇。
⑤ 孤愤：愤其孤直不容于时。
⑥ 掇取：拾取，抄掠。

切①之术也，非治之大本，事之恒常，可博闻而世传者也。子囊②北而全楚，北不可以为庸③；弦高诞而存郑，诞不可以为常。今夫《雅》、《颂》之声，皆发於词，本於情，故君臣以睦，父子以亲。故《韶》、《夏》之乐也，声浸乎金石，润乎草木。今取怨思之声，施之於弦管，闻其音者，不淫则悲，淫则乱男女之辨，悲则感怨思之气，岂所谓乐哉！

董仲舒

选文摘自苏舆撰，钟哲点校《春秋繁露义证》，中华书局1992年版。

春秋繁露

王　道

《春秋》何贵乎元④而言之？元者，始也，言本正也。道，王道也。王者，人之始也。⑤ 王正则元气和顺⑥、风雨时、景星⑦见、黄龙下。王不正则上变天，贼气⑧并见。五帝三王之治天下，不敢有

---

① 一切：权宜。
② 子囊：楚庄王之子，共王之弟公子贞，曾为楚国令尹。
③ 北：败走。庸：常法。
④ 元：开始，起端。
⑤ 王者，人之始也：王者是众人的开始。
⑥ 元气：天地之间的阴阳之气。和顺：和谐平顺。
⑦ 景星：大星，德星，瑞星。古代认为它出现在有道之国。
⑧ 贼气：妖气，在国家政治腐败时出现的一种有害之气。

君民之心①。什一而税。② 教以爱，使以忠，敬长老，亲亲而尊尊，不夺民时，使民不过岁三日③。民家给人足，无怨望忿怒之患，强弱之难④，无谗贼妒疾⑤之人。民修德而美好，被发⑥衔哺而游，不慕富贵，耻恶不犯。父不哭子；兄不哭弟。毒虫不螫，猛兽不搏，抵虫不触⑦。故天为之下甘露，朱草生，醴泉出，风雨时，嘉禾兴，凤凰麒麟游於郊。⑧ 图圉⑨空虚，画衣裳⑩而民不犯。四夷传译而朝。⑪ 民情至朴而不文。郊天祀地⑫，秩⑬山川，以时至，封於泰山，禅於梁父⑭。立明堂⑮，宗祀先帝，以祖配天，天下诸侯各以其职来祭。贡土地所有，先以入宗庙，端冕盛服⑯而后见先。德恩之报，奉先之应也。

桀纣皆圣王之后，骄溢妄行。侈宫室，广苑囿⑰，穷五采⑱之

---

① 君民之心：君为动词，意为凌驾于民众之上。
② 什一而税：土地所产的十分之一作为税赋上交，即薄赋。
③ 使民不过岁三日：政府使用民工服徭役，一年不超过三天，即轻徭。
④ 怨望：怨恨。强弱：以强凌弱。
⑤ 谗贼妒疾：用言语诋毁别人，忌妒别人的成就。
⑥ 被发：披散着头发。被：同"披"。
⑦ 抵：同"鸷"。抵虫：即凶猛的鸟兽。触：冒犯，侵犯。
⑧ 朱草：赤色的草。醴泉：甘美的泉水。嘉禾：长出两穗的禾稻。
⑨ 图圉：监狱。
⑩ 画衣裳：人违反了法律，并不给予实际的处罚，只是在衣服上做一些标记。
⑪ 四夷：即指东夷、南蛮、西戎、北狄。传译而朝：通过翻译来朝拜。
⑫ 郊天祀地：郊祭上天，祭祀土地。
⑬ 秩：排定次序。
⑭ 梁父：又名梁甫，是泰山下面的小山。
⑮ 明堂：天子布政之宫，有的说是祭祀祖先的太庙。
⑯ 端冕：礼帽。盛服：华美的衣服。
⑰ 苑囿：蓄养禽兽的园地。
⑱ 五采：即五色，指青、黄、赤、白、黑五种颜色。

变，极饬①材之工，困野兽之足，竭山泽之利，食类恶②之兽。夺民财食，高雕文刻镂之观③，尽金玉骨象之工④，盛羽旄⑤之饰，穷白黑之变。深刑⑥妄杀以陵下，听郑卫之音⑦，充倾宫⑧之志，灵虎兕文采之兽⑨。以希见之意⑩，赏佞赐谗。以糟为丘，以酒为池。孤贫不养，杀圣贤而剖其心，生燔人闻其臭⑪，剔孕妇见其化⑫，斫朝涉⑬之足察其拇，杀梅伯以为醢⑭，刑鬼侯⑮之女取其环。诛求⑯无已。天下空虚，群臣畏恐，莫敢尽忠，纣愈自贤。周发兵，不期会於孟津⑰者八百诸侯，共诛纣，大亡天下。《春秋》以为戒，曰："蒲社灾。"⑱周衰，天子微弱，诸侯力政⑲，大夫专国，士专邑，不能行度制法文⑳之礼。诸侯背叛，莫修贡聘，奉献天子。臣弑其君，子

---

① 饬：通"饰"，装饰加工。
② 类恶：凶恶。卢文弨曰："类，戾也。"
③ 观：台协楼观之属。
④ 工：精巧。
⑤ 羽旄：用雉羽、牦牛尾装饰的旌旗。
⑥ 深刑：重刑。
⑦ 郑卫之音：一般被认为是淫靡的乐歌。
⑧ 倾宫：占地一顷的宫殿。倾，通"顷"。
⑨ 灵：通"棂"，木格栏，引申为用木格栏围绕关押。兕：雌性的犀牛。
⑩ 以希见之意：用罕见的珍贵物品作为恩惠。
⑪ 燔：烧、烤。臭：气味。
⑫ 化：腹中胎儿的发育变化。
⑬ 朝涉：早上渡河的人。
⑭ 醢：肉酱。
⑮ 鬼侯：商纣王时的诸侯。
⑯ 诛求：征求、索求。
⑰ 孟津：亦作"盟津"，地名。
⑱ 蒲社灾：蒲社，即亳社。
⑲ 力政：犹力征，指诸侯之间互相征伐。
⑳ 法文：效法文王。文：周文王。

弑其父，孽杀其宗①，不能统理，更相伐铇②以广地。以强相胁，不能制属。强奄③弱，众暴寡，富使贫，并兼无已。臣下上僣④，不能禁止，日为之食，星霣⑤如雨，雨螽，沙鹿⑥崩。夏大雨水，冬大雨雪，霣石于宋五，六鹢⑦退飞。霣霜不杀草，李梅实。正月不雨，至於秋七月。地震，梁山⑧崩，壅河，三日不流。昼晦⑨。彗星见于东方，孛于大辰⑩。鹳鹆⑪来巢，《春秋》异之。以此见悖乱之征。孔子明得失，差贵贱，反王道之本。讥天王以致太平，刺恶讥微，不遗小大，善无细而不举，恶无细而不去，进善诛恶，绝诸本而已矣。

立元神

何谓本？曰：天地人，万物之本也。天生之，地养之，人成之。天生之以孝悌，地养之以衣食，人成之以礼乐，三者相为手足，合以成体，不可一无也。无孝悌则亡其所以生，无衣食则亡其所以养，无礼乐，则亡其所以成也。三者皆亡，则民如麋鹿，各从其欲，家自为俗。父不能使子，君不能使臣，虽有城郭，名曰虚邑。……明主贤君必於其信，是故肃慎三本⑫。郊祀致敬，共事祖祢⑬，举显孝

---

① 孽：即庶子，非嫡妻所生之子。宗：即宗子，嫡妻所生之子。
② 伐铇：攻伐。铇：通"剑"。
③ 奄：压迫。
④ 僣：指超越本分、过分。
⑤ 霣：同"陨"，坠落。
⑥ 沙鹿：城邑名，在今河北大名县东。
⑦ 鹢：一种能高飞的水鸟。
⑧ 梁山：山名，在今陕西韩城市。
⑨ 晦：昏暗。
⑩ 孛：彗星。大辰：星名，即心宿，又称大火。
⑪ 鹳鹆：鸟名，即鸲鹆。
⑫ 肃慎：恭敬谨慎。三本：指天、地、人。
⑬ 祖：先祖庙。祢：父庙。

悌，表异孝行，所以奉天本也。秉耒躬耕，采桑亲蚕①，垦草殖谷，开辟以足衣食，所以奉地本也。立辟雍庠序②，修孝悌敬让，明以教化，感以礼乐，所以奉人本也。三者皆奉，则民如子弟，不敢自专，邦如父母，不待恩而爱，不须严而使，虽野居露宿，厚於宫室。如是者，其君安枕而卧，莫之助而自强，莫之绥而自安，是谓自然之赏。

保位权

民无所好，君无以权③也。民无所恶，君无以畏④也。无以权，无以畏，则君无以禁制也。无以禁制，则比肩⑤齐势而无以为贵矣。故圣人之治国也，因天地之性情，孔窍⑥之所利，以立尊卑之制，以等贵贱之差。设官府爵禄，利五味，盛五色，调五声，以诱其耳目，自令清浊昭然殊体⑦，荣辱踔然相驳⑧，以感动其心，务致民令有所好。有所好然后可得而劝也，故设赏以劝之。有所好必有所恶，有所恶然后可得而畏也，故设罚以畏之。既有所劝，又有所畏，然后可得而制。制之者，制其所好，是以劝赏而不得多也。制其所恶，是以畏罚而不可过也。所好多则作福，所恶多则作威。作威则君亡权，天下相怨；作福则君亡德，天下相贼。故圣人之制民，使之有欲，不得过节；使之敦朴，不得无欲。无欲有欲，各得以足，而君道得矣。

---

① 耒：木制农具。躬耕：汉朝从文帝开始，亲自耕籍田，所收粮食供祭祀用。亲蚕：皇后亲自种桑树养蚕，也供祭祀使用。

② 庠：乡校。序：里学。庠序：指古代教育机构，就是各级学校。

③ 权：劝勉，指奖赏、鼓励。

④ 畏：害怕，指用惩罚使人民害怕。

⑤ 比肩：比喻地位平等。

⑥ 孔窍：指耳目口鼻，喻官能欲望。

⑦ 清浊：琴以弦的紧缓为清浊。昭然：明显。殊体：不同体。

⑧ 荣辱：以赏罚为荣辱。踔然：灼然。相驳：不同。

通国身

气之清者为精①，人之清者为贤。治身者以积精为宝，治国者以积贤为道。身以心为本，国以君为主。精积於其本，则血气相承受②；贤积於其主，则上下相制使。血气相承受，则形体无所苦；上下相制使，则百官各得其所。形体无所苦，然后身可得而安也；百官各得其所，然后国可得而守也。夫欲致精者，必虚静其形③；欲致贤者，必卑谦其身。形静志虚者，精气之所趣也；谦尊自卑者，仁贤之所事也。故治身者务执虚静以致精，治国者务尽卑谦以致贤。能致精则合明而寿④，能致贤则德泽洽⑤而国太平。

王道通三

仁之美者在於天。天，仁也，天覆育万物，既化而生之，有养而成之，事功无已⑥，终而复始，凡举归之以奉人。察於天之意，无穷极之仁也。人之受命於天也，取仁於天而仁也，是故人之受命天之尊，父兄子弟之亲，有忠信慈惠之心，有礼义廉让之行，有是非逆顺之治，文理灿然而厚⑦，知广大有而博，唯人道为可以参天。天常以爱利为意，以养长为事，春秋冬夏皆其用也。王者亦常以爱利天下为意，以安乐一世为事，好恶喜怒而备用也。然而主之好恶喜怒，乃天之春夏秋冬也，其俱暖清寒暑而以变化成功也⑧。天出

---

① 清：洁净。精：精气。
② 相承受：循环运动。
③ 虚静其形：使自己做到心境恬淡、身体宁静。
④ 合明而寿：聚合精神而长寿。明：神明，指人的精神。
⑤ 德泽洽：恩德广博。洽：广博、普遍。
⑥ 无已：没有停止。
⑦ 文理灿然而厚：指文辞美丽，义理深厚。
⑧ 俱：通"具"，具备、具有。清：寒冷、凉。

此物者，时①则岁美，不时则岁恶。人主出此四者，义则世治，不义则世乱。是故治世与美岁同数②，乱世与恶岁同数，以此见人理之副③天道也。天有寒有暑。夫喜怒哀乐之发，与清暖寒暑，其实一贯也。喜气为暖而当春，怒气为清而当秋，乐气为太阳而当夏，哀气为太阴而当冬。四气者，天与人所同有也，非人所能蓄④也，故可节⑤而不可止也。节之而顺，止之而乱。人生於天，而取化於天⑥。喜气取诸春，乐气取诸夏，怒气取诸秋，哀气取诸冬，四气之心⑦也。四肢之答各有处，如四时；寒暑不可移，若肢体。肢体移易其处，谓之壬人；寒暑移易其处，谓之败岁；喜怒移易其处，谓之乱世。明王正⑧喜以当春，正怒以当秋，正乐以当夏，正哀以当冬。上下法此，以取天之道。春气爱，秋气严，夏气乐，冬气哀。爱气以生物，严气以成功，乐气以养生，哀气以丧终，天之志也。是故春气暖者，天之所以爱而生之；秋气清者，天之所以严以成之；夏气温者，天之所以乐而养之；冬气寒者，天之所以哀而藏之。春主生，夏主养，秋主收，冬主藏。生溉⑨其乐以养，死溉其哀以藏，为人子者也。故四时之行，父子之道也；天地之志，君臣之义也；阴阳之理，圣人之法也。阴，刑气也；阳，德气也。阴始於秋，阳

---

① 时：适时，合乎时宜。
② 同数：指天数相同。
③ 副：相称，符合。
④ 蓄：蓄养。
⑤ 节：节制。
⑥ 取化於天：取法天的化育。
⑦ 四气之心：指四种气在人心中的表现。
⑧ 正：纠正，使……正。
⑨ 溉：俞樾云："溉，读为'既'，尽也。"

始於春。春之为言，犹偆偆①也；秋之为言，犹湫湫②也。偆偆者喜乐之貌也，湫湫者忧悲之状也。是故春喜夏乐，秋忧冬悲，悲死而乐生。以夏养春，以冬藏秋，大人之志也。是故先爱而后严，乐生而哀终，天之当也。而人资③诸天。天固有此，然而无所之如其身而已矣。人主立於生杀之位，与天共持④变化之势，物莫不应天化。天地之化如四时。所好之风出，则为暖气而有生於俗⑤；所恶之风出，则为清气而有杀於俗。喜则为暑气而有养长也，怒则为寒气而有闭塞也。人主以好恶喜怒变习俗，而天以暖清寒暑化草木。喜怒时而当则岁美，不时而妄则岁恶。天地人主一也。然则人主之好恶喜怒，乃天之暖清寒暑也，不可不审其处而出也⑥。当暑而寒，当寒而暑，必为恶岁矣。人主当喜而怒，当怒而喜，必为乱世矣。是故人主之大守⑦，在於谨藏而禁内⑧，使好恶喜怒必当义乃出，若暖清寒暑之必当其时乃发也。人主掌⑨此而无失，使乃好恶喜怒未尝差也，如春秋冬夏之未尝过也，可谓参天矣。深藏此四者⑩而勿使妄发，可谓天⑪矣。

---

① 偆偆：喜乐貌。
② 湫湫：忧愁悲伤貌。
③ 资：凭借、依托，资取。
④ 持：掌握。
⑤ 俗：习俗。
⑥ 审：审察、弄明白。处：常理。
⑦ 大守：重大职守。
⑧ 谨藏而禁内：谨守机密，不轻易表露。
⑨ 掌：掌握。
⑩ 此四者：指爱、乐、严、哀，以此对应春、夏、秋、冬。
⑪ 天：合于天意。

五行相生

东方者木，农之本。司农尚仁，进经术①之士，道②之以帝王之路，将顺其美，匡捄③其恶。执规④而生，至温润下，知地形肥硗⑤美恶，立事生则，因地之宜，召公⑥是也。亲入南亩之中，观民垦草发淄⑦，耕种五谷，积蓄有余，家给⑧人足，仓库充实。司马实谷⑨。司马，本朝⑩也。本朝者火也，故曰木生火。

南方者火也，本朝。司马尚智，进贤圣之士，上知天文⑪，其形兆⑫未见，其萌芽未生，昭然独见存亡之机⑬，得失之要⑭，治乱之源，豫⑮禁未然之前，执矩而长⑯，至忠厚仁，辅翼其君，周公是也。成王幼弱，周公相，诛管叔蔡叔，以定天下。天下既宁以安君。官者，司营也⑰。司营者土也，故曰火生土。

中央者土，君官也。司营尚信，卑身贱体，夙兴夜寐，称述往

---

① 经术：犹经学，在这里引申为经世致用之学、治国安邦之术。

② 道：通"导"，引导。

③ 匡：纠正。捄：通"救"，拯救。

④ 规：圆规，画图的工具，引申为规矩、准则的意思。

⑤ 硗：土地坚硬而贫瘠。

⑥ 召公：姓姬，名奭，周文王庶子，周武王之臣。

⑦ 垦草发淄：开发荒地，砍除草木。垦：翻耕。发：开掘、砍伐。淄：通"菑"，茂盛的草丛。

⑧ 给：丰足。

⑨ 司马实谷：司马主管的军队有充足的粮食可以食用。

⑩ 本朝：朝廷，这里指朝廷中的高官要职。

⑪ 天文：天空中日月星辰等自然现象，泛指一切关于天的道理。

⑫ 形兆：迹象，征兆。

⑬ 机：关键、要点、先兆。

⑭ 要：要领，关键。

⑮ 豫：同"预"，事先准备、预先。

⑯ 长：长养。

⑰ 司营也：即司空。

古，以厉①主意。明见成败，微谏②纳善，防灭其恶，绝源塞隟③，执绳④而制四方，至忠厚信，以事其君，据义割恩，太公⑤是也。应天因时之化，威武强御⑥以成。大理⑦者，司徒也。司徒者金也，故曰土生金。

西方者金，大理司徒也。司徒尚义，臣死君而众人死⑧父。亲有尊卑，位有上下，各死其事，事不逾矩，执权⑨而伐。兵不苟克⑩，取不苟得，义而后行，至廉而威，质直刚毅，子胥是也。伐有罪，讨不义，是以百姓附亲，边境安宁，寇贼不发，邑⑪无狱讼，则亲安。执法者，司寇也。司寇者，水也。故曰金生水。

北方者水，执法司寇也。司寇尚礼，君臣有位，长幼有序，朝廷有爵，乡党以齿⑫，升降揖让，般伏拜谒⑬，折旋中矩，立而磬折⑭，拱则抱鼓，执衡⑮而藏，至清廉平，赂遗⑯不受，请谒不听，

---

① 厉：同"励"，激励、勉励。
② 微谏：用隐微的言辞来纠正君主的过失。
③ 隟："隙"的古字，缝隙的意思。
④ 绳：规则、准绳。
⑤ 太公：即姜太公、吕尚。
⑥ 强御：横暴有势力的人。
⑦ 大理：主掌刑法之官。
⑧ 死：效死，尽职尽责。
⑨ 权：权职、权责。
⑩ 苟：苟且，不守道义。克：取胜、战胜。
⑪ 邑：国都，引申为国家。
⑫ 乡党：乡里。齿：岁数、年龄。
⑬ 般伏：犹"盘伏"，屈身向下，是一种行礼的动作。拜谒：拜见。
⑭ 磬折：曲躬如磬，表示谦恭。磬：通"磬"，一种乐器，以玉、石或金属为材，形状如矩。
⑮ 衡：秤杆，即指秤上的刻度。
⑯ 赂遗：贿赂的财物。赂：赠送财物。遗：给予、赠送。

据法听讼①，无有所阿，孔子是也。为鲁司寇，断狱屯屯②，与众共之，不敢自专。是死者不恨，生者不怨，百工维时③，以成器械。器械既成，以给④司农。司农者，田官也。田官者木，故曰水生木。

五行五事

五事，一曰貌⑤，二曰言，三曰视⑥，四曰听⑦，五曰思⑧。何谓也？夫五事者，人之所受命於天也，而王者所修而治民也。故王者为民，治则不可以不明，准绳不可以不正。王者貌曰恭，恭者敬也。言曰从，从者可从。视曰明，明者知贤不肖，分明黑白也。听曰聪，聪者能闻事而审其意也。思曰容，容者言无不容。恭作肃，从作义，明作哲，聪作谋，容作圣。何谓也？恭作肃，言王者诚能内有恭敬之姿，而天下莫不肃矣。从作义，言王者言可从，明正从行而天下治矣。明作哲，哲者知也，王者明则贤者进，不肖者退，天下知善而劝之，知恶而耻之矣。聪作谋，谋者谋事也，王者聪则闻事与臣下谋之，故事无失谋矣。容作圣，圣者设也，王者心宽大无不容，则圣能施设，事各得其宜也。

循天之道

循天之道，以养其身，谓之道也。天有两和⑨以成二中⑩，岁立

---

① 听讼：听理诉讼。

② 断狱：审理和判断案件。屯屯：严谨忠厚的样子。

③ 百工：各种工匠。维时：及时。

④ 给：供给，供应。

⑤ 貌：仪容，谓态度。

⑥ 视：眼光。

⑦ 听：察听，谓察听是非。

⑧ 思：应作"思心"，谓心胸。

⑨ 两和：指春分、秋分。春分为东方之和，为二月；秋分为西方之和，为八月。

⑩ 二中：指夏至、冬至。夏至为南方之中，为五月；冬至为北方之中，为十一月。

其中，用之无穷①。是北方之中用合阴，而物始动於下；南方之中用合阳，而养始美於上。其动於下者，不得东方之和不能生，中春②是也。其养於上者，不得西方之和不能成，中秋③是也。然则天地之美恶，在两和之处④，二中之所来归而遂其为⑤也。是故东方生而西方成，东方和生北方之所起，西方和成南方之所养长。起之不至於和之所不能生，养长之不至於和之所不能成。成於和，生必和也；始於中，止必中也。中者，天地之所终始也；而和者，天地之所生成也。夫德莫大於和，而道莫正於中。中者，天地之美达⑥理也，圣人之所保守也。《诗》云："不刚不柔，布政优优⑦。"此非中和之谓与？

天道施

名者，所以别⑧物也。亲者重，疏者轻，尊者文，卑者质，近者详，远者略，文辞不隐情⑨，明情不遗文，人心从之而不逆，古今通贯而不乱，名之义也。男女犹道⑩也。人生别言礼义，名号之由人事起也。不顺天道，谓之不义，察天人之分，观道命之异，可以知礼之说矣。见善者不能无好，见不善者不能无恶，好恶去就，不能坚守，故有人道。人道者，人之所由乐而不乱，复而不厌者，

---

① 岁立其中，用之无穷：指每一年中都有两和、二中，年年循环不穷。

② 中春：春之中，即春分。

③ 中秋：秋之中，指秋分。

④ 两和之处：指春分、秋分。

⑤ 遂其为：完成它的作为。

⑥ 达：常，通行不变。

⑦ 优优：和也。

⑧ 别：区别、区分。

⑨ 情：实际情形。

⑩ 道：天道，天理。

万物载①名而生，圣人因其象而命之。然而可易也，皆有义从②也，故正名以名义也。物也者，洪名③也，皆名④也，而物有私名⑤，此物也，非夫⑥物。故曰：万物动而不形者，意也；形而不易者，德也；乐而不乱，复而不厌者，道也。

刘 向

选文摘自向宗鲁校证《说苑校证》，中华书局 1987 年版。

说 苑

建 本

周召公年十九，见正而冠，冠则可以为方伯诸侯矣。人之幼稚童蒙之时，非求师正本，无以立身全性。夫幼者必愚，愚者妄行，愚者妄行，不能保身。孟子曰："人皆知以食愈饥，莫知以学愈愚。"故善材之幼者，必勤於学问，以修其性。今人诚能砥砺其材，自诚其神明，睹物之应，通道之要，观始卒之端，览无外之境，逍遥乎无方之内，彷徉乎尘埃之外，卓然独立，超然绝世，此上圣之所以游神也。然晚世之人莫能，闲居静思，鼓琴读书，追观上古，友贤

---

① 载：承载，或谓设置。
② 义从：即"以义相从"，指有一定的含义、意义。
③ 洪名：通"共名"，大名、通名。
④ 皆名：总名。
⑤ 私名：犹"别名"，个别事物的独有名。
⑥ 夫：那、彼。

大夫，学问讲辩，日以自虞，疏远世事，分明利害，筹策得失，以观祸福，设义立度，以为法式，穷追本末，究事之情，死有遗业，生有荣名，此皆人材之所能逮也，然莫能为者，偷慢懈堕多暇日之故也，是以失本而无名。夫学者，崇名立身之本也，仪状齐等，而饰貌者好，质性同伦，而学问者智。是故砥砺琢磨非金也，而可以利金，诗书辟立非我也，而可以厉心。夫问讯之士，日夜兴起，厉中益知，以分别理，是故处身则全，立身不殆。士苟欲深明博察，以垂荣名，而不好问讯之道，则是伐智本而塞智原也，何以立躯也。骐骥虽疾，不遇伯乐不致千里；干将虽利，非人力不能自断；乌号之弓虽良，不得排檠①，不能自正；人才虽高，不务学问，不能致圣。水积成川，则蛟龙生焉；土积成山，则豫樟生焉；学积成圣，则富贵尊显至焉。千金之裘，非一狐之皮；台庙之榱，非一木之枝；先王之法，非一士之智也。故曰讯问者智之本，思虑者智之道也。《中庸》曰："好问近乎智，力行近乎仁，知耻近乎勇。"积小之能大者，其惟仲尼乎！学者所以反情治性尽才者也，亲贤学问，所以长德也，论交合友，所以相致也，《诗》云："如切如瑳，如琢如磨。"此之谓也。

今夫辟地殖谷，以养生送死，锐金石，杂草药，以攻疾，各知构室屋以避暑雨，累台榭以避润湿，入知亲其亲，出知尊其君，内有男女之别，外有朋友之际：此圣人之德教，儒者受之传之，以教诲於后世。今夫晚世之恶人，反非儒者曰："何以儒为？"如此人者，是非本也。譬犹食谷衣丝，而非耕织者也；载於船车，服而安之，而非工匠者也；食於釜甑②，须以生活，而非陶冶者也。此言违於情而行蒙於心者也。如此人者，骨肉不亲也，秀士不友也，此三代

---

① 排檠：矫正弓弩的工具。
② 釜甑：皆古代炊煮器名。

之弃民也，人君之所不赦也，故《诗》云："投畀①豺虎，豺虎不食，投畀有北，有北不受，投畀有昊。"此之谓也。

……

孔子曰："鲤，君子不可以不学，见人不可以不饰，不饰则无根，无根则失理，失理则不忠，不忠则失礼，失礼则不立。夫远而有光者饰也，近而逾明者学也。譬之如污池，水潦注焉，菅蒲生之，从上观之，谁知其非源也。"

……

虞君问盆成子曰："今工者久而巧，色者老而衰。今人不及壮之时，益积心技之术，以备将衰之色，色者必尽乎老之前，知谋无以异乎幼之时。可好之色，彬彬乎且尽，洋洋乎安托无能之躯哉？故有技者不累身而未尝灭，而色不得以常茂。"

贵 德

圣人之于天下百姓也，其犹赤子乎！饥者则食之，寒者则衣之，将②之养之，育之长之，唯恐其不至于大也。《诗》曰："蔽芾甘棠，勿翦勿伐，召伯所茇。"③《传》曰："自陕以东者，周公主之，自陕以西者，召公主之。"召公述职，当桑蚕之时，不欲变民事，故不入邑中，舍于甘棠之下，而听断焉。陕间之人，皆得其所。是故后世思而歌咏之。善之故言之，言之不足，故嗟叹之，嗟叹之不足，故歌咏之。夫诗，思然后积，积然后满，满然后发，发由其道，而致其位焉。百姓叹其美而致其敬，甘棠之不伐也，政教恶乎不行？孔子曰："吾于《甘棠》，见宗庙之敬也甚。尊其人必敬其位，顺安万物，古圣之道几哉！"

---

① 畀：给予。
② 将：也是养的意思。
③ 蔽芾：小的样子。翦：去。伐：击。茇：草舍。

......

魏武侯①浮西河②而下，中流，顾谓吴起③曰："美哉乎河山之固也，此魏国之宝也！"吴起对曰："在德不在险。昔三苗④氏左洞庭而右彭蠡⑤，德义不修，而禹灭之。夏桀之居，左河、济而右太华⑥，伊阙⑦在其南，羊肠⑧在其北，修政不仁，而汤放之。殷纣之国，左孟门⑨而右太行⑩，常山⑪在其北，大河经其南，修政不德，武王伐之。由此观之，在德不在险。若君不修德，船中之人尽敌国也。"武侯曰："善。"

......

孝宣皇帝初即位，守廷尉史路温舒上书言尚德缓刑，其词曰："陛下初即至尊，与天合符，宜改前世之失，正始受之统，涤烦文，除民疾，存亡继绝，以应天德，天下幸甚。臣闻往者秦有十失。其一尚存，治狱吏是也。昔秦之时，灭文学，好武勇。贱仁义之士，贵治狱之吏，正言谓之诽谤，谒⑫过谓之妖言⑬；故盛服⑭先生，不

---

① 魏武侯：魏文侯之子。
② 西河：禹贡雍州的黄河，在今陕西。
③ 吴起：魏文侯的大将。
④ 三苗：古族名，当即湖南溪峒诸苗，三世约数，不是三种。
⑤ 洞庭：湖名，在今湖南。彭蠡：湖名，即今鄱阳湖，在今江西。
⑥ 太华：山名，也叫华山，在今陕西华阴市南。
⑦ 伊阙：在今河南洛阳市南，即春秋周阙塞。
⑧ 羊肠：坂名，在今山西，战国时为赵国的要塞，即羊肠坂。
⑨ 孟门：山名。一说在太行山之东，本文指此。
⑩ 太行：山名，在今河南、河北、山西一带。
⑪ 常山：就是衡山，五岳之一。
⑫ 谒：做告解。
⑬ 妖言：不经之言。
⑭ 盛服：服装齐整。

用于世，忠良切言，皆郁於胸，誉谀之声，日满於耳，虚美薰①心，实祸蔽塞，此乃秦之所以亡天下也。方今海内赖陛下厚恩，无金革之危，饥寒之患，父子夫妇，戮力安家，天下幸甚。然太平之未洽②者，狱乱之也。夫狱，天下之命，死者不可生，断者不可属。《书》曰：'与其杀不辜，宁失不经③。'今治狱吏则不然，上下相驱④，以刻为明，深者获公名，平者多后患，故治狱吏，皆欲入死，非憎人也，自安之道，在人之死。是以死人之血，流离於市，被刑之徒，比肩而立，大辟⑤之计，岁以万数，此圣人所以伤，太平之未洽，凡以是也。人情安则乐生，痛则思死，捶楚⑥之下，何求而不得。故因人不胜痛，则饰诬词以示之；吏治者利其然，则指道以明之；上奏恐却，则锻炼⑦而周内⑧之；盖奏当之成，虽皋陶⑨听之，犹以为死有余罪。何则？成炼之者众，而文致⑩之罪明也。是以狱吏专为深刻残贼而无理，偷为一切，不顾国患，此世之大贼也。故俗语云：'画地作狱，议不可入；刻木为吏，期不可对。'此皆疾吏之风，悲痛之辞也。故天下之患，莫深於狱；败法乱政，离亲塞道，莫甚乎治狱之吏。此臣所谓一尚存也。臣闻鸟鷇之卵不毁，而后凤皇集，

---

① 薰：灼。

② 洽：作"和合"解。

③ 宁失不经：宁可负失刑之责。

④ 驱：逼迫。

⑤ 大辟：死刑。

⑥ 捶：以杖击之。楚：木名。捶楚：就是鞭打的意思。

⑦ 锻炼：本指冶金。酷吏故入人罪也叫锻炼。

⑧ 周内：是说曲折周至，务纳之于刑法中。

⑨ 皋陶：人名，虞舜时为狱官之长。

⑩ 文致：本指润色。舞文法以入人罪也叫文致。

诽谤之罪不诛，而后良言进。故《传》曰：'山薮藏疾①，川泽纳污，国君含垢，天之道也。'臣昧死上闻，愿陛下察诽谤，听切言，开天下之口，广箴谏之路，改亡秦之一失，遵文、武之嘉德，省法制，宽刑罚，以废烦狱，则太平之风，可兴於世，福履②和乐，与天地无极，天下幸甚。"书奏，皇帝善之。后卒於临淮太守。

政　理

政有三品：王者之政化之，霸者之政威之，强国之政胁③之。夫此三者各有所施，而化之为贵矣。夫化之不变，而后威之，威之不变，而后胁之，胁之不变，而后刑之。夫至於刑者，则非王者之所贵也。是以圣王先德教而后刑罚，立荣耻而明防禁，崇礼义之节以示之，贱货利之弊以变之，修近理内，政橛机④之礼，壹妃匹之际，则下莫不慕义礼之荣，而恶贪乱之耻，其所由致之者，化使然也。

故夫治国譬若张琴，大弦急则小弦绝矣。故曰：急辔衔者，非千里御也。有声之声，不过百里；无声之声，延及四海。故禄过其功者损，名过其实者削，情行合而名副之，祸福不虚至矣。《诗》云："何其处也，必有与也。何其久也，必有以也。"⑤此之谓也。

子产相郑，简公谓子产曰："内政毋出，外政毋入。夫衣裘之不

----

① 藏疾：藏毒，藏恶的意思。
② 福履：福禄。
③ 胁：以威力胁迫人。
④ 橛机：门楗，也就是门内。
⑤ 处：安处。与：与国。以：他故。

美，车马之不饰，子女之不洁，寡人之丑也。国家之不治，封疆①之不正，夫子之丑也。"子产相郑，终简公之身，内无国中之乱，外无诸侯之患也。子产之从政也，择能而使之，冯简子②善断事，子太叔善决而文③，公孙挥④知四国之为⑤，而辨於其大夫之族姓，变而立至，又善为辞令，裨谌善谋，於野则获，於邑则否。有事，乃载裨谌与之适野，使谋可否，而告冯简子断之，使公孙挥为之辞令，成，乃受子太叔行之，以应对宾客，是以鲜有败事也。

尊　贤

齐宣王⑥坐，淳于髡⑦侍，宣王曰："先生论寡人何好?"淳于髡曰："古者所好四，而王所好三焉。"宣王曰："古者所好，何与寡人所好?"淳于髡曰："古者好马，王亦好马；古者好味，王亦好味；古者好色，王亦好色；古者好士，王独不好士。"宣王曰："国无士耳，有则寡人亦说⑧之矣。"淳于髡曰："古者有骅骝骐骥⑨，今无有，王选於众，王好马矣；古者有豹象之胎，今无有，王选於众，王好味矣；古者有毛嫱、西施，今无有，王选於众，王好色矣。王必将待尧、舜、禹、汤之士而后好之，则尧、舜、禹、汤之士亦不好王矣。"宣王默然无以应。

---

① 封疆：界域。

② 冯简子：郑大夫，毕公高之后。

③ 善决而文：貌美才秀。

④ 公孙挥：为郑国行人之官。

⑤ 知四国之为：知四侯诸邻之所欲为。

⑥ 齐宣王：姓田，名辟疆，战国时齐国国君。

⑦ 淳于髡：战国齐人，滑稽多辩。

⑧ 说：同"悦"。

⑨ 骅骝骐骥：皆古之良马名。

至 公

齐景公尝赏赐及后宫，文绣①被台榭，菽粟②食③凫雁④。出而见殣⑤，谓晏子曰："此何为死?"晏子对曰："此餧⑥而死。"公曰："嘻! 寡人之无德也何甚矣。"晏子对曰："君之德著而彰，何为无德也。"景公曰："何谓也?"对曰："君之德及后宫与台榭；君之玩物，衣以文绣；君之凫雁，食以菽粟；君之营内自乐，延及后宫之族：何为其无德也! 顾⑦臣愿有请於君：由君之意，自乐之心，推而与百姓同之，则何殣之有? 君不推此，而苟⑧营内好私，使财货偏有所聚，菽粟币帛，腐於囷府⑨，惠不遍加于百姓，公心不周乎万国，则桀、纣之所以亡也。夫士民之所以叛，由偏之也。君如察臣婴之言，推君之盛德，公布之於天下，则汤、武可为之，一殣何足恤⑩哉!"

指 武

孔子北游东上农山⑪，子路子贡颜渊从焉，孔子喟然⑫叹曰："登高望下，使人心悲，二三子者，各言尔志，丘将听之。"子路曰：

---

① 文绣：五彩的花纹。

② 菽：众豆的总称。粟：北方人叫小米。

③ 食：同"饲"。

④ 凫雁：凫俗称野鸭，雁即鹅。

⑤ 殣：饿死的人。

⑥ 餧：饥饿。

⑦ 顾：但。

⑧ 苟：即苟且。不守礼法，不务实际之意。

⑨ 囷府：圆形的谷仓。

⑩ 恤：怜悯。

⑪ 农山：《韩诗外传》作"景山"，在今山东曹县东北。

⑫ 喟然：叹息的样子。

"愿得白羽若月，赤羽若日，钟鼓之音，上闻於天，旌旗翩翻①，下蟠②於地，由且③举兵而击之，必也攘④地千里，独由能耳；使夫二子为我从焉。"孔子曰："勇哉士乎！愤愤⑤者乎！"子贡曰："赐也愿齐、楚合战於莽洋⑥之野，两垒相当，旌旗相望，尘埃相接，接战构兵，赐愿著缟衣⑦白冠，陈说白刃之间，解两国之患，独赐能耳；使夫二子者为我从焉。"孔子曰："辨哉士乎！仙仙⑧者乎！"颜渊独不言，孔子曰："回来，若⑨独何不愿乎？"颜渊曰："文武之事，二子已言之，回何敢与焉！"孔子曰："若鄙心不与焉，第⑩言之。"颜渊曰："回闻鲍鱼兰芷不同箧而藏，尧舜桀纣不同国而治。二子之言，与回言异。回愿得明王圣主而相之，使城郭不修，沟池不越⑪，锻⑫剑戟以为农器，使天下千岁无战斗之患。如此，则由何愤愤而击，赐又何仙仙而使乎？"孔子曰："美哉德乎！姚姚⑬者乎！"子路举手问曰："愿闻夫子之意。"孔子曰："吾所愿者，颜氏之计，吾愿负衣冠而从颜氏子也。"

杂　言

孔子曰："中人之情，有余则侈，不足则俭，无禁则淫，无度则

---

① 翩翻：飞动的样子。
② 蟠：盘旋。
③ 且：此处当"假使"讲。
④ 攘：夺。
⑤ 愤愤：心不平的样子。
⑥ 莽洋：广大的样子。
⑦ 缟衣：男子穿的白色上衣。
⑧ 仙仙：轻举的样子。
⑨ 若：你。
⑩ 第：此处有"姑且"的意味。
⑪ 越：此处当"修治"讲。
⑫ 锻：冶炼。
⑬ 姚姚：自得的样子。

失，纵欲则败。饮食有量，衣服有节，宫室有度，畜聚有数，车器有限，以防乱之源也。故夫度量不可不明也，善欲不可不听也。"

辨　物

凡《六经》帝王之所著，莫不致四灵①焉。德盛则以为畜，治平则时气至矣。故麒麟麇身牛尾，圆顶一角。合仁怀义，音中律吕。行步中规，折旋中矩。择土而践，位平然后处。不群居，不旅行。纷兮其有质文也。幽闲则循循如也，动则有容仪。黄帝即位，惟圣恩承天，明道一修，惟仁是行，宇内和平。未见凤凰，维②思影像，夙夜晨兴。於是乃问天老③曰："凤像何如?"天老曰："夫凤鸿前麟后，蛇颈鱼尾，鹤植鸳鸯思，丽化枯折所志，龙文龟身，燕喙鸡嚗④，骈翼而中注。首戴德，顶揭义，背负仁，心信智。食则有质，饮则有仪。往则有文，来则有嘉。晨鸣曰发明，昼鸣曰保长，飞鸣曰上翔，集鸣曰归昌。翼挟义，衷抱忠，足履正，尾系武。小声合金⑤，大声合鼓。延颈奋翼，五光备举。光兴八风⑥，气降时雨。此谓凤像。夫惟凤为能究万物，随天祉，象百状，达于道。去则有灾，见则有福。览九州，观八极，备文武，正王国。严照四方，仁圣皆伏。故得凤像之一者凤过之，得二者凤下之，得三者则春秋下之，得四者则四时下之，得五者则终身居之。"黄帝曰："於戏，盛哉!"於是乃备黄冕，带黄绅，斋于中宫。凤乃蔽日而降。黄帝降自东阶，西面启首曰："皇天降兹，敢不承命。"于是凤乃遂集东圃，食帝竹

---

①　四灵：四种神灵的禽兽。

②　维：思。

③　天老：黄帝之臣，三公之一。

④　喙、嚗：皆是禽兽之口。

⑤　金：犹言锣。

⑥　八风：东北的炎风、东方的滔风、东南的熏风、南方的巨风、西南的凄风、西方的飚风、西北的厉风和北方的寒风。

实，栖帝梧树，终身不去。《诗》①云："凤皇鸣矣，于彼高冈。梧桐生矣，于彼朝阳。萋萋萋萋，雍雍喈喈。"②此之谓也。灵龟文五色，似金似玉，背阴向阳。上隆象天，下平法地，槃衍③象山。四趾转运应四时，文著象二十八宿。蛇头龙翅。左精象日，右精象月。千岁之化，下气上通。能知存亡吉凶之变。宁则信信如④也，动则著矣。神龙能为高，能为下，能为大，能为小，能为幽，能为明，能为短，能为长。昭乎其高也，渊乎其下也，薄乎天光，高乎其著也。一有一亡，忽微哉，斐然成章。虚无则精以知，动作则灵以化。於戏，允哉！君子辟神也。观彼威仪游燕幽闲，有似凤也。《书》⑤曰："鸟兽鸽鸽⑥，凤凰来仪。"此之谓也。

修 文

天下有道，则礼乐征伐自天子出。夫功成制礼，治定作乐。礼乐者，行化之大者也。孔子曰："移风易俗，莫善於乐；安上治民，莫善於礼。"是故圣王修礼文，设庠序，陈钟鼓。天子辟雍，诸侯泮宫，所以行德化。《诗》云："镐京辟雍，自西自东。自南自北，无思不服⑦。"此之谓也。

积恩为爱，积爱为仁，积仁为灵。灵台之所以为灵者，积仁也。神灵者，天地之本，而为万物之始也。是故文王始接民以仁，而天下莫不仁焉。文德⑧之至也。德不至，则不能文。

---

① 《诗》：《诗经》。
② 萋萋萋萋：皆作"茂盛"解。雍雍喈喈：鸟鸣声。
③ 槃衍：即龟甲分裂在四周的所谓缘甲。
④ 信信如：诚笃的样子。
⑤ 《书》：《尚书》。
⑥ 鸽鸽：鸟鸣声。
⑦ 无思不服：即心服的意思。
⑧ 文德：文教德化。

商者，常也。常者，质。质主天。夏者，大也。大者，文也。文主地。故王者一商一夏，再而复者也。正色，三而复者也。味尚甘，声尚宫，一而复者。故三王术如循环。故夏后氏教以忠，而君子忠矣，小人之失野。救野莫如敬，故殷人教以敬，而君子敬矣，小人之失鬼。救鬼莫如文，故周人教以文，而君子文矣，小人之失薄。救薄莫如忠。故圣人之与圣也，如矩之三杂，规之三杂。周则又始，穷则反本也。《诗》曰："雕琢其章，金玉其相①。"言文质美也。

反 质

孔子卦得贲，喟然仰而叹息，意不平。子张进，举手而问曰："师闻贲者吉卦，而叹之乎？"孔子曰："贲非正色也，是以叹之。吾思夫质素，白当正白，黑当正黑，夫质又何也。吾亦闻之：丹漆不文，白玉不雕，宝珠不饰，何也？质有余者，不受饰也。"

……

禽滑釐②问於墨子曰："锦绣絺绤，将安用之？"墨子曰："恶！是非吾用务也！古有无文者，得之矣。夏禹是也。卑小宫室，损薄饮食，土阶三等，衣裳细布③。当此之时，黼黻无所用，而务在於完坚。殷之盘庚，大其先王之室，而改迁於殷。茅茨④不翦，采椽不斫⑤，以变天下之视。当此之时，文采之帛，将安所施？夫品庶非有心也，以人主为心。苟上不为，下恶用之？二王者以化身先于天下，故化隆於其时，成名於今世也。且夫锦绣絺绤，乱君之所造也。

---

① 相：质。
② 禽滑釐：战国魏人，初受业于子夏，后学于墨子。
③ 衣裳细布：犹言衣裳都是碎布缀成。
④ 茅茨：以茅草搭盖的房子。
⑤ 椽：屋椽。不斫：不刮削。

其本皆兴於齐。景公喜奢而忘俭，幸有晏子，以俭镌①之。然犹几不能胜。夫奢，安可穷哉！纣为鹿台、槽邱、酒池、肉林，宫墙文画，雕琢刻镂，锦绣被堂②，金玉珍玮，妇女优倡，钟鼓管弦，流漫不禁，而天下愈竭，故卒身死国亡，为天下戮。非惟锦绣絺纻之用耶？今当凶年，有欲予子随侯之珠者，曰：'不得卖也。珍宝而以为饰。'又欲予子一钟③粟者，得珠者不得粟，得粟者不得珠。子将何择?"禽滑釐曰："吾取粟耳，可以救穷。"墨子曰："诚然，则恶在事夫奢也。长无用，好末淫，非圣人所急也。故食必常饱，然后求美；衣必常暖，然后求丽；居必常安，然后求乐。为可长，行可久，先质而后文，此圣人之务。"禽滑釐曰："善。"

扬 雄

选文摘自汪荣宝撰，陈仲夫点校《法言义疏》，中华书局1987年版。

法 言

修 身

修身以为弓，矫思以为矢④，立义以为的⑤，奠⑥而后发，发必

---

① 镌：借作"谏劝"之意。

② 鹿台：殷纣王囤积钱财的地方。被：借作"披"，铺。

③ 钟：六斛四斗为一钟。

④ 矫：矫正。思：思想。矢：箭。

⑤ 的：鹄的，习射用的靶子的中心。

⑥ 奠：定。这里指瞄准。

中①矣。

人之性也，善恶混。修其②善则为善人，修其恶则为恶人。气也者，所以适③善恶之马也与？

或曰："孔子之事④多矣，不用，则亦勤⑤且忧乎？"曰："圣人乐天知命，乐天则不勤，知命则不忧。"

或问"铭"⑥。曰："铭哉！铭哉！有意於慎⑦也。"

圣人之辞，可为也；使人信之，所不可为也。是以君子强学而力行。

珍其货而后市⑧，修其身而后交，善其谋而后动成道⑨也。

君子之所慎言礼书⑩。

上交不谄，下交不骄，则可以有为矣。或曰："君子自守，奚其交⑪？"曰："天地交，万物生；人道交，功勋成，奚其守？"

好大而不为，大不大矣；好高而不为，高不高矣。

仰天庭⑫而知天下之居卑也哉！

---

① 中：射中靶心，正中目标。

② 其：指示代词，指人之性。

③ 适：往，走向。

④ 事：本事。

⑤ 勤：苦也。

⑥ 铭：本指刻写在器物上的短文，后凡押韵、讲究节奏而又有所寓意的短文都可以叫作"铭"。

⑦ 有意於慎：铭文一般都是为了告诫自己、使自己有所警惕而作，故云。

⑧ 珍其货：使其货善美。珍：美化，完善，这里作动词用。市：交易，卖。

⑨ 成道：成功之道。

⑩ 言：言论。礼：礼仪。书：书籍。

⑪ 奚其交：为什么要进行交往呢？奚：何，为什么。

⑫ 仰：仰望。天庭：星垣名，或作"天廷"。

公仪子、董仲舒之才之邵也①，使见善不明，用心不刚，俦克尔②？

或问"仁、义、礼、智、信之用"。曰，"仁，宅也。义，路也。礼，服③也。智，烛也。信，符也。处宅，由路，正服，明烛，执符，君子不动，动斯得矣④。"

有意哉！⑤ 孟子曰："夫有意而不至者有矣，未有无意而至者也。"

问　道

老子之言道德，吾有取焉耳。及搥提⑥仁义，绝灭⑦礼学，吾无取焉耳。

吾焉开明哉？⑧ 惟圣人为可以开明，它则苓⑨。大哉，圣人言之至⑩也！开之，廓然见四海⑪；闭之，閛⑫然不睹墙之里。

圣人之言，似於水火。或问"水火"。曰："水，测之而益深，穷之而益远；火，用之而弥明，宿⑬之而弥壮。"

---

① 才：道德，才能。邵：应为"卲"，高大，美好。

② 俦：怎么，本义为"谁"。克：能够。尔：如此。

③ 服：信服。

④ 斯：则，乃。得：得当，成功。

⑤ 有意哉：努力啊！意：意愿，意志。

⑥ 搥提：掷击，投击。这里指反对、攻击。

⑦ 绝：断绝，消灭。灭：毁坏，抛弃。

⑧ 焉：哪里。开明：启发蒙昧而使人明智。

⑨ 苓：看东西朦胧不清的意思。

⑩ 至：极，最。这里是至善的意思。

⑪ 廓然：广大开阔的样子。四海：喻天下。

⑫ 閛：闭门的声音。

⑬ 宿：本义为止，引申为积、留。

允①治天下，不待礼文与五教，则吾以黄帝、尧、舜为疣赘②。

或曰："太上无法而治，法非所以为③治也。"曰："鸿荒之世④，圣人恶⑤之，是以法始乎伏牺，而成乎尧。匪伏⑥匪尧，礼义哨哨⑦，圣人不取也。"

或问："八荒之礼，礼也，乐也，孰是⑧?"曰："殷⑨之以中国。"或曰："孰⑩为中国?"曰："五政之所加⑪，七赋⑫之所养，中於天地者，为中国。过此而往者⑬，人也哉。"

圣人之治天下也，碍⑭诸以礼乐。无则禽，异则貉⑮。吾见诸子之小礼乐也⑯，不见圣人之小礼乐也。孰有书不由笔，言不由舌？吾见天常⑰为帝王之笔、舌也。

---

① 允：诚，信。

② 疣赘：皮肤上生长的小肉瘤，因此常用来比喻多余的无用之物。

③ 为：从事，进行。

④ 鸿荒之世：远古时期，指还不存在法制的原始社会。鸿：大。荒：远。

⑤ 恶：憎恶，讨厌。

⑥ 匪：同"非"。伏：伏羲氏。

⑦ 哨哨：不正的样子。

⑧ 孰是：哪个正确。

⑨ 殷：纠正。

⑩ 孰：谁。

⑪ 加：施设。

⑫ 七赋：李轨注："七赋，五谷、桑、麻也。"赋：赋税。扬雄以此来代表封建的财政制度。

⑬ 过：超出。往：以外。

⑭ 碍：借为"拟"，即度量、标准。这里作动词用，是"以……为标准"的意思。

⑮ 貉：通"貊"，古代对北方部族的称呼。

⑯ 诸子：指先秦和汉代儒家以外的各家学说及其代表人物。小：轻视。

⑰ 天常：符合天地之法的永恒不变的制度和道德规范，这里指封建的礼乐。

智^①也者，知^②也。夫智用不用，益不益^③，则不赘亏^④矣。

深知器械、舟车、宫室之为^⑤，则礼由已。

或问"大声"。曰："非雷非霆^⑥，隐隐耾耾^⑦，久而愈盈^⑧，尸诸圣^⑨。"

或问："道有因无因乎？"^⑩曰："可则因，否则革^⑪。"

或问"无为"^⑫。曰："奚^⑬为哉？在昔虞、夏^⑭袭尧之爵^⑮，行尧之道，法度彰，礼乐著^⑯，垂拱^⑰而视天下民之阜也，无为矣。绍^⑱桀之后，篡纣之余^⑲，法度废，礼乐亏，安坐而视天下民之死，无为乎？"

或问："太古涂民耳目^⑳，惟其见也闻也。见则难蔽，闻则难

---

① 智：智力。

② 知：知识。

③ 益：增进。

④ 赘：多余。亏：缺乏。

⑤ 为：造，作。

⑥ 霆：雷声。

⑦ 隐隐：形容声音洪大。隐：通"殷"，盛大的意思。耾耾：大声。

⑧ 盈：丰满，充盈。

⑨ 尸诸圣：寄托之于圣人。

⑩ 道：这里指治理天下的方针。因：因循，因袭。

⑪ 革：变革。

⑫ 无为：无所作为。

⑬ 奚：何。

⑭ 虞：即舜，号有虞氏，简称"虞"。夏：指夏禹。

⑮ 袭：继承。爵：这里指尧的"帝位"。

⑯ 法度、礼乐：指各种制度和仪式。彰、著：明显、显著。

⑰ 垂拱：形容无为的样子。

⑱ 绍：继承。

⑲ 篡：与"缵"通，继承。余：以后。

⑳ 太古：远古。涂：与"杜"通，闭塞。

塞。"曰："天之肇降生民①，使其目见耳闻，是以视之礼②，听之乐③。如视不礼④，听不乐⑤，虽有民，焉得而涂诸?"

或问"新敝⑥"。曰："新则袭之，敝则益损⑦之。"

桓　谭

选文摘自朱谦之校辑《新辑本桓谭新论》，中华书局 2009 年版。

新　论

袪　蔽

言："精神居形体，犹火之然⑧烛矣。如善扶持，随火而侧之⑨，可无灭而竟烛⑩。烛无火，亦不能独行於虚空，又不能后然其地。地，犹人之耆老⑪，齿坠发白，肌肉枯腊⑫，而精神弗为之⑬能润

---

① 肇：始。降：下落，引申为产生。生民：有生之民，即人类，这里指下层人民。

② 是以：以是，因此。视之礼：使他看礼。之：代词，指生民。

③ 听之乐：使他听乐。这里的"乐"是指合乎封建道德的所谓"雅乐"。

④ 视不礼：看非礼之行。

⑤ 听不乐：听非雅乐之音。

⑥ 敝：衣服破旧。这里是借衣服讲治道。

⑦ 益损：或增益或减损，即加以变革的意思。

⑧ 然：同"燃"。

⑨ 随火：顺着火势。侧：倾斜转动。

⑩ 无：不。竟：终，这里是烧完的意思。

⑪ 耆老：衰老。

⑫ 坠：掉落。枯腊：干枯。

⑬ 弗为之：不再使它。

泽，内外周遍，则气索①而死，如火烛之俱尽矣。人之遭邪②伤病而
不遇供养良医者，或强死③，死则肌肉筋骨常若火之倾刺风④，而不
获救护，亦道灭⑤，则肤余干长焉⑥。余尝夜坐饮内中⑦，然麻烛。
烛半压⑧欲灭，即自救视⑨，见其皮有剥铅⑩，乃扶持转侧⑪，火遂
度而复⑫。则维⑬人身，或有亏剥剧⑭，能养慎善持⑮，亦可以得
度⑯。又人莫能识其始生时⑰，则老亦死，不当自知。夫古昔⑱和平
之世，人民蒙美盛而生，皆坚强老寿，咸⑲百年左右乃死，死时忽
如卧出⑳者。犹㉑果物谷实，久老则自坠落矣。后世遭衰薄恶气㉒，

---

① 索：尽，衰落。

② 邪：邪气，中医学上指一切致病的因素。

③ 或：或许，可能。强死：夭折，不幸死亡。

④ 常：常态。倾：同"顷"，忽然。刺风：大风。

⑤ 道灭：中途熄灭。

⑥ 肤：这里指烛脂。干：这里指烛干。

⑦ 饮：饮酒。内中：室中。

⑧ 半压：指烛烧到一半。

⑨ 自：自己。救视：仔细观察。

⑩ 剥铅：剥落，脱落。

⑪ 转侧：转动倾斜。

⑫ 度：过，这里指延烧过去。复：重新（燃起）。

⑬ 维：同"惟"，思。

⑭ 或：有时。亏剥：亏损、伤害。剧：急，很快。

⑮ 养慎善持：小心保养，很好调理。

⑯ 得度：度过，这里指亏损的身体重新复原。

⑰ 始生时：指人刚生下的情形。

⑱ 古昔：古时候。

⑲ 咸：都。

⑳ 卧出：熟睡不醒。

㉑ 犹：好像。

㉒ 衰薄恶气：浇薄恶浊，指社会道德风气败坏。

嫁娶又不时①，勤苦过度，是以身生子皆俱伤②，而筋骨血气不充
强，故多凶短折③，中年夭卒④；其遇病或疾痛恻怛，然后中绝⑤。
故咨嗟⑥憎恶，以死为大故⑦。……伯师曰："灯烛尽，当益⑧其脂，
易⑨其烛。人老衰亦如彼自蹶续⑩。"余应曰："人既禀⑪形体而立，
犹彼持一灯烛，及其尽极⑫，安能自尽易⑬，尽易之乃在人。人之蹶
傥亦在天⑭，天或能为他⑮，其肌骨血气充强，则形神枝⑯而久生，
恶则绝伤⑰，犹火之随脂烛多少长短为迟速矣。欲灯烛自尽，易以
不能，但促敛傍脂，以染渍其头⑱，转侧蒸干，使火得安居，则皆复
明焉。及本尽者，亦无以爇。⑲今人之养性⑳，或能使坠齿复生，白发

---

①　不时：不合时宜。这里指时间过早。

②　身：本身。生子：指下一代。俱伤：指都受到伤害。

③　凶：病害。短折：幼年夭折。

④　夭卒：死亡。

⑤　恻怛：痛苦悲伤。中绝：气断而死。

⑥　咨嗟：叹息。

⑦　大故：最大的事故。

⑧　益：增添。

⑨　易：更换。

⑩　蹶：跌倒，这里是将熄灭的意思。续：继续。蹶续：指灯烛将灭时添油换烛，使
它继续明亮。

⑪　禀：承受、依靠。

⑫　及：等到。尽极：完结，这里指油干烛完。

⑬　安能：怎能。自尽易：指灯自己添油，烛自己更换。

⑭　蹶：这里喻人衰老。傥：通"倘"，倘若。天：指自然。

⑮　或：或许。为：造成。他：别的，另外的。

⑯　枝：通"支"，支持。

⑰　恶：坏。绝伤：损伤断绝。

⑱　促敛：收集，搜括。染渍：浸润。头：指灯芯。

⑲　本尽：根本枯竭。无以：没有……的办法。

⑳　养性：保养生命。

更①黑，肌颜光泽②，如彼促脂转烛者，至寿极③亦死耳。明者④知其难求，故不以自劳⑤；愚者欺惑⑥，而冀⑦获益，脂易烛之力，故汲汲⑧不息。又草木五谷，以阴阳气⑨生於土，及其长大成实⑩，实复入土，而后能生，犹人之与禽兽昆虫，皆以雄雌交接相生，生之有长，长之有老，老之有死，若四时之代谢矣⑪。而欲变易其性⑫，求为异道⑬，惑之不解者也。"

道　赋

余少时学，好《离骚》，博观他书，辄欲反学。

杨子云工於赋，王君大晓习万剑之名，凡器遥观而知，不需手持熟察。余欲从二子学。子云曰："能读千赋，则善赋。"君大曰："能观千剑，则晓剑。"谚曰："伏习象神，巧者不过习者之门。"

……

余少时为奉车郎，孝成帝出祠甘泉河东郡，先置华阴集灵宫，武帝所造门曰望仙，殿曰存仙，欲书壁为之赋，以颂美二仙之行……谚

---

① 更：变。

② 颜：颜面。光泽：光艳润泽。

③ 极：终。

④ 明者：明智的人。

⑤ 自劳：枉自费力。

⑥ 欺惑：糊涂自欺。

⑦ 冀：希望。

⑧ 汲汲：不倦的样子。

⑨ 阴阳气：指气候的寒暖。

⑩ 实：果实。

⑪ 四时：指春夏秋冬。代谢：交替。

⑫ 变易其性：改变那种自然的本性。

⑬ 异道：怪异、荒唐(指长生不老)的方术。

曰："侏儒见一节，而长短可知。"孔子言："举一隅足以三隅反。"观吾小时二赋，亦足以揆其能否。

王 充

选文摘自黄晖撰《论衡校释》，中华书局 1990 年版。

论 衡

本 性

情性①者，人治之本②，礼乐所由生③也。故原情性之极④，礼为之防⑤，乐为之节⑥。性有卑谦辞让，故制礼以适其宜；情有好恶⑦喜怒哀乐，故作乐以通其敬⑧。礼所以制，乐所为作者，情与性也。昔儒旧生，著作篇章，莫不论说，莫能实定。

九州田土之性，善恶⑨不均，故有黄赤黑⑩之别，上中下之差；

---

① 情性：情感和人先天具有的道德属性。
② 人治：治理人。本：根本、根据。
③ 生：产生。
④ 原：考察、分析。极：极端、顶点。
⑤ 防：防范。
⑥ 节：制约。
⑦ 好：爱。恶：憎。
⑧ 通：表达。敬：恭敬、严肃。
⑨ 善恶：指土地的好坏。
⑩ 黄赤黑：指土地的颜色。

水潦①不同，故有清浊之流，东西南北之趋②。人禀天地之性，怀五常之气，或仁或义，性术乖也③；动作趋翔④，或重或轻，性识诡也⑤。面色或白或黑，身形或长或短，至老极死，不可变易，天性然⑥也。〔皆知水土物器形性不同，而莫知善恶禀之异也。〕

余固⑦以孟轲言人性善者，中人以上者也；孙卿言人性恶者，中人以下者也；扬雄言人性善恶混者，中人也。若反⑧经合道，则可以为教；尽⑨性之理，则未也。

别　通

人目不见青黄曰盲，耳不闻宫商⑩曰聋，鼻不知香臭曰痈⑪。痈、聋与盲，不成人者也。人不博览者，不闻古今，不见事类⑫，不知然否⑬，犹目盲、耳聋、鼻痈者也。儒生不〔博〕览，犹为闭暗，况庸人无篇章之业，不知是非，其为闭暗，甚矣。

颜渊曰："博我以文。"才智高者，能为博矣。颜渊之曰"博"者，

---

① 潦：积水成溪。水潦：这里指水源。

② 趋：趋向。

③ 性：天生的。术：道，这里指遵循的原则。乖：异，不同。

④ 趋：快步走。翔：回翔，这里是缓慢的意思。动作趋翔：这里指遇事的机灵和呆板。

⑤ 识：见识，这里指判断能力。诡：异，不同。

⑥ 然：如此。

⑦ 固：通"故"，因此。

⑧ 反：同"返"，回到，符合。

⑨ 尽：穷尽、充分阐明。

⑩ 宫商：泛指声音。

⑪ 痈：毒疮。这里指失去嗅觉的鼻病。

⑫ 见：识别。事类：各种食物。

⑬ 然否：是非。

岂徒一经哉？ 我 ① 不能博《五经》，又不能博众事，守信 ② 一学，不好广观，无温故知新之明 ③，而有守愚不览之暗 ④，其谓一经是者，其宜 ⑤ 也。开户内日之光 ⑥，日光不能照幽 ⑦；凿窗启牖 ⑧，以助户明也。夫一经之说，犹日明也；助以传书 ⑨，犹窗牖也。百家之言，令人晓明，非徒窗牖之开，日光之照也。是故日光照室内，道术明胸中。开户内光，坐高堂 ⑩ 之上，眇 ⑪ 升楼台，窥四邻之庭 ⑫，人之所愿也。闭户幽坐，向冥冥 ⑬ 之内，穿圹穴 ⑭ 卧，造 ⑮ 黄泉之际，人之所恶也。夫闭心塞意，不高瞻览者，死人之徒 ⑯ 也哉。

……

殷、周之地，极 ⑰ 五千里，荒服 ⑱、要服，勤能牧之 ⑲。汉氏

---

① "我"字无义，盖"哉"字讹衍。

② 守信：墨守，死抱住。

③ 明：聪明。

④ 暗：昏暗，糊涂。

⑤ 宜：适合、恰当。

⑥ 户：门。内：通"纳"。

⑦ 幽：阴暗的地方。

⑧ 启：开。牖：窗。

⑨ 传书：这里指解释儒家经书的著作。

⑩ 高堂：高大的堂屋。

⑪ 眇：通"杪"，高。

⑫ 窥：看。庭：庭院。

⑬ 冥冥：黑暗。

⑭ 圹穴：墓穴。

⑮ 造：到。

⑯ 徒：类。

⑰ 极：最远。

⑱ 服：服侍君主，对君主承担义务。

⑲ 勤：通"仅"。牧：治理、控制。

廓^①土，牧万里之外，要、荒之地，褒衣博带^②。夫德不优者，不能怀远^③；才不大者，不能博见。故多闻博识^④，无顽鄙之訾^⑤；深知道术，无浅暗之毁也。

人好观图画者，图上所画，古之列人^⑥也。见列人之面，孰与观其言行？置之空壁，形容具存，人不激劝者，不见言行也。古贤之遗文，竹帛之所载粲然^⑦，岂徒墙壁之画哉？空器在厨，金银涂饰，其中无物益於饥，人不顾^⑧也；肴膳甘醢^⑨，土釜之盛^⑩，入者乡（飨）之^⑪。古贤文之美善可甘^⑫，非徒器中之物也，读观有益，非徒膳食有补也。故器空无实，饥者不顾；胸虚无怀，朝廷不御^⑬也。

剑伎之家^⑭，斗战必胜者，得曲城、越女^⑮之学也。两敌相遭，一巧一拙，其必胜者，有术^⑯之家也。孔、墨^⑰之业，贤圣之书，非

---

① 廓：扩充。

② 褒衣博带：长袍大带。这种穿戴是当时中原地区人民的风俗。

③ 怀：安抚。怀远：使边远的人愿意服从自己的统治。

④ 识：记住。博识：记住的东西多。

⑤ 顽：愚蠢。鄙：鄙陋、无知。訾：指责。

⑥ 列人：这里指有名气的人。

⑦ 竹帛：泛指古书。粲然：明明白白。

⑧ 顾：看、理睬。

⑨ 肴膳：饭菜。甘：美。

⑩ 土釜：砂锅。盛：装。

⑪ 入者：指看到这些食物的人。乡：通"向"，向往。

⑫ 可甘：适合读者的口味。

⑬ 御：使用。

⑭ 剑伎之家：擅长击剑的人。

⑮ 曲城：指曲城侯，以剑术闻名。越女：春秋时越国的一个女子，善击剑，越王曾聘她为教官。

⑯ 术：技艺、本领。

⑰ 墨：墨翟，墨家学派的创始人。

徒曲城、越女之功也①。成人之操，益人之知，非徒战斗必胜之策②也。故剑伎之术，有必胜之名；贤圣之书，有必尊之声。县邑之吏，召诸③治下，将相问以政化④，晓慧⑤之吏，陈⑥所闻见，将相觉悟，得以改政右文⑦。贤圣言行，竹帛所传，练⑧人之心，聪人之知⑨，非徒县邑之吏对向⑩之语也。

王　符

选文摘自汪继培笺，彭铎校正《潜夫论笺校正》，中华书局1985年版。

潜夫论·务本

凡为治之大体⑪，莫善於抑末而务本，莫不善於离本而饰⑫末。夫为国者以富民为本，以正学为□。民富乃可教，学正乃得义，民

---

① 非徒：不仅。功：功效、功用。
② 策：这里指刺杀技术。
③ 诸："之于"的合音。
④ 将相：这里泛指地方的长官。政化：政治和教化。
⑤ 晓慧：聪明。
⑥ 陈：陈述。
⑦ 改政：改善政事。右：重视。
⑧ 练：感化。
⑨ 聪：使聪明。知：通"智"。
⑩ 对向：对答。
⑪ 大体：要点，原则。
⑫ 饰：通"饬"，整治。

贫则背善，学淫则诈伪，入学则不乱，得义则忠孝。故明君之法，务此二者，以为成太平之基，致休征①之祥。

夫富民者，以农桑为本，以游业②为末；百工者，以致用为本，以巧饰为末；商贾者，以通货为本，以鬻奇为末：三者守本离末则民富，离本守末则民贫，贫则陋而忘善，富则乐而可教。教训者，以道义为本，以巧辩为末；辞语者，以信顺为本，以诡丽为末；列士者③，以孝悌④为本，以交游为末；孝悌者，以致养为本，以华观为末；人臣者，以忠正为本，以媚爱为末：五者守本离末则仁义兴，离本守末则道德崩。慎本略末犹可也，舍本务末则恶矣。

夫用⑤天之道，分地之利⑥，六畜⑦生於时，百物聚於野，此富国之本也。游业末事⑧，以收民利，此贫邦之原也。忠信谨慎，此德义之基也。虚无谲诡，此乱道之根也。故力田所以富国也。今民去农桑，赴游业，披采⑨众利，聚之一门，虽於私家有富，然公计⑩愈贫矣。百工者，所使备器也。器以便事为善，以胶固为上。今工好造雕琢之器，巧伪饬之，以欺民取贿，虽於奸工有利，而国界愈病矣。商贾者，所以通物也，物以任⑪用为要，以坚牢为资⑫。今商

---

① 休征：吉利的征兆。

② 游业：流动性的行业，指工商业。

③ 列：通"烈"。列士：看重名声，有节操的人。

④ 孝：孝顺父母。悌：敬爱兄长。

⑤ 用：利用，因循。

⑥ 利：功用。

⑦ 六畜：马、牛、羊、鸡、狗、猪。

⑧ 末事：不重要的事，与"游业"同义，指工商业。

⑨ 披采：开采，深入地挖取。

⑩ 计：账簿，指账簿上所记载的钱财。

⑪ 任：堪，经得起。

⑫ 资：资本，牟取利益的凭借。

竞鬻无用之货、淫侈之币①，以惑民取产，虽於淫商有得，然国计愈失矣。此三者，外虽有勤力富家之私名，然内有损民贫国之公实。故为政者，明督工商，勿使淫伪，困辱游业，勿使擅利；宽假②本农，而宠遂③学士，则民富国平矣。

荀 悦

荀悦(148—209)，字仲豫，颍川颍阴(今河南许昌市)人，东汉史学家、政论家、思想家。汉献帝时，应曹操之召，任黄门侍郎，累迁至秘书监、侍中。侍讲于献帝左右，日夕谈论，深为献帝嘉许。后奉献帝命以《左传》体裁为班固的《汉书》作《汉纪》，写成《汉纪》30篇。荀悦另著有《申鉴》5篇，表现了他的社会政治思想。选文摘自黄省曾注，孙启治校补《申鉴注校补》，中华书局2012年版。

申 鉴

杂言上

或问曰："君子曷敦④乎学?"曰："生而知之者寡矣，学而知之者众矣。悠悠之民，泄泄⑤之士，明明之治，汶汶⑥之乱，皆学废、

---

① 淫：游，使之流动、贩运的意思。币：玉帛。
② 假：大，宽容。宽假：宽大，宽容。
③ 宠：尊崇，使荣耀。遂：进用，提拔。
④ 敦：勉力。
⑤ 泄泄：精神萎靡的样子。
⑥ 汶汶：昏暗不明的样子。

兴之由，敦之不亦宜乎。"

君子有三鉴，鉴乎前，鉴乎人，鉴乎镜。世人镜鉴。前惟顺，人惟贤，镜惟明。夏、商之衰，不鉴於禹、汤也。周、秦之弊，不鉴於群下也。侧弁垢颜，不鉴於明镜也。故君子惟鉴之务。若夫侧景之镜，亡①鉴矣。

或问："致治之要，君乎?"曰："两立哉。非天地不生物，非君臣不成治。首之者天地也，统之者君臣也哉。先王之道致训焉，故亡斯须之间而违道矣。昔有上致圣、由教戒、因辅弼②、钦顺四邻③，故检柙④之臣不虚於侧，礼度之典不旷於目，先哲之言不辍於耳，非义之道不宣於心，是邪僻之气末由入也。有间，必有入之者矣。是故僻志萌则僻事作，僻事作则正塞，正塞则公正亦末由入也矣。不任所爱谓之公，惟义是从谓之明。齐桓公中材也，末⑤能成功业，由有异焉者矣。妾媵⑥盈宫，非无爱幸也；群臣盈朝，非无亲近也。然外则管仲射己，卫姬色衰，非爱也，任之也。然后知非贤不可任，非智不可从也。夫此之举弘矣哉。膏肓⑦纯白，二竖⑧不生，兹谓心宁。省闼⑨清净，嬖⑩孽不生，兹谓政平。夫膏肓近心而

---

① 亡：通"无"，没有。
② 辅弼：佐助，指宰相等朝廷重臣。
③ 四邻：犹四辅，天子左右的大臣。
④ 检柙：法度，规矩。
⑤ 末：终于。
⑥ 妾媵：侍妾。
⑦ 膏肓：古代医学称心脏下部为膏，称隔膜为肓。
⑧ 二竖：指疾病、病魔。
⑨ 省闼：宫中。
⑩ 嬖：宠爱。

处阨①，针之不逮，药之不中，攻②之不可，二竖藏焉，是谓笃患。故治身治国者，唯是之畏。"

……

或曰："爱民如子，仁之至乎？"曰："未也。"曰："爱民如身，仁之至乎？"曰："未也。汤祷桑林③，邾迁于绎④，景祠于旱⑤，可谓爱民矣。"曰："何重民而轻身也？"曰："人主承天命以养民者也。民存则社稷⑥存，民亡则社稷亡。故重民者，所以重社稷而承天命也。"

或曰："在上有屈乎？"曰："在上者以义申⑦，以义屈。"高祖虽能申威於秦项，而屈於商山四公。光武能伸於莽，而屈於强项令⑧。明帝能申令於天下，而屈於钟离尚书。若秦二世之申欲而非笑唐虞，若定陶传太后之申意而怨於郑，是谓不屈。不然，则赵氏不亡而秦无怨尤。故人主以义申，以义屈也。喜如春阳，怒如秋霜，威如雷霆之震，惠若雨露之降，沛然孰能御也。

君子食和羹⑨以平其气，听和声以平其志，纳和言以平其政，履和行以平其德。夫酸咸甘苦不同，嘉味以济，谓之和羹。宫商角徵⑩不同，嘉音以章，谓之和声。臧否损益不同，中正以训，谓之

---

① 阨：险要之地。
② 攻：指灸等峻烈的治疗方法。
③ 祷：祈祷，向神祈福。桑林：地名。
④ 邾：国名。绎：今山东邹城市东南。
⑤ 景：指齐景公。祠：祭祀。
⑥ 社稷：古代天子、诸侯所祭的土神和谷神，后用为国家的代称。
⑦ 申：通"伸"，下同。
⑧ 强项令：指东汉董宣，时为洛阳令。
⑨ 和：调和。羹：汤。
⑩ 宫商角徵：古代音乐中的四个音阶，加上"羽"，合称"五声"或"五音"。

和言。趋舍动静不同，雅度以平，谓之和行。人之言曰"唯其言而莫予违也"，则几於丧国焉。孔子曰："君子和而不同。"晏子亦云："以水济水，谁能食之？琴瑟一声，谁能听之？"《诗》云："亦有和羹，既戒且平。奏假无言，时靡有争。"①此之谓也。

杂言下

衣裳，服者不昧於尘涂，爱也。衣裳爱焉，而不爱其容止，外矣。容止爱焉，而不爱其言行，末矣。言行爱焉，而不爱其明，浅矣。故君子本神为贵，神和德平而道通，是为保真②。人之所以立德者三，一曰贞，二曰达，三曰志。贞以为质，达以行之，志以成之，君子哉！必不得已也，守一於兹，贞其主也。人之所以立检者四，诚其心，正其志，实其事，定其分。心诚则神明应之，况於万民乎？志正则天地顺之，况於万民乎？事实则功立，分定则不淫。曰："才之实也，行可为，才不可也。"曰："古之所以谓才也本，今之所谓才也末也，然则以行之贵也。无失其才，而才有失。先民有言：'适楚而北辕③者，曰："吾马良，用多，御善。"'此三者益侈，其去楚亦远矣。遵路而骋，应方而动，君子有行，行必至矣。"

或问性命。曰："生之谓性也，形、神是也。所以立生、终生者之谓命也，吉凶是也。夫生我之制，性命存焉尔。君子循其性以辅其命，休斯承，否斯守，无务焉，无怨焉。好宠者乘天命以骄，好恶者违天命以滥，故骄则奉之不成，滥则守之不终。好以取怠，恶以取甚，务以取福，恶以成祸，斯惑矣。"

---

① 戒：告诫。奏假：即"奏格"，"奏"即献羹，"格"即神至。无言：无所指摘。
② 保真：保全纯真的本性、天性。
③ 辕：车前驾马的长木，此指驾辕而行。

君子嘉仁而不责惠，尊礼而不责意，贵德而不责怨。其责也先己，而行也先人。淫惠、曲意、私怨，此三者实枉贞道，乱大德。然成败得失，莫匪由之。救病不给①，其竟奚暇於道德哉？此之谓末俗②。故君子有常交，曰义也；有常誓，曰信也。交而后亲，誓而后故，狭矣。大上不异古今，其次不异海内，同天下之志者，其盛德乎。大人③之志不可见也，浩然而同於道。众人之志不可掩也，察然而流於俗。同於道，故不与俗浮沉。

徐 幹

徐幹(171—218)，字伟长，东汉末文学家、哲学家、诗人，"建安七子"之一。以诗、辞赋、政论著称，代表作有《中论》《答刘桢》《玄猿赋》。其著作《中论》，对历代统治者和治文学者影响深远。选文摘自孙启治解诂《中论解诂》，中华书局 2013 年版。

中 论

艺 纪

艺之兴也，其由民心之有智乎？造艺者，将以有理乎民。生而心知物，知物而欲作，欲作而事繁，事繁而莫之能理也。故圣人因智以造艺，因艺以立事，二者近在乎身，而远在乎物。艺者，所以旌智饰能、统事御群也，圣人之所不能已也。艺者，所以事成德者

---

① 不给：犹言不暇，来不及。
② 末俗：谓末世的习俗，低下的习俗。
③ 大人：指德行高尚、志向弘远的人。

也；德者，以道率身者也。艺者，德之枝叶也；德者，人之根干也。斯二物者，不偏行，不独立。木无枝叶则不能丰其根干，故谓之瘣①；人无艺则不能成其德，故谓之野。若欲为夫君子，必兼之乎。

先王之欲人之为君子也，故立保氏掌教六艺，一曰五礼，二曰六乐，三曰五射，四曰五御，五曰六书，六曰九数。教六仪，一曰祭祀之容，二曰宾客之容，三曰朝廷之容，四曰丧纪之容，五曰军旅之容，六曰车马之容。大胥掌学士之版，春入学，舍采，合万舞，秋班学，合声，讽诵②讲习，不解於时。故《诗》曰："菁菁者莪，在彼中阿，既见君子，乐且有仪。"美育人材，其犹人之於艺乎？既修其质，且加其文，文质著然后体全，体全然后可登乎清庙，而可羞乎王公。故君子非仁不立，非义不行，非艺不治，非容不庄，四者无愆，而圣贤之器就矣。《易》曰："富有之谓大业。"其斯之谓欤？君子者，表里称而本末度者也。故言貌称乎心志，艺能度乎德行，美在其中，而畅於四支，纯粹内实，光辉外著。孔子曰："君子耻有其服而无其容，耻有其容而无其辞，耻有其辞而无其行。"故宝玉之山土木必润，盛德之士文艺必众。昔在周公，尝犹豫於斯矣。

孔子称安上治民莫善於礼，移风易俗莫善於乐。存乎六艺者，著其末节也，谓夫陈笾豆、置尊俎、执羽籥、击钟磬，升降趋翔③、屈伸俯仰之数也，非礼乐之本也。礼乐之本也者，其德音乎？《诗》云："我有嘉宾，德音孔昭。视民不恌④，君子是则是效。我有旨酒，嘉宾式宴以敖。"此礼乐之所贵也。故恭恪廉让，艺之情也；中和平直，艺之实也；齐敏不匮，艺之华也；威仪孔时，艺之饰也。

---

① 瘣：树木根节或枝叶盘结的样子。

② 讽诵：念诵，背诵。

③ 趋翔：疾行及腾跃。

④ 恌：轻佻。

通乎群艺之情实者，可与论道；识乎群艺之华饰者，可与讲事。事者，有司之职也；道者，君子之业也。先王之贱艺者，盖贱有司也；君子兼之，则贵也。故孔子曰："志於道，据於德，依於仁，游於艺。"艺者，心之使也，仁之声也，义之象也。故礼以考敬，乐以敦爱，射以平志，御以和心，书以缀事，数以理烦。敬考则民不慢，爱敦则群生悦，志平则怨尤亡，心和则离德睦，事缀则法戒明，烦理则物不悖。六者虽殊，其致一也。其道则君子专之，其事则有司共之，此艺之大体也。

核① 辩

俗士之所谓辩者，非辩也。非辩而谓之辩者，盖闻辩之名而不知辩之实，故目之，妄也。俗之所谓辩者，利口者也。彼利口者，苟美其声气，繁其辞令，如激风之至，如暴雨之集，不论是非之性，不识曲直之理，期於不穷，务於必胜，以故浅识而好奇者见其如此也，固以为辩。不知木讷而达道者，虽口屈而心不服也。夫辩者，求服人心也，非屈人口也。故辩之为言别也，为其善分别事类而明处之也，非谓言辞切给而以陵盖人也。故《传》称《春秋》微而显、婉而辩者。然则辩之言必约以至，不烦而谕，疾徐应节，不犯礼教，足以相称；乐尽人之辞，善致人之志，使论者各尽得其愿，而与之得解；其称也无其名，其理也不独显，若此则可谓辩。故言有拙而辩者焉，有巧而不辩者焉。君子之辩也，欲以明大道之中也，是岂取一坐之胜哉。

人心之於是非也，如口於味也。口者非以己之调膳则独美，而与人调之则不美也。故君子之於道也，在彼犹在己也。苟得其中，则我心悦焉，何择於彼？苟失其中，则我心不悦焉，何取於此？故

---

① 核：实也。

其论也，遇人之是则止矣。遇人之是而犹不止，苟言苟辩，则小人也。虽美说，何异乎鵙之好鸣、铎之喧哗哉。故孔子曰："小人毁訾以为辩，绞急以为智，不逊以为勇。"斯乃圣人所恶，而小人以为美，岂不哀哉。夫利口之所以得行乎世也，盖有由也。夫利口者，心足以见小数，言足以尽巧辞，给足以应切问，难足以断俗疑，然而好说而不倦，谍谍①如也。夫类族辩物之士者寡，而愚暗不达之人者多，孰知其非乎？此其所以无用而不见废也，至贱而不见遗也。先王之法，析言破律、乱名改作者杀之，行僻而坚、言伪而辩、记丑而博、顺非而泽者亦杀之，为其疑众惑民，而溃乱至道也。孔子曰："巧言乱德。""恶似而非者也。"

---

① 谍谍：多言貌。

二、宗教美学

佚　名

　　《列仙传》是中国最早且较有系统的叙述古代汉族神仙事迹的著作，记载了从赤松子（神农时雨师）至玄俗（西汉成帝时仙人）共七十一位仙家的姓名、身世和事迹，时代跨度较大。它后来被收入《道藏》(138 册)，成为道书。《列仙传》中出现的众神仙成了道教构筑的神仙谱系的重要组成部分。选文摘自王叔岷撰《列仙传校笺》，中华书局 2007 年版。

列仙传·赞

《易》称太极，是生两仪。两仪生然后有人民，有人民然后有生死，生死之义著明矣。盖万物施张，浑尔而就，亦无所不备焉。神矣妙矣！精矣微矣！其事不可得一一论也。圣人仰则观象於天，俯则观法於地，日月运行，四时分治，五星受制於太微，监无道之国，吉凶预见，以戒王者，动静言语，应效相通，有自来矣。夫然虽不言其变化云为，不可谓之无也。《周书序》："桑螵问涓子曰：'有死生而后云有神仙者，事两成邪？'涓子曰：'言固可两有耳。'"《孝经援神契》言不过天地造灵洞虚，犹立五岳，设三台，阳精主外，阴精主内，精气上下，经纬人物，道治非一。若夫草木，皆春生秋落必矣。而木有松、柏、橿、檀之伦，百八十余种。草有芝英、萍实、灵沼、黄精、白符、竹翣、戒火，长生不死者万数。盛冬之时，经霜历雪，蔚而不雕见，斯其类也。何怪於有仙邪！余尝得秦大夫阮仓撰仙图，自六代迄今，有七百余人。始皇好游仙之事，庶几^①有获，故方士雾集，祈祀弥布，盖必因迹托虚，寄空为实，不可信用也。若《周公黄录》，记太白下为王公然，岁星变为甯寿公等，所见非一家。圣人所以不开其事者，以其无常。然虽有时著，盖道不可弃距而闭之，尚员正也。而《论语》云："怪力乱神。"其微旨可知矣。

桓　谭

选文摘自龚克昌等评注《全汉赋评注》（后汉部分），花山文艺出

---

①　庶几：或许可以。

版社 2003 年版。

仙　赋

余少时为中郎，从孝成帝出祠甘泉、河东①，见郊先置华阴集灵宫②。宫在华山之下，武帝所造，欲以怀集仙者王乔、赤松子，故名殿为存仙。端门南向山，署曰望仙门。窃有乐高妙之志，即书壁为小赋，以颂美曰：

夫王乔赤松，呼则出故，翕则纳新；夭矫经引，积气关元③；精神周洽，鬲④塞流通；乘凌虚无，洞达幽明。诸物皆见，玉女在旁。仙道既成，神灵攸迎。乃骖驾青龙⑤，赤腾为历。躇玄厉⑥之擢嶵，有似乎鸾凤之翔飞，集于胶葛之宇，泰山之台。吸玉液，食华芝，漱玉浆，饮金醪，出宇宙，与云浮，洒轻雾，济倾崖。观仓川⑦而升天门，驰白鹿而从麒麟。周览八极，还崦华坛。汜汜乎，滥滥乎，随天转琁⑧。容容无为，寿极乾坤。

---

① 孝成帝：即汉成帝。河东：秦汉置河东郡，治所在安邑(今山西夏县)。

② 华阴：今陕西华阴市。集灵宫：汉宫名，地处陕西华阴市华山脚下，汉武帝时建造，意欲聚集诸位神仙。

③ 关元：人体经穴名。

④ 鬲：同“膈”，人与动物胸腔与腹腔之间的肌肉结构。

⑤ 骖：指同驾一车的三匹马或驾车时位于两旁的马。青龙：传说中祥瑞的动物。

⑥ 玄厉：黑色的磨刀石，这里喻山崖。

⑦ 仓川：苍茫的山川。

⑧ 天：天极星。琁：美玉名，这里指北斗斗魁的第四星。此以北斗星随天极星旋转比喻听天命而顺事。

王　充

选文摘自黄晖撰《论衡校释》，中华书局 1990 年版。

论衡·道虚

世或以辟谷不食为道术之人，谓王子乔之辈，以不食谷，与恒人殊食，故与恒人殊寿，逾百度世，逐为仙人。

此又虚也。

夫人之生也，禀食饮之性，故形上有口齿，形下有孔窍。口齿以噍①食，孔窍以注泻。顺此性者，为得天正道；逆此性者，为违所禀受②。失本气於天，何能得久寿？使子乔生无齿口孔窍，是禀性与人殊。禀性与人殊，尚未可谓寿，况形体均同，而(何)以所行者异？言其得度世，非性之实也。

夫人之不食也，犹身之不衣也。衣以温肤，食以充腹，肤温腹饱，精神明盛。如饥而不饱，寒而不温，则有冻饿之害矣，冻饿之人，安能久寿？且人之生也，以食为气，犹草木生以土为气矣。拔草木之根，使之离土，则枯而蚤③死；闭人之口，使之不食，则饿而不寿矣。

道家相夸曰："真人食气。"以气而为食，故传曰："食气者寿而不死。"虽不谷饱，亦以气盈。

此又虚也。

---

① 噍：咬，嚼。

② 所禀受：人的自然禀性，即人的生理本能。

③ 蚤：通"早"。

夫气谓何气也？如谓阴阳之气，阴阳之气，不能饱人。人或咽气，气满腹胀，不能饜①饱。如谓百药之气，人或服药，食一合屑，吞数十丸，药力烈盛，胸中愦②毒，不能饱人。

食气者必谓吹呴③呼吸，吐故纳新也，昔有彭祖尝行之矣，不能久寿，病而死矣。

道家或以导气④养性，度世而不死。以为血脉在形体之中，不动摇屈伸，则闭塞不通；不通积聚，则为病而死。

此又虚也。

夫人为形，犹草木之体也。草木在高山之巅，当疾风之冲，昼夜动摇者，能复胜彼隐在山谷间，郭⑤於疾风者乎？案草木之生，动摇者伤而不畅；人之导引动摇形体者，何故寿而不死？

夫血脉之藏於身也，犹江河之流地。江河之流，浊而不清；血脉之动，亦扰不安。不安，则犹人勤苦无聊也，安能得久生乎？

道家或以服食药物，轻身益气，延年度世。

此又虚也。

夫服食药物，轻身益⑥气，颇有其验。若夫延年度世，世无其效。

百药愈病，病愈而气复，气复而身轻矣。凡人禀性，身本自轻，气本自长，中於风湿，百病伤之，故身重气劣也。服食良药，身气复故，非本气少身重，得药而乃气长身更轻也⑦；禀受之时，

① 饜：吃饱。

② 愦：心烦，难受。

③ 呴：张口出气。

④ 导气：导引形体，以舒血脉之气。这里可以理解为练气功。

⑤ 郭：被遮隔。

⑥ 益：增加。

⑦ 而乃：疑"乃而"之误倒。更：涉"身"字伪衍，二字隶书形近。

本自有之矣。故夫服食药物除百病，令身轻气长，复其本性，安能延年？

至於度世。有血脉之类，无有不生；生无不死。以其生，故知其死也。天地不生，故不死；阴阳不生，故不死。死者，生之效；生者，死之验也。夫有始者必有终，有终者必有死。唯无终始者，乃长生不死。人之生，其犹水(冰)也。水凝而为冰，气积而为人。冰极一冬而释，人竟①百岁而死。人可令不死，冰可令不释乎？诸学仙术，为不死之方，其必不成，犹不能使冰终不释也。

蔡 邕

选文摘自严可均辑《全后汉文》，中华书局1999年版。

王子乔碑

王孙子乔者，盖上世之真人也。闻其仙旧矣，不知兴于何代。博问道家，或言颍川，或言彦蒙，初建斯城，则有斯丘，传承先民，曰王氏墓。绍胤不继，荒而不嗣，历载弥年，莫之能纪。暨于永和之元年冬十有二月，当腊之夜，墓上有哭声，其音甚哀。附居者王伯闻而怪之，明则祭其墓而察焉。时天洪雪，下无人径，见一大鸟迹在祭祀之处，左右咸以为神。春后有人着大冠绛单衣，杖竹策立冢前，呼樵孺子尹永昌曰："我，王子乔也。尔勿复取吾墓前树也。"须臾，忽然不见。时令太山万熹，稽故老之言，感精瑞之应，咨访

---

① 竟：尽，毕。

其验，信而有征，乃造灵庙，以休厥神。于是好道之俦，自远来集，或弦琴以歌太一，或覃思以历丹丘。其疾病尪瘵者，静躬祈福，即获祚；若不虔恪，辄颠踣。故知至德之宅兆，实真人之先祖也。延熹八年秋八月，皇帝遣使者奉牺牲以致祀，祗惧之敬肃如也。国相东莱王璋字伯仪，以为神圣所兴，必有铭表，昭示后世，是以赖乡仰伯阳之踪，关民慕尹喜之风，乃与长史边乾，访及士隶，遂树之玄石，纪颂遗烈，俾志道者有所览焉：

伊王君，德通灵。含光耀，秉纯贞。应大道，羡久荣。弃世俗，飞神形。翔云霄，浮太清。乘螭龙，载鹤軿。戴华笠，奋金铃。挥羽旗，曳霓旌。欢罔极，寿亿龄。昭笃孝，念所生。岁终阕，发丹情。存墓冢，舒哀声。遗鸟迹，觉旧城。被绛衣，垂紫缨。呼孺子，告姓名。由此悟，咸怖惊。修祠宇，反几筵。馈饎进，甘香陈。时倾顾，馨明禋。匡流祉，熙帝庭。祐邦国，相黔民。光景福，耀无垠。

佚　名

《太平经》是道教的主要经典，以阴阳五行解释治国之道，宣扬散财救穷、自食其力，系东汉原始道教的重要经典。原书分甲乙丙丁戊己庚辛壬癸 10 部，每部 17 卷，共 170 卷。选文摘自杨寄林译注《太平经》，中华书局 2013 年版。

太平经

修一却邪①法

天地开辟贵本根②，乃气之元③也。欲致太平，念本根也；不思其根名大烦④，举事不得，灾并来也；此非人过也，失根基也。离本求末祸不治，故当深思之。

夫一者，乃道之根也，气之始也，命之所系属，众心之主也。当欲知其实，在中央为根，命之府⑤也。故当深知之，归仁归贤⑥使之行。

人之根⑦处内，枝叶⑧在外，令守一皆使还其外，急使治其内；追⑨其远，治其近。守一者，天神助之；守二者，地神助之；守三者，人鬼助之；四五者，物祐助之。故守一者延命，二者与凶为期，三者为乱治，守四五者祸日来。深思其意，谓之知道。

故头之一者，顶也；七正⑩之一者，目也；腹之一者，脐也；脉之一者，气⑪也；五藏⑫之一者，心也；四肢之一者，手足心⑬

---

① 修一：又作"守一"。却邪：避凶防乱、消灾弭祸。
② 本根：指天地得以分立之根源。
③ 气之元：犹言元气，即化生天地万物的无形实体。元：基元。
④ 烦：指琐细繁苛。
⑤ 府：喻指系结之处。
⑥ 归仁归贤：付归仁人贤士。
⑦ 根：指顶、脐、心、脊等人体主要器官。
⑧ 枝叶：指头、腹、四肢等部位。
⑨ 追：回追。
⑩ 七正：指耳、目、口、鼻七窍。
⑪ 气：指气血。
⑫ 藏：同"脏"。
⑬ 手足心：手心脚心。

也；骨之一者，脊也；肉之一者，肠胃也。能坚守①，知其道意②，得道者令人仁，失道者令人贪。

以乐却灾法

以乐治身守形、顺念致思③却灾。夫乐于道，何为者也？乐乃可和合阴阳。凡事默作④也，使人得道本⑤也。故元气乐，即生大昌；自然乐，则物强；天乐，即三光⑥明；地乐，则成有常⑦；五行⑧乐，则不相伤；四时乐，则所生王⑨；王者⑩乐，则天下无病⑪；蚑行⑫乐，则不相害伤；万物乐，则守其常⑬；人乐，则不愁易⑭心肠；鬼神乐，即利帝王。故乐者，天地之善气精为之，以致神明⑮。故静以生光明，光明所以候⑯神也。能通神明，有以道为邻，且得长生久存。

夫求道，常苦不能还其心念。今移风易俗，趋其心指⑰，谁复

----

① 坚守：意谓专注。

② 道意：道的奥旨。

③ 致思：极思。致：极，尽。思：指思神，主要是指体内五脏神。

④ 默作：有常规地进行。

⑤ 道本：真道的根基。

⑥ 三光：日、月、星。

⑦ 地乐，则成有常：使万物各得其所而不发生反常情况。

⑧ 五行：即木、火、土、金、水。

⑨ 王：旺，兴旺，茂盛。

⑩ 王者：指帝王。

⑪ 病：指灾异。

⑫ 蚑行：泛指用脚行走的动物。

⑬ 常：指生长规律。

⑭ 愁易：忧愁、改变。

⑮ 神明：《太平经》佚文谓："气转为精，精转为神，神转为明。"

⑯ 候：迎候。

⑰ 心指：心愿。

与之争者？太平乐乃从宫中出，邪固以清。靖国安身入道，夷狄却，神瑞应来。

悬象①还②，凶神往③。夫人神乃生内，反游于外，游不以时还，为身害；即能追之以还，自治不败也。追之如何？使空室内傍无人，画象随其藏色，与四时气④相应，悬之窗光之中而思之。上有藏象，下有十乡⑤，卧即念，以近悬象，思之不止，五藏神⑥能报二十四时气，五行神⑦且来救助之。万疾皆愈。男思男⑧，女思女⑨，皆以一尺⑩为法，随四时转移。春，青童子十；夏，赤童子十；秋，白童子十；冬，黑童子十；四季，黄童子十二。

二十五神人真人⑪共是⑫道德正行法⑬。阳变于阴，阴变于阳，阴阳相得，道乃可行。天须地乃有所生，地须天乃有所成；春夏须秋冬，昼须夜；君须臣，乃能成治；臣须君，乃能行其事。故甲须乙，子须丑，皆相成。作道治正⑭，当如天行，不与人相应，皆为

---

① 象：即神灵图像。

② 还：指还神。

③ 往：离去。

④ 四时气：指春之少阳气，夏之太阳气，秋之少阴气，冬之太阴气。

⑤ 十乡：指上下八方，如东南为长养之乡，西南为阳衰阴起之乡等。

⑥ 五藏神：即下文所谓青童子、赤童子、白童子、黑童子、黄童子，分主肝、心、肺、肾、脾。

⑦ 五行神：指随五脏神分布在外的东方木神、南方火神、西方金神、北方水神、中央土神。

⑧ 男：指五脏男神。

⑨ 女：指五脏女神。

⑩ 一尺：指神像的长度。

⑪ 二十五神人真人：这里指五方五行神的总称。

⑫ 是：认同，认可。

⑬ 行法：指五行生克法则。

⑭ 治正：政治清正。

逆天道。比若东海居下而好水，百川皆归之，因得其道，鲸鱼出其中，明月珠生焉，是其得道之效也。

道人①聚者，必得延年奇方出，大瑞应之。众贤聚，致治平；众文②聚，则治小乱；五兵③聚，其治大败。君宜守道，臣宜守德，道之与德，若衣之表里。

天不广，不能包含万物。万物皆半好半恶，皆令忍④之。人君象之⑤，次皇后后宫之象也。此二者，慈爱父母之法也。故父母养子，善者爱之，恶者怜之，然后能和调家道。日象人君，月象大臣，星象百官众贤，共照万物和生。故清者著天⑥，浊者著地⑦，中和著人⑧。

行道有优劣法

春王⑨当温，夏王当暑，秋王当凉，冬王当寒，是王德也。夫王气与帝王气相通，相气与宰辅相应，微气⑩与小吏相应，休气与后宫相同，废气⑪与民相应，刑死囚气与狱罪人相应，以类遥相感动。

其道也，王气不来，王恩不得施也。古者圣王以是思道，故得失之象，详察其意。王者行道，天地喜悦；失道，天地为灾异。夫

---

① 道人：指身怀道术的人。
② 文：指浮华之士。
③ 五兵：指矛、戟、斧、盾、剑。
④ 忍：容忍，宽容。
⑤ 象之：取法于天的博大。
⑥ 著：同"着"，这里是形成之意。此句是说轻清阳气上凝成天。
⑦ 浊者著地：重浊阴气下降成地。
⑧ 中和著人：阳气与阴气交合成的中和气，化生成人。
⑨ 王(wàng)：旺。指五行之气在一年流转过程中处于旺盛状态，占据统治地位者。
⑩ 微气：相当于"八卦休王说"中的"胎"，表示孕育。
⑪ 废气：七气(即王气、帝王气、相气、微气、休气、废气、刑死囚气)之一。

王者静思道德，行道安身，求长生自养，和合夫妇之道①，阴阳俱得其所，天地为安。天与帝王相去万万余里，反与道相应，岂不神哉！

葬宅诀第七十六

葬者，本先人之丘陵②居处也，名为初置根种宅地也。魂神复当得还养其子孙，善地则魂神还养也，恶地则魂神还为害也。五祖气终，复反为人，天道法气，周复反其始也。

欲知地效，投小微贱种于地，而后生日兴大善者，大生地也；置大善种于地，而后生日恶者，是逆地也；日衰少者，是消地也。以五五二十五家冢丘陵效之，十十百百相应者，地阴宝书文也；十九相应者，地阴宝记也；十八相应者，地乱书也，不可常用也；过此而下者，邪文也，百姓害书也。欲知其审，记过定事，以效来事，乃后真伪分别，可知吾书犹天之有甲，地之有乙，万世不可易也。

本根重事，效生人处也，不可苟易③而已。成事④□□，邪文为害也，令使灾变数起，众贤、人民苦之甚甚。故大人小人，欲知子子孙孙相传者，审知其丘陵当正，明其故，以占来事，置五五二十五丘陵，以为本文⑤，案成事而考之。录⑥过以效今，去事⑦之证以为来事。真师⑧宜详，惟念书上下，以解醉迷⑨，名为占阴覆文，以

---

① 夫妇之道：指夫为妻纲，夫义妇听的原则。
② 丘陵：指坟墓。
③ 苟易：随便对待、草率处理之意。
④ 成事：旧有事例。
⑤ 本文：实体模型。
⑥ 录：甄别。
⑦ 去事：往事。
⑧ 真师：真道明师。
⑨ 醉迷：形容迷惑、迷乱之深。

知祖先，利后子孙，万世相传，慎无闭焉。

诸乐古文是非诀第七十七

诸乐者①，所以通声音，化动六方八极之气。其面和②，则来应顺善；不和，则其来应战逆。夫音声各有所属，东西南北，甲乙丙丁，二十五气各有家。或时有集声③，相得成文辞。故知声，聆声音，以知微言④，占吉凶。

举音与吹毛律相应，乃知音弦声，宫商角徵羽，分别六方远近，以名字善恶云何哉！精者，乃能见其精神来对事也。故古者圣贤，调乐所以感物类，和阴阳，定四时五行。阴阳调，则其声易听；阴阳不和，乖逆错乱，则音声难听。弦又当调，宜以九九次其丝弦，大小声相得，思之不伤人藏精神也。不调则舞乱，无正声，音不可听，伤人藏精神也，故神祇瑞应奇物不来也。故得其人能任、长于声音者，然后能和合阴阳化也。

以何知之也？为之神明来应，瑞应物来会⑤，此其人也；不者，皆乱音，不能感动，故不来也。故凡事者，当得其人若神，不得其人若妄言。得其人，事无难易，皆可行矣；不得其人，事无大小，皆不可为也。是故古圣贤重举措，求贤无幽隐，得为古。得其人则理，不得其人则乱矣。

古文众多，不可胜书。以一事况⑥十，十况百，百况千，千况

---

① 此句指五声（宫、商、角、徵、羽）、八音（金、石、土、革、丝、木、匏、竹）和十二律（黄钟、大吕、太簇、夹钟、姑洗、仲吕、蕤宾、林钟、夷则、南吕、无射、应钟）。

② 面：指特定方位。和：相适合、相一致之意。

③ 集声：指大合乐。

④ 微言：精微深远之言，指天地要对世人讲的话。

⑤ 会：一起来到之意。

⑥ 况：比照。

万，万况亿，亿况无极，事各自有家①类属。皆置其事本文于前，使晓知者执其本，使长能用者就说之，视其相应和，中者②皆是也；不应又不中者，悉非也。欲知古圣人文书道审不也，此比若呼人，得其姓字者皆应，鬼神亦然；不得姓字不应，虽欲相应和，无缘得达，故不应也。

故古者名学为往精，精者，乃精念其事象③可宜，复思其言也。极思惟此，书策凡事毕矣。书卷上下众多，各有事，宜详读之，更以相足④，都得其意，已毕备。不深得其要意，言道无效事⑤，故见变⑥不能解，阴阳战斗。吾书乃为仁贤生，往付有德，有德得之，以为重宝⑦；得而不能善读，言其非道，故不能乐其身，除患咎也。

夫大道将见，其如无味⑧乎？用之不可既⑨乎？众贤原之，可以和刚柔，穷阴阳位乎？诸文书毕定，各得其所，不复愦愦⑩乎？恶悉去矣，上帝⑪大乐，民无祟⑫乎？泽⑬及小微，万物扰扰，不失气乎？复反于太初，天地位乎？邪文已消，守元炁乎？

一者，道之纲；二者，道之横行；三者，已乱不可明也。吾道即甲子乙丑，六甲相承受，五行转相从，四时周反始。

---

① 家：喻范畴。
② 中者：指不谋而合又切中根本和要害者。
③ 事象：事物的类象。
④ 足：参证汇总之意。
⑤ 效事：在实际事务上大见成效。
⑥ 见（xiàn）变：降现灾异。
⑦ 重宝：贵重的宝器。
⑧ 无味：极其平常。
⑨ 既：穷尽。
⑩ 愦愦：昏暗的样子。
⑪ 上帝：第一流的帝王。
⑫ 祟：指鬼神施加的祸害。
⑬ 泽：恩泽。

书卷虽众多，各各有可纪，比若人一身，头足转相使。一字适遗①一字起，贤者次②之以相补，合其阴阳以言语，表里相应如规矩。始诵无味有久久，念之不解③验至矣，灾害去身神还聚，人自谨良无恶子。名之为无刑罚、道化美极也。明案吾文以却咎，奸祸自止民自寿，原未得本无终给。

十十相应，太阳文也；十九相应，太阴文也；十八相应，中和文也；十七相应，破乱文也；十六相应者，遇中书也；十五相应，无知书也，可言半吉半凶文也；十四中者，邪文也；十三中者，大乱文也；十二中者，弃文也；十一中者，迭④中文也。十十中者以下，不可用，误人文也，随伤多少，还为人伤，久久用之不止，法⑤绝后灭门。此十十文也。

右却邪而致正文法。⑥

佚　名

《四十二章经》是佛教著作，据说是东汉时由迦叶摩腾、竺法兰译为汉文，一般被认为是古代中国译出的第一部佛教经典。其内容是把佛所说的某一段话称为一章，共选了四十二段话所编集而成。此著作收在《大正藏》第十七册。选文摘自尚荣译注《四十二章经》，中华书局2010年版。

---

① 遗（wèi）：赠送、给予，这里是有的放矢的意思。
② 次：梳理编列。
③ 解：通"懈"，松懈、懈怠。
④ 迭：通"佚"，亡佚、散佚。
⑤ 法：定律。
⑥ 此句是对全篇主旨的概括说明。

四十二章经·经序

昔汉孝明皇帝，夜梦见神人，身体有金色，项①有日光，飞在殿前，意中欣然，甚悦之。明日问群臣，此为何神也。有通人傅毅曰："臣闻天竺，有得道者，号曰佛。轻举能飞，殆将②其神也。"于是上悟。即遣使者张骞、羽林中郎将秦景、博士弟子王遵等十二人。至大月支国，写取佛经四十二章。在第十四石函中，登起立塔寺。于是道法流布，处处修立佛寺，远人伏化愿为臣妾者。不可称数。国内清宁，含识之类，蒙恩受赖，于今不绝也。

牟　融

牟融(？—79)，字子优，北海安丘(今山东安丘市南)人，东汉官员，著有《牟子》二卷。选文摘自周叔迦辑撰，周绍良新编《牟子丛残新编》，中国书店 2001 年版。

理惑论

牟子既修经传诸子，书无大小，靡不好之；虽不乐兵法，然犹读焉；虽神仙不死之书，抑而不信，以为虚诞。是时灵帝崩后，天下扰乱。独交州差安，北方异人咸来在焉，多为神仙辟谷③长生之术，时人多有学者。牟子常以《五经》难之，道家术士莫敢对焉。比

---

① 项：脖颈。

② 殆将：应该是。

③ 辟谷：又称"断谷""绝谷"，即不食五谷的意思。

之於孟轲距杨朱、墨翟。

先是时，牟子将母避世交阯①，年二十六，归苍梧②娶妻。太守闻其守学，谒请署吏。时年方盛，志精於学，又见世乱，无仕宦意，竟遂不就。是时诸州郡相疑，隔塞不通。太守以其博学多识，使致敬荆州。牟子以为荣爵易让，使命难辞，遂严当行。会被州牧优文处士辟之，复称疾不起。牧弟为豫章③太守，为中郎将笮融所杀。时牧遣骑都尉刘彦将兵赴之。恐外界相疑，兵不得进，牧乃请牟子，曰："弟为逆贼所害，骨肉之痛，愤发肝心。当遣刘都尉行，恐外界疑难，行人不通。君文武兼备，有专对才。今欲相屈之零陵桂阳，假涂於通路，何如？"牟子曰："被秣伏枥，见遇日久，烈士忘身，期必骋效。"遂严当发。会其母卒亡，遂不果行。久之，退念以辩达之故，辄见使命。方世扰攘，非显己之秋也，乃叹曰："老子绝圣弃智，修身保真，万物不干其志，天下不易其乐，天子不得臣，诸侯不得友，故可贵也。"於是锐志於佛道，兼研《老子》五千文，含玄妙为酒浆，玩《五经》为琴簧。世俗之徒，多非之者，以为背《五经》而向异道。欲争则非道，欲默则不能，遂以笔墨之间，略引圣贤之言证解之。名曰《牟子理惑》云。

或问曰：佛从何出生？宁有先祖及国邑不？皆何施行？状何类乎？牟子曰：富哉问也。请以不敏，略说其要。盖闻佛化之为状也，积累道德数千亿载，不可纪记。然临得佛时，生於天竺④。假形白净王⑤夫人昼寝，梦乘白象，身有六牙，欣然悦之，遂感而孕。以四月八日从母右胁而生，堕地行七步，举右手曰：天上天下，靡有

---

① 交阯：古时泛指五岭以南地区。
② 苍梧：郡名，秦置，西汉时复置。治所在广信(今广西梧州市)。
③ 豫章：郡名，楚汉之际设置。治所在南昌(今江西南昌市)，辖境相当于今江西省。
④ 天竺：古印度别称，一名"身毒"。
⑤ 白净王：即净饭王，是释迦牟尼的父亲。

逾我者也。时天地大动，宫中皆明。其日王家青衣复产一儿，厩中白马亦乳白驹。奴字车匿，马曰犍陟，王尝使随太子。太子有三十二相①，八十种好②，身长丈六，体皆金色，顶有肉髻，颊车如师子，舌自覆面，手把千辐轮，顶光照万里，此略说其相。年十七，王为纳妃，邻国女也。太子坐则迁座，寝则异床，天道孔明，阴阳而通，遂怀一男，六年乃生。父王珍伟太子，为兴宫观妓女，宝玩并列於前。太子不贪世乐，意存道德。年十九，二月八日夜半，呼车匿勒犍陟跨之，鬼神扶举，飞而出宫。明日廓然，不知所在。王及吏民，莫不欷歔。追之及田，王曰：未有尔时，祷请神祇；今既有尔，如玉如珪，当续录位，而去何为？太子曰：万物无常，有存当亡。今欲学道，度脱十方。王知其弥坚，遂起而还。太子径去。思道六年，遂成佛焉。所以孟夏之月生者，不寒不热，草木华英，释狐裘，衣绤绤，中吕③之时也。所以生天竺者，天地之中，处其中和也。所著经凡有十二部，合八亿四千万卷，其大卷万言已下，小卷千言已上。佛教授天下，度脱人民，因以二月十五日泥洹④而去。其经戒续存，履能行之，亦得无为，福流后世。持五戒⑤者，一月六斋，斋之日专心壹意，悔过自新。沙门⑥持二百五十戒⑦，日日

---

① 三十二相：佛教用语，相传佛的容貌不同凡俗，有三十二个显著特征，即三十二相。

② 八十种好：佛教用语，指佛在容貌上的八十种细微特征。

③ 中吕：古乐十二律中之第六律。

④ 泥洹：即涅槃。义译为"灭度"，指脱离一切烦恼，进入自由无碍的境界。也可译为"圆寂"。

⑤ 五戒：佛教在家男女教徒终生应当遵守的五项戒条，即不杀生、不偷盗、不邪淫、不妄语、不饮酒。

⑥ 沙门：又称"桑门"，佛教称谓，专指出家僧侣。

⑦ 二百五十戒：佛教中具足戒。又可称作"大戒"，为比丘（僧）的戒律。

斋，其戒非优婆塞①所得闻也。威仪进止，与古之典礼无异，终日竟夜，讲道诵经，不预世事。《老子》曰："孔德之容，惟道是从。"其斯之谓也。

问曰：何以正言佛？佛为何谓乎？牟子曰：佛者谥号也，犹名三皇神、五帝圣也。佛乃道德之元祖，神明之宗绪。佛之言觉也，恍惚变化，分身散体，或存或亡，能小能大，能圆能方，能老能少，能隐能彰，蹈火不烧，履刃不伤，在污不染，在祸无殃，欲行则飞，坐则扬光。故号为佛也。

问曰：何谓之为道？道何类也？牟子曰：道之言导也，导人致於无为。牵之无前，引之无后；举之无上，抑之无下；视之无形，听之无声；四表②为大，绲綖其外，毫厘为细；闲关其内。故谓之道。

问曰：孔子以《五经》为道教，可拱而诵，履而行。今子说道，虚无恍惚，不见其意，不指其事，何与圣人言异乎？牟子曰：不可以所习为重，所希为轻。惑於外类，失於中情。立事不失道德，犹调弦不失宫商③。天道法四时，人道法五常④。《老子》曰："有物混成，先天地生，可以为天下母，吾不知其名，强字之曰道。"道之为物，居家可以事亲，宰国可以治民，独立可以治身。履而行之，充乎天地。废而不用，消而不离。子不解之，何异之有乎？

问曰：夫至实不华，至辞不饰，言约而至者丽，事寡而达者明，故珠玉少而贵，瓦砾多而贱。圣人制《七经》⑤之本，不过三万言，

---

① 优婆塞：佛教称谓，指受持五戒的在家男居士。

② 四表：指四方极远的地方。

③ 宫商："宫"和"商"都是五音中的音阶，此处用宫商泛指音律。

④ 五常：有几种指谓，此处指"五伦"，即君臣、父子、夫妇、兄弟、朋友。

⑤ 《七经》：指七部儒家经典，名目不一。汉代将《论语》《孝经》连同五经一起合称"七经"。

众事备焉。今佛经卷以万计，言以亿数，非一人力可能堪也。仆以为烦而不要矣。牟子曰：江海所以异於行潦者，以其深广也；五岳所以别於丘陵者，以其高大也。若高不绝山阜，跛羊凌其巅；深不绝涓流，孺子浴其渊。麒麟不处苑囿之中，吞舟之鱼不游数仞之溪。剖三寸之蚌，求明月之珠，探枳棘之巢，求凤凰之雏，必难获也。何者？小不能容大也。佛经前说亿载之事，却道万世之要。太素未起，太始未生，乾坤肇兴，其微不可握，其纤不可入。佛悉弥纶其广大之外，剖析其窈妙之内，靡不记之。故其经卷以万计，言以亿数，多多益具，众众益富。何不要之有？虽非一人所堪，譬若临河饮水，饱而自足。焉知其余哉？

问曰：佛经众多，欲得其要，而弃其余，直说其实，而除其华。牟子曰：否。夫日月俱明，各有所照；二十八宿，各有所主；百药并生，各有所愈；狐裘备寒，绤绤御暑；舟舆异路，俱致行旅。孔子不以《五经》之备，复作《春秋》、《孝经》者，欲博道术，恣人意耳。佛经虽多，其归为一也。犹《七典》虽异，其贵道德仁义亦一也。孝所以说多者，随人行而与之。若子张、子游俱问一孝，而仲尼答之各异，攻其短也，何弃之有哉！

问曰：佛道至尊至大，尧、舜、周、孔曷不修之乎？《七经》之中，不见其辞。子既耽《诗》、《书》，说《礼》、《乐》，奚为复好佛道，喜异术，岂能逾经传，美圣业哉？窃为吾子不取也。牟子曰：书不必孔丘之言。药不必扁鹊之方。合义者从，愈病者良。君子博取众善以辅其身。子贡云："夫子何常师之有乎？"尧事尹寿，舜事务成，旦学吕望，丘学老聃，亦俱不见於《七经》也。四师虽圣，比之於佛，犹白鹿之与麒麟，燕鸟之与凤凰也。尧、舜、周、孔且犹学之，况佛身相好变化，神力无方，焉能舍而不学乎？《五经》事义，或有所阙，佛不见记，何足怪疑哉？

问曰：云佛有三十二相、八十种好，何其异於人之甚也？殆富耳之语，非实之云也。牟子曰：谚云：少所见，多所怪，睹馲驼言马肿背。尧眉八彩，舜目重瞳，皋陶鸟喙，文王四乳，禹耳三漏，周公背偻①，伏羲龙鼻，仲尼反顙，老子日角月玄，鼻有双柱，手把十文，足蹈二五。此非异於人乎？佛之相好，奚足疑哉！

问曰：《孝经》言："身体发肤，受之父母，不敢毁伤。"曾子临没，启予手，启予足。今沙门剃头，何其违圣人之语，不合孝子之道也。吾子常好论是非，平曲直，而反善之乎？牟子曰：夫讪圣贤不仁乎，不中不智也。不仁不智，何以树德？德将不树，顽嚚之俦也，论何容易乎？昔齐人乘船渡江，其父堕水，其子攘臂，捽头颠倒，使水从口出，而父命得苏。夫捽头颠倒，不孝莫大，然以全父之身。若拱手修孝子之常，父命绝於水矣。孔子曰："可与适道，未可与权"，所谓时宜施者也。且《孝经》曰："先王有至德要道。"而泰伯短发文身，自从吴越之俗，违於身体发肤之义。然孔之称之，其可谓至德矣，仲尼不以其短发毁之也。由是而观，苟有大德，不拘於小。沙门捐家财，弃妻子，不听音，不视色，可谓让之至也。何违圣语，不合孝乎？豫让吞炭漆身，聂政剺面自刑，伯姬蹈火，高行截容，君子以为勇而有义，不闻讥其自毁没也。沙门剃除须发，而比之於四人，不已远乎？

问曰：夫福莫逾於继嗣，不孝莫过於无后。弃妻子，捐财货，或终身不娶，何其违福孝之行也？自苦而无奇，自拯而无异矣。牟子曰：失②长左者必短右，大前者必狭后。公绰为赵、魏老则优，不可以为滕、薛大夫。妻子财物，世之余也；清躬无为，道之妙也。《老子》曰："名与身孰亲？身与货孰多？"又曰：观三代之遗风，览乎

---

① 偻：驼背。

② 失：疑应为"夫"。

儒墨之道术，诵《诗》、《书》；修《礼》、《乐》，崇仁义，视清洁，乡人传业，名誉洋溢，此中士所施行，恬淡者所不恤。故前有隋珠，后有虎虎，见之走而不敢取，何也？先其命而后其利也。许由栖巢木，夷、齐饿首阳①，孔圣称其贤，曰："求仁得仁者也"，不闻讥其无后无货也。沙门修道德以易游世之乐，反淑贤以贸妻子之欢。是不为奇，孰与为奇？是不为异，孰与为异哉？

问曰：黄帝垂衣裳，制服饰；箕子陈《洪范》，貌为五事②首；孔子作《孝经》，服为三德始。又曰："正其衣冠，尊其瞻视。"原宪虽贫，不离华冠；子路遇难，不忘结缨。今沙门剃头发，被赤布，见人无跪起之礼，威仪无盘旋之容止，何其违貌服之制，乖搢绅之饰也？牟子曰：《老子》云："上德不德，是以有德；下德不失德，是以无德。"三皇之时，食肉衣皮，巢居穴处，以崇质朴，岂复须章黼之冠、曲裘之饰哉？然其人称有德而敦庞，允信而无为。沙门之行，有似之矣。或曰：如子之言，则黄帝、尧、舜、周、孔之俦，弃而不足法也。牟子曰：夫见博则不迷，听聪则不惑，尧、舜、周、孔，修世事也。佛与老子，无为志也。仲尼栖栖七十余国，许由闻禅洗耳于渊。君子之道，或出或处，或默或语，不溢其情，不淫其性。故其道为贵，在乎所用，何弃之有乎！

问曰：佛道言：人死当复更生。仆不信此言之审也。牟子曰：人临死，其家上屋呼之。死已复呼谁？或曰：呼其魂魄。牟子曰：神还则生，不还神何之乎？曰：成鬼神。牟子曰：是也。魂鬼固不灭矣，但身自朽烂耳。身譬如五谷之根叶，魂神如五谷之种实。根

---

① 首阳：山名，即首阳山，一称雷首山，在山西永济市南。相传是伯夷和叔齐采薇隐居处。

② 五事：古代帝王修身的五件事，指貌、言、视、听、思。对这五件事的要求是：貌恭，言从，视明，听聪，思睿。

叶生必当死，种实岂有终亡，得道身灭耳。《老子》曰："吾所以有大患，以吾有身也；若吾无身，吾有何患？"又曰："功成，名遂，身退，天之道也。"或曰：为道亦死，不为道亦死，有何异乎？牟子曰：所谓无一日之善，而问终身之誉者也。有道虽死，神归佛堂；为恶既死，神当其殃。愚夫暗於成事，贤智预於未萌。道与不道，如金比草；善之与福，如白方黑。焉得不异，而言何异乎？

问曰：孔子云："未能事人，焉能事鬼？未知生，焉知死。"此圣人之所纪也。今佛家辄说生死之事，鬼神之务，此殆非圣哲之语也？夫履道者，当虚无澹泊，归志质朴，何为乃道生死以乱志，说鬼神之余事乎？牟子曰：若子之言，所谓见外，未识内者也。孔子疾，子路不问本末，以此抑之耳。《孝经》曰："为之宗庙，以鬼享之，春秋祭祀，以时思之。"又曰："生事爱敬，死事哀戚，岂不教人事鬼神，知生死哉！"周公为武王请命曰："旦多才多艺，能事鬼神，夫何为也？"佛经所说生死之趣，非此类乎？《老子》曰："既知其子，复守其母，没身不殆。"又曰："用其光，复其明，无遗身殃。"此道生死之所趣，吉凶之所住。至道之要，实贵寂寞。佛家岂好言乎？来问不得不对耳。钟鼓岂有自鸣者，桴加而有声矣。

问曰：孔子曰："夷狄之有君，不如诸夏①之亡也。"孟子讥陈相更学许行之术曰："吾闻用夏变夷，未闻用夷变夏者也。"吾子弱冠学尧、舜、周、孔之道。而今舍之，更学夷狄之术，不已惑乎？牟子曰：此吾未解大道时之余语耳。若子可谓见礼制之华，而暗道德之实；窥炬烛之明，未睹天庭之日也。孔子所言，矫世法矣；孟轲所云，疾专一耳。昔孔子欲居九夷②，曰："君子居之，何陋之有？"及

---

① 夏：古代汉族自称，也称华夏、诸夏。又指中国或中国人。
② 九夷：古时称东夷有九种，指东方的九个部族。

仲尼不容於鲁、卫，孟轲不用於齐、梁，岂复仕於夷狄乎？禹出西羌①至圣哲，瞽叟②生舜而顽嚚，由余产狄国而霸秦，管、蔡自河、洛而流言。《传》曰："北辰之星，在天之中，在人之北。"以此观之，汉地未必为天中也。佛经所说，上下周极，含血之类，物皆属佛焉。是以吾复尊而学之，何为当舍尧、舜、周、孔之道？金王不相伤，精珀不相妨，谓人为惑，时自惑乎！

问曰：盖以父之财乞路人，不可谓惠。二亲尚存，杀己代人，不可谓仁。今佛经云：太子须大拿③以父之财施与远人，国之宝象以赐怨家，妻子丐与他人。不敬其亲而敬他也者，谓之悖礼。不爱其亲而爱他人，谓之悖德。须大拿不孝不仁，而佛家尊之，岂不异哉？牟子曰：《五经》之义，立嫡以长。太王④见昌之志，转季为嫡，遂成周业，以致太平。娶妻之义，必告父母。舜不告而娶，以成大伦。贞士须聘请，贤臣待征召。伊尹负鼎干汤，甯戚叩角要齐，汤以致王，齐以之霸。礼：男女不亲授。嫂溺则援之以手，权其急也。苟见其大，不拘於小，大人岂拘常也。须大拿睹世之无常，财货非己宝，故恣意布施，以成大道。父国受其祚，怨家不得入，至於成佛，父母兄弟皆得度世。是不为孝，是不为仁，孰为仁孝哉？

问曰：佛道崇无为，乐施与，持戒兢兢，如临深渊者。今沙门耽好酒浆，或畜妻子，取贱卖贵，专行诈绐，此乃世之伪，而佛道谓之无为邪？牟子曰：工输⑤能与人斧斤绳墨，而不能使人巧。圣人能授人道，不能使人履而行之也。皋陶能罪盗人，不能使贪夫为

① 西羌：羌，古族名，主要分布在今甘肃、青海、四川一带。西汉时将羌人泛称为西羌。东汉时羌人中的一支内徙，因住地偏西，也称西羌。

② 瞽叟：舜的父亲。瞽：瞎眼。

③ 须大拿：即悉达多，释迦牟尼出家前的本名。

④ 太王：即周太王，名古公亶父。古代周族的领袖。

⑤ 工输：即公输般。

夷、齐。五刑①能诛无状，不能使恶人为曾、闵。尧不能化丹朱，周公不能训管、蔡。岂唐教之不著，周道之不备哉，然无如恶人何也？譬之世人，学通《七经》，而迷於财色，可谓《六艺》②之邪淫乎？河伯③虽神，不能溺陆地人。飘风虽疾，不能使湛水扬尘。当患人不能行，岂可谓佛道有恶乎？

问曰：孔子称："奢则不逊，俭则固，与其不逊也宁固。"叔孙曰："俭者德之恭，侈者恶之大也。"今佛家以空财布施为名，尽货与人为贵，岂有福哉？牟子曰：彼一时也，此一时也。仲尼之言，疾奢而无礼；御孙之论，刺严公之刻楹。非禁布施也。舜耕历山，恩不及州里；太公屠牛，惠不逮妻子。及其见用，恩流八荒，惠施四海。饶财多货，贵其能与；贫困屡空，贵其履道。许由不贪四海，伯夷不甘其国，虞卿捐万户之封，救穷人之急，各其志也。僖负羁以壶飧之惠，全其所居之间；宣孟以一饭之故，活其不赀之躯。阴施出於不意，阳报皎如白日。况倾家财、发善意，其功德巍巍如嵩、泰，悠悠如江海矣。怀善者应之以祚，挟恶者报之以殃，未有种稻而得麦，施祸而获福者也。

问曰：夫事莫过於诚，说莫过於实。老子除华饰之辞，崇质朴之语。佛经说不指其事，徒广取譬喻。譬喻非道之要，合异为同，非事之妙，虽辞多语博，犹玉屑一车，不以为宝矣。牟子曰：事尝共见者，可说以实，一人见一人不见者，难与诚言也。昔人未见麟，问尝见者：麟何类乎？见者曰：麟如麟也。问者曰：若吾尝见麟，则不问子矣。而云麟如麟，宁可解哉？见者曰：麟麕身牛尾，鹿蹄

---

① 五刑：中国古代的五种刑罚。商周时期指墨刑、劓刑、荆刑、宫刑、大辟，隋以后指笞刑、杖刑、徒刑、流刑、死刑。

② 《六艺》：此处指六经，即《礼》《乐》《书》《诗》《易》《春秋》。古代学校所教授的礼、乐、射、御、书、数也称六艺。

③ 河伯：古代神话中的黄河水神，又叫冯夷。

马背。问者霍解。孔子曰："人不知而不愠，不亦君子乎？"《老子》曰："天地之间，其犹橐籥乎？"又曰："譬道於天下，犹川谷与江海。"岂复华饰乎？《论语》曰："为政以德，譬如北辰。"引天以比人也。子夏曰："譬诸草木，区以别之矣。"《诗》之三百，牵物合类。自诸子谶纬，圣人秘要，莫不引譬取喻。子独恶佛说经牵譬喻耶？

问曰：人之处世，莫不好富贵而恶贫贱，乐欢逸而惮劳倦。黄帝养性，以五肴为上。孔子云："食不厌精，鲙不厌细。"今沙门被赤布，日一食，闭六情，自毕於世，若兹何聊之有？牟子曰：富与贵，是人所欲，不以其道得之，不处也。贫与贱，是人之所恶，不以其道得之，不去也。《老子》曰："五色令人目盲，五音令人耳聋，五味令人口爽，驰骋畋猎令人心发狂，难得之货令人行妨。"圣人为腹不为目，此言岂虚哉？柳下惠不以三公之位易其行；段干木不以其身易魏文之富；许由、巢父栖木而居，自谓安於帝宇；夷、齐饿於首阳，自谓饱於文、武。盖各得其志而已。何不聊之有乎？

问曰：若佛经深妙靡丽，子胡不谈之於朝廷，论之於君父，修之於闺门，按之於朋友？何复学经传读诸子乎？牟子曰：子未达其源而问其流也。夫陈俎豆於垒门，建旌旗於朝堂，衣狐裘以当蒸宾，被绨绤以御黄钟，非不丽也。乖其处，非其时也。故持孔子之术入商鞅之门，赍孟轲之说诣苏、张之庭，功无分寸，过有丈尺矣。《老子》曰："上士闻道，勤而行之；中士闻道，若存若亡；下士闻道，大而笑之。"吾惧大笑，故不为谈也。渴不必待江河而饮，井泉之水，何所不饱？是以复治经传耳。

问曰：汉地始闻佛道，其所从出邪？牟子曰：昔孝明皇帝梦见神人，身有日光，飞在殿前，欣然悦之。明日博问群臣，此为何人？有通人傅毅曰：臣闻天竺有得道者，号之曰佛，飞行虚空，身有日光，殆将其神也。於是上悟，遣使者张骞、羽林郎中秦景、博士弟子王遵等十二人，於大月支写佛经四十二章，藏在兰台石室①第十四间。时於洛阳城西雍门外起佛寺，於其壁画千乘万骑，绕塔三匝，又於南宫清凉台及开阳城门上作佛像。明帝存时预修造寿陵，陵曰"显节"，亦於其上作佛图像。时国丰民宁，远夷慕义，学者由此而滋。

问曰：《老子》云："知者不言，言者不知。"又曰："大辩若讷，大巧若拙。"君子耻言过行。设沙门有至道，奚不坐而行之，何复谈是非论曲直乎？仆以为此德行之贱也。牟子曰：来春当大饿，今秋不食；黄钟应寒，蕤宾重裘。备预虽早，不免於愚。《老子》所云，谓得道者耳；未得道者，何知之有乎？大道一言而天下悦，岂非大辩乎？《老子》不云乎？功遂身退，天之道也。身既退矣，又何言哉？今之沙门未及得道，何得不言？老氏亦犹言也，如其无言，五千何述焉？若知而不言，可也。既不能知，又不能言，愚人也。故能言不能行，国之师也；能行不能言，国之用也；能行能言，国之宝也。三品各有所施，何德之贱乎？唯不能言又不能行，是谓贱也。

问曰：如子之言，徒当学辩达，修言论，岂复治情性履道德乎？牟子曰：何难悟之甚乎？失言语谈论，各有时也。璩瑗曰："国有道则直，国无道则卷而怀之。"宁武子曰："国有道则智，国无道则愚。"孔子曰："可与言而不与言，失人；不可与言而与言，失言。"故智愚自有时，谈论各有意，何为当言论而不行哉？

问曰：子云佛道至尊至快，无为澹泊。世人学士多讥毁之，云其辞说廓落难用，虚无难信，何乎？牟子曰：至味不合於众口，大音不比於众耳。作咸池，设大章，发箫韶②，咏九成，莫之和也。张郑、卫之弦歌，时俗之音，必不期而拊手也。故宋玉云："客歌於郢，为下里之曲，和者千人；引商徵角，众莫之应。"此皆悦邪声，

---

① 兰台石室：汉代宫廷藏书处。

② 箫韶：即《大韶》，周代六舞之一。相传是舜时的乐舞。

不晓於大度者也。韩非以管窥之见而谤尧、舜，接舆以毛牦之分而刺仲尼，皆耽小而忽大者也。夫闻清商而谓之角，非弹弦之过，听者之不聪矣。见和璧①而名之石，非璧之贱也，视者之不能矣。神蛇能断而复续，不能使人不断也。灵龟发梦於宋元，不能免豫且②之网。大道无为，非俗所见，不为誉者贵，不为毁者贱。用不用自天也，行不行乃时也，信不信其命也。

问曰：吾子以经传理佛之说，其辞富而义显，其文炽而说美，得无非其诚，是子之辩也。牟子曰：非吾辩也，见博故不惑耳。问曰：见博其有术乎？牟子曰：由佛经也。吾未解佛经之时，惑甚於子。虽诵《五经》，适以为华，未成实矣。吾既睹佛经之说，览《老子》之要，守恬淡之性，观无为之行，还视世事，犹临天井③而窥溪谷，登嵩、岱而见丘垤矣。《五经》则五味，佛道则五谷矣。吾自闻道已来，如开云见白日，炬火入冥室焉。

问曰：子云：《佛经》如江海，其文如锦绣，何不以佛经答吾问，而复引《诗》、《书》，合异为同乎？牟子曰：渴者不必须江海而饮，饥者不必待廪仓而饱。道为智者设，辩为达者通，书为晓者传，事为见者明。吾以子知其意，故引其事。若说佛经之语，谈无为之要，譬对盲者说五色，为聋者奏五音也。师旷虽巧，不能弹无弦之琴；狐貉虽煜，不能热无气之人。公明仪为牛弹清角之操，伏食如故。非牛不闻，不合其耳矣。转为蚊虻之声、孤犊之鸣，即掉尾奋耳，蹀躞而听。是以《诗》、《书》理子耳。

问曰：吾昔在京师，入东观，游太学，视俊士之所规，听儒林之所论，未闻修佛道以为贵，自损容以为上也。吾子曷为耽之哉？

---

①　和璧：即和氏璧。

②　豫且：又作余且，古代传说中的打鱼人。

③　天井：指四周为山，中间低洼之地。

夫行迷则改路，术穷则反故，可不思欤？牟子曰：夫长於变者不可示以诈，通於道者不可惊以怪，审於辞者不可惑以言，达於义者不可动以利也。《老子》曰："名者身之害，利者行之秽。"又曰："设诈立权，虚无自贵。"修闺门之礼术，时俗之际会。赴趣间隙，务合当世，此下士之所行，中士之所废也。况至道之荡荡，上圣之所行乎？杳兮如天，渊兮如海，不合窥墙之士、数仞之夫，固其宜也。彼见其门，我观其室；彼采其华，我取其实；彼求其备，我守其一；子速改路，吾请履之。故祸福之源，未知何若矣。

问曰：子以经传之辞、华丽之说，褒赞佛行，称誉其德。高者陵青云，广者逾地圻，得无逾其本、过其实乎？而仆讥刺，颇得疹中而其病也。牟子曰：吁！吾之所褒，犹以尘埃附嵩、泰，收朝露投江海。子之所谤，犹握瓢瓠欲减江海，蹠耕耒欲损昆仑，侧一掌以翳日光，举土块以塞河冲。吾所褒不能使佛高，子之毁不能令其下也。

问曰：王乔、赤松、八仙之箓，神书百七十卷，长生之事，与佛经岂同乎？牟子曰：比其类犹五霸[1]之与五帝，阳货之与仲尼；比其形犹丘垤之与华、恒，涓渎之与江海；比其文犹虎鞟之与羊皮，斑纻之与锦绣也。道有九十六种，至於尊大，莫尚佛道也。神仙之书，听之则洋洋盈耳，求其效犹握风而捕影。是以大道之所不取，无为之所不贵，焉得同哉？

问曰：为道者或辟谷不食而饮酒啖肉，亦云老氏之术也。然佛道以酒肉为上戒而反食谷，何其乖异乎？牟子曰：众道丛残，凡有九十六种。澹怕无为，莫尚於佛。吾观老氏上下之篇，闻其禁五味

---

① 五霸：一作"五伯"，指春秋时先后称霸的五个诸侯。说法不一，一说是齐桓公、宋襄公、晋文公、秦穆公、楚庄王，一说是齐桓公、晋文公、楚庄王、吴王阖闾、越王勾践。

之戒，未睹其绝五谷之语；圣人制七典之文，无止粮之术。老子著五千之文，无辟谷之事。圣人云："食谷者智，食草者痴，食肉者悍，食气者寿。"世人不达其事，见六禽闭气不息，秋冬不食，欲效而为之。不知物类各自有性，犹磁石取铁，不能移毫毛矣。

问曰：谷宁可绝不？牟子曰：吾未解大道之时，亦尝学焉。辟谷之法数千百术，行之无效，为之无征，故废之耳。观吾所从学师三人，或自称七百、五百、三百岁，然吾从其学，未三载间，各自殒没。所以然者，盖由绝谷不食而啖百果。享肉则重盘，饮酒则倾樽，精乱神昏，谷气不充，耳目昏迷，淫邪不禁。吾问其故何，答曰：《老子》云："损之又损，以至於无为。"徒当日损耳。然吾观之，但日益而不损也，是以各不至知命而死矣。且尧、舜、周、孔各不能百载，而末世愚惑，欲服食辟谷，求无穷之寿，哀哉！

问曰：为道之人，云能却疾不病，弗御针药而愈。信有之乎？何以佛家有病而进针药耶？牟子曰：《老子》云："物壮则老，谓之不道早已。"惟有得道者不生亦不壮，不壮亦不老，不老亦不病，不病亦不朽。是以老子以身为大患焉。武王居病，周公乞命；仲尼有疾，子路请祷。吾见圣人皆有疾矣，未睹其无病也。神农尝草，殆死者数十；黄帝稽首，受针於岐伯。此之三圣，岂当不如今之道士乎？察省斯言，亦足以废矣。

问曰：道皆无为，一也；子何以分别罗列，云其异乎？更令学者狐疑。仆以为费而无益也。牟子曰：俱谓之草，众草之性不可胜言；俱谓之金，众金之性不可胜言。同类殊性，万物皆然。岂徒道乎？昔杨、墨塞群儒之路，车不得前，人不得步；孟轲辟之，乃知所从。师旷弹琴，俟①知音之在后；圣人制法，冀君子之将睹也。

---

① 俟：等待。

玉石同匮，猗顿为之於悒；朱紫相夺，仲尼为之叹息。日月非不明，众阴蔽其光；佛道非不正，众私掩其公。是以吾分而别之。臧文之智，微生之直，仲尼不假者，皆正世之语，何费而无益乎？

问曰：吾子讪神仙，抑奇怪，不信有不死之道，是也。何为独信佛道，当得度世乎？佛在异域，子足未履其地，目不见其所，徒观其文，而信其行。夫观华者不能知实，视影者不能审形，殆其不诚乎？牟子曰：孔子曰："视其所以，观其所由，察其所安，人焉廋哉。"昔吕望、周公问於施政，各知其后所以终；颜渊乘骊之日，见东野毕之驭，知其将败；子贡观邾、鲁之会，而昭其所以丧；仲尼闻师旷之弦，而识文王之操；季子听乐，览众国之风。何必足履目见乎？

问曰：仆尝游于阗①之国，数与沙门道人相见。以吾事难之，皆莫对而词退，多改志而移意。子独难改革乎？牟子曰：轻羽在高，遇风则飞；细石在溪，得流则转。惟泰山不为飘风动，磐石不为疾流移。梅、李遇霜而落叶，唯松、柏之难凋矣。子所见道人，必学未浃、见未博，故有屈退耳。以吾之顽，且不可穷，况明道者乎！子不自改，而欲改人。吾未闻仲尼追盗跖，汤、武法桀、纣者矣。

问曰：神仙之术，秋冬不食，或入室累旬而不出，可谓澹泊之至也。仆以为可尊而贵，殆佛道之不若乎？牟子曰：指南为北，自谓不惑；以西为东，自谓不瞢。以鸥枭而笑凤凰，执蝼蚓而调龟龙。蝉之不食，君子不贵；蛙蟒穴藏，圣人不重。孔子曰："天地之性，以人为贵。"不闻尊蝉蟒也。然世人固有啖葛蒲而弃桂姜、覆甘露而啜酢浆②者矣。毫毛虽小，视之可察；泰山之大，背之不见。志有留与不留，意有锐与不锐。鲁尊季氏而卑仲尼，吴贤宰嚭③不肖子

---

① 于阗：又作"于寘"，古西域国名，在今新疆和田一带。
② 酢浆：一种草。
③ 宰嚭：即伯嚭。春秋时楚国人，后逃到吴国。吴王夫差时被任为太宰，故有宰嚭之称。

胥。子之所疑，不亦宜乎？

问曰：道家云，尧、舜、周、孔，七十二弟子皆不死。而仙佛家云：人皆当死，莫能免。何哉？牟子曰：此妖妄之言，非圣人所语也。《老子》曰："天地尚不得长久，而况人乎？"孔子曰："贤者避世，仁孝常在。"吾览六艺，观传记，尧有殂落，舜有苍梧①之山，禹有会稽②之陵，伯夷、叔齐有首阳之墓。文王不及诛纣而没，武王不能待成王大而崩，周公有改葬之篇③，仲尼有两楹之梦④，伯鱼⑤有先父之年，子路有菹醢之语，伯牛⑥有亡命之文，曾参有启足之词，颜渊有不幸短命之记。苗而不秀之喻，皆著在经典，圣人至言也。吾以经传为证，世人为验。而云不死者，岂不惑哉！

问曰：子之所解，诚悉备焉，固非仆等之所闻也。然子所理，何以止著三十七条，亦有法乎？牟子曰：夫转蓬漂而车轮成，窊木流而舟楫设，蜘蛛布而罻罗陈，鸟迹见而文字作。故有法成易，无法成难。吾览佛经之要有三十七品⑦，老氏《道经》亦三十七篇，故法之焉。於是惑人闻之，跚然失色，叉手避席，逡巡俯伏曰：鄙人矇瞽，生於幽仄，敢出愚言。弗虑祸福，今也闻命，霍如汤雪。请得革情，洒心自救，愿受五戒，作优婆塞。

---

①　苍梧：山名，又称九嶷，在今湖南宁远县境内。相传舜葬于苍梧之野。

②　会稽：山名，或作茅山、防山，在浙江中部。相传禹死于会稽。

③　改葬之篇：周公将死时，提出死后葬在成周，表示自己不敢离开成王。但是周公死后，成王把他葬在毕，表示不敢以周公为臣。

④　两楹之梦：孔子病重，子贡来见。孔子对子贡说：我快要死了，我梦见自己死后停枢在两个柱子之间。夏人停枢在东阶上，周人停枢在西阶上，而殷人停在两柱之间。我的祖先是殷人哪！

⑤　伯鱼：孔子的儿子，名鲤，字伯鱼，比孔子先死。

⑥　伯牛：即冉耕，字伯牛，春秋时鲁国人。孔子的学生。

⑦　三十七品：即三十七道品，佛教用语。指达到佛教觉悟，趋向涅槃的途径。

后　记

2012年夏，张法教授邀请我参加《中国美学经典·两汉卷》的文献选编工作。时光如箭，一晃就是四年。

四年来，我和我的几位学生为该卷的完成付出了大量劳动。现将分工列述如下。

刘成纪（北京师范大学哲学学院），负责设计全书体例，撰写全书和各编的导读，以及第二编"朝廷美学"部分的选文校勘和注释。最后负责统稿。

张雨（西南大学政治与公共管理学院），负责全书选文；与李亚楠（河北省邯郸市教育局）共同完成第三编各章的选文校勘和注释。

尤宇翔（《中国美术报》），负责第一编各章的选文校勘和注释。

赖俊威（集美大学法学院），负责第二编各

章的选文校勘和注释。

宋慧羚（中国人民大学哲学院），负责第四编各章的选文校勘和注释，同时参与了书稿的最后校对。

由于选编者的水平和能力有限，也由于汉代传世文献版本自身的非统一性，书中一定存在错讹之处，敬请有识者指正。

图书在版编目(CIP)数据

中国美学经典. 两汉卷/张法丛书主编;刘成纪本卷主编. —北京:北京师范大学出版社,2017.8
ISBN 978-7-303-21148-7

Ⅰ. ①中… Ⅱ. ①刘… Ⅲ. ①美学史—中国—汉代
Ⅳ. ①B83-092

中国版本图书馆 CIP 数据核字(2016)第 178935 号

营 销 中 心 电 话　010-58805072　58807651
北师大出版社高等教育与学术著作分社　http://xueda.bnup.com

ZHONGGUO MEIXUE JINGDIAN LIANGHAN JUAN
出版发行:北京师范大学出版社　www.bnup.com
　　　　　北京市海淀区新街口外大街 19 号
　　　　　邮政编码:100875
印　　刷:鸿博昊天科技有限公司
经　　销:全国新华书店
开　　本:787 mm×1092 mm　1/16
印　　张:47
字　　数:650 千字
版　　次:2017 年 8 月第 1 版
印　　次:2017 年 8 月第 1 次印刷
定　　价:240.00 元

策划编辑:周　粟　贾　静　　责任编辑:曹欣欣
美术编辑:王齐云　　　　　　　装帧设计:王齐云
责任校对:陈　民　　　　　　　责任印制:马　洁

版权所有　侵权必究
反盗版、侵权举报电话:010-58800697
北京读者服务部电话:010-58808104
外埠邮购电话:010-58808083
本书如有印装质量问题,请与印制管理部联系调换。
印制管理部电话:010-58805079